Daniela Kirsch

Public Private Partnership

Eine empirische Untersuchung der kooperativen Handlungsstrategien in Projekten der Flächenerschließung und Immobilienentwicklung

Die Deutsche Bibliothek – CIP-Einheitsaufnahme

Kirsch, Daniela:
Public Private Partnership :
Eine empirische Untersuchung der kooperativen
Handlungsstrategien in Projekten der Flächenerschließung
und Immobilienentwicklung /
Daniela Kirsch. -
Köln : R. Müller, 1997

Zugl.: Diss. 1997

ISBN 3-481-01346-9

ISBN 3-481-01346-9

Umschlaggestaltung: Rainer Geyer, Köln
Druck: SDK Systemdruck Köln GmbH, Köln
Printed in Germany

Das vorliegende Buch wurde auf umweltfreundlichem Papier
aus chlorfrei gebleichtem Zellstoff gedruckt.

Vorwort des Herausgebers

Die Kooperation von Politik und Verwaltung mit Developern, Investoren und Kapitalgebern ist in den letzten Jahren zu einer allgemein propagierten Strategie, zu einer plausiblen und wünschbaren Vision bei der Planung und Realisierung städtebaulicher Projekte geworden. Die unter dem Schlagwort „Public Private Partnership“ (PPP) geführte Diskussion leidet jedoch darunter, daß es kein einheitliches Begriffsverständnis von PPP gibt und meist nur sehr vage Vorstellungen bestehen, wie die arbeitsteilige öffentlich-private Zusammenarbeit in der Praxis funktionieren kann und soll.

Vor diesem Hintergrund hat sich die Verfasserin der vorliegenden Arbeit das Ziel gesetzt, den in der immobilienwirtschaftlichen Praxis vorhandenen Wissens- und Erfahrungsstand zu den innovativen sektorenübergreifenden Kooperationsformen systematisch aufzuarbeiten. Die Rahmenbedingungen der öffentlich-privaten Zusammenarbeit werden skizziert, die Ziele der Kooperanden analysiert und Handlungsoptionen und -restriktionen aufgezeigt. Auf der Basis einer Vielzahl von Expertengesprächen werden die Gestaltungsparameter identifiziert, die sich in der Praxis als bedeutsam herausgestellt haben, und die dahinterstehenden Beziehungs- und Wirkungszusammenhänge untersucht. Es ist vor allem die weitgehend unredigierte Wiedergabe der offenen und (selbst)kritischen Aussagen der interviewten Praktiker, durch die es der Autorin gelingt, auf sehr anschauliche Weise ein Verständnis für praxisrelevante Konfliktbereiche und mögliche Lösungswege zu entwickeln.

Interessante Impulse für die wissenschaftliche Diskussion setzt die Arbeit durch die Einbindung verschiedener theoretischer und normativer Ansätze bei der Interpretation und Erklärung des empirischen Geschehens. Das „integrierende Kräfte- und Gefahren-Modell von PPP“, das die Autorin aus der Verknüpfung der unterschiedlichen Problemperspektiven entwickelt, kann Richtungsweisungen für die zukünftige praxisrelevante Hypothesen- und Theorienbildung liefern. Eine Bereicherung für die aktuelle Debatte stellt auch der neue Interpretationsansatz für Begriff und Sache der Public Private Partnership dar. Die Idee von PPP als einem Leitbild im Sinne der sozialwissenschaftlichen Technikforschung bringt die Schwierigkeiten im Umgang mit dem Begriff auf einen Punkt und erklärt den terminologischen und konzeptionellen Erfolg von Public Private Partnership.

Der vorliegenden Arbeit, die von der Universität des Saarlandes als Dissertation angenommen wurde, ist nicht nur eine positive Aufnahme in der Wissenschaft zu wünschen; sie bietet auch den Beteiligten an einer Public Private Partnership wertvolle Hinweise zur notwendigen Weiterentwicklung ihrer Kooperation.

Professor Dr. Karl-Werner Schulte HonAssocRICS
Lehrstuhl für Allgemeine Betriebswirtschaftslehre,
insbesondere Immobilienökonomie (Stiftungslehrstuhl)
EUROPEAN BUSINESS SCHOOL
Schloß Reichartshausen

Vorwort

Die Idee für diese Arbeit ergab sich durch Anregungen aus der Praxis; ein befreundeter Unternehmensberater erzählte mir von der Public-Private-Partnership-Euphorie, die sich in den deutschen Städten und Gemeinden ausbreite. Das Thema interessierte mich, setzt es doch an der Schnittstelle von ökonomischem und politischem Prozeß an und ist somit das wohl spannendste Untersuchungsfeld für einen gesellschaftspolitisch interessierten Wirtschaftswissenschaftler. Auch Professor Dr. Bruno Tietz sah hier das Potential für eine aufschlußreiche Forschungsarbeit; für seine wertvollen Ratschläge und wissenschaftlichen Impulse bin ich ihm sehr zu Dank verpflichtet. Der tragische Todesfall im Sommer letzten Jahres verhinderte, daß er die Arbeit bis zu ihrem Ende betreute. Ein besonders herzliches Dankeschön möchte ich daher an Herrn Prof. Dr. Joachim Zentes richten, der mir ermöglichte, das Dissertationsvorhaben im Rahmen der geplanten Konzeption fortzuführen. Er erklärte sich kurzfristig zur Übernahme des Erstgutachtens bereit.

Die inhaltliche und konzeptionelle Basis der vorliegenden Untersuchung bilden die vielfältigen Informationen und Anregungen der interviewten Praktiker. Die Zeit, die sie in gemeinsame Gespräche investierten, ihre offenen Angaben und ihr Interesse am Thema haben mich immer wieder positiv überrascht; hierfür ein herzliches Dankeschön. Mein besonderer Dank gilt dabei Herrn Jochen Franck - der mir jederzeit mit Rat und Tat zur Seite stand -, Herrn Hermann Laistner - mit seinem unerschöpflichen Potential an guten Ideen und guten Kontakten - und Herrn Klaus Heidkamp - für die einmalige Art, wie er mich in die Welt der Developer einführte. Für ihre unermüdliche Einsatzbereitschaft beim Fertigstellen der Arbeit danke ich Dr. Michaela Bertolini, meiner 'persönlichen Lektorin', und Matthias Büttner, auf den PC-technisch bestens Verlaß war.

Der Vergabekommission der LGF danke ich dafür, daß sie mir durch die Gewährung eines Stipendiums ermöglichte, mich meinem Dissertationsvorhaben 'voll und ganz' zu widmen.

Ein herzliches Dankeschön auch an Herrn Prof. Dr. Karl-Werner Schulte, der diese Dissertation in seine Schriftenreihe aufgenommen hat.

Saarbrücken, September 1996 — Daniela Kirsch

Inhaltsverzeichnis

Verzeichnis der Übersichten

Abkürzungsverzeichnis

Abs.	Absatz
A. d. V.	Anmerkung der Verfasserin
AG	Aktiengesellschaft
Art.	Artikel
Arge	Arbeitsgemeinschaft
Aufl.	Auflage
BauGB	Baugesetzbuch
BauGB-MaßnG	Baugesetzbuch-Maßnahmengesetz
BauNVO	Baunutzungsverordnung
BauZVO	Bauplanungs- und Zulassungsverordnung
Bd.	Band
BfLR	Bundesforschungsanstalt für Landeskunde und Raumordnung (Bonn)
BGF	Bruttogeschoßfläche
BHO	Bundeshaushaltsordnung
BNatSchG	Bundesnaturschutzgesetz
BMBau	Bundesministerium für Raumordnung, Bauwesen und Städtebau
B-Plan	Bebauungsplan
bzgl.	bezüglich
bzw.	beziehungsweise
ca.	circa
d. h.	das heißt
d. i.	das ist
DIfU	Deutsches Institut für Urbanistik (Köln)
Diss.	Dissertation
ebs	European Business School (mit Sitz in Schloß Reichartshausen im Rheingau)
E-Maßnahme	städtebauliche Entwicklungsmaßnahme (gem. BauGB)
erg.	ergänzt
ESTG	Einkommenssteuergesetz
ExWoSt	Experimenteller Wohnungs- und Städtebau
f.	folgende
ff.	fortfolgende
GA	Gemeinschaftsaufgabe "Verbesserung der regionalen Wirtschaftsstruktur"
gem.	gemäß

GG	Grundgesetz
ggf.	gegebenenfalls
GmbH	Gesellschaft mit beschränkter Haftung
GWB	Gesetz gegen Wettbewerbsbeschränkungen
ha	Hektar (1 ha = 10.000 qm)
HGrG	Haushaltsgrundsätzegesetz
HOAI	Honorarordnung für Architekten und Ingenieure
Hrsg.	Herausgeber
hrsg. v.	herausgegeben von
i. A.	im Auftrag
i. d. R.	in der Regel
IfR	Institut für Raumplanung (Dortmund)
IfS	Institut für Stadtforschung und Strukturpolitik (Berlin)
IHK	Industrie- und Handelskammer
ILS	Institut für Landes- und Stadtentwicklungsforschung des Landes Nordrhein-Westfalen, Dortmund
i. e. S.	im engeren Sinne
incl.	inclusive
insbes.	insbesondere
In-WoBauLG	Investitionserleichterungs- und Wohnbaulandgesetz
i. V. m.	in Verbindung mit
i. w. S.	im weiteren Sinne
Jg.	Jahrgang
Kap.	Kapitel
LGF	Landesgraduiertenförderung
LPG	Landwirtschaftliche Produktionsgenossenschaft
LHO	Landeshaushaltsordnung
NGF	Nettogeschoßfläche
NJW	Neue Juristische Wochenschrift
Nr.	Nummer
ÖPNV	Öffentlicher Personennahverkehr
o. J.	ohne Jahr
o. V.	ohne Verfasser
PE	Projektentwicklung
PPP	Public Private Partnership
qkm	Quadratkilometer
qm	Quadratmeter
RWI	Rheinisch-Westfälisches Institut für Wirtschaftsforschung (Essen)

S.	Seite (i. V. m. §: Satz)
SSK	Stadtsparkasse
SächsGemO	Gemeindeordnung für den Freistaat Sachsen
sog.	sogenannte(r)
STVO	Stadtverordnete(r)
TGL	Liegenschaftsgesellschaft der Treuhandanstalt
TÖB	Träger öffentlicher Belange
u.	und
u. a.	unter anderem
u. a. m.	und andere mehr
überarb.	überarbeitet
UG	Unternehmensgruppe
usw.	und so weiter
u. U.	unter Umständen
UWG	Gesetz gegen den unlauteren Wettbewerb
vollst.	vollständig
vgl.	vergleiche
vs.	versus
WE	Wohneinheit
WF	Wohnfläche
z. B.	zum Beispiel
zit.	zitiert
z. T.	zum Teil

Erstes Kapitel: Problemstellung und Ziel der Arbeit

A. Die Ausgangssituation in Praxis und Forschung

Immer wieder bemühen Politik und Medien neue Begriffe, die dann im Sprachgebrauch 'Karriere' machen. Seit der amerikanische Präsident Carter 1978 den Begriff der "Public Private Partnership" (PPP) prägte, wurde er zunächst im anglo-amerikanischen, seit Mitte der achtziger Jahre auch im deutschen Sprachraum zu einem wichtigen Schlagwort in der Diskussion um neue Konzepte zur Lösung kommunaler, insbesondere städtebaulicher Probleme. Die wissenschaftliche Auseinandersetzung mit solchen "Modewörtern" gestaltet sich schwierig. Sie ziehen ihre Kraft gerade nicht aus einem fest umrissenen Bedeutungsinhalt, sondern aus ihrer Unbestimmtheit und Vieldeutigkeit. Die Karriere des Public Private Partnership-Begriffes beruht wesentlich darauf, daß er lediglich eine Idee von der groben Richtung vermittelt, daß er positive Assoziationen weckt und, vor allem, daß er einer Vielzahl von gesellschaftlichen Gruppierungen die Möglichkeit bietet, ihre jeweils eigenen Zielvorstellungen darin unterzubringen.[1] Jeder, der den Begriff nutzt, scheint etwas anderes damit zu meinen; um die Public Private Partnerships herrscht **große Sprachverwirrung**.

In ihrem ursprünglichen Sinn- und Verwendungszusammenhang bezeichnen die Public Private Partnerships städtebauliche Investitionsvorhaben, die gemeinsam von öffentlichen und privaten Akteuren initiiert und/oder durchgeführt werden. In dieser Bedeutung wird der Begriff auch in der vorliegenden Arbeit verwendet. Bei der Planung und Realisierung städtebaulicher Projekte verfolgen Politik, Verwaltung, Developer, Investoren und Kapitalgeber zunehmend Kooperationsstrategien. Dem öffentlichen Sektor fehlt es an Kapital und Know-how für die Initiierung eigener Projekte; der private Sektor sucht die Planungsgrundlagen für seine Projektierungen zu optimieren und Planungs- und Genehmigungsverfahren zu beschleunigen. Auch erreichen viele Projekte Größenordnungen, die von einzelnen Akteuren nicht mehr zu bewältigen sind. Das Aushandeln projektspezifischer 'Deals' zwischen Vertretern des öffentlichen und privaten Sektors, die gemeinsame Finanzierung komplexer Vorhaben und der Zusammenschluß der Beteiligten in gemischt-wirtschaftlichen Entwicklungsgesellschaften sind charakteristische Handlungsstrategien im Rahmen der kooperativen Projektentwicklungen.

[1] In der sozialwissenschaftlichen Technikforschung wird von "Leitbildern" gesprochen. Die entsprechenden Untersuchungen zeigen, daß der Bedeutungsinhalt solcher Leitbilder durch Diskussionen in Fachkreisen, in den Medien und in der Öffentlichkeit schrittweise konkretisiert wird; vgl. Dierkes, Meinolf: Leitbild und Technik, Zur Entstehung und Steuerung technischer Innovation, hrsg. v. Wissenschaftszentrum Berlin für Sozialforschung, (Rainer Bohn) Berlin 1992.

In Deutschland stehen diese Entwicklungen noch am Anfang, und über das Gelingen solcher Kooperationsansätze ist wenig bekannt. Die ersten und bekanntesten deutschen PPP-Projekte, der "Media-Park" in Köln (Planungsbeginn 1985) und die Frankfurter Projekte "Westhafen" und "Rebstock" (Planungsbeginn um 1987), fallen seit ihrer Initiierung mehr durch Negativschlagzeilen als durch Erfolgsmeldungen auf. Dennoch werden derzeit zahlreiche Projekte in Angriff genommen, in denen die Ideen einer Public Private Partnership verwirklicht werden. Die Beteiligtenstrukturen und die Aufgaben- und Zuständigkeitsverteilungen zwischen den Kooperanden weisen dabei ein weites Spektrum an unterschiedlichen Konstellationen auf, und ohne detaillierte Analyse der Vertragswerke ist es oft kaum möglich, die Funktionslogik eines PPP-Arrangements zu durchschauen. Von politischer Seite werden die Entwicklungen forciert; in der umfassenden Novellierung des Baugesetzbuches im Jahr 1993 wurde der rechtliche Rahmen für kooperative Handlungsformen erweitert und spezifiziert. Die Verantwortlichen erhoffen sich eine Beschleunigung bei der Durchführung städtebaulicher Aufgaben, eine Entlastung der Kommunen und eine Mobilisierung zusätzlichen privaten Kapitals.

Die Public Private Partnerships werden aber auch sehr skeptisch bewertet. Kritiker des Konzeptes sprechen von "Politikverflechtung" und "Kungelei" und stellen die demokratische Legitimation der Arrangements in Frage. Das Anti-Wort der "Public Private Dictatorship" ist Ausdruck der Befürchtung, daß die Kommunen von ihren privaten Partnern 'über den Tisch gezogen' werden. Entsprechend unsicher stehen die Verantwortlichen in den Städten und Gemeinden den neuen kooperativen Handlungsformen gegenüber. Sie wissen nicht, für welche Ausgangslagen und Problemsituationen sich PPP-Arrangements anbieten, in welchen Modellen sie die Kooperation mit Developern und Investoren realisieren sollen und wie sie ihre eigenen Interessen dabei sichern können. Die deutschen PPP-Projekte befinden sich nahezu alle noch in der Realisierungsphase, und über die dabei gesammelten Erfahrungen dringt wenig nach außen.[2] Auch erscheint jedes städtebauliche Entwicklungsvorhaben aufgrund seiner individuellen Problemkonstellation als so einzigartig und komplex, daß jeweils eigene Kooperationsmodelle entwickelt werden müssen.

Die hohe Individualität der Verfahrensansätze und die Neuheit des Forschungsfeldes sind wichtige Gründe dafür, daß in der internationalen wissenschaftlichen Forschung zum Handlungsfeld der Public Private Partnerships die "case studies" und "area studies" als einzelfallbezogene Untersuchungsansätze eindeutig dominieren. Vor allem in der anglo-amerikanischen Literatur finden sich darunter jedoch viele schillernde "sucess stories", die über wenig analytischen Gehalt verfügen und mehr der Werbung für den Standort und die beteiligten

[2] Ausländische Erfahrungen lassen sich aufgrund der unterschiedlichen rechtlichen, politischen und kulturellen Rahmenbedingungen nur schwer auf deutsche Verhältnisse übertragen.

Akteure dienen. Insgesamt lassen sich bei den Themen und Methoden der Forschungsarbeiten zum Phänomen der Public Private Partnerships drei Schwerpunktorientierungen ausmachen:

- **die kasuistischen Ansätze**: Von der Thematik her konzentrieren sich Fallstudien im Rahmen der PPP-Forschung auf die Analyse der Wirkungen von PPP-Arrangements, die durch Befragungen oder Beobachtungen erfaßt werden. Dabei richtet sich das Interesse der Forscher in der Regel darauf, diese Wirkungen in ihrer Totalität zu erfassen, indem alle als relevant erachteten Ereignisse einbezogen werden und eine möglichst vollständige Beschreibung von Situationen und Prozessen angestrebt wird. Die Stärken der kasuistischen Foschungsansätze liegen in ihrem explorativen Potential begründet, ihre Schwächen in der fehlenden Zurechenbarkeit und Vergleichbarkeit der Untersuchungsergebnisse.[3] Einerseits kann nicht festgestellt werden, ob der Erfolg oder Mißerfolg eines Projektes auf das spezifische PPP-Arrangement oder auf die sonstigen Kontextfaktoren zurückzuführen ist, andererseits können keine Aussagen darüber gemacht werden, ob dieselben Maßnahmen in einem anderen Kontext die gleiche Wirkung haben.

- **die generalisierenden Ansätze**: Andere Arbeiten setzen sich mit den Public Private Partnerships als abstrakt-prinzipieller Politikform auseinander und treffen stark generalisierende Aussagen. Sie beschäftigen sich vor allem mit den Möglichkeiten und Gefahren der kooperativen Handlungsformen. In einigen der Veröffentlichungen finden sich 'Rezeptkataloge' für erfolgreiche PPPs. Die meisten der Erörterungen und Empfehlungen sind entweder so allgemein-unverbindlich gehalten oder so stark normativ geprägt, daß sie für die Lösung praktischer Probleme keine Hilfe darstellen können. Auffallend ist, daß nahezu alle Publikationen die Problemsicht der öffentlichen Hand fokussieren und das Entscheidungsverhalten der privaten Akteure als gegebenes Datum betrachten.[4] Als Schwäche vieler Analysen läßt sich ausmachen, daß unterschiedliche Bewertungsebenen und Bewertungsmaßstäbe weder getrennt noch erklärt werden und pauschale Behauptungen sowie grobe Verallgemeinerungen ungeprüft weitergetragen werden.

- **die anwendungsbezogenen Ansätze**: die angewandte Forschung hat primär das Ziel, Planungs- und Entscheidungshilfen für die Praxis zu erarbeiten.[5] Unmittelbar anwendungsbezogen sind die Studien, die als Auftragsarbeiten von Unternehmensberatern und Experten angefertigt werden und der Argumentation bei kurz- und mittelfristigem

---

3 Vgl. Kubicek, Heribert: Empirische Organisationsforschung, Konzeption und Methodik, (C. E. Poeschel) Stuttgart 1975, S. 58 f.

4 Vgl. hierzu auch Fainstein, Susan S.: The City Builders: property, politics and planning in London and New York, (Blackwell Publishers) Oxford and Cambridge 1994, S. 5.

5 Diese Forschungsrichtung wird heute meist als "Evaluationsforschung" bezeichnet. Sie hat primär das Ziel, praktische Maßnahmen zu überprüfen, zu verbessern oder über sie zu entscheiden; vgl. Wottawa, Heinrich: Lehrbuch Evaluation, (Huber-Psychologie-Lehrbuch) Bern, Stuttgart, Toronto 1990, hier S. 9; vgl. auch Wollmann, Hellmut: Implementationsforschung / Evaluierungsforschung, in: Nohlen, Dieter (Hrsg.): Wörterbuch Staat und Politik, 4. Aufl., (Serie Piper) München 1996, S. 268-272.

Entscheidungsbedarf dienen. Ihre Themen, Methoden und Arbeitsweisen sind den Zielen der Auftraggeber verpflichtet.[6] An der Schnittstelle von anwendungsbezogenen und kasuistischen Ansätzen läßt sich die wissenschaftliche Begleitforschung einordnen, wie sie z. B. im Rahmen des Bundesforschungsprogrammes "ExWoSt" für ausgewählte PPP-Projekte durchgeführt wird.[7] Diese Form der Implementations- bzw. Evaluationsforschung soll unter anderem auf Bedarfe zur Modifizierung und Konkretisierung bestehender Förderprogramme und Gesetze hinweisen. Trotz der Vorgabe einheitlicher Fragestellungen und des regelmäßigen Erfahrungsaustausches zwischen den beteiligten Praktikern und Forschungsinstituten ist die Ableitung vergleichender und generalisierender Aussagen kaum möglich.[8]

Resümierend läßt sich festhalten, daß es in der bisherigen Forschung kaum Arbeiten gibt, die über retrospektiv-analysierende Einzelfallaussagen hinaus **das vergleichende Erkenntnispotential mehrerer Fallstudien** nutzen. Detailliertes Erfahrungswissen aus der Praxis wird bislang nicht themenspezifisch, sondern nur projektspezifisch aufgearbeitet. Es fehlt an Foschungsansätzen, die die Konzeptualisierung des Forschungsgegenstandes an die Sichtweise und Problemperzeption der Entscheidungsträger in Politik und Wirtschaft anknüpfen und auf systematische Weise Problemfelder und Gestaltungsperspektiven identifizieren.

Selbst wenn die PPP-Forschung sich insgesamt stark an den Geschehnissen in der Praxis orientiert und wenig theoriebeladen ist, beschreiben auch die empirisch-deskriptiven Ansätze nie bloß die vorgefundene Wirklichkeit, sondern interpretieren und organisieren sie unter einem spezifizierten Frageaspekt. Bei der Beschreibung und Erklärung von Inhalten, Voraussetzungen und Folgen der Public Private Partnerships lassen sich verschiedene Blickrichtungen ausmachen, die jeweils eigene Schwerpunkte setzen und andere Begriffe und Zusammenhänge in den Vordergrund rücken:

- **Die kritisch-dialektischen Ansätze**[9] setzen ihre kritische Gegenwartsanalyse an den politischen und sozialen Machtstrukturen der Gesellschaft, insbesondere der fortgesetzten

---

6 Vgl. hierzu auch Hamm, Bernd: Neue Entwicklungen in der Stadt-Sozialwissenschaft, in: Archiv für Kommunalwissenschaften (AfK), 34. Jg., 1995, 1. Band, S. 1-29, hier S. 20.

7 Vgl. zu dem Forschungsprogramm Fuhrich, Manfred: Anwendungsorientierte Forschung als Mittel der Politikberatung, in: Bundesforschungsanstalt für Landeskunde und Raumordnung (Hrsg.): Aktuelle Forschungsfelder des Experimentellen Wohnungs- und Städtebaus, Materialien zur Raumentwicklung, Heft 65, Bonn 1994, S. 1-6.

8 Eine spätere vergleichende Auswertung der Forschungsberichte findet nicht statt. Dies erscheint angesichts der unterschiedlichen Vorgehensweisen bei der Wiedergabe und Interpretation von Ergebnissen auch als sehr schwierig.

9 Vgl. (speziell PPP-bezogen) z. B. Helms, Hans G. (Hrsg.): Die Stadt als Gabentisch, Beobachtungen der aktuellen Städtebauentwicklung, (Reclam) Leipzig 1992, vgl. auch Venturi, Marco: Tangentopoli - der unaufhaltsame Anstieg der städtischen Großereignisse, in: Brech, Joachim (Hrsg.): Neue Wege der Planungskultur, Orientierungen in der Zeit des Umbruchs, (Verlag für wissenschaftliche Publikationen) Darmstadt 1993, S.

Konzentration des Finanzkapitals an. Ihre Denkansätze lassen die Nähe zur politischen Ökonomie von Marx erkennen. Sie beurteilen die PPPs sehr kritisch, da sie zu einem Machtzusammenschluß der einflußreichsten gesellschaftlichen Gruppierungen führen. Die öffentliche Hand degeneriert in einer PPP zu einem reinen Erfüllungsgehilfen finanzkapitalistischer Interessen.

- **Die normativ-diskursiven Ansätze**[10] sind weniger radikal gesellschaftskritisch und stärker demokratietheoretisch ausgerichtet. PPP als offener Dialog, als konsensorientiertes Entscheiden, als kooperatives Handeln wird grundsätzlich positiv gewertet, allerdings nicht in der Form, wie es realiter praktiziert wird. Im Vordergrund der empirisch-analytischen Studien stehen Fragen der politischen Legitimation und der sozial-gesellschaftlichen Folgen von PPP-Arrangements. Einige Vertreter dieser Richtung definieren das PPP-Konzept anhand idealtypischer Kriterien und stellen klare normative Wertkonzepte auf, um die Public Private Partnerships in eine 'gute' Politikform zu transformieren.[11]

- **Die realistisch-pragmatischen Ansätze**[12] entwickeln das, was PPP leisten kann und soll, aus dem, was es objektiv feststellbar leistet. Die Anhänger dieser Richtung wenden sich gegen die Übersteigerungen und Projektionen, die von den normativ geprägten Forschungsansätzen ausgehen. Es geht darum zu sehen, was in der derzeitigen Situation zu tun ist, und dem keine Ideen- oder Charakterhaltung entgegenzustellen. In dem Phänomen einer "Finanzkapitalherrschaft" sehen die 'Realisten' keinen Defekt. Sie gehen von der empirischen Erfahrung aus, daß stadtentwicklungspolitisch bedeutsame Entscheidungen seit jeher von den Personen gefällt werden, die das Geld und die Macht im Staat haben - und das sind heute nun mal Finanzinstitute und große Handelskonzerne.[13]

279-288; vgl. (allgemein) z. B. Jiri, Kosta: Politische Ökonomie, in: Nohlen, Dieter (Hrsg.): Wörterbuch Staat und Politik, 4. Aufl., (Serie Piper) München 1996, S. 575-581.

10 Die normativen Ansätze erleben derzeit in Form der kommunikations- und handlungsorientierten Theorien im pluralistischen und nicht-deterministischen Sinne ein 'come back'; vgl. (speziell PPP-bezogen) z. B. Stephenson, Max O.: Whither the public private partnership: A critical overview, in: Urban Affaires quarterly, 27. Jg., 1991, Nr. 1, S. 109-127, hier S. 122 ff.; vgl. auch Kletzander, Andreas: Public Private Partnership als Gefahr für lokale Demokratie und Verteilungsgerechtigkeit? Das Beispiel Stadterneuerung in Nordengland, in: Archiv für Kommunalwissenschaften, hrsg. v. Deutschen Institut für Urbanistik, (W. Kohlhammer/Deutscher Gemeindeverlag) 34. Jg., 1995, Band I, S. 119-133; vgl. weiter Friedman, John: Zum Verhältnis von Staat und Gesellschaft am Ende des 20. Jahrhunderts, Vortrag anläßlich des Dortmunder Wissenschaftsfrühlings am 25. April 1991 in Dortmund, unveröff. Vortragsmanuskript.

11 Vgl. z. B. Selle, Klaus: Was ist bloß mit der Planung los? Erkundungen auf dem Weg zum kooperativen Handeln, Dortmunder Beiträge zur Raumplanung, Heft 69, hrsg. v. Institut für Raumplanung Fachbereich Raumplanung, Universität Dortmund, Dortmund 1994, S. 80; vgl. auch Kestermann, Reiner: Neue Formen der Kooperation - innovatives Element in der Stadt- und Regionalentwicklung? Einführungsvortrag zum gleichlautenden Kolloquium im Rahmen des Dortmunder Wissenschaftsfrühlings 1991 am 22. April 1991 in Dortmund, unveröff. Vortragsmanuskript, S. 6 ff.

12 Diese Sichtweise entspricht im wesentlichen der der 'Praxis' und der ihr eng verbundenen Studien.

13 Der letzte Satz ist die sinngemäße Wiedergabe eines Zitats von Herrn Johannes Schnermann, ECE Projektmanagement GmbH, Hamburg, Gespräch am 13. Dezember 1994 in Hamburg.

- **Die systemtheoretischen Ansätze**[14] entwickeln neue Steuerungstheorien für komplexe Gesellschaften. Postmoderne und Autopoiese schärfen den Blick für die Fragmentierung der Gesellschaft und für den Eigensinn, mit dem Teilbereiche sich der politischen Intervention entziehen. Für die Vertreter dieser Richtung stellen die Public Private Partnerships eine spezifische Form der gesellschaftlichen Selbststeuerung dar. Das PPP-Konzept wird positiv gesehen, da mit der stärkeren Kombination von Steuerungspotentialen staatlicher Instanzen mit Steuerungspotentialen gesellschaftlicher Teilsysteme der staatlichen Gesellschaftssteuerung eine neue Qualität verliehen werden kann.[15]
- **Die ökonomischen Ansätze**[16] nutzen das entscheidungslogische Instrumentarium der modernen Wirtschaftstheorie für die Erklärung ökonomischer und politischer Strukturen und Prozesse. Sie setzen an der Effizienz der gesellschaftlichen Leistungserstellung an. Aus Sicht der "Property-Rights"-Theorie bieten die PPPs die Chance, über eine Umverteilung von Verfügungsrechten hin zum privatwirtschaftlichen Sektor Verschwendungen im gesellschaftlichen Ressourceneinsatz zu vermeiden. Der "Transaktionskosten"-Ansatz richtet sein Forschungsinteresse auf die Vermeidung von Reibungskosten bei der Koordination arbeitsteilig erbrachter Leistungen. Die PPPs können eine effiziente Alternative zu den Koordinationsformen in marktlichen oder hierarchischen Beziehungsgefügen darstellen.

Keiner der Ansätze scheint geeignet, einen umfassenden theoretischen Bezugsrahmen für die Integration und Analyse empirischer Erkenntnis zu liefern. Eine PPP-Theorie, die aktuellen wissenschaftlichen Standards genügt, müßte komplex und elastisch genug sein, **die**

---

14 Hier ist von den strukturell-funktionalen Systemansätzen die Rede, die die Theoriebildung derzeit am stärksten prägen; vgl. (speziell PPP-bezogen) z. B. Kruzewicz, Michael: Lokale Kooperation in Nordrhein-Westfalen: Private Public Partnership auf kommunaler Ebene, 1. Aufl., hrsg. v. Institut für Landes- und Stadtentwicklungsforschung des Landes Nordrhein-Westfalen (ILS), Dortmund 1993, S. 17-20 und S. 64; vgl. (allgemein) z. B. Weihe, Ulrich: Systemtheorie, in: Nohlen, Dieter (Hrsg.): Wörterbuch Staat und Politik, 2. Aufl., (Serie Piper) München 1993, S. 686-690; vgl. auch Willke, Helmut: Formen gesellschaftlicher Selbssteuerung, in: Willke, Helmut (Hrsg.): Systemtheorie entwickelter Gesellschaften, (Juventa) Weinheim und München 1989, S. 111-141.

15 Einen steuerungstheoretischen Denkansatz verfolgt auch die sog. Korporatismus- und Neo-Korporatismus-Forschung; vgl. (speziell PPP-bezogen) z. B. Kruzewicz, Michael: Lokale Kooperation in Nordrhein-Westfalen: Public Private Partnership auf kommunaler Ebene, 1. Aufl., hrsg. v. Institut für Landes- und Stadtentwicklungsforschung des Landes Nordrhein-Westfalen (ILS), Dortmund 1993, S. 17- 25 und S. 64 f; vgl. (allgemein) z. B. Glagow, Manfred; Schimank, Ute: Korporatistische Verwaltung, in: Politische Vierteljahresschrift, 24. Jg., 1983, Heft 3, S. 253-274.

16 Die vorgestellten Denkansätze stammen aus dem Gebiet der Neuen Institutionenökonomik; vgl. (speziell PPP-bezogen) z. B. Wagner, Thilo: Public Private Partnership im Rahmen der Immobilienprojektentwicklung, Diplomarbeit an der European Business School, Schloß Reichartshausen am Rhein 1993; vgl. (allgemein) z. B. Richter, Rudolf: Institutionen ökonomisch analysiert: zur jüngeren Entwicklung auf einem Gebiet der Wirtschaftstheorie, (J. C. B. Mohr) Tübingen 1994; vgl. auch Williamson, Oliver, E.: Transaktionskostenökonomik, hrsg. v. Dietl, Helmut, Universität München, dt. Übersetzung von Christina Erlei, (Ökonomische Theorie der Institutionen, Band 3, LIT) Münster, Hamburg 1993; vgl. weiter Lehner, Franz: Ökonomische Theorien der Politik, in: Nohlen, Dieter (Hrsg.): Wörterbuch Staat und Politik, 4. Aufl., (Serie Piper) München 1996, S. 476-482.

spezifischen Fragen und Folgerungen auch unterschiedlicher Sichtweisen heuristisch sinnvoll aufeinander zu beziehen. Eine entsprechende Theorie liegt nicht einmal ansatzweise vor. Die bisherigen Untersuchungen beschränken sich meist auf einzelne Zielwerte wie "Demokratie", "Verteilungsgerechtigkeit" oder "Effizienz". Es lassen sich kaum Forschungsarbeiten ausmachen, die einen integrativen Ansatz suchen, d. h. empirische Daten und Erkenntnisse aus der Organisationssoziologie, der politischen Psychologie und anderen Spezialdisziplinen ebenso berücksichtigen wie die relevanten Fragen, die gesellschaftlichen Zielvorstellungen und Bewertungen, die Hoffnungen und Befürchtungen, die sich mit den Public Private Partnerships jeweils verbinden.[17]

B. Die Zielsetzung und Konzeption der Untersuchung

Die vorliegende Arbeit will einen Beitrag zum Abbau der beschriebenen Forschungsdefizite leisten. Dazu erfolgt zunächst eine Auseinandersetzung mit dem Public Private Partnership-Konzept und den wesentlichen Vorstellungen, die sich mit Begriff und Sache verknüpfen. Dies schließt einen ideengeschichtlichen Rückblick ein und eine Erläuterung der neuen Problemsicht in einem Vergleich zwischen der innovativen PPP-Diskussion und der traditionellen Privatisierungsdiskussion. Weiterhin werden Systematisierungsansätze für das weite Spektrum an unterschiedlichen Begriffsauffassungen, Definitionsversuchen und Handlungsfeldern erarbeitet. Es soll aufgezeigt werden, daß die Public Private Partnership ein "**Leitbild**" i. S. der sozialwissenschaftlichen Technikforschung darstellt, deren konstitutive 'Leistung' in motivierenden, gestaltenden und prägenden Funktionen liegt. Die erarbeiteten Systematisierungen dienen gleichzeitig als Grundlage für die Einordnung und Präzisierung des eigenen Forschungsgegenstandes. Insgesamt kann damit **ein neues Verständnis** der PPP-Idee entwickelt werden und ein Beitrag zur Erhöhung der Genauigkeit von PPP-Diskussionen in Praxis und Wissenschaft geleistet werden.

In Anbetracht der erst kurzen wissenschaftlichen Auseinandersetzung mit dem PPP-Phänomen erscheint es derzeit für eine Forschungsarbeit als ein zu hoch gestecktes Ziel, Hypothesen aufzustellen, die den empirischen Forschungsprozeß sinnvoll steuern können. Ein realistischer Anspruch ist der Einstieg in den "Entdeckungszusammenhang" der Aufstellung praxisrelevanter Hypothesen und Theorien.[18] Die vorliegende Untersuchung strebt eine

---

17 Vgl. zu der Idee eines solch komplexen Theorieansatzes Guggenberger, Bernd: Demokratietheorie, in: Nohlen, Dieter (Hrsg.): Wörterbuch Staat und Politik, 4. Aufl., (Serie Piper) München 1996, S. 80-90, hier S. 89.

18 Vgl. hierzu auch Kubicek, Heribert: Empirische Organisationsforschung, Konzeption und Methodik, (C. E. Poeschel) Stuttgart 1975, S. 38 u. S. 67.

Erhöhung des explorativen Potentials nach Art bisheriger Fallstudien an, indem sie eine Vielzahl von Projekten einbezieht; dadurch werden erste Ansätze zu einer **vergleichenden Analyse** möglich. Grundlage der Erkenntnisgewinnung ist die Aufarbeitung der Erfahrungen und Einsichten, die einzelne Akteure bei der Planung und Durchführung von PPP-Projekten gesammelt haben, sowie der Versuch, die Beziehungs- und Wirkungszusammenhänge der in der Praxis ablaufenden Prozesse verstehend zu durchdringen.

Die für diese Untersuchung angestrebte Problemaufbereitung aus Sicht der Entscheidungsträger legt es nahe, die Elemente des entscheidungsorientierten Ansatzes - die Daten, die Ziele, die Instrumente - als Bezugsrahmen für die Konzeptualisierung der Forschungsinhalte zu wählen.[19] Anstelle der "Instrumente" wird hier von "Strategien" gesprochen, da bei der Identifizierung von Gestaltungsalternativen der Daten- und Zielbezug unmittelbar gegeben ist.[20] Die vierte Aussagedimension betrifft die Wirkungen von Handlungen, deren Bewertung hier als "Evaluation" bezeichnet wird. Unter Bezugnahme auf die kategorialen Aussagedimensionen lassen sich die Ziele und Konzeptualisierungsansätze der vorliegenden Arbeit wie folgt konkretisieren:

- **Die Gestaltungsbedingungen**: Das Aufkommen des PPP-Phänomens und seine zukünftige Entwicklung werden durch eine Vielzahl gesellschaftlicher, politischer und wirtschaftlicher Einflußfaktoren und deren dynamische Veränderungen geprägt. Das Beziehungsgefüge zwischen den komplexen Kontextfaktoren und dem neuen Handlungsparadigma der Public Private Partnerhip sollen in dieser Arbeit näher untersucht werden. Darüber hinaus sollen den Entscheidungsträgern aus der Praxis die Gestaltungsbedingungen aufgezeigt werden, die die Konzeption eines PPP-Arrangements nachhaltig beeinflussen, insbesondere ökonomische und rechtliche Restriktionen. In einer zusammenfassenden Übersicht ist eine Evaluation der als relevant erachteten Rahmenbedingungen im Hinblick auf ihre kooperationsfördernde oder -hemmende Wirkung vorgesehen.
- **Die Ziele**: Als mit den PPP-Arrangements verbundene Zielvorstellungen werden in der Arbeit die gesamtgesellschaftlichen Ziele, die System- und Individualziele der jeweiligen Sektoren und der in ihnen agierenden Personen sowie die gemeinsamen Ziele der Kooperanden unterschieden. Bei der Beschäftigung mit den gesamtgesellschaftlichen Zielen interessieren vor allem die Denkansätze, die zur Propagierung der Public Private Partnership als neuem Problemlösungskonzept führen. Die Auseinandersetzung mit den

19 Vgl. zum entscheidungsorientierten Ansatz z. B. Tietz, Bruno: Der Handelsbetrieb, (Vahlen) München 1985, S. 47.

20 Strategien sind eine Kombination aus Zielen und Instrumenten auf der Grundlage einer gegebenen Datenkonstellation; vgl. Tietz, Bruno: Der Handelsbetrieb, (Vahlen) München 1985, S. 47.

Individualzielen der beteiligten Akteure bildet eine Art 'Schlüssel' für das Verständnis von PPP-Arrangements. In dieser Arbeit wird der anspruchsvolle Versuch unternommen, über die 'offiziell' genannten oder gemeinhin 'unterstellten' Ziele der Akteure hinaus zu den tatsächlichen Beweggründen ihres Handelns vorzudringen.[21] Ein wichtiges Erkenntnisinteresse betrifft auch die Beziehung zwischen den unterschiedlichen individuellen Zielen sowie zwischen individuellen und gemeinsamen Zielen.[22] Schließlich sollen Überlegungen über die Probleme der Zielkoordination angestellt werden.

- **Die Strategien**: Ziel der Strategieüberlegungen ist das Aufzeigen von Gestaltungsalternativen, die zur Erreichung der angestrebten Ziele führen können. Zur Systematisierung der Entscheidungsvielfalt werden folgende Strategieebenen einer PPP-Projektentwicklung unterschieden:

  - **Die Leistungsprogrammstrategien**: Welche Typen von Projekten realisieren die Partner gemeinsam? Welche Möglichkeiten der Projekt-Finanzierung gibt es? Wie können durch die strategische Ausgestaltung eines PPP-Arrangements neue Finanzierungsquellen erschlossen werden? Welche Marketingstrategien und welche Kostenstrategien verfolgen die Kooperanden? Bietet das PPP-Arrangement Ansatzpunkte für verbesserte oder neue Strategiebausteine in der Projektierung? Wie wird das PPP-Konzept im Rahmen der Öffentlichkeits- und Imagepolitik genutzt?

  - **Die Managementstrategien**: Wer initiiert die PPP-Projekte und wie werden die geeigneten Partner gefunden? Wie erfolgt die Verteilung von Aktivitäten und Zuständigkeiten auf die Partner? Welche Probleme entstehen bei der Koordination und Kontrolle der arbeitsteilig erbrachten Aktivitäten? Welche Erfahrungen gibt es mit gemischt-wirtschaftlichen Entwicklungsgesellschaften? Wie wird das Projektmanagement in die Betriebsabläufe der öffentlichen Vewaltung integriert? Wo liegen Konfliktpotentiale und wie wird mit Konflikten umgegangen?

  - **Die Burden-sharing-Strategien**: Wie erfolgt die Verteilung von Kosten, Risiken und Erträgen innerhalb des Projektes? Welche 'Knackpunkte' gibt es bei der vertraglichen Fixierung der Vereinbarungen? Wie werden die Verfügungsrechte über die Grundstücke geregelt? Welche Strategien ergreifen die öffentlichen Akteure, um ein Projektvorhaben zu unterstützen? Wie gelingt es ihnen im Gegenzug, an den Gewinnen eines Projektes zu partizipieren?

---

21 Dies erweist sich natürlich als sehr schwierig, da sich hinter allen offiziellen Artikulationen private Vorbehalte und Interessen verstecken und hinter jeder Kooperationsvereinbarung stille Submonologe fließen, von denen nur die Eingeweihten etwas wissen.

22 Die gemeinsamen Ziele dienen später zugleich als Grundlage für die Bewertung der Projekterfolge.

Die Themen sind relativ vielfältig gehalten; alle Ausführungen müssen sich darauf beschränken, die Problemdimensionen anzudeuten und exemplarisch zu veranschaulichen. Dieses methodische Vorgehen erscheint am fruchtbarsten, um das PPP-Konstrukt in seiner Vielfalt und Widersprüchlichkeit verständlicher zu machen. Die Verbesserung des Verständnisses bietet die wichtigste Voraussetzung für einen verbesserten Instrumenteneinsatz in der Praxis. Vor allem besteht die Möglichkeit, die Gefahr unerwarteter Handlungskonsequenzen zu verringern.

- **Die Evaluation**: Die Bewertung der Public Private Partnerships setzt in der vorliegenden Untersuchung auf drei Ebenen an: der Ergebnisebene, der Handlungsebene und der Wertebene. Auf der Ergebnisebene ist eine Evaluation des "Erfolges" von PPP-Projekten intendiert sowie die Herausarbeitung typischer erfolgshemmender und erfolgsfördernder Faktoren von PPP-Projektentwicklungen. Auf der Handlungsebene soll das Innovationspotential der Kooperationsstrategien evaluiert werden und damit auch auf die Meinung eingegangen werden, daß PPP nur "neuer Wein in alten Schläuchen" ist. Auf der Wertebene ist eine Evaluation der Kräfte- und Gefahrenpotentiale des PPP-Konzeptes aus einer globalen Perspektive intendiert.

  Schließlich soll die deskriptive Untersuchung um erste **präskriptive Überlegungen** ergänzt werden. Dies betrifft Fragen nach den Möglichkeiten einer Ableitung allgemeiner Gestaltungsempfehlungen oder der Erarbeitung von Selektionskriterien für die Auswahl eines geeigneten Kooperationsmodells.

Aus den hier skizzierten Zielen und Konzeptualisierungsansätzen ergibt sich der Aufbau der Arbeit, der in der folgenden Übersicht visualisiert ist.

Übersicht 1.1: Der Aufbau der Arbeit

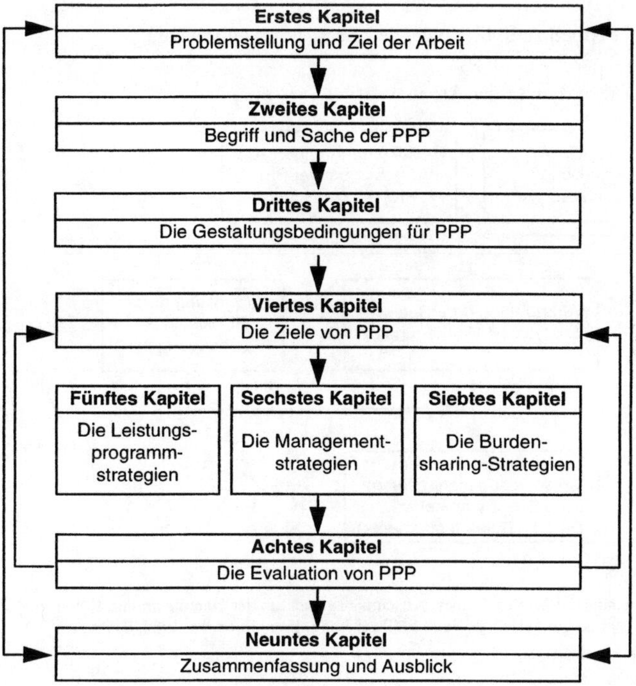

Mit dem Ziel, Entscheidungshilfen für die Praxis zu erarbeiten, strebt die vorliegende Untersuchung ein pragmatisches Wissenschaftsziel an.[23] Da die vorhandenen Theorieansätze für die Integration und Analyse empirischen Erfahrungswissens nur partiell Ansatzpunkte bieten, wird darüber hinaus ein pragmatischer Forschungsansatz verfolgt. Einzelne Theorieansätze werden als "Bereichstheorien" dort in die Untersuchung einbezogen, wo sie einen geeigneten Bezugsrahmen für die Organisation und Interpretation empirischer Daten darstellen. Damit verfolgt die Arbeit einen **integrativen Analyseansatz,** der die spezifischen Sichtweisen und Problemperzeptionen einer Vielzahl normativ-theoretischer Richtungen heuristisch aufeinander bezieht. Es werden Denkansätze und Ideengebilde der Institutionenökonomik, der Demokratietheorie und der Systemtheorie ebenso einbezogen wie Daten und Erkenntnisse verhaltenswissenschaftlicher Untersuchungen aus der Management- und Politikforschung. Ein solch umfassender interpretatorischer Ansatz erscheint am fruchtbarsten, um Anregungen für

[23] Vgl. zur Unterscheidung von pragmatischem und theoretischem Wissenschaftsziel: Kubicek, Heribert: Empirische Organisationsforschung, Konzeption und Methodik, (C. E. Poeschel) Stuttgart 1975, S. 29 ff.

die zukünftige praxisrelevante Theorienbildung zu liefern, die aktuellen wissenschaftlichen Standards genügt.

Die Vorgehensweise der Arbeit stellt die folgende Übersicht graphisch dar.

Übersicht 1.2: Die Vorgehensweise der Arbeit

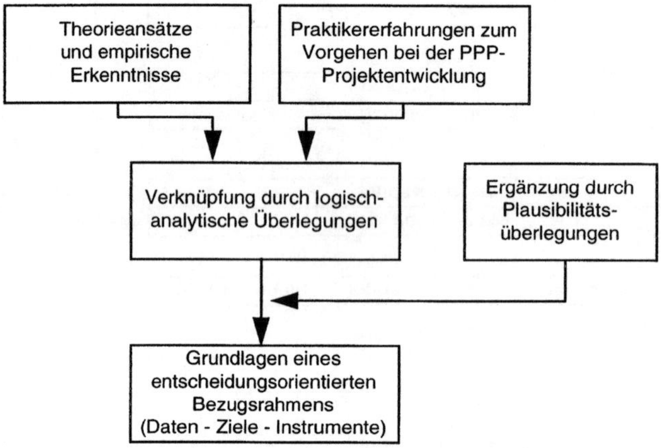

Quelle: Darstellung in Anlehnung an Müller, Rainer: Krisenmanagement in der Unternehmung, Kölner Schriften zur Betriebswirtschaft und Organisation, Band 5, (Peter Lang) Frankfurt a. M. 1982, S. 16.

Mit der vorliegenden Untersuchung wird demnach ein Erkenntnisfortschritt in vierfacher Hinsicht angestrebt:

1. Es soll ein neuer Interpretationsansatz in der Auseinandersetzung mit Begriff und Sache der Public Private Partnership verfolgt werden, der auf der Idee und den Funktionen eines Leitbildes fußt.
2. Es soll eine vergleichende Deskription von Strategiealternativen in der PPP-Projektentwicklung erfolgen, die auf Erfahrungen und Einsichten aus der Praxis aufbaut.
3. Es sollen erste präskriptive Überlegungen angestellt werden, die sich auf die Lösung von Gestaltungsproblemen und die Selektion von Verfahrensalternativen beziehen.
4. Es soll eine integrative Analyse stattfinden, die spezifische Fragen und Folgerungen unterschiedlicher Theorieansätze heuristisch aufeinander bezieht und erste Richtungsweisungen für die zukünftige praxisrelevante Hypothesen- und Theoriebildung liefert.

Um die angestrebte hohe Praxisrelevanz der in dieser Arbeit getroffenen Aussagen sicherzustellen, wurde bereits sehr früh der Kontakt zur Praxis gesucht. Der gesamte Forschungsprozeß stellt sich als ein permanenter Wechsel zwischen theoretischen Annahmen und empirischen Analysen dar.[24] Über einen Zeitraum von eineinhalb Jahren wurden mit insgesamt vierzig Gesprächspartnern, teils mehrfach, Interviews geführt. Die Gesprächsführung wurde anhand eines jeweils individuell erarbeiteten Leitfadens gesteuert und den Gesprächspartnern dabei viel Raum für eigene Ideen und Impulse belassen. Neben den Interviews haben die Teilnahme an Gemeinderatssitzungen und Bürgerversammlungen sowie diversen Seminarveranstaltungen, Diskussionsrunden und Arbeitskreisen vielfältige Perspektiven auf den Forschungsgegenstand vermittelt. Als sehr aufschlußreich erwies sich die Analyse von Vertragswerken, die die Verantwortlichen in etwa der Hälfte der untersuchten Projekte zur Verfügung stellten.

Insgesamt wurden zwanzig Projekte in die eigene empirische Untersuchung einbezogen, deren Auswahlkriterien später erläutert werden.[25] In Abhängigkeit von der jeweiligen Modellkonzeption, dem Entwicklungsstadium des Projektes, der Auskunftsbereitschaft der interviewten Personen und dem eigenen Erkenntnisstand richtete sich der Schwerpunkt des Forschungsinteresses auf jeweils andere Untersuchungsmerkmale. Auch wurde projektabhängig entschieden, ob und welche weiteren Gesprächspartner aufgesucht werden. Diese pragmatische Forschungsmethodik bietet als einzige die Möglichkeit, die Ziele der vorliegenden Arbeit zu erreichen, da sowohl das Strategiespektrum **in seiner Breite** aufgezeigt als auch einzelne, für relevant erachtete Probleme **im Detail** analysiert werden können. Die Konzeption eines Forschungsdesigns mit formalisiertem Erhebungsinstrumentarium, z. B. einem Fragebogen, erscheint angesichts des erst geringen empirischen Kenntnisstandes zu den PPP-Arrangements als wenig fruchtbar. Hier besteht die große Gefahr, die Untersuchung auf Merkmale und Beziehungszusammenhänge zu konzentrieren, von denen sich später herausstellt, daß sie am Kern der eigentlichen Problematik vorbeigehen.[26]

Die Akzeptanz solcher im strengsten Sinn qualitativen Forschungsansätze ist derzeit eher gering; ein wichtiger Grund hierfür ist das Fehlen nomothetischer Messungen, auf die sich die Ausarbeitungen stützen können.[27] Der Hauptkritikpunkt an den Ansätzen, aufgrund ihres rein verstehend-interpretatorischen Vorgehens einen hohen Anteil an subjektiv-spekulativen

---

24 Vgl. hierzu auch Kubicek, Heribert: Empirische Organisationsforschung, Konzeption und Methodik, (C. E. Poeschel) Stuttgart 1975, S. 32.

25 Vgl. die Ausführungen im zweiten Kapitel, D II.

26 Vgl. hierzu auch Kubicek, Heribert: Empirische Organisationsforschung, Konzeption und Methodik, (C. E. Poeschel) Stuttgart 1975, S. 64.

27 Vgl. Wottawa, Heinrich: Lehrbuch Evaluation, (Huber-Psychologie-Lehrbuch) Bern, Stuttgart, Toronto 1990, S. 86.

Interpretationen zu beinhalten,[28] greift für das Ziel der vorliegenden Untersuchung nicht. Vielmehr ist es gerade intendiert, subjektive Einsichten in Prozesse transparent zu machen, und diese Einsichten können nicht den Anspruch erheben, Mehrheitsmeinungen zu sein.[29] In der Arbeit wird jeweils gekennzeichnet, ob es sich bei den Aussagen um Einzelmeinungen handelt oder ob es Meinungen sind, die von mehreren Gesprächspartnern unabhängig voneinander vertreten werden und erste verallgemeinernde Aussagen zulassen. Insgesamt stellt der gewählte Forschungsansatz natürlich sehr hohe Anforderungen an die Didaktik der Wiedergabe und Interpretation von Aussagen. Ob mit dem Ansatz das Ziel der Erarbeitung praxisrelevanter Entscheidungshilfen letztendlich erreicht werden kann, wird dabei zuallererst vom Verständnis des 'Forschenden' selbst für den Untersuchungsgegenstand abhängen.

Wichtige Grundlagen für das eigene Verständnis der 'Sache' wurden durch die Mitarbeit an der Projektstudie "Modellvorhaben Public Private Partnership - Fallstudie Schenkenberg" für das Forschungsprogramm ExWoSt des Bundesbauministeriums gelegt.[30] Die in diesem Zusammenhang geführten Interviews mit den Projektbeteiligten und -betroffenen, die Diskussionen mit den Mitarbeitern der IFEU, Lauchheim, (dem Projektbearbeiter), und den Mitarbeitern des IfS, Berlin, (der wissenschaftlichen Begleitforschung), die Teilnahme an Workshops und Seminaren (Mai, Juni 1994) sowie der späteren Experten-Diskussionsrunde im BMBau (Februar 1995) haben nicht nur vielfältige Einblicke in Problemkonstellationen der Praxis vermittelt und Anregungen für die weiteren empirischen Studien geliefert, sondern auch zu frühen Erfahrungen mit den Möglichkeiten und Grenzen empirischer Forschungstätigkeit verholfen.

---

28 Vgl. z. B. Wottawa, Heinrich: Lehrbuch Evaluation, (Huber-Psychologie-Lehrbuch) Bern, Stuttgart, Toronto 1990, S. 137.

29 Vgl. hierzu auch Fainstein, Susan S.: The City Builders: property, politics and planning in London and New York, (Blackwell Publishers) Oxford and Cambridge 1994, S. IX.

30 Vgl. IFEU-Ingenieurgesellschaft für Energie und Umwelttechnik mbH, Lauchheim: Modellvorhaben Public Private Partnership, Fallstudie Schenkenberg, unveröff. Studie im Rahmen des BMBau-Forschungsfeldes "Neue Wege der privaten Finanzierung von Stadterneuerungs- und Stadtentwicklungsaufgaben" des Experimentellen Wohnungs- und Städtebaus, Endbericht Mai 1995; vgl. zum Forschungsprogramm Fuhrich, Manfred: Anwendungsorientierte Forschung als Mittel der Politikberatung, in: Bundesforschungs-anstalt für Landeskunde und Raumordnung (Hrsg.): Aktuelle Forschungsfelder des Experimentellen Wohnungs- und Städtebaus, Materialien zur Raumentwicklung, Heft 65, Bonn 1994, S. 1-6.

Zweites Kapitel: Begriff und Sache der PPP

A. PPP: Ein ideengeschichtlicher Rückblick

I. Die Ideologie von Public Private Partnership

Die "Public Private Partnership" (PPP) ist in einem Maße erfolgreich, daß dieser Schlüsselbegriff modernen Politikverständnisses sich in der politischen und publizistischen Semantik zunehmend etabliert. Was Public Private Partnership ist - dafür gibt es allerdings keine akzeptierte Lehrmeinung, die sich in einer handfesten Definitionsformel verdichten ließe. Es existiert eine Fülle von Vorstellungen, die sich auf die Dimensionen des "Machbaren" und "Wünschbaren" von PPP beziehen: eine sektorenübergreifende Mobilisierung von Ressourcen, eine neue lokale Solidarität, ein neuer Unternehmergeist in den Stadtverwaltungen, mehr Markt und weniger Staat u. a. m.

Den noch immer fruchtbarsten Zugang zu den wesentlichen Ideen, die sich mit dem PPP-Begriff verbinden, bietet ein begriffsgeschichtlicher Rückblick. Die Wortschöpfung der "Public Private Partnership" wird **Präsident Carter** zugeschrieben, der damit in seiner Regierungserklärung vom 28. März 1978 sein Konzept einer marktwirtschaftlich gesteuerten Stadtentwicklungspolitik einer breiten Bevölkerung nahebringen wollte.[1] Die Ideologie der "New Partnership to Conserve America's Communities" wurde in einem Bericht des Committee for Economic Development (CED)[2] später anschaulich beschrieben:

> "Amerikas Kommunen besitzen die Ressourcen eines fortschrittlichen und einflußreichen Gemeinwesens: gut ausgebildete und fähige Bürger, produktive soziale und wirtschaftliche Institutionen, hochentwickelte Technologien, Infrastrukturen, Transport- und Kommunikationsnetze sowie Zugang zu den Kapitalmärkten. Um dieses Potential zu entwickeln, bedarf es der Kooperation. Die lokalen Regierungen müssen ihre Rollen neu definieren und ihre Aktivitäten auf neue Weise steuern. Sie werden aktive Unterstützung von den staatlichen Regierungen benötigen sowie geeignete gesetzliche, finanzielle und administrative Instrumente.

---

1 Vgl. Barkenov, Timothy; Boyle, Robin; Rich, Daniel: Privatism and Urban Policy in Britain and the United States, (Oxford University Press) New York 1989, S. 69.

2 Das CED ist eine unabhängige Forschungsinstitution, die sich aus 200 Vertretern aus Wirtschaft und Wissenschaft zusammensetzt. Sie berät die amerikanische Regierung in Fragen der Stadtpolitik und hat sich bereits zu einem frühen Zeitpunkt um eine wissenschaftliche Aufarbeitung der PPP-Thematik bemüht. U. a. wurde 1982 eine umfassende Forschungsarbeit fertiggestellt: Fosler, R. Scott; Berger, Renee A. (Eds.): Public Private Partnership in American Cities, Seven Case Studies, (Library of Congress Cataloging in Publication Data) Lexington/Mass., Toronto 1982.

Um das Potential des privaten Sektors voll nutzen zu können, müssen sich die örtlichen Regierungen einen unternehmerischen Handlungsstil aneignen, der Unterstützungsbedarf artikuliert, Möglichkeiten eruiert und effektive Koalitionen zwischen öffenlichen und privaten Akteuren mobilisiert. Der private Sektor muß im Gegenzug offenlegen, was er realistischerweise zu den Entwicklungen beitragen kann. Wenn er die Erwartungshaltungen zu hoch schraubt, werden die von ihm erbrachten Leistungen zwangsläufig als unbefriedigend empfunden. (...) Ist der private Sektor nicht bereit, Zugeständnisse zu machen und Kapital und Know-How für öffentliche Zwecke zur Verfügung zu stellen, werden seine Kommunen im internationalen Standortwettbewerb ins Hintertreffen geraten und engagierteren Kommunen den Vortritt lassen müssen."[3]

Die Beschreibung vermittelt die Idee von PPP als einem plausiblen, wünschbaren und zukunftsweisenden Konzept zur Lösung kommunaler Standortprobleme. Es bezieht als Akteure die nationale, bundesstaatliche und kommunale Ebene auf öffentlicher Seite ebenso ein wie privatwirtschaftliche Unternehmen, gemeinnützige Unternehmen und Bürgerinitiativen auf privater Seite. Die Schlüsselrolle im Entwicklungsprozeß kommt dem privaten Unternehmer zu, der über seine Investitionen Arbeitsplätze schafft und mit städtebaulich-physischen Erneuerungsmaßnahmen dem Standort neue Zukunftsperspektiven eröffnet. Die Zentralregierung übernimmt katalysatorische Funktionen, indem sie die Kommunen mit geeigneten Instrumenten und finanziellen Mitteln ausstattet, die sie zur Bildung schlagkräftiger Koalitionen mit dem privaten Sektor befähigen. Den kommunalen Regierungen kommt die Aufgabe zu, ihre endogenen Ressourcen zu mobilisieren und über die Zusammenstellung attraktiver Anreizpakete Investitionsentscheidung und Standortwahl des privaten Partners zu ihren Gunsten zu beeinflussen.[4]

Die PPP war zunächst weniger ein allgemeines Verhaltensleitbild als vielmehr ein konkreter Interpretationsansatz, mit dem die Regierung Carter ihr **neues Förderprogramm** für die Stadtentwicklung präsentierte: den "Urban Development Action Grant" (UDAG, 1977). Es wurde im nachhinein als das gelungenste Instrument der "New Urban Policy" Präsident Carters beurteilt und führte zur Konzeption vergleichbarer Programme in Großbritannien und Schottland.[5] Das UDAG-Programm zielt auf eine Stimulierung privatwirtschaftlicher Investitionen an wirtschaftsschwachen Standorten. Die Ausgestaltung der Fördermodalitäten regt

---

3 Eigene Übersetzung aus: Committee for Economic Development: Public Private Partnership - An Opportunity for Urban Communities, (Library of Congress Cataloging in Publication Data) New York and Washington 1982, S. 2 f.

4 Vgl. Barkenov, Timothy; Boyle, Robin; Rich, Daniel: Privatism and Urban Policy in Britain and the United States, (Oxford University Press) New York 1989, S. 69.

5 Ein Vergleich des US-amerikanischen "Urban Development Action Grant" (UDAG), des englischen "Urban Development Grant" (UDG) und des schottischen "Local Enterprise Grants for Urban Projekts" (LEG-UP) findet sich bei Boyle; vgl. Boyle, Robin: Leveraging Urban Development: A Comparison of Urban Policy Directions and Programme Impact in the United States and Britain, in: Policy and Politics, 13 Jg., 1985, Nr. 2, S. 175-210.

bereits zu einem frühen Planungszeitpunkt die Zusammenarbeit zwischen Kommune und privatem Investor an: Fördermittel aus dem UDAG-Fond können von der Kommune erst dann beantragt werden, wenn die konkreten Projektplanungen und Projektkalkulationen eines Investors vorliegen.[6]

Unter **Präsident Reagan** wurde der Public-Private-Partnership-Begriff erneut als politisch-ideologisches Konzept aufgegriffen, allerdings entsprechend den Zielen seiner "New Privatism" - Kampagne inhaltlich modifiziert und mit anderen Strategien und Programmen verknüpft. Stadtentwicklungspolitik wurde nicht mehr als nationale Aufgabe verstanden, sondern als eigenverantwortliche Aufgabe der Städte und Gemeinden definiert. Die Mobilisierung privatwirtschaftlicher Investitionen durch öffentliche Anschubfinanzierung wurde als subventionistischer Ansatz abgelehnt, stattdessen die Entfaltung freier Marktkräfte durch ein möglichst wenig reglementiertes Agieren des Privatsektors propagiert. Die Verantwortung für die Zukunft Amerikas sollte nunmehr vollständig in die Hände des privaten Unternehmertums gelegt werden.[7]

In **Großbritannien** wurden Begriff und Sache der Public Private Partnership unter ähnlichem ideologischen Gedankengut von der **Regierung Thatchers** aufgegriffen. "PPP war vielleicht die beständigste Initiative der britischen Stadtentwicklungspolitik in den achtziger Jahren."[8] Während in Amerika die Privatism-Kampagne mit einer Politik der Dezentralisierung einherging, bestand die Besonderheit der Privatisierungspolitik Thatchers in dem Bestreben, die Stadtentwicklungspolitik zu zentralisieren und die Autonomie lokaler und regionaler Entscheidungsträger zu schwächen. Die Kombination von Privatisierungs- und Zentralisierungspolitik führte zu einem speziell britischen Ansatz von PPP, den "Urban Development Corporations" (UDCs). Der neue Typus von lokaler Entwicklungsagentur wurde erstmals 1981 zur Revitalisierung der Londoner "Docklands" eingerichtet, dem 'Flaggschiff' der deregulierten, marktorientierten Planungspolitik der Regierung Thatchers.[9]

---

6 Vgl. ausführlich Gist, John R.: Urban Development Action Grants, Design and Implementation, in: Urban Affaires Annual Review (Beverly Hills, Calif.) 1980, Nr. 18, S. 237-252, S. 243-247; vgl. auch Barkenov, Timothy; Boyle, Robin; Rich, Daniel: Privatism and Urban Policy in Britain and the United States, (Oxford University Press) New York 1989, S. 72 ff.

7 Vgl. ausführlich Barkenov, Timothy; Boyle, Robin; Rich, Daniel: Privatism and Urban Policy in Britain and the United States, (Oxford University Press) New York 1989, S. 100-142; vgl. auch Fainstain, Norman I.; Fainstain, Susan S.: Öffentlich-private Partnerschaften bei der Stadterneuerung und Stadtentwicklung in den USA, in: Heinz, Werner (Hrsg.): Public Private Partnership - ein neuer Weg zur Stadtentwicklung?, (W. Kohlhammer/Deutscher Gemeindeverlag) Stuttgart u. a. 1993, S. 65-124, hier S. 75-79.

8 Eigene Übersetzung aus: Barkenov, Timothy; Boyle, Robin; Rich, Daniel: Privatism and Urban Policy in Britain and the United States, (Oxford University Press) New York 1989, S. 207.

9 Vgl. ausführlich Barkenov, Timothy; Boyle, Robin; Rich, Daniel: Privatism and Urban Policy in Britain and the United States, (Oxford University Press) New York 1989, S. 181-221; vgl. auch Lawless, Paul: Öffentlich-private Partnerschaften in Großbritannien - Analyse und Kritik, in: Heinz, Werner (Hrsg.): Public Private Partnership - ein neuer Weg zur Stadtentwicklung?, (W. Kohlhammer/Deutscher Gemeindeverlag) Stuttgart u. a. 1993, S. 203-243, hier S. 203-210.

Insgesamt schlägt sich in den Public Private Partnerships als **ideologischem Konzept** und **politischem Programm** eine tiefgreifende Wende in den Anschauungen über die zeitgemäße Ausgestaltung von Staat, Wirtschaft und Gesellschaft nieder. Enttäuschungen über die Fehlentwicklungen und Probleme, die dem Konzept "Wohlfahrtsstaat" der sechziger Jahre offensichtlich anhaftet, führten bereits in den frühen siebziger Jahren zu einer Rückwendung zum alten Modell des Neoliberalismus.[10] Statt der keynesianisch beeinflußten Theorie des "Marktversagens" beherrscht die Theorie des "Staatsversagens" den neuen Diskurs. Unter Rückbezug auf das klassisch-individualistische Rationalitätskalkül ist in diesem Denken nicht mehr der Staat Hoffnungs- und Verantwortungsträger für die wirtschaftliche Gesundung, sondern es sind die Dynamik des Marktes, die unternehmerische Initiative, die individuelle Leistungskraft und Leistungsbereitschaft.[11]

Nach Margret Thatcher 1979 in Großbritannien und Ronald Reagan 1980 in den USA übernahm mit Helmut Kohl 1982 auch in **Deutschland** eine konservative Partei die Regierungsverantwortung. Wenngleich Public Private Partnership in Deutschland nicht unmittelbar zu einem politischen Programm avancierte und das dahinterstehende Gedankengut weniger radikal, differenzierter und modifizierter rezipiert wurde, spiegelt sich der Meinungsumschwung der liberal-konservativen Trendwende seit Mitte der siebziger Jahre auch im deutschen Politikverständnis wider.[12] Der zentrale politisch-programmatische Leitsatz der Regierungserklärung Kohls gibt klar die neue Richtung an: "Wir wollen nicht mehr Staat, sondern weniger; wir wollen nicht weniger, sondern mehr persönliche Freiheit".[13] Unter der Perspektive von "mehr Freiheit" liegt im Zweifel die Vermutung zugunsten der Effizienz des Marktes und der von staatlicher Bevormundung befreiten Privatinitiative nahe.

---

10 Die weitverbreitete Unzufriedenheit mit den kostspieligen sozialen Programmen, die nicht in der Lage waren, die Lebensbedingungen benachteiligter Bevölkerungsgruppen nachhaltig zu verbessern, veranlaßte bereits die Regierung von Präsident Nixon (1969-74) unter dem Schlagwort des "New Federalism" die nationalen Ausgaben für soziale Maßnahmen drastisch zu senken und die Autonomie der Bundesstaaten und Kommunen durch die Erhöhungen des Anteils nicht zweckgebundener Finanzzuweisungen zu stärken; vgl. ausführlich Barkenov, Timothy; Boyle, Robin; Rich, Daniel: Privatism and Urban Policy in Britain and the United States, (Oxford University Press) New York 1989, S. 38-99, hier S. 64.

11 Der Meinungstrend wird maßgeblich durch die mikro-ökonomische Theoriebildung geprägt; vgl. Himmelmann, Gerhard: Politische Bestimmungsmerkmale der Privatisierungsdiskussion in der Bundesrepublik Deutschland, in: Privatisierung und die Zukunft der öffentlichen Wirtschaft, hrsg. v. Helmut Brede i. A. d. Wiss. Beirats d. Gesellschaft für öffentliche Wirtschaft und Gemeinwirtschaft, (Nomos) Baden-Baden 1988, S. 107-126, hier S. 113.

12 Die Debatte um das Problem der "Regierbarkeit" des modernen Staates und den "Mißbrauch sozialer Leistungen" in der Mitte der siebziger Jahre können als prägnante Beispiele dieser in der Bundesrepublik verwurzelten neuen Denkweise angeführt werden; vgl. Himmelmann, Gerhard: Politische Bestimmungsmerkmale der Privatisierungsdiskussion in der Bundesrepublik Deutschland, in: Privatisierung und die Zukunft der öffentlichen Wirtschaft, hrsg. v. Helmut Brede i. A. d. Wiss. Beirats d. Gesellschaft für öffentliche Wirtschaft und Gemeinwirtschaft, (Nomos) Baden-Baden 1988, S. 107-126, hier S. 115.

13 Helmut Kohl: Programm der Erneuerung, Freiheit, Mitmenschlichkeit und Verantwortung, Regierungserklärung am 4. Mai 1983, Bonn 1983; zit. nach: Himmelmann, Gerhard: Politische Bestimmungsmerkmale der Privatisierungsdiskussion in der Bundesrepublik Deutschland, in: Privatisierung und die Zukunft der öffentlichen Wirtschaft, hrsg. v. Helmut Brede i. A. d. Wiss. Beirats d. Gesellschaft für öffentliche Wirtschaft und Gemeinwirtschaft, (Nomos) Baden-Baden 1988, S. 107-126, hier S. 116.

In der politisch-sozialen, wissenschaftlichen und publizistischen Kräftekonstellation übt das marktwirtschaftlich-politisch konservative Gedankengut seit Beginn der achtziger Jahre eine unbestrittene Dominanz aus. Angesichts der leeren öffentlichen Kassen und der beobachtbaren Überforderung staatlicher Entscheidungsmacht hat sich in allen westlichen Industrienationen die Überzeugung durchgesetzt, daß die Aufgabenhäufung beim Staat gebremst und die Funktionsmechanismen des Marktes intelligenter genutzt werden müssen. Public Private Partnership ist heute zu einem **allgemein akzeptierten Paradigma** lokaler Entscheidungsfindung und Aufgabenerfüllung avanciert.[14] Unter dem Begriff werden auf verschiedenen Handlungsfeldern innovative Modelle von Arbeitsteilung und Kooperation zwischen den Sektoren erprobt; in Kapitelabschnitt B II sind diese Gestaltungsperspektiven inhaltlich aufgefächert.

Die Diskussion um Public Private Partnership ist dabei in Mitteleuropa, insbesondere in Deutschland, anders verortet als in den USA. Hier besitzt der interventionistische Sozialstaat eine lange Tradition, die dem Staat ein sehr umfangreiches Aufgabenfeld wirtschaftlicher und sozialer Regulierung beschert hat. Das Vertrauen in die Funktionsweise des ökonomischen Marktes ist weitaus geringer ausgeprägt als in den USA. In der Diskussion um neue Konzepte zur Bewältigung gesellschaftlicher Problemlagen geht es daher weniger um grundsätzliche Rollenveränderungen von privaten und öffentlichen Aufgabenträgern als vielmehr um Strategien einer **Entlastung der öffentlichen Hand**, gekoppelt mit dem Ziel, eine sozialstaatliche Verantwortung nicht aufzugeben.[15]

II. Die Entstehung von Public Private Partnership

Die kooperative Zusammenarbeit zwischen öffentlichen Institutionen, privaten Unternehmen und gesellschaftlichen Gruppierungen ist ein Wesenselement demokratisch marktwirtschaftlicher Gesellschaftssysteme. Gerade im Städtebau, wo staatliche Planungen und private Investitionen so unmittelbar voneinander abhängen, ist es seit jeher gängige Praxis, daß private und öffentliche Akteure zusammenarbeiten und sich gemeinsam um die wirtschaftliche Entwicklung der Städte bemühen. Für einige Beobachter beinhaltet die Idee der Public Private Partnership daher nicht viel Neues; schon immer hat der öffentliche Sektor seine Planungen auf die Bedarfe privater Entscheidungsträger abgestimmt, hat der private Sektor

14 Vgl. hierzu auch Kletzander, Andreas: Public Private Partnership als Gefahr für lokale Demokratie und Verteilungsgerechtigkeit? Das Beispiel Stadterneuerung in Nordengland, in: Archiv für Kommunalwissenschaften, hrsg. v. Deutschen Institut für Urbanistik, (W. Kohlhammer/Deutscher Gemeindeverlag) 34. Jg., 1995, Band I, S. 119-133, hier S. 133.

15 Vgl. Schuppert, Gunnar Folke: Die Erfüllung öffentlicher Aufgaben durch die öffentliche Hand, private Anbieter und Organisationen des dritten Sektors, in: Ipsen, Jörn (Hrsg.): Privatisierung öffentlicher Aufgaben, 4. Bad Iburger Gespräche, Symposium des Instituts für Kommunalrecht der Universität Osnabrück am 15. Dezember 1993, Osnabrücker rechtswissenschaftliche Abhandlungen, Band 44, (Heymanns) Osnabrück 1994, S. 17-35, hier S. 28.

seine Investitionsvorhaben mit öffentlichen Maßnahmen koordiniert und sind private Unternehmen durch staatliche Fördermaßnahmen subventioniert worden.[16]

Es ist sicher zutreffend, daß das Gedankengut von Public Private Partnership nicht erst mit der Erfindung des Wortes aufgekommen ist. Ebenso ist richtig, daß heute vieles mit PPP bezeichnet wird, was es früher auch schon gab. Der Begriff der PPP wurde auch weniger bemüht, um ein neues Phänomen zu bezeichnen, als vielmehr um neue Perspektiven auf im Grunde bekannte Probleme zu vermitteln.[17] Dennoch sind die PPPs mehr als nur ein politisches Propaganda-Konzept für mehr Markt und weniger Staat. Sie sind zunächst ein **pragmatisches Handlungskonzept** von Kommunen, die in einem bislang unbekannten Ausmaß mit Problemen von Struktur- und Finanzkrisen, zerfallenden Innenstädten und sozialer Armut konfrontiert sind. Die praktische Idee von Public Private Partnerships wurde aus der Not geboren. Für die Kommune war es weniger eine Überzeugungs- denn eine Überlebensstrategie, auf die Initiativen des privaten Sektors zu 'bauen' und dessen Vorhaben nach besten Kräften zu unterstützen.

Als erste und bekannteste Public Private Partnership gilt heute die **PPP Pittsburgh**, deren zentrale Institution, die ACCD[18], 1943 von Richard Mellon, dem Vorstandsvorsitzenden der Mellon Bank, ins Leben gerufen wurde. In der ACCD haben sich die Vorstandsvorsitzenden der 30 führenden Unternehmen Pittsburghs mit dem Ziel zusammengeschlossen, Strategien für die wirtschaftliche, soziale und städtebauliche Entwicklung der Stadt zu entwerfen. Das über Jahre hinweg andauernde persönliche und finanzielle Engagement der einflußreichen Unternehmer beschränkte sich nicht auf Programmkonzeptionen, sondern bezog auch Implementierungs- und Koordinierungsstrategien mit ein. In zahllosen Einzelinitiativen und Projekten und mit nachhaltiger Unterstützung des öffentlichen Sektors wurden die langfristigen Planungen konsequent umgesetzt, wurden spektakuläre Ansiedlungserfolge erzielt und das städtebauliche Erscheinungsbild rundum erneuert. Pittsburgh gilt heute weltweit als Vorzeigestadt für die erfolgreiche Bewältigung des strukturellen Wandels mit Hilfe einer Public Private Partnership.[19]

16 Vgl. Empirica GmbH: Öffentliche und private Partnerschaft bei der städtebaulichen und wirtschaftlichen Erneuerung in großen amerikanischen Städten, unveröff. Studie im Auftrag des BfLR, Bonn 1988, S. 3; vgl. auch Institut für Städtebau Berlin der deutschen Akademie für Städtebau und Landesplanung (Hrsg.): Finanzierung und Betrieb öffentlicher Einrichtungen durch private Investoren, Public Private Partnership, Beiträge aus den Kursen 299 (April 1992), 290 (Oktober 1991) und 275 (November 1990), Berlin 1992, S. 12.

17 Vgl. zur neuen Problemsicht des PPP-Konzeptes Kapitelabschnitt C I.

18 ACCD: Allegheny Conference on Community Development.

19 Vgl. zur PPP Pittsburgh z. B. Fosler, R. Scott; Berger, Renee A. (Eds.): Public Private Partnership in American Cities, Seven Case Studies, (Library of Congress Cataloging in Publication Data) Lexington/Mass., Toronto 1982, S. 59-128; vgl. auch Kunzmann, Klaus R. u. a. (Hrsg.): Pittsburgh, eine Erfolgsgeschichte?, Dortmunder Beiträge zur Raumplanung, hrsg. v. Institut für Raumplanung der Universität Dortmund, Dortmund 1993; vgl. weiter Tank, Hannes: Altindustrialisierte Gebiete; Lösungswege in den Regionen Pitts-

Zu einer 'Boomphase' von PPPs kam es jedoch erst Ende der siebziger/Anfang der achtziger Jahre, als städtische Entwicklungsprobleme an nahezu allen Standorten zum Thema wurden und das Konzept auch politisch aufgegriffen und forciert wurde. Die "neue Ära" US-amerikanischer PPPs (nach 1970) machen Beobachter der PPP-Bewegung sowohl an einer erheblichen quantitativen Bedeutungszunahme, als auch an bedeutsamen qualitativen Veränderungen fest.[20] Zu letzteren zählen vor allem die Ausweitung der Handlungsfelder von PPPs auf nahezu alle Bereiche kommunaler Leistungen und städtischer Entwicklung sowie die Institutionalisierung der Arrangements, d. i. das Bemühen, die bestehende Zusammenarbeit in bestimmten Formen zu organisieren.

Die 'success-storys' aus Städten wie Pittsburgh, Baltimore, Minneapolis und San Francisco, in denen es mit Hilfe einer Mobilisierung endogener Ressourcen gelungen ist, die lokale Wirtschaft zu revitalisieren, wurden zu animierenden Vorbildern für britische, später auch mitteleuropäische Ansätze von PPP. Viele amerikanische Modelle und Konzepte sind jedoch nur sehr bedingt auf andere Länder übertragbar, da die politischen, rechtlichen und kulturellen Gegebenheiten sowie die Mentalitäten und Überzeugungen länderspezifisch erheblich variieren. Wichtige **Rahmenbedingungen** für die amerikanische Form von PPPs waren:[21]

- der historisch gewachsene Föderalismus mit seinem stark dezentralen Charakter,
- die hohe Autonomie kommunaler und bundesstaatlicher Verwaltungs- und Finanzbehörden,[22]
- die geringe Bedeutung stadtplanerischer Aktivitäten auf seiten der öffentlichen Hand,
- der bedeutende Stellenwert des Engagements von Unternehmerpersönlichkeiten und wohltätigen privaten Stiftungen in der Stadtpolitik,[23]

---

burgh/USA und Glasgow/GB, ILS-Schriften Nr. 12, hrsg.v. Institut für Landes- und Stadtentwicklungsforschung des Landes Nordrhein-Westfalen, Dortmund 1988, S. 44-52.

20 Vgl. Fainstain, Norman I.; Fainstain, Susan S.: Öffentlich-private Partnerschaften bei der Stadterneuerung und Stadtentwicklung in den USA, in: Heinz, Werner (Hrsg.): Public Private Partnership - ein neuer Weg zur Stadtentwicklung?, (W. Kohlhammer/Deutscher Gemeindeverlag) Stuttgart u. a. 1993, S. 65-124, passim; vgl. auch Empirica GmbH: Öffentliche und private Partnerschaft bei der städtebaulichen und wirtschaftlichen Erneuerung in großen amerikanischen Städten, Studie im Auftrag des BfLR, Bonn 1988, passim.

21 Vgl. Eisinger, Peter, K.: The Rise of the Entrepreneurial State, (The University of Wisconsin Press) Madison, Wisconsin 1988, hier S. 332 ff.; vgl. auch Schulz zur Wiesch, Jochen: Das Doppelgesicht der Metropolen - Tendenzen der amerikanischen Stadtenwicklung, in: Archiv für Kommunalwissenschaften, hrsg. v. Deutschen Institut für Urbanistik (W. Kohlhammer/Deutscher Gemeindeverlag) 32. Jg., 1993, Band I, S. 24-44, hier S. 27; vgl. weiter Empirica GmbH: Öffentliche und private Partnerschaft bei der städtebaulichen und wirtschaftlichen Erneuerung in großen amerikanischen Städten, unveröff. Studie im Auftrag des BfLR, Bonn 1988, hier S. 7 f.

22 Die hohe Verwaltungs- und Finanzautonomie von Bundesstaaten und Gemeinden beinhaltet u. a., daß sie kaum Beschränkungen unterworfen sind, was die Wahl von Organisationsformen zur Unterstützung der städtischen Erneuerung anbelangt. Dies führte zur Entwicklung eines Marktes konkurrierender lokaler und bundesstaatlicher "agencies", die sich in Aktivitäten mit öffentlicher Zweckbestimmung oder in ehemals von der öffentlichen Hand betriebenen Bereichen engagieren; vgl. Fainstain, Norman I.; Fainstain, Susan S.: Öffentlich-private Partnerschaften bei der Stadterneuerung und Stadtentwicklung in den USA, in: Heinz, Werner (Hrsg.): Public Private Partnership - ein neuer Weg zur Stadtentwicklung?, (W. Kohlhammer/Deutscher Gemeindeverlag) Stuttgart u. a. 1993, S. 65-124, hier S. 84.

- die traditionelle Opposition gegen staatlichen Interventionismus und hohe Steuerzahlungen,
- die starke Abhängigkeit der kommunalen Haushaltsetats von Ansiedlungs- und Investitionsentscheidungen privater Unternehmen und Haushalte,
- die fehlende Struktur- und Ausgleichspolitik auf nationaler Ebene,
- die enormen städtischen Probleme mit der Verödung und dem Verfall ganzer Innenstädte,
- die starken Beschäftigungseinbrüche und Bevölkerungsabwanderungen im Zuge struktureller ökonomischer Wirtschaftskrisen,
- der hohe gesellschaftliche Stellenwert von lokalen Initiativen, bürgerlichen Selbsthilfebewegungen, Sponsoren, Stiftungen, Nachbarschaftsaktionen und kirchlichen Hilfsaktionen,
- die pragmatische Toleranz bei der Bewertung politischer Konzepte, die mit einer geringen Sensibilität gegenüber repräsentativ-demokratischen und legitimatorischen Grundwerten einhergeht.[24]

In Europa wurden die Inhalte und Konzepte US-amerikanischer Pilotprojekte mit einer Verzögerung von fünf bis zehn Jahren aufgegriffen; der Innovationsgehalt der Strategien ist entsprechend geringer. Typische PPP-Projekte wie die erlebnisorientierte Wiederbelebung städtischer Wasserflächen in Verbindung mit Handels-, hochwertigen Wohn- und attraktiven Freizeitnutzungen wurden mehr oder weniger unverändert kopiert und konnten vielfach nicht mehr die gleiche Magnetwirkung erzielen wie die Erstentwicklungen.[25]

Es gibt in den einzelnen Ländern durchaus auch eigenständige Kooperationsformen, in denen das Gedankengut von PPP zum Tragen kommt, die sich jedoch unabhängig von amerikanischen Vorbildern entwickelt haben. In **Frankreich** kommt den "Société d'Economie Mixte" (SEM) traditionell eine große Bedeutung für die Stadtpolitik zu. Die gemischt-wirtschaftlichen Gesellschaften werden von Städten, Départements oder dem Staat gemeinsam mit privaten Akteuren für eine Vielzahl von Zwecken, insbesondere im Bereich städtischer

---

23 Daß das Gemeinwohlbewußtsein bei den Verantwortlichen der lokal ansässigen Wirtschaft ungleich stärker als in Europa ausgeprägt ist, zeigen Ansätze von PPP, in denen der wirtschaftliche Sektor von sich aus die Verantwortung für die Ausgestaltung eines besseren Schulsystems oder für eine effektivere Organisation der Gemeindeverwaltung übernimmt; vgl. Krautzberger, Michael: Kooperationsmodelle aus staatlicher Sicht, in: Deutscher Verband für Wohnungswesen, Städtebau und Raumordnung (Hrsg.): Symposium public-private-partnership, Ausländische Erfahrungen und praktische Beispiele, Tagungsdokumentation vom Symposium am 22.01.1992 in Bonn, Bonn 1992, S. 42-57, hier S. 44.

24 Vgl. zu den Unterschieden in Verwaltungsrechtssystemen und politischen Sensibilitäten zwischen Deutschland und den USA: Hoffmann-Riem, Wolfgang: Verhandlungslösung und Mittlereinsatz im Bereich der Verwaltung, Eine vergleichende Einführung, in: Hoffmann-Riem, Wolfgang; Schmidt-Aßmann, Eberhard (Hrsg.): Konfliktbewältigung durch Verhandlungen, Bd. 1, (Nomos) Baden-Baden 1990, S. 13-42, hier S. 13-16.

25 Vgl. Barkenov, Timothy; Boyle, Robin; Rich, Daniel: Privatism and Urban Policy in Britain and the United States, (Oxford University Press) New York 1989, S. 176.

Entwicklungsplanung und städtischer Versorgungsleistungen gegründet. Während den früheren SEMs eher die Idee einer Geschäftsbesorgung des privaten für den öffentlichen Sektor zugrunde lag, lassen sich in jüngster Zeit Ansätze ausmachen, in denen Planungs- und Entwicklungskonzessionen auf Risiko der Gesellschaft erteilt werden. Die für das "Euralille"-Projekt gegründete SEM (1990) ist die erste, die als Aktiengesellschaft errichtet wurde.[26]

In **Deutschland** findet sich die Idee der Public Private Partnerships bereits zu einer sehr frühen Zeit im genossenschaftlichen Wohnungswesen realisiert.[27] Die ersten gemeinnützigen Baugesellschaften wurden auf private Initiative in der Mitte des 19. Jahrhunderts gegründet. In der kooperativen Zusammenarbeit zwischen gemeinnützigen Unternehmen und öffentlicher Hand erlegten sich die Unternehmen freiwillig Beschränkungen hinsichtlich ihrer Unternehmenspolitik und Gewinnerzielung auf, und der Staat gewährte als Gegenleistung steuerliche Vergünstigungen. Die zunehmende Festschreibung und juristische Reglementierung des Tauschverhältnisses trugen ebenso wie die politisch forcierte Deregulierung des Wohnungssektors mit dazu bei, daß von den historischen Errungenschaften heute nur noch rudimentäre Elemente übriggeblieben sind.[28] Unmittelbar nach dem Zweiten Weltkrieg findet sich der Gedanke der PPP bei der Gründung sog. Aufbaugesellschaften verwirklicht, die von privaten Wohnungsbaugesellschaften und dem Staat gemeinsam getragen wurden und von denen einige heute noch existieren.[29]

B. PPP: Die Vielfalt an Vorstellungen und Gestaltungen

I. Die Bedeutungsvorstellungen und Definitionsansätze

Aufgrund der hohen Plausibilität, der positiven Assoziationen und der dynamisch anmutenden Problemlösekraft, die sich mit dem Public-Private-Partnership-Begriff verbinden, erfreut sich das Schlagwort großer Beliebtheit und einer zunehmend inflationären Verwendung. Es wird mittlerweile mit den verschiedensten Interaktionsformen in Verbindung gebracht, die sich

---

26 Die Errichtung von SEMs basiert auf gesetzlichen Grundlagen aus den Jahren 1926 (1. Generation), 1955 (2. Generation) und 1983 (3. Generation). Schätzungen zufolge waren 1992 in Frankreich ungefähr 1100 SEMs aktiv, davon 240 im Bereich Planung und Entwicklung, 450 im Bausektor und 410 im Managementbereich. Die Gesamtinvestitionen der SEMs machen ungefähr 10% aller durch Städte und Gemeinden getätigten Investitionen aus; vgl. Ascher, Francois: Öffentlich-private Partnerschaften bei der Stadterneuerung und Stadtentwicklung in Frankreich, in: Heinz, Werner (Hrsg.): Public Private Partnership - ein neuer Weg zur Stadtentwicklung?, (W. Kohlhammer/Deutscher Gemeindeverlag) Stuttgart u. a. 1993, S. 277-340, hier S. 323.

27 Vgl. ausführlich Selle, Klaus: Was ist bloß mit der Planung los? Erkundungen auf dem Weg zum kooperativen Handeln, Dortmunder Beiträge zur Raumplanung, Heft 69, hrsg. v. Institut für Raumplanung Fachbereich Raumplanung, Universität Dortmund, Dortmund 1994, S. 160-184.

28 Die Aufhebung des Wohnungsgemeinnützigkeitsgesetzes wurde 1988 beschlossen und 1990 wirksam.

29 Vgl. Selle, Klaus: Was ist bloß mit der Planung los? Erkundungen auf dem Weg zum kooperativen Handeln, Dortmunder Beiträge zur Raumplanung, Heft 69, hrsg. v. Institut für Raumplanung Fachbereich Raumplanung, Universität Dortmund, Dortmund 1994, S. 91.

zwischen dem Staat und seinen Bürgern abspielen. Für einige Beobachter ist der PPP-Begriff aufgrund fehlender inhaltlicher Präzisierungen zu einer bloßen "Leerformel" verkommen.[30] Vereinzelt zeigt sich im deutschsprachigen Raum bereits die Tendenz, den sehr unscharfen und ideologisch angehauchten anglo-amerikanischen Begriff zu meiden und entsprechende Umschreibungen zu wählen.[31]

Die Schwierigkeiten im Umgang mit dem PPP-Begriff lassen sich in Anlehnung an Erkenntnisse der sozialwissenschaftlichen Technikforschung auf einen Punkt bringen: Die Public Private Partnerships sind kein Begriff i. e. S., sondern ein **Leitbild**. "Während - metaphorisch gesprochen - in Begriffen stets etwas auf den Punkt gebracht wird, zeichnen sich Leitbilder dadurch aus, etwas in Relation zu setzen. Wunsch und Wirklichkeit, Gegenwart und Zukunft, Idee und Artefakt werden in diesen Bildern nicht nacheinander, sondern simultan, nicht seriell, sondern parallel repräsentiert."[32] In Leitbildkontroversen erschließen sich Diskurse über Möglickeiten oder Notwendigkeiten, Zwänge oder Chancen, Rationalitäten oder Irrationalitäten technischer bzw. hier politisch-sozialer Entwicklungspfade. Der Bedeutungsinhalt von Leitbildern steht nicht per se fest, sondern wird in Diskussionen in Fachkreisen, in den Medien und in der Öffentlichkeit erst konkretisiert, wobei sich im Zeitablauf Veränderungen ergeben können.[33] Das Begriffsverständnis von PPP wird insbesondere durch die unter diesem Schlagwort konzipierten Organisationsmodelle und realisierten Projekte geprägt. Dies hat vielfach dazu geführt, den PPP-Begriff synonym zu bestimmten institutionellen Arrangements - v. a. gemischt-wirtschaftlich verfaßte Organisationen des Gesellschaftsrechts - zu verwenden oder das Anwendungsfeld von PPP auf bestimmte Projekttypen - v. a. bauliche Großprojekte oder kommunale Infrastrukturanlagen - beschränkt zu sehen.

---

30 Vgl. z. B. Heinz, Werner (Hrsg.): Public Private Partnership - ein neuer Weg zur Stadtentwicklung?, (W. Kohlhammer/Deutscher Gemeindeverlag) Stuttgart u. a. 1993, S. 487.

31 Einige Gesprächspartner vertraten die Meinung, der Begriff sei aufgrund seiner undifferenzierten und beliebigen Verwendung als Forschungsgegenstand einer wissenschaftlichen Arbeit ungeeignet. Seminarveranstalter waren geteilter Meinung über die Eignung des Begriffs als Thema einer Veranstaltung; es wurden insbesondere Bedenken geäußert, der Begriff sei zu sehr mit "Klischeevorstellungen" besetzt. Eine Übersetzung des Begriffes in "Öffentliche-private Partnerschaften" findet sich - außer in wörtlichen Übersetzungen englischer Texte - kaum. Umschreibungen wie "lokale Kooperation" und "Neue Formen der Kooperation" oder "Private Finanzierung" sind in der deutschsprachigen Literatur verbreitet; vgl. z. B. Kruzewicz, Michael: Lokale Kooperation in Nordrhein-Westfalen, hrsg. v. Institut für Landes- und Stadtentwicklungsforschung des Landes Nordrhein-Westfalen (ILS), Dortmund 1993; vgl. auch Kestermann, Reiner: Neue Formen der Kooperation - innovatives Element in der Stadt- und Regionalentwicklung? Einführungsvortrag zum gleichlautenden Kolloquium im Rahmen des Dortmunder Wissenschaftsfrühlings 1991 am 22. April 1991 in Dortmund, unveröff. Vortragsmanuskript.

32 Dierkes, Meinolf: Leitbild und Technik: Zur Entstehung und Steuerung technischer Innovation, hrsg. v. Wissenschaftszentrum Berlin für Sozialforschung, (Rainer Bohn) Berlin 1992, S. 163.

33 Vgl. Dierkes, Meinolf: Leitbild und Technik: Zur Entstehung und Steuerung technischer Innovation, hrsg. v. Wissenschaftszentrum Berlin für Sozialforschung, (Rainer Bohn) Berlin 1992, hier v. a. S. 163 und S. 18 f.; vgl. auch die Ausführungen zur Leitbildidee im neunten Kapitel, A.

Es ist interessant zu beobachten, welche gesellschaftlichen Gruppierungen sich an der Konkretisierung des PPP-Begriffes beteiligen und entsprechende Kooperationsmodelle erarbeiten; geht es doch auch darum, finanzielle Unterstützungen und gesellschaftliche Anerkennung für bestimmte Kooperationstypen zu mobilisieren.

In **Großbritannien** ist einer der stärksten Befürworter des PPP-Gedankens die britische **Immobilienwirtschaft** gewesen. Ihre wichtigsten Institutionen schlossen sich 1985 zur "Phoenix-Partnership" zusammen, mit dem Ziel, die Bildung lokaler PPPs zu unterstützen. Hierbei ging es weniger darum, Möglichkeiten aufzuzeigen, wie der private Sektor die Stadtentwicklung vorantreiben kann, als vielmehr darum, nationale und lokale politische Entscheidungsträger dahingehend zu beeinflussen, daß private Projektentwicklungen finanziell gefördert werden.[34]

In **Deutschland** beteiligen sich **Banken und Finanzierungsinstitute** intensiv an der Diskussion um PPP. Die private Finanzierung öffentlicher Investitionen über Leasing-, Fonds-, Factoring- und Beteiligungsmodelle werden als intelligente Alternativen zur klassischen Kommunalkreditfinanzierung propagiert. Dringend notwendige Investitionen ließen sich trotz leerer Haushaltskassen sofort realisieren, und die Finanzierung könne unmittelbar an die Nutzung gebunden werden.[35] Unter dem Codewort der PPP sind vor allem für kommunale Ver- und Entsorgungseinrichtungen komplexe Finanzierungs- und Organisationsmodelle konzipiert worden; Bau und Betrieb der Anlagen stellen ein interessantes Betätigungsfeld für private Unternehmen dar.[36] Beobachter der PPP-Bewegung in Deutschland haben bereits den Eindruck, das Verständnis von PPP habe sich gänzlich auf die private Finanzierung öffentlicher Investitionen eingeengt.[37]

---

34 Ausgehend von den Erfahrungen in den USA progagierte die Phoenix-Partnership die Stärken partnerschaftlicher Arrangements, die in einer Entpolitisierung der städtebaulichen Entwicklung lägen. Öffentliche Institutionen seien ungeeignet, eine unterstützende Funktion im Entwicklungsprozeß zu übernehmen; ihre Rolle in einem komplexen Entwicklungsvorhaben sei kontraproduktiv; vgl. Barkenov, Timothy; Boyle, Robin; Rich, Daniel: Privatism and Urban Policy in Britain and the United States, (Oxford University Press) New York 1989, S. 208.

35 Die ökonomische Vorteilhaftigkeit der privaten Finanzierungsmodelle ist allerdings sehr umstritten; vgl. aus der umfangreichen Literatur zum Thema z. B. Junkenheinrich, Martin: Privatisierung der kommunalen Infrastrukturfinanzierung, Überlegungen zur ökonomischen Vorteilhaftigkeit eines instrumentellen Hoffnungsträgers, in: Ipsen, Jörn (Hrsg.): Privatisierung öffentlicher Aufgaben, 4. Bad Iburger Gespräche, Symposium des Instituts für Kommunalrecht der Universität Osnabrück am 15. Dezember 1993, Osnabrücker rechtswissenschaftliche Abhandlungen, Band 44, (Heymanns) Osnabrück 1994, S. 155-179; vgl. auch Kirchhoff, Ulrich; Müller-Godeffroy, Heinrich: Finanzierungsmodelle für kommunale Investitionen, 5. erw. u. überarb. Aufl., (Deutscher Sparkassenverlag) Stuttgart, Bonn 1994; vgl. weiter Rehm, Hannes: Neue Wege zur Finanzierung öffentlicher Investitionen, (Nomos) Baden-Baden 1994.

36 Bekannt geworden sind vor allem das "niedersächsische Betreibermodell" für Kläranlagen und das "Kooperationsmodell Stadtentwässerung Schwerte"; eine Erläuterung der Modellkonzeptionen findet sich z. B. bei Kirchhoff, Ulrich; Müller-Godeffroy, Heinrich: Finanzierungsmodelle für kommunale Investitionen, 5. erw. u. überarb. Aufl., (Deutscher Sparkassenverlag) Stuttgart, Bonn 1994.

37 Vgl. z. B. Kestermann, Reiner: Public-Private Partnership, Anmerkungen zur Rezeption eines Modebegriffes, in: Raumplanung, 1993, Heft 63, S. 205-214, hier S. 205.

In Abgrenzung zur Umgangssprache bemüht sich die wissenschaftliche Diskussion darum, das PPP-Konzept auf eine **einheitliche Definitionsformel** zu bringen. Die Definitionsansätze reichen von allgemeinen begrifflich-sprachlichen Umschreibungen, so der "ziel- und zweckgerichteten Zusammenarbeit zwischen der Kommune und ihren Bürgerinnen und Bürgern"[38] bis hin zu dem Versuch, die wesentlichen Inhalte der PPP-Idee in ihrem ursprünglichen Sinn- und Verwendungszusammenhang zu erfassen. Eine der ältesten und am häufigsten zitierten Definitionen ist die des Committee for Economic Development (CED):

> "PPP meint Kooperation zwischen Personen und Organisationen aus dem öffentlichen wie dem privaten Sektor zum wechselseitigen Vorteil. Solche Kooperationen haben zwei Dimensionen: die policy-Dimension, die der Formulierung von Zielen der Kommune gilt, und die operative-Dimension zur Realisierung der Ziele. Der Zweck von PPP ist, diese Dimensionen auf eine Weise zu verbinden, daß die Beteiligten zum Vorteil der Allgemeinheit beitragen und gleichzeitig ihren eigenen Interessen bzw. denen ihrer Organisationen dienen.
>
> Die policy-Dimension verlangt einen Prozeß, der Konsens erzeugt über die gemeinsamen Ziele, die zu ergreifenden Maßnahmen, die Rollen- und Aufgabenverteilung und eine nachhaltige Unterstützung für aktives Handeln. (...) Die operative-Dimension kann drei grundsätzliche Formen annehmen: Die private Initiative im öffentlichen Interesse ..., die staatliche Initiative zur Erleicherung oder Ermutigung privaten Handelns im öffentlichen Interesse ... (oder) joint-ventures von öffentlichen Stellen und privaten Akteuren ..."[39]

Von seinem ursprünglichen Verständnis her ist PPP ein projektbezogenes Konzept, das unmittelbar handlungsorientiert ist. Erst später entwickelte sich ein institutionell geprägtes Verständnis von PPP, das das organisatorische Arrangement zum definitorischen Merkmal werden läßt.[40] Mit den Aufweichungen einerseits und den Explizierungen des Begriffsverständnisses anderseits einher geht eine kaum mehr übersehbare Vielfalt an Defintionsansätzen, die das PPP-Konzept in einer handfesten Formel zu verdichten suchen. Wichtige Unterschiede in den Definitionen und Begriffsverwendungen[41] können auf unterschiedliche Auffassungen der Autoren bezüglich folgender kategorialer Fragestellungen zurückgeführt werden:

---

38 Vgl. die Definition von Jetter/Strauch/Zellmer, in: Institut für Städtebau Berlin der deutschen Akademie für Städtebau und Landesplanung (Hrsg.): Finanzierung und Betrieb öffentlicher Einrichtungen durch private Investoren, Public Private Partnership, Beiträge aus den Kursen 299 (April 1992), 290 (Oktober 1991) und 275 (November 1990), Berlin 1992, S. 11.

39 Eigene Übersetzung aus: Committee for Economic Development: Public Private Partnership - An Opportunity for Urban Communities, (Library of Congress Cataloging in Publication Data), New York and Washington 1982, S. 2 f.

40 Vgl. hierzu auch Stephenson, Max O.: Whither the public private partnership: A critical overview, in: Urban Affaires quarterly, 27. Jg., 1991, Nr. 1, S. 109-127, hier S. 111.

41 Die meisten Autoren verzichten auf explizite Definitionsversuche.

- **Inwieweit muß die Zusammenarbeit formalisiert sein?** In diesem Zusammenhang lassen sich weiche und harte Definitionslinien unterscheiden. Die harten Definitionslinien, die insbesondere im deutschsprachigen Raum zu finden sind, formulieren exakt überprüfbare Kriterien für das Vorliegen einer PPP, so:

  - eine gemischt-wirtschaftlich verfaßte Organisation des Gesellschaftsrechts,[42]

  - ein Mindestmaß an formaler Institutionalisierung einer (projektbezogenen) Zusammenarbeit, z. B. ein gemeinsamer Aufsichtsrat,[43]

  - der Abschluß eines Vertrages.[44]

  Andere Autoren vertreten die Meinung, daß die Zusammenarbeit auch in losen Gesprächen erfolgen kann.[45] Insgesamt lassen sich die mit dem PPP-Konzept verknüpften Vorstellungen nur sehr schwer anhand formaler Kriterien operationalisieren, so daß im internationalen Forschungsstand die weichen Definitionslinien eindeutig überwiegen. Das Bemühen um juristische Begriffsdefinitionen und exakt abgrenzbare Definitionsmerkmale scheint ein Charakteristikum deutscher Mentalität zu sein, das der anglo-amerikanischen Denkweise eher fremd ist.

- **Sollen normative Anforderungen an eine PPP gestellt werden?** Während die rein sprachlich-begriffsbezogenen Definitionen auf normative Elemente verzichten, werden in den inhaltlich orientierten Ansätzen oftmals Forderungen erhoben, z. B. daß "auf die Verantwortlichkeiten und Interessen aller beteiligter Parteien Rücksicht genommen wird"[46]

---

42 Vgl. z. B. die Begriffsverwendung des BMBau in seinem Forschungsprogramm (in Abgrenzung zu den Investorenmodellen und den Kommunalmodellen), in: Bundesforschungsanstalt für Landeskunde und Raumordnung (Hrsg.): ExWoSt-Information zum Forschungsfeld "Neue Wege der privaten Finanzierung von Stadterneuerungs- und Stadtentwicklungsaufgaben", Nr. 1, August 1993, Bonn 1993; vgl. ähnlich Scharmer, Eckart: Mobilisierung und Bereitstellung von Bauland durch Entwicklungsmaßnahmen und Modelle der Kooperation mit privaten Investoren, in: Bundesforschungsanstalt für Landeskunde und Raumordnung (Hrsg.): Informationen zu Raumentwicklung, Heft 1/2 1994: Bodenmanagement, Bonn 1994, S. 9-18; vgl. weiter die Begriffsverwendung von Seldeneck, in: Seldeneck, Ferreol Jay von: Public Private Partnership in der Stadtentwicklung, Rechtsfragen bei gemeinsamer praktischer Umsetzung, in: Sparkasse, 109. Jg., 1992, Nr. 3, S. 145-149, hier S. 145.

43 Diese Auffassung vertritt z. B. Schriever; vgl. Interview-Protokoll von Dr. Schriever, in: Wagner, Thilo: Public Private Partnership im Rahmen der Immobilienprojektentwicklung, Diplomarbeit an der European Business School, Schloß Reichartshausen am Rhein 1993, Anhang, S. 2.

44 Vgl. z. B. die Definition des holländischen nationalen Verwaltungsrates, in: Roseman, Jürgen; Kroes, Hans: Partnerschaftliche Planung in den Niederlanden, in: Heinz, Werner (Hrsg.): Public Private Partnership - ein neuer Weg zur Stadtentwicklung?, (W. Kohlhammer/Deutscher Gemeindeverlag) Stuttgart u. a. 1993, S. 387-432, hier S. 402; vgl. auch den Definitionsansatz von Schriever, in: Schriever Wolf: Projektentwicklung als kommunale Handlungsstrategie, Vortragsmanuskript zum ebs-Immobilien-Professional-Colleg am 3. März 1994 in Berlin, S. 5.

45 Vgl. (als zusammenfassende Ausführung zu verschiedenen Definitionsansätzen) Heinz, Werner (Hrsg.): Public Private Partnership - ein neuer Weg zur Stadtentwicklung?, (W. Kohlhammer/Deutscher Gemeindeverlag) Stuttgart u. a. 1993, S. 503 f.

46 Vgl. die Definition des holländischen nationalen Verwaltungsrates, in: Roseman, Jürgen; Kroes, Hans: Partnerschaftliche Planung in den Niederlande, in: Heinz, Werner (Hrsg.): Public Private Partnership - ein neuer Weg zur Stadtentwicklung?, (W. Kohlhammer/Deutscher Gemeindeverlag) Stuttgart u. a. 1993, S. 387-432, hier S. 402.

oder daß "Entscheidungen partnerschaftlich getroffen und verantwortet werden"[47]. Einzelne Autoren vertreten die Meinung, der PPP-Begriff sei unangebracht, wenn rein kommerzielle Vereinbarungen zwischen öffentlicher und privater Hand getroffen werden oder wenn einzelne private Akteure übermächtig und daher in der Lage sind, öffentlichen Mitspielern einseitig ihre Bedingungen zu diktieren.[48]

Der Kern der Interpretationsdifferenzen liegt wohl in den unterschiedlichen Auffassungen von PPP als **Projekt**, PPP als **Institution** und PPP als allgemeinem **Handlungskonzept,** hier als "Leitbild" bezeichnet, begründet. Bei einem Vergleich der deutschen mit den amerikanischen Begriffsvorstellungen fällt auf, daß in Deutschland ein eher modellbezogenes strukturelles Verständnis von PPP vorherrscht, während die Amerikaner inhaltlich-prozessuale Elemente der Kooperationen in den Vordergrund stellen. PPP wird hier in erster Linie als die Kunst begriffen, verschiedene Interessen und Handlungspotentiale so zu koordinieren, daß es allen zum Vorteil gereicht. Tendenziell ist der PPP-Begriff in den anglo-amerikanischen Definitionen weiter gefaßt, und die paradigmatisch-visionären Komponenten kommen stärker zum Tragen. In folgender Übersicht sind die wichtigsten Begriffsverständnisse und Definitionsansätze von PPP skizziert und die Schwerpunkte deutscher und anglo-amerikanischer Definitionslinien gekennzeichnet.

Übersicht 2.1: Die Definitionslinien von PPP

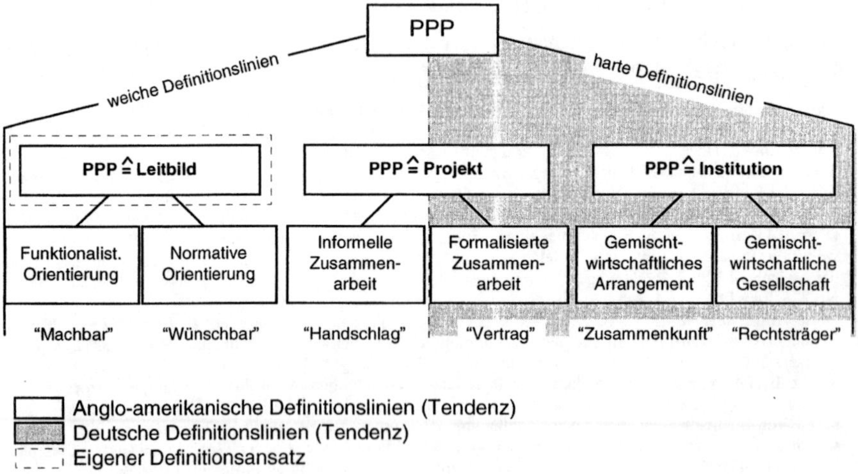

---

[47] Vgl. die Definition von Kestermann, in: Kestermann, Reiner: Neue Formen der Kooperation - innovatives Element in der Stadt- und Regionalentwicklung? Einführungsvortrag zum gleichlautenden Kolloquium im Rahmen des Dortmunder Wissenschaftsfrühlings 1991 am 22. April 1991 in Dortmund, unveröff. Vortragsmanuskript, S. 8.

[48] Vgl. Heinz, Werner (Hrsg.): Public Private Partnership - ein neuer Weg zur Stadtentwicklung?, (W. Kohlhammer/Deutscher Gemeindeverlag) Stuttgart u. a. 1993, S. 10.

Für die vorliegende Arbeit wird ein Definitionsansatz gewählt, der der Idee des Leitbildes und ihrer reflexiven Beweglichkeit gerecht wird. PPP wird verstanden als:[49]

innovative Kooperationsformen an der Schnittstelle zwischen Staat und Markt.

Diese Definition eignet sich für die Genese innovativer, richtungweisender Kooperationsansätze in den verschiedensten Handlungsfeldern. Der Untersuchungsgegenstand der vorliegenden Arbeit erhält seine Konkretisierung also nicht bereits durch eine inhaltliche Präzisierung der PPP-Definition; vielmehr wird im folgenden (Kapitelabschnitt B II und D I und II) das Untersuchungsfeld der Arbeit präzise eingegrenzt.

II. Die Handlungs- und Gestaltungsfelder

Die folgenden Überlegungen zu den Handlungs- und Gestaltungsfeldern von PPP beschränken sich auf Perspektiven, die mit dem ursprünglichen und typischen Verwendungszusammenhang des Begriffes koinzidieren, d. h. an den Ideen der "entrepreneurial city" und der "civic entrepreneurship" anknüpfen. Effektive und effiziente Modelle der Arbeitsteilung und Kooperation zwischen öffentlicher Hand, privater Wirtschaft und Bürgern werden auf folgenden Feldern identifiziert und erprobt:[50]

Übersicht 2.2: Die Gestaltungsperspektiven von PPP

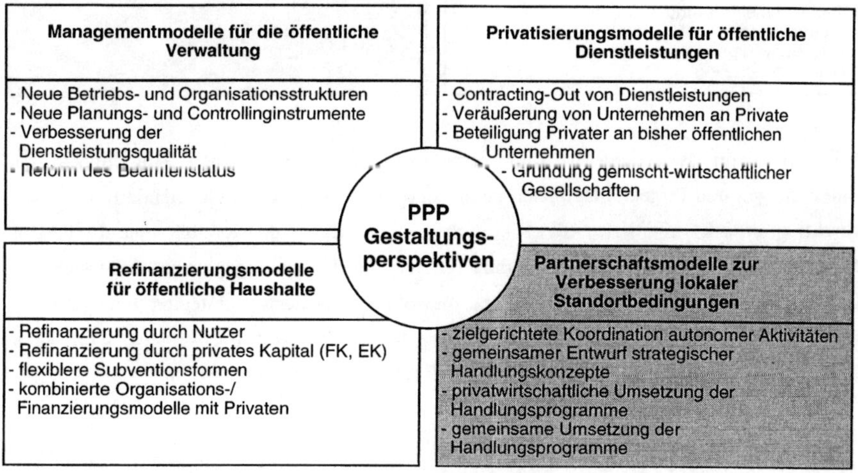

49 Vgl. ähnlich die Definition von Bullinger, in: Bullinger, Hans-Jörg: Dienstleistungsmärkte im Wandel - Herausforderungen und Perspektiven, Vortragsunterlagen anläßlich der Tagung: Dienstleistung der Zukunft am 28./29. Juni 1995 in Berlin, S. 29-79, hier S. 60.

50 Vgl. ähnlich Colman, William G.: State and Local Government and Public Private Partnership, (Greenwood Press) New York, Westport, London 1989, S. 128.

Die **Partnerschaftsmodelle** bilden den Kernbereich der unter dem Schlagwort der Public Private Partnership diskutierten Gestaltungsperspektiven. Die Verbindung zu den anderen drei Bereichen ist dabei fließend; PPP-Modelle sind in der Regel immer auch neue Management- und Finanzierungsmodelle für die öffentliche Leistungserbringung und stellen gleichzeitig eine Variante von Privatisierung dar.[51]

Die Handlungsfelder der Partnerschaftsmodelle erstrecken sich über ein weites Spektrum, das von der Wirtschafts- und Technologieförderung über Städtebau und Stadtentwicklung bis hin zu Beschäftigungs- und Qualifizierungsinitiativen reicht. Im folgenden werden vier kategoriale Handlungsfelder unterschieden:[52]

Übersicht 2.3: Die Handlungsfelder der Partnerschaftsmodelle

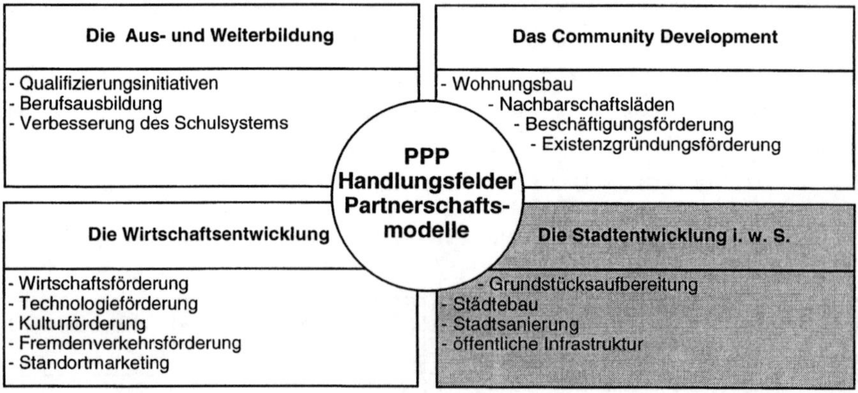

Von besonderer Bedeutung ist die Perspektive der wirtschaftlichen Tragfähigkeit der Einrichtungen und Projekte. Demnach lassen sich **marktwirtschaftlich** orientierte PPPs und **strukturpolitisch** orientierte PPPs unterscheiden, wobei in der Realität eine Reihe von Mischformen vorliegen. Nach der Hauptzielgruppe, auf die das Engagement ausgerichtet ist, lassen sich **unternehmerorientierte** und **bewohnerorientierte** Strategien unterscheiden, wobei die Abgrenzung schwierig zu treffen ist, da von Standortverbesserungen meist beide Gruppierungen profitieren. Tendenziell läßt sich folgende Zuordnung treffen:

---

51 Vgl. hierzu das Schaubild 3.1 ("Reformstrategien für das politisch-administrative System") im dritten Kapitel, A II.

52 Vgl. ähnlich Empirica GmbH: Öffentliche und private Partnerschaft bei der städtebaulichen und wirtschaftlichen Erneuerung in großen amerikanischen Städten, unveröff. Studie im Auftrag des BfLR, Bonn 1988, S. 36-39.

Übersicht 2.4: Eine Typologisierung der Handlungsfelder

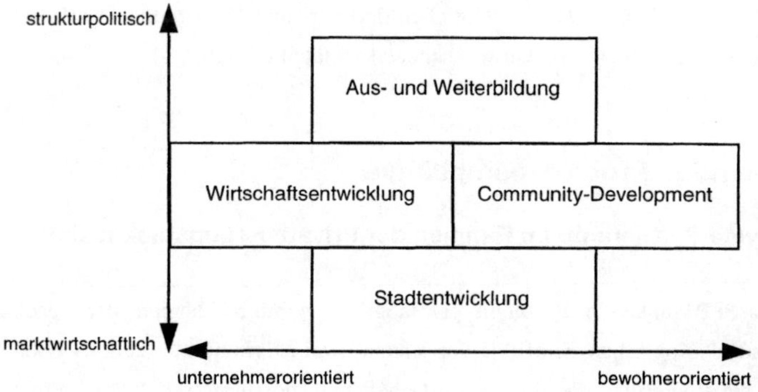

Die vorliegende Arbeit konzentriert sich auf den Kooperationsbereich der **Stadtentwicklung**. Den Elementen eines gemeinnützigen und gemeinwohlorientierten Unternehmerengagements kommt in den marktwirtschaftlich orientierten Modellen eine untergeordnete Bedeutung zu. Das Erbringen von Leistungen, die im öffentlichen Interesse liegen, erfolgt in der Regel nicht aus speziellen Standortinteressen, sondern als ausgehandelte Gegenleistung für die Ermöglichung von Unternehmergewinnen. Wenngleich es auch hier zahlreiche Kooperationsansätze gibt, in denen sich kommerzielle Interessen mit Standortinteressen und PR-Absichten mischen, so ist es in diesem Kooperationsfeld doch sehr verbreitet, daß sich nicht ortsansässige Unternehmen in einer Zusammenarbeit engagieren. Die Handlungsfelder im Kooperationsbereich Stadtentwicklung sind in folgender Übersicht inhaltlich aufgefächert.

Übersicht 2.5: Die Handlungsfelder der Stadtentwicklung

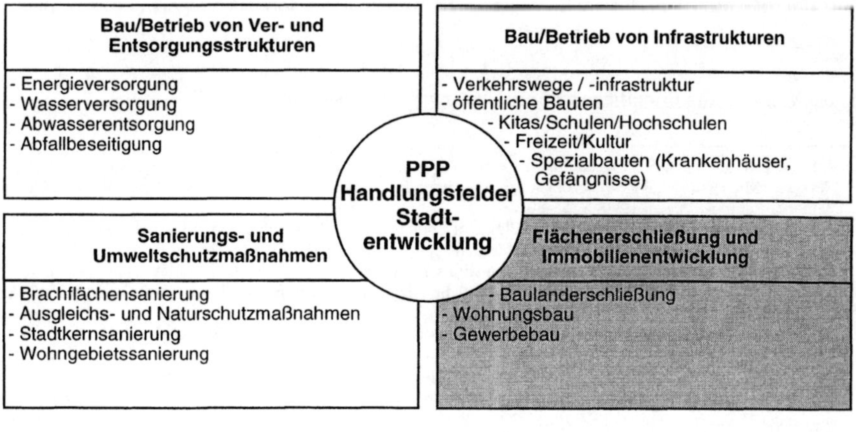

Die vorliegende Untersuchung konzentriert sich auf Projekte aus dem Bereich der **Flächenerschließung und Immobilienentwicklung.** Die komplexen Vorhaben schließen in der Regel immer auch Baumaßnahmen aus den Bereichen der Ver- und Entsorgung, der Infrastrukturerstellung und der Sanierungs- und Umweltschutzaktivitäten mit ein.

C. PPP: Die neue Problemperspektive

I. Public Private Partnership im Rahmen der Privatisierungsdiskussion

Der sich um PPP rankende Problemkreis tangiert wichtige Themen der gesellschaftspolitischen und ideologischen Konflikte der letzten zwei Jahrhunderte, geht es doch darum, welche Rolle die Regierung, die private Wirtschaft und die Bürgerschaft im Formieren und Funktionieren eines wirtschaftlichen Systems spielen sollen. Die Fragen nach dem 'richtigen' Ausmaß der Einbeziehung der organisierten Interessen, nach dem 'richtigen' Maß von Delegation öffentlicher Aufgabenerfüllung an gesellschaftliche Selbstregulierungskräfte und dem 'richtigen' Maß der Privatisierung von Staatsleistungen sind nicht nur von rechtlicher, sondern auch von ausgeprägt politischer Natur.[53] Politisch besonders brisant ist die Privatisierungsfrage, sind doch Privatisierung und Public Private Partnership nicht nur Strategien der Staatsentlastung, sie sind auch Strategien zur **Veränderung der Rollenverteilung** zwischen Markt und Staat und zwischen öffentlichem und privatem Sektor.[54]

Kaum ein Autor hat sich mit der Frage befaßt, wie das innovative PPP-Konzept in die traditionelle Privatisierungsdiskussion eingeordnet werden kann. Dies erscheint schon aus dem Grund schwierig, daß sich für den Begriff der Privatisierung eine einheitliche Definitionsformel und einheitliche Typologien ebensowenig ausmachen lassen wie für den PPP-Begriff. Mit dem Privatisierungsbegriff werden insbesondere folgende Sachverhalte beschrieben:[55]

1. die Veräußerung öffentlichen Eigentums an private Unternehmen;

---

[53] Vgl. zu den juristischen Fragestellungen einer Aufgabenerfüllung durch die Privatwirtschaft ausführlich Metzger, Michaela M.: Realisierungschancen einer Privatisierung öffentlicher Dienstleistungen, Diss., (Minerva-Publ.) München 1990, S. 55-80.

[54] Vgl. Schuppert, Gunnar Folke: Die Erfüllung öffentlicher Aufgaben durch die öffentliche Hand, private Anbieter und Organisationen des dritten Sektors, in: Ipsen, Jörn (Hrsg.): Privatisierung öffentlicher Aufgaben, 4. Bad Iburger Gespräche, Symposium des Instituts für Kommunalrecht der Universität Osnabrück am 15. Dezember 1993, Osnabrücker rechtswissenschaftliche Abhandlungen, Band 44, (Heymanns) Osnabrück 1994, S. 17-35, hier S. 24.

[55] Vgl. aus der umfangreichen Literatur zum Thema z. B. Schmithals, Elisabeth; Streibl, Uli: Privatisierung - eine Diskussion mit vielen Gesichtern, in: VOP Verwaltungsführung, Organisationswesen und Personal, 16. Jg., 1994, Nr. 1, S. 61-62; vgl. auch Bolsenkötter, Heinz: Voraussetzung für die Privatisierung kommunaler Dienstleistungen, Sonderdruck der Wibera Wirtschaftsberatungs-AG, Düsseldorf, Februar 1993, hier S. 1 f.; vgl. weiter Deutscher Städtetag (Hrsg.): Möglichkeiten und Grenzen der Privatisierung öffentlicher Aufgaben, Reihe A, DST-Beiträge zur Kommunalpolitik, Heft 7, Köln 1986.

2. die Übertragung öffentlicher Aufgaben an private Unternehmen;[56]
3. die Beteiligung Privater an bisher öffentlichen Unternehmen;
4. die Umwandlung öffentlicher Unternehmen in eine private Rechtsform;[57]
5. die Verringerung einer öffentlichen Betätigung im Sinne eines Teilrückzugs der öffentlichen Hand zugunsten am Markt vorhandener Anbieter;
6. der Wegfall kommunaler Aufgaben.

In der **Privatisierungsliteratur** erscheint PPP meist als ein konkretes Verfahrensmodell; teilweise wird PPP mit einer Teilprivatisierung oder einer regulierten Privatisierung gleichgesetzt.[58] Andere Autoren sehen den Unterschied zwischen Privatisierung und PPP darin, daß bei einer Privatisierung eine nachträgliche Beteiligung Privater erfolgt, während bei einer PPP eine frühzeitige Einbindung Privater bereits im Planungsprozeß eines öffentlichen Leistungsangebotes stattfindet. PPP kann insofern als aussichtsreicheres Unterfangen als eine Privatisierung angesehen werden.[59]

In der **PPP-Literatur** wird die Privatisierung meist als ein Teilbereich von PPP diskutiert.[60] Die PPP-Diskussion ist insofern breiter angelegt, als sie Themenfelder einbezieht, die in der Literatur unter den Stichworten "Effektivierung des Verwaltungshandelns", "Neo-Korporatismus" und "Neue Subsidiarität" Einzug gefunden haben. Auch beteiligt sich in vielen PPP-Modellen die öffentliche Hand an privaten Unternehmen und verfolgt so quasi eine 'Verstaatlichungs'-Strategie. Einige Autoren stellen heraus, daß bestimmte Formen der Privatisierung nichts mit PPP gemein haben, so z. B. Vollprivatisierungen, formale Privatisierungen, Finanzierungsprivatisierungen oder Contracting-Out.[61] Wieder andere Autoren

---

56 Hier wird unterschieden zwischen der Auftragsvergabe an Dienstleister, auch als "Contracting-Out" bezeichnet, und der Aufgabenübertragung an private Träger mit Entscheidungskompetenzen und Produktverantwortung.

57 Für diesen Sachverhalt hat sich der Begriff der formellen (formalen) Privatisierung bzw. der Scheinprivatisierung durchgesetzt.

58 Vgl. so Deutscher Städtetag (Hrsg.): Privatwirtschaftliche Formen kommunaler Investitionsfinanzierung, in: DST-Beiträge zur Finanzpolitik, Reihe G, Heft 11, 1991, S. 38; vgl. auch Corte, Christiane: Die Übernahme kommunaler Aufgaben durch private Unternehmen und Freie Berufe, eine Untersuchung der Zusammenarbeit von Privaten und Kommunen, hrsg. v. Institut für Mittelstandsforschung, Schriftenreihe Nr. 41, (Poeschel) Stuttgart 1991, S. 7.

59 Vgl. so Koch, Martin: Die Privatisierung kommunaler Freizeiteinrichtungen, Chancen und Probleme, Diss., hrsg. v. Christoph Becker, Materialien zur Fremdenverkehrsgeographie Heft 26, (Selbstverlag der Geographischen Gesellschaft Trier) Trier 1992, S. 230.

60 Vgl. so Colman, William G.: State and Local Government and Public Private Partnership, (Greenwood Press) New York, Westport, London 1989, S. 128; vgl. auch Institut für Städtebau Berlin der deutschen Akademie für Städtebau und Landesplanung (Hrsg.): Finanzierung und Betrieb öffentlicher Einrichtungen durch private Investoren, Public Private Partnership, Beiträge aus den Kursen 299 (April 1992), 290 (Oktober 1991) und 275 (November 1990), Berlin 1992, S. 19.

61 Vgl. so Kruzewicz, Michael: Lokale Kooperation in Nordrhein-Westfalen: Private Public Partnership auf kommunaler Ebene, hrsg. v. Institut für Landes- und Stadtentwicklungsforschung des Landes Nordrhein-Westfalen (ILS), Dortmund 1993, S. 8; vgl. auch Kestermann, Reiner: Neue Formen der Kooperation - innovatives Element in der Stadt- und Regionalentwicklung? Einführungsvortrag zum gleichlautenden Kolloquium im

betonen ausdrücklich, daß mit PPP keine Privatisierung öffentlicher Aufgaben verbunden sei.[62]

Der Kern der Abgrenzungsschwierigkeiten liegt wohl darin begründet, daß PPP und Privatisierung letztendlich den gleichen Sachverhalt beleuchten - eine verstärkte Übertragung von Aufgaben auf den Privatsektor und eine Entlastung des Staatssektors - dies aber aus unterschiedlichen Perspektiven. Steht in der Privatisierungdiskussion die dichotomisierte Betrachtungsweise von marktlicher versus staatlicher Aufgabenerledigung im Vordergund, so lenkt die PPP-Diskussion die Aufmerksamkeit auf die **Beziehungen und Verflechtungen**, die sich im Rahmen einer arbeitsteiligen Aufgabenerledigung ergeben. Die neue Problemperspektive von PPP macht damit auch auf Mißverständnisse aufmerksam, die die klassische Privatisierungsdiskussion prägen:

1. Es ist eine irrige Vorstellung von Privatisierung, davon auszugehen, daß der Staat sich aus einem Aufgabenbereich mehr oder weniger plötzlich und mehr oder weniger vollständig zurückzieht, um dann den Gesetzen des Marktes und des Wettbewerbs das Feld zu überlassen.

   Ein anderes, differenziertes Bild zeichnet Schuppert am Beispiel der großen Privatisierungen in Großbritannien: "Die Privatisierung der Daseinsvorsorgebranchen Gas, Wasser und Elektrizität wurde begleitet durch die Schaffung von Regulierungs- und Überwachungsinstitutionen, die die Aufgabe hatten 'prices, profits and standards of services' zu regulieren. Will man die sich verändernde Rollenverteilung zwischen Markt und Staat in diesem Bereich als Prozeß beschreiben, müßte man in Anlehnung an John Peet formulieren: der Staat ging, der Markt kam, aber 'the regulators won'."[63]

2. Die Entweder-oder-Betrachtung zwischen öffentlicher und privater Aufgabenerfüllung hat in der Wirklichkeit keine Entsprechung. Die Realität ist nicht nur durch eine Vielzahl staatlicher, halbstaatlicher und privater Leistungsanbieter gekennzeichnet, sondern auch durch ein kompliziertes Netzwerk von Verflechtungen zwischen ihnen.[64]

Rahmen des Dortmunder Wissenschaftsfrühlings 1991 am 22. April 1991 in Dortmund, unveröff. Vortragsmanuskript, S. 4.

62 Vgl. so Krautter, Horst: Neue Wege zur privaten Finanzierung von Stadterneuerungsaufgaben, in: Das Rathaus; o. Jg., 1992, Nr. 7, S. 414-423, hier S. 421.

63 Schuppert, Gunnar Folke: Die Erfüllung öffentlicher Aufgaben durch die öffentliche Hand, private Anbieter und Organisationen des dritten Sektors, in: Ipsen, Jörn (Hrsg.): Privatisierung öffentlicher Aufgaben, 4. Bad Iburger Gespräche, Symposium des Instituts für Kommunalrecht der Universität Osnabrück am 15. Dezember 1993, Osnabrücker rechtswissenschaftliche Abhandlungen, Band 44, (Heymanns) Osnabrück 1994, S. 17-35, hier S. 32.

64 Vgl. Schuppert, Gunnar Folke: Die Erfüllung öffentlicher Aufgaben durch die öffentliche Hand, private Anbieter und Organisationen des dritten Sektors, in: Ipsen, Jörn (Hrsg.): Privatisierung öffentlicher Aufgaben, 4. Bad Iburger Gespräche, Symposium des Instituts für Kommunalrecht der Universität Osnabrück am 15. Dezember 1993, Osnabrücker rechtswissenschaftliche Abhandlungen, Band 44, (Heymanns) Osnabrück 1994, S. 17-35, hier S. 22.

Stephenson schreibt in diesem Zusamenhang: "Die Wahl besteht nicht zwischen perfektem Markt und schwerfälliger Bürokratie, auch nicht zwischen ausbeuterischen Unternehmern und öffentliche Interessen verfolgenden Beamten, sondern zwischen teilweise ungeeigneten staatlichen Regulationsmechanismen und nicht perfekten Markt-Lösungen sowie Kombinationen daraus. (...) Es geht um die Entscheidung, zu welchem Grad der Markt oder der Staat - jeweils mit dem ihm eigenen Instrumentarium - die Verteilung und Nutzung von Ressourcen in unserer Gesellschaft beeinflussen sollen."[65]

II. Die Kombination privatwirtschaftlicher Effizienz mit sozialstaatlicher Verantwortung

Den PPPs liegt die Idee einer effektiven und effizienten Form von Arbeitsteilung und Zusammenarbeit zugrunde: Die privaten Partner übernehmen die Verantwortung für eine einzelwirtschaftlich **effiziente** Erstellung der Leistung, die öffentlichen Partner übernehmen die Verantwortung für die Einhaltung **gemeinwohlorientierter** Ziele.[66] Die Kernfragen, die sich dabei stellen sind:

1. Erfüllt ein privates Unternehmen die Aufgaben tatsächlich effizienter als die öffentliche Verwaltung?
2. Gelingt es der öffentlichen Hand, ihrer Verantwortung für eine im öffentlichen Interesse liegende Aufgabenerfüllung gerecht zu werden?

Die erste Frage wird im Rahmen der Privatisierungsdiskussion ausführlich debattiert; die zweite Frage wird vor allem in der PPP-Diskussion aufgeworfen.

zu 1.: Die Effizienz der Aufgabenerfüllung

Die Argumente dafür, daß private Unternehmen effizienter und unbürokratischer arbeiten als staatliche Institutionen, stammen überwiegend aus der mikro-ökonomischen Theoriebildung und hier vor allem der Theorie der Eigentumsrechte oder treffender, der Verfügungsrechte (property-rights). Diese Theorie fußt auf dem Gedanken, daß nichts so sehr gepflegt und in Ordnung gehalten wird wie das, worüber einzelne Bürger individuelle Verfügungsrechte haben, und daß alles, was von Kollektiven - insbesondere vom Staat - angeboten wird, nicht nach den Regeln der Sorgsamkeit, der Sparksamkeit und der allokativen Effizienz verwaltet

---

[65] Eigene Übersetzung aus: Stephenson, Max O.: Whither the public private partnership: A critical overview, in: Urban Affaires quarterly, 27. Jg., 1991, Nr. 1, S. 109-127, hier S. 113.

[66] Vgl. Corte, Christiane: Die Übernahme kommunaler Aufgaben durch private Unternehmen und Freie Berufe, eine Untersuchung der Zusammenarbeit von Privaten und Kommunen, hrsg. v. Institut für Mittelstandsforschung, Schriftenreihe Nr. 41, (Poeschel) Stuttgart 1991, S. 18; vgl. ähnlich Schriever, Wolf: Projektentwicklung als kommunale Handlungsstrategie, Vortragsmanuskript zum ebs-Immobilien-Professional-Colleg am 3. März 1994 in Berlin, S. 5.

wird.[67] Der Grund dafür liegt in der Anreizfunktion der Verfügungsrechte: Weil die Eigentümer den Gewinn einer Leistungserbringung behalten können, werden sie alles daran setzen, die Leistungen zu den geringstmöglichen Kosten zu erbringen. Gleichzeitig drängen die Eigentümer auf Produktinnovationen, die den Präferenzen der Nachfrager besser als bisher entgegenkommen. Der Anspruch auf den Gewinn erzeugt also Anreiz zu einem Verhalten, das auch im öffentlichen Interesse liegt.

Ein vergleichsweise geringes Gewinninteresse besteht dagegen in öffentlichen Verwaltungen, deren Manager aus dem erzielten Gewinn selten persönliche Vorteil ziehen. Demgegenüber verbessern sie ihre Position, wenn sie höheren als den betrieblich notwendigen Aufwand treiben und ihren Entscheidungsbereich ausweiten. Von einer staatlichen Aufgabenerfüllung wird meist kein Gewinn erwartet, die Defizite werden aus den öffentlichen Haushalten gedeckt. "Die Dezentralisierung der Entscheidung über Ressourcenallokation ist deshalb - wo immer möglich - sozial vorzuziehen."[68] Damit sind die wesentlichen Argumente der Privatisierungsbefürworter angesprochen:[69]

- private Unternehmen arbeiten wirtschaftlicher als staatliche,
- private Unternehmen sind flexibler und können besser auf Veränderungen des wirtschaftlichen und sozialen Umfeldes reagieren,
- eine Verfilzung mit politischen Entscheidungsträgern ist hier nicht zu erwarten, öffentliche Kontrolle ist eher möglich,
- eine Privatisierung dient der Sanierung öffentlicher Haushalte und dämmt zugleich staatliche Verschwendung ein,
- Einsparungen ergeben sich aus dem in privaten Unternehmen rationelleren Arbeitsstil der beteiligten Arbeitnehmer.

Theoretischer Gehalt und empirische Evidenz der Property-Rights-Theorie sind allerdings umstritten.[70] Die unterschiedlichen Eigentumsformen sind nicht der einzige und möglicher-

67 Vgl. Himmelmann, Gerhard: Politische Bestimmungsmerkmale der Privatisierungsdiskussion in der Bundesrepublik Deutschland, in: Privatisierung und die Zukunft der öffentlichen Wirtschaft, hrsg. v. Helmut Brede i. A. d. Wiss. Beirats d. Gesellschaft für öffentliche Wirtschaft und Gemeinwirtschaft, (Nomos) Baden-Baden 1988, S. 107-126, hier S. 114; vgl. zur Theorie der Property-Rights ausführlich Richter Rudolf: Institutionen ökonomisch analysiert: zur jüngeren Entwicklung auf einem Gebiet der Wirtschaftstheorie, (J. C. B. Mohr) Tübingen 1994, S. 10-16; vgl. auch Pommerehne, Werner: Genügt bloßes Privatisieren?, in: Aufderheide, Detlef (Hrsg.): Deregulierung und Privatisierung, (W. Kohlhammer) Stuttgart 1989, S. 27-61, hier S. 30-33.

68 Richter Rudolf: Institutionen ökonomisch analysiert: zur jüngeren Entwicklung auf einem Gebiet der Wirtschaftstheorie, (J. C. B. Mohr) Tübingen 1994, S. 13.

69 Vgl. ausführlich Müller, Nikolaus: Rechtsformenwahl bei der Erfüllung öffentlicher Aufgaben, Diss., Passau 1992, S. 112 f.

70 Die empirische Evidenz der Theorie ist nur bedingt gegeben. Bei einer Auswertung empirischer Studien, die sich mit dem Vergleich der Effizienz privater und öffentlicher Leistungserstellung beschäftigen, erweist sich in mehr als der Hälfte aller Untersuchungen die Produktion in Privatunternehmen als effizienter; es bestehen jedoch erhebliche Unterschiede zwischen verschiedenen Aufgabentypen; vgl. ausführlich Pommerehne,

weise nicht einmal der wichtigste verhaltenslenkende Faktor im Produktionsverhalten von Institutionen. Die Leistung von Managern in öffentlichen wie privaten Unternehmen bestimmt sich wesentlich danach, wie stark sie dem nicht reglementierten Wettbewerb ausgesetzt sind, welchen gesetzlichen und anderen Auflagen sie unterliegen und über welche Einflußmöglichkeiten die Bürger verfügen. Auch kann nicht einfach unterstellt werden, daß öffentliche und private Anbieter jeweils identische Produkte anbieten; die staatlich erbrachten Leistungen können mehr oder wesentlich komplexere Dimensionen aufweisen. Aus der Kritik an der ökonomischen Theorie nähren sich die Argumente der Privatisierungsgegner:[71]

- auch in Unternehmen der privaten Wirtschaft entstehen Ineffizienzen und Bürokratien,
- mit der Privatisierung sinkt vielfach die Qualität der Leistung,[72]
- private Unternehmen übernehmen nur gewinnträchtige Bereiche, alle defizitären Aufgaben verbleiben nach wie vor bei der öffentlichen Hand ("Privatisierung der Gewinne bei Sozialisierung der Verluste"),[73]
- öffentliches Verwaltungshandeln kann sich generell nicht nur an wirtschaftlichen Rationalitätskriterien orientieren,
- bezweifelt wird zudem vielfach, ob die behaupteten Effizienzsteigerungen und Einsparungen auf Dauer eintreten; vor allem eine Einbeziehung aller sozialen Kosten zeigt vielfach ein anderes Ergebnis,[74]
- selbst wenn sich der vom Staat beherrschte Anteil an der Wirtschaft reduzieren läßt, so wird damit eine Reduzierung der eigentlichen Verwaltung kaum erreicht; vielmehr wächst die Verwaltung wegen der notwendigen Überwachung und Subventionierung an.

Zu 2.: Die staatliche Verantwortung für die Aufgabenerfüllung

Bei den Überlegungen, welches Maß an Staatlichkeit für die Erfüllung einer gesellschaftlichen Aufgabe notwendig und sinnvoll erscheint und welche Instrumente und Einwirkungsformen staatlicher Einflußnahme auf private Entscheidungsträger in Betracht kommen, bietet sich als Leitbild der Begriff der "Verwaltungsverantwortung" an, wie er von Schuppert in einer

---

Werner: Genügt bloßes Privatisieren?, in: Aufderheide, Detlef (Hrsg.): Deregulierung und Privatisierung, (W. Kohlhammer) Stuttgart 1989, S. 27-61, hier S. 33-41; vgl. auch Metzger, Michaela M.: Realisierungschancen einer Privatisierung öffentlicher Dienstleistungen, Diss., (Minerva-Publ.) München 1990, S. 47-53.

71 Vgl. ausführlich Müller, Nikolaus: Rechtsformenwahl bei der Erfüllung öffentlicher Aufgaben, Diss., Passau 1992, S. 113 f.

72 Bei einem Leistungsvergleich muß abgeklärt werden, welches Produkt den Präferenzen der Adressaten besser entspricht; vgl. Pommerehne, Werner: Genügt bloßes Privatisieren?, in: Aufderheide, Detlef (Hrsg.): Deregulierung und Privatisierung, (W. Kohlhammer) Stuttgart 1989, S. 27-61, hier S. 40. Inwieweit hier das Kriterium der Marktgängigkeit ein geeignetes Beurteilungskriterium ist, ist im untersuchten Forschungsfeld umstritten.

73 Vgl. hierzu auch Heinz, Werner (Hrsg.): Public Private Partnership - ein neuer Weg zur Stadtentwicklung?, (W. Kohlhammer/Deutscher Gemeindeverlag) Stuttgart u. a. 1993, S. 528.

74 Vgl. die Überlegungen zur Effizienz im achten Kapitel, D IV.

graduellen Abstufung entwickelt worden ist. Sein achtstufiges Verantwortungskonzept umfaßt:[75]

- die Erfüllungsverantwortung (unmittelbar z. B. Polizei, Steuerverwaltung, mittelbar durch Trabanten des Verwaltungssystems),
- die Überwachungsverantwortung (z. B. Banken- und Versicherungsaufsicht),
- die Förderungs-, insbesondere Finanzierungsverantwortung (z. B. Agrarsubvention, Investitionssubvention in den Neuen Bundesländern),
- die Beratungsverantwortung (z. B. Drogenberatung, Aids-Hilfe),
- die Organisationsverantwortung (z. B. bei Organisationen des Rundfunks und der Hochschulen),
- die Einstandsverantwortung in den Fällen gesellschaftlicher Schlechterfüllung,
- die staatliche Rahmensetzung für private Aktivitäten (Bereitstellungsfunktion des Rechts),
- die soziale Abfederungsverantwortung bei Überlassung einer öffentlichen Aufgabe an den Markt.

Die individuell für den Einzelfall konzipierten PPP-Modelle verleihen dem Kooperationsspektrum zwischen staatlicher und privater Aufgabenerfüllung rechtliche Strukturen und inhaltliche Substanz und können der jeweils für notwendig erachteten staatlichen Verantwortungsintensität Rechnung tragen. Die Kritiker der PPP-Idee bezweifeln jedoch, daß es der öffentlichen Hand in einem PPP-Arrangement gelingt, ihren Aufgaben und Verpflichtungen nachzukommen. Ihre **Skepsis** setzt an folgenden Erwägungen an:

- Im Rahmen von PPP geben die öffentlichen Instanzen ihre Distanz zu marktwirtschaftlichen Denk- und Handlungsstrukturen auf. Es ist zu erwarten, daß sie immer weniger in der Lage sein werden, präventiv negative Effekte zu verhindern, da im unternehmerischen Handeln soziale Zielsetzungen zu Randbedingungen zurückgestuft werden.[76]
- An einer PPP werden nur die für die Projektentwicklung notwendigen Akteure - Kommune und Investor - beteiligt. Für solche Kompromißfindungssysteme besteht die Gefahr einer

[75] Vgl. Schuppert, Gunnar Folke: Die Erfüllung öffentlicher Aufgaben durch die öffentliche Hand, private Anbieter und Organisationen des dritten Sektors, in: Ipsen, Jörn (Hrsg.): Privatisierung öffentlicher Aufgaben, 4. Bad Iburger Gespräche, Symposium des Instituts für Kommunalrecht der Universität Osnabrück am 15. Dezember 1993, Osnabrücker rechtswissenschaftliche Abhandlungen, Band 44, (Heymanns) Osnabrück 1994, S. 17-35, hier S. 29. Ähnliche Überlegungen liegen dem Konzept der "Kernkompetenz" von Bullinger zugrunde; vgl. Bullinger, Hans-Jörg: Dienstleistungsmärkte im Wandel - Herausforderungen und Perspektiven, in: Dienstleistung der Zukunft, Vortragsunterlagen zur Tagung des Bundesministeriums für Bildung, Wissenschaft, Forschung und Technologie am 28. und 29. Juni 1995 in Berlin, S. 29-78, hier S. 60.

[76] Vgl. Stephenson, Max O.: Whither the public private partnership: A critical overview, in: Urban Affaires quarterly, 27. Jg., 1991, Nr. 1, S. 109-127, hier S. 117.

Einigung der unmittelbar am Verhandlungsprozeß Beteiligten auf Kosten der "Outsider", der Bürger.[77]

- PPP-Modelle sind vermeidungsstrategisch konzipiert und zielen auf eine Umgehung reglementierender öffentlicher Bestimmungen. Damit werden die zentralen Einfluß- und Kontrollmöglichkeiten politischer Gremien unterlaufen.[78]
- In einem kooperativen Arrangement fließt die Macht dorthin, wo die relevante Fachkompetenz liegt. Selbst wenn der öffentlichen Hand eine Vielzahl formaler Kompetenzen eingeräumt werden, kann sie diese kaum sinnvoll nutzen, da ihr im Vergleich zu den Privaten, die sie regulieren und kontrollieren soll, nur begrenzt Mittel und Informationen zur Verfügung stehen.[79]

D. PPP: Das Untersuchungsfeld der Arbeit

I. PPP-Strategien im Untersuchungsfeld

In den vorangegangenen Ausführungen wurden Begriffsverständnis und Forschungsfeld der vorliegenden Arbeit konkretisiert: Es sollen innovative Kooperationsstrategien zwischen staatlichen und privatwirtschaftlichen Akteuren in Projekten der Flächenerschließung und Immobilienentwicklung untersucht werden.

Um den **innovativen Charakter** einer Zusammenarbeit zu identifizieren, ist zunächst eine Auseinandersetzung mit der traditionellen Arbeits- und Zuständigkeitsverteilung in der Stadtentwicklung notwendig. Die überwiegende Zahl aller Bauprojekte wird auch heute noch nach folgendem Schema abgewickelt:[80]

- Auf der einen Seite werden öffentliche Projekte in Bauherrenschaft der Gebietskörperschaften durchgeführt; die Abwicklung erfolgt durch die technischen Bauämter, die Finanzierung aus den Fachhaushalten der Ressorts. Private Planungsbüros und die Bauwirtschaft wirken nur als beauftragte Ausführungsunternehmen mit (Fall 1).

---

77 Vgl. Corte, Christiane: Die Übernahme kommunaler Aufgaben durch private Unternehmen und Freie Berufe, eine Untersuchung der Zusammenarbeit von Privaten und Kommunen, hrsg. v. Institut für Mittelstandsforschung, Schriftenreihe Nr. 41, (Poeschel) Stuttgart 1991, S. 110; vgl. auch Selle, Klaus: Was ist bloß mit der Planung los? Erkundungen auf dem Weg zum kooperativen Handeln, Dortmunder Beiträge zur Raumplanung, Heft 69, hrsg. v. Institut für Raumplanung Fachbereich Raumplanung, Universität Dortmund, Dortmund 1994, S. 277.

78 Vgl. zu den Vermeidungsstrategien die Ausführungen im vierten Kapitel, B III; vgl. insbesondere auch Löser, Roman: Wahl und Bewertung von Rechtsformen für öffentliche Verwaltungsorganisationen, hrsg. v. der Hochschule für Verwaltungswissenschaften Speyer, Speyerer Arbeitshefte Nr. 83, Speyer 1988, S. 5.

79 Vgl. Mintzberg, Henry: Mintzberg über Management: Führung und Organisation, Mythos und Realität, (Gabler) Wiesbaden 1991, S. 319.

80 Vgl. Schriever, Wolf: Projektentwicklung als kommunale Handlungsstrategie, Vortragsmanuskript zum ebs-Immobilien-Professional-Colleg am 03. März 1994 in Berlin, S. 5.

- Auf der anderen Seite gibt es die privaten Bauprojekte, die in privater Bauherrenschaft geplant und durchgeführt werden und an denen die öffentliche Hand nur in ihrer hoheitlichen Planungs- und Genehmigungsfunktion beteiligt ist (Fall 2).

Inbesondere bei großen und für die Stadtentwicklung bedeutsamen Projekten sowie bei Vorhaben in den Neuen Bundesländern bilden sich jedoch intensivere Formen der arbeitsteiligen Zusammenarbeit aus. Zum einen geht es darum, die zunehmende Komplexität der Vorhaben besser zu bewältigen und den ausufernden Zeitrahmen, der für die Vorbereitung und Entwicklung solcher Projekte erforderlich ist, wieder überschaubar und kalkulierbar zu machen. Zum anderen geht es darum, Kapital und Know-how der Privatwirtschaft für die Stadtentwicklung verfügbar zu machen, da Städte und Gemeinden ihre finanziellen Leistungsgrenzen erreicht haben. Die Zusammenarbeit zwischen den Kooperanden kann dabei in sehr unterschiedlichen rechtlichen Strukturen und mit sehr unterschiedlichen Aufgaben- und Zuständigkeitsverteilungen erfolgen. Im folgenden werden sechs kategoriale Kooperationsformen in drei unterschiedlichen Intensitätsausprägungen unterschieden:

Übersicht 2.6: Formen und Intensitäten der Projektkooperation

Kooperations-intensität / Trägerschaft	**Geringe Kooperationsintensität**	**Mittlere Kooperationsintensität**	**Hohe Kooperationsintensität**
Kommunale Bauträgerschaft	Privater als Auftragnehmer **(1)**	Privater als Treuhänder zuständig für PE (z. B. städtebauliche E-Maßnahmen) **(3)**	Privater mit (Teil-) Risiko an PE beteiligt (gemischte Trägerschaft) **(5)**
Private Bauträgerschaft	Kommune als Genehmigungsinstanz **(2)**	Übernahme kommunaler Leistungen in PE (z. B. städtebaulicher Vertrag) **(4)**	Kommune mit (Teil-) Risiko an PE beteiligt (gemischte Trägerschaft) **(6)**

Eine **geringe Kooperationsintensität** wird bei der klassischen Aufgaben- und Zuständigkeitsverteilung angenommen. Auch hier finden Gespräche zwischen den Akteuren statt, werden die beiderseitigen Ansprüche an ein Vorhaben offengelegt und wird über die konkrete Ausgestaltung des Projektes verhandelt. Eine **mittlere Kooperationsintensität** liegt in den Fällen vor, in denen:

- Private als Treuhänder der Kommune die Abwicklung eines komplexen Entwicklungsvorhabens übernehmen. Hier profitiert die Kommune zwar vom Know-how privater Vorhabenträger, trägt aber weiterhin das finanzielle Risiko der Maßnahmendurchführung.

Ein typisches Beispiel ist die Durchführung einer städtebaulichen Entwicklungsmaßnahme nach BauGB[81] (Fall 3).

- Private im Rahmen eigener Projektentwicklungen kommunale Leistungen erbringen bzw. finanzieren. Diese Leistungsübernahme erfolgt als 'Gegenleistung' für die Ermöglichung einer Projektrealisierung. Die frei ausgehandelten Vereinbarungen werden meist in sog. städtebaulichen Verträgen fixiert[82] (Fall 4).

Eine **hohe Kooperationsintensität** wird in den Fällen angenommen, in denen sich Kommune und privatwirtschaftliche(r) Vorhabenträger in einer gemeinsamen Projekt(träger)gesellschaft zusammenschließen:

- Private beteiligen sich mit eigenem (Teil-)Risiko an Projekten der öffentlichen Hand (Fall 5).
- Die öffentliche Hand beteiligt sich mit eigenem (Teil-)Risiko an privaten Projektentwicklungen (Fall 6).

Die vorliegende Untersuchung konzentriert sich auf die **Kooperationsbereiche (4), (5) und (6)**. In diesen Feldern erscheint der Gedanke von Public Private Partnership am idealtypischsten realisiert: als privatwirtschaftliche Projektentwicklung mit kommunaler Leistungsübernahme (4) bzw. als gemeinsame Projektentwicklung mit gesellschaftsrechtlichem Zusammenschluß (5, 6).

Charakteristisch für das Untersuchungsfeld (Flächenerschließung, Immobilienentwicklung) ist die Tatsache, daß es keine standardisierten Modelle der Zusammenarbeit zwischen öffentlichen Behörden und privatwirtschaftlichen Unternehmen gibt, wie sie z. B. für Projekte aus den Bereichen Umwelt, Verkehr, öffentlicher Bau oder Freizeitinfrastruktur entwickelt wurden. Grundlagen dieser "Bau- und Betreibermodelle" sind ein klar definiertes Aufgabenspektrum und eine kalkulierbare Projekttragfähigkeit, die aus mehr oder weniger exakt im voraus zu bestimmenden Zahlungseingängen wie z. B. Nutzerentgelte oder Leasing-Zahlungen resultieren.[83] Städtebauliche Entwicklungsprojekte sind dagegen sehr komplexe Vorhaben, in denen fast jeder Aspekt der inhaltlichen und organisatorischen Projektdurchführung (z. B. Grundstücksverfügung, Projektgestaltung, Infrastrukturerrichtung) Gegenstand umfassender und langandauernder Verhandlungen ist. Die großen Projekte kommen in ihrer Durchführung einem Stadtumbau gleich, und ihre Rentabilität ist im Vorfeld oftmals kaum abschätzbar. Hier müssen sehr flexible, individuelle Formen der Leistungsbezahlung, Kostenverteilung und Risikoübernahme entwickelt werden.

81 Vgl. zur städtebaulichen Entwicklungsmaßnahme die Ausführungen im dritten Kapitel, D II 4.
82 Vgl. zum städtebaulichen Vertrag die Ausführungen im dritten Kapitel, D II 2.
83 Vgl. hierzu auch Faltlhauser, Kurt: Private Finanzierung öffentlicher Infrastruktur, in: Orientierungen zur Wirtschafts- und Gesellschaftspolitik, Nr. 51, Januar 1992, S. 37-43.

II. Die Untersuchungsprojekte

Die Untersuchungsprojekte der vorliegenden Arbeit stellen charakteristische Beispiele für PPP-Arrangements bei der Durchführung von Flächenerschließungen und Immobilienentwicklungen dar. Die Auswahl der Projekte wurde durch folgende Überlegungen geleitet:

- Es wurden Projekte bevorzugt, in denen die Kooperationsintensität und damit der Innovationscharakter hoch ist; die gemischt-wirtschaftlichen Gesellschaften sind mit 13 von 20 Projekten sehr stark vertreten.
- Es wurde auf Ausgewogenheit bezüglich der Projekttypen, der Projektstandorte und der Projektbeteiligten geachtet sowie auf eine möglichst große Vielfalt an organisatorischen Arrangements und verteilungspolitischen Vereinbarungen.
- Es wurden Projekte bevorzugt, die sich bereits in einem fortgeschrittenen Entwicklungsstadium befinden, und die Vorhaben einbezogen, die als die deutschen Pionierprojekte in Sachen PPP gelten (Media-Park, Köln; Westhafen, Frankfurt a. M.).
- Es wurden Konstellationen einbezogen, in denen eine Stadt mehrere PPP-Projekte realisiert (3 Projekte der Stadt Frankfurt a. M.) und in denen ein privater Unternehmer mit mehreren Städten gleichartige PPPs eingeht (5 Projekte der IFE, Berlin).

In der folgenden Übersicht sind die 20 Untersuchungsprojekte der Arbeit aufgeführt (nach Postleitzahlen geordnet) und kurz charakterisiert. Dabei ist in der zweiten Spalte (oben) jeweils gekennzeichnet, mit welcher Intensität das Projekt analysiert wurde:

- (I) steht für geringe Untersuchungstiefe - hier wurde meist nur ein Gesprächspartner zum Projekt interviewt und ergänzendes Informationsmaterial herangezogen (14 Projekte),
- (II) steht für mittlere Untersuchungstiefe - hier erfolgten Gespräche mit mehreren Projektbeteiligten und eine Auseinandersetzung mit Vertragswerken, Presseberichten u. a. m. (5 Projekte),
- (III) steht für intensive Untersuchung - hier wurden PPP-Arrangement und Projektverlauf umfassend analysiert unter Führung zahlreicher Interviews und längerer Anwesenheit vor Ort (1 Projekt).

Die untere Kennziffer in der zweiten Spalte typologisiert das Projekt als Innovationsprojekt (In), Gigant-Projekt (Gi), Gewinn-Projekt (Ge), Kommunalprojekt (Ko) oder Lokalprojekt (Lo).[84] Viele Projekte wurden als zu zwei Kategorien zugehörig gekennzeichnet.

[84] Vgl. hierzu die entwickelte Typologie im fünften Kapitel, B II.

Übersicht 2.7: Die Untersuchungsprojekte der Arbeit (1)

Lfd. Nr.	Int. Typ.	Stadt	Projekt	Größe / Zielnutzung	Projektmanagement	Projektstand (Frühjahr 1996)
1	(I) Ko Gi	Zittau	Industriebrachen-sanierung Zittau-Hirschfelde	7 ha Mischnutzung (Wohnen, Gewerbe, Handel)	PPP-Gesellschaft (GmbH) 40 % Stadt Zittau 40 % Gde. Hirschfelde 20 % IFU Sachsen GmbH[1]	Grundstücks-aufbereitung abgeschlossen (Planreife)
2	(I) Ko In	Cottbus	Gewerbegebiet Bahngelände	22 ha Gewerbe	PPP-Gesellschaft (GmbH) 70 % Stadt Cottbus 30 % IFE GmbH[2]	Projekt nahezu abgeschlossen (Flächen verkauft, z. T. bebaut)
3	(I) Ko In	Wachau bei Leipzig	Gewerbegebiet Wachau Nord	50 ha Gewerbe	PPP-Gesellschaft (GmbH) 70 % Gde. Wachau 30 % IFE GmbH[2]	Projekt abgeschlossen (Flächen verkauft, bebaut)
4	(III) Ko In	Schenkenberg bei Delitzsch	Gewerbegebiet Rödgen, Wohnbebauung Schenkenberg	15 ha Gewerbe 14 ha Wohnen 345 WE	PPP-Gesellschaft (GmbH) 70 % Gde. Schenkenberg 30 % IFE GmbH[2]	Projekt in Teilabschnitten abgeschlossen (Flächen verkauft, bebaut)
5	(I) Ko Gi	Berlin	Stadtteilzentrum Hellersdorf	20 ha Mischnutzung 240.000 qm BGF (Wohnen, Gewerbe, Handel, Freizeit)	MEGA AG [3]	laufende Erschließungs-arbeiten (Planreife)
6	(I) Gi Ko	Berlin	Wohnanlage Karow-Nord	98 ha Wohnen 5.000 WE	ARGE Karow Nord GbR [4]	Projekt in Teilabschnitten abgeschlossen (Flächen bebaut, bewohnt)
7	(II) Ge In	Potsdam	Potsdam-Center	9 ha Mischnutzung 190.000 qm BGF (Handel, Gewerbe, Wohnen)	Objektgesellschaft (GmbH) 50 % LEG Brandenburg mbH 50 % Roland Ernst PMV mbH	in Planung (Verträge noch nicht abgeschlossen)
8	(I) Ko In	Seeburg bei Potsdam	Wohnbaugebiet IV	15 ha Wohnen	PPP-Gesellschaft 51 % Gde. Seeburg 24,05 % IFE GmbH[2] 24,05 % Bauwa KG[5]	Projekt abgeschlossen (Flächen verkauft, bebaut)
9	(I) Ko In	Fahrland bei Potsdam	Wohnpark Fahrland	99 ha Wohnen 550 WE	PPP-Gesellschaft (GmbH) 70 % Gde. Fahrland 30 % IFE GmbH[2]	Projekt in Teilabschnitten abgeschlossen (200 WE gebaut, bewohnt)
10	(I) Ko Lo	Falkensee	Gartenstadt Falkenhöh	100 ha Wohnen 1.400 WE	Herlitz Falkenhöh GmbH, Berlin	Projekt in Teilabschnitten abgeschlossen (Flächen bebaut, bewohnt)

1 Institut zur Förderung des Umweltschutzes GmbH mit Sitz in Lauchhammer-West.
2 Immoconsult Finanzberatung für Infrastruktur und Erschließung GmbH mit Sitz in Berlin.
3 Aktionäre der MEGA AG sind Geschäftsführer/Vorstandsmitglieder der folgenden Berliner Baubetreuungs- und Bauträgerunternehmen: Emissionshaus Dr. Görlich GmbH, Rentaco-Unternehmensgruppe, itag-AG, R&W Immobilienanlagen GmbH, Otremba Baubetreuungs GmbH.
4 Gesellschafter der GbR sind die Industrie- und Wohnungsbau Groth & Graalfs GmbH, Berlin, und die GEHAG Gemeinnützige Heimstätten AG, Berlin.
5 Bauwa-Liegenschafts KG, Berlin.

Übersicht 2.7: Die Untersuchungsprojekte der Arbeit (2)

Lfd. Nr.	Int. Typ	Stadt	Projekt	Größe / Zielnutzung	Projektmanagement	Projektstand (Frühjahr 1996)
11	(I) Lo Ko	Burg auf Fehmarn	Burger Südstrand	7 ha Sport- und Freizeiteinrichtungen	PPP-Gesellschaft Stadt Burg IFA Hotel- und Touristik AG, Duisburg	in Planung (Verträge noch nicht abgeschlossen)
12	(II) Ge Ko	Kassel	Sanierungsgebiet Unterneustadt	5 ha Mischnutzung 100.000 qm BGF (Wohnen, Handel, Gewerbe)	PPP-Gesellschaft (GmbH) 33,3 % Stadt Kassel 33,3 % SSK Kassel 33,3 % Bavaria GmbH[5]	in Planung (Verträge abgeschlossen)
13	(II) Ge Gi	Frankfurt am Main	Westhafen	17 ha Mischnutzung 244.000 qm BGF (Wohnen, Handel, Gewerbe)	PPP-Gesellschaft (GmbH) 50 % Stadt Frankfurt 50 % Grundstücksgesellschaft Westhafen mbH[6]	laufende Grundstücksaufbereitung (Verträge abgeschlossen, laufendes B-Planverfahren)
14	(I) Ge Gi	Frankfurt am Main	Rebstockpark	28 ha Mischnutzung 230.000 qm BGF 2.300 WE Wohnen	PPP-Gesellschaft (GmbH) 45 % Stadt Frankfurt 55 % Büropark GbR [7]	Beginn der Bauarbeiten (Planreife)
15	(I) Ge Gi	Frankfurt am Main	Osthafen	60 ha Mischnutzung 550.000 qm BGF (Wohnen, Handel, Gewerbe,)	Frankfurt Ost GmbH 100 % Stadt Frankfurt (spätere Investorenbeteiligung geplant)	fortgeschrittenes Planungsstadium (laufendes B-Planverfahren)
16	(II) In Gi	Köln	Mediapark	20 ha Mischnutzung 130.000 qm BGF (Medien- und Telematikgewerbe, Wohnen, Handel)	PPP-Gesellschaft (GmbH) 25,05 % Stadt Köln 25,05 % Land NRW 24,85 % Bernd Schäfer 24,85 % Treuarbeit AG	Projekt in Teilabschnitten abgeschlossen (Flächen verkauft, bebaut)
17	(II) Gi Ko	Göttingen	Zietenkaserne	50 ha Mischnutzung (Wohnen, Handel, Gewerbe)	PPP-Gesellschaft (GmbH & Co. KG, Komplementär: IDB Niedersachsen[8]) 25 % Ges. f. Wi.förd. Götting. 25 % Sparkasse Göttingen 25 % Norddeut. Landesbank 25 % NILEG[9]	fortgeschrittenes Planungsstadium (Verträge abgeschlossen)
18	(I) Ge Gi	Münster	Preußen-Park	20 ha Mischnutzung 135.000 qm BGF (Handel, Sport, Freizeit)	ECE Projektmanagement GmbH, Hamburg	laufende Bauarbeiten
19	(I) Gi Lo	Ludwigshafen	Rheinufer-Süd	30 ha Mischnutzung 300.000 qm BGF (Wohnen, Handel, Gewerbe)	WEG Ludwigshafen (GmbH) 55 % Stadt Ludwigshafen 45 % Hafenbetriebe, Sparkasse	in Teilabschnitten Baureife, teils laufende Bauarbeiten
20	(I) Ko Ge	Mannheim	High-Tech-Park Neckarau	10 ha Gewerbe	Codic Stuttgart GmbH	erste Abschnitte fertiggestellt (Flächen verkauft, bebaut)

5 Die Bavaria Objekt- und Baubetreuungs GmbH, Berlin und Köln, ist eine Tochter der Berliner Landesbank.

6 Gesellschafter sind die Contracta AG (Tochter der Philipp Holzmann AG), die DePfa Immobilienmanagement AG, die Max Baum Immobilien GmbH, die OFD-Bauvermittlungs- u. Gewerbebau GmbH, alle Frankfurt, und die Unternehmensgruppe Roland Ernst, Heidelberg.

7 Gesellschafter sind die Philipp Holzmann AG und die Advanta Management AG, beide Frankfurt.

8 Immobilien Development und Beteiligungsgesellschaft Niedersachsen mbH, Hannover.

9 Niedersächsische Gesellschaft für Landesentwicklung und Wohnungsbau mbH, Hannover.

Drittes Kapitel: Die Gestaltungsbedingungen für die PPP-Strategien

A. Die umfeldbezogenen Gestaltungsbedingungen

I. Ausgewählte Entwicklungen in der Gesamtgesellschaft

In den Public Private Partnerships spiegelt sich ein neues Handlungsverständnis der Entscheidungsträger in Politik und Wirtschaft wider, das im Kontext vielzähliger Einflußfaktoren und ihrer dynamischen Veränderung betrachtet werden muß. Nur unter Berücksichtigung der vielfältigen Eigenschaften der relevanten Umfeldsegmente, so gesellschaftspolitische, wirtschaftliche und rechtliche Gestaltungsbedingungen, kann das Entscheidungsverhalten der Akteure analysiert und bewertet und das PPP-Konzept als instrumenteller Hoffnungsträger zur Lösung gesellschaftlicher, speziell städtebaulicher Probleme verstanden werden. Bezogen auf das Entscheidungsverhalten der Systeme in (Kommunal-)Politik und (Immobilien-)Wirtschaft werden die Rahmenbedingungen sowohl als Zwang empfunden als auch als Chance erkannt, die traditionellen Beziehungen zum privatwirtschaftlichen bzw. öffentlichen Sektor zu überdenken und an die veränderte Gestaltungsumwelt anzupassen.

Das gesamtgesellschaftliche Umfeld der neunziger Jahre ist stark durch den Megatrend hin zur Dienstleistungsgesellschaft geprägt. Die Expansion des Dienstleistungssektors und die Dynamik der Veränderungen haben weitreichende betriebswirtschaftliche, volkswirtschaftliche und gesellschaftspolitische Konsequenzen.

Handlungsparadigmen in der globalen Dienstleistungsgesellschaft

Unternehmen und Märkte befinden sich seit den achtziger Jahren in einem tiefgreifenden und andauernden Wandel. Konzentrierten sich bisher die Ansätze für eine Reorganisation von Unternehmen vorwiegend auf die Gestaltung interner Prozesse, so rückt neuerdings die Kooperation von unterschiedlichen Unternehmen entlang der Wertschöpfungskette in den Vordergrund. Auslöser dieses Trends ist die Chance, enorme Rationalisierungspotentiale an der Schnittstelle zwischen Unternehmen freizusetzen und gleichzeitig neue Geschäftsfelder und Kunden durch **Kooperationen und Allianzen** zu erschließen. Unter diesem Aspekt wird auch die Rolle und Organisationsform öffentlicher Dienstleistungen überprüft und nach neuen Modellen der öffentlich-privaten Arbeitsteilung und Kooperation gesucht (Public Private Partnership). Dabei zeichnen sich die neuen, auch die sektorenübergreifenden Kooperationsformen durch einen Bedeutungsgewinn marktlicher und einen Bedeutungsverlust hierarchischer Koordinationsformen aus.[1]

Gleichzeitig führt die Informatisierung von Produktions- und Handelsaktivitäten zu einer Mobilität von Waren, Informationen, Kapital und Personen in einem bisher unbekannten Ausmaß. "Think global, act local" lautet die strategische Devise international agierender Unternehmen bei der Erschließung neuer Märkte, der Verteilung von Ressourcen auf unterschiedliche Standorte und dem Aufbau von Absatzwegen. Die Internationalisierung von Produkten und Dienstleistungen heißt zugleich auch internationaler Wettbewerb um Produktions- und Dienstleistungsunternehmen. Aus Hochlohnländern wie Deutschland wird immer mehr Industrie in das Ausland verlagert; eine Tendenz, für die die Softwareproduktion in Indien und den Staaten der GUS exemplarische Bedeutung hat. Der **Wettbewerb der Wirtschaftsstandorte** um die Ansiedlung von High-Tech-Produktionsbetrieben und Dienstleistungs-Headquartern wird zunehmend härter.[2] Wohin dies führen kann, zeigt ein Statement der tschechischen Regierung, die sich jüngst damit brüstete, daß sie für "ein geebnetes Spielfeld für Investoren aus dem In- und Ausland sorgen will."[3]

Die Globalisierung bezieht sich nicht nur auf Märkte und Unternehmen, sondern auch auf politische Systeme und Programme. Die politische Utopie, daß "gut ist, was der Wirtschaft nützt", übt weltweit eine unangefochtene Dominanz im Denken und Handeln staatlicher Regierungen aus. Die Abhängigkeit der politischen von den wirtschaftlichen Prozessen brachte nicht nur das kommunistische Modell zum Scheitern, sondern entzieht auch sozialdemokratisch orientierten Politik-Konzepten zunehmend den Boden.[4] Die gesellschaftlichen und sozialen Folgen sind weitreichend; Rationalisierungs- und Umstrukturierungsprozesse in Unternehmen gehen mit einer steigenden Zahl arbeitsloser und in unsicheren Arbeitsverhältnissen stehender Erwerbspersonen einher, bei gleichzeitigem Kollabieren der sozialen

---

[1] Bei Marktmechanismen erfolgt die Koordination von Transaktionen über Angebot und Nachfrage, so als Ad-hoc-Zusammenschluß der Akteure zur Durchführung eines Projektes; vgl. Bullinger, Hans-Jörg: Dienstleistungsmärkte im Wandel - Herausforderungen und Perspektiven, in: Dienstleistung der Zukunft, Vortragsunterlagen zur Tagung des Bundesministeriums für Bildung, Wissenschaft, Forschung und Technologie am 28. und 29. Juni 1995 in Berlin, S. 29-78, hier S. 46-51; vgl. auch Mintzberg, Henry: Mintzberg über Management: Führung und Organisation, Mythos und Realität, (Gabler) Wiesbaden 1991; S. 205-227, hier S. 208.

[2] Vgl. Bullinger, Hans-Jörg: Dienstleistungsmärkte im Wandel - Herausforderungen und Perspektiven, in: Dienstleistung der Zukunft, Vortragsunterlagen zur Tagung des Bundesministeriums für Bildung, Wissenschaft, Forschung und Technologie am 28. und 29. Juni 1995 in Berlin, S. 29-78, hier S. 42 u. S. 71 f.; vgl. auch Kotler, Philip: Standort-Marketing: Wie Städte, Regionen und Länder gezielt Investitionen, Industrien und Tourismus anziehen, dt. von Ilse Davis Schauer, (Econ) Düsseldorf u. a. 1994, S. 20-29.

[3] (Vgl.) Barber, Benjamin, R.: Zwischen Dschihad und McWorld, in: Die Zeit, Nr. 42, 14. Oktober 1994, S. 64.

[4] Insofern lag Gerhard Schröder mit seiner Behauptung nicht ganz falsch, es ginge in Zukunft nur darum, wer die modernere Wirtschaftspolitik vertrete; vgl. Blume, Georg: Die Zukunft beginnt hier und jetzt, in: Die Zeit, Nr. 44, 27. Oktober 1995, S. 12.

Sicherungssysteme. Vom Absturz in die neue Armut sind immer mehr gesellschaftliche Gruppen betroffen.[5]

Branchenkrisen werden dort zu **Krisen von Regionen**, wo ehemalige Schlüsselindustrien vom Niedergang bedroht sind und das regional konzentrierte Netz von Zulieferbetrieben mit sich ziehen, wie im Ruhrgebiet und Saarland durch die Montanindustrie geschehen. An anderen Standorten ist die industrielle Talfahrt eher in Zusammenhang mit dem technologischen Wandel und dem verschärften Wettbewerb zu sehen, wie die mangelnde Wettbewerbsfähigkeit der ostdeutschen Industrieproduktion zeigt. Die Gründe, warum altindustrialisierte Standorte besondere Schwierigkeiten haben, zu Standorten der Wachstumsindustrien und der Dienstleistungen zu werden, sind vielfältig. Zur Sicherung des sozialen Friedens werden häufig exorbitante Subventionsbeträge in die Erhaltung der rückläufigen Industriezweige gepumpt und Umstrukturierungsprozesse damit eher behindert. Die meist einseitig auf Massentransporte ausgerichtete Infrastruktur, die industriellen Altlasten auf freiwerdenden Gewerbeflächen und spezifische Imageprobleme werden als Standortnachteile empfunden.[6]

Für Städte, Regionen und Nationen gewinnt der Aufbau eines geeigneten Images und seine Kommunikation nach außen zunehmend an Bedeutung, so für die Anwerbung von Unternehmen, Touristen und Bewohnern. Für die Lebensqualitität als wichtig empfunden werden heute die sog. weichen Standortfaktoren, d. s. Wohnqualität, Gestaltungsqualität des öffentlichen Raumes, Erlebnisqualität der Zentren, Freizeit- und Kulturangebot u. a. m.[7] Die internationale Standortkonkurrenz stellt sich dabei in erster Linie als medienvermittelte Konkurrenz dar. In ihrem Sog kommt der Aufbietung von **Standortattraktionen**, von internationalen Ästhetikniveaus und metropolitanen Architekturbildern ein herausragender Stellenwert zu.[8] "Die Konkurrenz der Städte in Europa ist so groß, daß niemand das Risiko eingehen kann, auf irgendwelche möglichen Projekte oder Initiativen zu verzichten. Diese

---

5 Vgl. Lutz, Christian: Trends und Herausforderungen: Acht Attraktoren, die unsere Zukunft prägen, in: Verwaltungswesen, Organisation und Personal (VOP), 16. Jg., 1994, Nr. 3, S. 164-168, hier S. 168.

6 Vgl. Kampmann, Ricarda: Großstädte im Wandel, in: RWI-Mitteilungen, 42. Jg., 1991, Nr. 3, S. 215-248, hier S. 217 ff.

7 Vgl. Schriever, Wolf: Projektentwicklung als kommunale Handlungsstrategie, Vortrag zum ebs-Immobilien-Professional-Colleg am 3. März 1994 in Berlin, unveröff. Vortragsmanuskript, S. 3; vgl. auch Falk, Bernd (Hrsg.): Immobilien-Handbuch: Wirtschaft, Recht, Bewertung, Grundwerk 3. Aufl. 1992 incl. Ergänzungslieferungen, (Moderne Industrie) Landsberg/Lech 1994, Teil Wirtschaft, Kap. 16.1, S. 2.

8 Vgl. Müller, Sebastian; Schmals, Klaus M.: Die Moderne im Park, Ein Streitbuch zur internationalen Bauausstellung im Emscherraum, (Dortmunder Vertrieb für Bau- und Planungsliteratur) Dortmund 1993, S. 11; vgl. auch Kotler, Philip: Standort-Marketing: Wie Städte, Regionen und Länder gezielt Investitionen, Industrien und Tourismus anziehen, dt. von Ilse Davis Schauer, (Econ) Düsseldorf u. a. 1994, S. 156-171.

Projekte könnten ja, würden sie in einer anderen Stadt realisiert, jener anderen Stadt eben die Vorrangstellung verleihen, die an sich bereits weitere Entwicklungen garantiert."[9]

Die heutige Form der Informationsvermittlung über die modernen Massenmedien, insbesondere das Fernsehen, übt einen nachhaltigen Einfluß auf die Wahl politischer und unternehmerischer Handlungsstrategien aus.[10] Am auffälligsten ist dies in der Mediatisierung der Politik zu beobachten, wo die Suche nach medien- und wahlkampfwirksamen Initiativen und Programmen das Geschehen bestimmt. "Bauprojekte als Marksteine der Stadtgestaltung, als Identifikationsbilder und zur Selbstdarstellung des kommunalen Standards werden ... kommunalpolitisch hoch bewertet."[11] Aber auch für die Privatwirtschaft stellt die PR- und Öffentlichkeitsarbeit ein zunehmend wichtiger Bereich der Unternehmenspolitik dar. Um erfolgreich zu sein, brauchen Unternehmen heute auch öffentliches Vertrauen und öffentliche Anerkennung.[12] Dies gilt für Investoren und Developer, die bei ihren Projektentwicklungen unmittelbar auf die Mitwirkung und Zustimmung der lokalen Politik und Bevölkerung angewiesen sind, in ganz besonderer Weise.

Generell wächst in der Bevölkerung die Sensibilität gegenüber ökologischen und sozialpolitischen Problemen. In Verbindung mit dem steigenden Anspruch auf eine unmittelbare Mitwirkung an politischen Entscheidungen entwickelt sich eine ausgeprägte **Protest- und Betroffenendemokratie**. Wo es um politisch sensible Themen geht, müssen die Entscheidungsträger heute nicht mehr nur mit spontanem Protest, sondern mit professionell inszeniertem Widerstand rechnen.[13] Die Politisierung der Bevölkerung ist im Zusammenhang mit der Legitimitätskrise des klassischen Institutionengefüges repräsentativ-demokratischer Willensbildung zu sehen, auf deren Verkrustungs- und kartellhafte Verselbständigungstendenzen die Bevölkerung zunehmend mit Entfremdung und Verdruß reagiert.[14] Wichtige Elemente der neuen Mobilisierung sind die verstärkte Nutzung direktdemokratischer Partizipationsformen[15]

---

9 Venturi, Marco: Tangentopoli - der unaufhaltsame Anstieg der städtischen Großereignisse, in: Brech, Joachim (Hrsg.): Neue Wege der Planungskultur, Orientierungen in der Zeit des Umbruchs, (Verlag für wissenschaftliche Publikationen) Darmstadt 1993, S. 279-288, hier S. 279 f.

10 "Psychohistorisch gesehen bedeutet die Verstädterung und Informatisierung unserer Bewußtseine im Medienverbund wohl den am tiefsten ins Leben einschneidende Tatbestand der Modernität"; zit. aus: Sloterdijk, Peter: Kritik der zynischen Vernunft, Bd. 2, (Suhrkamp) Frankfurt a. M. 1983, S. 562.

11 Schriever, Wolf: Projektentwicklung als kommunale Handlungsstrategie, Vortrag zum ebs-Immobilien-Professional-Colleg am 3. März 1994 in Berlin, unveröff. Vortragsmanuskript, S. 3.

12 Vgl. Tietz, Bruno: Marketing, wisu-Texte, 3., überarb. u. erw. Aufl., (Werner) Düsseldorf 1993, S. 279.

13 Vgl. Wiesendahl, Elmar: Bürgerinitiativen: in: Nohlen, Dieter (Hrsg.): Wörterbuch Staat und Politik, 4. Aufl., (Serie Piper) München 1996, S. 59-63, passim.

14 Vgl. hierzu die Ausführungen zur Systemkrise im öffentlichen Sektor unter II.

15 Der Volksentscheid zur Initiative "Mehr Demokratie in Bayern" ist hierfür ein aktuelles Beispiel; vgl. z. B. Müller, Frank: Alle drohen mit dem Bürgerentscheid, in: Süddeutsche Zeitung, Nr. 228, 4. Oktober 1995, S. 17.

sowie die steigende Bereitschaft der Bürger, sich legal verfaßter Formen von politischer Beteiligung zur Durchsetzung ihrer politischen Ziele zu bedienen.[16]

Steuerungsparadigmen in der entwickelten Zivilgesellschaft

"Heute sind wir an der Schwelle, wo der Staat unter der Last der vielen gerechten und ungerechten Forderungen zusammenbricht."[17] In dieser pointierten Situationsbeschreibung wird ausgedrückt, was viele detaillierte Analysen bestätigen: staatliche Politik ist an die Grenzen ihrer Leistungsfähigkeit gestoßen; in quantitativer Hinsicht - was den Mittelbedarf betrifft - und in qualitiativer Hinsicht - was die Steuerungsfähigkeit anbelangt.[18]

Besonders eklatant treten die **Funktionsdefizite staatlicher Steuerung** in der Wirtschaftspolitik zum Vorschein.[19] Unternehmen, die in allen Ländermärkten vertreten sind, sind weitestgehend immun gegenüber nationaler regulatorischer und sozialer Gesetzgebung, gegenüber protektionistischen Maßnahmen und Wechselkursschwankungen. Es gibt keine politische Kraft, die über das erforderliche Potential verfügt, um sich den Interessen der multinationalen Konzerne und den Märkten, in denen sie operieren, zu widersetzen.[20] Die einzelstaatliche Souveränität schwindet, und internationale Kontrollaktivitäten scheitern aufgrund von Schwierigkeiten bei der Durchsetzung. "Die Probleme der Aufsichtsbehörden sind legendär - begrenzte Mittel und Informationen im Vergleich zu den Industriebereichen, die sie regulieren sollen, die Kooptierung der Regulierungsbeamten durch diese Industrieunternehmen usw."[21] Um mit Paul Krugman zu sprechen: "Die Regierungen haben sich mit einem Regime einverstanden erklärt, das dem Markt erlaubt, sie herumzukommandieren."[22]

---

16 Im internationalen Vergleich zeichnet sich die Bevölkerung der Bundesrepublik allerdings eher durch eine gedankliche Nähe zu Aktionsformen wie Petitionen, Boykotte, Demonstrationen, Hausbesetzungen u. a. aus als durch deren konkrete Nutzung; vgl. Kaase, Max: Partizipation, in: Nohlen, Dieter (Hrsg.): Wörterbuch Staat und Politik, 4. Aufl., (Serie Piper) München 1996, S. 521-527, hier S. 523 f.

17 Eichstädt-Bohlig, Franziska: Plädoyer für eine neue Wohnungsgemeinnützigkeit, in: Brecker; Kerscher (Hrsg.): Armut und Wohnungsnot, (Votum) Münster 1993, S. 2; zit. nach: Selle, Klaus: Was ist bloß mit der Planung los? Erkundungen auf dem Weg zum kooperativen Handeln, Dortmunder Beiträge zur Raumplanung, Heft 69, hrsg. v. Institut für Raumplanung Fachbereich Raumplanung, Universität Dortmund, Dortmund 1994, S. 179.

18 Vgl. Selle, Klaus: Was ist bloß mit der Planung los? Erkundungen auf dem Weg zum kooperativen Handeln, Dortmunder Beiträge zur Raumplanung, Heft 69, hrsg. v. Institut für Raumplanung Fachbereich Raumplanung, Universität Dortmund, Dortmund 1994, S. 179.

19 Vgl. zur Steuerungsproblematik ausführlich Schuppert, Gunnar Folke: Verwaltungswissenschaft als Steuerungswissenschaft, Zur Steuerung des Verwaltungshandelns durch Verwaltungsrecht, in: Hoffmann-Riem, Wolfgang (Hrsg.): Reform des allgemeinen Verwaltungsrechts, (Nomos) Baden Baden 1993, S. 65-114.

20 Vgl. Barber, Benjamin, R.: Zwischen Dschihad und McWorld, in: Die Zeit, Nr. 42, 14. Oktober 1994, S. 64.

21 Mintzberg, Henry: Mintzberg über Management: Führung und Organisation, Mythos und Realität, (Gabler) Wiesbaden 1991, S. 319.

22 Paul Krugman lehrt als Wirtschaftswissenschaftler an der Stanford University; zit. nach: Barber, Benjamin, R.: Zwischen Dschihad und McWorld, in: Die Zeit, Nr. 42, 14. Oktober 1994, S. 64.

In der aktuellen Debatte um die Steuerungsfähigkeit des Staates üben die Argumentationslinien eine große Dominanz aus, die an den Erkenntnissen systemtheoretischer Forschung anknüpfen.[23] Nach diesem Denkansatz ist die Gesellschaft in zahlreiche Teilsysteme fragmentiert, von denen das politische System nur eines unter vielen ist. Die Teilsysteme sind in ihrer Handlungsorientierung weitgehend auf sich selbst bezogen, ihre Beziehung untereinander ist nicht hierarchisch, und ihre Steuerbarkeit von außen ist gering. Der Staat kann Problemlösungen daher nicht allein entwickeln und vollziehen, sondern ist auf die Mitwirkung der organisierten Gruppen und Funktionsimperative der unterschiedlichen gesellschaftlichen Teilsysteme angewiesen. "Sie sind unersetzlich in zweierlei Hinsicht: zum einen in ihrer Kapazität der Generierung und Bewertung hochspezifischer Fachinformationen und zum anderen in ihrer Fähigkeit, Ordnungsvorstellungen und Steuerungsstrategien in ihren Bereichen zu implementieren und durchzusetzen - und das heißt vor allem, bei ihren Mitgliedern Bereitwilligkeit (Akzeptanz) zu erzeugen sowie die erforderlichen Verfahren einzurichten und Strukturen zu schaffen."[24]

Auf der Suche nach Möglichkeiten zur Modernisierung von Rolle und Handlungsweise des Staates werden Leitbilder vom "Kooperations- und Interaktionsstaat", vom Staat als "Organisator und Moderator eines Zukunftsdialoges" und vom Staat als "Initiator von Entwicklungsprozessen" geprägt. Die Public Private Partnership, verstanden als sektorenübergreifende ausgehandelte gesellschaftliche Problemlösung, wird zum **zentralen Steuerungsparadigma** der entwickelten Zivilgesellschaft.[25] Im Kern geht es darum, "gesellschaftliche Organisationen, die über solche für die Umsetzung politischer Programme unabdingbar benötigten Ressourcen verfügen und deren eigene Zielsetzungen auf der Linie staatlicher Programme liegen, durch Anreize vor allem finanzieller Art in die Politikumsetzung einzubeziehen."[26]

Auf Bundes- und Landesebene zeigt die Vielzahl von Strategiekreisen, Technologieräten und Zukunftskommissionen das Bemühen staatlicher Instanzen um eine aktive Standortgestaltung. Mit vereinten Kräften sollen Politik, Wirtschaft und Wissenschaft das geistige Klima und die

---

23 Vgl. Oertzen, Susanna von: Planung im entzauberten Staat, in: Raumplanung, 1993, Nr. 61, S. 104-111, hier S. 105; vgl. auch Beyme, Klaus von: Politische Theorie, in: Nohlen, Dieter (Hrsg.): Wörterbuch Staat und Politik, 4. Aufl., (Serie Piper) München 1996, S. 598-603, hier S. 602.

24 Willke, Helmut: Formen gesellschaftlicher Selbststeuerung, in: Willke, Helmut (Hrsg.): Systemtheorie entwickelter Gesellschaften, (Juventa) Weinheim und München 1989, S. 111-141, hier S. 119.

25 Schuppert unterscheidet zwischen der Subsidiarität als "staatlich gewährter Selbststeuerung", der Delegation als "staatlich verordneter gesellschaftliche Selbststeuerung" und dem Korporatismus als "ausgehandelter gesellschaftliche Selbststeuerung". In diesem Sinne kommt die Idee von PPP dem Korporatismus-Konzept sehr nahe; vgl. Schuppert, Gunnar Folke: Verwaltungswissenschaft als Steuerungswissenschaft, Zur Steuerung des Verwaltungshandelns durch Verwaltungsrecht, in: Hoffmann-Riem, Wolfgang (Hrsg.): Reform des allgemeinen Verwaltungsrechts, (Nomos) Baden Baden 1993, S. 65-114, hier S. 88.

26 (Vgl.) Glagow, Manfred; Schimank, Uwe: Korporatistische Verwaltung: das Beispiel Entwicklungspolitik, in: Politische Vierteljahresschrift, 24. Jg., 1983, Heft 3, S. 253-274, hier S. 257.

Rahmenbedingungen schaffen, unter denen es für Unternehmen attraktiv ist, in neue Märkte zu investieren.[27] Auf regionaler und lokaler Ebene sind es beispielsweise Entwicklungsagenturen, Technologiezentren und Wirtschaftsförderungsgesellschaften, die zur kooperativen Bewältigung lokaler Strukturkrisen gegründet werden.[28] Die Institutionen und Initiativen werden von lokalen Akteuren mit getragen, die aus den unterschiedlichsten Motiven heraus an der örtlichen Wirtschaftsentwicklung interessiert sind: Arbeitsämter, Kammern, Gewerkschaften, Sparkassen, Banken, Einzelhandelsverbände, Universitäten u. a. m.

Mit den neuen gesellschaftlichen Steuerungsparadigmen von Korporatismus, Subsidiarität und Delegation geht eine **Bedeutungsaufwertung der kommunalen und regionalen Ebene** gegenüber Land und Bund einher. Die wachsende Bedeutung der kommunalen Politikebene für die Bewältigung gesellschaftlicher Problemlagen resultiert aus ihrer Nähe zu den auftretenden Problemen und der unmittelbaren Konfrontation mit den Ansprüchen Einzelner. Im Gegensatz zur oft schwerfälligen zentralstaatlichen Intervention bietet die kommunale Politikebene die Chance der flexiblen Individuallösung und der unmittelbaren Partizipation Betroffener.[29] Die Regionen als politikfähige Einheiten erfahren mit den nationenübergreifenden Integrationsbewegungen in Politik und Wirtschaft einen Bedeutungsaufschwung.[30] Die Leitstrategie des "Think global, act local" bezieht sich nicht nur für das wirtschaftliche, sondern auch für das politisch-administrative Geschehen auf den lokalen Bezugsrahmen der Regionen.[31]

---

27 Vgl. zu den Inhalten der konzertierten Aktionen Schuppert, Gunnar Folke: Verwaltungswissenschaft als Steuerungswissenschaft, Zur Steuerung des Verwaltungshandelns durch Verwaltungsrecht, in: Hoffmann-Riem, Wolfgang (Hrsg.): Reform des allgemeinen Verwaltungsrechts, (Nomos) Baden Baden 1993, S. 65-114, hier S. 89.

28 Die Arrangements und Aktivitäten umfassen ein solch breites Spektrum, daß eine empirische Erfassung kaum mehr möglich ist. Ansätze hierfür gibt es vor allem für das Ruhrgebiet; vgl. z. B. Blaffert, Susanne: Neue Institutionen im Ruhrgebiet mit regionalpolitischer Bedeutung, Arbeitspapier 107, hrsg. v. Institut für Raumplanung Universität Dortmund, Dortmund 1991; vgl. auch Kruzewicz, Michael: Lokale Kooperation in Nordrhein-Westfalen: Private Public Partnership auf kommunaler Ebene, hrsg. v. Institut für Landes- und Stadtentwicklungsforschung des Landes Nordrhein-Westfalen (ILS), Dortmund 1993.

29 Vgl. Wehling, Hans-Georg: Kommunalpolitik, in: Nohlen, Dieter (Hrsg.): Wörterbuch Staat und Politik, 4. Aufl., (Serie Piper) München 1996, S. 319-326, hier S. 320.

30 Der Begriff der Region wird sehr unterschiedlich definiert; meist werden Regionsabgrenzungen problembezogen entwickelt. Manche verstehen darunter einen Teilraum, der zwischen der Ebene der Gemeinde und der des Bundeslandes liegt. Die europäische Gemeinschaft hat das Problem pragmatisch gelöst, indem sie auf bestehende Verwaltungseinheiten zurückgriff; für die Bundesrepublik sind dies die Bundesländer, die Regierungsbezirke und die Kreise; vgl. Sturm, Roland: Regionen/Regionalismus, in: Nohlen, Dieter (Hrsg.): Wörterbuch Staat und Politik, 4. Aufl., (Serie Piper) München 1996, S. 645-651, hier S. 645.

31 Vgl. Mäding, Heinrich: Verwaltung im Wettbewerb der Regionen, in: Archiv für Kommunalwissenschaften, 31. Jg., 1992, 2. Band, S. 205-219; vgl. auch Kruse, Heinz: Reform durch Regionalisierung, Eine politische Antwort auf die Umstrukturierung der Wirtschaft, (Campus) Frankfurt a. M., New York 1990, S. 222.

II. Ausgewählte Entwicklungen in kommunaler Politik und Verwaltung

Finanzkrise und Systemkrise auf der kommunalen Ebene

"Geld ist der Kern der Öffentlichen Dinge." Dieser Satz stand seit dem Altertum im Mittelpunkt der Staatswissenschaften, spiegelt sich in den staatlichen Finanzen doch der Zustand des Gemeinwesens besonders deutlich wider.[32] Das gesamte öffentliche Defizit hat 1995 in Deutschland mit rund 122,7 Milliarden DM (bereinigt) einen Höchstwert erreicht und überschreitet damit erstmals auch den Grenzwert des Maastricht-Kriteriums von 3 % des Bruttoinlandsproduktes.[33] Entsprechend hat auch das kommunale Finanzierungsdefizit 1995 einen Rekordstand erreicht und liegt mit 13,5 Milliarden (10,4 Mrd. West; 3,1 Mrd. Ost) fast doppelt so hoch wie im Vorjahr und weitaus höher, als zu Jahresbeginn erwartet.[34] Die Defizite in den städtischen Verwaltungshaushalten wachsen zu beängstigenden Dimensionen an, und zwar zunehmend auch in den Städten, die in der Vergangenheit noch über relativ gesunde Finanzen verfügten. Vor unlösbaren Problemen stehen inzwischen die strukturschwachen Städte, die in wachsendem Maße laufende Aufgaben aus der Substanz finanzieren müssen.

Insgesamt sind die Einnahmen der Städte 1995 im Westen gesunken (- 1,3 %); als Folge hiervon sind die Städte auf **striktem Sparkurs** und haben ihre Ausgaben in Ost und West seit 1993 annähernd eingefroren. (Ausgabenwachstum West 1995: 0,9 %; Ausgabenwachstum Ost 1995: 1,1 %). Da die Kommunen in weiten Teilen ihrer Ausgaben durch bundes- und landesrechtliche Leistungsverpflichtungen und Standards gebunden sind (z. B. neu: der Rechtsanspruch auf einen Kindergartenplatz), gerät die Haushaltskonsolidierung in eine immer stärkere Schieflage zu Lasten freiwilliger Aufgaben.[35] Unvermeidlich ist unter diesen Vorzeichen auch eine kontinuierliche Reduzierung der kommunalen Investitionsausgaben, seit 1992 um über 20 % (1995: -5,6 %). Kommunale Baumaßnahmen sind 1995 im Westen um 6,1 % zurückgegangen, im Osten um 10 %.[36]

---

32 Vgl. Arnim, Hans Herbert von: Die Partei, der Abgeordnete und das Geld, (v. Hase & Kohler) Speyer 1990, S. 1.

33 Der Wert entspricht einem Anteil von 3,5 % des Bruttoinlandsproduktes (1994: 2,5 %). Die unbereinigte Staatsverschuldung (incl. der übernommenen Schulden der Treuhand und der ostdeutschen Wohnungswirtschaft) beträgt sogar 351,7 Mrd. DM und übersteigt den Anteil am Bruttoinlandsprodukt um über 10 %; Angaben von Herrn Reiß, Allgemeiner Auskunftsdienst des Statistischen Bundesamtes, Wiesbaden, Telefonat vom 15. Mai 1996.

34 Vgl. hierzu und zu allen folgenden Zahlenangaben Karrenberg, Hans; Münstermann, Engelbert: Gemeindefinanzbericht 1996, in: Der Städtetag, 49. Jg., 1996, Nr. 3, S. 119-211, hier S. 128.

35 Vgl. Karrenberg, Hans; Münstermann, Engelbert: Gemeindefinanzbericht 1996, in: Der Städtetag, 49. Jg., 1996, Nr. 3, S. 119-211, hier S. 122.

36 Vgl. Karrenberg, Hans; Münstermann, Engelbert: Gemeindefinanzbericht 1996, in: Der Städtetag, 49. Jg., 1996, Nr. 3, S. 119-211, hier S. 124.

Mit der Finanzkrise einher geht eine Krise des gesamten politisch-administrativen Systems. Die Handlungsunfähigkeit der Regierungssysteme und die häufig zu beobachtende Inkompetenz und Verantwortungslosigkeit führen zu einer schleichenden Legitimationskrise des politischen Systems, das zwar nicht grundsätzlich in Frage gestellt, aber immer heftiger kritisiert wird. Die Kritik macht sich vor allem auch an den öffentlichen Verwaltungen fest: am Größenwachstum eines nach bürokratischen Prinzipien funktionierenden Verwaltungsapparates, an der wachsenden Abhängigkeit der Bürger und privaten Unternehmen von staatlicher Regelung und öffentlicher Verwaltung sowie an den möglichen Auswirkungen bürokratischer Strukturen auf die Art und Weise der Leistungserbringung durch die Verwaltungsangehörigen, bei denen die Anwendung von bürokratischen Mitteln, z. B. die Befolgung vorhandener Regeln, zum Selbstzweck werden kann.[37]

Aktuelle Bemühungen um eine Entbürokratisierung und verstärkte Bürgernähe konzentrieren sich überwiegend auf Versuche einer Effektivitäts- und Effizienzsteigerung von bürokratischen Organisations- und Handlungsformen. Zentrale strategische Konzepte sind die organisatorische Verselbständigung von Verwaltungseinheiten und die Flexibilisierung der Finanzwirtschaft mit einer insgesamt stärkeren Annäherung an das Managementdenken und die Managementstrukturen der Privatwirtschaft.[38] Nach den Ergebnissen einer DIfU-Umfrage aus dem Jahre 1995 ist der Problembereich "Haushaltskonsolidierung und Verwaltungsreform" das mit sehr großem Abstand wichtigste Thema für Städte und Gemeinden.[39] Dies zeigt sich auch an der unüberschaubaren Flut von aktuellen Veröffentlichungen zu den Konzepten von "lean government", der "Stadt als Unternehmer", der "Verwaltung 2000" u. a. m. Mittlerweile gibt es wohl kaum eine westdeutsche Kommune mehr, in der nicht entsprechende Reorganisationsprojekte laufen.[40] Die verschiedenen Ansätze und Aktivitäten zur Erneuerung des öffentlichen Sektors können im wesentlichen zwei Strategiebündeln zugeordnet werden: den systemintern ausgerichteten Strategien und den systemextern ausgerichteten Strategien. Die Public Private Partnership, verstanden als kooperative Form der Leistungserbringung durch Akteure des staatlichen und privatwirtschaftlichen Systems, setzt dabei an der **Schnittstelle zwischen internen und externen Strategien** an.

---

37 Vgl. Bruder, Wolfgang: Bürokratie, in: Nohlen, Dieter (Hrsg.): Wörterbuch Staat und Politik, 4. Aufl., (Serie Piper) München 1996, S. 74-78, hier S. 75; vgl. auch Prätorius, Rainer: Bürokratietheorie und Bürokratiekritik, in: Verwaltung und Politik in der Bundesrepublik, hrsg. v. der Landeszentrale für politische Bildung Baden-Württemberg, (W. Kohlhammer) Stuttgart u. a. 1986, S. 24-35.

38 Theoretischer Bezugsrahmen und Impulsgeber der Reformen ist die New Public Management-Bewegung, die seit einigen Jahren das Bild von der Verwaltung im anglo-amerikanischen Raum bestimmt; vgl. Göbel, Markus: Public-Private Partnership: Ein Organisationsmodell auf dem Prüfstand, in: Verwaltungsrundschau, 1994, Nr. 11, S. 373-377, hier S. 373.

39 Vgl. Bretschneider, Michael: Probleme der Städte, Ergebnisse der DifU-Umfrage 1995, in: Der Städtetag, 49. Jg., 1996, Nr. 1, S. 5-8, hier S. 5.

40 Vgl. Banner, Gerhard: Neue Trends im kommunalen Management, in: Verwaltungsführung, Organisation und Personal (VOP), 16. Jg., 1994, Nr. 1, S. 5-12, hier S. 5.

Übersicht 3.1: Reformstrategien für das politisch-administrative System

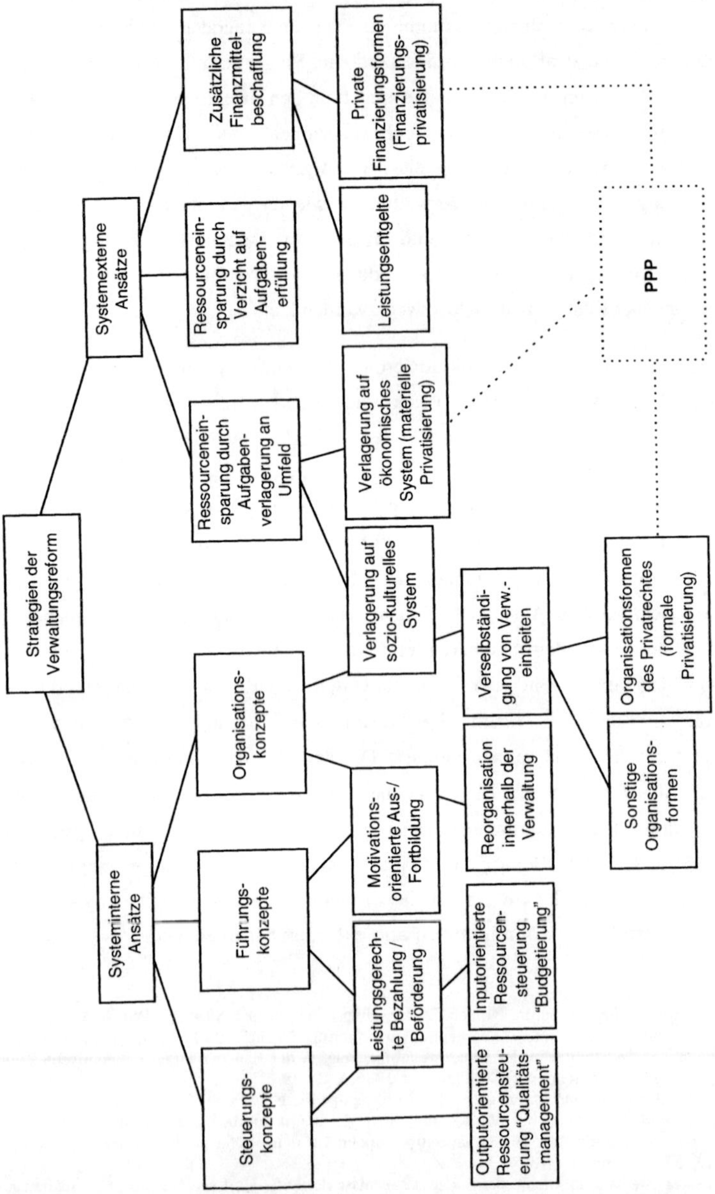

Quelle: Darstellung in Anlehnung an Budäus, Dietrich: Betriebswirtschaftliche Instrumente zur Entlastung kommunaler Haushalte, (Nomos) Baden-Baden 1982, S. 41.

Die kommunalen Institutionalisierungsstrategien

In den letzten Jahren zeigt sich ein ausgeprägter Trend zur organisatorischen Verselbständigung kommunaler Aufgabenerledigung. Für immer mehr Aufgabenbereiche zeichnet sich dabei die Überlegenheit bzw. Beliebtheit privatrechtlich organisierter Einheiten ab, bei denen eine Aufgabenerfüllung auf flexiblere und effizientere Weise möglich erscheint als in den klassischen kommunalen Organisationseinheiten. Die Vorteile beziehen sich insbesondere auf:[41]

- die Befreiung von öffentlichen Vorschriften bezüglich Haushaltsgebarung, sachlicher Aufgabenerfüllung und Dienst- und Besoldungsrecht,
- die Befreiung von parlamentarischen und aufsichtsbehördlichen Einfluß- und Kontrollmöglichkeiten,
- das Potential für die Einbindung zusätzlichen Know-hows und Kapitals.

Eine Vorreiterrolle bei den Reorganisationsbemühungen nehmen einerseits die potentiell gewinnträchtigen und privatisierungsfähigen Aufgaben ein, z. B. kommunale Ver- und Entsorgung sowie kommunale Gebäude- und Grünpflege. Andererseits erfolgt eine Verselbständigung und Öffnung nach außen, weil die Stadt in besonderer Weise auf eine flexible Zusammenarbeit mit den Partnern aus Wirtschaft und Bevölkerung angewiesen ist, z. B. in den Bereichen Wirtschafts- und Fremdenverkehrsförderung sowie Kultur und Freizeit. In einer Vielzahl von Städten sind diese Bereiche heute in die private Trägerform von GmbHs überführt, teilweise unter Beteiligung privatwirtschaftlich agierender (öffentlicher) Unternehmen, z. B. den örtlichen Sparkassen.[42] Die Public Private Partnership, verstanden als verselbständigte, privatrechtlich organisierte kommunale Verwaltungseinheit unter Beteiligung privater Wirtschaftssubjekte, ist zu einem **wichtigen Institutionalisierungskonzept** der kommunalen Verwaltungen avanciert.

Die Aufgaben des Flächenmanagements und der Projektentwicklung werden in der Mehrzahl der Städte zwar auch heute noch von den kommunalen Planungs- oder Stadt-

---

41 Vgl. ausführlich Löser, Roman: Wahl und Bewertung von Rechtsformen für öffentliche Verwaltungsorganisationen, Speyerer Arbeitshefte, Nr. 83, hrsg. v. der Hochschule für Verwaltungswissenschaften, Speyer 1988, S. 25 f.; vgl. auch Müller, Nikolaus: Rechtsformenwahl bei der Erfüllung öffentlicher Aufgaben, Diss., Passau 1992, S. 396 u. S. 405; vgl. weiter die Ausführungen über die "Vermeidungsstrategien" im vierten Kapitel, B III.

42 Andere klassische öffentliche Ämter, so die Bauämter, werden zunächst in Eigenbetriebe umgewandelt, um eine spätere Überführung in eine GmbH vorzubereiten. Denkbar ist dann auch eine Beteiligung privater Unternehmen, z. B. Architekten, an den privaten Rechtsträgern; Angaben von Herrn Dr. Müller, Wibera Wirtschaftsberatungs AG, Düsseldorf, Gespräch am 04. April 1995 in Düsseldorf.

entwicklungsämtern wahrgenommen;[43] die Tendenz geht jedoch dahin, die Aufgaben auf bestehende oder eigens gegründete Wirtschaftsförderungs- oder Grundstücksentwicklungsgesellschaften zu übertragen. Dies geht zwar mit einem Autonomie- und Flexibilitätsgewinn der agierenden Personen und einem Vertrauensgewinn der Partner aus der Wirtschaft einher, birgt jedoch Gefahren von Ineffizienzen durch Kompetenzüberschneidungen mit den klassischen Ämtern sowie Frustrationen bei den dort beschäftigen Mitarbeitern als Folge von Kompetenzbeschneidungen. So wird in Ludwigshafen im Rahmen einer anstehenden umfassenden Verwaltungsreform eine (erneute) Zusammenlegung von Wirtschaftsentwicklungsgesellschaft (WEG) Ludwigshafen und Stadtplanungsamt angestrebt.[44]

Die Reorganisationen in den Verwaltungen sind nicht nur im Kontext der aktuellen Reformbemühungen um eine effizientere Verwaltungsführung zu sehen. Einige Praktiker betonen, daß nach ihren Erfahrungen organisatorische Verselbständigungen zuallererst ein **Instrument der Personalpolitik** sind: ein Instrument, um die formale Position und die Gehälter von Politikern und Staatsbediensteten aufzubessern, vielfach gekoppelt mit dem Wunsch, einzelne Personen auf elegante Weise 'abzuschieben'.[45] Bei Scheuch/Scheuch heißt es hierzu: "Das wichtigste Instrument der Vorteilsnahme sind ... die in einer Holding zusammengefaßten Ausgründungen städtischer Dienstleistungen als nun privatrechtlich verfaßte Betriebe. Die Aufsichtsratspositionen und gelegentlich auch Vorstands- und Geschäftsführerposten werden während der Amtszeit als Stadtverordnete zur Ergänzung des Einkommens benutzt ... Noch wichtiger sind die ausgegründeten Betriebe als Instrument der Versorgung nach Aufgabe des politischen Amtes."[46]

III. Ausgewählte Entwicklungen in Standortdynamik und Immobilienwirtschaft

Trends in der Standortentwicklung

Die Prozesse des räumlichen Strukturwandels stellen für das städtebauliche Handeln wichtige Rahmenbedingungen dar. Für den privaten Investor sind sie Ausdruck spezifischer Standortpräferenzen von Unternehmen, Betrieben, Arbeitnehmern und Wohnbevölkerung, für die kommunalen Planer sind sie der Ausgangspunkt raumordnerischer Entwicklungs- und Entlastungsstrategien.

---

43 In der Regel haben die Städte entweder ein Planungs- oder ein Stadtentwicklungsamt; Angabe von Herrn Norbert Bensch, Stadtplanungsamt Mannheim, Gespräch am 10. Februar 1995 in Mannheim.

44 Vgl. hierzu auch die Ausführungen über das kommunale Projektmanagement im sechsten Kapitel, C III.

45 Übereinstimmende Aussage mehrerer Gesprächspartner, u. a. Herrn Dr. Berge, Stadtentwicklungsamt Frankfurt a. M., Gespräch am 14. Juni 1994 in Frankfurt a. M.

46 Scheuch, Erwin K.; Scheuch, Ute: Cliquen, Klüngel und Karrieren; Über den Verfall der politischen Parteien, (Rowohlt) Reinbek bei Hamburg 1992, S. 74.

In den Leitkonzepten des aktuellen Strukturwandels - Delegation, Externalisierung, Kooperation, lean production u. ä. - deutet sich bereits an, daß Dezentralisierung zum Organisationsanspruch und damit auch zum Standortfaktor wird.[47] Mit steigender Leistungsfähigkeit der Informations- und Kommunikationstechnologie sinkt auch die Abhängigkeit von agglomerierten Standorten; mit zunehmender Bedeutung des Straßen- gegenüber dem Schienentransport kann den Anforderungen an die Transportgunst auch vom Umland entsprochen werden, zumal die Bodenpreise dort wesentlich günstiger sind.[48] Im Gegenzug spielen jedoch für eine Vielzahl von Unternehmen Faktoren wie die Kooperationsmöglichkeiten mit anderen Betrieben am Standort, die erweiterten Liefer-, Verkehrs- und Kommunikationstechnologie-Qualitäten und das 'anregungsreiche' Umgebungsmilieu die ausschlaggebende Rolle bei der Standortwahl. Im expandierenden Sektor der Dienstleistungsunternehmen ist die Affinität zu 'Fühlungsvorteilen' besonders häufig gegeben. Die Nachfrage nach einer **neuen Generation innerstädtischer Büroimmobilien und Geschäftszentren** steigt an.[49]

Mit dem wirtschaftlichen Strukturwandel geht das Brachfallen großer Areale wie Industrieflächen, Hafenanlagen, Güterbahnhöfe, zentral gelegene Flughäfen u. ä. einher. Hier eröffnet sich ein großes Potential für Maßnahmen des **Flächenrecyclings**. So weist beispielsweise die aktuelle Brachflächenstatistik des Kommunalverbandes Ruhrgebiet für die angehörigen Städte und Kreise einen Bestand von rund 16.000 ha Flächen auf, wobei davon auszugehen ist, daß der tatsächliche Bestand noch deutlich größer ist.[50] Hinzu kommen militärische Flächen, die als Militärflughäfen, Truppenübungsplätze oder für Kasernen genutzt wurden. Insgesamt sind dies in West- und Ostdeutschland ca. 970.000 ha, von denen bisher rund 286.000 ha - eine Fläche größer als das Saarland - offiziell vom Militär verlassen wurden.[51] Probleme beim Flächenrecycling bereiten regelmäßig die (vermuteten) Altlasten sowie die Buchwerte bestehender Gebäude, die für eine andere Nutzung ungeeignet sind und daher abgeschrieben werden müssen. In den neuen Bundesländern war es in der Vergangenheit insbesondere die Restitutionsbelastung von Grundstücken, die Erneuerungs-

---

47 Vgl. Brake, Klaus: Dezentrale Konzentration, Zum Verhältnis von Leitbild und Standorttendenzen, in: Bundesforschungsanstalt für Landeskunde und Raumordnung (Hrsg.): Informationen zur Raumentwicklung, Heft 7/8 1994: Dezentrale Konzentration, S. 481-488, hier S. 486.

48 Vgl. Irmen, Eleonore; Blach, Antonia: Räumlicher Strukturwandel - Konzentration, Dekonzentration und Dispersion, in: Bundesforschungsanstalt für Landeskunde und Raumordnung (Hrsg.): Informationen zur Raumentwicklung, Heft 7/8 1994: Dezentrale Konzentration, S. 445-464, hier S. 448 f.

49 Vgl. Brake, Klaus: Dezentrale Konzentration, Zum Verhältnis von Leitbild und Standorttendenzen, in: Bundesforschungsanstalt für Landeskunde und Raumordnung (Hrsg.): Informationen zur Raumentwicklung, Heft 7/8 1994: Dezentrale Konzentration, S. 481-488, hier S. 482 f.

50 Die Brachflächen setzen sich zusammen aus Wohnbaubrachen (2.134 ha), gewerblichen und industriellen Brachflächen (2.735 ha), nichtgenutzten Flächen der Land- und Forstwirtschaft (7.091 ha), Zechenbrachen (701 ha), Verkehrsbrachen (424 ha) und Halden (2.500 ha); Zahlenmaterial des Kommunalverbandes Ruhrgebiet, Essen, Telefonat mit und Faxnachricht von Frau Broll am 21. Mai 1996.

51 Vgl. Pinzler, Petra: Kampf um Kasernen, in: Die Zeit, Nr. 44, 28. Oktober 1994, S. 29.

maßnahmen verhinderte; heute treten verstärkt Probleme aufgrund der Überlastung der Katasterämter hinzu.[52]

Impulse für die Umwidmung und Neunutzung von Flächen gehen dabei immer häufiger von den Grundstückseigentümern aus. Die Wirtschaftsentwicklung zwingt Unternehmen dazu, neue Liquiditäts- oder Kostensenkungspotentiale zu mobilisieren; auch schlagen sich die umfangreichen Rationalisierungsmaßnahmen in einem **Abbau betriebsnotwendiger Flächen** nieder.[53] Im Zuge von Privatisierungsmaßnahmen stehen beispielsweise Deutsche Bahn und Telekom beträchtlich unter Druck, unternehmerisch zu agieren und maximale Profite aus ihrem Eigentum zu ziehen.[54]

Trends in der Immobilienwirtschaft

Die Globalisierung, die in allen Bereichen eine Tendenz zu ähnlicher Entwicklung befördert, wirkt sich auf den bislang vorwiegend national und regional orientierten deutschen Immobilienmarkt spürbar aus. Immobilientransaktionen verlaufen mit steigender Tendenz nationenübergreifend; ausländische Unternehmen erobern mit neuen Marktbearbeitungskonzepten einheimische Märkte. Die Bemühungen um eine verbesserte Wettbewerbsfähigkeit, um eine Professionalisierung von Branchen und Firmen setzen an der Entwicklung neuer Produkte, an der Eroberung neuer Märkte, an der Neugestaltung von Geschäftsprozessen und dem Reengineering von Wertschöpfungsketten an. In den wesentlichen Segmenten hat sich der Markt für Immobilien und angegliederte Dienstleistungen von einem Anbieter- zu einem Käufermarkt entwickelt, in dem sich die Leistungsfähigkeit eines Angebotes am Nutzwert für den Kunden mißt. "In der deutschen Bauindustrie hat sich ein grundlegender Strukturwandel vom 'Bereitstellungsgewerbe' zum 'Anbieter von Problemlösungen' vollzogen."[55]

In Zusammenhang mit dieser Entwicklung hat die **Projektentwicklung** als Summe aller Untersuchungen, Planungen und bauvorbereitenden Maßnahmen im Vorfeld einer Grundstücksbebauung in den letzten Jahren einen geradezu revolutionären Bedeutungs-

---

52 Angaben von Herrn Hermann Laistner, Geschäftsführer der Ingenieurgesellschaft für Projektsteuerung, Ökologische Entwicklungsplanung und Technologietransfer mbH (POET), Gespräche u. a. am 05. Mai 1994 in Lauchheim und am 08. Februar 1995 in Bonn.

53 Vgl. Gop, Rebecca: Corporate Real Estate Management - Bilanzkur mit Flächendiät, in: Immobilien-Manager, o. Jg., 1994, Nr. 2, S. 6-14.

54 Vgl. zur Flächen- und Immobilienstrategie der deutschen Bundesbahn: Netzel, Ulf Roman: Kommunales Planen und Handeln bei Flächen und Anlagen der Deutschen Bundesbahn, Diss., (Dortmunder Vertrieb für Bau- und Planungsliteratur) Dortmund 1993, S. 27-33.

55 Bartholomä, Ulrike: Konjunkturlokomotive verliert Dampf, in: Immobilien-Manager, o. Jg., 1995, Nr. 5, S. 6-10, hier S. 10.

aufschwung erfahren.[56] Professionelle "Developer", die die Projektentwicklung entweder auf Eigenrisiko, als Auftragnehmer oder Geschäftsbesorger durchführen,[57] haben sich zunächst auf dem amerikanischen, später auch auf dem deutschen Immobilienmarkt erfolgreich etabliert, vor allem in Verbindung mit der Realisierung baulicher Großprojekte.[58] Jede dritte neue Immobilie wurde 1993 in Deutschland von einem professionellen Developer erstellt. Während der Markt für Nicht-Wohngebäude von konzerngebundenen Developmentgesellschaften und großen unabhängigen Projektentwicklern dominiert wird, teilen sich den Wohnimmobilienmarkt neben Bautöchtern hauptsächlich mittelständische Baufirmen, kleinere Bauunternehmen und Architekten.[59]

Insgesamt haben die Gesellschafts- und Kapitalverflechtungen zwischen Unternehmen in der Bau- und Immobilienbranche in den letzten Jahren beträchtlich zugenommen; für die Zukunft werden weitere spektakuläre Zusammenschlüsse erwartet. Die klassische Trennung von Entwicklungs- und Bauträgern ist heute nicht mehr gegeben; Developergesellschaften sind häufig Tochterfirmen großer Baukonzerne; Bauträger gehören zu einem Großteil Banken und Versicherungen. Die bedeutendste Kooperationsstrategie im Entwicklungsbereich ist der **gesellschaftsrechtliche Zusammenschluß mit Banken**. Die Unternehmensgruppe Roland Ernst, die ihr erstes Bank-Joint-Venture bereits 1985 schloß, hat an mehr als der Hälfte ihrer derzeit 214 Objektgesellschaften Banken beteiligt, meist zu 50 %.[60] Der Zusammenschluß mit anderen Developern wird in der Zukunft an Bedeutung gewinnen; die Philipp Holzmann AG realisierte bis 1993 bereits rund 2/3 ihres Projektentwicklungsgeschäftes gemeinsam mit anderen Developern.[61] Kooperationsmotive sind u. a. die Vergrößerung des Finanzierungspotentials, die Partizipation an Markt-Know-how, die Risikoteilung und die Entsprechung von Zielvorstellungen der öffentlichen Hand.

Die Beteiligung von Banken an Objekt- bzw. Finanzierungsgesellschaften ist auch in Zusammenhang mit den extrem hohen Kreditausfällen zu sehen, die die Immobilien-

56 Vgl. Schetter, Hans Helmut: Projektmanagement/Projektwirtschaft in der Bauindustrie, in: Motzel, Erhard (Hrsg.): Projektmanagement in der Baupraxis bei industriellen und gewerblichen Bauprojekten, (Ernst & Sohn) Berlin 1993, S. 49-55, hier S. 51.

57 Vgl. hierzu die Ausführungen im vierten Kapitel, C II.

58 Eine Studie der SF-Bau, Köln, ergab, daß insgesamt rund 600 Projektentwicklungsunternehmen in Deutschland tätig sind, wobei die 20 bedeutendsten Developer fast ein Viertel des Gesamtmarktes, d. s. 10,7 Milliarden DM in 1993, auf sich verbuchen können. Das gesamte Projektentwicklungsvolumen betrug in Deutschland im Jahr 1993 ca. 44 Mrd. DM, wobei etwa 23 Mrd. DM auf den Wohnungsbereich und 21 Mrd. DM auf den gewerblichen Markt entfielen; vgl. Falk, Bernd (Hrsg.): Immobilien-Handbuch: Wirtschaft, Recht, Bewertung, Grundwerk, 3. Aufl. 1992 incl. Ergänzungslieferungen, (Moderne Industrie) Landsberg/Lech 1994, Teil Wirtschaft, Kap. 11.7, S. 1.

59 Die Zahlen stammen ebenfalls aus der Studie der SF-Bau, Köln; vgl. Gop, Rebecca: Projektentwicklung in Deutschland, in: Immobilien-Manager, o. Jg., 1994, Nr. 4, S. 7-22, hier S. 20.

60 Angaben von Herrn Klaus Heidkamp, Mitglied der Geschäftsleitung Unternehmensgruppe Roland Ernst, Gespräche am 26. Februar 1995 in Heidelberg und am 08./09. März in Berlin-Teltow.

61 Vgl. Gop, Rebecca: Projektentwicklung in Deutschland, in: Immobilien-Manager, o. Jg., 1994, Nr. 4, S. 7-22, hier S. 22.

Finanzierer derzeit verbuchen - die Schneider-Affäre stellt nur die Spitze eines Eisberges dar.[62] Die exorbitanten Ausfälle als Folge der rezessiven Entwicklung vieler bundesdeutscher Standorte mit nie gekannten Leerstandsraten zeigen erst in zeitlicher Verzögerung, "daß die Methoden zur Kreditsicherung und -risikobegrenzung mit dem Wachstum und der Größenordnung der Kreditvergaben in zahlreichen Fällen nicht Schritt gehalten haben."[63] Ertrags- und Kompetenzeinbußen führen derzeit zu einer ungewohnt **restriktiven Kreditvergabe**, unter der besonders Developer zu leiden haben, und zu verstärkten Controlling-Aktivitäten der Banken. Kreditinstitute wie beispielsweise die West LB und die Berliner Landesbank verfolgen dabei gezielt die Strategie der unternehmerischen Beteiligung an Projekten.[64]

Auch die institutionellen Immobilienanleger betreiben inzwischen in großem Ausmaß selbst Projektentwicklung; sie verfolgen die Strategie, aus möglichst allen Stufen des Erstellungsprozesses Wertschöpfungen zu realisieren.[65] Die Anlagegesellschaften, vor allem Fonds und Versicherungsgesellschaften, verzeichnen derzeit einen derartigen **Zuwachs an Anlagekapital**, daß sie zunehmend Schwierigkeiten haben, genügend Investitionsobjekte zu finden. "Bundesweit herrscht Anlage-Notstand."[66] Die Nutzung von Steuersparmöglichkeiten und Sonderabschreibungen, die Einführung der Zinsabschlagssteuer sowie unsichere Rentenmärkte und Inflationsängste lassen Sachwertinvestitionen für viele Kapitalanleger äußerst attraktiv erscheinen. Versuche, Projektentwicklungen bis zur rechtskräftigen Baugenehmigung über Gelder von Kapitalanlegern zu finanzieren, sind auf dem deutschen Markt jedoch bislang "an den psychologischen Barrieren des Vertriebes" gescheitert.[67]

Im Bestreben nach Kapazitätsauslastung bzw. Unternehmensexpansion sowie aus Gründen der Risikominimierung suchen viele Projektentwickler heute nach neuen Tätigkeitsfeldern; als besonders zukunftsträchtiges Segment gilt der **Markt für öffentliche Spezialimmobilien**. Neben Bau und z. T. Betrieb von Schulen, Universitäten, Gefängnissen, Rathäusern u. a. engagieren sich die privaten Unternehmen auch im Gesundheitssektor. So baute und betreibt die Unternehmensgruppe Roland Ernst mehrere Heil- und Gesundheitskliniken in Ostdeutsch-

---

62 In Frankreich und Japan führten die extremen Markteinbrüche zu Beginn der neunziger Jahre sogar dazu, daß Banken von der Regierung gestützt werden mußten, um die Wertausfälle in mehrstelligen Millionenhöhen verkraften zu können; Angabe von Herrn Dr. Lutz Aengevelt, Aengevelt Immobilien KG, Düsseldorf, in seinem Vortrag "Konjunkturbericht Büroimmobilien Deutschland" anläßlich des Handelsblatt-Kongresses "Immobilienmärkte in Bewegung" am 28. und 29. September 1995 in Hamburg.

63 Caspar Freiherr von Weichs, Unternehmensberater, München; zit. nach: Gop, Rebecca: Bremskurs, in: Immobilien-Manager, o. Jg., 1995, Nr. 9, S. 8-14, hier S. 10.

64 Angaben von Herrn Klaus Heidkamp, Mitglied der Geschäftsleitung Unternehmensgruppe Roland Ernst, Gespräche am 26. Februar 1995 in Heidelberg und am 08./09. März in Berlin-Teltow.

65 Vgl. Loipfinger, Stefan: Fonds unter Druck, Wohin mit dem Geld, in: Immobilien-Manager, o. Jg., 1995, Nr. 5, S. 26-29, hier S. 26.

66 Gop, Rebecca: Bremskurs, in: Immobilien-Manager, o. Jg., 1995, Nr. 9, S. 8-14, hier S. 8.

67 Vgl. Gop, Rebecca: Bremskurs, in: Immobilien-Manager, o. Jg., 1995, Nr. 9, S. 8-14, hier S. 8.

land; darunter das Herz- und Kreislaufzentrum Dresden als eine der größten privaten Herzkliniken Deutschlands. Aufgrund der hohen, weitgehend risikofreien Gewinnmargen aus dem laufenden Managementgeschäft ist das Marktsegment ein ausgesprochen attraktives Geschäftsfeld.[68] In Zusammenhang mit der 'Eroberung' des neuen Marktes gewinnt für Projektentwickler und Investoren die Beziehungspflege zu den öffentlichen Gebietskörperschaften, die Imagepflege als vertrauenswürdiges, verantwortungsbewußtes Unternehmen und das Engagement in Public Private Partnerships an Bedeutung.[69]

B. Die planungspolitischen Gestaltungsbedingungen

I. PPP als neues Planungsparadigma

In den Kernbereichen des Städtebaus - vor allem Wohnungs-, Industrie- und Gewerbebau - fallen **Planen** und **Handeln** in unterschiedliche Einflußsphären: Es plant die Kommune, der Kreis, das Land; es handelt der private Grundeigentümer, Landnutzer, Bauherr.[70] Die Vorstellungen, welchen Stellenwert der Planung in dem arbeitsteiligen Prozeß zukommt und in welchem Umfang staatliche Einflußnahme auf das Verhalten privater Akteure erfolgen darf und soll, variieren über ein breites Spektrum. In einem geschichtlichen Rückblick lassen sich in enger Beziehung zu den jeweils dominierenden Vorstellungen über die Rolle des Staates in der Gesellschaft unterschiedliche Stufen im Planungsverständnis ausmachen, die von der groben Rahmensetzung für die Flächennutzung bis hin zu einem umfassenden städtebaulichen Gestaltungsanspruch reichen. In den letzten Jahren weist die wachsende Zahl von Fachbeiträgen in der deutschsprachigen Literatur auf ein neuerwachtes Interesse an planungstheoretischer, konzeptioneller Diskussion hin.[71] Die Public Private Partnership, verstanden als frühzeitige, konstruktive, interessengeleitete Zusammenarbeit zwischen Planern und Investoren ist dabei **Schlüsselbegriff und Leitbild eines modernen Planungsverständnisses.**

Gegenüber der planungspolitischen Position der "integrierten langfristigen Entwicklungsplanung", die die Planungsvorstellungen der sechziger und frühen siebziger Jahre dominierte,

---

68 Angaben von Herrn Klaus Heidkamp, Mitglied der Geschäftsleitung Unternehmensgruppe Roland Ernst, Gespräche am 26. Februar 1995 in Heidelberg und am 08./09. März in Berlin-Teltow; vgl. auch (kritisch) o.V.: Offenes Herz, Privatfirmen erobern lukrativen Klinik-Markt, in: Der Spiegel, Nr. 46, 13. November 1995, S. 54-57.

69 Vgl. hierzu auch die Ausführungen im vierten Kapitel, C III.

70 Vgl. Selle, Klaus: Was ist bloß mit der Planung los? Erkundungen auf dem Weg zum kooperativen Handeln, Dortmunder Beiträge zur Raumplanung, Heft 69, hrsg. v. Institut für Raumplanung Universität Dortmund, Dortmund 1994, S. 84.

71 Vgl. hierzu den umfassenden Literaturüberblick in: Selle, Klaus: Was ist bloß mit der Planung los? Erkundungen auf dem Weg zum kooperativen Handeln, Dortmunder Beiträge zur Raumplanung, Heft 69, hrsg. v. Institut für Raumplanung Universität Dortmund, Dortmund 1994, S. 335-357.

zeichnet sich die PPP-Planungskultur durch einen reduzierten staatlichen Planungsanspruch und einen stärkeren Bezug zu umsetzungsbezogenen Problemen aus.[72] Im Wandel des Planungsverständnisses hin zur Public Private Partnership lassen sich drei zentrale Neuorientierungen ausmachen: die Gleichzeitigkeit von Planen und Handeln, die Planung als kooperativer Prozeß und die Planung durch Projekte.

Die Gleichzeitigkeit von Planen und Handeln

Die grundsätzliche Vorstellung über die idealtypische Arbeitsteilung zwischen den "planenden" und "handelnden" Akteuren im Städtebau kommt in der Benennung des zentralen Instrumentes räumlicher Planung auf gemeindlicher Ebene treffend zum Ausdruck: es ist dies die Bauleitplanung. Im BauGB-Kommentar heißt es dazu: Die Bauleitplanung hat "vorbereitende und leitende Aufgaben"; der Bauleitplanung kommt die Funktion einer "Angebotsplanung" zu, das heißt, sie eröffnet ein Angebot, "die im Bauleitplan vorgesehene Nutzung zu verwirklichen."[73] In dieser Grundfigur liegt das vielfach zu beobachtende Auseinanderfallen von Plan und Realität begründet: oft findet das Angebot keine Abnehmer, laufen planerische Absichten ins Leere, entscheidet der Markt anders als der Plan.[74]

Als Paradebeispiel für ein unkoordiniertes Nebeneinander und Gegeneinander von öffentlicher Planung und Handeln der Investoren führt Speer die Situation am Potsdamer Platz in Berlin an. "Die Ergebnisse eines städtebaulichen Wettbewerbs und der Entwurf der Investoren stehen sich nun gegenüber und sind unvergleichbar, da die Voraussetzungen, Anforderungen und zeitlichen und finanziellen Möglichkeiten weit auseinanderklaffen."[75] Mit dem Koordinationsproblem eng zusammen hängt das **Zeitproblem**. "Können Sie sich vorstellen, daß schon beim Bau eines Kindergartens von den ersten Planungen bis zur Realisierung 15 Jahre vergehen? Sie können es sich nicht vorstellen, man kann es sich einfach nicht vorstellen, es ist unglaublich, aber es ist so."[76]

---

72 Vgl. zu den planungspolitischen Positionen der Vergangenheit ausfuhrlich Albers, Gerd: Über den Wandel im Planungsverständnis, in: Wentz, Martin (Hrsg.): Die Zukunft des Städtischen, Frankfurter Beiträge Band 4, (Campus) Frankfurt a. M., New York 1993, S. 45-55; vgl. auch Ganser, Karl: Public-private partnership: Reduktion des politischen Handlungsspielraumes, in: Swoboda, Hannes: Wien, Identität und Stadtgestalt, (Böhlau) Wien, Köln 1990, S. 66-74; vgl. weiter Selle, Klaus: Was ist bloß mit der Planung los? Erkundungen auf dem Weg zum kooperativen Handeln, Dortmunder Beiträge zur Raumplanung, Heft 69, hrsg. v. Institut für Raumplanung Universität Dortmund, Dortmund 1994, S. 36-58.

73 Vgl. Ernst, Werner; Zinkahn, Willy; Bielenberg, Walter (Hrsg.): Baugesetzbuch, Loseblatt-Kommentar, 6. Aufl., (C. H. Beck) München 1994, Kapitel I, 1. Teil, S. 27 f.

74 Vgl. Selle, Klaus: Was ist bloß mit der Planung los? Erkundungen auf dem Weg zum kooperativen Handeln, Dortmunder Beiträge zur Raumplanung, Heft 69, hrsg. v. Institut für Raumplanung Universität Dortmund, Dortmund 1994, S. 85.

75 Speer, Albert: Städtebau zwischen Staat und Investoren, in: Wentz, Martin (Hrsg.): Planungskulturen, (Campus) Frankfurt a. M., New York 1992, S. 36-42, hier S. 38.

76 Aussage von Herrn Heinz Peter Willfurth, Industrie- und Wohnbau Groth & Graalfs GmbH, Berlin, Gespräch am 10. Oktober 1995 in Berlin.

Mit der Public Private Partnership verbindet sich die Vorstellung, durch ein frühzeitiges Zusammenführen spezieller Fähigkeiten beider Seiten und durch eine frühzeitige Offenlegung der beiderseitigen Ansprüche an ein Vorhaben die zunehmende Komplexität von Projekten besser zu bewältigen und den ausufernden Zeitrahmen, der zur Vorbereitung und Entwicklung von Projekten erforderlich ist, wieder überschaubar und kalkulierbar zu machen.[77] Ganser resümiert treffend: "Es ist natürlich logisch, erst zu denken, dann zu planen, dann zu bauen. Nur: eine mehrjährige ermüdende Planungsroutine als logischer Vorlauf für ausgeklügelte Maßnahmen tötet das Thema. Dies lehrt mich die Planungsgeschichte der letzten 20 Jahre; also laßt uns bauen und planen zugleich."[78]

Die Planung als kommunikativer Prozeß

Als eine der wesentlichen Voraussetzungen der modernen Planungskultur gilt die Kommunikation, verstanden als gleichzeitiger Dialog aller Beteiligten. Das Schlagwort vom "runden Tisch" kennzeichnet eine vom traditionellen Planungsverständnis abweichende Prozeßgestaltung, in der Entscheidungsmacht auf solche kommunikativen Prozesse verlagert wird. Die kooperative Meinungs- und Entscheidungsbildung ist dabei durch prinzipielle Offenheit gekennzeichnet: "Gefordert ist die Skepsis gegenüber dem singulären Entwurf, ist die Kunst des Offenhaltens, die Toleranz des Unfertigen, das Beharren auf Nischen und Brüchen, die Wahrnehmung des Pluralismus im Widerstreit der unterschiedlichen Entwicklungsmöglichkeiten."[79] Das Problem widerstreitender Interessen und Konfrontationshaltungen soll durch Instrumente der Verhandlung (negotiation) gelöst werden; das Problem von Verhandlungs-Ungleichgewichten und verhärteten Fronten durch die Einschaltung neutraler Dritter (moderation, mediation) bewältigt werden.[80] Das "negotiation-planning" wird dabei nicht als Ersatz, sondern als Vorform und Ergänzung des traditionellen Planungshandelns verstanden.

Den Wandel im Planungsverständnis hin zur Kooperationsplanung (Public Private Partnership) hat Selle in 12 Merkmalen zusammengefaßt:

---

77 Vgl. Schriever, Wolf: Projektentwicklung als kommunale Handlungsstrategie, Vortrag zum ebs-Immobilien-Professional-Colleg am 3. März 1994 in Berlin, unveröff. Vortragsmanuskript, S. 6.

78 Ganser, Karl, in: Stadt Frankfurt (Hrsg.): Ergebnisbericht Grün-Gürtel-Planung, Frankfurt 1990/91, S. 235; zit. nach: Selle, Klaus: Was ist bloß mit der Planung los? Erkundungen auf dem Weg zum kooperativen Handeln, Dortmunder Beiträge zur Raumplanung, Heft 69, hrsg. v. Institut für Raumplanung Universität Dortmund, Dortmund 1994, S. 28.

79 Hamman, Winfried; Strohmeyer, Klaus: Großstadt am Stadtrand, Modell einer zukünftigen Stadtentwicklung, in: Kursbuch 112, Städte bauen, Juni 1993, S. 65-77, hier S. 69; zit nach: Hatzfeld, Ulrich: Innenstadt, Handel, Verkehr, in: Bundesforschungsanstalt für Landeskunde und Raumordnung (Hrsg.): Informationen zur Raumentwicklung, Heft 3 1994: Revitalisierung der Innenstädte in den neuen Bundesländern, S. 181-195, hier S. 195.

80 Vgl. hierzu die Ausführungen im sechsten Kapitel, E II 2 und die dortigen Literaturangaben.

Übersicht 3.2: Die Elemente der neuen Planungskultur

Dimension	Merkmale	Gegenpol
1. Struktur	nicht-hierarchisch: Heterarchie, Netzwerk	hierarchisch
2. Beziehung	tauschförmig, auf Verhandlungen basierend, dialogisch	direktiv, monologisch
3. Form	vielfältig (vom Erfahrungsaustausch bis zur PPP)	eindeutig, vorgeschriebene Wege und Verfahren
4. Ortsbezug	vom Ort ausgehend, auf endogene Potentiale ausgerichtet	ortsunspezifisch, generalisiert
5. Ergebnisorientierung	handlungs-/projektorientiert	auf die Erstellung eines Planes ausgerichtet
6. Aufgabenverständnis	pragmatisch-integrativ (Alltagsbezug)	technokratisch-segmentiert
7. Zielbezug	offen, multivalider Prozeß	definiertes Ziel
8. Akteursbezug	teiloffen (selektive Einbeziehung)	abgeschottet
9. Kommunikationsprozeß	auf gemeinsame Erörterung ausgerichtet (Runder Tisch)	Folge von Abstimmungsschritten (Korridor)
10. Entscheidungsprozeß	konsensorientiert	einseitige Entscheidung
11. Planungs-, Handlungsverlauf	parallel, gleichzeitig	unilinear
12. Zeit (Veränderbarkeit)	dynamisch, instabil	stabil, dauerhaft, unflexibel

Quelle: Selle, Klaus: Was ist bloß mit der Planung los?, Erkundungen auf dem Weg zum kooperativen Handeln, Dortmunder Beiträge zur Raumplanung, Heft 69, hrsg. v. Institut für Raumplanung Universität Dortmund, Dortmund 1994, S. 80.

Die Planung durch Projekte

Ein weiteres zentrales Merkmal der neuen Planungsphilosophie ist die Projektorientierung: Planungen beziehen sich nicht mehr auf den gesamten Raum, auf flächendeckende Konzepte, sondern auf Projekte, auf den Versuch, an einzelnen, als besonders wesentlich angesehen Punkten bis zur Realität, bis zum Bauen und Gestalten durchzudringen.[81] "Wenn man von der Planung 'durchbrechen' will zur Umsetzung, wenn Ideen nicht nur geplant, sondern Realität werden sollen, dann steigt der Energieaufwand (der Einsatz von Personal, Ideen, Mitteln und

[81] Vgl. Selle, Klaus: Neue Bilder von Planen? Offener Prozeß, kooperative Problemlösung, intermediäre Akteure, in: Brech, Joachim (Hrsg.): Neue Wege der Planungskultur, Orientierungen in der Zeit des Umbruchs, (Verlag für wissenschaftliche Publikationen) Darmstadt 1993, S. 274-278, hier S. 275.

Zeit) enorm. Auf diese intensive Weise ist nicht mehr die ganze Fläche zu beplanen."[82] Neue Ideen und Konzepte lassen sich in einzelnen Projekten leichter realisieren. "In der gemeinsamen Arbeit an einem konkreten Projekt wird die kreative, zielgerichtete Interpretation von Vorgaben, Vorschriften und Förderprogrammen angeregt: Das Bewußtsein, an einem ganzheitlichen und schönen, 'anfaßbaren und bildträchtigen' Projekt mitzuarbeiten, motiviert und beflügelt die Verfahrensphantasie. Neben die 'Sach-kreativität' des Entwerfens tritt so die 'Verfahrenskreativität' des intelligenten Kombinierens von Förderungsprogrammen und Verfahrenswegen, des Zusammenbringens von engagierten Persönlichkeiten und der Mobilisierung der Öffentlichkeiten als komplexe Innovationsstrategie."[83]

Die Gefahr, daß die neuen Planungsleitbilder zu ungewollten Handlungspraktiken führen, ist von zahlreichen Autoren thematisiert worden. Bezüglich der Kooperationsplanung werden die Fehlentwicklungen insbesondere in der Ausbildung einer "closed-shop"-Mentalität gesehen, bei der sich die Kooperanden gegenüber außenstehenden, betroffenen Interessen abschotten und Problembewältigung als 'Absprache im Hinterzimmer' praktizieren.[84] So sehen die 'neuen' Planer eine ihrer Hauptaufgaben darin, offene, geregelte Verfahren der Konfliktbenennung und -bewältigung unter Einbindung verschiedener Interessengruppen zu entwickeln. Im Hinblick auf die Projektplanung wird vor allem befürchtet, daß Planung durch Projekte in ein orientierungsloses "muddling through" mündet oder sich in der "splendid isolation" einzelner Vorzeigeprojekte fängt.[85] Daher sind die Planer auf der Suche nach Ansätzen, um Projekte im Kontext von inhaltlichen Leitideen und räumlichen Leitkonzepten zu entwickeln.[86]

II. Planungstheorie und Planungspraxis

Es liegt die Vermutung nahe, daß die neuen Planungstheorien in erster Linie nachträgliche Rationalisierungen des tatsächlichen Geschehens sind, eine Kapitulation der Planer vor den Erfordernissen an ein praktisches Handeln in der Realität. Dieser Position hat Scharpf

---

82 Selle, Klaus: Was ist bloß mit der Planung los? Erkundungen auf dem Weg zum kooperativen Handeln, Dortmunder Beiträge zur Raumplanung, Heft 69, hrsg. v. Institut für Raumplanung Universität Dortmund, Dortmund 1994, S. 87.

83 Ganser, Karl; Siebel, Walter; Sieverts, Thomas: Die Planungsstrategie der IBA Emscher Park, in: Raumplanung, 1993, Nr. 61, S. 112-117, hier S. 115.

84 Vgl. hierzu die Ausführungen über das Schulterschluß-Problem im achten Kapitel, D II.

85 Besonders kritisiert wird die Fokussierung auf städtische Großprojekte; vgl. z. B. Venturi, Marco: Tangentopoli - der unaufhaltsame Anstieg der städtischen Großereignisse, in: Brech, Joachim (Hrsg.): Neue Wege der Planungskultur, Orientierungen in der Zeit des Umbruchs, (Verlag für wissenschaftliche Publikationen) Darmstadt 1993, S. 279-288; vgl. auch Siebel, Walter: Festivalisierung der Politik und die Unsichtbarkeit der Städte, in: Brandt, Arno u. a. (Hrsg.): Das Expo-Projekt, Weltausstellung und Stadtzukunft, (Fackelträger) Hannover 1991, S. 39-51.

86 Vgl. Selle, Klaus: Was ist bloß mit der Planung los? Erkundungen auf dem Weg zum kooperativen Handeln, Dortmunder Beiträge zur Raumplanung, Heft 69, hrsg. v. Institut für Raumplanung Universität Dortmund, Dortmund 1994, S. 89.

energisch widersprochen: Die neue Planungskultur sei mehr als nur eine pragmatische Abweichung vom normativen Ideal der integrierten Entwicklungsplanung. Die Verhandlungssysteme besäßen vielmehr "eigenständige Wohlfahrtspotentiale", die den Staat entlasten und seine Handlungsspielräume erweitern, ohne daß die Chance zur Intervention aufgegeben werden müsse. Die staatlichen Partner können "ihre eigenen Richtigkeitskriterien in Verhandlungen einbringen, ohne zugleich die volle Verantwortung für alle Aspekte der ausgehandelten Lösung übernehmen zu müssen. Sie verlieren dann zwar die Fähigkeit zur einseitig-hierarchischen Steuerung, aber sie gewinnen dafür Partner, die sich mit eigener Intelligenz und eigener Kompetenz für insgesamt brauchbare Lösungen einsetzen, die zugleich auch den staatlichen Kriterien genügen müssen."[87]

Daß das praktische Planungshandeln anders aussieht als die normativen Planungsideale der gleichberechtigten, verantwortlichen und prinzipiengeleiteten Zusammenarbeit, überrascht nicht. Gerade das Schlagwort der "Public Private Partnership" mit seinem engen Bezug zu neoliberalem Gedankengut steht in der Praxis vielfach eher für einen Verzicht auf kommunalen Planungsanspruch, für einen 'vorauseilenden Gehorsam' gegenüber Investorinteressen, und wird von den Planern 'guten Willens' daher oft nur mit großer Vorsicht aufgegriffen. Die anspruchsvollen Planungsvisionen, die mit den "Verhandlungssystemen" einhergehen, können sich schnell in ein negatives Gegenbild wandeln. In einer zynischen Situationsbeschreibung resümiert Bettino Craxi, Haupttäter und Opfer des Tangentopoli-Skandals in Italien: "Es gibt keine Ideale mehr, wir managen einfach Interessen."[88]

Ob sich die **Ideale und Wertvorstellungen** der Planer in den in der Praxis realisierten PPP-Projekten überhaupt **wiederfinden**, ist eine interessante und sehr schwierig zu beantwortende Frage. Es gibt jedoch eine Vielzahl von Indizien, die dafür sprechen, daß Grundsatzüberzeugungen und 'moralische' Motive zumindest im Anfangsstadium eines kooperativen Arrangements eine wichtige Rolle spielen und als Initiativkräfte von PPP-Ansätzen fungieren. Dies kommt im Grundsatzprogramm von Organisationen wie der IBA ebenso zum Ausdruck[89] wie in gemeinsam formulierten Kooperationsgrundsätzen von PPP-Projekten, z. B. im Vorhaben Schenkenberg.[90] Die Gefahr, daß Prozesse später in einer Selbstläufigkeit fortfahren, die mit den ursprünglichen Grundsätzen nicht mehr viel gemein hat, ist ein Problem aller fortschrittlichen Initiativen und nicht PPP-spezifisch.

87 Scharpf, Fritz W.: Die Handlungsfähigkeit des Staates am Ende des zwanzigsten Jahrhunderts, in: Politische Vierteljahresschrift, 32. Jg., 1991, Nr. 4, S. 621-634, hier S. 630.

88 Zit. nach: Sommer, Theo: Die Krise holt den Westen ein, in: Die Zeit, Nr. 15, 9. April 1993, S. 1.

89 Vgl. Ganser, Karl; Siebel, Walter; Sieverts, Thomas: Die Planungsstrategie der IBA Emscher Park, in: Raumplanung, 1993, Nr. 61, S. 112-117.

90 Vgl. IFEU-Ingenieurgesellschaft für Energie und Umwelttechnik mbH, Lauchheim: Modellvorhaben Public Private Partnership, Fallstudie Schenkenberg, unveröff. Studie im Rahmen des BMBau-Forschungsfeldes "Neue Wege der privaten Finanzierung von Stadterneuerungs- und Stadtentwicklungsaufgaben" des Experimentellen Wohnungs- und Städtebaus, Endbericht Mai 1995, Abschnitt 2, S. 7 f.

Es erscheint wichtig zu betonen, daß die hier beschriebenen Veränderungen in Richtung einer Kooperations- bzw. PPP-Planungskultur sich nur auf einen kleinen Ausschnitt gängigen Planungsverständnisses und -handelns beziehen. Daneben gibt es das breite Mittelfeld der Planungsroutine, in dem überwiegend "business as usual" betrieben wird, sowie den Bereich, in dem ein eher investitionsgetriebener Planungsabbau das Handeln beherrscht.[91] Ganser spricht von einem "Patchwork" unterschiedlicher Bausteine in der Planungswirklichkeit, in dem die Resistenz alter Auffassungen und die Modernisierungsbereitschaft auf der Grundlage neoliberaler Theorien nebeneinander bestehen.[92]

Bei aller Unterschiedlichkeit der Vorstellungen über Planung läßt sich derzeit ein dominanter Trend ausmachen, der alle Bemühungen um eine Neuorientierung praktischen Planungsgeschehens prägt: die Suche nach Beschleunigung und Erleichterungen von Investitionsvorhaben. Zwei zentrale Anliegen sind:

1. **die Beschleunigung von Planungs- und Genehmigungsverfahren**:[93] Ein schnelles Genehmigungsverfahren stellt für einen Investor einen geldwerten Vorteil dar. In der BauGB-Novellierung 1993 wurden für Vorhaben, die der Deckung "dringenden Wohn- und Arbeitsstättenbedarfes" dienen, die gesetzlichen Verfahren gestrafft, insbesondere die umfassenden Einspruchsrechte Dritter befristet und reduziert.[94] Immer mehr Kommunen nutzen den Wettbewerbsvorteil der 'Baugenehmigungserteilungs-Geschwindigkeit' als Werbeinstrument für die Akquisition potentieller Investoren.[95] Einzelne Vorschläge zur Beschleunigung und Optimierung von Genehmigungsverfahren sind sehr weitreichend, geradezu 'revolutionär': So haben Bullinger/Schatz ein Modell entwickelt, in dem die Investoren zwischen verschiedenen Typen der Genehmigung mit jeweils unterschiedlicher

91 Die Vertreter der neuen Planungstheorien betonen dagegen, daß Deregulierung und Planungsabbau keine Lösung von Problemen bewirken; vgl. Selle, Klaus: Was ist bloß mit der Planung los? Erkundungen auf dem Weg zum kooperativen Handeln, Dortmunder Beiträge zur Raumplanung, Heft 69, hrsg. v. Institut für Raumplanung Universität Dortmund, Dortmund 1994, S. 6.

92 Vgl. Ganser, Karl: Public-private partnership: Reduktion des politischen Handlungsspielraumes, in: Swoboda, Hannes: Wien, Identität und Stadtgestalt, (Böhlau) Wien, Köln 1990, S. 66-74, hier S. 69.

93 Vgl. Kuffmann, Gernold: Investitionsförderung durch flexible Genehmigungsverfahren, in: Stadt und Gemeinde, 50. Jg., 1995, Nr. 3, S. 95-98; vgl. auch Neff, Berthold: Für schnelleres und billigeres Bauen, in: Süddeutsche Zeitung, Nr. 33, 9. Februar 1995, S. 36.

94 Vgl. Krautzberger, Michael: Änderungen des Städtebaurechts durch das Investitionserleichterungs- und Wohnbaulandgesetz, in: Stadt und Gemeinde, 48. Jg., 1993, Nr. 6, S. 200-203.

95 Eine DIfU-Umfrage zeigt, daß Planungsverfahren in Ostdeutschland - verglichen mit westdeutschen Erfahrungswerten - in überraschend kurzer Zeit durchgeführt werden. So geben fast 45 % der Städte an, Bebauungspläne innerhalb nur eines Jahres aufzustellen. Baugenehmigungsverfahren werden nach eigener Auskunft von mehr als 80 % der Kommunen innerhalb von 6 Monaten abgeschlossen; vgl. Deutsches Institut für Urbanistik (DIfU) (Hrsg.): Berichte 95, Informationen über Projekte, Veröffentlichungen und Veranstaltungen des DiFU, 1995, Nr. 3, S. 7.

rechtlicher Bestandskraft und unterschiedlicher Erteilungsgeschwindigkeit wählen können, wobei sie die Mehrkosten möglicher zusätzlicher Beschleunigungen zu tragen haben.[96]

2. **die Weiterentwicklung der nachfrageorientierten Bauleitplanung zum angebotsorientierten Flächenmanagement**: [97] Verfügen Grundstücksflächen bereits über ein geeignetes Planungsrecht, so lassen sich sehr viel schneller und einfacher private Vorhabenträger zur Realisierung von Bauvorhaben gewinnen. Derzeit gehen die Kommunen - oft in Zusammenarbeit mit den Landesentwicklungsgesellschaften[98] oder privaten Developern (Public Private Partnership) - verstärkt dazu über, selbst Flächenmobilisierung und -entwicklung zu betreiben: Sie kaufen Grundstücke an, bereiten sie auf, erarbeiten Nutzungskonzepte und betreiben intensives Marketing zur Akquisition privater Investoren.

Eine dem Trend zur Verfahrenserleichterung gegenläufige Entwicklung ist demgegenüber der immer weiterreichende Schutz ökologischer und denkmalpflegerischer Belange in der Planung.[99] Neben der Vielfalt und Kompliziertheit der zu beachtenden Vorschriften und der Dauer der Verfahrensabläufe wird in der Praxis die Unnachgiebigkeit der in diesen Bereichen tätigen Verantwortlichen beklagt.

C. Die ökonomischen Gestaltungsbedingungen

I. Vorüberlegung: PPP und die Verteilungsmasse

"Bauen muß sich rechnen." Dieser Satz wird in der Praxis immer wieder geäußert. Von Vertretern des privaten Sektors ausgesprochen, ist er symptomatischer Ausdruck der Unzufriedenheit über langwierige Verfahrensprozeduren, kommunalpolitische Forderungen und planungs- und genehmigungsrechtliche Auflagen. Von Vertretern des öffentlichen Sektors ausgesprochen, ist er in der Regel ein ernüchtert-resignatives Statement angesichts der Erfahrung, daß private Investoren an Projektideen und planungen der öffentlichen Hand kein Interesse haben, da sie keine ausreichende Rentabilität versprechen. Aufgrund des

96 Vgl. Bullinger, Martin; Schatz, Klaus-Werner: Genehmigung aus dem Menükatalog, in: Frankfurter Allgemeine Zeitung, Nr. 246, 22. Oktober 1994, S. 15.

97 Vgl. Dill, Günter W.; Schuster, Franz: Aufgaben der Kommunalpolitik in den 90er Jahren: Stellungnahme des Sachverständigenrates zur Neubestimmung der kommunalen Selbstverwaltung beim Institut für Kommunalwissenschaften der Konrad-Adenauer-Stifung e. V., Bd. 1., (Dt. Gemeindeverlag) Köln 1992, S. 29 f.

98 Vgl. zu den Landesentwicklungsgesellschaften die Ausführungen im sechsten Kapitel, B I 2.

99 Vgl. zu den ökologischen Belangen Krautzberger, Michael: Änderungen des Städtebaurechts durch das Investitionserleichterungs- und Wohnbaulandgesetz, in: Stadt und Gemeinde, 48. Jg., 1993, Nr. 6, S. 200-203; vgl. zu den denkmalpflegerischen Belangen Behr, Adalbert: Konflikte und Defizite zwischen Denkmalpflege und Innenstadtentwicklung, in: Bundesforschungsanstalt für Landeskunde und Raumordnung (Hrsg.): Informationen zur Raumentwicklung, Heft 3 1994: Revitalisierung der Innenstädte in den neuen Bundesländern, S. 223-228.

existentiellen Interesses privater Investoren an der Sicherung einer Zielrendite ist die Wirtschaftlichkeit eines Projektvorhabens Dreh- und Angelpunkt aller Verhandlungsgespräche im Rahmen einer PPP. Verhandeln setzt schließlich voraus, daß es etwas zu verhandeln gibt, setzt **materielle Substanz** voraus, über deren Verteilung debattiert werden kann.

Die Bedeutung von "Verhandlungsmasse" für das Entstehen und Funktionieren einer PPP wird deutlich, wenn man sich vergegenwärtigt, zu welcher Zeit die PPP-Idee aufkam: In den achtziger Jahren erlebte die Bau- und Immobilienwirtschaft eine ausgesprochene Boomphase, und die Immobilien-Projektentwicklung versprach außerordentliche Gewinne. Die öffentliche Hand war als hoheitliche Planungs- und Genehmigungsinstanz in der Lage, die entsprechenden Gewinne zu ermöglichen, und befand sich damit in einer sehr günstigen Verhandlungsposition, um sowohl eigene Ziele in die Projektentwicklung einzubringen als auch Investoren zur Übernahme von Planungs- und Folgekosten zu verpflichten.[100] Mit dem zwischen 1990 und 1992 weltweit einsetzenden Crash auf dem Immobilienmarkt, von dessen Folgen sich die Märkte erst in jüngster Zeit erholen, endete eine rund 10jährige Aufschwungphase und wurde den PPP-'Deals' ihre materielle Grundlage entzogen.[101] So konstatiert Heinz, daß es angesichts der derzeitigen Marktlage nicht verwunderlich sei, daß die Grundstücks- und Immobilienentwicklung zunehmend weniger im Mittelpunkt der PPP-Diskussion stehe.[102] Scharmer resümiert seine Erfahrungen aus fünf Jahren Verhandlungspraxis mit städtebaulichen Verträgen in Berlin und Umgebung: "Die Verhandlungen sind in den letzten Jahren spürbar zäher geworden."[103]

Eine besondere Schwierigkeit des Immobiliengeschäftes liegt generell darin, daß zwischen Angebot und Nachfrage die Zeitdistanz der Planungs- und Fertigstellungsphase liegt.[104] Die allgemeine betriebswirtschaftliche Regel, daß so lange produziert wird, bis die marginalen Kosten die marginalen Erträge übersteigen, ist im Immobilienbereich extrem schwer einzuhalten, da in keinem anderen Sektor Kalkulationen so unsicher sind und für so lange Zeit im voraus getroffen werden müssen. Der Preis einer Immobilie, der in 10 Jahren erzielt werden

---

100 Vgl. Fainstein, Susan S.: The City Builders: property, politics and planning in London and New York, (Blackwell Publishers) Oxford and Cambridge 1994, S. 63; vgl. auch Heinz, Werner (Hrsg.): Public Private Partnership - ein neuer Weg zur Stadtentwicklung?, (W. Kohlhammer/Deutscher Gemeindeverlag) Stuttgart u. a. 1993, S. 490.

101 Der nordamerikanische Markt erreichte seinen Höhepunkt als erster, und zwar 1989; seitdem sind die Miet- und Kapitalindices um 31 % bzw. 35 % gefallen. Die europäischen Miet- und Kapitalindices sind seit ihrem Höchststand im Jahre 1991 um 23 % bzw. 31 % gefallen; vgl. Jones Lang Wootton: Büromarkt-Index, Keine Dynamik, in: Immobilienmanager, o. Jg., 1995, Sonderausgabe Mipim Special (März), S. 52-54, hier S. 52.

102 Angaben von Herrn Dr. Werner Heinz, Deutsches Institut für Urbanistik, Köln, Gespräch am 1. September 1994 in Köln; vgl. zur Verlagerung der PPP-Diskussion auch die Ausführungen im neunten Kapitel, A.

103 Aussage von Herrn Dr. Eckart Scharmer, Rechtsanwaltskanzlei Scharmer, Berlin, Gespräch am 10. Oktober 1995 in Berlin.

104 Vgl. Falk, Bernd (Hrsg.): Immobilien-Handbuch: Wirtschaft, Recht, Bewertung, Grundwerk, 3. Aufl. 1992 incl. Ergänzungslieferungen, (Moderne Industrie) Landsberg/Lech 1994, Teil Wirtschaft, Kap. 2.1, S. 1.

kann, ist abhängig von einer Vielzahl von Einflußfaktoren, ihren dynamischen Veränderungen und wechselseitigen Abhängigkeiten, so die Bauaktivitäten der Konkurrenz, die Entwicklung der Standortattraktivität, die Stabilität von Nutzeranforderungen, die konjunkturelle Lage der Nutzerzielgruppe, diverse politische Entscheidungen zu Infrastruktur-, Steuer- und Flächenangebotsgestaltung u. a. m.[105]

Besonders für Büromärkte gilt, daß sie hinsichtlich der Angebots- und Nachfrageveränderung extremen Schwankungen ausgesetzt sind. Der daraus resultierende Konjunkturverlauf wird gemeinhin als "**Schweinezyklus**" bezeichnet. Er ist in erster Linie auf die geringen Elastizitäten von Angebot und Nachfrage zurückzuführen: Da die nachfragenden Unternehmen meist sehr kurzfristig disponieren, steigt in guten Konjunkturphasen die Nachfrage stark an, mit der Folge stark steigender Mietpreise aufgrund der geringen Angebotselastizität. Aus dieser Situation resultiert eine verstärkte Bau- und Entwicklungstätigkeit, so daß nach einem bestimmten Zeitraum ein relativ starkes Angebot am Markt vorhanden ist. Trifft dieses auf eine wirtschaftliche Schwächeperiode, so sinkt die Nachfrage überproportional mit der Folge stark fallender Mietpreise. Die Nachfrage zeigt sich hierbei sehr unelastisch, d. h. Mietnachlässe können einen nicht vorhandenen Bedarf der Unternehmen nur wenig stimulieren.[106]

Das Ausmaß der Markteinbrüche ist für Beobachter immer wieder überraschend, angesichts der Tatsache, daß die Anfälligkeit des Marktes für Überangebote bekannt ist und es durchaus Frühwarnsysteme für drohende Überhänge gibt.[107] Die Frage, ob der Staat zur Verhinderung etwaiger Überangebote regulierend in den Markt eingreifen soll, ist umstritten. Von privatwirtschaftlicher Seite wird die Zurückhaltung der öffentlichen Hand bei der Genehmigung von Neuprojekten in der Regel stark kritisiert und die Regulierungsfunktion des Marktes beschworen. Im Gegensatz hierzu werden derzeit in Berlin Forderungen von Projektentwicklern erhoben, die Regierung solle die Entwicklung des Alexanderplatzes um einige Jahre verschieben, um eine völlige Kollabierung des Berliner Büromarktes zu

105 Vgl. Fainstein, Susan S.: The City Builders: property, politics and planning in London and New York, (Blackwell Publishers) Oxford and Cambridge 1994, S. 223.

106 Vgl. Falk, Bernd (Hrsg.): Immobilien-Handbuch: Wirtschaft, Recht, Bewertung, Grundwerk, 3. Aufl. 1992 incl. Ergänzungslieferungen, (Moderne Industrie) Landsberg/Lech 1994, Kap. 3.3, S. 7 f.

107 Erklärungsansätze für den „kollektiven Wahnsinn" haben Fainstein und Murling zusammengetragen; vgl. Fainstein, Susan S.: The City Builders: property, politics and planning in London and New York, (Blackwell Publishers) Oxford and Cambridge 1994, S. 63-73; vgl. auch Morling, Ian: Kollektiver Wahnsinn, Ursachen der Immobilienkrisen in England und Frankreich, in: Immobilienmanager, o. Jg., 1995, Nr. 5, S. 48-52.

verhindern.[108] Diese Forderung stammt bezeichnenderweise von Investoren, die zahlreiche Flächen in Berlin besitzen, aber keine am Alexanderplatz.[109]

Das Bestreben, einen **lokalen Immobilienmarkt** in der Hand behalten zu wollen, ist für viele Investoren oftmals der ausschlaggebende Grund für ein Projektengagement. So wird in Frankfurt in Insiderkreisen spekuliert, daß das neue Investorenkonsortium für das Westhafen-Projekt kein Interesse daran habe, das Vorhaben möglichst schnell 'durchzuziehen', vielmehr sollten die Büroflächen möglichst lange vom Markt zurückgehalten werden. Die Investoren, die alle bereits in großem Umfang Büroflächen in Frankfurt besitzen, wollten den Markt nicht noch weiter 'überschwemmen' und insbesondere verhindern, daß die neuen Flächen von der Konkurrenz angeboten werden.

Daß sich auf regionalen Teilmärkten des Boden- und Immobilienmarktes bisweilen oligopol- oder gar monopolartige Positionen einzelner Grundstückseigentümer ausbilden, zeigt sich in kleineren Städten und Gemeinden noch weitaus deutlicher. Bedingt ist dies durch die beschränkte Vermehrbarkeit des Bodens, insbesondere des Baubodens. Insgesamt ist der Markt in zahlreiche kleine Teilmärkte aufgesplittert, die sich nicht nur regional, sondern auch nutzungsbedingt ergeben.[110]

II. Der Markt für unbebaute Grundstücke

"Der Bodenpreis wird durch die Nutzung bestimmt und nicht umgekehrt."[111] Das ist der Grund dafür, daß die Wertentwicklung eines Grundstückes im Zeitablauf erheblichen Schwankungen ausgesetzt sein kann, und auch Grund dafür, daß Grundstücksgeschäfte oftmals hohen spekulativen Charakter haben. Der Preis, der für ein Grundstück bezahlt wird, ist abhängig davon, welche Nutzungen in Art und Umfang darauf realisiert werden können.

Zunächst wird die Qualität eines unbebauten Grundstückes dadurch bestimmt, ob es lediglich für eine landwirtschaftliche Nutzung zur Verfügung steht - oder nicht einmal hierfür geeignet ist - oder ob eine höhere Wertigkeit gegeben ist: Bauerwartungsland, Roh-Bauland, Bauland oder erschlossenes Bauland.

---

108 Übereinstimmende Aussage zweier Gesprächspartner aus Berlin.

109 Vgl. hierzu auch die Ausführungen über die Genehmigungspraxis in London und Paris im achten Kapitel, B II 1.

110 Vgl. Falk, Bernd (Hrsg.): Immobilien-Handbuch: Wirtschaft, Recht, Bewertung, Grundwerk, 3. Aufl. 1992 incl. Ergänzungslieferungen, (Moderne Industrie) Landsberg/Lech 1994, Teil Wirtschaft, Kap. 4.1, hier S. 2.

111 Falk, Bernd (Hrsg.): Immobilien-Handbuch: Wirtschaft, Recht, Bewertung, Grundwerk, 3. Aufl. 1992 incl. Ergänzungslieferungen, (Moderne Industrie) Landsberg/Lech 1994, Teil Wirtschaft, Kap. 4.1, S. 3.

Übersicht 3.3: Die Baulandpreisentwicklung

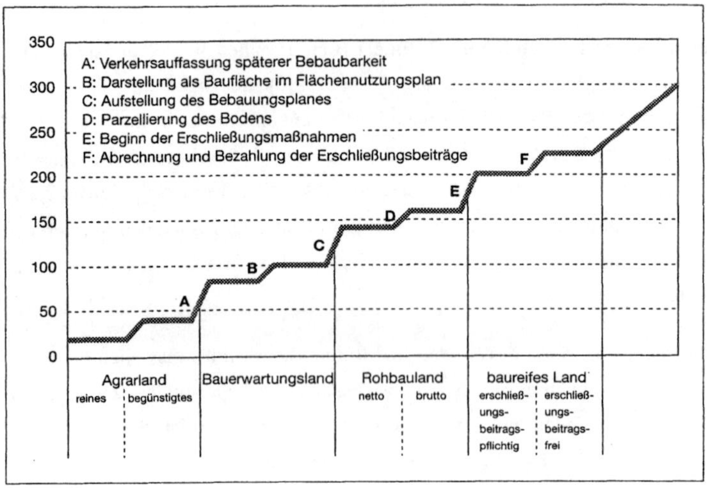

Quelle: Falk, Bernd (Hrsg.): Immobilien-Handbuch: Wirtschaft, Recht, Bewertung, Grundwerk, 3. Aufl., 1992 incl. Ergänzungslieferungen, (Moderne Industrie) Landsberg/Lech 1994, Teil Bewertung, Kap. 2.3, S. 6.

Je nach Art und Umfang der möglichen baulichen Nutzung erfolgt die Wertsteigerung in unterschiedlicher Intensität; sie steigt in etwa nach der folgenden Abstufung:[112]

- Industriebau, Lagerhallen, Großhandel,
- großflächige Einzelhandelsnutzung,
- Wohngebäude,
- Bürogebäude,
- Handelsimmobilien mit Geschoßbebauung.

Durch Änderung von Nutzungsbestimmungen sind die Kommunen in der Lage, Wertzuwächse in erheblichem Umfang zu schaffen. Die sog. **Planungsmehrwerte** fließen den einzelnen Grundstückseigentümern zu. Vor diesem Hintergrund wird die Kritik an den Bodenspekulationen verständlich: Einzelnen Grundstückseigentümern kann es gelingen, durch politische Manöver oder Zusammenschluß in Interessenverbänden kommunale Planungs-

[112] Vgl. Falk, Bernd (Hrsg.): Immobilien-Handbuch: Wirtschaft, Recht, Bewertung, Grundwerk, 3. Aufl. 1992 incl. Ergänzungslieferungen, (Moderne Industrie) Landsberg/Lech 1994, Teil Wirtschaft, Kap. 4.1, S. 1 f.

entscheidungen zu ihren Gunsten zu beeinflussen.[113] Die Problematik einer einzelinteressengeleiteten Beeinflussung kommunaler Planungsentscheidungen zu Lasten Dritter ist von hoher politischer Brisanz und wichtiger Diskussionsgegenstand im Rahmen von Public Private Partnership.[114]

Angesichts der Finanzmisere im öffentlichen Sektor ist die Dikussion um eine Wertzuwachssteuer, die die öffentliche Hand an den von ihr geschaffenen Bodenwerten partizipieren läßt, ihr zumindest die mit der Neuausweisung von Flächen verbundenen Kosten ersetzt, in jüngster Zeit wiederbelebt worden. Der Deutsche Städtetag fordert eine Änderung des Grundgesetzes, in das nach Vorbild des Art. 161 Abs. 1 der Bayrischen Verfassung ein Artikel aufzunehmen sei, wonach "Steigerungen des Bodenwertes, die ohne besonderen Arbeits- oder Kapitalaufwand des Eigentümers entstehen, ... für die Allgemeinheit nutzbar zu machen" sind.[115] Neue städtebauliche Instrumente wie die Entwicklungsmaßnahme nach §§ 165-171 BauGB bieten den Kommunen bereits die Möglichkeit, Teile des Bodenwertzuwachses abzuschöpfen, um Planungs-, Erschließungs- und Folgekosten für dieses Baugebiet abzudecken.[116] Eine durchgreifende Änderung des Bodenrechtes zeichnet sich derzeit jedoch nicht ab, da die Diskussion um das Eigentum in Deutschland "zu stark ideologisch belastet ist".[117]

Ein zur Zeit vielbeklagtes und vieldiskutiertes Thema sind **Baulandengpässe** und Baulandpreissteigerungen, die wohl zu allen Zeiten als gesellschaftspolitisches Ärgernis galten und in der heutigen Zeit anhaltender Wohnungsnachfrage besonders dringlich werden.[118] So stehen auch gegenwärtig vornehmlich die fehlenden Wohnbauflächen in der Diskussion, während Gewerbebauland auf vielen Teilmärkten, insbesondere im Osten Deutschlands, bereits über Bedarf angeboten wird. In Westdeutschland beträgt die Relation zwischen Wohnbauland- und Gewerbebaulandausweisung etwa 2:1, während sie in Ostdeutschland genau umgekehrt ist. Derzeit wird angedacht, ob die Gemeinden nicht dazu verpflichtet werden können, beim

113 Die Vertreter der public-choice-Theorien sprechen hier von rent-seeking-Aktivitäten, d. i. die Aufwendung knapper Mittel mit dem einzigen Ziel, einen künstlich konstruierten Ressourcentransfer zu erzeugen, also beispielsweise zur Entwicklung eines bestimmten Landstriches bei sonst gleichwertiger Auswahlmöglichkeit. Nach dem rent-seeking-Ansatz gewinnt der Bodenspekulant allerdings nicht, weil die rent-seeking-Aktivitäten Geld kosten und die Rentensucher ihre Ausgaben so lange hinaufkonkurrieren werden, bis die Kosten des rent-seeking gleich dem Gegenwartswert der erzielten Zuwachsrente sind; vgl. Richter, Rudolf: Institutionen ökonomisch analysiert: zur jüngeren Entwicklung auf einem Gebiet der Wirtschaftstheorie (J. C: B. Mohr) Tübingen 1994, hier S. 115 u. S. 125.

114 Vgl. Kapitelabschnitt D III.

115 Vgl. Deutscher Städtetag: Der deutsche Städtetag zur Änderung des Grudgesetzes, in: Der Städtetag, 47. Jg., 1994, Nr. 6, S. 422-424.

116 Vgl. Kapitelabschnitt D II 4.

117 Angabe von Herrn Hartwig Lüers, BMBau; zit nach: Roß, Andreas: Bauland durch Enteignung gewonnen, in: Süddeutsche Zeitung, Nr. 259, 10. November 1994, S. 40.

118 Vgl. Kleiber, Wolfgang: Alles baut auf Land, Anmerkungen zum Baulandbericht 1993, in: Bundesforschungsanstalt für Landeskunde und Raumordnung (Hrsg.): Informationen zur Raumentwicklung, Heft 1/2 1994: Bodenmanagement, S. 107-130, hier S. 113.

Ausweis von Industrie- oder Gewerbegebieten in gleichem Maße Flächen für den Wohnungsbau auszuweisen.[119]

Für den Mangel an Bauland können im wesentlichen zwei Ursachen ausgemacht werden:

- der Mangel an ausgewiesenem und erschlossenem Bauland, bedingt durch die Finanzknappheit der Gemeinden;
- die fehlende Verfügbarkeit von erschlossenem Bauland, bedingt durch verkaufs- und bauunwillige Grundstückseigentümer.[120]

Die Kommunen bevorzugen für ihre begrenzten zur Verfügung stehenden finanziellen Mittel Gewerbebaulandausweisungen gegenüber Wohnbaulandausweisungen. Potentielle zusätzliche Arbeitsplätze werden hoch bewertet; die mit der Wohnbaulandausweisung verbundenen Folgekosten der Erstellung technischer und sozialer Infrastruktur sowie deren laufende Unterhaltung werden dagegen gescheut. Praktiker beziffern die Kosten der sozialen Infrastruktur mit 15.000,- bis 20.000,- DM pro Wohneinheit.[121] Darüber hinaus werden die Ausweisung und Erschließung von Gewerbegebieten in wesentlich größerem Umfang staatlich gefördert. Der wohl wichtigste Grund ist jedoch der, daß es letztlich immer ökonomische Mechanismen sind, die die Stadtentwicklung steuern und dazu führen, daß sich die Nutzungen durchsetzen, die die ertragreicheren sind. Das unterschiedliche Mietrecht für Wohn- und Gewerbebauten und die unterschiedliche steuerliche Behandlung führen dazu, daß Gewerbeobjekte die interessanteren Anlagealternativen sind.[122]

III. Der Markt für Gewerbeimmobilien

"Für rendite- und wertsteigerungsorientiertes Kapital gibt es gegenwärtig kaum alternative Anlagemöglichkeiten zu Gewerbeimmobilien."[123] Das frei über den Markt geregelte Miet- und Preissystem ermöglicht die Erzielung angemessener Renditen; darüber hinaus verstärken steuerliche Anreize, die Aussicht auf einen Wertzuwachs und die Möglichkeit des Inflations-

---

119 Vgl. Falk, Bernd (Hrsg.): Immobilien-Handbuch: Wirtschaft, Recht, Bewertung, Grundwerk, 3. Aufl. 1992 incl. Ergänzungslieferungen, (Moderne Industrie) Landsberg/Lech 1994, Teil Wirtschaft, Kap. 2.5, S. 6.

120 Vgl. Kleiber, Wolfgang: Alles baut auf Land, Anmerkungen zum Baulandbericht 1993, in: Bundesforschungsanstalt für Landeskunde und Raumordnung (Hrsg.): Informationen zur Raumentwicklung, Heft 1/2 1994: Bodenmanagement, S. 107-130, hier S. 125 f.

121 Angabe von Herrn Hermann Laistner, Geschäftsführer der Ingenieurgesellschaft für Projektsteuerung, Ökologische Entwicklungsplanung und Technologietransfer mbH (POET), Gespräche u. a. am 05. Mai 1994 in Lauchheim und am 08. Februar 1995 in Bonn.

122 Vgl. Kleiber, Wolfgang: Alles baut auf Land, Anmerkungen zum Baulandbericht 1993, in: Bundesforschungsanstalt für Landeskunde und Raumordnung (Hrsg.): Informationen zur Raumentwicklung, Heft 1/2 1994: Bodenmanagement, S. 107-130, hier S. 118-121.

123 Falk, Bernd (Hrsg.): Immobilien-Handbuch: Wirtschaft, Recht, Bewertung, Grundwerk, 3. Aufl. 1992 incl. Ergänzungslieferungen, (Moderne Industrie) Landsberg/Lech 1994, Teil Wirtschaft, Kap. 4.1, S. 1.

ausgleichs durch entsprechend ausgerichtete Mietverträge die Attraktivität. Die Renditen bei Büroflächen in absoluten Spitzenlagen von Frankfurt oder München liegen unter 5 %, zentrale Lagen erreichen rund 5,5 % bis 6,5 %, während an dezentralen Lagen etwa 7 % Renditen erzielbar sind. Bei Einzelhandelsflächen in Toplagen sind etwa 4,75 - 5,25 % erreichbar, zentrale Lagen können mit bis zu 6,25 % angesetzt werden, wogegen zweitklassige Lagen mit bis zu 7,5 % rentieren. Gewerbeparks, gut geplant und an attraktiven Standorten, bringen einen Ertrag von durchschnittlich rund 7 %; bei der Umkonzeption alter Industrieobjekte werden teilweise nach kurzer Zeit Renditemargen von über 10 % erreicht.[124]

Die Werthaltigkeit einer Gewerbeimmobilie ist von einer nachhaltigen Vermietbarkeit zu den beim Erwerb dargelegten Erträgen abhängig. In der Praxis wird der Kaufpreis als das X-fache der Nettojahresmiete angegeben. Die Preise variieren natürlich nach Standort und Nutzung. Für Büroimmobilien, Handelsimmobilien und Gewerbeparks sind je nach Lage und Typus etwa 12-15fache Beträge zu erzielen, für Handels- und Büroimmobilien in absoluten Spitzenlagen bis zu 18fache Beträge und mehr.[125] Wenn bei einem Ausfall von Mietern keine Neuvermietung möglich ist, kann der Wert eines Objektes allerdings schnell bis auf den Grundstückspreis reduziert werden.[126] Bei der Frage nach den drei entscheidenden Erfolgskriterien für eine Immobilie hört man oft die Aufzählung: "Standort, Standort, Standort". Der **Standort** ist sicher das mit Abstand wichtigste Akzeptanzkriterium für eine Gewerbeimmobilie, hinzu kommen **Qualität** und **Preisniveau**.[127]

Die derzeit zu beobachtenden Angebots- und Nachfragestrukturen weisen auf die Existenz eines zweigeteilten Marktes hin: Während in guten und hervorragenden Innenstadt- und Stadtteillagen attraktiver Großstädte und Mittelzentren die an den Markt kommenden Objekte praktisch unter der Hand weggehen, gibt es eine wachsende Zahl von Gebäuden, vor allem an ungünstigen Randlagen, die hartnäckig leerstehen.[128] Insofern sind aggregierte Marktdaten unter Umständen wenig aussagekräftig. "Wenn heute von der absoluten Quadratmeterzahl an

---

124 In den Toplagen werden die größten Wertsteigerungen erwartet, was die niedrigen Anfangs-Nettorenditen erklärt; vgl. zu den Renditeangaben Falk, Bernd (Hrsg.): Immobilien-Handbuch: Wirtschaft, Recht, Bewertung, Grundwerk, 3. Aufl. 1992 incl. Ergänzungslieferungen, (Moderne Industrie) Landsberg/Lech 1994, Teil Wirtschaft, Kap. 22.2, S. 5.

125 Vgl. Brockhoff, Eckhard (Brockhoff & Partner Immobilien GmbH, Essen): Konjunkturbericht Einzelhandelsimmobilien, Vortrag anläßlich des Handelsblatt-Kongresses "Immobilienmärkte in Bewegung" am 28. und 29. September 1995 in Hamburg, unveröff. Vortragsmanuskript, S. 7.

126 Vgl. Falk, Bernd (Hrsg.): Immobilien-Handbuch: Wirtschaft, Recht, Bewertung, Grundwerk, 3. Aufl. 1992 incl. Ergänzungslieferungen, (Moderne Industrie) Landsberg/Lech 1994, Teil Wirtschaft, Kap. 22.1, S. 2.

127 Angaben von Herrn Dr. Lutz Aengevelt in seinem Vortrag zum Thema: "Konjunkturbericht Büroimmobilien in Deutschland" anläßlich des Handelsblatt-Kongresses "Immobilienmärkte in Bewegung" am 28. und 29. September 1995 in Hamburg.

128 Vgl. Muncke, Günther (Müller Consult GmbH, Hamburg): Konjunkturbericht Büroimmobilien Europa, Vortrag anläßlich des Handelsblatt-Kongresses "Immobilienmärkte in Bewegung" am 28. und 29. September 1995 in Hamburg, unveröff. Vortragsmanuskript, S. 13; vgl. auch Falk, Bernd (Hrsg.): Immobilien-Handbuch: Wirtschaft, Recht, Bewertung, Grundwerk, 3. Aufl. 1992 incl. Ergänzungslieferungen, (Moderne Industrie) Landsberg/Lech 1994, Teil Wirtschaft, Kap. 22.1, S. 2.

Büroflächen in Berlin, Leipzig oder Magdeburg auf einen bevorstehenden Marktzusammenbruch geschlossen wird, dann ist das zu undifferenziert. Flächen in Berlin-Friedrichstraße lassen sich nicht mit Flächen in Berlin-Kreutzberg vergleichen, jeder Teilmarkt muß für sich gesehen und bewertet werden."[129] "Eine hohe Leerstandsquote heißt sicher nicht, daß man alle Gedanken an neue Objekte fallenlassen soll. Täte man das, würde sich alsbald eine fatale Lücke des für den Standort Deutschland dringend benötigten Marktsektors "Büro 2000" ergeben."[130]

Die Entwicklung der Gewerbeimmobilienmärkte hängt stark von der allgemeinen Konjunkturentwicklung ab, zumeist reagieren sie mit einer zeitlichen Verzögerung von sechs bis zwölf Monaten.[131] Nachdem der bundesdeutsche Konjunkturaufschwung sich im Laufe des Jahres 1994 gefestigt hatte, zeigt er seit Mitte 1995 Schwächetendenzen. Die Experten gehen jedoch davon aus, daß es sich hierbei nur um einen vorübergehenden Zwischenabschwung handelt, der sich spätestens Ende 1996 wieder umkehren wird.[132] Insofern sind die Prognosen für den Gewerbeimmobilienmarkt tendenziell günstig; sie werden allerdings belastet durch erhebliche Leerstände von Büroflächen in den meisten Ballungsräumen, bedingt durch die umfangreiche Bautätigkeit in den letzten Jahren.[133] Auf die Entwicklungstendenzen in den Marktsegmenten der wichtigsten Gewerbeimmobilien-Typen - Handelsimmobilien, Büroimmobilien, Gewerbeparks - kann im Rahmen der vorliegenden Untersuchung im einzelnen nicht eingegangen werden.[134]

IV. Der Markt für Wohnimmobilien

Während die Lücke zwischen Flächenangebot und Flächennachfrage im gewerblichen Immobilienbereich über den Miet- bzw. Kaufpreis geregelt wird, ist der Wohnungsmarkt dem Spiel der Marktkräfte in weiten Bereichen entzogen.[135] Für institutionelle Anleger gestalten

---

129 Aussage von Herrn Jeff Ernst Kirchhoff, Geschäftsbereichsleiter Corporate Real Estate Service, Müller International Immobilien, Gespräch am 05. April 1995 in Düsseldorf.

130 Muncke, Günther (Müller Consult GmbH, Hamburg): Konjunkturbericht Büroimmobilien Europa, Vortrag anläßlich des Handelsblatt-Kongresses "Immobilienmärkte in Bewegung" am 28. und 29. September 1995 in Hamburg, unveröff. Vortragsmanuskript, S. 14.

131 Vgl. Volger, Gernot: Qualität wird knapp, in: Immobilienmanager, o. Jg., 1995, Sonderausgabe Mipim Special (März), S. 44-47, hier S. 45.

132 Vgl. Oppenländer, Karl-Heinrich (ifo Institut für Wirtschaftsforschung, München): Die Immobilienwirtschaft vor dem gesamtgesellschaftlichen Hintergrund, Vortrag anläßlich des Handelsblatt-Kongresses "Immobilienmärkte in Bewegung" am 28. und 29. September 1995 in Hamburg, unveröff. Vortragsmanuskript, S. 1 f.

133 Vgl. Oppenländer, Karl-Heinrich, ifo Institut für Wirtschaftsforschung, München: Die Immobilienwirtschaft vor dem gesamtgesellschaftlichen Hintergrund, Vortrag anläßlich des Handelsblatt-Kongresses "Immobilienmärkte in Bewegung" am 28. und 29. September 1995 in Hamburg, Vortragsmanuskript, S. 12.

134 Vgl. hierzu z. B. die diversen Vorträge anläßlich des Handelsblatt-Kongresses "Immobilienmärkte in Bewegung" am 28. und 29. September 1995 in Hamburg.

135 Die Versorgung der gesamten Bevölkerung mit Wohnraum und die Sicherung der Erschwinglichkeit von Wohneigentum für große Teile der Bevölkerung sind politische Gestaltungsaufgaben mit weitreichender

sich Investitionen in den Wohnungsbau vergleichsweise unattraktiv; in den vergangenen 30 Jahren haben sich die Gestehungskosten für Wohnungsimmobilien so weit von den erzielbaren Mieteinnahmen entfernt, daß bei Neubauimmobilien nur mehr Renditen von 3-4 % üblich sind.[136] Nachteilig auf die Anlageattraktivität wirken sich die weitreichenden Mieterschutzgesetze aus, die Mietanpassungen und Verfügbarkeit stark einschränken. Im frei finanzierten Wohnungsbau begrenzt die sog. Vergleichsmiete die Einnahmen; im öffentlich geförderten Wohnungsbau kann der Investor mit der Kostenmiete rechnen, d. i. die Miete, die zur Deckung der laufenden Aufwendungen erforderlich ist. Risiken liegen hier vor allem in der zukünftigen Entwicklung, wenn die zeitliche Begrenzung von Förderprogrammen und erhöhten Abschreibungen ausläuft. Generell ist zwischen den Marktsegmenten Eigenheimbau, Mietwohnungsbau, Markt für Eigentumswohnungen und Sozialwohnungsbau bzw. öffentlich gefördertem Wohnungsbau zu differenzieren.[137]

Von der Neubautätigkeit der letzten 9 Jahre, in denen der Wohnungsbestand in Deutschland um 50 % aufgestockt wurde, hat der Kapitalanleger-Wohnungsbau die spektakulärsten Zuwachsraten verzeichnet.[138] Der selbstgenutzte Wohnungsbau hat sich dagegen unterproportional entwickelt; mit 41 % Wohneigentumsquote West bzw. 24 % Eigentumsquote Ost rangiert Deutschland im EU-Vergleich abgeschlagen an letzter Stelle.[139] Ein besonderes Problem stellen die in Deutschland **sehr hohen Grundstücks- und Baukosten** dar. Die Diskussionen um die Senkung von Baustandards hält derzeit ebenso an wie die um neue Modelle der Eigentumserwerbsförderung.[140] Die Kommunen verfolgen zunehmend die Stratgie der verbilligten Wohnbaulandabgabe; im Rahmen sog. "Einheimischenmodelle" ist es ihnen dabei möglich, ortsansässige Bürger bevorzugt mit Bauland zu bedienen.

Die stetig wachsende Diskrepanz zwischen Marktmieten und Kostenmieten fordert vom Staat immer höhere Subventionsleistungen. Das heute praktizierte Fördersystem "führt zur Bindung

---

Bedeutung für das Gesellschaftssystem als Ganzes; vgl. Kleiber, Wolfgang: Alles baut auf Land, Anmerkungen zum Baulandbericht 1993, in: Bundesforschungsanstalt für Landeskunde und Raumordnung (Hrsg.): Informationen zur Raumentwicklung, Heft 1/2 1994: Bodenmanagement, S. 107-130, hier S. 114.

136 Die vergleichsweise geringe Rentabilität geht jedoch mit einer hohen Sicherheit in der Anlage einher, da nahezu kein Leerstandsrisiko besteht; vgl. Falk, Bernd (Hrsg.): Immobilien-Handbuch: Wirtschaft, Recht, Bewertung, Grundwerk, 3. Aufl. 1992 incl. Ergänzungslieferungen, (Moderne Industrie) Landsberg/Lech 1994, Teil Wirtschaft, Kap. 22.2, S. 2.

137 Vgl. Falk, Bernd (Hrsg.): Immobilien-Handbuch: Wirtschaft, Recht, Bewertung, Grundwerk, 3. Aufl. 1992 incl. Ergänzungslieferungen, (Moderne Industrie) Landsberg/Lech 1994, Teil Wirtschaft, Kap. 2.1, S. 2.

138 Ursächlich für die Expansion des Kapitalanleger-Baus waren vor allem die Verbesserung der degressiven Abschreibung nach § 7 Abs. 5 ESTG im Frühjahr 1989 und in den Neuen Bundesländern die Sonderabschreibungen nach § 4 des FördG (Fördergebietsgesetz). Begünstigt wurde die Entwicklung des weiteren durch den nicht unerheblichen Anstieg der Mieten bei Erst- und Wiedervermietungen.

139 Vgl. Kornemann, Rolf (Bausparkasse GdF Wüstenrot, Ludwigsburg): Mit welchen Strategien sollen die Wohnungsfragen von morgen gelöst werden?, Vortrag anläßlich des Handelsblatt-Kongresses "Immobilienmärkte in Bewegung" am 28. und 29. September 1995 in Hamburg, unveröff. Vortragsmanuskript, S. 2 und Anlage 7.

140 Die Neugestaltung der Förderung des selbsversorgerischen Wohnungsbaus ist durch die Änderung des § 10e ESTG bereits angegangen worden.

öffentlicher Mittel - inclusive Steuervergünstigungen - in einer Größenordnung bis zu 500.000 DM je geförderter Wohnung. Ein so großer Förderaufwand grenzt ... drastisch die Förderzahlen ein."[141] Bei den direkten Mittelzuwendungen für den sozialen Wohnungsbau wurden bereits nominale Kürzungen vorgenommen.[142] Leitkonzepte wie das "Frankfurter Programm", das vorsieht, neue Wohnungen in einem Verhältnis von 1/3 frei finanziert, 1/3 Sozialwohnungsbau und 1/3 öffentlich geförderter Wohnungsbau zu erstellen, sind an ihrer Finanzierbarkeit gescheitert.[143]

D. Die rechtlichen Gestaltungsbedingungen

I. Vorüberlegung: PPP und der Rechtsrahmen

Auf die Möglichkeiten der Ausgestaltung eines PPP-Arrangements im hier untersuchten Forschungsfeld übt das **Städtebaurecht** vielfältige Restriktionen aus. Eine Kooperation, die klassische Aufgaben- und Zuständigkeitsverteilungen zu überwinden sucht, stößt schnell an die Grenzen geltender gesetzlicher Vorschriften. Die Unterschiede im nationalen Städtebaurecht sind der Hauptgrund dafür, daß es kaum möglich ist, PPP-Modelle von einem Land auf ein anderes zu übertragen. Dies gilt für das deutsche Städtebaurecht in besonderer Weise, da sein Verbindlichkeitsgrad und seine Regelungsdichte ausgesprochen hoch sind. "Das Bemühen des Gesetzgebers, vorausdenkend möglichst viele Einzelfälle zu regeln, hat zu einer unübersichtlichen Vielfalt der Gesetzesmaterie geführt, die kompliziertesten Vollzug zur notwendigen Folge haben muß."[144]

Eine weitere Besonderheit des deutschen Städtebaurechtes sind die im Vergleich zu anderen europäischen Ländern und den USA sehr weitreichenden Zuständigkeiten der öffentlichen Hand. Während in den meisten anderen Ländern Erschließungs- und Neuordnungspläne für Wohn- oder Gewerbebebauungen durch privatwirtschaftliche Unternehmen erstellt werden, liegt in Deutschland die **Verantwortung für Bodenordnung und Erschließung bei der öffentlichen Hand**, die diese Aufgaben in der Regel auch heute noch selbst wahrnimmt. Die

141 Kornemann, Rolf (Bausparkasse GdF Wüstenrot, Ludwigsburg): Mit welchen Strategien sollen die Wohnungsfragen von morgen gelöst werden?, Vortrag anläßlich des Handelsblatt-Kongresses "Immobilienmärkte in Bewegung" am 28. und 29. September 1995 in Hamburg, unveröff. Vortragsmanuskript, S. 18.

142 Vgl. Oppenländer, Karl-Heinrich (ifo Institut für Wirtschaftsforschung, München): Die Immobilienwirtschaft vor dem gesamtgesellschaftlichen Hintergrund, Vortrag anläßlich des Handelsblatt-Kongresses "Immobilienmärkte in Bewegung" am 28. und 29. September 1995 in Hamburg, unveröff. Vortragsmanuskript, S. 11.

143 Angabe von Herrn Dr. Berge, Stadtentwicklungsamt Frankfurt a. M., Gespräch am 14. Juni 1994 in Frankfurt a. M.

144 Falk, Bernd (Hrsg.): Immobilien-Handbuch: Wirtschaft, Recht, Bewertung, Grundwerk, 3. Aufl. 1992 incl. Ergänzungslieferungen, (Moderne Industrie) Landsberg/Lech 1994, Teil Recht, Kap. 1.3, S. 1 f.

weitreichenden öffentlichen Kompetenzen im Bauplanungsrecht liegen u. a. im hohen Verbindlichkeitsgrad und der hohen Detailtiefe deutscher Baupläne begründet. Außer Deutschland verfügen nur noch die Niederlande über ein Planungsrecht, das die Bodennutzung auf ähnlich präzise Art verbindlich festschreibt.[145]

Typisch für das deutsche Verwaltungsmodell ist darüber hinaus die starke gesetzliche Vorprogrammierung des Verwaltungshandelns. Während in nahezu allen anderen Ländern eine gewisse "Bargaining-Kultur" nicht nur verbreitet, sondern auch allseits akzeptiert ist, läßt sich das deutsche rechtsstaatliche Modell gesetzesgebundenen Verwaltungshandelns nur sehr schwer mit der Vorstellung vereinbaren, daß z. B. über die Bedingungen einer Baugenehmigungserteilung verhandelt wird.[146] Die Diskussion um die Einbettung von Verhandlungslösungen in das Verwaltungsverfahren hat in Deutschland gerade erst begonnen; wichtige Impulse erhält sie von dem stärker auf prozedurale Verfahren ausgerichteten US-amerikanischen Verwaltungsmodell.[147] In der Verwaltungspraxis wird die Orientierung an unterschiedlichen normativen Modellen seit jeher durch das Bemühen überlagert, konkrete Probleme erfolgreich zu bewältigen. Die Finanzkrise der öffentlichen Hand führt dazu, daß heute immer mehr Planungen und Erschließungen von privaten Vorhabenträgern durchgeführt werden. Auch ist es mittlerweile gängige Praxis, daß die öffentliche Hand die Einleitung eines Bauplanungsverfahrens davon abhängig macht, ob der Investor bereit ist, Teile seines "planning gains" abzutreten.

Der Gesetzgeber hat diesen Entwicklungen mit den jüngsten Änderungen des Städtebaurechtes Rechnung getragen und die Möglichkeiten des kooperativen Zusammenwirkens von öffentlichem und privatem Sektor inhaltlich neu bestimmt und erweitert. Im Maßnahmengesetz zum BauGB, in den städtebaulichen Regelungen des Einigungsvertrages und insbesondere durch das **Investitionserleichterungs- und Wohnbaulandgesetz** (InV-WoBaulG)[148], in Kraft getreten am 01. Mai 1993, werden den Kommunen neue, neuaufgelegte

145 Andere Rechtssysteme, wie in Frankreich oder Italien, überlassen privaten Vorhabenträgern deutlich größere Spielräume bei der Ausgestaltung von Projekten und Detailplänen. Im britischen Planungssystem gibt es überhaupt keine Pläne mit rechtsverbindlichem Charakter; das Angebot an Bauland richtet sich allein nach der Anzahl und dem Umfang der erteilten Planungsgenehmigungen, die durch private Akteure beantragt werden; vgl. zu den Unterschieden in den europäischen Rechtssystemen im Städtebau ausführlich Dransfeld, Egbert; Voß, Winrich: Bodenmanagement in der Baulanderschließung in ausgewählten westeuropäischen Ländern, in: Bundesforschungsanstalt für Landeskunde und Raumordnung (Hrsg.): Informationen zur Raumentwicklung, Heft 1/2 1994: Bodenmanagement, S. 87-106.

146 Vgl. Hoffmann-Riem, Wolfgang: Verhandlungslösung und Mittlereinsatz im Bereich der Verwaltung, eine vergleichende Einführung, in: Hoffmann-Riem, Wolfgang; Schmidt-Aßmann, Eberhard (Hrsg.): Konfliktbewältigung durch Verhandlungen, Bd. 1, (Nomos) Baden-Baden 1990, S. 13-42, hier S. 13 f.; vgl. auch Dransfeld, Egbert; Voß, Winrich: Bodenmanagement in der Baulanderschließung in ausgewählten westeuropäischen Ländern, in: Bundesforschungsanstalt für Landeskunde und Raumordnung (Hrsg.): Informationen zur Raumentwicklung, Heft 1/2 1994: Bodenmanagement, S. 87-106, hier S. 90.

147 Vgl. hierzu die Ausführungen im sechsten Kapitel, E II 2.

148 Gesetz zur Erleichterung von Investitionen und der Ausweisung und Bereitstellung von Wohnbauland vom 22. April 1993.

und verbesserte Instrumente zur Verfügung gestellt, um die Bautätigkeit unter Einbeziehung von Privatinitiativen zu fördern.[149] Gegenstand fast aller Neuregelungen ist eine veränderte Grenzziehung zwischen öffentlicher und privater Aufgabenerfüllung im Bereich der Baulandentwicklung und der Zulassung von Investitionsvorhaben. Neue Grenzziehungen sind aber auch im Verhältnis zwischen hoheitlichem und kooperativem Verwaltungshandeln der Gemeinden vorgenommen worden.[150] Die wichtigsten Gesetzesänderungen zur kooperativen Aufgabenerledigung betreffen:

- die Neuregelung des Erschließungsvertrages (§ 124 BauGB),
- die Zulassung umfassender städtebaulicher Verträge (§ 6 BauGB-MaßnG),
- die bundesweite Einführung der Satzung über den Vorhaben- und Erschließungsplan (§ 7 BauGB-MaßnG),
- die erweiterte Anwendungsmöglichkeit der städtebaulichen Entwicklungsmaßnahme (§§ 165-171 BauGB).

Bei den Neuregelungen, die im BauGB-MaßnG verankert wurden, handelt es sich um eine Form der **experimentellen Rechtssetzung**, bei der "die städtebaurechtlichen Instrumente...bis zur Entscheidung des Gesetzgebers über ihr endgültiges Schicksal auf dem Prüfstand" stehen.[151] Insofern sind Forschungsarbeiten über die Anwendungspraxis der Instrumente zum jetzigen Zeitpunkt für den Gesetzgeber von großem Interesse. Auch im Hinblick auf das relativ einfach gestaltete Städtebaurecht der anderen europäischen Länder ist für 1998 vorgesehen, ein geschlossenes dauerhaftes Gesetzeswerk zu schaffen, das den Dualismus aus BauGB und BauGB-MaßnG überwindet und die Verfahren für Planen, Bauen und Investieren einfacher und geordneter regelt.[152] Die Experten gehen davon aus, daß der städtebauliche Vertrag und der Vorhaben- und Erschließungsplan als die beiden Instrumente, denen im

149 Vgl. Krautzberger, Michael: Änderungen des Städtebaurechts durch das Investitionserleichterungs- und Wohnbaulandgesetz, in: Stadt und Gemeinde, 48. Jg., 1993, Nr. 6, S. 200-203, hier S. 200; vgl. auch Cholewa, Werner: Investitionserleichterungs- und Wohnbaulandgesetz, in: Stadt und Gemeinde, 48. Jg., 1993, Nr. 6, S. 195-199.

150 Vgl. Scharmer, Eckart: Mobilisierung und Bereitstellung von Bauland durch Entwicklungsmaßnahmen und Modelle der Kooperation mit privaten Investoren, in: Bundesforschungsanstalt für Landeskunde und Raumordnung (Hrsg.): Informationen zur Raumentwicklung, Heft 1/2 1994: Bodenmanagement, S. 9-18, hier S. 10; vgl. auch Krautzberger, Michael: Änderungen des Städtebaurechts durch das Investitionserleichterungs- und Wohnbaulandgesetz, in: Stadt und Gemeinde, 48. Jg., 1993, Nr. 6, S. 200-203, hier S. 200.

151 (Vgl.) Cholewa, Werner: Investitionserleichterungs- und Wohnbaulandgesetz, in: Stadt und Gemeinde, 48. Jg., 1993, Nr. 6, S. 195-199, hier S. 199; vgl. zur experimentellen Rechtssetzung auch: Schuppert, Gunnar Folke: Verwaltungswissenschaft als Steuerungswissenschaft, Zur Steuerung des Verwaltungshandelns durch Verwaltungsrecht, in: Hoffmann-Riem, Wolfgang (Hrsg.): Reform des allgemeinen Verwaltungsrechts, (Nomos) Baden Baden 1993, S. 65-114, hier S. 92.

152 Vgl. o.V.: Töpfer will 1998 einheitliches Städtebaurecht, in: Süddeutsche Zeitung, Nr. 276, 30. November 1995, S. 26; vgl. auch Cholewa, Werner: Investitionserleichterungs- und Wohnbaulandgesetz, in: Stadt und Gemeinde, 48. Jg., 1993, Nr. 6, S. 195-199, hier S. 199.

Rahmen von PPP die größte Bedeutung zukommt, als Dauerrecht in das Städtebaurecht übernommen werden.

Trotz der normativen Rückbindung von wichtigen Teilen der städtebaulichen Vertragspraxis können die Rechtsprobleme keineswegs als gelöst gelten. Unter der Schicht alltäglicher Vertragsabschlüsse, in der mit viel praktischer Phantasie immer neue Vertragsvarianten ausgebildet werden, beginnt alsbald schwankender Boden. In einem ohnehin "prozeßanfälligen Bereich" müssen die Anwendungsmöglichkeit und Grenzen der neuen Instrumente durch die Rechtsprechung erst ausgelotet werden.[153] Viele Regelungsinhalte der in der Praxis umgesetzten PPP-Modelle sind bezüglich ihrer rechtlichen Zulässigkeit bedenklich.[154] Fehlerhafte Konstruktionen und Schwächen in den Vertragsgestaltungen machen sich jedoch oft erst dann bemerkbar, wenn die Vertragsparteien sich zerstreiten und ihre juristischen Möglichkeiten voll auszuschöpfen suchen. Daher sind Aussagen über die Eignung der neuen Instrumente im allgemeinen und einzelner Regelungen im besonderen zum heutigen Zeitpunkt nur sehr bedingt möglich.

II. Die städtebaulichen Verträge

1. Die Vertragstypen

Vertragliche Gestaltungsformen werden in der städtebaulichen Praxis seit langem genutzt; teils sehen die einschlägigen Gesetze selbst eine Vertragslösung vor, teils lassen sich die kooperativen Regelungsmodelle aus dem Gesetzeskontext ableiten. Ingesamt jedoch verfolgte die Rechtsprechung bislang eine sehr "vertragskritische" Linie, die sich in zahlreichen Restriktionen bezüglich bestimmter Arten von Verträgen oder einzelnen Varianten der Vertragsgestaltung niederschlägt.[155] Mit dem InV-WoBaulG (1993) wurden erstmals im großen Umfang vertragliche Regelungen im städtebaulichen Bereich gesetzlich vorgesehen. Erste empirische Untersuchungen belegen die Beliebtheit städtebaulicher Verträge in der Praxis. Im Rahmen einer Befragung von 205 deutschen Städten haben Bunzel u. a. Daten zu

---

153 Vgl. Schmidt-Aßmann, Eberhard; Krebs, Walter: Rechtsfragen städtebaulicher Verträge - Vertragstypen und Vertragsrechtslehre, Schriftenreihe Forschung des Bundesministers für Raumordnung, Bauwesen und Städtebau, Heft Nr. 460, (Holdenried) Bonn 1988, S. 2.

154 Angaben von Herrn Dr. Arno Bunzel, Deutsches Institut für Urbanistik, Berlin, Gespräch am 14. September 1994 in Berlin, und Herrn Dr. Eckart Scharmer, Rechtsanwaltskanzlei Dr. Scharmer, Berlin, Gespräch am 10. Oktober 1995 in Berlin.

155 (Vgl.) Birk, Hans Jörg: Die neuen städtebaulichen Verträge: Erschließungsverträge, freiwillige Bodenordnung, Folgelastenvertrag, Vorhaben- und Erschließungsplan, (Boorberg) Stuttgart u. a. 1994, S. 9; vgl. auch Schmidt-Aßmann, Eberhard; Krebs, Walter: Rechtsfragen städtebaulicher Verträge - Vertragstypen und Vertragsrechtslehre, Schriftenreihe Forschung des Bundesministers für Raumordnung, Bauwesen und Städtebau, Heft Nr. 460, (Holdenried) Bonn 1988, S. 55.

mehr als 400 städtebaulichen Verträgen zusammengetragen; ein Teil der Vertragsabschlüsse wurde unmittelbar durch die Neuregelung des § 6 BauGB-MaßnG angeregt.[156]

Die zur Zeit in Wissenschaft und Praxis zu beobachtende Konzentration der Diskussion städtebaulicher Verträge auf die neueingeführten §§ 6 (städtebaulicher Vertrag) und 7 (Vorhaben- und Erschließungsplan) BauGB-MaßnG und den neugeregelten § 124 (Erschließungsvertrag) BauGB führt oft zu Mißverständnissen, zumal das Sprachverständnis des "städtebaulichen Vertrages" nicht einheitlich ist. Der städtebauliche Vertrag ist in seinem weitesten Begriffsverständnis ein Oberbegriff für alle Vertragstypen der städtebaulichen Praxis. Dies schließt beispielsweise auch die Verträge mit ein, die in Zusammenhang mit städtebaulichen Sanierungs- und Entwicklungsmaßnahmen abgeschlossen werden.[157] Heute werden unter diesem Begriff meist nur die Vertragstypen diskutiert, auf die sich die Regelungsinhalte des neuen § 6 BauGB-MaßnG unmittelbar beziehen; d. s. die Verträge, in denen außerhalb der gesetzlich streng geregelten Verfahren **städtebauliche Maßnahmen und Planungen auf einen Dritten übertragen werden.**[158] In der Praxis wird vom städtebaulichen Vertrag auch als von einem konkreten Vertragstypus gesprochen. Hier ist in der Regel ein Rahmenvertrag gemeint, der ergänzend zu Erschließungs- und Durchführungsvertrag sowie sonstigen Verträgen abgeschlossen wird und in dem die Vertragsparteien Regelungen über die Abwicklung des Vorhabens im allgemeinen und die Tragung von Aufwendungen und Kosten im besonderen treffen.[159]

Der Sache nach bilden alle Arten von Verträgen in Zusammenhang mit der Planung, Bodenordnung, Erschließung und Durchführung sonstiger städtebaulicher Maßnahmen eine Einheit. In der Praxis werden die rechtlichen Bausteine zu immer neuen Verbindungen genutzt, so daß nur eine Kenntnis der an verschiedenen Stellen des BauGB jeweils im Sachzusammenhang geregelten Vertragstypen und eine Kenntnis aller ergänzenden Möglichkeiten vertraglicher Vereinbarungen die Konzeption optimaler Vertragsvarianten ermöglicht. Für die Systematisierung der Vielfalt an städtebaulichen Vertragstypen und Vertragsinhalten wurden in der Literatur verschiedene Ansätze erarbeitet.

---

156 Vgl. Bunzel, Arno u. a. (Hrsg.): Städtebauliche Verträge, Rechtliche Grundlagen, Hinweise zur Vertragsgestaltung, Regelungsbeispiele und Vertragsmuster, DIfU-Beiträge zur Stadtforschung, Bd. 14, (Deutsches Institut für Urbanistik) Berlin 1995, S. 29.

157 Vgl. so Schmidt-Aßmann, Eberhard; Krebs, Walter: Rechtsfragen städtebaulicher Verträge - Vertragstypen und Vertragsrechtslehre, Schriftenreihe Forschung des Bundesministers für Raumordnung, Bauwesen und Städtebau, Heft Nr. 460, (Holdenried) Bonn 1988, S. 1.

158 Vgl. so Bunzel, Arno u. a. (Hrsg.): Städtebauliche Verträge, Rechtliche Grundlagen, Hinweise zur Vertragsgestaltung, Regelungsbeispiele und Vertragsmuster, DIfU-Beiträge zur Stadtforschung, Bd. 14, (Deutsches Institut für Urbanistik) Berlin 1995, S. 36; vgl. auch Birk, Hans Jörg: Die neuen städtebaulichen Verträge: Erschließungsverträge, freiwillige Bodenordnung, Folgelastenvertrag, Vorhaben- und Erschließungsplan, (Boorberg) Stuttgart u. a. 1994, S. 35.

159 Angaben von Herrn Dr. Eckart Scharmer, Rechtsanwaltskanzlei Dr. Scharmer, Berlin, Gespräch am 10. Oktober 1995 in Berlin.

Übersicht 3.4: Systematisierungsansätze städtebaulicher Verträge[160]

Städtebauliche Verträge		
Systematisierung nach Sachbereichen (Schmidt-Aßmann)	**Systematisierung nach Phasenkonzept (Birk)**	**Systematisierung nach Regelungszielen (Bunzel)**
Gemeindliche Grundstücksgeschäfte Kooperationsformen in der Umlegung Verträge in Zusammenhang mit Erschließungs- und Sanierungsmaßnahmen Kooperationsvorgänge bei der Genehmigung von Bauvorhaben Planungsverträge	Bauplanungsverträge Baureifmachungsverträge Baurealisierungsverträge Folgelastenverträge	Übertragung von städtebaulichen Maßnahmen und Planungen Vertragliche Bindungen Vereinbarungen über die Tragung von Kosten und Aufwendungen Sicherung der Erfüllung der Vertragspflichten

Unklarheit besteht vor allem darüber, ob und wie die städtebaulichen Verträge als Verträge mit **öffentlich-rechtlichem Charakter** von Verträgen mit privatrechtlichem Charakter zu trennen sind. Im Städtebau ist eine eindeutige Zuordnung oft nicht möglich, da die Grenzen zwischen privatrechtlichen Vereinbarungen und öffentlich-rechtlicher Zielverwirklichung fließend sind. Dies betrifft zum Beispiel Grundstücksgeschäfte der Gemeinde.

> "Wenn die Gemeinde schlicht als Käufer oder Verkäufer eines oder mehrerer Grundstücke auftritt, handelt es sich in der Regel um einen privatrechlichen Grundstücksvertrag. Dies gilt grundsätzlich auch, wenn bei Erwerb oder Veräußerung eines Grundstückes bestimmte Bindungen und Pflichten vereinbart werden. Die Waage neigt sich allerdings zum öffentlich-rechtlichen Vertrag, wenn die Gemeinde gegenüber dem Vertragspartner Leistungen zusagt oder ankündigt, die sie nur infolge ihrer Eigenschaft als Inhaberin von Hoheitsrechten zusagen oder ankündigen kann."[161]

---

160 Vgl. Schmidt-Aßmann, Eberhard; Krebs, Walter: Rechtsfragen städtebaulicher Verträge - Vertragstypen und Vertragsrechtslehre, Schriftenreihe Forschung des Bundesministers für Raumordnung, Bauwesen und Städtebau, Heft Nr. 460, (Holdenried) Bonn 1988, S. 2; vgl. Birk, Hans Jörg: Die neuen städtebaulichen Verträge: Erschließungsverträge, freiwillige Bodenordnung, Folgelastenvertrag, Vorhaben- und Erschließungsplan, (Boorberg) Stuttgart u. a. 1994, S. 36. f.; vgl. Bunzel, Arno u. a. (Hrsg.): Städtebauliche Verträge, Rechtliche Grundlagen, Hinweise zur Vertragsgestaltung, Regelungsbeispiele und Vertragsmuster, DIfU-Beiträge zur Stadtforschung, Bd. 14, (Deutsches Institut für Urbanistik) Berlin 1995, S. 4 ff.

161 Bunzel, Arno u. a. (Hrsg.): Städtebauliche Verträge, Rechtliche Grundlagen, Hinweise zur Vertragsgestaltung, Regelungsbeispiele und Vertragsmuster, DIfU-Beiträge zur Stadtforschung, Bd. 14, (Deutsches Institut für Urbanistik) Berlin 1995, S. 11.

2. Der städtebauliche Vertrag gem. BauGB

Der städtebauliche Vertrag, erstmals 1990 in § 54 BauZVO gesetzlich ausgestaltet und mit dem InV-WoBaulG (1993) in erweiterter Form in § 6 BauGB-MaßnG übernommen, ist kein neuer, eigenständiger Vertragstypus. Vielmehr hat der Gesetzgeber hier verschiedene Vertragsgestaltungen aufgegriffen, die in der Praxis seit Jahren praktiziert werden, und sie inhaltlich und hinsichtlich ihrer Grenzen konkretisiert. Wenn in der Praxis vom Abschluß "eines städtebaulichen Vertrages" die Rede ist, dann werden in der Regel Erschließungsverträge, Durchführungsverträge, sonstige Werkverträge und evtl. Grundstückskaufverträge zwischen öffentlichen und privaten Akteuren abgeschlossen, die in ihrer Gesamtheit dazu dienen, zweckmäßige und 'gerechte' Regelungen über die Verteilung von Aufgaben und Kostenlasten bei der Durchführung eines städtebaulichen Vorhabens zu treffen.[162]

Das Grundmodell des städtebaulichen Vertrages besteht darin, "daß die Gemeinde das ihr aus der kommunalen Planungshoheit gegebene Recht zur Neuausweisung von Bauflächen durch Bebauungsplan nutzt, um vom investitionsbereiten Grundstückseigentümer einer Fläche des Gebietes verschiedene Gegenleistungen einzuhandeln".[163]Der Eigentümer, dessen Flächen durch die Beplanung einen Wertzuwachs erhalten, erklärt sich bereit, die erforderlichen städtebaulichen Planungen entweder zu finanzieren oder selbst zu erstellen und im Planungsverfahren, soweit dies rechtlich möglich ist, unterstützend tätig zu werden.[164] Er übernimmt die Neuordnung der Flächen - in der Regel ist er selbst Eigentümer aller betreffenden Flächen - und verpflichtet sich, die notwendigen Erschließungsanlagen zu erstellen. Weiterhin kann er sich bereit erklären, die erforderlichen öffentlichen Folgeeinrichtungen, wie Kindertagesstätten und Schulen, teilweise oder ganz selbst herzustellen oder einen Finanzierungsbeitrag zu leisten.

Mit Hilfe städtebaulicher Verträge können also sämtliche Stufen der Baulandentwicklung auf einen privaten Vorhabenträger übertragen werden, soweit sie nicht als hoheitliche Maßnahme der Gemeinde vorbehalten sind. Die für die Praxis wichtigsten Vertragstypen sind der Erschließungsvertrag, die Freiwillige Umlegung und der Folgelastenvertrag.

---

162 Angaben von Herrn Dr. Eckart Scharmer, Rechtsanwaltskanzlei Dr. Scharmer, Berlin, Gespräch am 10. Oktober 1995 in Berlin; vgl. auch im sechsten Kapitel, F.

163 (Vgl.) Scharmer, Eckart: Mobilisierung und Bereitstellung von Bauland durch Entwicklungsmaßnahmen und Modelle der Kooperation mit privaten Investoren, in: Bundesforschungsanstalt für Landeskunde und Raumordnung (Hrsg.): Informationen zur Raumentwicklung, Heft 1/2 1994: Bodenmanagement, Bonn 1994, S. 9-18, hier S. 13.

164 Die Durchführung des förmlichen Planaufstellungsverfahrens obliegt der Gemeinde und kann gem. § 6 Abs. 2 S. 3 BauGB nicht auf Dritte übertragen werden.

Der Erschließungsvertrag

Mit dem Erschließungsvertrag nach § 124 Abs. 1 BauGB überträgt die Gemeinde die ihr gemäß § 123 Abs. 1 obliegende Erschließung ganz oder teilweise auf einen Dritten. Dieser erstellt die Erschließungsanlagen in eigenem Namen und auf eigene Kosten und überträgt sie danach auf die Gemeinde, die dafür keine Beiträge mehr erheben kann. Der Dritte wird im Falle des städtebaulichen Vertrages der Grundstückseigentümer sein, der die Kosten zunächst selbst trägt bzw. über einen entsprechend höheren Verkaufspreis an die zukünftigen Grundstückseigentümer weitergibt. War der Erschließungsvertrag früher nur eine Art Vorfinanzierungsvertrag, da es zwingendes Recht war, daß die Kommune 10 % der Erschließungskosten sowie die Kosten der nicht-beitragsfähigen Anlagen selbst trägt, so ist mit der Neuregelung des § 124 BauGB im InV-WoBaulG (1993) der mögliche Umfang der Kostentragung erheblich erweitert worden. Nunmehr kann vereinbart werden, daß der Private 100 % der Kosten der beitragspflichtigen Anlagen sowie alle Kosten der nicht-beitragsfähigen Anlagen übernimmt. Der Erschließungsvertrag hat damit für die Kommunen entscheidend an Attraktivität gewonnen.[165]

Die privatrechtliche Neuordnung der Grundstücksverhältnisse

Die Neuordnung von Grundstücken wird dann notwendig, wenn in einem grenzüberschreitend beplanten Gebiet mehrere Grundstückseigentümer existieren bzw. wenn im Rahmen der Beplanung eine Neuzuteilung öffentlicher Flächen notwendig wird. Umfaßt das Vertragsgebiet mehrere Grundstückseigentümer, so ist deren Mitwirkungsbereitschaft und letztliche Einigung hinsichtlich der Neuzuteilung der Grundstücke notwendige Voraussetzung für die Durchführung einer freiwilligen Umlegung. Bei der klassischen "Bodenordnung durch Vertrag" übertragen alle Grundstückseigentümer ihre bisherigen Grundstücke auf eine BGB-Gesellschaft oder einen gemeinsam benannten Treuhänder. Von dem "Massegrundstück" werden zunächst die öffentlichen Gemeindebedarfsflächen und ggf. sonstige vereinbarte Flächen in Abzug gebracht, anschließend den einzelnen Grundstückseigentümern ihre neuen Flächen als "Zuteilungsflächen" zugeordnet. Für die Gemeinde ist nicht nur bedeutsam, daß sie den Grundstückseigentümern die Tragung der Verfahrenskosten auferlegen kann, sondern auch, daß sie im Rahmen sog. **Mehrflächenabtretungen** einen Flächenbedarf befriedigen kann, der jenseits der in einer gesetzlichen Umlegung maximal möglichen Flächenabtretung von 30 % liegt.[166] Der Übergang zu einem sog. Folgelastenvertrag ist damit fließend.[167]

---

165 Vgl. ausführlich Birk, Hans Jörg: Die neuen städtebaulichen Verträge: Erschließungsverträge, freiwillige Bodenordnung, Folgelastenvertrag, Vorhaben- und Erschließungsplan, (Boorberg) Stuttgart u. a. 1994, S. 11-34, hier v. a. S. 13 u. S. 19.

166 Vgl. § 55 Abs. 2 und §§ 57 und 58 BauGB.

Der Folgelastenvertrag

Den Folgelastenverträgen liegt der Gedanke zugrunde, daß der Eigentümer, der die durch die Planung und die errichtete Infrastruktur veranlaßte Bodenwertsteigerung 'erhält', sich - als Ausgleich und Gegenleistung hierfür - an diesen Planungs- und Infrastrukturkosten zu beteiligen habe. Zu den Infrastrukturmaßnahmen zählen gemeindliche Aufwendungen für Kindergärten, Schulen, Sportanlagen, Schwimmbäder, Jugend- und Altenbetreuungseinrichtungen, Anlagen und Einrichtungen des ÖPNV, Friedhöfe u. ä.[168] Derartige Folgekostenverträge sind in Bayern und Baden-Württemberg bereits seit langem bekannt; in § 6 Abs. 3 S. 1 und 2 BauGB-MaßnG wurde jedoch erstmals eine eindeutige Rechtsgrundlage für diesen Vertragstypus geschaffen.[169] Die Grenzen der Zulässigkeit von Folgelastenvereinbarungen sind im Gesetz dahingehend definiert, daß die Kosten und Aufwendungen sowie die Planungen, Anlagen und Einrichtungen "Voraussetzung oder Folge" des vom Bauwilligen geplanten Vorhabens sein müssen.[170] Diese Beschränkung wird in den Maßstäben der Kausalität und der Angemessenheit rechtlich kodifiziert.[171]

3. Der Vorhaben- und Erschließungsplan

Der mit § 55 BauZVO neu geschaffene Vorhaben- und Erschließungsplan ist über den Einigungsvertrag und § 246a BauGB in die neuen Bundesländer übernommen worden und nach relativ kurzer Praxis mit dem InV-WoBaulG (1993) in § 7 BauGB-MaßnG in ganz Deutschland eingeführt worden.[172] Der Vorhaben- und Erschließungsplan (VEPl) kann vereinfacht als Zusammenfassung eines verkürzten projektbezogenen B-Planverfahrens mit einem städtebaulichen Vertrag charakterisiert werden. Zur Anwendung kommt das Planungsinstrument des VEPl - ebenso wie der städtebauliche Vertrag - nur, wenn für ein konkretes Vorhaben ein Planerfordernis besteht. Gegenstand des Vorhabens kann sowohl ein Wohnbauprojekt als auch ein gewerbliches Projekt sein. In der Praxis werden bei Wohnungsbauvorhaben eher städtebauliche Verträge i. V. m. herkömmlichen Bebauungsplanverfahren

---

167 Vgl. ausführlich Birk, Hans Jörg: Die neuen städtebaulichen Verträge: Erschließungsverträge, freiwillige Bodenordnung, Folgelastenvertrag, Vorhaben- und Erschließungsplan, (Boorberg) Stuttgart u. a. 1994, S. 40-61, hier v.a. S. 46 f.

168 Vgl. zu den Gegenständen von Folgekostenvereinbarungen die Ausführungen im siebten Kapitel, C II 3.

169 Vgl. ausführlich Bunzel, Arno u. a. (Hrsg.): Städtebauliche Verträge, Rechtliche Grundlagen, Hinweise zur Vertragsgestaltung, Regelungsbeispiele und Vertragsmuster, DIfU-Beiträge zur Stadtforschung, Bd. 14, (Deutsches Institut für Urbanistik) Berlin 1995, S. 116-127; vgl. auch Birk, Hans Jörg: Die neuen städtebaulichen Verträge: Erschließungsverträge, freiwillige Bodenordnung, Folgelastenvertrag, Vorhaben- und Erschließungsplan, (Boorberg) Stuttgart u. a. 1994, S. 65-77.

170 Vgl. § 6 Abs. 3, S. 3 BauGB-MaßnG.

171 Vgl. Kapitelabschnitt D III.

172 Vgl. Falk, Bernd (Hrsg.): Immobilien-Handbuch: Wirtschaft, Recht, Bewertung, Grundwerk, 3. Aufl. 1992 incl. Ergänzungslieferungen, (Moderne Industrie) Landsberg/Lech 1994, Teil Recht, Kap. 1.8, S. 1; vgl. auch Birk, Hans Jörg: Die neuen städtebaulichen Verträge: Erschließungsverträge, freiwillige Bodenordnung, Folgelastenvertrag, Vorhaben- und Erschließungsplan, (Boorberg) Stuttgart u. a. 1994, S. 65-77, hier S. 65.

genutzt, während bei Gewerbebauvorhaben, vor allem in den neuen Bundesländern, eher der Vorhaben- und Erschließungsplan Anwendung findet.[173]

Im Unterschied zum städtebaulichen Vertrag, bei dem der Gesetzgeber auf explizite materielle Vorgaben verzichtet hat, sind beim Vorhaben- und Erschließungsplan einige wesentliche Regelungselemente bereits durch das Gesetz bestimmt; außerdem ist die Verknüpfung zwischen städtebaulicher Planung und vertraglicher Erschließungs- und Bauverpflichtung gesetzlich vorgegeben.[174] Die Begründung zum Gesetzesentwurf des InV-WoBaulG (1993) hält fest, daß mit dem Vorhaben- und Erschließungsplan Vereinfachungs- und Beschleunigungseffekte bei der Schaffung von Baurecht erzielt werden sollen.[175] Die ersten praktischen Erfahrungen mit dem Instrument zeigen jedoch, daß Zeitgewinne gegenüber der Verfahrensalternative städtebaulicher Vertrag i. V. m. herkömmlichen Bebauungsplanverfahren kaum realisiert werden können, da die grundsätzlichen materiellen Anforderungen der VEPl-Satzung sich nicht von denen einer Bebauungsplansatzung unterscheiden. Als nachteilig wird in der Praxis die **geringere Flexibilität des VEPl** im Vergleich zum städtebaulichen Vertrag empfunden, so insbesondere:[176]

- die Notwendigkeit einer genauen Konkretisierung des Vorhabens zu einem sehr frühen Zeitpunkt,
- die Notwendigkeit der gleichzeitigen Beplanung des gesamten Vorhabensgebietes, ohne Möglichkeit eines abschnittsweisen Vorgehens,
- die streng vorformulierten Vertragsinhalte, so beispielsweise die unabdingbar erforderliche Bauverpflichtung mit Fixierung des Realisierungszeitraums,
- die Notwendigkeit, daß der Vorhabenträger über alle Grundstücke im Vertragsgebiet verfügungsbefugt ist,

---

173 Angabe von Herrn Dr. Eckart Scharmer, Rechtsanwaltskanzlei Dr. Scharmer, Berlin, Gespräch am 10. Oktober 1995 in Berlin.

174 Vgl. hierzu ausführlich Birk, Hans Jörg: Die neuen städtebaulichen Verträge: Erschließungsverträge, freiwillige Bodenordnung, Folgelastenvertrag, Vorhaben- und Erschließungsplan, (Boorberg) Stuttgart u. a. 1994, S. 65-77, hier S. 72 u. S. 77; vgl. auch Falk, Bernd (Hrsg.): Immobilien-Handbuch: Wirtschaft, Recht, Bewertung, Grundwerk, 3. Aufl. 1992 incl. Ergänzungslieferungen, (Moderne Industrie) Landsberg/Lech 1994, Teil Recht, Kap. 1.8, S. 2-8.

175 Vgl. Ernst, Werner; Zinkahn, Willy; Bielenberg, Walter (Hrsg.): BauGB-Kommentar, 6. Aufl., (C. H. Beck) München 1994, BTDrucks. 12/3944, Rd.-Nr. 4; vgl. auch Gop, Rebecca: Public Private Partnership (PPP) - Teamgeist nötig, in: Immobilien Manager, o. Jg., 1993, Nr. 4, S. 6-13, hier S. 12.

176 Angaben von Gesprächspartern, u. a. Herrn Dr. Rainer Emenlauer, Gesellschaft für Projektsteuerung im Städtebau mbH (Prostadt), Berlin, Gespräche am 14. September 1994 in Berlin und am 08. Februar 1995 in Bonn, und Herrn Hermann Laistner, Geschäftsführer der Ingenieurgesellschaft für Projektsteuerung, Ökologische Entwicklungsplanung und Technologietransfer mbH (POET), Gespräche u. a. am 05. Mai 1994 in Lauchheim und am 08. Februar 1995 in Bonn.

- das Problem, daß spätere Erweiterungen oder Änderungen, selbst Änderungen des Investors selbst, zur vollständigen oder teilweisen Unwirksamkeit des VEPl und damit zu einer Neuauflage des Verfahrens führen.

4. Die Abwendervereinbarung i. V. m. der städtebaulichen E-Maßnahme

Das Recht der städtebaulichen Entwicklungsmaßnahme (§§ 165-171 BauGB), das mit dem InV-WoBaulG 1993 erneut und in fortentwickelter Form in das Dauerrecht des Baugesetzbuches übernommen wurde, erlaubt es den Kommunen, Teile ihres Gemeindegebietes in besonderer Weise städtebaulich zu entwickeln.[177] Mit der Erweiterung des Anwendungsbereiches und der Verlagerung der Kompetenz der förmlichen Einleitung von der Landes- auf die kommunale Ebene wurde den Gemeinden ein Instrumentarium an die Hand gegeben, um bei erhöhtem Bedarf an Wohn- und Arbeitsstätten "städtebaulich integrierte Gesamtmaßnahmen zu entwickeln" oder "größere innerstädtische Brachflächen einer neuen Nutzung zuzuführen".[178] Die Beliebtheit der städtebaulichen Entwicklungsmaßnahme (E-Maßnahme) bei den Kommunen ist groß. "Die städtebauliche Entwicklungsmaßnahme ist auf dem Weg, zu einem zentralen baulandpolitischen Instrument zu werden."[179]

Bei der städtebaulichen E-Maßnahme übernimmt die Gemeinde selbst die Rolle der Grundstückseigentümerin, indem sie die für die Entwicklung erforderlichen Flächen frühzeitig aufkauft oder nötigenfalls enteignet. Die Flächen werden beplant, neugeordnet, erschlossen und dann an Bauwillige veräußert, die sich verpflichten, die geplanten Baumaßnahmen durchzuführen. Von besonderer Bedeutung sind die bodenrechtlichen Befugnisse, die sich für die Gemeinden im Rahmen der Maßnahme ergeben: das erleichterte Recht zur Enteignung sowie die Möglichkeit, Grundstücke zum entwicklungsunbeeinflußten Wert anzukaufen und nach Durchführung der Maßnahmen zum Neuordnungswert zu veräußern. Der Entwicklungsgewinn durch die Steigerung des Bodenwerts dient der Finanzierung der erforderlichen Maßnahmen.[180] Das tiefe Eingreifen in die Eigentumsrechte der Betroffenen hat der städte-

---

177 Das Recht der städtebaulichen Entwicklungsmaßnahme wurde erstmals mit dem Städtebauförderungsgesetz (StBauFG) 1971 eingeführt, 1987 jedoch wieder abgeschafft. Mit dem Wohnungsbau-Erleichterungsgesetz 1990 wurde das Instrument in modifizierter Form wiedereingeführt; vgl. Bunzel, Arno: Städtebauliche Entwicklungsmaßnahme, ein Handbuch, (DIfU-Beiträge zur Stadtforschung, Nr. 11) Berlin 1994, S. 19 f.

178 (Vgl.) Lemmen, Franz-Josef: Bauland durch städtebauliche Entwicklungsmaßnahmen, Sonderdruck für den deutschen Städtetag, (W. Kohlhammer) Köln 1993, hier S. 1 f.; vgl. auch Bunzel, Arno: Städtebauliche Entwicklungsmaßnahme, ein Handbuch, (DIfU-Beiträge zur Stadtforschung, Nr. 11) Berlin 1994, hier S. 19 ff.

179 Krautzberger, Michael: Engpässe auf den Baulandmärkten, gesetzgeberische Überlegungen (GuG) 1992, S. 249; zit. nach: Lemmen, Franz-Josef: Bauland durch städtebauliche Entwicklungsmaßnahme, (W. Kohlhammer) Köln 1993, S. 2.

180 Vgl. Scharmer, Eckart: Mobilisierung und Bereitstellung von Bauland durch Entwicklungsmaßnahmen und Modelle der Kooperation mit privaten Investoren, in: Bundesforschungsanstalt für Landeskunde und Raumordnung (Hrsg.): Informationen zur Raumentwicklung, Heft 1/2 1994: Bodenmanagement, Bonn 1994, S. 9-18, hier S. 11.

baulichen E-Maßnahme die Charakterisierung als "sozialistisches Folterwerkzeug" eingebracht.[181]

Im Rahmen der Maßnahmenvorbereitung und -durchführung wird in der Regel ein privater Entwicklungsträger eingesetzt; dabei ist gesetzlich zwingend vorgeschrieben, daß dieser nur treuhänderisch für die Gemeinde tätig werden darf, er also kein eigenes Kapital einbringt und kein eigenes Risiko übernehmen darf.[182] Das **wirtschaftliche Risiko der Maßnahme** trägt die Gemeinde, die auch die umfangreichen Planungs-, Grundstücksankaufs- und Erschließungskosten vorfinanzieren muß. Von vielen Experten wird die städtebauliche Entwicklungsmaßnahme daher sehr kritisch gesehen. "Die Risiken einer Entwicklungssatzung sind viel zu groß. Niemand kann viele Jahre vorher voraussehen, zu welchen Endwerten im Sinne des BauGB die Kommune nach Entwicklung der von ihr transitorisch erworbenen Flächen wieder zurückverkaufen kann. Wenn sich der Grundstücksmarkt abschwächt, so kann die Kommune konkursreif sein."[183] Auch zeigen die bisherigen Erfahrungen aus der Praxis, daß die Maßnahmen sich nur in wenigen Ausnahmefällen selbst finanzieren konnten.[184]

Nach übereinstimmender Meinung in Wissenschaft und Praxis macht es die eigentumsbeschränkende Funktion der Entwicklungsmaßnahme notwendig, sie auf Fälle und Bereiche zu beschränken, in denen das Wohl der Allgemeinheit die Durchführung erfordert.[185] "Es ist ... darauf hinzuweisen, daß unter Beachtung des Art 14 GG ... eine Gemeinde erst dann eine Entwicklungsmaßnahme durchführen darf, wenn sie nachhaltig hinreichend den Versuch unternommen hat, das mit der Entwicklungsmaßnahme verfolgte Ziel (insbesondere Errichtung der Infrastrukturmaßnahmen und rasche Bebauung) durch städtebauliche Verträge (sog. **Abwendungsverträge**) zu erreichen und dieser Versuch gescheitert ist."[186] Auch in der

---

181 (Vgl.) Roß, Andreas: Bauland durch Enteignung gewonnen, in: Süddeutsche Zeitung, Nr. 259, 10. November 1994, S. 40.

182 Vgl. § 167 Abs. 3, 4 BauGB.

183 Aussage von Dr. Walter Leisner, Institut für Staats- und Verwaltungsrecht der Universität Erlangen, zit. nach: Schiller, Andreas: Schwieriger Entzug, Rechtsfragen zum Public Private Partnership, in: Immobilien-Manager, o. Jg., 1995, Nr. 9, S. 58-62; vgl. auch die Ausführungen über die Entwicklungsgesellschaften in Berlin im sechsten Kapitel, B I 1; vgl. weiter Gop, Rebecca: Public Private Partnership (PPP) - Teamgeist nötig, in: Immobilien Manager, o. Jg., 1993, Nr. 4, S. 6-13, hier S. 10.

184 Vgl. Lemmen, Franz-Josef: Bauland durch städtebauliche Entwicklungsmaßnahme, (W. Kohlhammer) Köln 1993, S. 41; vgl. auch Volger, Gernot: Public Private Partnership (PPP) - Berührungsängste, in: Immobilien-Manager, o. Jg., 1993, Nr. 5, S. 6-10, hier S. 8.

185 Gem. § 165, Abs. 1, 2 BauGB muß als Anwendungsvoraussetzung ein besonderes öffentliches Interesse vorliegen und die Entwicklungsmaßnahme dem Wohl der Allgemeinheit insbesondere zur Deckung eines erhöhten Bedarfs an Wohn- und Arbeitsstätten dienen; vgl. auch Scharmer, Eckart: Mobilisierung und Bereitstellung von Bauland durch Entwicklungsmaßnahmen und Modelle der Kooperation mit privaten Investoren, in: Bundesforschungsanstalt für Landeskunde und Raumordnung (Hrsg.): Informationen zur Raumentwicklung, Heft 1/2 1994: Bodenmanagement, Bonn 1994, S. 9-18, hier S. 11.

186 Birk, Hans Jörg: Die neuen städtebaulichen Verträge: Erschließungsverträge, freiwillige Bodenordnung, Folgelastenvertrag, Vorhaben- und Erschließungsplan, (Boorberg) Stuttgart u. a. 1994, S. 60; vgl. auch Lemmen, Franz-Josef: Bauland durch städtebauliche Entwicklungsmaßnahme, (W. Kohlhammer) Köln 1993, S. 154.

Praxis wird immer wieder darauf verwiesen, daß die Kommunen - wo immer möglich - zumindest Teile der Maßnahme an private Investoren übertragen sollen.[187]

In einigen der im Rahmen dieser Arbeit untersuchten Projekte wurde die Durchführung einer städtebaulichen Entwicklungsmaßnahme angedacht, teilweise bereits die gesetzlich vorgeschriebenen Voruntersuchungen eingeleitet - um dann doch einen städtebaulichen Vertrag mit einem Investor abzuschließen. In diesen Fallkonstellationen besteht der Vorteil für die Kommunen darin, über das 'Droh'-Instrument Entwicklungsmaßnahme besonders hohe Abschöpfungsquoten von den privaten Vorhabenträgern erwirken zu können.[188]

III. Zur Problematik des "Baurechtsverkaufs"

Der Einsatz von Verträgen im Vorfeld oder direkt bei gemeindlichen Planungen stellt einen nach wie vor höchst sensiblen, diffizilen Themenbereich dar. Zwar wird den Vertragspartnern heute zunehmend ein Interesse an rechtlicher Formung und Verbindlichkeit im Planungsverfahren zugestanden; die Bedenken gegenüber der Gefahr eines "Verkaufs von Hoheitsrechten" bestehen jedoch weiter fort.[189] "Die gesetzessystematisch normierte Trennung von Planung und Plandurchführung ist nämlich kein Selbszweck, der leichthin überspielt werden dürfte ..."[190] Die bislang sehr vertragskritische Haltung der Rechtsprechung rührt daher, daß sie den Distanzschutz zu gewährleisten sucht, dessen die Bauleitplanung aus zwei Gründen bedarf:[191]

- städtebauliche Planung muß distanzierte, möglichst bindungsfreie Planung einmal deswegen sein, weil sie ihren umfassenden Ausgleichsauftrag anders nicht erfüllen und die entsprechenden Ausgleichsverfahren anders nicht durchlaufen kann;[192]
- sie muß eine distanzierte Planung auch deswegen sein, weil das Gewicht der Planungsbefugnis andernfalls Gefahr liefe, Gegenpositionen unter Druck zu setzen und eine Dominanz gemeindlicher Vorstellungen zu bewirken, die dem gemischten, d. h. auf

187 Übereinstimmende Meinung der Interviewpartner; vgl. auch Volger, Gernot: Public Private Partnership (PPP) - Berührungsängste, in: Immobilien-Manager, o. Jg., 1993, Nr. 5, S. 6-10, hier S. 8.

188 Vgl. hierzu das Beispiel Wohnbauprojekt Karow, Berlin, im siebten Kapitel, D III 1.

189 Vgl. Birk, Hans Jörg: Die neuen städtebaulichen Verträge: Erschließungsverträge, freiwillige Bodenordnung, Folgelastenvertrag, Vorhaben- und Erschließungsplan, (Boorberg) Stuttgart u. a. 1994, S. 78.

190 Schmidt-Aßmann, Eberhard; Krebs, Walter: Rechtsfragen städtebaulicher Verträge - Vertragstypen und Vertragsrechtslehre, Schriftenreihe Forschung des Bundesministers für Raumordnung, Bauwesen und Städtebau, Heft Nr. 460, (Holdenried) Bonn 1988, S. 55.

191 Vgl. Schmidt-Aßmann, Eberhard; Krebs, Walter: Rechtsfragen städtebaulicher Verträge - Vertragstypen und Vertragsrechtslehre, Schriftenreihe Forschung des Bundesministers für Raumordnung, Bauwesen und Städtebau, Heft Nr. 460, (Holdenried) Bonn 1988, S. 55.

192 Gem. § 1 Abs. 4 BauGB sind bei der Aufstellung der Bauleitpläne die öffentlichen und privaten Belange gerecht gegeneinander abzuwägen.

Planungsvorbehalt *und* Eigentumsgarantie beruhenden städtebaulichen Konzept nicht entspricht.[193]

Die Gefahr des Distanzverlustes ist bei städtebaulichen Verträgen, die ja in Verbindung mit Bauplanungsverfahren geschlossen werden, in besonderer Weise gegeben, da sie als konstitutive Elemente sog. "Planaufstellungsabreden" bzw. "Planvorbehaltsklauseln" beinhalten. Bei **Planaufstellungsabreden** verpflichtet sich die Gemeinde vorab zu bestimmten planerischen Normierungen bei der Aufstellung eines B-Plans - meist in Verbindung mit entsprechenden Gegenleistungen -, bei **Planvorbehaltsklauseln** findet sich die Gemeinde überhaupt nur zur Aufstellung eines B-Plans bereit, wenn sich die Eigentümer der zu beplanenden Flächen ihrereits zu bestimmten Leistungen verpflichten.[194] So wird einerseits geargwöhnt, es werde bei starken Interessengruppen als Kooperationspartner zu einem "Ausverkauf von Hoheitsrechten" - u. U. auch zu Lasten Drittbetroffener - kommen, oder aber man befürchtet umgekehrt, der Staat werde gerade bei kooperativen Handlungsformen seine Macht einseitig und ungezügelt ausnutzen.[195] "Die Forderung der öffentlichen Hand nach einem Lastenausgleich muß auch unter den Gesichtspunkten diskutiert werden, daß sie de facto eine Erhöhung der Grundsteuer bedeuten und daß damit Neuinvestoren gegenüber Altinvestoren benachteiligt werden."[196] In Rechtsprechung und Rechtslehre haben sich solche und ähnliche Bedenken in zahlreichen Restriktionen niedergeschlagen, die bestimmte Arten von Verträgen oder einzelne Varianten der Vertragsgestaltung einengen. Wichtige Restriktionen betreffen folgende Gesichtspunkte:

1. Die Gemeinde darf sich nicht **vertraglich** zur Aufstellung eines B-Plans verpflichten, weil dies eine unzulässige planerische Vorabbindung beinhalten würde. Im Abwägungsvorgang muß es der Gemeinde, auch ohne substantiierte Begründung, jederzeit möglich sein, von einem als verfolgungswürdig eingestuften Projekt Abstand nehmen zu können.[197]

---

193 Vgl. zur Eigentumsgarantie im Städtebau ausführlich Selle, Klaus: Was ist bloß mit der Planung los? Erkundungen auf dem Weg zum kooperativen Handeln, Dortmunder Beiträge zur Raumplanung, Heft 69, hrsg. v. Institut für Raumplanung Universität Dortmund, Dortmund 1994, S. 83-86.

194 Vgl. Schmidt-Aßmann, Eberhard; Krebs, Walter: Rechtsfragen städtebaulicher Verträge - Vertragstypen und Vertragsrechtslehre, Schriftenreihe Forschung des Bundesministers für Raumordnung, Bauwesen und Städtebau, Heft Nr. 460, (Holdenried) Bonn 1988, S. 56 u. S. 63.

195 Vgl. Schmidt-Aßmann, Eberhard; Krebs, Walter: Rechtsfragen städtebaulicher Verträge - Vertragstypen und Vertragsrechtslehre, Schriftenreihe Forschung des Bundesministers für Raumordnung, Bauwesen und Städtebau, Heft Nr. 460, (Holdenried) Bonn 1988, S. 1.

196 Aussage von Herrn Dr. Rainer Emenlauer, Gesellschaft für Projektsteuerung im Städtebau mbH (Prostadt), Berlin, Gespräche am 14. September 1994 in Berlin und am 08. Februar 1995 in Bonn.

197 Vgl. hierzu ausführlich Falk, Bernd (Hrsg.): Immobilien-Handbuch: Wirtschaft, Recht, Bewertung, Grundwerk, 3. Aufl. 1992 incl. Ergänzungslieferungen, (Moderne Industrie) Landsberg/Lech 1994, Teil Recht, Kap. 1.6, S. 12; vgl. auch Seldeneck, Ferreol Jay von: Public Private Partnership in der Stadtentwicklung, Rechtsfragen bei gemeinsamer praktischer Umsetzung, in: Sparkasse, 109. Jg., 1992, Nr. 3, S. 145-149, hier S. 147; vgl. weiter (speziell zu möglichen Kompensationsansprüchen des Bauwilligen gegen den Hoheitsträger) Battis, Ulrich: Rechtsgutachten zum Forschungsvorhaben Schenken-berg: Stellung einer PPP-Gesellschaft im Gesellschafts- und Verwaltungsrecht, unveröff. Studie im Rahmen des

2. Vorweg-Absprachen im Vorfeld eines Bebauungsplanes sind zwar nicht strikt verboten, unterliegen aber strengen Anwendungsvoraussetzungen.[198]

3. Nach dem sog. "**Kopplungsverbot**" dürfen sich hoheitliche Entscheidungen wie die Aufstellung eines B-Planes nicht als Gegenleistung für wirtschaftliche Zuwendungen des Bauwilligen darstellen.[199] "Um eine derartige Gegenleistung handelt es sich nach der Grundsatzentscheidung des Bundesverwaltungsgerichtes nicht, wenn die Entlastung von Aufwendungen geregelt wird, zu denen der Erlaß eines Bebauungsplans geführt hat oder führen wird."[200]

4. Die Leistungen des Vertragspartners müssen den gesamten Umständen nach angemessen sein. Das **Angemessenheitsprinzip** wird von der Rechtsprechung insbesondere dahingehend ausgelegt, daß (1) der Vertrag nicht unter Ausnutzung eines Machtgefälles seitens der Gemeinde oder des Vorhabenträgers zustandekommen darf und (2) die vereinbarten Leistungspflichten keine unzumutbaren Belastungen darstellen dürfen.[201]

   Letztlich sind sowohl der Kausalitäts- als auch der Angemessenheitsbegriff unbestimmte Rechtskonstrukte, die der Konkretisierung durch die Gerichte erst noch bedürfen. "Im Spannungsfeld zwischen dem kooperativen Handeln der Planungsbeteiligten einerseits und dem Grundsatz der Planungshoheit andererseits wird also die Bandbreite des noch zulässigen Vertragsinhaltes in jedem Einzelfall neu erschlossen werden müssen."[202]

5. Besteht ein Anspruch auf Baugenehmigung, weil das Vorhaben mit den öffentlich-rechtlichen Vorschriften übereinstimmt, ist für den Abschluß städtebaulicher Verträge kein Raum.[203]

   "Für Kommunen erscheint es natürlich ausgesprochen attraktiv, ein Vorhaben nach § 34 BauGB zuzulassen, damit ein umständliches B-Planverfahren zu umgehen und gleichzeitig

---

Forschungsprogrammes "ExWoSt", Forschungsfeld "Neue Wege der privaten Finanzierung von Stadterneuerungs- und Stadtentwicklungsaufgaben", Berlin 1995, S. 54 ff.

198 Vgl. hierzu ausführlich Bunzel, Arno u. a. (Hrsg.): Städtebauliche Verträge, Rechtliche Grundlagen, Hinweise zur Vertragsgestaltung, Regelungsbeispiele und Vertragsmuster, DIfU-Beiträge zur Stadtforschung, Bd. 14, (Deutsches Institut für Urbanistik) Berlin 1995, S. 48.

199 Vgl. hierzu ausführlich Birk, Hans Jörg: Die neuen städtebaulichen Verträge: Erschließungsverträge, freiwillige Bodenordnung, Folgelastenvertrag, Vorhaben- und Erschließungsplan, (Boorberg) Stuttgart u. a. 1994, S. 63 f.; vgl. auch Bunzel, Arno u. a. (Hrsg.): Städtebauliche Verträge, Rechtliche Grundlagen, Hinweise zur Vertragsgestaltung, Regelungsbeispiele und Vertragsmuster, DIfU-Beiträge zur Stadtforschung, Bd. 14, (Deutsches Institut für Urbanistik) Berlin 1995, S. 44 ff.

200 Vgl. BVerwGE 42, 331 (340) in NJW 1973, 1895; zit. nach: Falk, Bernd (Hrsg.): Immobilien-Handbuch: Wirtschaft, Recht, Bewertung, Grundwerk, 3. Aufl. 1992 incl. Ergänzungslieferungen, (Moderne Industrie) Landsberg/Lech 1994, Recht, Kap. 1.6, S. 11.

201 Vgl. hierzu ausführlich Bunzel, Arno u. a. (Hrsg.): Städtebauliche Verträge, Rechtliche Grundlagen, Hinweise zur Vertragsgestaltung, Regelungsbeispiele und Vertragsmuster, DIfU-Beiträge zur Stadtforschung, Bd. 14, (Deutsches Institut für Urbanistik) Berlin 1995, S. 46 f.

202 Seldeneck, Ferreol Jay von: Public Private Partnership in der Stadtentwicklung, Rechtsfragen bei gemeinsamer praktischer Umsetzung, in: Sparkasse, 109. Jg., 1992, Nr. 3, S. 145-149, S. 147.

203 Vgl. Birk, Hans Jörg: Die neuen städtebaulichen Verträge: Erschließungsverträge, freiwillige Bodenordnung, Folgelastenvertrag, Vorhaben- und Erschließungsplan, (Boorberg) Stuttgart u. a. 1994, S. 40.

eine Folgekostenvereinbarung zu treffen. Dies ist nach geltender Rechtslage unmöglich. Eingeschränkte Möglichkeiten für die Forderung wirtschaftlicher Gegenleistungen ergeben sich im Zusammenhang mit der Erteilung von Ausnahmegenehmigungen und Befreiungen zugunsten des Bauherrn. Ein typisches Beispiel hierfür ist die Erhöhung der maximal zulässigen GFZ."[204]

IV. Sonstige rechtliche Grundlagen für PPP

Informelle Vorweg-Absprachen und Vertragsabschlüsse zwischen öffentlichen und privaten Akteuren sind Bestandteil jedes städtebaulichen Vorhabens, das als PPP durchgeführt wird. Die Gründung gemischt-wirtschaftlicher Gesellschaften (PPP-Gesellschaften) erfolgt dagegen in der Praxis vergleichsweise selten, wenn auch mit steigender Tendenz. Dabei erscheint es wichtig zu betonen, daß auch in den Projekten, in denen PPP-Gesellschaften errichtet werden, städtebauliche Verträge abgeschlossen werden. Vertragspartner der Gemeinde ist dann nicht ein rein privatwirtschaftliches Unternehmen, sondern ein gemischt-wirtschaftliches. Insofern ist der in der Fachliteratur übliche Verfahrensvergleich zwischen den Alternativen "städtebaulicher Vertrag" *oder* "PPP-Gesellschaft" bisweilen irreführend.[205]

Beteiligt sich die öffentliche Hand an einem privatrechtlichen Unternehmen, unterliegt sie zahlreichen Bindungen durch **öffentlich-rechtliche Vorschriften**, von denen hier nur einige wesentliche erwähnt werden können. Zunächst fällt die Gründung einer PPP-Gesellschaft als sog. Vorbehaltsaufgabe in den Zuständigkeitsbereich des Gemeinderats; der Gesellschaftsvertrag bedarf seiner Zustimmung. In einzelnen Bundesländern ist darüber hinaus die Genehmigung der Rechtsaufsichtsbehörden erforderlich.[206] Wichtige allgemeine Zulässigkeitsvoraussetzungen und Handlungsbeschränkungen ergeben sich aus den haushaltsrechtlichen Vorgaben der Gemeindeordnungen. So darf nach den §§ 96, 97 SächsGemO[207] die Gemeinde zur Erfüllung ihrer Aufgaben ein Unternehmen in der Rechtsform des Privatrechts

---

204 Aussage von Herrn Dr. Scharmer, Rechtsanwaltskanzlei Dr. Scharmer, Berlin, Gespräch am 10. Oktober 1995 in Berlin; vgl. hierzu auch Schmidt-Aßmann, Eberhard; Krebs, Walter: Rechtsfragen städtebaulicher Verträge - Vertragstypen und Vertragsrechtslehre, Schriftenreihe Forschung des Bundesministers für Raumordnung, Bauwesen und Städtebau, Heft Nr. 460, (Holdenried) Bonn 1988, S. 44-54.

205 Vgl. als Beispiel für einen solchen Verfahrensvergleich Scharmer, Eckart: Mobilisierung und Bereitstellung von Bauland durch Entwicklungsmaßnahmen und Modelle der Kooperation mit privaten Investoren, in: Bundesforschungsanstalt für Landeskunde und Raumordnung (Hrsg.): Informationen zu Raumentwicklung, Heft 1/2 1994: Bodenmanagement, Bonn 1994, S. 9-18.

206 Vgl. Battis, Ulrich: Rechtsgutachten zum Forschungsvorhaben Schenkenberg: Stellung einer PPP-Gesellschaft im Gesellschafts- und Verwaltungsrecht, unveröff. Studie im Rahmen des Forschungsprogrammes "ExWoSt", Forschungsfeld "Neue Wege der privaten Finanzierung von Stadterneuerungs- und Stadtentwicklungsaufgaben", Berlin 1995, S. 12.

207 Gemeindeordnung für den Freistaat Sachsen in der Fassung vom 21. April 1993.

nur dann errichten, übernehmen, wesentlich erweitern oder sich daran beteiligen, wenn folgende Bedingungen erfüllt sind:[208]

1. Die Gemeinde muß einen angemessenen Einfluß, insbesondere im Aufsichtsrat oder in einem entsprechenden Überwachungsorgan des Unternehmens, erhalten (§ 96 Abs. 2 SächsGemO).
2. Die Haftung der Gemeinde muß auf einen ihrer Leistungsfähigkeit angemessenen Betrag begrenzt sein (§ 96 Abs. 3 SächsGemO).
3. Soweit es sich um ein wirtschaftliches Unternehmen handelt, muß der öffentliche Zweck die Beteiligung rechtfertigen (§ 97 Abs. 1 SächsGemO).

Die Einflußmöglichkeiten der öffentlichen Hand in einer PPP-Gesellschaft werden sowohl durch die Bestimmungen des Gesellschaftsrechts und des Gesellschaftsvertrages als auch durch die kommunalrechtlichen Vertretungsrechte und Weisungsbefugnisse tangiert. Die Weisungsgebundenheit der organschaftlichen Vertreter der Kommune in Gesellschafterversammlung, Geschäftsführung oder Aufsichtsrat einer PPP-Gesellschaft erweist sich dort als problematisch, wo die Vertreter gleichzeitig einer besonderen Treuepflicht gegenüber der Gesellschaft unterliegen, die sie verpflichtet, Entscheidungen am Wohl der Gesellschaft auszurichten.[209] Ist die öffentliche Hand Mehrheitsgesellschafterin, so hat sie auf die mitgliedschaftlichen Interessen eines Minderheitsgesellschafters angemessen Rücksicht zu nehmen. Bei einer Verletzung der Treuepflicht können der Gesellschaft oder den Mitgliedsgesellschaftern Schadensersatzansprüche erwachsen.[210]

Darüber hinaus unterliegt die öffentliche Hand bei wirtschaftlicher, marktrelevanter Aktivität auch Bindungen des **Wettbewerbsrechts**. "Ob und inwieweit eine teilweise Anwendung der wettbewerbsrechtlichen Vorschriften in Frage kommt, ist aber bislang nicht geklärt."[211] Die Praxis ist an dem Thema wenig interessiert, da das Risiko, daß ein benachteiligter Marktteil-

---

208 Vgl. zur Auslegung der Bedingungen ausführlich Battis, Ulrich: Rechtsgutachten zum Forschungsvorhaben Schenkenberg: Stellung einer PPP-Gesellschaft im Gesellschafts- und Verwaltungsrecht, unveröff. Studie im Rahmen des Forschungsprogramm "ExWoSt", Forschungsfeld "Neue Wege der privaten Finanzierung von Stadterneuerungs- und Stadtentwicklungsaufgaben", Berlin 1995, S. 14-37; vgl. auch Seldeneck, Ferreol Jay von: Public Private Partnership in der Stadtentwicklung, Rechtsfragen bei gemeinsamer praktischer Umsetzung, in: Sparkasse, 109. Jg., 1992, Nr. 3, S. 145-149, hier S. 146 f.

209 Vgl. Erichsen, Hans Uwe: Die Vertretung der Kommunen in den Mitgliederorganen von juristischen Personen des Privatrechts, (Deutscher Gemeindeverlag und W. Kohlhammer) Köln 1990, S. 61 f.

210 Vgl. Battis, Ulrich: Rechtsgutachten zum Forschungsvorhaben Schenkenberg: Stellung einer PPP-Gesellschaft im Gesellschafts- und Verwaltungsrecht, unveröff. Studie im Rahmen des Forschungsprogrammes "ExWoSt", Forschungsfeld "Neue Wege der privaten Finanzierung von Stadterneuerungs- und Stadtentwicklungsaufgaben", Berlin 1995, S. 15-27.

211 Battis, Ulrich: Rechtsgutachten zum Forschungsvorhaben Schenkenberg: Stellung einer PPP-Gesellschaft im Gesellschafts- und Verwaltungsrecht, unveröff. Studie im Rahmen des Forschungsprogrammes "ExWoSt", Forschungsfeld "Neue Wege der privaten Finanzierung von Stadterneuerungs- und Stadtentwicklungsaufgaben", Berlin 1995, S. 82.

nehmer gerichtlichen Rechtsschutz begehrt, denkbar gering ist. Die Rechtsprechung hat als besondere Fälle "unlauteren Wettberbs der öffentlichen Hand" den Mißbrauch hoheitlicher Machtstellung und Autorität, die Preisunterbietung durch zweckwidrigen Einsatz von Verwaltungsmitteln sowie die unzulässige Verquickung öffentlicher und privater Interessen herausgearbeitet.[212]

Von Seldeneck hat die Errichtung von PPP-Gesellschaften im Hinblick auf wettbewerbsrechtlich bedenkliche Konstellationen untersucht und kommt zu dem Ergebnis, daß die Vorschriften von UWG und GBW insbesondere in zweierlei Hinsicht von Bedeutung sind: beim Einkauf von Development-Leistungen und bei der Vermarktung von baureifen Grundstücken.[213] So kann sich der Verdacht einer Diskriminierung anderer Marktteilnehmer gem. §§ 22 Abs. 4 u. 26 GWB beispielsweise dann ergeben, wenn Grundstücke an private Mitgesellschafter oder Vetragspartner vergeben werden. "In einem solchen Fall wäre die PPP gut beraten, durch die gutachterliche Bewertung der Entwicklungsleistungen einerseits und der abzugebenden Grundstücke andererseits jeglichen Verdacht darüber auszuräumen, daß die Entwicklungsleistungen zu hoch und der Verkaufspreis für die Grundstücke zu niedrig angesetzt sein könnten."[214]

E. Eine Evaluation der Gestaltungsbedingungen

Die analysierten Rahmenbedingungen beeinflussen das Entscheidungsverhalten der Akteure in Politik und Wirtschaft; dies betrifft sowohl Entscheidungen für oder gegen das Eingehen einer projektbezogenen PPP als auch Entscheidungen bezüglich der konkreten Ausgestaltung eines PPP-Arrangements. Im Anschluß an die detaillierten Ausführungen werden nun die Einflußfaktoren im Hinblick darauf bewertet, ob sie eher fördernd auf die kooperative Projektentwicklung wirken oder eher Kooperationsbarrieren darstellen. Wenngleich es nicht möglich und nicht sinnvoll ist, jede Gestaltungsbedingung unmittelbar als einen solchen Vorteils- oder Nachteilsfaktor zu werten, so lassen sich doch aus der Gesamtheit der dargestellten Daten zahlreiche Kontexteinheiten identifizieren, die dieser dualistischen Struktur zugeordnet werden können. In der folgenden Übersicht sind die Kooperationswirkungen der Rahmenbedingungen zusammenfassend beurteilt:

---

212 Vgl. Erichsen, Hans Uwe: Gemeinde und Private im wirtschaftlichen Wettbewerb, Schriftenreihe d. Juristischen Studiengesellschaft Karlsruhe, Heft 176, (C. F. Müller) Heidelberg 1987, S. 37.

213 Vgl. ausführlich Seldeneck, Ferreol Jay von: Public Private Partnership in der Stadtentwicklung, Rechtsfragen bei gemeinsamer praktischer Umsetzung, in: Sparkasse, 109. Jg., 1992, Nr. 3, S. 145-149, hier S. 148 f.

214 Seldeneck, Ferreol Jay von: Public Private Partnership in der Stadtentwicklung, Rechtsfragen bei gemeinsamer praktischer Umsetzung, in: Sparkasse, 109. Jg., 1992, Nr. 3, S. 145-149, hier S. 149.

Übersicht 3.5: Die Kooperationswirkungen der Rahmenbedingungen (1)

PPP-fördernde Einflußfaktoren	PPP-hemmende Einflußfaktoren
Gesamtgesellschaft	
generelle Bedeutungszunahme der unternehmensübergreifenden Kooperationen (Beschleunigung, Rationalisierung, neue Märkte) Streben nach strategischer Gestaltung von Rahmenbedingungen anstatt Anpassung an Gegebenheiten zunehmende Abhängigkeit der politischen von den wirtschaftlichen Prozessen (Internationalisierung, Kapitalverteilung, Steuerungsprobleme) zunehmend harter Standortwettbewerb von Städten, Regionen, Nationen; Tendenz der politischen Kräfte, sich den Wünschen der Wirtschaft (bedingungslos) zu fügen neue Leitbilder vom Staat als "Kooperations- und Interaktionsstaat" und "Initiator von Entwicklungsprozessen" Streben nach öffentlicher Anerkennung politischen und unternehmerischen Handelns mit PPP als weithin akzeptiertem Handlungsparadigma hohe Bedeutung von prestige-, image- und symbolträchtigen Werken und Aktionen in Politik und Wirtschaft mit Tendenz zu großdimensionierten, spektakulären Städtebauprojekten Überwindung von parteipolitischen und bevölkerungsaktivistischen Widerständen gegen Projektentwicklungen als gemeinsame öffentlich-private Aufgabe Bedeutungszunahme von PPPs auf der strukturpolitischen Ebene mit Etablierung zahlreicher intermediärer Institutionen und Initiativen	Überforderung der Politik mit neuen Problemen (Arbeitslosigkeit, Arbeitsplatzabbau, "neue Armut") fehlende Übereinstimmung der Handlungsparadigmen und Wertvorstellungen in privatem und staatlichem Sektor Widerstand der Politik gegen 'Vereinnahmung' durch Wirtschaft

Übersicht 3.5: Die Kooperationswirkungen der Rahmenbedingungen (2)

PPP-fördernde Einflußfaktoren	**PPP-hemmende Einflußfaktoren**
Kommunale Politik und Verwaltung	
steigende Akzeptanz und rechtliche Einbettung des informellen und verhandelnden Verwaltungshandelns Reformbemühungen in Verwaltung mit Annäherung an Managementstrukturen und -denken der Privatwirtschaft Verbesserung der kommunalen Wettbewerbsfähigkeit und der kommunalen Standortvorteile als zentrale politische Aufgaben Abhängigkeiten der Kommunalpolitik von Gewerbesteuerzahlern und Arbeitsplatzanbietern Übertragung kommunaler Aufgabenbereiche auf private Rechtsträger, teils als institutionalisierte PPP Personal- und Kapazitätsabbau in öffentlichen Verwaltungen mit verstärkter Auftragsvergabe an Dritte drastische Sparmaßnahmen in Verwaltungen mit steigender Bedeutung privat erstellter/betriebener Anlagen und Einrichtungen Know-how-Defizite in Verwaltungen der Neuen Bundesländer mit Tendenz zur Verantwortungsdelegation an private Vorhabenträger Beurteilung kommunaler Leistungserbringung anhand (betriebswirtschaftlicher) Effektivitäts- und Effizienzkriterien	Finanzprobleme der Kommune verhindern infrastrukturelle Vorinvestitionen und finanzielle Unterstützungen Abnahme der Kooperationskompetenz bei Kommunen (bezüglich Projektinitiierung und Projektmanagement) fehlende Flexibilitätsvoraussetzungen in Strukturen und Abläufen der Verwaltungen bürokratische Strukturen widersetzen sich Reformbemühungen

Übersicht 3.5: Die Kooperationswirkungen der Rahmenbedingungen (3)

PPP-fördernde Einflußfaktoren	**PPP-hemmende Einflußfaktoren**
Standortdynamik und Immobilienwirtschaft	
intensive Standort(marketing)-bemühungen, vor allem in altindustrialisierten Gebieten Bedarf an neuen Unternehmens- und Wohnstandorten und -immobilien im Zuge von wirtschaftlichem Struktur- und gesellschaftlichem Wertewandel Leitkonzept "Innenentwicklung vor Außenentwicklung" erfordert stärkere Aktivitätenkoordination Brachflächenrevitalisierung begünstigt die Zusammenlegung von Ressourcen (staatliche Förderpolitik, Altlasten-problematik, Größenordnung der Projekte) Flächenmobilisierungen im Zuge von Corporate-Real-Estate-Management-aktivitäten in Unternehmen und Verwaltungen steigende Marktbedeutung der professionellen Developer steigende Marktbedeutung der sehr großen, kaptitalkräftigen Immobilien-unternehmen steigende Bedeutung von Joint-ventures in der Immobilienwirtschaft Anlagekapital im Überfluß begünstigt generell Projektentwicklung 'lukrativer' Markt der "kommunalen Infrastrukturerstellung" fördert Beziehungspflege zur öffentlichen Hand als Auftraggeberin	restriktive Kreditvergabepolitik der Banken fehlendes Risikokapital (Anlegerkapitel nur für 'sichere' Immobilieninvestitionen) Altlasten- und Imageprobleme erschweren Brachflächenaktivierung starke Eigentumspositionen verhindern Flächenmobilisierung

Übersicht 3.5: Die Kooperationswirkungen der Rahmenbedingungen (4)

PPP-fördernde Einflußfaktoren	**PPP-hemmende Einflußfaktoren**
Planungspolitische Grundlagen	
Neue Planungskultur mit normativen Idealen von "Kooperationsplanung" (PPP) und "Projektplanung" Streben nach Beschleunigung von Projektentwicklungen Bemühungen um Flexibilisierung der kommunalen Bauplanungs- und Genehmigungsverfahren angebotsorientiertes Flächen-management der Gemeinden in Ko-operation mit Unternehmen (v. a. LEGs)	Ideal der "integrierten Entwicklungs-planung" mit umfassendem öffentlichem Steuerungsanspruch Stärkung der ökologischen und denkmalpflegerischen Belange in der Planung Bedenken gegenüber "Public Private Dictatorship", "Kungelei" und "Festivalisierung" der Stadtentwicklung kommunale Flächenbeplanungen im Vorfeld von Investorenkontakten
Ökonomische Grundlagen	
steigende Akzeptanz und gesetzliche Verankerung der Abschöpfung planungsbedingter Bodenwert-steigerungen durch die öffentliche Hand Kopplung von Planaufstellungen an finanzielle Gegenleistungen des Vorhabenträgers Kopplung von öffentlichen Förderungen (Wohnungsbau) an finanzielle Gegenleistungen hohe Gewinnmöglichkeiten bei PE mit sehr niedrigen Grundstücksanfangs-werten (Ackerland) oder sehr hohen Grundstücksendwerten (1a-Lage Innenstadt) Bedarf an neuen Immobilien-produkten, z. B. "Büro 2000"	Preiseinbrüche und Leerstände auf Gewerbeimmobilienmarkt einsetzende Flaute auf Wohnimmobilienmarkt sinkende Förderzahlen im subventionierten Wohnungsbau Investitionshemnisse durch nicht verkaufsbereite Eigentümer Investitionshemmnisse durch restitutionsbelastete Grundstücke und Überlastung der Katasterämter

Übersicht 3.5: Die Kooperationswirkungen der Rahmenbedingungen (5)

PPP-fördernde Einflußfaktoren	PPP-hemmende Einflußfaktoren
Rechtliche Grundlagen	
Neuregelung des Erschließungsvertrages (§ 124 BauGB) mit Erweiterung des Kostentragungsumfangs Zulassung umfassender städtebaulicher Verträge (§ 6 BauGB-MaßnG) mit Möglichkeit (beschränkter) Folgelastenvereinbarungen bundesweite Einführung des VEPl (§ 7 BauGB-MaßnG) als Verfahrensalternative der (schnellen) Planrechtschaffung erweiterte Anwendungsmöglichkeit der städtebaulichen Entwicklungsmaßnahme (§§ 165-171 BauGB) mit Option der "Abwendervereinbarung" in Form städtebaulicher Verträge	anhaltende Rechtsunsicherheit bei innovativen Vertragskonzeptionen wenig Erfahrung mit Zweckmäßigkeit und Rechtsbeständigkeit vertraglicher Regelungen Anwendungsrestriktionen bei städtebaulichen Verträgen (Bauleitplan-Erfordernis, Grundstücksverfügbarkeits-Erfordernis) materielle Regelungsbeschränkungen bei städtebaulichen Verträgen (v. a. Kopplungsverbot)

Viertes Kapitel: Die Ziele von Public Private Partnership

A. Die gesamtgesellschaftlichen Ziele

I. Das Leitziel "Ökonomisierung"

Die Ziele, die mit PPP aus einer gesamtgesellschaftlichen Perspektive heraus verknüpft werden, umfassen ein weites Spektrum an Gewolltem und Angestrebtem. Hinter jeder Zielformulierung stehen individuelle Wertsysteme und Motive, stehen unterschiedliche Vorstellungen darüber, was mit PPP erreicht werden soll und kann. Kategorisch kann die Fülle möglicher Ziele den theoretisch-wissenschaftlichen Denkrichtungen zugeordnet werden, die die Problemperzeption um PPP prägen:[1]

1. Aus **system- und steuerungstheoretischer Sicht** wird mit PPP eine Verbesserung der staatlichen Steuerungspotentiale angestrebt durch:
   - Mobilisierung von Selbststeuerungspotentialen der gesellschaftlichen Teilsysteme ("reflektierte Selbststeuerung", "Neue Subsidiarität"),
   - Beteiligung der gesellschaftlichen Teilsysteme an Politikformulierung und -umsetzung ("systemische Diskurse", "Korporatismus").

2. Aus **normativer Sicht** zielt PPP auf eine verbesserte Erfüllung gesellschaftlicher Aufgaben durch:
   - Verlagerung von Problemsichten und Problembearbeitungen auf die lokale Ebene unter Einbindung der betroffenen Interessen (Re-Lokalisierung, Re-Demokratisierung),
   - Stärkung der Gemeinwohlverantwortlichkeit des sozio-kulturellen und des ökonomischen Systems (Re-Sozialisierung).

3. Aus **ökonomischer Sicht** soll mit PPP eine Einsparung von Ressourcen und damit eine Erhöhung der gesamtgesellschaftlichen Wohlfahrt erreicht werden durch:
   - die verstärkte Übertragung von Entscheidungen über Ressourcenallokationen an den privaten Sektor ("Privatisierung"),
   - die Harmonisierung der Zusammenarbeit zwischen öffentlichem und privatem Sektor (Einsparung von "Transaktionskosten").

[1] Vgl. die Ausführungen im ersten Kapitel, A.

Die ökonomische Sichtweise übt die mit Abstand stärkste Dominanz auf die allgemeine Zielbildung zu PPP im hier untersuchten Forschungsfeld aus. Daher konzentrieren sich die folgenden Ausführungen über die gesamtgesellschaftlichen Ziele auf diesen Argumentationsstrang. Wichtige Impulse für die Überzeugung, daß mit Privatisierung und Kooperation eine Effizienzsteigerung der gesellschaftlichen Aufgabenerfüllung erzielt werden kann, stammen aus der mikro-ökonomischen Theoriebildung. Privatwirtschaftliche, durch Markt und Wettbewerb gesteuerte und kontrollierte unternehmerische Tätigkeit gewährt am besten ökonomische Effizienz und Anpassung an sich verändernde Bedingungen; sie dient gleichzeitig der Sanierung öffentlicher Haushalte und der Eindämmung staatlicher Verschwendung.[2]

An diese Überlegungen knüpfen die konkreten **wirtschaftspolitischen Ziele** an, die die Bundesregierung mit der Propagierung und Förderung des PPP-Konzeptes verfolgt. Es sind dies:

"- Mobilisierung zusätzlichen privaten Kapitals

- Beschleunigung bei der Durchführung städtebaulicher Aufgaben

- Entlastung der öffentlichen Haushalte

- Entlastung der Verwaltungskapazitäten."[3]

Die Mobilisierung privaten Kapitals als Ausgleich für fehlende öffentliche Finanzierungsmöglichkeiten bei Planungs- und Entwicklungsaufgaben, bei der Errichtung von Erschließungsanlagen und sozialer Infrastruktur ist das Ziel, das von öffentlicher Seite am dringlichsten angestrebt wird. Hinzu kommt das Bestreben, die Verfahren von der Entwicklung und Abstimmung städtebaulicher Ziele, der Schaffung von Planungs- und Baurecht, der Durchführung notwendiger Bodenordnungs- und Erschließungsmaßnahmen bis hin zu den Genehmigungsverfahren wesentlich zu beschleunigen, um dringende Sanierungs- und Stadtentwicklungsmaßnahmen in akzeptablen Zeiträumen bewältigen zu können. Den vier genannten Hauptzielen stehen **Nebenbedingungen** gegenüber, denen die in der Praxis realisierten PPP-Modelle genügen sollen:[4]

- die Vermeidung eines "Ausverkaufs von Planungshoheit",

---

2 Vgl. die Ausführungen über die Privatisierungsdiskussion im zweiten Kapitel, C I.

3 Bundesforschungsanstalt für Landeskunde und Raumordnung (Hrsg.): ExWoSt-Information zum Forschungsfeld "Neue Wege der privaten Finanzierung von Stadterneuerungs- und Stadtentwicklungsaufgaben", Nr. 1, August 1993, Bonn 1993, S. 2.

4 Vgl. Anlage 2 zum Bewilligungsbescheid des Forschungsvorhabens Schenkenberg, anläßlich der Aufnahme in das Forschungsprogramm ExWoSt, Forschungsfeld "Neue Wege der privaten Finanzierung von Stadterneuerungs- und Stadtentwicklungsaufgaben", Schreiben des BMBau vom 11. Dezember 1992 an die Gemeinde Schenkenberg.

- die Vermeidung einer Vermischung von Gemeinwohl- und Privatinteressen, die Abwägungsgebot und Bürgerbeteiligung aushöhlen,
- die gleichberechtigte und ausgewogene Verhandlungsposition der Kommune in den Vertragsverhandlungen,
- die gerechte und angemessene Verteilung der Risiken, der Kosten und der Gewinne des Projektvorhabens,
- die Vermeidung nicht erkennbarer und nicht verantwortbarer Risiken auf seiten der Gemeinde,
- die Vermeidung einer versteckten Privatisierung öffentlicher Grundstücke.

Auf das Theorie- und Diskussionsspektrum, das die erwähnten Ziele und Gefahren (Nebenbedingungen) umfaßt, wird an späterer Stelle noch ausführlich eingegangen.[5] Hier interessieren die Überlegungen, die zu der Überzeugung führen, daß mit Public Private Partnership eine Beschleunigung und Ökonomisierung der gesellschaftlichen Aufgabenerfüllung erzielt werden kann. In der Problemperzeption der Praxis und der praxisnahen Literatur können insbesondere drei Argumentationsstränge ausgemacht werden:

1. **Das Know-how-Argument**: In der Ansammlung von Know-how, im Gewinnen besser motivierter und bezahlter Mitarbeiter, im Treffen problemadäquater Entscheidungen und in der schnellen Umsetzung der Entscheidungen sind privatwirtschaftlich agierende Unternehmen den öffentlichen Verwaltungen in der Regel überlegen. Das Aufgabenspektrum privater Unternehmer ist meist umfassender, ihr Erfahrungshorizont größer. Sie sind wesentlich flexibler in der Anpassung von Personal- und Kapitalbedarfen und können ihre Ressourcen gezielter zum Einsatz bringen. Laistner konkretisiert:

   "Ein privater Planer kommt in seinem Leben mit wesentlich mehr Planungsfällen von unterschiedlicher Konstellation, Widerständen, Schwierigkeiten und technischen Verfahren in Berührung, als dies je in einer Verwaltung möglich ist. Ein Privater wird nur dann erfolgreich sein, wenn er seine Ressourcen zu bündeln und gezielt einzusetzen versteht und wenn er Eigenschaften erwirbt, die es ihm erlauben, seine Kompetenz auch im Sinne eines Marketingprozesses erfolgreich zu verkaufen."[6]

2. **Das Engpaßfaktor-Argument**: Der Engpaßfaktor unternehmerischen Handelns ist das Geld und damit die Zeit. Für öffentliche Verwaltungen stellt Zeit im allgemeinen keinen 'Knappheitsfaktor' dar, im Gegenteil: "Je länger ein Projekt läuft, desto mehr profitieren

---

5 Vgl. im achten Kapitel, Abschnitt D.

6 Laistner, Hermann: Skizzenpapier zum Thema Privatisierung, Thesenpapier zur Vorbereitung des BMBau Fachgesprächs zum Forschungsprogramm ExWoSt, Forschungsfeld "Neue Wege der privaten Finanzierung von Stadterneuerungs- und Stadtentwicklungsaufgaben" am 08. Februar 1995 in Bonn, unveröff. Manuskript, S. 2.

die für das Projekt abgestellten Mitarbeiter der öffentlichen Hand davon."[7] Privatwirtschaftlich agierende Akteure sind darauf angewiesen, daß bestimmte Vorgänge mit vorgegebenen Ressourcen in möglichst kurzen, weil dann rentablen Zeiträumen erledigt werden.

"Sie sind deshalb darauf trainiert, ihr Know-how und das Know-how fremder Personen so zu bündeln, daß ein Maximum an Effizienz erreicht wird (...) Hierbei findet auch ein Abwägungsprozeß dergestalt statt, daß die angestrebte 100%ige Lösung, sofern sie sich als unwirtschaftlich erweist, in Frage gestellt wird und der 90%igen Lösung zu 50%igen Kosten der Vorrang eingeräumt wird. Das heißt, die Frage nach der Verhältnismäßigkeit der eingesetzten Mittel zur Erreichung eines vorgegebenen Ziels wird geprüft. Diese Eigenschaften sind den Verwaltungen fremd. Dort werden Vorgaben gemacht, beschlossen und realisiert, ohne daß diese Vorgaben während des Prozesses selbst auf ihre Sinnhaftigkeit, Wirtschaftlichkeit und Organisationsqualität in Frage stünden."[8]

3. **Das Verschwendungs-Argument**: Bei der Konzeption von Stadtentwicklungsvorhaben gibt es "ganz offensichtlich ... eine unzureichende Abstimmung privater und öffentlicher Planung, ein gewisses Mißtrauen bzw. eine gewisse Reserviertheit gegenüber den Absichten der jeweils anderen Seite und ein deutliches Defizit an Kommunikation miteinander ... Das bisher häufig praktizierte Aneinander-vorbei-Planen sowohl der öffentlichen Hand als auch der privaten Wirtschaft wird man sich in Zukunft nicht mehr leisten können."[9] Als Beispiel führt Herr Wenzel, Unternehmensgruppe Roland Ernst, das Projekt Potsdam-Center an, in das sein Unternehmen im fortgeschrittenen Planungsstadium als Developer eingestiegen ist.

   "Die Stadt Potsdam hat Millionenbeträge für städtebauliche Planungen, Gutachten und Modelle ausgegeben, mit denen wir nichts anfangen können. Nicht nur, daß der jetzt realisierte Entwurf mit den ursprünglichen Planungen nicht mehr viel gemein hat; auch alle sonstigen Gutachten zu Bodenqualität, Erschließung u. a. waren für uns unbrauchbar; wir mußten sie erneut in Auftrag geben. Hätte man früher den Kontakt zu uns gesucht, hätte man das alles sparen können."[10]

---

7 Aussage von Herrn Wenzel, Projekt-Management-Verwaltungs-GmbH Nord-Ost, Unternehmensgruppe Roland Ernst, Gespräch am 09. März 1995 in Berlin-Teltow.

8 Laistner, Hermann: Skizzenpapier zum Thema Privatisierung, Thesenpapier zur Vorbereitung des BM-Bau Fachgesprächs zum Forschungsprogramm ExWoSt, Forschungsfeld "Neue Wege der privaten Finanzierung von Stadterneuerungs- und Stadtentwicklungsaufgaben" am 08. Februar 1995 in Bonn, unveröff. Manuskript, S. 2.

9 Bundesforschungsanstalt für Landeskunde und Raumordnung (Hrsg.): Städtebau und Wirtschaft, Dokumentation zum Forschungsfeld im Experimentellen Wohnungs- und Städtebau, (Schriftenreihe Forschung des BMBau, Nr. 472) Bonn 1989, S. 96.

10 Aussage von Herrn Wenzel, Projekt-Management-Verwaltungs-GmbH Nord-Ost, Unternehmensgruppe Roland Ernst, Gespräch am 09. März 1995 in Berlin-Teltow.

Die Argumentationen weisen einen engen Bezug zu den Denkansätzen der mikro-ökonomischen Theoriebildung auf. In die Linie des Know-how- und des Engpaß-Argumentes paßt die ökonomische Theorie der **Verfügungsrechte** (property-rights), auf die bereits im zweiten Kapitel eingegangen wurde.[11] Das Argument der Ressourcenverschwendung bei der (fehlenden) Organisation der arbeitsteiligen Zusammenarbeit legt einen gedanklichen Bezug zu den Ideengebilden der **Transaktionskosten**-Ökonomik nahe. Diese werden im folgenden näher ausgeführt, da sie Interpretationshilfen für die Strategiebewertung darstellen.

II. Wirtschaftstheoretische Effizienzüberlegungen

Für die oben erwähnten Theorieansätze bildet die "Neue Institutionenökonomik" einen übergeordneten Theorierahmen. Diese Forschungsrichtung innerhalb der mikro-ökonomischen Institutionentheorie rückt den institutionellen Rahmen eines Handelns in den Mittelpunkt der ökonomischen Analyse.[12] Der Ansatz bejaht die Position, daß eine effizienzorientierte Gestaltung das Hauptproblem ökonomischer Organisationen ist, und bemüht sich, diese weiter auszubauen.

> "... Menschen im allgemeinen, in ihren Möglickeiten beschränkt, bevorzugen ein ökonomisches Verhalten, um ihre Aktivitäten *und deren Organisationen* 'effizient' und nicht verschwenderisch zu gestalten. Diese Tatsache kann nicht nachdrücklich genug betont werden; und eine angemessene Definition der Wirtschaftswissenschaften sollte entsprechend deutlich machen, daß die Hauptrelevanz der Diskussion in ihrer Beziehung zur Wirtschafts- und Sozialpolitik zu sehen ist, wobei angenommen wird, diese sei auf das angesprochene Ziel ausgerichtet, die ökonomische Effizienz zu erhöhen und Verschwendung zu vermeiden."[13]

Den Kerngedanken des neuen institutionenökonomischen Ansatzes hat Richter wie folgt zusammengefaßt: "Die Begründung und Benutzung von Organisationen verursacht Kosten, Transaktionskosten, weshalb die Gestaltung der individuellen Verfügungsrechte auf das

---

11 Vgl. die Ausführungen im zweiten Kapitel, C II.

12 Vgl. als Hauptautoren und wichtige Werke in dt. Übersetzung Coase, Ronald H.: Das Problem der sozialen Kosten, Copyright 1960 by The Journal of Law & Economics, in: Assmann, Heinz-Dieter (Hrsg.): Ökonomische Analyse des Rechts, (Athenäum Taschenbücher; 6211: Rechtswiss.) Kronberg/Ts. 1987, S. 146-202; vgl. auch Williamson, Oliver E.: Die ökonomischen Institutionen des Kapitalismus: Unternehmen, Märkte, Kooperationen, dt. Übersetzung v. Monika Streissler, (J. C. B. Mohr) Tübingen 1990; vgl. als Einführung Richter, Rudolf: Institutionen ökonomisch analysiert: zur jüngeren Entwicklung auf einem Gebiet der Wirtschaftstheorie, (J. C. B. Mohr) Tübingen 1994; vgl. auch Eatwell, John (Hrsg.): The New Palgrave, a dictionary of economics, (The Macmillan Press) London 1987: "transaction costs", S. 676-679.

13 Knight, Frank H.: Review of M. J. Herskovits 'Economic Anthropology', in: Journal of Political Economy, 1941, Nr. 49, S. 247-258, hier S. 252; zit. nach: Williamson, Oliver, E.: Transaktionskostenökonomik, hrsg. v. Dietl, Helmut, dt. Übersetzung von Christina Erlei, Ökonomische Theorie der Institutionen, Band 3, (LIT) Münster, Hamburg 1993, S. 4.

wirtschaftliche Gesamtergebnis nicht ohne Einfluß ist."[14] Daß die Kosten dabei in einem umfassenden Sinne zu verstehen sind, hat bereits Coase als einer der Begründer des neuen Denkstils herausgestellt: "Beim Entwurf eines sozialen Arrangements und bei der Wahl zwischen verschiedenen sozialen Arrangements sollten wir jeweils die Gesamtheit der Auswirkungen im Auge behalten. Dies in erster Linie ist der Wechsel des Problemzugangs, für den ich eintrete."[15] Als die drei zentralen Analysebereiche und -instrumente der Institutionenökonomik können (1) die Transaktionskosten, (2) die Verfügungsrechte und (3) der relationale Vertrag herausgestellt werden.[16] Da auf den Denkansatz der Property-rights-Theorie bereits im zweiten Kapitel eingegangen wurde,[17] konzentrieren sich die folgenden Ausführungen auf die Transaktionskosten und den relationalen Vertrages.

Die Transaktionskosten

Die Ökonomen sind in den letzten Jahren verstärkt dazu übergegangen, die Transaktion zur Basiseinheit der ökonomischen Analyse zu machen.[18] Eine Transaktion findet statt, wenn ein Gut oder eine Leistung über eine technisch separierte Schnittstelle transferiert wird; Transaktionskosten stellen insofern das ökonomische Gegenstück zur Reibung dar. "Gilt für die Gruppe von Transaktionen, die notwendigerweise einer gewissen Form von Kooperation bedürfen, daß die Tauschpartner harmonisch miteinander arbeiten können, oder gibt es häufig Mißverständnisse und Konflikte, die zu Verzögerungen, Zusammenbrüchen oder sonstigen Fehlfunktionen führen?"[19]

Die Hauptdimensionen, derer sich die Transaktionskostenökonomik zur Beschreibung von Transaktionen bedient, sind (1) die Häufigkeit, mit der sie sich wiederholen, (2) Grad und Art der Unsicherheit, der sie ausgesetzt sind, und (3) das Vorliegen von Faktorspezifität.[20] Die

14 Richter, Rudolf: Institutionen ökonomisch analysiert: zur jüngeren Entwicklung auf einem Gebiet der Wirtschaftstheorie, (J. C. B. Mohr) Tübingen 1994, Vorwort.

15 Coase, Ronald H.: Das Problem der sozialen Kosten, Copyright 1960 by The Journal of Law & Economics, in: Assmann, Heinz-Dieter (Hrsg.): Ökonomische Analyse des Rechts, (Athenäum Taschenbücher; 6211: Rechtswiss.) Kronberg/Ts. 1987, S. 146-202, hier S. 198.

16 Vgl. Richter, Rudolf: Institutionen ökonomisch analysiert: zur jüngeren Entwicklung auf einem Gebiet der Wirtschaftstheorie, (J. C. B. Mohr) Tübingen 1994, S. 5.

17 Vgl. die Ausführungen im zweiten Kapitel, C II.

18 Aus quantitativer Sicht wird der Anteil der Transaktionskosten am Nettosozialprodukt in modernen Marktwirtschaften mit etwa 70-80 % veranschlagt; vgl. Richter, Rudolf: Institutionen ökonomisch analysiert: zur jüngeren Entwicklung auf einem Gebiet der Wirtschaftstheorie, (J. C. B. Mohr) Tübingen 1994, S. 5. Der Bedeutungszuwachs der Transaktionskostenanalyse läßt sich jedoch nicht nur auf das absolute und relative Wachstum der Transaktionskosten zurückführen, sondern basiert insbesondere auf deren qualitativer Bedeutung: Viele Ökonomen teilen die Auffassung, daß die bedeutendsten Institutionen ökonomischer Organisationen aus transaktionskostenorientierten Überlegungen hervorgegangen sind; vgl. Eatwell, John (Hrsg.): The New Palgrave, a dictionary of economics, (The Macmillan Press) London 1987: "transaction costs", S. 676-679, hier S. 676.

19 Williamson, Oliver, E.: Transaktionskostenökonomik, hrsg. v. Dietl, Helmut, dt. Übersetzung von Christina Erlei, Ökonomische Theorie der Institutionen, Band 3, (LIT) Münster, Hamburg 1993, S. 12.

20 Die Faktorspezifität bezieht sich auf den Grad der Wiederverwendbarkeit eines bestimmten Vermögensobjektes in alternativen Verwendungsrichtungen und bei unterschiedlichen Nutzern ohne Verlust an Produk-

Aufmerksamkeit der Institutionenökonomen richtet sich auf die Einsparungsversuche, die mit der jeweiligen Organisation von Transaktionen verbunden sind. Diese beziehen sich zum Beispiel auf (1) die Kosten der Anbahnung von Verträgen (Such- und Informationskosten), (2) die Kosten des Abschlusses von Verträgen (Verhandlungs- und Entscheidungskosten) und (3) die Kosten der Überwachung und Durchsetzung von Leistungspflichten.[21]

Der relationale Vertrag

Aus Sicht der Transaktionskostenökonomik stellt sich das Problem der Effizienz von Aktivitäten und Organisationen als ein Problem der Vertragsgestaltung dar. Verträge sind sowohl im Rechtssinne als auch im nichtrechtlichen Sinne als "Verhältnisse" zu verstehen.[22] Im Gegensatz zum klassischen Vertragsinstitut der mikro-ökonomischen Theoriebildung liegt dem Konzept des relationalen Vertrages die Annahme zugrunde, daß die Kooperanden nicht wissen, was ihnen die Zukunft bringt. "Wenn die Vertragsparteien nicht mehr von vorneherein allen Eventualitäten Rechnung tragen können, ..., werden sie vernünftigerweise Lücken in ihren Vereinbarungen lassen und sich explizit oder implizit über die Art des Verfahrens einigen, nach dem sie sich von Fall zu Fall neu zu arrangieren beabsichtigen."[23] Mit diesen "Beziehungsverträgen" hat sich vor allem Williamson befaßt. Sie sind wirtschaftlich dann von Interesse, wenn die Faktorspezifität hoch ist, d. h. transaktionsspezifische Investitionen (sunk costs) eine Rolle spielen.[24] Dies ist bei den hier untersuchten PPP-Arrangements regelmäßig der Fall; die sich daraus ergebenden **Abhängigkeiten zwischen den Kooperanden** sind überwiegend von gegenseitiger Art.

Das zentrale Problem bei der Gestaltung der organisatorischen Arrangements ist das der Wahrnehmung und Bewältigung der Unsicherheit. Nach dem Denkansatz der Theorie entstehen die Transaktionsrisiken durch die zugrunde gelegten Verhaltensannahmen: der Mensch ist kein "rationaler Nutzenmaximierer", sondern er handelt (1) nur beschränkt rational und verfolgt (2) seine Eigeninteressen auf eine ausgesprochen verschlagene Art.[25] In der

---

tionswert; vgl. Williamson, Oliver, E.: Transaktionskostenökonomik, hrsg. v. Dietl, Helmut, dt. Übersetzung von Christina Erlei, Ökonomische Theorie der Institutionen, Band 3, (LIT) Münster, Hamburg 1993, S. 13.

21 Die genannten Kosten stellen nach Richter "Kosten der Marktbenutzung" dar und sind für die vorliegende Arbeit von größter inhaltlicher Relevanz. Als weitere Kostenarten unterscheidet Richter die "Kosten der Organisationsnutzung von Unternehmen" und die "Politischen Transaktionskosten"; vgl. Richter, Rudolf: Institutionen ökonomisch analysiert: zur jüngeren Entwicklung auf einem Gebiet der Wirtschaftstheorie, (J. C. B. Mohr) Tübingen 1994, S. 6-9.

22 Vgl. Richter, Rudolf: Institutionen ökonomisch analysiert: zur jüngeren Entwicklung auf einem Gebiet der Wirtschaftstheorie, (J. C. B. Mohr) Tübingen 1994, S. 16.

23 Richter, Rudolf: Institutionen ökonomisch analysiert: zur jüngeren Entwicklung auf einem Gebiet der Wirtschaftstheorie, (J. C. B. Mohr) Tübingen 1994, S. 18.

24 Williamson unterscheidet fünf Arten der Faktorspezifität: (1) Standortspezifität, (2) Sachkapitalspezifität, (3) Humankapitalspezifität, (4) kundenspezifische Vermögensgegenstände und (5) Markennamenkapital; vgl. Williamson, Oliver, E.: Transaktionskostenökonomik, hrsg. v. Dietl, Helmut, dt. Übersetzung von Christina Erlei, Ökonomische Theorie der Institutionen, Band 3, (LIT) Münster, Hamburg 1993, S. 14.

25 Vgl. Williamson, Oliver, E.: Transaktionskostenökonomik, hrsg. v. Dietl, Helmut, dt. Übersetzung von Christina Erlei Ökonomische Theorie der Institutionen, Band 3, (LIT) Münster, Hamburg 1993, S. 15 u. S. 12.

Literatur werden die Verhaltenshypothesen und die sich daraus ergebenden Probleme unter den Titeln "Opportunismus", "moral hazard" und "agency" abgehandelt.[26] Unter Opportunismus versteht Williamson "die Verfolgung des Eigeninteresses unter Zuhilfenahme von List. Das schließt krasse Formen ein wie Lügen, Stehlen und Betrügen, beschränkt sich aber keineswegs auf diese Punkte. Häufiger bedient sich der Opportunismus raffinierterer Formen der Täuschung (...) Er ist für Zustände echter oder künstlich herbeigeführter Informationsasymmetrie verantwortlich, welche die Probleme ökonomischer Organisationen außerordentlich erschweren."[27]

Ein wichtiges Ziel der Vertragsgestaltung ist der "Ex-ante"-Schutz gegen "Ex-post"-Opportunismus.[28] Rechtliche Zwangsmittel allein reichen dazu nicht aus; sie werden ergänzt durch privat vereinbarte Institutionen, mit denen die Kooperanden ihre Versprechen glaubwürdig machen. Beispiele sind die Überlassung von "Geiseln", die öffentliche Abgabe bindender Erklärungen, die Androhung einer "Wie-Du-mir-so-ich-Dir-Strategie" oder - als stärkstes Mittel zu Verhinderung opportunistischen Verhaltens - der Zusammenschluß der Vertragspartner in einer gemeinsamen Gesellschaft.[29] Die Errichtung einer PPP-Gesellschaft, die aus effizienzorientierter Sicht als sehr problematisch zu werten ist,[30] muß auch unter diesem ökonomischen Ziel betrachtet werden.

Im Gegensatz zum klassischen "diskretionären" Vertrag wird beim Konzept des relationalen Vertrages die Annahme aufgegeben, daß die Beziehung zwischen den Vertagspartnern völlig versachlicht ist. Vor allem McNeal hat betont, daß die meisten unserer Transaktionen (Verträge) mehr oder weniger stark eingebettet sind in ein soziales Bindungsgefüge, d. h. in geschäftliche Dauerbindungen.[31]

---

26 Die agency-Theorie oder principal-agency-Theorie beschäftigt sich mit der Wirkungsweise von Entscheidungen auf den eigenen Wohlstand und den Wohlstand anderer Personen bei asymmetrischer Informationsverteilung innerhalb einer principal-agent-Beziehung. Das prinzipal-agent-Problem ist vom Typ "versteckter Aktion" oder "moral hazard"; vgl. Richter, Rudolf: Institutionen ökonomisch analysiert: zur jüngeren Entwicklung auf einem Gebiet der Wirtschaftstheorie, (J. C. B. Mohr) Tübingen 1994, S. 16 ff. Konkrete Beispiele und Lösungsvorschläge für die Beziehung Kommune-Auftragnehmer finden sich bei Corte; vgl. Corte, Christiane: Die Übernahme kommunaler Aufgaben durch private Unternehmen und Freie Berufe, eine Untersuchung der Zusammenarbeit von Privaten und Kommunen, hrsg. v. Institut für Mittelstandsforschung, Schriftenreihe Nr. 41, (Poeschel) Stuttgart 1991, S. 18-27 und S. 108 f.

27 (Vgl.) Williamson, Oliver E.: Die ökonomischen Institutionen des Kapitalismus: Unternehmen, Märkte, Kooperationen, dt. Übersetzung v. Monika Streissler, (J. C. B. Mohr) Tübingen 1990, S. 54.

28 Ex-ante-Kosten sind solche Kosten, die bei der Anberaumung eines Vertrages entstehen, Ex-post-Kosten treten nach Vertragsabschluß auf.

29 Vgl. Williamson, Oliver E.: Die ökonomischen Institutionen des Kapitalismus: Unternehmen, Märkte, Kooperationen, dt. Übersetzung v. Monika Streissler, (J. C. B. Mohr) Tübingen 1990, S. 33; vgl. auch Richter, Rudolf: Institutionen ökonomisch analysiert: zur jüngeren Entwicklung auf einem Gebiet der Wirtschaftstheorie, (J. C. B. Mohr) Tübingen 1994, S. 19 f.

30 Vgl. hierzu die Ausführungen im achten Kapitel, D III.

31 Vgl. MacNeal, I.R.: The Many Futures of Contract, in: Southern Californian Law Review, Nr. 47, 1974, S. 691-816; zit. nach Richter, Rudolf: Institutionen ökonomisch analysiert: zur jüngeren Entwicklung auf einem Gebiet der Wirtschaftstheorie, (J. C. B. Mohr) Tübingen 1994, S. 20.

"Die Konstruktion sich selbst durchsetzender Verträge und in dem Zusammenhang die Pflege persönlicher Beziehungen ('Verhältnisse') hat dabei eine prominente Bedeutung. Vertrauen, Glaubwürdigkeit von Versprechen, Zeitkonsistenz, Loyalität, Solidarität (letzere ausgedrückt durch die Reparaturwilligkeit, wenn etwas schiefgeht) spielen im relationalen Vertrag neben dem 'nackten' Gewinndenken eine wichtige Rolle. Das Interesse am Fortbestand einer Beziehung, die die Basis unseres sozialen Lebens darstellt, tritt hinzu. Wir befinden uns hier in einem Bereich, in dem sich Ethik und Ökonomik treffen bzw. überlappen."[32]

B. Die Ziele des Public-Sektors

I. Das Leitziel "Gemeinwohl"

In einem vereinfacht-idealisierten PPP-Modell verfolgt der private Sektor ökonomische Ziele, er handelt **gewinnorientiert**, der öffentliche Sektor verfolgt soziale Ziele, er handelt **gemeinwohlorientiert**. Die ökonomischen Ziele sind dabei von eindeutigerem Charakter, sie sind leichter zu operationalisieren und zu artikulieren,[33] und darüber hinaus ist klar ersichtlich, daß die privatwirtschaftlich agierenden Akteure diese Ziele aus ihrer system-immanenten Handlungslogik heraus verfolgen (müssen). Im Gegensatz hierzu stellt sich das Gemeinwohl-Ziel des politisch-administrativen Systems als ungleich komplexeres und umstritteneres Konzept dar:

- Der Begriff "Gemeinwohl" erscheint bereits problematisch, da er Forderungen nach einem Mehr an Verteilungsgerechtigkeit und sozialem Ausgleich assoziiert, die mit den im Trend liegenden Vorstellungen vom 'abgespeckten' Wohlfahrtsstaat nur schwer vereinbar sind. Dies gilt ebenso für den Begriff der "sozialen Ziele".
- Es existiert kein einheitliches Begriffsverständnis von "Gemeinwohl". Während normativ orientierte Gemeinwohlkonzeptionen davon ausgehen, daß auch allgemein verbindliche Wertvorstellungen als Leitbilder für das Gemeinwohl zu dienen haben,[34] versuchen

[32] Richter, Rudolf: Institutionen ökonomisch analysiert: zur jüngeren Entwicklung auf einem Gebiet der Wirtschaftstheorie, (J. C. B. Mohr) Tübingen 1994, S. 60.

[33] Vgl. Braun, Günther E.: Ziele in öffentlicher Verwaltung und privatem Betrieb, (Nomos) Baden-Baden 1988, S. 151-157; vgl. auch die Ausführungen unter E II.

[34] Beispiele für normative Werte sind Freiheit (personale Entscheidungsfreiheit), Solidarität (Sozialverpflichtung), Gleichheit (Chancengleichheit), Pluralität (Autonomie der Institutionen und Verbände) und Effektivität (Steuerungsfähigkeit); vgl. Braun, Günther E.: Ziele in öffentlicher Verwaltung und privatem Betrieb, (Nomos) Baden-Baden 1988, S. 119.

pluralistische Gemeinwohlkonzeptionen die Grundsätze politischen Handelns ausschließlich durch Rekurs auf die tatsächlichen Interessen der Individuen zu lösen.[35]

- Die inhaltliche Präzisierung des Gemeinwohl-Konzeptes erfordert einen politischen Konsens über die Beurteilung sozialer und ökonomischer Sachverhalte. Angesichts der sehr heterogenen und individualisierten Sozial- und Wertstrukturen erscheint ein solcher Konsens in der heutigen Gesellschaft kaum mehr erreichbar.[36]
- Das Systemziel "Gemeinwohl" scheint mit den Individualzielen der agierenden Personen nur wenig kompatibel: es ist mehr als zweifelhaft, ob tatsächlich Lösungen im Interesse der Allgemeinheit produziert werden, wenn die Vertreter aus Politik und Verwaltung ihren persönlichen Interessen und Kalkülen folgen.

Das Gemeinwohlziel ist letztlich nicht mehr und nicht weniger als ein Leitbild, das es der öffentlichen Hand ermöglicht, sich flexibel auf wechselnde Anforderungen der Umwelt einzustellen.[37] In der heutigen Zeit wird Handeln im öffentlichen Interesse von der Kommunalpolitik in erster Linie interpretiert als ein Handeln, das die Rahmenbedingungen für eine Entfaltung von Wirtschaftsaktivitäten optimal gestaltet. Heinz stellt nach einer Befragung von über einhundert politischen Entscheidungsträgern fest:

> "Der zentralen Bedeutung wirtschaftlicher Gesichtspunkte für die weitere Entwicklung der Städte entspricht auch die Zielrichtung der meisten kommunalpolitischen Strategien, Anforderungen und Erwartungen: Verbesserung der kommunalen Wettbewerbsfähigkeit und kommunalen Standortvorteile. Kommunale Aktivitäten und Maßnahmen werden immer häufiger primär auf dieses Ziel ausgerichtet."[38]

Den Bauprojekten privater Investoren kommt im Rahmen der **standortaufwertungsbezogenen Ziele** ein herausragender Stellenwert zu. Die Überzeugung "Objekte machen

---

35 Vgl. ausführlich Schultze, Rainer-Olaf: Gemeinwohl, in: Nohlen, Dieter (Hrsg.): Wörterbuch Staat und Politik, 4. Aufl., (Serie Piper) München 1996, S. 193-198; vgl. auch Braun, Günther E.: Ziele in öffentlicher Verwaltung und privatem Betrieb, (Nomos) Baden-Baden 1988, S. 107.

36 Vgl. Häußermann, Hartmut: Neue Politikformen in der Stadt- und Regionalentwicklung, in: Brech, Joachim (Hrsg.): Neue Wege der Planungskultur, Orientierungen in der Zeit des Umbruchs, (Verlag für wissenschaftliche Publikationen) Darmstadt 1993, S. 268-273, hier S. 272 f.; vgl. auch Friedman, John: Zum Verhältnis von Staat und Gesellschaft am Ende des 20. Jahrhunderts, Vortrag anläßlich des Dortmunder Wissenschaftsfrühlings am 25. April 1991 in Dortmund, unveröff. Vortragsmanuskript, S. 7.

37 Vgl. Braun, Günther E.: Ziele in öffentlicher Verwaltung und privatem Betrieb, (Nomos) Baden-Baden 1988, S. 129.

38 Heinz, Werner: Stadtentwicklung und Strukturwandel: Einschätzungen kommunaler und außerkommunaler Entscheidungsträger, (W. Kohlhammer/Dt. Gemeindeverlag) Stuttgart u. a. 1990, S. 259. Die herausragende Bedeutung wirtschaftsfördernder Aktivitäten muß auch vor dem Hintergrund gesehen werden, daß die Finanzverfassung der Gemeinden über die Gewerbesteuer unmittelbar von den Wirtschaftssubjekten abhängt und die Kosten der steigenden Arbeitslosigkeit immer stärker auf die kommunale Ebene abgewälzt werden.

Standorte" ist im kommunalpolitischen Bewußtsein fest verankert. Wichtige Aufgaben und Ziele im Bereich der **Stadtentwicklung** sind:[39]

- die Aufwertung städtischer Zentren mit der Wiederentdeckung innerstädtischen Wohnens und der Renaissance innerstädtischer Wasser- und Grünflächen,
- die Bereitstellung eines breiten Spektrums kommerzieller Dienstleistungs-, Erholungs- und touristischer Einrichtungen,
- die Ausweisung zusätzlicher Industrie- und Gewerbegebiete, teils als hochmoderne Technologie- und Dienstleistungsparks,
- die techno-ökologische Erneuerung der Infrastruktur.

Als Leitkonzepte spielen dabei (1) die Bewahrung der historischen Identität, (2) die multifunktionale Nutzungsmischung, (3) das Prinzip "Innenentwicklung vor Außenentwicklung" und (4) das ökologische Bauen eine wichtige Rolle.[40]

Die Dominanz der standortaufwertungs- und wirtschaftsförderungsbezogenen Ziele in der Kommunalpolitik wird erst in jüngster Zeit wieder relativiert. Die Städte sehen sich so massiv mit Problemen der "neuen Armut" und einer Gefährdung des sozialen Friedens konfrontiert, daß ein Bedeutungsaufschwung wohnungs- und sozialpolitischer Themen zu beobachten ist.[41]

II. Die Kalküle der Politiker und Verwaltungsmitarbeiter

Die Ziele, die die Vertreter aus kommunaler Politik und Verwaltung mit dem PPP-Konzept verfolgen, umfassen ein weites Spektrum an Vorstellungen, die an sehr individuelle Motive anknüpfen.[42] Die Ziele werden sowohl durch solche Determinanten mitbestimmt, die das ganze politisch-administrative System prägen, als auch durch solche, die für jede Gemeinde und jede Person unterschiedlich sind. Grundlegende, stabile Handlungsmotive sind besonders dort zu vermuten, wo sie auf Funktionserfordernisse von Organisationen und den

---

39 Vgl. Heinz, Werner: Stadtentwicklung und Strukturwandel: Einschätzungen kommunaler und außerkommunaler Entscheidungsträger, (W. Kohlhammer/Dt. Gemeindeverlag) Stuttgart u. a. 1990, S. 259-269; vgl. auch Ganser, Karl: Public-private partnership: Reduktion des politischen Handlungsspielraumes, in: Swoboda, Hannes: Wien, Identität und Stadtgestalt, (Böhlau) Wien, Köln 1990, S. 66-74, hier S. 71 ff.; vgl. weiter Heinz, Werner: Die weltweite Entwicklung der Städte, in: Der Städtetag, 47. Jg., 1994, Nr. 4, S. 278-281, hier S. 279.

40 Vgl. Ganser, Karl: Public-private partnership: Reduktion des politischen Handlungsspielraumes, in: Swoboda, Hannes: Wien, Identität und Stadtgestalt, (Böhlau) Wien, Köln 1990, S. 66-74, hier S. 71 ff.

41 Vgl. Heinz, Werner: Die weltweite Entwicklung der Städte, in: Der Städtetag, 47. Jg., 1994, Nr. 4, S. 278-281, hier S. 279.

42 Die Beziehungs- und Abhängigkeitsgefüge zwischen Motiven und Zielen sind sehr komplex. Motive sind hypothetische Konstrukte zur Darstellung komplexer Verhaltensgründe; demgegenüber sind Ziele definierte und bewußte Normen, die aus den Motiven abgeleitet werden. Aufgrund der angenommenen Kausalität wird im folgenden auf eine Trennung der Konstrukte verzichtet; vgl. hierzu Tietz, Bruno: Marketing, wisu-Texte, 3., überarb. u. erw. Aufl., (Werner) Düsseldorf 1993, S. 154.

existentiellen Bedürfnissen der in ihnen agierenden Personen zurückzuführen sind. Im öffentlichen Sektor sind die Funktionsbereiche der Politik und der Verwaltung zu unterscheiden, die zwar im allgemeinen recht ähnliche Ziele verfolgen, deren spezifische systembedingte Interessen jedoch eine differenzierte Betrachtung der Motiv- und Zielstruktur angebracht erscheinen lassen. Im folgenden wird unterschieden zwischen den Zielen

- der Politiker, d. s. die politische Führung, die politischen Beamten und die Kommunalvertreter/Ratsmitglieder und
- der Verwaltungsmitarbeiter, d. s. die Beamten und Angestellten in den kommunalen Ämtern und verselbständigten Verwaltungseinheiten.

Die Interessen und Ziele der Politiker

Als Oberziele politischen Handelns werden meist die Sicherung der Wiederwahl bzw. die Stimmenmaximierung und die Sicherung bzw. Erweiterung von Macht und Einfluß genannt.[43] Diese aus der mikro-ökonomischen Theorie des Eigennutzens abgeleiteten Systemziele werden in der Literatur ausführlich behandelt und daher hier nicht weiter ausgeführt. Die nachfolgenden Zielüberlegungen basieren auf den Ergebnissen verhaltenswissenschaftlicher Studien über das Funktionieren des politischen Apparates; sie sind durch die Befunde der eigenen empirischen Untersuchungen ergänzt. In Anlehnung an Scheuch/Scheuch ist für den Erfolg von Politikern dreierlei wichtig:

"1. die Unterstützung durch eine Seilschaft;

2. ihr über die Medien vermitteltes Ansehen;

3. ein Kapital von Gefälligkeiten, vor allem erwiesen den politischen Gegnern und einflußreichen Bürgern."[44]

Anknüpfend an diese Erfolgsfaktoren, lassen sich die PPP-spezifischen Ziele der Kommunalpolitiker wie folgt darstellen:

zu 1.: Politiker können ihre Ziele viel effektiver erreichen, wenn sie die Unterstützung einflußreicher Freunde genießen. Die Durchführung gemeinsamer Aktionen und Projekte mit dem privaten Sektor ist für Politiker ein willkommenes Instrument, mächtige politische Verbündete zu gewinnen. Zur existentiellen Notwendigkeit wird die Abstimmung kommunaler Strategien mit der Privatwirtschaft dann, wenn es um die **Wahlkampf-**

43 Vgl. ausführlich Braun, Günther E.: Ziele in öffentlicher Verwaltung und privatem Betrieb, (Nomos) Baden-Baden 1988, S. 107-123; vgl. auch Grosser, Guido; Schmidt, Holger: Altlastensanierung mit den Bürgern, Dortmunder Materialien zur Raumplanung Nr. 22, (Dortmunder Vertrieb für Bau- und Planungsliteratur) Dortmund 1994, S. 21.

44 Scheuch, Erwin K.; Scheuch, Ute: Cliquen, Klüngel und Karrieren; Über den Verfall der politischen Parteien, (Rowohlt) Reinbek bei Hamburg 1992, letzte nicht numerierte Seite.

finanzierung geht. In Amerika nehmen die Developer die führende Rolle unter den Wahlkampfhelfern ein und fördern die Kandidaten für das Bürgermeisteramt, die ihre Vorstellungen von einer erneuerten Stadt teilen.[45] Auch in Deutschland wurden mit der Einführung des Direktwahlrechts die diesbezüglichen Abhängigkeiten verstärkt. Es ist heute nicht mehr möglich, einen politischen Wahlkampf ohne Sponsoren zu führen.[46]

zu 2.: Die Leistungen eines Politikers stellen sich als medienvermittelte Leistungen dar, in deren Sog die Aufbietung medienwirksamer Ereignisse einen enormen Bedeutungsaufschwung erfährt.[47] Ein städtebauliches Projekt dient der Repräsentation des kommunalpolitischen Standards, und die mit seiner Realisierung verbundenen Entscheidungen und Handlungen bieten ein großes Potential für die Darstellung der eigenen Person.[48] Je enger die Zusammenarbeit mit Investoren und Developern, desto besser lassen sich Erfolge als ein Produkt eigenen Schaffens und Wirkens deklarieren. Aber auch für alle anderen Parteien und Politiker bieten die Vielzahl der im Rahmen einer Projektentwicklung anfallenden Entscheidungen und die Vielzahl von Beurteilungsmaßstäben die Möglichkeit, das Vorhaben für die persönliche Profilierung zu nutzen.

zu 3.: Städtebauliche Projektentwicklungen gehören zu den am meisten umstrittenen politischen Aufgaben, da sie eine Vielzahl sehr unterschiedlicher Interessen von Bürgern und Unternehmern tangieren.[49] Es erscheint nur natürlich, daß die politischen Entscheidungsträger bei der Abwägung konkurrierender Belange tendenziell dort Zugeständnisse machen, wo sich die einflußreichsten und für die eigenen Interessen nützlichsten Personen ansiedeln.[50] Die hohe politische Wertschätzung von PPP-Projektentwicklungen liegt wesentlich darin begründet, daß sie ein sehr breites Spektrum an

---

45 Vgl. Fainstein, Susan S.: The City Builders: property, politics and planning in London and New York, (Blackwell Publishers) Oxford and Cambridge 1994, S. 6; vgl. auch Stephenson, Max O.: Whither the public private partnership: A critical overview, in: Urban Affaires quarterly, 27. Jg., 1991, S. 109-127, hier S. 117; vgl. weiter Strom, Elizabeth A.: Öffentlich-private Partnerschaften bei der Stadterneuerung und Stadtentwicklung in den USA - Fünf Fallbeispiele, in: Heinz, Werner (Hrsg.): Public Private Partnership - ein neuer Weg zur Stadtentwicklung?, (W. Kohlhammer/Deutscher Gemeindeverlag) Stuttgart u. a. 1993, S. 125-198, hier S. 158.

46 Angaben von Herrn Hermann Laistner, Geschäftsführer der Ingenieurgesellschaft für Projektsteuerung, Ökologische Entwicklungsplanung und Technologietransfer mbH (POET), Gespräche u. a. am 05. Mai 1994 in Lauchheim und am 08. Februar 1995 in Bonn.

47 Vgl. die Ausführungen im dritten Kapitel, A I.

48 Stephenson spricht von einem "Gebäudekomplex" der Kommunalpolitiker; vgl. Stephenson, Max O.: Whither the public private partnership: A critical overview, in: Urban Affaires quarterly, 27. Jg., 1991, Nr. 1, S. 109-127, hier S. 116.

49 Entscheidungen über Flächennutzungen und Projektentwicklungen beeinflussen das Allgemeinwohl auf eine ganz entscheidende Weise. Fainstein nennt vier Gründe dafür, daß den "places" eine herausragende Wohlfahrtskomponente zukommt: (1) bilden sie die Basis menschlicher Identitäts- und Zugehörigkeitsgefühle, (2) sind sie Ort für wirtschaftliche Produktivität und Konsum, (3) sind sie Ort der politischen Repräsentation, und (4) sind sie ein Bereich, in dem staatliche Politikausübung auf die Menschen erfolgt; vgl. Fainstein, Susan S.: The City Builders: property, politics and planning in London and New York, (Blackwell Publishers) Oxford and Cambridge 1994, S. 223 f.

50 Das Problem der Interessendurchsetzung in einer Demokratie ist sehr diffizil zu beurteilen und Gegenstand zahlreicher politikwissenschaftlicher Schriften; vgl. (einführend) Massing, Peter: Interessengruppen, in: Nohlen, Dieter (Hrsg.): Wörterbuch Staat und Politik, 4. Aufl., (Serie Piper) München 1996, S. 289-290.

Möglichkeiten bieten, nach verschiedenen Seiten Zusagen zu machen und 'Geschenke' zu verteilen.[51] Hier ist z. B. an die Vergabe 'lukrativer' Aufträge an Geschäftsfreunde oder die Besetzung attraktiver Posten mit Parteifreunden zu denken. So ist es nicht überraschend, daß einer der zentralen Streitpunkte in den PPP-Projekten die Frage ist, welchem der Partner die Auftragsvergabe obliegt.[52]

Begriff und Konzept von PPP sind auch aus dem Grund sehr beliebt, daß sie der kommunalen Politik den Touch des Innovativen und Effizienten geben, den sie in der heutigen Zeit fortschreitender Politikverdrossenheit und Bürokratiekritik besonders benötigt.

Das Beispiel Stadt Frankfurt a. M.: In Frankfurt hat der Dezernent des Stadtplanungsamtes, Martin Wentz, die Public Private Partnership zu einem zentralen Profilierungskonzept seiner Politik erhoben. Die PPP-Projekte Westhafen und Rebstockpark wurden als Modellentwicklungen konzipiert, an denen eine zukunftsweisende Stadtentwicklung in Zusammenarbeit zwischen Stadt und privaten Investoren exemplarisch realisiert werden sollte. Zahlreiche Veröffentlichungen und internationale Symposien begleiteten die zu Beginn der neunziger Jahre beginnende PPP-Kampagne, die auch mit dazu beitrug, daß Frankfurt heute die Stadt ist, die mit dem Begriff PPP sehr stark assoziiert wird. Die ausgeprägte Profilierung hat natürlich auch politische Gegner und die Öffentlichkeit mobilisiert und dazu geführt, daß Konzeption und Entwicklung der Projekte sehr kritisch verfolgt wurden. Frankfurt-'Kenner' berichten, daß der bis dato unbefriedigende Verlauf der PPP-Projekte der politischen Glaubwürdigkeit Wentzes geschadet habe.

Die Interessen und Ziele der Verwaltungsmitarbeiter

Für die Verwaltungsmitarbeiter werden in Anlehnung an die mikro-ökonomische Theorie des Eigennutzens als Oberziele der Erhalt bzw. Ausbau von Macht- und Einflußbereichen und die Bestandssicherung bzw. Strukturbewahrung genannt.[53] Auf die sich daraus ableitenden Nutzenkalküle wird im folgenden nicht näher eingegangen, stattdessen wird eine Aufarbeitung von empirischem Wissen angestrebt. Auch hier weisen die Befunde aus der Literatur und die Erfahrungsberichte aus der Praxis immer wieder auf das Beharrungsvermögen bürokratischer

51 Vgl. Gräsel, Wolfgang: Das multifunktionale Stadtteilzentrum "Wasserbehälter Meiselmarkt" in Wien, in: Brech, Joachim (Hrsg.): Neue Wege der Planungskultur, Orientierungen in der Zeit des Umbruchs, (Verlag für wissenschaftliche Publikationen) Darmstadt 1993, S. 168-172, hier S. 171.

52 Angaben von Herrn W. Malte Mahler, Geschäftsführer der Immobilien Development und Beteiligungsgesellschaft IDB Niedersachsen, Hannover, Gespräch am 21. August 1995 in Hannover; vgl. auch die Ausführungen im siebten Kapitel, E.

53 Vgl. Braun, Günther E.: Ziele in öffentlicher Verwaltung und privatem Betrieb, (Nomos) Baden-Baden 1988, S. 116 ff.; vgl. auch Grosser, Guido; Schmidt, Holger: Altlastensanierung mit den Bürgern, Dortmunder Materialien zur Raumplanung Nr. 22, (Dortmunder Vertrieb für Bau- und Planungsliteratur) Dortmund 1994, S. 21.

Strukturen und die fehlende Leistungsorientierung der dort beschäftigten Mitarbeiter hin.[54] "Ein strenger Funktionalismus ... fördert auch die Einrichtung privater Imperien, ... die mehr mit politischen Kämpfen beschäftigt sind, die es zu gewinnen gilt, als mit der Zufriedenheit des Kunden."[55]

In einer Phase, die durch drastische Sparmaßnahmen und umfassende Reformbemühungen gekennzeichnet ist, verschärfen sich die organisationsinternen 'Kämpfe' um den Erhalt angestammter Kompetenzen und Privilegien. Planungs-, Stadtentwicklungs- und Bauämter sind von Personalabbaumaßnahmen besonders stark betroffen; teils erfolgen Anpassungen an rückläufige Auftragsbestände und eine weniger personalintensive Form der Leistungserstellung,[56] teils wird gezielt eine Strategie des Outsourcings verfolgt und Planung und Bauausführung verstärkt an privatwirtschaftliche Unternehmen übertragen. Dies führt dazu, daß in vielen Aufgabenfeldern der Planung und Projektentwicklung kommunale Ämter in einem unmittelbaren **Konkurrenzverhältnis** zu den Akteuren der privaten Wirtschaft stehen. Das Konkurrenzverhältnis wird dadurch verschärft, daß die Verwaltungsressorts sich von vielen Seiten dem Vorwurf des schwerfälligen, trägen Bürokratieapparates gegenüber sehen, der in seinem Denken und Handeln auf unverständliche Weise unwirtschaftlich ist.

Die krisenhafte Situation führt zu folgenden unterschiedlichen Zielorientierungen des Verwaltungshandelns:

1. die Selbstbehauptung und Identitätswahrung durch Festhalten an bewährten Ansichten, Werten und Handlungsformen,
2. der Versuch der Wahrung der traditionellen Einfluß- und Handlungsbereiche mit 'neuen' Mitteln,
3. die Widerlegung der Vorurteile und die Dokumentation der eigenen Leistungsfähigkeit.

zu 1.: Das Verharren in bewährten Praktiken ist weniger eine Zielorientierung im Sinne eines bewußt angestrebten Verhaltens; vielmehr bestimmt ein Widerstand träger Gewohnheit das Handeln. Vereinzelt zeigt sich hier aber auch ein 'trotziges' Aufbegehren gegen den massiven Erneuerungsdruck, dem die Verwaltungen ausgesetzt sind. Dieses Phänomen wird später als Reaktanzproblem weiter ausgeführt.[57] Es behindert das Funktionieren einer PPP erheblich.

---

[54] Vgl. Bruder, Wolfgang: Bürokratie, in: Nohlen, Dieter (Hrsg.): Wörterbuch Staat und Politik, 4. Aufl., (Serie Piper) München 1996, S. 74-78, hier S. 75 u. S. 78.

[55] Mintzberg, Henry: Mintzberg über Management: Führung und Organisation, Mythos und Realität, (Gabler) Wiesbaden 1991, S. 152 f.

[56] Im Bereich der Stadtplanung kann durch die Computerisierung rund ein Drittel aller Stellen eingespart werden; Angaben von Herrn Norbert Bensch, Stadtplanungsamt Mannheim, Gespräch am 10. Februar 1995 in Mannheim.

[57] Vgl. die Ausführungen im achten Kapitel, D V.

zu 2.: Die Bereitschaft zu gemeinsamen Aktionen mit dem privaten Sektor wächst vor allem dort, wo die Beteiligten erfahren, daß ihre Ziele der Selbstbehauptung und Einflußwahrung nicht mehr mit bewährten Handlungsformen zu realisieren sind. Aufgrund fehlender Finanzierungsmöglichkeiten und fehlender Personalkapazität sind viele Planungsämter heute nicht mehr in der Lage, Stadtentwicklungsprojekte in eigener Trägerschaft durchzuführen. Oft stellt eine PPP dann die einzige Möglichkeit dar, überhaupt eigene Zielvorstellungen in den Planungs- und Bauprozeß eines Vorhabens einzubringen.

Das Beispiel Stadt Kassel: In Kassel wurde das Stadtplanungsamt im Rahmen eines politischen Führungswechsels von ehemals 60 auf nunmehr 17 Mitarbeiter dezimiert; der Posten des (ehemals sehr einflußreichen) Amtsleiters wurde über einen längeren Zeitraum nicht besetzt. Ursprünglich war vorgesehen, das Projekt Wiederaufbau Unterneustadt von der Stadt durchführen zu lassen und lediglich die erforderlichen Planungs-, Koordinierungs- und Bauleitungsaufgaben an private Unternehmen zu übertragen - beispielsweise in Form eines Generalunternehmervertrages. Das Projektmanagement sollte zumindest solange in städtischer Hand liegen, bis "die rahmensetzenden Eckdaten der städtebaulichen Entwicklung festgezurrt sind." Mit der Schwächung des Planungsamtes wurde das Modell des städtischen Projektmanagements obsolet; es wurde ein Verfahrensmodell gewählt, das den politischen Vorstellungen besser entsprach: eine gemischt-wirtschaftliche Projektentwicklungs-GmbH, die das gesamte Projekt leitet und abwickelt. Die Beteiligungsverhältnisse sind so gewählt, daß die Stadt ein Drittel der Gesellschaftsanteile hält, die übrigen beiden Drittel teilen sich die Stadtsparkasse Kassel und die Bavaria Objekt- und Baubetreuungs GmbH, eine Tochter der Berliner Landesbank.[58]

zu 3.: Bei der Beurteilung der Leistungsfähigkeit von Verwaltungen rücken Kriterien wie Handlungseffizienz, Handlungsflexibilität und Handlungsgeschwindigkeit zunehmend in den Vordergrund. Im Rahmen einer PPP kann eine Verwaltung ihr Leistungsvermögen unter Beweis stellen, indem sie Planungs- und Baugenehmigungsverfahren entsprechend schnell vorantreibt und flexibel auf die Bedarfe der privaten Unternehmer reagiert. Eine Vorreiterrolle nehmen diesbezüglich die ausgegliederten, verselbständigten Verwaltungseinheiten ein. Sie neigen in besonderem Maße dazu, sich die Anliegen und Interessen ihrer Klientel, der Wirtschaft, zu eigen zu machen und Gemeinwohlauftrag und Klientelinteressen zu verwechseln.[59] Einige Autoren haben auf die bedeutenden ideologischen Implikationen hingewiesen, die die Neudefinition von politischer Rationalität als

---

58 Angaben von Herrn Jochum, Amt für Stadtplanung und Stadterneuerung Kassel, Gespräch am 01. Februar 1995 in Kassel; vgl. auch die Ausführungen zum Projekt im fünften Kapitel, D II 2 und im sechsten Kapitel, C II 2.

59 Vgl. Schuppert, Gunnar Folke: Verwaltungswissenschaft als Steuerungswissenschaft, Zur Steuerung des Verwaltungshandelns durch Verwaltungsrecht, in: Hoffmann-Riem, Wolfgang (Hrsg.): Reform des allgemeinen Verwaltungsrechts, (Nomos) Baden Baden 1993, S. 65-114, hier S. 81.

ökonomische Effizienz mit sich bringt: de facto werden öffentliche Ziele durch private Ziele ersetzt.[60]

III. Die Ziele bei Wahl und Gestaltung der PPP

Die in der Literatur aufgeführten PPP-spezifischen Ziele der öffentlichen Hand lassen sich im wesentlichen zwei kategorialen Gruppen zuordnen. Die erste Gruppe knüpft an die Vorstellungen an, die im Rahmen der vorliegenden Arbeit als "gesamtgesellschaftliche Ziele" bezeichnet wurden: die Mobilisierung privaten Kapitals und Know-hows, die Entlastung der öffentlichen Haushalte und die Beschleunigung von Stadtentwicklungsvorhaben. Sie werden im folgenden in der Zielkategorie **Partizipation an den Ressourcen des privaten Sektors** zusammengefaßt. Die zweite Gruppe bezieht sich auf die oben ausgeführten Überlegungen zur "Wahrung traditioneller Einfluß- und Handlungsbereiche": eine PPP ermöglicht es der öffentlichen Hand, über Gestaltungs- und Nutzungskonzepte einer privatwirtschaftlichen Projektentwicklung mit zu entscheiden. Diese Ziele werden hier in der Kategorie **Sicherung eigener Interessen in der Projektentwicklung** erfaßt.

Neben den beiden genannten läßt sich ein dritter Argumentationskomplex ausmachen, der in der Literatur in Verbindung mit den Motiven für Organisationsentscheidungen im öffentlichen Sektor thematisiert wird: mit einer PPP strebt die öffentliche Hand an, haushaltsrechtliche Komplikationen, beamten- und stellenrechtliche Restriktionen, aufsichtsrechtliche Steuerung und Kontrolle u. a. m. zu umgehen, kurz: der institutionellen Logik ihrer eigenen Organisations- und Handlungsstrukturen zu entkommen.[61] Diese Zielvorstellungen werden in der Kategorie **Vermeidung institutioneller Restriktionen** zusammengefaßt. Aus Sicht der öffentlichen Hand ist es oftmals nicht primär die Beteiligung eines privaten Partners, sondern die organisatorische Ausgliederung der Projektentwicklungsaktivitäten aus den Verwaltungsstrukturen, die den entscheidenden Schub für eine Effektivitäts- und Effizienzsteigerung des Handelns bewirkt.[62]

Ein wichtiger Aspekt im Rahmen der Vermeidungsstrategien betrifft die Umgehung bzw. Verschiebung von Verantwortlichkeiten: eine PPP ermöglicht es der öffentlichen Hand, Erfolge einer Projektentwicklung als Ergebnis eigenen Wirkens zu deklarieren und

---

60 Vgl. Stephenson, Max O.: Whither the public private partnership: A critical overview, in: Urban Affaires quarterly, 27. Jg., 1991, Nr. 1, S. 109-127, hier S. 117 f.; vgl. auch Heinz, Werner (Hrsg.): Public Private Partnership - ein neuer Weg zur Stadtentwicklung?, (W. Kohlhammer/Deutscher Gemeindeverlag) Stuttgart u. a. 1993, S. 502; vgl. hierzu auch die Ausführungen über das Werteproblem im achten Kapitel, D VI.

61 Vgl. ausführlich Löser, Roman: Wahl und Bewertung von Rechtsformen für öffentliche Verwaltungsorganisationen, hrsg. v. der Hochschule für Verwaltungswissenschaften Speyer, Speyerer Arbeitshefte Nr. 83, Speyer 1988, S. 25.

62 Übereinstimmende Angaben mehrerer Gesprächspartner; u. a. Herrn Hermann Laistner, Geschäftsführer der Ingenieurgesellschaft für Projektsteuerung, Ökologische Entwicklungsplanung und Technologietransfer mbH (POET), Gespräche u. a. am 05. Mai 1994 in Lauchheim und am 08. Februar 1995 in Bonn.

unpopuläre Entscheidungen dem Verantwortungsbereich des privaten Partners zuzuordnen. Damit ist eine weitere Zielrichtung angesprochen, die sich im Rahmen der eigenen empirischen Untersuchungen als sehr bedeutsam herauskristallisiert hat: mit einer PPP können die Akteure des politisch-administrativen Systems Innovationskraft, Tatkraft und Zukunftsorientierung unter Beweis stellen. Gleichzeitig bietet eine PPP die Möglichkeit, Kontakte zu einflußreichen Wirtschaftsvertretern zu pflegen und den verschiedensten Einzelpersonen und Interessengruppen Gefälligkeiten zu erweisen. Diese Ziele werden in der Kategorie **Imagegewinn und Beziehungspflege** erfaßt.

Im einzelnen lassen sich für die vier aufgeführten Bereiche folgende Ziele nennen:

Übersicht 4.1: Die PPP-spezifischen Ziele der öffentlichen Hand

Partizipation an Ressourcen des privaten Sektors	**Sicherung eigener Interessen in der Projektentwicklung**
Duchführung von Projekten, zu denen die öffentliche Hand allein nicht in der Lage ist Mobilisation zusätzlicher Finanzmittel, fachlicher Kompetenzen und Kapazitäten Risikoübertragung bzw. Risikoteilung frühzeitige Integration privatwirtschaftlicher Handlungslogik in die Projektentwicklung Gewährleistung der Einhaltung von Kosten- und Finanzierungsplänen insgesamt zügigere Realisierung von Projekten Partizipation an realisierten Projekterträgen	Gewährleistung hoher städtebaulicher Standards Sicherung von Umwelt- und Sozialverträglichkeit private Mitfinanzierung öffentlicher Bedarfe gleichzeitige Entwicklung rentierlicher und unrentierlicher Nutzungen Mitbestimmung bei Auftragsvergaben Mitbestimmung bei späterer Investorenauswahl Vertragsfungibilität bzgl. Partnertausch
Vermeidung institutioneller Restriktionen	**Imagegewinn und Beziehungspflege**
Vermeidung von Haushaltsbelastungen größeren Umfangs Umgehung haushaltsrechtlicher Komplikationen Umgehung beamten- und stellenrechtlicher Restriktionen Umgehung kapital- und schadenshaftungsrechtlicher Risiken Umgehung aufsichtsrechtlicher Steuerung und Kontrolle Umgehung institutioneller, finanzieller, politischer und persönlicher Verantwortung	Dokumentation von Problembewußtsein, Zukunftsdenken, Managementorientierung interessengerechte Interpretation und mediengerechte Präsentation von Entscheidungen und Handlungen Beziehungspflege zur Privatwirtschaft als einflußreiche Interessengruppe Verteilung von Gefälligkeiten an einflußreiche Personen Schaffung attraktiver Stellen wie Aufsichtsratsposten, Geschäftsführerposten

Von Seiten der politischen Führung erfreuen sich Begriff und Sache der PPP großer Beliebtheit, während das Konzept in den Verwaltungen teils skeptisch gesehen wird. Wie das Beispiel Kassel zeigt,[63] folgt die PPP-Strategie oft weniger einer Überzeugungshaltung als vielmehr dem Zwang der Rahmenbedingungen. Aber auch von Verwaltungsmitarbeitern wird eingeräumt, daß eine Übertragung von Aufgaben an die Privatwirtschaft durchaus mit Vorteilen verknüpft sein kann. Ein 'delikates' Beispiel hierfür ist die Flächenfreilegung:

> "Wenn es darum geht, Altbewohner und Gewerbetreibende zu einer Aufgabe ihrer Wohn- oder Betriebsstandorte zu bewegen, können private Unternehmer viel skrupelloser vorgehen. Da werden nicht nur entsprechende Geldzahlungen geboten, sondern auch mit härteren Mitteln nachgeholfen. Die Stadt kann es sich nicht leisten, mit umstrittenen Praktiken im Verkaufs- und Entmietungsgeschäft in die Schlagzeilen zu geraten."[64]

C. Die Ziele des Private-Sektors

I. Das Leitziel "Gewinn"

Als zentrale Orientierungs- und Richtgröße unternehmerischen Handelns gilt die Gewinnerzielung, die eine notwendige Voraussetzung für den Fortbestand eines Unternehmens bildet. Die Befunde der modernen Zielforschung zeigen jedoch, daß die klassische Gewinnmaximierungshypothese in ihrem absoluten Anspruch nicht aufrechterhalten werden kann, daß vielmehr die Unternehmen dem Gewinnziel eine eher relative Bedeutung einräumen und eine Vielzahl von Zielen gleichzeitig verfolgen. Als Zielkategorien unterscheidet Meffert:[65]

(1) Marktstellungsziele wie Marktanteil, Umsatz, neue Märkte,

(2) Rentabilitätsziele wie Gewinn, Umsatzrentabilität,

(3) finanzielle Ziele wie Kreditwürdigkeit und Liquidität,

(4) soziale Ziele in bezug auf die Mitarbeiter,

(5) Macht- und Prestigeziele wie Image, politischer oder gesellschaftlicher Einfluß.

In der Literatur wird häufig auf den eher eindeutigen Charakter der Ziele in privaten Unternehmen im Vergleich zu denen der öffentlichen Hand verwiesen.[66] Wenngleich diese Aussage unbestritten ist, so erscheint eine differenzierte Betrachtung angebracht: Für den hier

---

63 Vgl. die Ausführungen unter B II.

64 Vertrauliche Aussage eines Gesprächspartners.

65 Vgl. Meffert, Heribert: Marketing, Bd. 1: Grundlagen der Absatzpolitik, 7., überarb. u. erw. Aufl., (Gabler) Wiesbaden 1991, S. 78.

66 Vgl. Braun, Günther E.: Ziele in öffentlicher Verwaltung und privatem Betrieb, (Nomos) Baden-Baden 1988, S. 152.

untersuchten unternehmerischen Tätigkeitsbereich reichen die Planungsvorstellungen sehr weit in die Zukunft; eine Operationalisierung von Zielangaben ist äußerst schwierig. Aufgrund der extrem langen Planungs- und Realisierungszeiträume sind Kalkulationen mit hoher Unsicherheit verbunden; Umsatz-, Gewinn- und Rentabilitätsziele können nur recht willkürlich genau fixiert werden. Dies führt im Immobiliengeschäft vielfach dazu, auf eine quantitative Festlegung von Zielrenditen zu verzichten und nur ganz allgemeine Anspruchsformulierungen eines "ausreichenden Gewinns" in die Entscheidung über die Durchführung eines Projektes einfließen zu lassen.

Auch ist die Immobilienentwicklung bis heute ein Geschäft geblieben, das überwiegend 'aus dem Bauch heraus' praktiziert wird. Der typische "Immobilienmensch" ist ein Pragmatiker und Entrepreneur, der von einem ausgeprägten Erfolgswillen besessen ist, von seiner persönlichen Überzeugungskraft lebt und mehr seinem Gefühl denn Marktprognosen und Statistiken traut. Auf die Frage, ob nicht die Banken zu einer ernsthaften Konkurrenz im Immobilienentwicklungsgeschäft werden könnten, antwortete ein Praktiker: "Mit der Banker-Mentalität kann man kein Projekt durchziehen."[67] Fainstein macht die Persönlichkeitseigenschaften der Manager dafür verantwortlich, daß das Prinzip der "unternehmerischen Vorsicht" im Immobilienbereich weniger als in anderen Wirtschaftssektoren zu gelten scheint.[68]

Einen besonderen Stellenwert nehmen in der Immobilienbranche die **Marktstellungs-, Macht- und Prestigeziele** ein. Fainstein stellt nach einer großangelegten Befragung von Developern und Investoren in London und New York fest: "Ich war beeindruckt über das Ausmaß, in dem diese Projekte durch Männer gesteuert werden, die ihre Selbstverwirklichung im Bau imposanter Gebäude finden und danach streben, ihren persönlichen Stempel in die Umwelt zu setzen."[69] In einem eigenen Gespräch merkt ein Investor an: "Es interessiert nicht, bei welchem Projekt man am meisten verdienen kann. Die zentrale Frage ist die, was man im Markt bewirken kann."[70]

Den **finanziellen Zielen** kommt in der Immobilienprojektentwicklung ebenfalls eine sehr wichtige Bedeutung zu. Die Sicherung der Finanzierbarkeit eines Vorhabens bildet häufig den entscheidenden Engpaß bei seiner Realisierung. Es kann fast schon als Gesetzmäßigkeit der Branche gelten, daß "so lange gebaut wird, solange Geld da ist". In einigen PPP-Modellen besteht die Attraktivität der Arrangements für den privaten Sektor darin, über die Kooperation

---

67 Aussage von Herrn Johannes Schnermann, ECE Projektmanagement GmbH, Hamburg, Gespräch am 13. Dezember 1994 in Hamburg.

68 Vgl. Fainstein, Susan S.: The City Builders: property, politics and planning in London and New York, (Blackwell Publishers) Oxford and Cambridge 1994, S. 223.

69 Eigene Übersetzung aus: Fainstein, Susan S.: The City Builders: property, politics and planning in London and New York, (Blackwell Publishers) Oxford and Cambridge 1994, S. 4.

70 Aussage von Herrn Jeff Ernst Kirchhoff, Geschäftsbereichsleiter Corporate Real Estate Service, Müller International Immobilien, Gespräch am 05. April 1995 in Düsseldorf.

mit der öffentlichen Hand neue Möglichkeiten der Projektfinanzierung zu erschließen, so durch die Partizipation an staatlichen Förderprogrammen oder den Erhalt subventionierter Grundstücke im Besitz öffentlich-rechtlicher Körperschaften.

II. Die Kalküle der Developer und Investoren

Auf seiten des privaten Sektors beteiligen sich Unternehmen aus unterschiedlichen Wirtschaftsbranchen an kooperativen Arrangements mit der öffentlichen Hand. Je nach Systemlogik und Geschäftspolitik einer Branche oder eines Unternehmens stehen andere Ziele im Vordergrund der strategischen Kooperationsbeziehungen und Zusammenschlüsse. In der Umgangssprache wird vor allem danach unterschieden, ob ein "Developer" oder ein "Investor" eine Projektentwicklung durchführt:[71]

- Der **Investor** realisiert ein bauliches Vorhaben als "Eigengeschäft"; er bleibt Eigentümer der von ihm entwickelten Grundstücke und erstellten Gebäude.
- Der **Developer** realisiert eine Grundstücksentwicklung/ein bauliches Vorhaben als "Eigengeschäft" oder "Auftragsgeschäft", um den Entwicklungsgewinn durch Veräußerung der Grundstücke/Gebäude zu realisieren.

Diese Klassifizierung ist durch viele Verwirrungen und Mißverständnisse geprägt, zumal eine eindeutige Unterscheidung nicht möglich ist. So sind viele Investoren keine echten "Endinvestoren", da sie sich im Rahmen von Fondsmodellen über privates Eigenkapital finanzieren. Auch verfolgen viele Projektentwickler bzw. Investoren eine Mischstrategie, d. h. sie entwickeln ein komplexes Gebiet, um nur bei einigen Teilflächen auch als Investor tätig zu werden. Grundsätzlich ist in der Projektentwicklung zwischen folgenden Verrichtungsbedingungen und Produkten zu unterscheiden.[72]

71 Vgl. ähnlich Bunzel, Arno u. a. (Hrsg.): Städtebauliche Verträge, Rechtliche Grundlagen, Hinweise zur Vertragsgestaltung, Regelungsbeispiele und Vertragsmuster, DIfU-Beiträge zur Stadtforschung, Bd. 14, (Deutsches Institut für Urbanistik) Berlin 1995, S. 40.

72 Vgl. zu den Verrichtungsbedingungen ähnlich Müller, Wolfgang-Hans: Projektsteuerung in Kommunalverwaltungen, aus: WIBERA-Bürgermeister Handbuch, Grundwerk 1994 einschließlich Aktualisierungs- und Ergänzungslieferung Februar 1995, (Kognos) Düsseldorf 1995, Abschnitt 5-2.3, S. 10.

Übersicht 4.2: Verrichtungsbedingungen und Produkte der Projektentwicklung

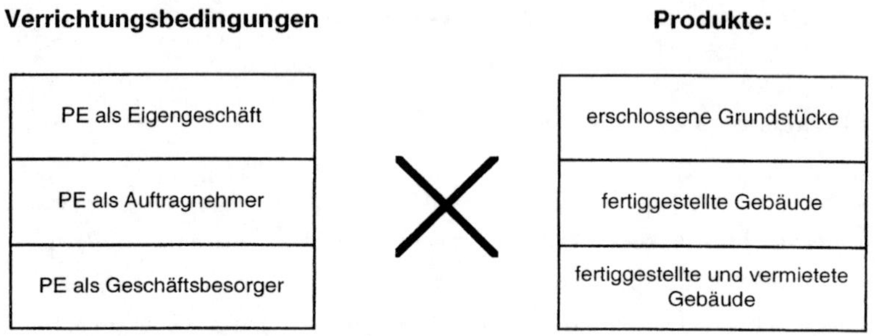

1. Der Developer, der ein Projekt **als Eigengeschäft** betreibt, verkauft entwickelte Grundstücke in der Regel an (Einzel-)Bauherren bzw. -Investoren; Abnehmer fertiggestellter (und evtl. vermieteter) Gebäude sind typischerweise Fonds oder Versicherungen. Das Ziel des Projektentwicklers ist es, aus den eintretenden Bodenwertsteigerungen eine möglichst hohe Gewinnspanne zu realisieren.

2. Der Projektentwickler, der **im Auftrag eines Bauherrn** tätig wird, vereinbart mit diesem meist einen Festpreis mit Fertigstellungs- und Termingarantie; er übernimmt also in begrenztem Rahmen eigenes Entwicklungsrisiko.[73] Die Einzelabrechnung von Leistungen ist in der Privatwirtschaft weniger üblich, gewinnt aber im Rahmen des noch jungen Marktsegmentes der "Projektentwicklung für öffentliche Trägerhaushalte" an Bedeutung. Als Richtwerte für die Bezahlung der Tätigkeiten können folgende prozentuale Aufschläge auf den Umsatz gelten:[74]

   - Grundstückskauf: 5 % (Vermittlungsgebühr),
   - Projektentwicklung: 3 %,
   - Baubetreuung: 5 %,
   - Gewinn: 3 %.

3. Handelt der Entwickler **als Geschäftsbesorger**, rechnet er die ihm entstehenden Kosten mit seinem Auftraggeber ab. Dies ist bei treuhänderischen Projektentwicklungen für die öffentliche Hand üblich sowie bei Geschäftsbeziehungen zwischen verbundenen Unternehmen der privaten Wirtschaft. Die ECE Projektmanagement GmbH, die ein Drittel

---

73 Vgl. Schetter, Hans Helmut: Projektmanagement/Projektwirtschaft in der Bauindustrie, in: Motzel, Erhard (Hrsg.): Projektmanagement in der Baupraxis bei industriellen und gewerblichen Bauprojekten, (Ernst & Sohn) Berlin 1993, S. 49-55, hier S. 51.

74 Angaben von Herrn Klaus Heidkamp, Mitglied der Geschäftsleitung Unternehmensgruppe Roland Ernst, Gespräche am 26. Februar 1995 in Heidelberg, am 08./09. März in Berlin-Teltow.

aller deutschen Einkaufszentren baut und managt, agiert als Geschäftsbesorger im Auftrag spezieller Eigentümer- bzw. Objektgesellschaften. Sie werden für jedes Projekt in unterschiedlicher Zusammensetzung gegründet; beteiligt sind vor allem Unternehmen, die mit der Muttergesellschaft, dem Otto-Versand, verflochten sind. In diesem Fall sind Projektentwickler und Investor quasi identisch.[75]

An PPP-Projektentwicklungen sind privatwirtschaftliche Unternehmen mit sehr unterschiedlichen Tätigkeitsschwerpunkten beteiligt. Bezüglich der jeweiligen Interessenlage ist insbesondere zwischen Unternehmen der Immobilienwirtschaft, der Bauwirtschaft und der Finanzwirtschaft zu unterscheiden:

Übersicht 4.3: Die Ziele der privaten Unternehmen nach Branchenzugehörigkeit

Projektentwicklung durch		
Immobilienwirtschaft	**Bauwirtschaft**	**Finanzwirtschaft**
	Ziel der Projektentwicklung	
Vereinigung aller Projektentwicklungsaktivitäten in einer Hand und Einbeziehung der "Handelsspannen" vor und nach der Projektrealisierung	Projektentwicklung als Instrument des Beschaffungsmarketings zur optimalen Auslastung der betrieblichen Kapazitäten	Projektentwicklung als Instrument des Beschaffungsmarketings im Kreditgeschäft
	Ziel der PPP	
Sicherung der Unterstützung durch die öffentliche Hand in ihrer Funktion als hoheitliche Planungs- und Genehmigungsinstanz, ggf. auch als Grundstücks-eigentümerin, Fördermittel-empfängerin, Investorin	Umgehung der offiziellen Ausschreibungsverfahren zur Erlangung von Bauaufträgen	Übernahme der Folgefinanzierungen, die sich im Rahmen der Projektentwicklung ergeben

Quelle: Darstellung z. T. in Anlehnung an Müller, Wolfgang-Hans: Projektsteuerung in Kommunalverwaltungen, in: WIBERA-Bürgermeister Handbuch, Grundwerk 1994 einschließlich Aktualisierungs- und Ergänzungslieferung Februar 1995, (Kognos-Verlag) Düsseldorf 1995, Abschnitt 5-2.3, S. 11 f.

Unternehmen der Bauwirtschaft verfolgen bei einer Beteiligung an einer PPP-Projektgesellschaft in der Regel das Ziel, als **Auftragnehmer** von Hoch- und Tiefbauarbeiten in der Projektentwicklung tätig zu werden. Ihr Kapitaleinsatz und ihre Risikoübernahme innerhalb der Vorhabenrealisierung sind meist sehr begrenzt. Gleiches gilt für die Finanzierungsinstitute, die sich häufig als Minderheitengesellschafter an PPP-Projektgesellschaften beteiligen. Sie stellen in der Regel nur sehr wenig Eigenkapital für das Entwicklungsgeschäft zur Verfügung; das Fremdkapital wird meist zu Konditionen gewährt, die nur wenig unter den

75 Angaben von Herrn Schneermann, ECE Projektmanagement GmbH, Hamburg, Gespräch am 13. Dezember 1994 in Hamburg; vgl. auch die Ausführungen über die Projektfinanzierung im fünften Kapitel, C I.

üblichen Marktbedingungen liegen. Das Hauptinteresse der Finanziers richtet sich jedoch nicht auf die Fremdfinanzierung des Vorhabens selbst, sondern auf die **Übernahme der Folgefinanzierungen**. Nach Erfahrungswerten finanzieren ca. 80 % der Grundstückserwerber über die Bank, die an einer Entwicklungsgesellschaft beteiligt ist.[76] Auch viele sonstige Unternehmen, die sich an PPP-Projektgesellschaften beteiligen, verfolgen primär das Ziel, als Dienstleister innerhalb der Projektentwicklung tätig zu werden. Es sind dies vor allem Bauträger(gesellschaften), Planungs- und Ingenieurbüros und die Landesentwicklungsgesellschaften.[77]

Andere private Unternehmen, vor allem Bauträger und professionelle Developer, verfolgen demgegenüber das Ziel, den **Entwicklungsgewinn** aus der Grundstücksaufbereitung zu realisieren. Ihre enge Kooperation mit der öffentlichen Hand, ggf. mit Gesellschaftszusammenschluß, kann beispielsweise dadurch motiviert sein, daß öffentliche Fördergelder mobilisiert werden können, die für ein rein privatwirtschaftlich agierendes Unternehmen ansonsten nicht zugänglich sind. Vielfach ist es auch die öffentliche Hand, die ihr persönliches Interesse an einer engen Kooperation, an Einflußnahme und Mitbestimmung in der Planungs- und Durchführungsphase durchsetzt. Dies ist vor allem dann der Fall, wenn sie selbst (Teil-)Eigentümerin der zu entwickelnden Grundstücke ist.

Die Attraktivität des reinen Projektentwicklungsgeschäftes ist jedoch bei vielen der meist sehr großdimensionierten PPP-Projekte gering. Es fallen teure Sanierungs- und Bauarbeiten an, es sind in großem Umfang öffentliche Infrastrukturbedarfe zu decken, und das Risiko des Gesamtvorhabens ist in der Regel sehr hoch. Viele Developer willigen daher nur aus dem Grund in die Durchführung einer Projektentwicklung ein, weil die Aussicht besteht, einen Teil der entwickelten Grundstücke im Anschluß selbst zu kaufen, d. h. als Investor tätig zu werden. Häufig verzichten die privaten Unternehmen aus strategischen Gründen darauf, eine Ankaufsoption vertraglich zu fixieren, da ihre Motivation für die Entwicklungstätigkeit offensichtlich würde. "Steht der Verkauf der Grundstücke dann an, findet sich zunächst kein Investor. Der private Partner springt 'großzügig' ein und erwirbt die Grundstücke zu einem Freundschaftspreis."[78]

III. Die Ziele bei Wahl und Gestaltung der PPP

Die Ziele, die die privaten Projektentwickler mit einer PPP verfolgen, können in ähnlicher Weise systematisiert werden wie die des Public-Sektors. In der Literatur werden vor allem solche Ziele aufgeführt, die sich der Kategorie **Partizipiation an den Ressourcen des**

---

76 Angaben von Herrn W. Malte Mahler, Geschäftsführer der Immobilien Development und Beteiligungsgesellschaft IDB Niedersachsen, Hannover, Gespräch am 21. August 1995 in Hannover.

77 Vgl. zu den Landesentwicklungsgesellschaften die Ausführungen im sechsten Kapitel, B I 2.

78 Vertrauliche Aussage eines Gesprächspartners.

öffentlichen Sektors zuordnen lassen: die Einflußnahme auf planungsrechtliche Vorschriften, die Erlangung von Verfügungsrechten über staatliches Grundeigentum, der Erhalt finanzieller Unterstützungsleistungen u. a. m.[79] Eine zweite Gruppe von Zielen, deren große Relevanz die Praxisgespräche belegen, bezieht sich auf das Bestreben, die Verfahren der politischen Konsensfindung sowie der Projektplanung und -genehmigung voranzutreiben; die Kategorie wird **Beschleunigung des Projektvorhabens** genannt.

Bei der konkreten Ausgestaltung eines PPP-Arrangements stehen solche Ziele im Vordergrund, die der **Sicherung von Entscheidungs- und Handlungsautonomie** des privatwirtschaftlichen Agierens dienen: die Reduktion kommunalpolitischer Mitspracherechte und Zustimmungsbedarfe im Entwicklungsprozeß sowie die Absicherung vor Risikoübernahmen für unvorhergesehene Ereignisse. Von Relevanz sind aber auch im privaten Sektor Ziele, die sich in einer Kategorie **Imagegewinn und Beziehungspflege** zusammenfassen lassen. Eine zynische Beschreibung hierfür findet sich bei Helms: "Das Canary-Wharf-Sanierungsprojekt umhüllt Olympia & York mit der Tugendhaftigkeit des Lokalheroen, der sich Gedanken macht über die langfristige Befriedigung der städtischen Bedürfnisse. Es entsteht ein Bild von O&Y als Retter der Stadt, der sich ein hochriskantes Projekt auf die Schultern lädt, das 'weniger wagemutige' Bauherren nicht anrühren."[80]

Im einzelnen lassen sich für die vier aufgeführten Bereiche die in Übersicht 4.4 zusammengestellten Ziele nennen.

Wie bereits in Zusammenhang mit dem Public-Sektor ausgeführt, erfolgt die Entscheidung für eine PPP-Projektentwicklung auch im privaten Sektor oftmals nicht aus strategischen Erwägungen, sondern weil die Rahmenbedingungen es erzwingen. In vielen Projekten wird einer Beteiligung öffentlicher Partner an gemeinsamen Grundstücks- oder Projektentwicklungsgesellschaften nur aus dem Grund zugestimmt, weil eine Projektentwicklung in alleiniger Verantwortung nicht oder nicht mehr möglich ist.

Das Beispiel Rebstock-Projekt, Frankfurt a. M.: In Frankfurt waren die Planungen der Philipp Holzmann AG für das Rebstock-Projekt bereits weit fortgeschritten: alle Grundstücke - bis auf wenige im Eigentum der öffentlichen Hand - waren angekauft, für alle Flächen Vorverträge mit den zukünftigen Investoren der neuen Bürostadt abgeschlossen, und der CDU-Magistrat hatte dem Projekt zugestimmt. Da es jedoch bis zu den Neuwahlen 1989 nicht gelungen war, den erforderlichen Beschluß der Stadtverordnetenversammlung herbeizuführen,

---

79 Vgl. z. B. (als Zusammenfassung verschiedener Autorenbeiträge) Heinz, Werner (Hrsg.): Public Private Partnership - ein neuer Weg zur Stadtentwicklung?, (W. Kohlhammer/Deutscher Gemeindeverlag) Stuttgart u. a. 1993, S. 501 f.

80 Helms, Hans G. (Hrsg.): Die Stadt als Gabentisch, Beobachtungen der aktuellen Städtebauentwicklung, (Reclam) Leipzig 1992, S. 180; vgl. zum Projekt die Ausführungen im achten Kapitel, B II 1.

Übersicht 4.4: Die PPP-spezifischen Ziele des privaten Sektors

Partizipation an Ressourcen des öffentlichen Sektors	**Die Sicherung von Entscheidungs- und Handlungsautonomie**
Mitgestaltung und Modifikation planungsrechtlicher Vorschriften Verlagerung von Projektrisiken auf die öffentliche Hand Erhalt finanzieller Unterstützungsleistungen (z. B. subventionierte Grund-stücke, steuerliche Vergünstigungen, Fördergelder, zinsgünstige Darlehen) Zugang zu lokalen Befugnissen und Informationskanälen Erlangung von Verfügungsrechten über staatliches Grundeigentum Bereitstellung ergänzender Infrastruktur durch den staatlichen Sektor	Vermeidung häufiger Ratsbeschlüsse Vermeidung gesellschaftsrechtlich/ vertraglich verankerter kommunaler Einfluß- und Kontrollrechte Vermeidung aufsichtsrechtlicher Mitsprache und Kontrolle Sicherung der Grundstücksfungibilität Sicherung von Diskretion bezüglich Geschäftspolitik Vermeidung von Risikoübernahmen für unvorhergesehene Ereignisse
Beschleunigung der Projektdurchführung	**Imagegewinn und Beziehungspflege**
Sicherung von Projektunterstützung auf hoher politischer Ebene Motivation der öffentlichen Institutionen zu einer engagierten Zu- und Mitarbeit gemeinsame Überwindung von Widerständen Identifikationsförderung der öffentlichen Hand mit Projekt durch Gewinnbeteiligung/Risikoübernahme Durchführungssicherung bei Wechsel der politischen Führung	Dokumentation von Verantwortungsbewußtsein und Leistungsfähigkeit Imageprägung als "kommunaler Partner" interessengerechte Interpretation und mediengerechte Präsentation von Entscheidungen und Handlungen Beziehungspflege zur öffentlichen Hand als bedeutender Auftraggeberin Beziehungspflege zu sonstigen Kooperations- und Marktpartnern

gelang es der neugewählten rot-grünen Mehrheitsfraktion, das Projekt in seinen ursprünglichen Planungen zu 'kippen'. Die Zustimmungsbereitschaft wurde an die Bedingung eines neuen Nutzungskonzepts und einer Beteiligung der Stadt an einer gemeinsam zu gründenden Projektgesellschaft geknüpft. Nach langjährigen zähen Verhandlungen einigten sich die Philipp Holzmann AG und die Stadt Frankfurt Ende 1994 auf die Modalitäten der Projektabwicklung. Für das private Unternehmen hat sich die Attraktivität des Vorhabens deutlich verschlechtert; der Projektbeginn hat sich um etwa 5 Jahre verzögert und fällt nun in eine konjunkturell ungünstige Phase; alle früheren Investoren haben sich von ihren Kaufabsichten distanziert. Hinzu kommt, daß die Handlungsfähigkeit der gemeinsamen Projektentwicklungs-GmbH durch komplizierte Zuständigkeits- und Beauftragungsregelungen stark eingeschränkt ist.[81]

[81] Vgl. zum Projekt die Ausführungen im sechsten Kapitel, C II 3.

D. Die gemeinsamen Ziele der Kooperanden

I. Überlegungen zur Zielkompatibilität

"Unterschiedliche Ziele bedeuten eine schwache Kooperationsintensität. Nur eine breite Gemeinsamkeit ermöglicht eine hohe Kooperationsintensität."[82] Diese für den Unternehmensbereich getroffene Aussage gilt grundsätzlich auch für Kooperationen zwischen Unternehmen und staatlichen Institutionen. Die Tatsache, daß "nahezu kein Ziel eines privaten Projektentwicklers ein Ziel der öffentlichen Hand tangiert",[83] hat einige Autoren zu der Frage veranlaßt, ob es denn überhaupt möglich sei, daß aus einer PPP eine funktionierende Kooperationsbeziehung werde.[84] Für die öffentliche Hand ist eine Orientierung an Gewinnzielen vom Ansatz her ebenso fremd wie für privatwirtschaftlich agierende Unternehmen eine Orientierung an Gemeinwohlzielen.[85] Neben den konkurrierenden Zielbeziehungen sind es die Unterschiede in den Handlungsgewohnheiten und Entscheidungsabläufen, die die Kooperation zwischen öffentlichen und privaten Partnern außerordentlich erschweren.

Eine systemtheoretische Betrachtungsweise legt es nahe, die Hauptfunktion eines PPP-Arrangements nicht in der Herstellung von Konsens zu sehen. Mit einem solchen Anspruch ist die Kooperationsbeziehung überfordert, und es wird gerade verhindert, daß sich ihre eigentliche Stärke entfaltet, "nämlich die präzise Bezeichnung jener Differenzen, die weder nivelliert noch übergangen werden können, die sich aber anbieten als Kristallisationspunkte kompatibilisierbarer Optionen."[86] Der Denkansatz ist insofern von Bedeutung, als er überzogene Ansprüche an eine Teilung von Zielen und Verantwortlichkeiten der Partner reduziert. Kooperation wird auch dann als möglich angesehen, wenn die Partner ein wechselseitiges Interesse daran haben und in Erwartung eines Nicht-Null-Summen-Spiels einen Prozeß der Zusammenarbeit in Gang halten, für den fundamentale Konfliktsituationen eher die Regel als die Ausnahme sind.[87]

---

82 Tietz, Bruno: Zukunftsstrategien für Handelsunternehmen, (Deutscher Fachverlag) Frankfurt a. M. 1993, S. 657.

83 Eigene Übersetzung aus: Stephenson, Max O.: Whither the public private partnership: A critical overview, in: Urban Affaires quarterly, 27. Jg., 1991, Nr. 1 , S. 109-127, hier S. 119.

84 Vgl. z. B. Whitney, David: Öffentlich-private Partnerschaften bei der Stadterneuerung und Stadtentwicklung - Sind die Beteiligten der öffentlichen und privaten Hand gleichgestellte Partner? in: Heinz, Werner (Hrsg.): Public Private Partnership - ein neuer Weg zur Stadtentwicklung?, (W. Kohlhammer/Deutscher Gemeindeverlag) Stuttgart u. a. 1993, S. 249-273, hier S. 254; vgl. auch Stephenson, Max O.: Whither the public private partnership: A critical overview, in: Urban Affaires quarterly, 27. Jg., 1991, Nr. 1 , S. 109-127, hier S. 119 f.

85 In der öffentlichen Verwaltung gibt es zwar kostenorientierte Zielinhalte, jedoch keine gewinnorientierten; vgl. Braun, Günther E.: Ziele in öffentlicher Verwaltung und privatem Betrieb, (Nomos) Baden-Baden 1988, S. 102-107.

86 Willke, Helmut: Formen gesellschaftlicher Selbststeuerung, in: Willke, Helmut (Hrsg.): Systemtheorie entwikkelter Gesellschaften, (Juventa) Weinheim und München 1989, S. 111-141, hier S. 139.

87 Vgl. Whitney, David: Öffentlich-private Partnerschaften bei der Stadterneuerung und Stadtentwicklung - Sind die Beteiligten der öffentlichen und privaten Hand gleichgestellte Partner? in: Heinz, Werner (Hrsg.): Public Private Partnership - ein neuer Weg zur Stadtentwicklung?, (W. Kohlhammer/Deutscher Gemeindeverlag) Stuttgart u. a. 1993, S. 249-273, hier S. 252.

Die vorrangige Leistung einer PPP ist in Anlehnung an Willke darin zu sehen, daß sie die kooperierenden Akteure zu einer **abgestimmten Optionenpolitik** veranlaßt, wobei jeder der Kooperanden weiterhin nach seiner "Operationslogik" funktioniert. Den Akteuren können also nur solche Optionen unterbreitet werden, die sich innerhalb der Freiheitsgrenzen ihres Handelns bewegen und die "systemische Autonomie" nicht verletzen.[88] Die Chance für partielle Konsensbildung über gemeinsam zu verfolgende Strategien bietet sich vor allem dort an, wo die Interessen der Akteure sich inhaltlich annähern.

Übersicht 4.5: Fördernde Bedingungen für Zielkompatibilität

Die Zielkompatibilität wird gefördert, wenn...	
der private Partner daran interessiert ist, den Wünschen aus Politik und Bevölkerung entgegenzukommen. Das Interesse daran wird um so größer sein:	**die öffentliche Hand daran interessiert ist, ein Projekt möglichst rentabel und möglichst schnell durchzuführen. Das Interesse daran wird um so größer sein:**
je mehr er über lokale Bindungen und Bezüge verfügt; je mehr Anreize ihm die öffentliche Hand hierfür bieten kann (günstige Grundstücksbereitstellung, ergänzende Infrastrukturerrichtung, Fördermittelbeschaffung, Erteilung öffentlicher Aufträge u. a.); je mehr 'Druckmittel' die öffentliche Hand besitzt (in Ausübung ihrer Planungshoheit, im Gesetzesvollzug, in der Ausweichmöglichkeit auf andere Kooperationspartner u. a.); je mehr Druck die Bevölkerung erzeugt (Öffentlichkeitsarbeit und Aktionen, fehlende Bereitschaft zu Grundstücksverkäufen und -räumungen, Wahrnehmung von Einspruchsrechten u. a.); je wichtiger ihm die Image-Komponente seines Handelns ist.	je krisenbefallener bzw. -bedrohter der Standort ist; je mehr sie befürchten muß, daß der Investor sich von dem Vorhaben distanziert; je mehr kommunale Leistungen der Investor im Rahmen der Projektrealisierung zu übernehmen bereit ist; je unmittelbarer sie selbst an den Gewinnen und Verlusten des Vorhabens partizipiert; je mehr die öffentliche Hand sich nicht als Vertreterin ausgleichender Gemeinwohlinteressen, sondern als Dienstleister für investitionsbereite Unternehmer versteht.

Die Ziele, die die öffentlichen und privaten Akteure bei der Wahl und Gestaltung eines PPP-Arrangements verfolgen, wurden in den vorangegangenen Teilabschnitten dieses Kapitels explizit in einer Weise systematisiert, daß sie sich auf jeweils ähnliche inhaltliche Dimensionen beziehen. Aus einer Gegenüberstellung der Zielbereiche lassen sich so Aussagen über Zielbeziehungen treffen.

88 (Vgl.) Willke, Helmut: Formen gesellschaftlicher Selbststeuerung, in: Willke, Helmut (Hrsg.): Systemtheorie entwickelter Gesellschaften, (Juventa) Weinheim und München 1989, S. 111-141, hier S. 138 f.

Übersicht 4.6: Die Zielbeziehungen nach Zielkategorien

Ziele der öffentlichen Hand	Ziele der privaten Unternehmer	Zielbeziehungen
Einflußsicherung in der Projektplanung/ -durchführung	Autonomiesicherung in der Projekt- planung/-durchführung	stark konkurrierend
Vermeidung institutioneller Restriktionen	Beschleunigung der Vorhaben- durchführung	eher komplementär
Partizipation an Ressourcen des privaten Sektors	Partizipation an Ressourcen des öffentlichen Sektors	konkurrierend, teils indifferent
Imagegewinn und Beziehungspflege	Imagegewinn und Beziehungspflege	eher komplementär

Zielkonflikte sind vor allem in den Bereichen zu erwarten, in denen es um Fragen der konkreten Einflußnahme auf Entscheidungen geht. Hier stehen den Autonomiebestrebungen der privaten Akteure Mitbestimmungs- und Kontrollambitionen der öffentlichen Akteure gegenüber. Widerstreitende Interessen beziehen sich auch auf das wechselseitige Bestreben, an den Ressourcen des jeweils anderen Sektors partizipieren zu wollen, dies insbesondere, wenn es um Kapitaleinsatz, Risikoübernahme oder Grundstücksverfügbarkeit geht. Es gibt jedoch durchaus auch Bereiche, in denen die Ziele der Partner tendenziell **gleichgerichtet** sind und sich gegenseitig eher befördern. Das Ziel der öffentlichen Hand, ein Projekt aus den Strukturen kommunaler Ämter zu lösen und von den Restriktionen kommunaler Haushalte zu befreien, kommt den Interessen der privaten Partner nach einer Vorhabenbeschleunigung und Flexibilisierung der Durchführung entgegen.

Die Bedeutung dieser Umgehungs- bzw. Vermeidungsmotive für die Ausgestaltung eines konkreten PPP-Arrangements kann nicht hoch genug eingeschätzt werden. In ihren Gestaltungsempfehlungen betonen Praktiker immer wieder, welche Konstruktionen und Regelungen möglichst zu meiden sind, um nicht aufsichtsrechtlichen Kontrollbestimmungen zu unterliegen oder auf häufige Zustimmungen der Gemeinderäte angewiesen zu sein. Von tendenziell gleichgerichteten Interessen ist auch in der Zielkategorie "Imagegewinn und Beziehungspflege" auszugehen: Eine PPP bietet beiden Partnern die Möglichkeit, Zukunftsorientierung und Leistungsfähigkeit zu demonstrieren. Die Zielbeziehung in den beiden Bereichen wurde als "eher" komplementär charakterisiert, da es bezüglich konkreter Einzelaspekte durchaus widerstreitende Interessen gibt. So wird die öffentliche Hand eher um eine offene Informationspolitik bemüht sein, während der private Sektor auf Diskretion bezüglich seiner Geschäftspolitik bedacht ist.

Auf Zieldivergenzen bezüglich konkreter Handlungsziele wird später noch eingegangen. Zunächst interessiert jedoch das gemeinsame übergeordnete Handlungsziel der Kooperanden:

die Realisierung eines städtebaulichen Projektes. Grundsätzliche Übereinstimmung besteht dahingehend, was mit diesem Projekt bewirkt werden soll:[89]

- die Verbesserung der städtischen/regionalen Umweltbedingungen und die Erhöhung der Lebensqualität,
- die gesamtwirtschaftliche Umwelt- und Wirtschaftsförderung,
- die angemessene Verwendung nicht adäquat genutzter Grundstücke.

'Antriebsmotor' für eine PPP ist die Vorstellung von einem Projekt, das der Standortentwicklung einen neuen Schub verleiht und das von Investoren und künftigen Nutzern in gleicher Weise positiv angenommen wird wie von seinem gesamten Umfeld, kurz: die Vision vom erfolgreichen Projekt.

II. Das Leitziel "Erfolgreiches Projekt"

Es gibt einen grundsätzlichen Konsens über das, was als ein "gelungenes Projekt" bezeichnet werden kann. Auf eine einheitliche Formel gebracht, ist es ein Projekt mit einer hohen **Eignung für und Anpassung an das Umfeld und den Markt** oder, in anderen Worten, ein Projekt mit hoher Akzeptanz.[90] Diese Erfolgsformel kann für die Immobilienprojektentwicklung in vier Hauptdimensionen aufgefächert werden, die auch unterschiedliche Schwerpunkte in Erfolgsorientierungen und -bewertungen deutlich werden lassen.

Übersicht 4.7: Die Dimensionen eines erfolgreichen Projektes

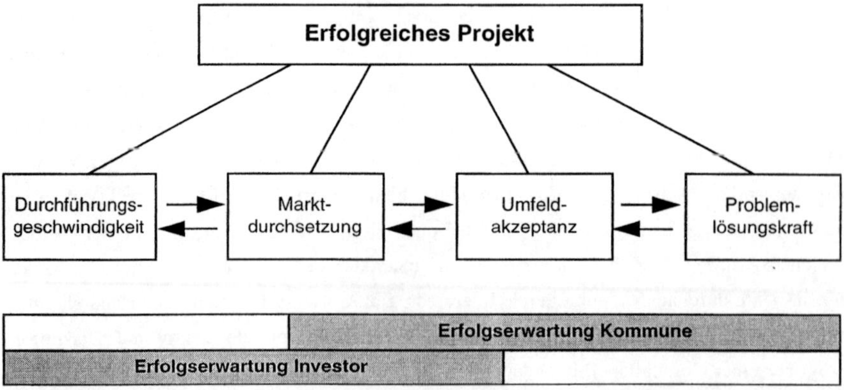

[89] Vgl. Diederichs, Claus-Jürgen: Stand von Forschung, Lehre und Praxis des Projektmanagements im Bauwesen, in: Motzel, Erhard (Hrsg.): Projektmanagement in der Baupraxis bei industriellen und gewerblichen Bauprojekten, (Ernst & Sohn) Berlin 1993; S. 3-32, hier S. 26.

[90] Vgl. Tietz, Bruno: Zukunftsstrategien für Handelsunternehmen, (Deutscher Fachverlag) Frankfurt a. M. 1993, S. 54.

Die **Marktdurchsetzung** eines Projektes, operationalisiert als rasche Vermarktung von Flächen zu den angestrebten Preisen an die angestrebte Zielgruppe, ist zunächst natürlich für den Investor die zentrale Meßgröße für Erfolg. Die Marktdurchsetzung nimmt aber auch eine Schlüsselposition im Rahmen einer umfassenden Erfolgsorientierung ein, da die Erfolgsdimensionen Umfeldakzeptanz und Problemlösekraft sehr stark von ihr abhängen. Langfristige Vermarktungsprobleme wirken sich stark negativ auf die allgemeine Bewertung eines Projektes aus und verhindern natürlich auch, daß das Projekt seine standortspezifischen Ziele erfüllen kann. Umgekehrt ist aber auch davon auszugehen, daß ein Projekt, das in seinem Umfeld auf starke Ablehnung stößt, mit konzeptionellen Mängeln und/oder Imageproblemen behaftet ist, die seine Marktdurchsetzung erschweren. Die wechselseitigen Abhängigkeiten zwischen den Dimensionen sind insgesamt sehr stark ausgeprägt.

Die **Umfeldakzeptanz** eines Vorhabens, operationalisiert als Einstellung der Bevölkerung und gesamten Öffentlichkeit gegenüber dem Projekt, nimmt für die kommunale Politik und Verwaltung einen herausragenden Stellenwert im Rahmen der Erfolgsorientierung ein. Für den Investor ist neben der Marktdurchsetzung die **Durchführungsgeschwindigkeit** eines Vorhabens von ausschlaggebender Bedeutung für die Erfolgsbewertung. Die **Problemlösekraft** eines Projektes wird vor allem von 'neutralen' Beobachtern der PPP-Bewegung als Erfolgsmaßstab für die Beurteilung von Projekten herangezogen, wobei eine Operationalisierung ausgesprochen schwierig ist.[91] Insgesamt kann festgestellt werden, daß die Problemlösekraft die Dimension ist, die für einen privaten Investor am wenigsten von Belang ist, im Gegenzug die Geschwindigkeit der Vorhabendurchführung diejenige ist, die die öffentlichen Akteure am wenigsten tangiert. Schriever macht ein hohes Konfliktpotential zwischen den Erfolgserwartungen Durchführungsgeschwindigkeit und Umfeldakzeptanz aus:

> "Für den Investor kostet jede Verzögerung im Projektablauf Geld, bindet unnötig Kapital und kann Umplanungen zur Anpassung an veränderte Marktbedingungen erfordern oder das Projekt insgesamt gefährden. Die öffentliche Politik und Administration koordiniert das Projekt mit den Interessen der Nachbarn und des Gemeinwesens. (...) Sie muß für Konfliktminimierung, für den Ausgleich widerstreitender Interessen der Betroffenen sorgen. Das erfordert transparente Veröffentlichung und viel Zeit für begründete Abwägung von Alternativen. Hier kostet Zeit kein Geld, aber eine übereilte Entscheidung kann das Projekt und die verantwortlichen Personen zu Fall bringen."[92]

---

91 Vgl. hierzu auch die Ausführungen über die Erfolgsevaluation im achten Kapitel, B I.

92 Vgl. Schriever, Wolf: Projektentwicklung als kommunale Handlungsstrategie, Vortrag anläßlich des ebs-Immobilien-Professional-Collegs am 03. März 1994 in Berlin, unveröff. Vortragsmanuskript, S. 5.

III. Zieldivergenzen in der Projektentwicklung

Die Austragung von Zielkonflikten erfolgt letztendlich immer dort, wo die Diskussionen sich auf die konkreten Projektplanungen und zu ergreifenden Maßnahmen erstrecken. Die folgende Zielübersicht enthält ein typisches Abweichungsbild von Strategieelementen in unterschiedlichen Handlungsfeldern. Dabei ist jedoch herauszustellen, daß solche Abweichungen nicht in allen Projekten feststellbar sind; im Einzelfall ist jeweils eine spezielle Analyse erforderlich. Die dargelegten Zieldivergenzen konzentrieren sich schwerpunktmäßig auf Aspekte der Leistungsprogrammpolitik, da auf unterschiedliche Ziele und Strategien im Bereich des Managements und des Burden-sharing in den Folgekapiteln noch ausführlich eingegangen wird.

Übersicht 4.8: Ausgewählte Zieldivergenzen in der Projektentwicklung

Handlungsfeld	Ziele der Kommune	Ziele des Entwicklers
1. Städtebau a. Architektonische Gestaltung	städtebauliche Wettbewerbe, aufwendige Gestaltung, Einbindung stadtgeschichtlich bedeutsamer Gebäude und Ensembles, Repräsentativität, Einfügung in das Stadtbild, Standortorientierung	Vermeidung langwieriger Gestaltungsdiskussionen, Optimierung der baulichen Gestaltung im Hinblick auf spätere Nutzung, Objektorientierung
b. Bauweise	hohe Bauqualität, Einbeziehung historischer Bausubstanz	Mindestqualität in Relation zu Baukosten, Präferierung von Neubauten und Standardbauweise
c. Baumasse	hoher Anteil von Grün- und Freiflächen, Einhaltung von Fluchtlinien bzgl. Gebäudehöhe	hoher Anteil bebauter Flächen, Maximierung der BGF
d. Erschließungskonzept	Abstimmung auf gesamtstädtische Verkehrs- und sonstige Infrastrukturplanung	Standarderschließung
2. Nutzungskonzept a. Nutzungsmischung	Optimierung der Nutzung bzgl. gesamtstädtischem Angebot, Befriedigung von Wohnbedarfen, vor allem in preisgünstigen Segmenten, Deckung der sozialen Infrastrukturbedarfe, Ausschluß unerwünschter Nutzungen wie Spielhallen u. ä.	Optimierung der Nutzung bzgl. objektspezifischer Synergieeffekte und Marktnachfrage, Wohungsbausegmente mit hohen öffentlichen Förderanteilen, Vermeidung von Verdrängungseffekten, z. B. bei sozialem Wohnungsbau
b. Nutzerauswahl	Begünstigung der ortsansässigen Bevölkerung und Gewerbebetriebe, Schutz des ortsansässigen Einzelhandels	freie Käufer-/ Mieterauswahl, Vermeidung langfristiger Bindungen

Fortsetzung nächste Seite.

Handlungsfeld	Ziele der Kommune	Ziele des Entwicklers
3. Ökologisches Konzept	strikte Einhaltung von Natur-, Bodenschutz- und Denkmalschutzbestimmungen, Bereitstellung hochwertiger Ausgleichsflächen, hohe Ablösezahlungen für Stellplätze, ökologische Baumaterialien	Einhaltung von Mindeststandards, Verzicht auf Ausgleichsflächen und Stellplatzablöse
4. Öffentlichkeitspolitik	offene Informationspolitik, Diskussionen in Bürgerversammlungen, Fachanhörungen	Informationsveröffentlichung für Werbungs- und Vermarktungszwecke, restriktive Informationspolitik bzgl. Verträgen, Kundenkontakten, Marktstudien u. ä.
5. Vertragspolitik a. Verbindlichkeitsgrad der Regelungen	vertragliche Lösung möglichst aller denkbaren Schwierigkeiten	lockeres Vertragssystem mit Schiedsklauseln und Rücktrittsvereinbarungen
b. Zeitpunkt des Vertragsabschlusses	möglichst spät, da Verbindlichkeits- und Genauigkeitsgrad höher	möglichst früh, da Sicherheit für weiteres Vorgehen
6. Grundstückspolitik a. Zeitpunkt des Übergangs kommunaler Grundstücke	möglichst spät, wenn Rahmenbedingungen abgesteckt	möglichst früh, da Besicherungsgrundlage für Kredite
b. Zeitpunkt von Kaufpreiszahlungen	möglichst früh	möglichst spät

Dabei sind es nicht nur die unterschiedlichen Handlungsziele, sondern vor allem auch die unterschiedlichen **Prioritäten** in der Zielsetzung, die eine gemeinsame Strategiefestlegung erheblich erschweren. Für die öffentliche Hand sind es die städtebaulichen Gestaltungen, der Wunsch nach architektonisch anspruchsvollen Lösungen, nach imageträchtigen Objekten und nach unverwechselbaren Prägungen, die im Vordergrund des Denkens und Agierens stehen. Der Investor stellt die ökonomische Durchgestaltung eines markt-konformen Konzeptes in den Mittelpunkt seiner Strategieüberlegungen, wobei die Festlegung von Umfang und Art der späteren Nutzung die zentrale Schlüsselgröße ist. Probleme entstehen vor allem dann, wenn die Akteure zunächst 'im Alleingang' die für sie relevanten Zielvorstellungen abzusichern suchen und damit künftige Handlungsoptionen stark einschränken:[93]

- Die Stadtplanung und Kommunalpolitik läßt ihre Ziele für die Stadtgestaltung durch einen städtebaulichen Wettbewerb ausarbeiten, in dem zukünftige Gebäude bis zum architekto-

93 Vgl. Schriever, Wolf: Projektentwicklung als kommunale Handlungsstrategie, Vortrag anläßlich des ebs-Immobilien-Professional-Collegs am 03. März 1994 in Berlin, unveröff. Vortragsmanuskript, S. 2.

nischen Entwurf dargestellt werden. Durch die Veröffentlichung der Planungen legt sich die öffentliche Seite auf wirtschaftlich ungeprüfte Projektinhalte fest.

- Investor und Grundeigentümer konzipieren eine isoliert auf den Standort bezogene, wirtschaftlich erfolgreiche Immobilie, ohne mögliche Widerstände und Erwartungen aus der Bevölkerung und der lokalen Politik ausreichend zu berücksichtigen.

Mit einer PPP, verstanden als frühzeitige interessen-koordinierende Zusammenarbeit, soll gerade ein solches Vorgehen verhindert werden.

E. Ausgewählte Probleme der Zielkoordination

I. Das Problem der Zieltransparenz

In der PPP-Literatur werden bezüglich der Ziele der Kooperanden regelmäßig zwei Forderungen erhoben:[94]

- Die Beteiligten müssen ihre Ziele gegenseitig offenlegen.
- Die öffentliche Hand muß über klare und eindeutige Zielvorstellungen verfügen.

Als theoretisch-normative Überlegungen einleuchtend, erstaunt es nicht, daß das Geschehen in der Praxis anders aussieht und daß die Ansprüche, gemessen an der Realität, überzogen wirken. Letztlich bleiben solche Forderungen aus den 'Rezeptkatalogen' einer "erfolgreichen PPP" inhaltsleer, solange sie nicht die konkreten Probleme thematisieren, die sich bezüglich der Zieltransparenz einerseits und der Zielkonkretisierung andererseits ergeben.

Das Problem der fehlenden Information über die Ziele des Kooperationspartners stellt sich vor allem für die Akteure des öffentlichen Sektors. Aufgrund unzureichender Kenntnisse der Marktsituation, Rentabilitätskennziffern sowie branchen- und unternehmensinterner Geschäftspraktiken ist es für Politiker und Verwaltungsmitarbeiter häufig nicht durchschaubar, welches Kalkül den privaten Partner zu seinem Engagement treibt. Die privatwirtschaftlich agierenden Unternehmer haben natürlich kein Interesse, ihre Kalkulationen und Strategien offen auf den Tisch zu legen. "Den öffentlichen Vertretern fehlt jedes Verständis dafür, daß Gewinnaussichten entsprechend hoch sein müssen, um die enormen Risiken einer Projektentwicklung überhaupt tragen zu können. Es kann nicht erwartet werden, daß Zahlen

[94] Vgl. z. B. Heinz, Werner (Hrsg.): Public Private Partnership - ein neuer Weg zur Stadtentwicklung?, (W. Kohlhammer/Deutscher Gemeindeverlag) Stuttgart u. a. 1993, S. 538 f.; vgl. auch Kruzewicz, Michael: Lokale Kooperation in Nordrhein-Westfalen: Private Public Partnership auf kommunaler Ebene, hrsg. v. Institut für Landes- und Stadtentwicklungsforschung des Landes Nordrhein-Westfalen (ILS), Dortmund 1993, S. 73 ff.

genannt werden. Schließlich ist es doch das Typische eines Verhandlungspokers, daß jeder der Akteure das auszuloten sucht, was möglich ist."[95]

Das Problem der Zieltransparenz ist von grundsätzlicher, struktureller Art und daher schon vom Ansatz her nicht wirklich lösbar. In der Sprache der ökonomischen Wissenschaftstheoretiker liegt ein "principal-agent-problem" vor: Die Gemeinde als Prinzipal ist über die Nutzenfunktion ihres Agenten nicht unterrichtet, diese hat jedoch maßgeblichen Einfluß auf seine Arbeitsweise, sein Arbeitsethos und seine Arbeitsmotivation. Der private Unternehmer als Agent hat Interesse daran, Zielrichtung und Ausmaß seiner Anstrengungen zu verschleiern. Insbesondere besteht für ihn der Anreiz, den Spielraum, den ihm die Gemeinde gesetzt hat, auf Kosten der Qualität der Leistungserstellung zur eigenen Gewinnmaximierung zu nutzen.[96]

In der Praxis fällt auf, daß die Akteure der öffentlichen Hand oft erstaunlich wenig Interesse zeigen, die Handlungsmotivationen des privaten Partners **genauer zu hinterfragen.** "Sachliche Detailfragen der Projektentwicklung wie Marktanalysen, Kalkulationen, Marketingkonzepte interessieren die Verwaltung nur am Rande. Im Mittelpunkt steht die Vorbereitung von Ratsvorlagen, die Frage 'Was kann ich dem Rat wie am besten verkaufen?'"[97] Auf die Frage nach den Motiven und Zielen ihrer Kooperationspartner wurden von Verwaltungsmitarbeitern regelmäßig das "Interesse an einem einmaligen Projekt" sowie spezifische Imagegründe und Werbewirkungen hervorgehoben. Dies zeugt zwar davon, daß es den privaten Unternehmern erfolgreich gelungen ist, ihre Begeisterung für die Projektidee glaubhaft zu vermitteln, ist aber zugleich Ausdruck erschreckender Naivität auf Seiten der öffentlichen Akteure. Auch in den Fällen, in denen führende Verwaltungsmitarbeiter glaubhaft versicherten, der private Partner könne an einem Projekt nachweislich kaum etwas verdienen, zeigten die Gespräche mit den betreffenden Unternehmen, daß ein handfestes wirtschaftliches Kalkül dem Projektengagement zugrunde liegt.

So spekulieren viele Projektentwickler darauf, nach Abschluß der Entwicklungstätigkeit Grundstücke selbst zu günstigen Preisen zu erwerben, selbst wenn in den Vertragsverhandlungen keine Rede von eigenen Investoreninteressen ist.[98] Besonders schwierig zu durchschauen sind solche Motivationen, die sich jenseits der "Legalitätsgrenze" bewegen,

95 Aussage von Herrn Jeff Ernst Kirchhoff, Geschäftsbereichsleiter Corporate Real Estate Service, Müller International Immobilien, Gespräch am 05. April 1995 in Düsseldorf.

96 Vgl. Corte, Christiane: Die Übernahme kommunaler Aufgaben durch private Unternehmen und Freie Berufe, eine Untersuchung der Zusammenarbeit von Privaten und Kommunen, hrsg. v. Institut für Mittelstandsforschung, Schriftenreihe Nr. 41, (Poeschel) Stuttgart 1991, S. 18-27, hier S. 20; vgl. zum Principal-agent-Problem auch Richter, Rudolf: Institutionen ökonomisch analysiert: zur jüngeren Entwicklung auf einem Gebiet der Wirtschaftstheorie, (J. C. B. Mohr) Tübingen 1994, S. 22.

97 Aussage von Herrn Hermann Laistner, Geschäftsführer der Ingenieurgesellschaft für Projektsteuerung, Ökologische Entwicklungsplanung und Technologietransfer mbH (POET), Gespräche u. a. am 05. Mai 1994 in Lauchheim, am 08. Februar 1995 in Bonn.

98 Vgl. die Ausführungen unter C II.

wobei die Grenze schwierig zu ziehen ist. In der Bauwirtschaft ist das Abrechnen von öffentlichen Bauaufträgen zu überhöhten Preisen eine vielpraktizierte Geschäftsstrategie.

Ein Beispiel: Ein privater Investor macht einer Kommune das Angebot, auf einem von ihr zur Verfügung zu stellenden Grundstück eine Veranstaltungshalle zu errichten und zu betreiben, und sichert der Kommune zusätzlich die Option zu, die Hälfte der Veranstaltungszeit kostenlos zu nutzen. Der Kommune erscheint dieses Angebot äußerst attraktiv. Ein Unternehmensberater, der zu dieser Zeit für die Kommune tätig ist, erfährt von dem Angebot. Aus seiner Sicht stellt es sich für den Investor als wirtschaftlich völlig unsinnig dar, da es nicht möglich ist, ein Veranstaltungszentrum unter Berücksichtigung aller Kosten rentabel zu bewirtschaften - erst recht nicht mit halber Veranstaltungszeit. Per Zufall wurde bekannt, wie die Planungen des Investors aussahen: an seiner öffentlichen Investition beabsichtigt er durch überhöhte Kostenausweisungen so viel zu verdienen, daß er die ersten Betriebsjahre subventioniert. Nach wenigen Jahren zieht er sich aus dem Projekt zurück und hat einen beträchtlichen Gewinn realisiert - der öffentlichen Hand bleiben die Folgekosten.[99]

II. Das Problem der Zielkonkretisierung

Die Forderung nach einer präzisen Definition der öffentlichen Zielvorstellungen im Vorfeld von Vertragsverhandlungen resultiert aus der theoretischen Überlegung und praktischen Erfahrung, daß der private Unternehmer - unabhängig von seiner faktischen Verhandlungsmacht und Verhandlungstaktik - einen Verhandlungsvorteil allein dadurch besitzt, daß seine Ziele klar definiert sind und als 'harte Fakten' auf dem Verhandlungstisch liegen. Hinzu kommen Befürchtungen, daß bei einer Gleichzeitigkeit von kommunalem Zielfindungsprozeß und PPP-Verhandlungsprozeß die Kommune ihre Interessenneutralität nicht wahren kann.

Die Vorstellung von einer verbindlichen Vorab-Definition kommunaler Ziele ist jedoch vom Ansatz her in gleicher Weise realitätsfern wie die Forderung nach Zieltransparenz, stellt sich doch auch hier ein Problem von grundsätzlicher, systemischer Art. Dies wird bei einem Vergleich der grundlegenden Zielcharakteristika und Zielfunktionen in öffentlichem und privatem Sektor deutlich:

---

[99] Vertrauliche Angaben eines Gesprächspartners.

Übersicht 4.9: Die tendenzielle Ausprägung der Zieldimensionen

Zieldimensionen	öffentlicher Sektor	privater Sektor
Eindeutigkeit der Zielformulierung	gering	hoch
Meßbarkeit der Zielinhalte	nominal/kardinal	kardinal/ordinal
zeitlicher Bezug	mittel-/langfristig	kurz-/mittelfristig
Konfliktintensität innerhalb des Zielsystems	hoch	niedrig
Zielforderungen von außerhalb der Organisation	viele	wenige
Zielbildungsprozeß	mehrzentrig	einzentrig
Planungsfunktion der Ziele	niedrig	hoch

Quelle: Darstellung in Anlehnung an Braun, Günther E.: Ziele in öffentlicher Verwaltung und privatem Betrieb, (Nomos) Baden-Baden 1988, S. 133.

In privaten Unternehmen haben die Ziele die Funktion, Handlungsalternativen zu entwickeln, deren Konsequenzen zu beschreiben und zu bewerten sowie das Handeln systematisch zu kontrollieren. Das setzt voraus, daß Prioritäten im Zielsystem bekannt sind und die Ziele sachlich und zeitlich möglichst präzise formuliert sind.[100] Im öffentlichen Sektor sind Ziele, z. B. das Gemeinwohlkonzept, bewußt vage formuliert, da sie die Funktion haben, eine Vielzahl inkonsistenter Werte, Ziele und Überzeugungen zu integrieren. Eine rein analytische Konfliktbewältigung durch Zielgewichtung kann das Problem der konfligierenden Ziele nicht lösen. Die Konkretisierung von Zielen ist im öffentlichen Bereich ein **politischer Prozeß**, der die Lösung eines Verteilungskonfliktes zum Inhalt hat.[101] In der Praxis scheitert die konkrete Formulierung von Handlungszielen schon aus dem Grund, daß alternative Handlungskonzepte und ihre Konsequenzen völlig unklar sind:

> "Obwohl Flächen und Bedürfnisse definiert werden können, ist es doch im Regelfall schwierig, für große Areale kommunale Ziele zu definieren, zumal dem sofortigen Verwertungsdruck eher langfristige Perspektiven der kommunalen Entwicklung gegenüberstehen.(...) Es braucht nicht besonders darauf hingewiesen zu werden, daß gerade in den neuen Bundesländern die Prozesse der Erarbeitung von Flächennutzungskonzeptionen, von Abwägungen zwischen innerstädtischen Entwicklungen und außenliegenden Bereichen noch in vollem Gange sind und deshalb besonders größere Areale in der Nutzungsperspektive und den Zeithorizonten Probleme aufwerfen. Was soll beispielsweise

[100] Vgl. Braun, Günther E.: Ziele in öffentlicher Verwaltung und privatem Betrieb, (Nomos) Baden-Baden 1988, S. 147 f.

[101] Vgl. Braun, Günther E.: Ziele in öffentlicher Verwaltung und privatem Betrieb, (Nomos) Baden-Baden 1988, S. 134-146, hier S. 136.

eine Stadt Merseburg, gesegnet mit 2 Kasernenanlagen und einem über 20 ha reichenden Flugplatz, anfangen oder gar entscheiden? Hier müssen zunächst die Autobahntrassen, Verkehrserschließung, Ver- und Entsorgung im Grundsatz auf den Weg gebracht werden, um überhaupt Detailuntersuchungen zuzulassen, Ziele zu definieren etc., ganz zu schweigen von der Bewältigung von Altlasten oder anderen nicht kompatiblen Vornutzungen, die möglicherweise noch gar nicht bekannt sind."[102]

In Zusammenhang mit der Konkretisierung kommunaler Zielvorstellungen stellen sich zwei grundsätzliche Fragen:

1. Wann ist der **geeignete Zeitpunkt** für die Zieldefinition und -artikulation, z. B. die Ausarbeitung von B-Plänen, die Beauftragung von Gutachtern, die Ausarbeitung städtebaulicher Konzepte?
2. Ist es möglich und sinnvoll, kommunale Ziele in ähnlicher Weise zu **operationalisieren** wie privatwirtschaftliche Ziele?[103]

zu 1.: Es wurde in diesem Kapitel bereits darauf hingewiesen, wie problematisch 'Alleingänge' der Kommune bezüglich der Konkretisierung städtebaulicher Planungen sind: wird ein (Groß-)Investor gefunden, so hat er in der Regel eigene Vorstellungen über die Standort- und Objektgestaltung. Entweder kann die Gesamtkonzeption nicht realisiert werden, oder es fallen aufwendige Umplanungen an. Auf der anderen Seite ist es für Kommunen wesentlich einfacher, (Einzel-)Investoren zu finden, wenn bereits Planungsrecht besteht. So hat sich die Stadt Ludwigshafen im Projekt Rheinufer-Süd entschieden, ein B-Planverfahren für die noch nicht verkauften Grundstücke einzuleiten. "Dieses Vorgehen widerspricht den Vorstellungen von Public Private Partnership eklatant. Wir machen jedoch die Erfahrung, daß die Investoren kein Interesse am Standort haben, wenn noch kein Planungsrecht besteht. Wir können ihnen nicht klarmachen, daß auch ohne Planungsrecht Planungsicherheit besteht - schließlich sind die Grundstücke städtisches Eigentum."[104]

zu 2.: Die Ziele, die die Kommune mit einem Projektvorhaben verfolgt, sind nicht von betriebswirtschaftlicher Art; sie lassen sich nur schwer spezifizieren oder gar quantifizieren.[105] Dem daraus resultierenden Verhandlungsnachteil begegnen vor allem

---

102 POET-Ingenieurgesellschaft für Projeksteuerung, Ökologische Entwicklungsplanung und Technologietransfer mbH (Hrsg.): Konversionsflächen und ihr städtebauliches Potential, unveröff. Manuskript, Lauchheim o. J. (1994), S. 3 f.

103 Die Operationalität verlangt eindeutige Meßvorschriften, anhand derer die Zielerreichung zu kontrollieren ist; vgl. Meffert, Heribert: Marketing, Bd. 1: Grundlagen der Absatzpolitik, 7., überarb. u. erw. Aufl., (Gabler) Wiesbaden 1991, S. 81.

104 Aussage von Herrn Dillinger, Wirtschaftsentwicklungsgesellschaft (WEG) Ludwigshafen a. Rh., Gespräch am 07. November 1994 in Ludwigshafen.

105 Vgl. hierzu auch die Ausführungen im achten Kapitel, D VI.

Unternehmensberater mit der Forderung nach einer umfassenden Berechnung des kommunalen "Projektnutzens", indem alle ökonomischen Konsequenzen erfaßt werden, die für eine Kommune aus dem Bau und Betrieb eines Projektvorhabens entstehen. Im Rahmen einer sog. "Kommunalwirtschaftlichkeitsrechnung" werden die mittel- und unmittelbaren Be-, Entlastungs- und Einnahmepositionen der Kommunalhaushalte saldiert, die sich aus diversen Umsatz-, Beschäftigungs-, Einwohner-, Wertschöpfungs- und daraus resultierenden Steuerwirkungen ergeben. Diese werden als Kriterium dafür herangezogen, welchen eigenen Beitrag die öffentliche Hand im Rahmen einer Projektentwicklung leisten kann.[106]

Die Modellrechnungen finden in der Praxis bei der Bewertung von Einzelanlagen, vor allem aus dem Freizeitbereich, Anwendung. Die Vielzahl von Eingangs- und Steuergrößen würden vergleichbare Berechnungen für große städtebauliche Entwicklungsvorhaben jedoch zu komplex gestalten. Wichtige Verhandlungsargumente ergeben sich hier aus der Quantifizierung von Kostenparametern, die der Kommune aus der Vorhabenrealisierung entstehen.[107] "Für den Investor ist es nachvollziehbar, daß eine Stadt nicht ohne weiteres bereit ist oder bereit sein kann, die Realisierung eines großen Wohngebietes durch einen Bauträger zu verdauen, ohne gleichzeitigen Ausgleich der sozialen Folgekosten, die im Regelfall zwischen 15.000,- und 20.000,- DM pro Wohneinheit anzusetzen sind.[108]

---

106 Vgl. ausführlich Franck, Jochen; Kirsch, Daniela: Die Kommunalwirtschaftlichkeitsrechnung als Grundlage der Bestimmung "fairer" PPP-Modelle im Freizeitbereich, unveröff. Manuskript, Hamburg und Saarbrücken 1995.

107 Vgl. die Ausführungen im siebten Kapitel, D I.

108 Aussage von Herrn Hermann Laistner, Geschäftsführer der Ingenieurgesellschaft für Projektsteuerung, Ökologische Entwicklungsplanung und Technologietransfer mbH (POET), Gespräche u. a. am 05. Mai 1994 in Lauchheim, am 08. Februar 1995 in Bonn.

Fünftes Kapitel: Die Leistungsprogrammstrategien von PPP

A. Vorüberlegung zu den Strategien der PPP-Projektentwicklung

"Projektentwicklung bedeutet Kombination von Standort, Projektidee und Kapital so, daß eine einzelwirtschaftlich wettbewerbsfähige, dabei sozial- und umweltverträgliche Bauinvestition geschaffen und gesichert wird."[1]

Die Definition deutet an, daß die Projektentwicklung als eine komplexe Perspektive zu verstehen ist, die über einzelne Vorstellungen bezüglich Nutzungskonzept, Architektur, Kooperationspartner und Organisationskonzept hinausgeht und die gesamte Art und Weise umfaßt, "wie man die Dinge anpacken will". Die Vielzahl von Entscheidungen, die im Rahmen einer Projektentwicklung zu treffen sind, können nach unterschiedlichen Merkmalen gegliedert werden. So spricht Schriever von drei "Säulen", die im Zuge der Projektentwicklung gleichgewichtig aufgebaut werden müssen:

"a) Die Gestaltung: Städtebau, Architektur, Bautechnik

b) Die Wirtschaftlichkeit: Nutzungsprogramm, Kosten, Finanzierung

c) Recht und Organisation: Planungsrecht, Verträge, beteiligte Partner."[2]

Für die vorliegende Arbeit wurde eine Systematik der Entscheidungsfelder entwickelt, die stärker die Problematik der arbeitsteiligen Kooperation in der Public Private Partnership fokussiert. Als die drei großen Entscheidungs- bzw. Politikebenen der PPP-Projektentwicklung werden unterschieden:[3]

---

1 Diederichs, Claus-Jürgen: Stand von Forschung, Lehre und Praxis des Projektmanagements im Bauwesen, in: Motzel, Erhard (Hrsg.): Projektmanagement in der Baupraxis bei industriellen und gewerblichen Bauprojekten, (Ernst & Sohn) Berlin 1993; S. 3-32, hier S. 25.

2 Schriever, Wolf: Projektentwicklung als kommunale Handlungsstrategie, Vortrag anläßlich des ebs-Immobilien-Professional-Collegs am 03. März 1994 in Berlin, unveröff. Vortragsmanuskript, S. 1.

3 Die Systematik knüpft an die Gliederung von Tietz an, der als die drei großen betrieblichen Entscheidungsfelder 1. die Leistungsprogrammpolitik (Marktpolitik, Faktorkombinationspolitik, Finanzierungspolitik), 2. die Managementpolitik und 3. die Realisationstechnologiepolitik unterscheidet. Die Systematik wurde dahingehend modifiziert, daß auf eine gesonderte Darstellung der Realisationstechnologiepolitik verzichtet, dafür an der Schnittstelle von Finanzierungspolitik und Managementpolitik das Entscheidungsfeld der Burden-sharing-Politik herausgestellt wurde; vgl. Tietz, Bruno: Der Handelsbetrieb, 2., neubearb. Aufl., (Vahlen) München 1993, S. 49.

1. **Die Leistungsprogrammpolitik**: Was leisten die Partner im Markt und wie werden die dafür notwendigen Finanzmittel verfügbar gemacht?
2. **Die Managementpolitik**: Wie erfolgt die Verteilung von Aktivitäten auf die Kooperanden und wie die Koordination der laufenden Zusammenarbeit?
3. **Die Burden-sharing-Politik**:[4] Wie erfolgt die Aufteilung der Kosten, Risiken und Erträge?

Übersicht 5.1: Die Entscheidungsebenen der PPP-Projektentwicklung

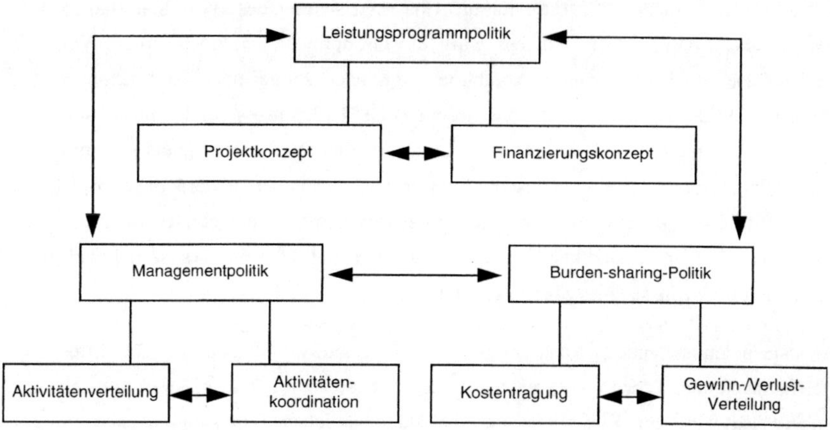

Die Vielzahl von Instrumenten und Gestaltungsoptionen in jedem der Politikbereiche läßt sich dabei nicht vollständig erfassen; auch ist es oftmals nicht möglich, einzelne Teilstrategien eindeutig einer Politikebene zuzuordnen. Das komplexe empirische Geschehen kann mit dieser Eingrenzung gegliedert und überschaubar gemacht, aber nicht genau erfaßt werden. In der Praxis geht es im Rahmen der Strategiefindung letztlich darum, für ein Projekt eine substantielle und kreative **Gesamtstrategie** zu entwickeln, die mehr ist als ein zufälliges Konglomerat von andernortes bewährten Gestaltungs-, Investitions- und Organisationskonzepten. "Viele glauben, es fehle in den Neuen Bundesländern in erster Linie an Geld. Das stimmt nicht, es stehen genügend öffentliche Gelder zur Verfügung; woran es fehlt, das sind vernünftige, intelligente Projekte dafür."[5]

4 Der Begriff "Burden-sharing-Politik" wurde dem Begriff "Verteilungspolitik" vorgezogen, da letzterer in Verbindung mit der PPP-Thematik meist die Verteilung von Projektgewinnen in der Gesamtgesellschaft problematisiert; vgl. die Ausführungen im achten Kapitel, A.

5 Aussage von Herrn Ted Kupchevsky, Deutsche Immobilien Anlagegesellschaft, Frankfurt a. M.; vormals Geschäftsführer der Liegenschaftsgesellschaft der Treuhand mbH, Berlin, Gespräch am 22. August 1994 in Frankfurt a. M.

B. Die Typen von PPP-Projekten

I. Ausgewählte Klassifizierungsansätze

PPP-Arrangements werden für sehr unterschiedliche Typen von Projekten eingegangen. Die in der PPP-Literatur entwickelten Typologisierungsansätze divergieren aufgrund der unterschiedlichen Begriffsverständnisse von PPP und der unterschiedlichen Abgrenzung der Untersuchungsfelder erheblich voneinander; für das hier betrachtete Handlungsfeld sind sie allesamt zu weit gefaßt.[6]

Weit verbreitet ist in der PPP-Literatur die Charakterisierung des **typischen** städtebaulichen Projektes, das als PPP realisiert wird: ein Großprojekt, das hochwertige Wohn-, Einzelhandels- und Büronutzungen kombiniert, das nach zeitgeistigen Architektur- und Städtebaustandards konzipiert ist, das aufwendige Parkanlagen und innerstädtische Wasserflächen integriert und das in erster Linie auf eine Verbesserung der städtischen Imagewirkungen zielt.[7] Mit dieser Beschreibung soll besonders betont werden, von welcher Art das PPP-Projekt *nicht* ist: es wird nicht in städtischen Problemgebieten realisiert, es schafft keinen Wohnraum und keine Arbeitsplätze für sozial Schwache, es ist nicht auf die individuellen Bedürfnisse eines Standortes abgestimmt.

Diese stark polemisierende Betrachtung ist wenig hilfreich, wenn es darum geht, differenzierte Aussagen über Typen von Projekten im hier untersuchten Forschungsfeld zu machen. Üblicherweise wird zur Klassifizierung von städtebaulichen Projekten auf bestimmte Einzelmerkmale zurückgegriffen, so vor allem die Nutzung, den Standort und die Flächengröße. Weitere mögliche Beschreibungskriterien sind die Angabe des Investitionsvolumens, die Abschätzung von Rentabilität und Entwicklungsrisiko sowie die Bewertung von Qualitätsstandards, städtebaulicher Bedeutung, Integration ins Umfeld, Originalität und Einzigartigkeit u. a. m. Die folgende Merkmalsauflistung deutet das weite Spektrum an unterschiedlichen PPP-Entwicklungsvorhaben an und macht zugleich auf Schwerpunkte aufmerksam:

---

6 Vgl. (als Beispiele) Colman, William G.: State and Local Government and Public Private Partnership, (Greenwood Press) New York, Westport, London 1989, S. 128; vgl. auch Roberts, Peter: The Origins and Recent Experience of Public-Private Partnership in Local Economic Development in the United Kingdom, hrsg. v. interdisziplinäres Institut für Raumordnung, Stadt- und Regionalentwicklung der Wirtschaftsuniversität Wien, IIR-Discussion 43, Wien 1990, S. 4; vgl. weiter Heinz, Werner (Hrsg.): Public Private Partnership - ein neuer Weg zur Stadtentwicklung?, (W. Kohlhammer/Deutscher Gemeindeverlag) Stuttgart u. a. 1993, S. 494-497.

7 Vgl. Heinz, Werner (Hrsg.): Public Private Partnership - ein neuer Weg zur Stadtentwicklung?, (W. Kohlhammer/Deutscher Gemeindeverlag) Stuttgart u. a. 1993, S. 9; vgl. auch (kritisch) Helms, Hans G.: Glitzernde Binnenwelten des Konsums, in: Helms, Hans G. (Hrsg.): Die Stadt als Gabentisch, Beobachtungen der aktuellen Städtebauentwicklung, (Reclam) Leipzig 1992, S. 109-133; vgl. weiter Siebel, Walter: Festivalisierung der Politik und die Unsichtbarkeit der Städte, in: Brandt, Arno u. a. (Hrsg.): Das Expo-Projekt, Weltausstellung und Stadtzukunft, (Fackelträger) Hannover 1991, S. 39-51.

- **Der Standort**: Nach der städtischen Lage lassen sich PPP-Projekte in der Innenstadt, am Innenstadtrand, in Außenbezirken und auf der grünen Wiese unterscheiden. Die meisten PPP-Entwicklungsvorhaben werden an innenstadtnahen Standorten realisiert, da die Bodenrenten dort höher sind und die Möglichkeit zur Konzeption tragfähiger Projekte eher gegeben ist. Die Notwendigkeit einer öffentlich-privaten Zusammenarbeit ist bei Vorhaben in zentralen Lagen in besonderer Weise gegeben; sie bedürfen der umfassenden Einbindung in kommunalpolitische Zielvorstellungen und erfordern einen sensiblen Umgang mit kulturellen, ökologischen und sozialen Belangen.[8]
- **Der Flächentypus**: Mit dem Standort eng zusammen hängt die Unterscheidung von Vorhaben der Neubaulanderschließungen und Vorhaben des Flächenrecyclings. In den Neuen Bundesländern werden zahlreiche PPP-Projekte auf der grünen Wiese realisiert, da dort günstiges Bauland zur Verfügung steht und Probleme mit restitutionsbelasteten Grundstücken weitaus weniger als in zentralen Lagen auftreten. Der Bedarf nach enger Kooperation ergibt sich insbesondere aufgrund der fehlenden Projekt-Erfahrung ostdeutscher Verwaltungsmitarbeiter und der neuartigen Problemstellungen, denen sich die Projektverantwortlichen gegenübersehen. Für die Zukunft bedeutsamer sind jedoch Revitalisierungen fehl- und untergenutzter Flächen in innerstädtischen Ballungsgebieten, die auch Gegenstand der meisten westdeutschen PPP-Projekte sind.
- **Die Altnutzung**: Im Rahmen von Flächenrevitalisierungen sind vor allem folgende Vorhabentypen zu differenzieren:
  - die Wiederbelebung von Innenstadtbereichen,
  - das Recycling von Industriebrachen,
  - die Umnutzung unter- und fehlgenutzter Industrie- und Gewerbeflächen,
  - die Konversion ehemaliger militärischer Liegenschaften.

Auf die Handlungsfelder der Industrie- und der Militärflächenrevitalisierung wurde bereits im Datenteil der Arbeit kurz eingegangen.[9] Ein Spezialfeld von PPP-Projekten im Bereich der Innenstadtbelebung ist die Errichtung von Gewerbeimmobilien im Bahnhofsbereich. Viele private Projektentwickler denken derzeit Kooperationen mit der Bahn als Eigentümerin der günstig gelegenen Grundstücksflächen an; im hier unter-

8 Vgl. Schriever, Wolf: Projektentwicklung als kommunale Handlungsstrategie, Vortrag anläßlich des ebs-Immobilien-Professional-Collegs am 03. März 1994 in Berlin, unveröff. Vortragsmanuskript, S. 2 f.; vgl. auch Venturi, Marco: Tangentopoli - der unaufhaltsame Anstieg der städtischen Großereignisse, in: Brech, Joachim (Hrsg.): Neue Wege der Planungskultur, Orientierungen in der Zeit des Umbruchs, (Verlag für wissenschaftliche Publikationen) Darmstadt 1993, S. 279-288, hier S. 282.

9 Vgl. die Ausführungen im dritten Kapitel, A III.

suchten Projekt Potsdam-Center gelang es, die Bahn in eine gemeinsame Grundstücksgesellschaft mit der Stadt und privaten Grundstückseigentümern einzubinden.[10]

- **Das Nutzungskonzept**: Das Nutzungsprogramm für die neuentwickelten bzw. revitalisierten Flächen kann eine eindeutige Schwerpunktorientierung aufweisen, so die Entwicklung von (reinen) Gewerbe- oder Wohngebieten. Vielfach integrieren die meist großdimensionierten Entwicklungsvorhaben jedoch eine Vielzahl von Nutzungen, so vor allem eine Mischung aus Wohn-, Einzelhandels-, Büro- und Freizeitnutzungen. Von den komplexen Gebietsentwicklungen zu unterscheiden sind PPP-Projekte, die die Entwicklung einer oder mehrerer (Groß-)Immobilien zum Gegenstand haben, so aus dem Einzelhandels- oder Freizeitbereich.

- **Größe und Investitionsvolumen:** PPP-Projekte weisen sehr unterschiedliche Größendimensionen auf; die im Rahmen dieser Arbeit untersuchten Gebietsentwicklungen reichen von mittelgroßen Gewerbegebietserschließungen (z. B. Gewerbegebiet Cottbus: 22 ha Fläche, geschätzte 500 Mio. Gesamtinvestitionsvolumen) bis hin zu riesigen Wohnungsbauvorhaben (z. B. Wohnprojekt Karow-Nord, Berlin: 98 ha, geschätzte 2,5 Mrd. Gesamtinvestitionsvolumen). Viele Entwicklungsprojekte, die als PPP durchgeführt werden, erreichen außergewöhnliche Größen- und Komplexitätsausmaße und kommen in ihren Dimensionen einem Stadtumbau gleich. Sie integrieren und tangieren eine Vielzahl städtischer Funktionen und Planungen und bedürfen daher in besonderer Weise der öffentlich-privaten Kooperation. Die wirtschaftliche Tragfähigkeit ist bei komplexen innerstädtischen Gesamtmaßnahmen in der Regel nicht gegeben; private und öffentliche Investitionen müssen sich ergänzen.[11]

II. Eine Typologie der PPP-Projekte

Die Klassifizierungen anhand von Einzelkriterien sind wenig aussagefähig, da jedes Projekt eine individuelle Mischung von Merkmalen aufweist, die seinen Charakter ausmachen. Auch erscheint es wenig sinnvoll, die PPP-Projekte lösgelöst von den Motiven zu untersuchen, die zur Wahl des spezifischen Arrangements geführt haben. Im Rahmen der vorliegenden Arbeit wurde eine Typologie entwickelt, die auf der Kombination mehrerer Merkmale beruht und die Motive der Akteure mit einbezieht. Wenngleich diese Typologie nicht empirisch fundiert ist, so besitzt sie doch eine hohe Erklärungskraft für die Wahl und Bewertung von PPP-Modellen für die städtebauliche Projektentwicklung.

---

10 Vgl. die Ausführungen zum Projekt im siebten Kapitel, B III 2.

11 Vgl. Volger, Gernot: Public Private Partnership (PPP) - Berührungsängste, in: Immobilien-Manager, o. Jg., 1993, Nr. 5, S. 6-10, hier S. 8.

Übersicht 5.2: Ein Typologisierungsansatz für PPP-Projekte

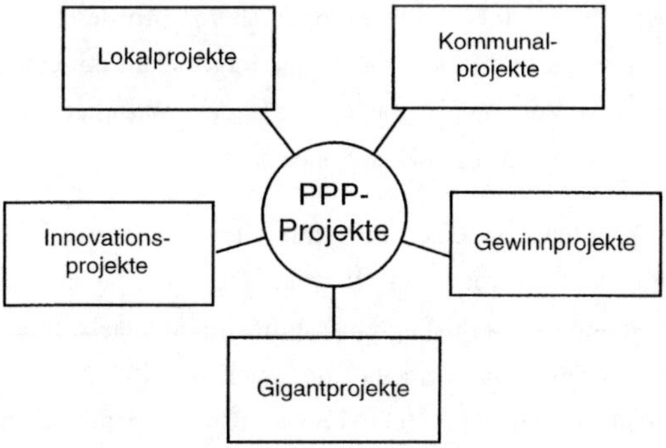

Das Innovations-Projekt

PPP-Arrangements sind für solche Projekte typisch, die von ihrer Konzeption einen hohen Grad an Innovationspotential und Zukunftsbezogenheit aufweisen. Der innovative Charakter umfaßt meist die komplexe Projektidee, kann sich aber auch auf neuartige Lösungen für Teilprobleme beziehen. Daraus läßt sich die Vermutung ableiten, daß innovative Lösungen im Leistungsprogramm- oder Technologiebereich innovative Lösungen im Management- und Finanzierungsbereich fördern.

Ein **Beispiel** ist der Media-Park Köln, der einen bis dahin einzigartigen, visionären Ansatz zur Standortprofilierung und -entwicklung darstellt.[12] Nahe der Innenstadt wird auf dem 20 ha großen Gelände des alten Gereon-Güterbahnhofs ein Medien-Technologie-Park realisiert, der Einrichtungen und Unternehmen der Telematik- und Medienbranche, der Aus- und Weiterbildung, der Forschung und Entwicklung sowie der Kunst und Kultur integriert.[13] Das städtebauliche Konzept sieht eine anspruchsvolle, parkähnliche Gestaltung mit einem 50%igen Anteil an Grün- und Wasserflächen vor. Ambiente und Nutzungsmischung "sollen das Zusammenwirken der technologisch verwandten Elemente, das Entstehen neuer Dienste, Produkte, Ideen und Beziehungen und damit Synergieeffekte

12 Konzeptionell ähnliche Projekte werden mittlerweile in Leipzig und Stuttgart angegangen. Die "Medienstadt Leipzig GmbH" arbeitete zunächst mit der "Mediapark Köln GmbH" eng zusammen, bevor die Verantwortlichen sich entschieden, das Projekt allein weiterzuführen; Angaben von Herrn Klaus Pankoke, Geschäftsführer der Media-Park Köln Entwicklungsgesellschaft mbH, Gespräch am 23. März 1995 in Köln. Das "Media-Forum Stuttgart" ist eine private Projektentwicklung der Unternehmensgruppe Roland Ernst, die auf einer Fläche von 9 ha rund 1 Mrd. DM investiert; vgl. o.V.: Neue Medien braucht das Ländle, in: Immo-Real, Beilage der Frankfurter Allgemeinen Zeitung, Oktober 1994, S. 20.

13 Vgl. auch die Ausführungen zum Projekt im achten Kapitel, B II 2.

fördern, wie sie die Vitalität der Kernstädte ausmachen."[14] Das Managementkonzept dieses von der Stadt Köln und dem Land Nordrhein-Westfalen initiierten Projektes zur Förderung der Medienstandorte Köln bzw. NRW sah von Beginn an vor, private Unternehmen aus der Medien- und Telematikbranche zu 50 % in die Projektträgerschaft mit einzubinden. Damit angestrebt war ein größeres Vertrauen der Partner aus der Wirtschaft, das Knüpfen von Kontakten und die Motivierung von Erstinvestitionen.[15]

Ein **Beispiel** für die Kombination einer PPP mit einem innovativen technologischen Verfahren gibt das Projekt Gewerbegebiet Wachau. Die Erschließung des rund 50 ha großen Areals erfolgte durch die Verlegung eines Infrastrukturkanals.[16] Der Unternehmer, der die Planungen durchführte, war derselbe, der auch das PPP-Modell anregte; nach eigener Aussage erstrecken sich seine Innovations- und Experimentierfreude auf alle Bereiche eines Projektes.[17]

Ein Beziehungszusammenhang zwischen neuartigen technologischen Lösungen und PPP kann auch auf andere Weise hergestellt werden: "Mit der Entscheidung für einen Infrastrukturkanal wird die Zusammenarbeit zwischen öffentlicher Hand und privaten Unternehmen zwangsläufig zum Thema, da solche innovativen Verfahren von städtischen Bauämtern nicht realisiert werden können."[18]

Das "Gigant-Projekt"

Bei diesem Typus handelt es sich um Projekte, die von Flächengröße, Investitionsvolumen und/oder Komplexität so 'gigantisch' sind, daß sie das Zusammenlegen von öffentlichen und privaten Ressourcen in besonderer Weise begünstigen.[19] Mit der Größendimension eines Vorhabens steigen insbesondere der (Vor-)Finanzierungsbedarf, der Steuerungs-

---

14 Küpper, Utz Ingo; Vollmer, Rolf: Der Media Park Köln, in: Stadtbauwelt, 79. Jg, 1988, Nr. 36, S. 1542-1553, hier S. 1542.

15 Angaben von Herrn Werner Stüttem, Leiter Technologie und Medien, Amt für Stadtentwicklungsplanung, Köln, und Herrn Klaus Pankoke, Geschäftsführer der Media-Park Köln Entwicklungsgesellschaft mbH, Gespräche am 23. März 1995 in Köln.

16 In einem Infrastrukturkanal werden Leitungswege in einem begehbaren Sammelkanal gebündelt verlegt. Gegenüber dem herkömmlichen Erschließungsverfahren der Stufengraben ist die Anlage eines Infrastrukturkanals zwar um rund 20 % teurer, jedoch sind die Erschließungszeit kürzer, nachträgliche Änderungen und Erweiterungen problemloser zu bewerkstelligen, Wartung und Kontrolle einfacher und die Lebensdauer länger.

17 Aussage von Herrn Hermann Laistner, Geschäftsführer der Ingenieurgesellschaft für Projektsteuerung, Ökologische Entwicklungsplanung und Technologietransfer mbH (POET), Gespräche u. a. am 05. Mai 1994 in Lauchheim und am 08. Februar 1995 in Bonn. Er führte die Planungen des Infrastukturkanals in Wachau durch.

18 Aussage von Herrn Hugo Neubauer, Geschäftsführer der Voest-Alpine Krems Finaltechnik GmbH, Gespräch auf dem Seminar "Stadtentwicklung und Infrastruktur" am 08. und 09. Juni 1994 in Wachau. Die Voest-Alpine führte den Bau des Infrastrukturkanals in Wachau durch.

19 Die Angabe von Schwellenwerten für das, was als "gigantisch" gelten kann, ist nicht möglich; hier kommt es z. B. auch auf die Relation zwischen der Projektgröße und der Stadtgröße an.

bedarf und das Entwicklungsrisiko. Das Teilen von Investitionen, Aufgaben und Risiken erfolgt oftmals durch Zusammenschluß der Akteure in einer gemischt-wirtschaftlichen Trägergesellschaft, in der die privaten Gesellschafter meist nur ein geringes eigenes Entwicklungsrisiko übernehmen; sie führen Entwicklungs- und Steuerungsleistungen als Auftragnehmer durch oder stellen die Finanzierung des Vorhabens als Fremdkapitalgeber sicher. In anderen Projekten erfolgt die Zusammenarbeit durch einen städtebaulichen Vertrag; hier kann eine größere Risikoübertragung auf die privaten Akteure erreicht werden.

Ein **Beispiel** für eine vertraglich geregelte Zusammenarbeit ist das Projekt Wohnpark Karow Nord, Berlin, das derzeit größte deutsche Wohnungsbauprojekt. Auf einer Fläche von 98 ha werden rund 5000 Wohneinheiten erstellt. Ursprünglich hatte das Land Berlin angedacht, die Flächen als Entwicklungsgebiet förmlich auszuweisen und das Projekt in eigener Verantwortung durchzuführen. Die Gefahr, daß das Land sich mit einem solchen Vorhaben finanziell übernimmt, wurde jedoch als zu groß eingeschätzt.[20] Auch im Hinblick auf eine möglichst zügige Realisierung des Vorhabens wurde mit den Arge-Partnern Industrie- und Wohnbau Groth & Graalfs und der GEHAG - Gemeinnützige Heimstätten AG ein städtebaulicher Vertrag geschlossen.[21] Das Risiko ist für die privaten Akteure insofern eng begrenzt, als die Wohneinheiten in erheblichem Umfang staatlich gefördert werden; für die nächsten 15 Jahre sind die Fördergeldzahlungen bereits verbindlich festgeschrieben.[22]

Das Gewinn-Projekt

Unter dieser Kategorie werden Projekte zusammengefaßt, deren Entwicklung die Realisierung sehr hoher Gewinne verspricht. Hauptgegenstand und Ziel der Vereinbarungen im PPP-Arrangement ist es, daß der private Unternehmer als 'Gegenleistung' für die Schaffung des Planungsrechtes einen Teil der Gewinne für die Öffentlichkeit verfügbar macht. Dies erfolgt meist durch Kostenübernahmen für kommunale Leistungen innerhalb des Projektes, kann aber auch Verpflichtungen anderer Art beinhalten.

Ein sehr spektakuläres **Beispiel** hierfür bietet der Preußen-Park in Münster. Die Stadt stellt dem Investor, der ECE Projektmanagement GmbH, Hamburg, das Grundstück für das geplante Einkaufs- und Dienstleistungszentrum kostenlos zur Verfügung und schafft die planungs- und genehmigungsrechtlichen Voraussetzungen für das Vorhaben. Im Gegenzug

---

20 Vgl. die Ausführungen über die Entwicklungsmaßnahme im dritten Kapitel, D II 4.

21 Angaben von Herrn Heinz Peter Willfurth, Industrie- und Wohnbau Groth & Graalfs GmbH, Berlin, Gespräch am 10. Oktober 1995 in Berlin.

22 Vgl. die Ausführungen zum Projekt im siebten Kapitel, D III 1.

verpflichtet sich die ECE zum Bau eines neuen Sportstadions - unter Einbeziehung der dafür vorgesehenen öffentlichen Mittel.[23] In der Projektbroschüre der ECE avanciert der Preußen-Park zum "Modell für Deutschland" für die Lösung kommunaler Finanzprobleme und die ausreichende Versorgung der Bürger mit städtischen Leistungen.[24]

Das Kommunal-Projekt

Als Kommunal-Projekt werden die Vorhaben bezeichnet, die traditionell von der öffentlichen Hand durchgeführt werden, so die Erschließung von Gewerbegebieten und Wohnbauland. Da es den Städten und Kommunen vielfach am notwendigen Kapital, den notwendigen Personalkapazitäten und dem notwendigen Know-how fehlt, werden die Aufgaben in Zusammenarbeit mit privaten Vorhabenträgern realisiert. Die Notwendigkeit einer engen Kooperation, häufig mit gesellschaftlichem Zusammenschluß, ergibt sich in diesen Projekten vielfach daraus, daß öffentliche Fördermittel nur für die Kommunen oder kommunal dominierte Entwicklungsgesellschaften als Vorhabenträger gewährt werden.

Beispiele hierfür sind die Gewerbegebietserschließungen in den ostdeutschen Kommunen Wachau, Schenkenberg, Fahrland, Seeburg und Cottbus, bei denen sich die IFE GmbH, eine Berliner Bauträgerfirma, an den kommunalen Entwicklungsgesellschaften als Minderheitengesellschafter (meist mit 30 %) beteiligt, um die unerfahrenen und mit dem Vorhaben überforderten Kommunalverwaltungen zu unterstützen. Auch im Projekt Industriebrachensanierung Zittau-Hirschfelde beteiligte sich ein privater Bauträger, die IFU Sachsen GmbH aus Lauchhammer-West, als Minderheitengesellschafter (mit 20 %) an der von der Stadt Zittau und der Gemeinde Hirschfelde dominierten Trägergesellschaft.

Der wesentliche Unterschied zwischen den Modellen besteht in der Bezahlung des privaten Unternehmers: während die IFE GmbH keine Leistungsvergütung, sondern lediglich eine nachträgliche Gewinnbeteiligung erhielt, wurden die Leistungen der IFU Sachsen im Zittauer Modell als Geschäftsbesorger bezahlt. Die Funktionen der privaten Partner im Entwicklungsprozeß und ihre Motivation zum Projektengagement sind demnach völlig unterschiedlich. Für die öffentlich-rechtlichen Mitgesellschafter ist in beiden Modellen die Gewinnung zusätzlichen Know-hows die wichtigste Motivation für die Aufnahme der privaten Gesellschafter, während zusätzliches privates Kapital kaum mobilisiert werden kann.[25]

---

23 Angaben von Herrn Schnermann, ECE Projektmanagement GmbH, Hamburg, Gespräch am 13. Dezember 1994 in Hamburg.

24 ECE Projektmanagement GmbH: Preußen-Park Münster, S. 2.

25 Vgl. die Ausführungen zum Projekt Schenkenberg unter C II 2.

Das Lokal-Projekt

An Lokal-Projekten beteiligen sich private Unternehmen, die über besondere Standortinteressen verfügen. Sie profitieren nicht nur unmittelbar von der Projektdurchführung, indem sie Gewinne realisieren oder Aufträge erhalten, sondern sind langfristig am Ergebnis eines Vorhabens interessiert. Auf Grundlage einer solchen Motivation kann es den öffentlichen Gebietskörperschaften gelingen, einen privaten Partner zu Leistungsverpflichtungen zu bewegen, die (weit) über ein gewöhnlich zu erwartendes Engagement hinausgehen.

Ein **Beispiel** ist das Projekt Burger Südstrand auf Fehmarn, in der die Stadt den Bau eines neuen Freizeitbades, einer Saunalandschaft und eines Family-Entertainment-Centers plant. An der Realisierung des Projektes ist besonders die IFA-Hotel- und Touristik AG, Duisburg, als mit Abstand größter gewerblicher Anbieter von Ferienunterkünften am Südstrand interessiert. Derzeit wird darüber verhandelt, ob und unter welchen Bedingungen die IFA zu einer Mitfinanzierung der Anlagen bereit ist; als zusätzlichen Anreiz bietet die Stadt die Option auf den Bau von fünfzig weiteren Ferienbungalows.[26] Im Projekt Gartenstadt Falkenhöh gelang es der Gemeinde Falkensee, den privaten Investor, die Herlitz Falkenhöh GmbH, Berlin, zur Übernahme sehr umfangreicher Infrastrukturinvestitionen zu verpflichten. Die Herlitz Falkenhöh hat selbst großes Interesse am Bau der geplanten Wohneinheiten, da sie als Unterkünfte für die in ihrem Werk beschäftigten Mitarbeiter dienen.[27]

Die Zuordnung eines Projektes zu einer der fünf Kategorien kann nur tendenziell nach Schwerpunkten erfolgen; vielfach charakterisieren zwei oder ggf. drei Zuordnungen ein Projekt am treffendsten. Für die im Rahmen der Arbeit untersuchten Projekte wurde in der tabellarischen Übersicht im zweiten Kapitel eine Charakterisierung vorgenommen.[28]

---

26 Angaben von Herrn Jochen Franck, Wenzel & Partner Freizeitunternehmensberatung, Hamburg, Gespräche u. a. am 29. April 1994 und am 17. August 1995 in Hamburg.

27 Angaben von Herrn Dr. Rainer Emenlauer, Gesellschaft für Projektsteuerung im Städtebau mbH (Prostadt), Berlin, Gespräche am 14. September 1994 in Berlin und am 08. Februar 1995 in Bonn.

28 Vgl. im zweiten Kapitel, D II.

C. Die Projekt-Finanzierungsstrategien

I. Ein Überblick

In der Projektentwicklung stellt die Finanzierung häufig den Engpaß eines Vorhabens dar, mit dem seine Realisierungsmöglichkeit steht oder fällt. Daher werden alle Entscheidungen grundsätzlich an den Möglichkeiten der Kapitalbeschaffung und der Sicherung der Liquidität ausgerichtet. Die Kapitalsummen, die für den Kauf von Grundstücken, für Erschließungs- und Baumaßnahmen aufgebracht werden müssen, sind enorm, und die Gefahr von Fehlinvestitionen ist besonders bei Gewerbeimmobilien nicht zu unterschätzen.

Im Rahmen einer PPP-Projekt-Finanzierung werden in der Regel Kapitalmittel von den Projektbeteiligten des öffentlichen und privaten Sektors sowie von verschiedenen externen Kapitalgebern akquiriert und miteinander kombiniert. Die Abwicklung der Finanzierung erfolgt dabei meist über spezielle Projektgesellschaften. Je nach Beteiligtenstruktur und Art des Projektes ergeben sich sehr unterschiedliche Möglichkeiten der Kapitalbeschaffung: [29]

Übersicht 5.3: Ein Überblick über die Finanzierungsinstrumente

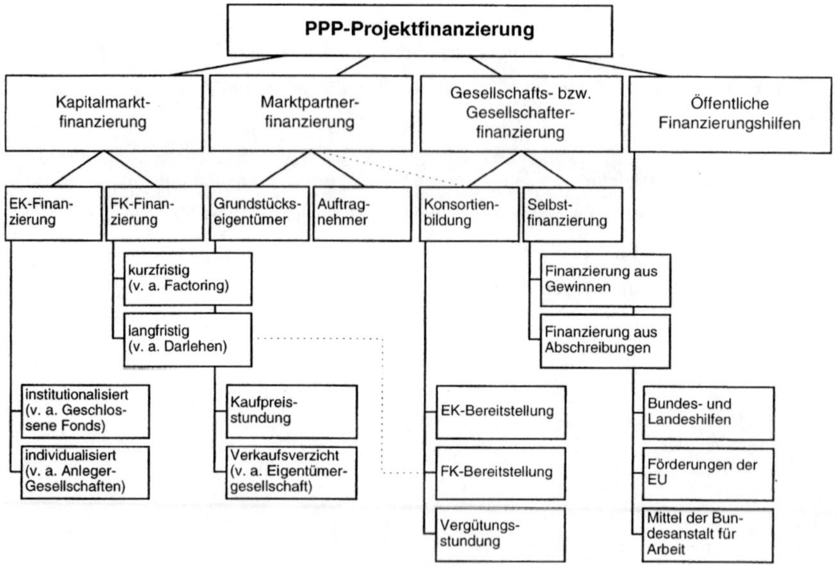

[29] Die Typologie wurde speziell für das hier untersuchte Forschungsfeld entwickelt. Die klassische Einteilung der Finanzierungsinstrumente ist die nach Eigen- und Fremdfinanzierung einerseits und nach Innen- und Außenfinanzierung andererseits; vgl. Wöhe, Günter: Einführung in die allgemeine Betriebswirtschaftslehre, 18., überarb. Aufl., (Vahlen) München 1993, S. 784-792; vgl. auch Tietz, Bruno: Der Handelsbetrieb, 2., neubearb. Aufl., (Vahlen) München 1993, S. 817-821.

Angesichts der hohen Kapitalbeträge kommt der Finanzierung über den **Kapitalmarkt** die größte Bedeutung zu. Nach der Rechtsstellung der Kapitalgeber ist zu unterscheiden zwischen:

- der Eigenkapitalfinanzierung durch die Akquisition von Anlagekapital,
- der Fremdkapitalfinanzierung durch die Aufnahme von Krediten.

Mit dieser Unterscheidung wird auch die Berücksichtigung unterschiedlicher Fristigkeiten der Kapitalbereitstellung relevant. Die Gesamtfinanzierung eines Projektes läßt sich unterteilen in:

- die Zwischenfinanzierung, d. i. die Projektfinanzierung i. e. S.,
- die Endfinanzierung.

Die Zwischenfinanzierung bezieht sich auf die Kapitalbereitstellung während der Reifezeit einer Investition, vom Grundstückserwerb über die Planung bis zur endgültigen Fertigstellung des Projektes. Die Endfinanzierung ist auf das fiktive Lebensende einer Immobilieninvestition ausgerichtet, üblicherweise ein Zeitraum von etwa 10 Jahren.[30] Werden die entwickelten Grundstücke oder Immobilien nach Fertigstellung nicht an die späteren Nutzer oder an Einzelinvestoren verkauft, so werden sie in der Regel als langfristige Wertanlage am Kapitalmarkt angeboten. Für die Projektfinanzierung i. e. S. sind die Formen der Kapitalanlage interessant, die bereits zu einem frühen Planungszeitpunkt die Akquisition von Anlagekapital ermöglichen, d. s. sog. **Bauherrenmodelle**.

Der Grundgedanke aller Bauherrenmodelle besteht darin, daß ein Bauinteressent nicht als Käufer, sondern als Bauherr von Immobilien auftritt. Dies führt zu steuerlich unterschiedlichen Belastungen, was sich auf die Einkommensteuer, die Mehrwertsteuer und die Grunderwerbssteuer auswirkt.[31] Auf dem Immobilienmarkt haben sich im Laufe der Zeit mehrere in ihrem Aufbau verschiedene Bauherrenmodelle entwickelt.[32] Für die hier

---

30 Der Zwischenfinanzierungsbegriff wird auch allgemein für die Überbrückung eines Finanzierungsengpasses benutzt; vgl. zur Terminologie Kirchhoff, Ulrich; Müller-Godeffroy, Heinrich: Finanzierungsmodelle für kommunale Investitionen, 5.,überarb. u. erg. Aufl., (Deutscher Sparkassenverlag) Bonn 1994, S. 72 f. Spitzkopf unterscheidet in diesem Zusammenhang zwischen zwischenfinanzierenden und endfinanzierenden Banken; vgl. Spitzkopf, Horst-Alexander: Konventionelle Finanzierung von Gewerbeimmobilien, in: Falk, Bernd (Hrsg.): Gewerbe-Immobilien, 6., überarb. Aufl., (Moderne Industrie) Landsberg/Lech 1994, S. 473-497, hier S. 481.

31 Vgl. Tietz, Bruno: Der Handelsbetrieb, 2., überarb. Aufl., (Vahlen) München 1993, S. 837.

32 In den meisten davon erwirbt der Immobilienanleger Gesellschafteranteile an einer Personengesellschaft, die entweder eine BGB- oder Kommanditgesellschaft mit einer natürlichen Person als Komplementär ist und deren jeweilige Tätigkeit auf reine Vermögensverwaltung beschränkt ist; vgl. Jagdfeld, Anno August; Schünemann, Jürgen: Geschlossene Immobilienfonds, in: Falk, Bernd (Hrsg.): Gewerbe-Immobilien, 6., überarb. Aufl., (Moderne Industrie) Landsberg/Lech 1994, S. 331-368, hier S. 333.

untersuchten Typen von Projekten sind geschlossene Immobilienfonds und Anlegergesellschaften "verbundener"[33] Unternehmen und Privatpersonen die bedeutendsten Bauherrenmodelle.

Bei den **geschlossenen Immobilienfonds** fungiert eine eigens für die Erstellung einer speziellen Immobilie errichtete Kommanditgesellschaft als Objektträger. Die Finanzierungsmittel zur Durchführung der Investition setzen sich aus langfristigen Bankdarlehen und breit gestreutem Anlegerkapital zusammen.[34] Die Auflage geschlossener Fonds ist vor allem bei solchen Großprojekten verbreitet, bei denen die zukünftigen Mieteinnahmen im Vorfeld der Projektrealisierung bekannt und gesichert sind, so im öffentlich geförderten Wohnungsbau. Die großdimensionierte Wohnanlage Karow in Berlin-Weißensee wird über mehrere geschlossene Immobilienfonds finanziert.

In anderen Bauherrenmodellen werden die Anteile nicht anonym am Kapitalmarkt angeboten, sondern es beteiligen sich verbundene Unternehmen und persönlich bekannte Einzelpersonen an den Finanzierungsgesellschaften. Die ECE Projektmanagement, Hamburg, gründet für jedes von ihr zu entwickelnde Shopping-Center eine eigene Objekt- bzw. Eigentümergesellschaft in der Rechtsform einer Kommanditgesellschaft. An ihr beteiligen sich - jeweils in unterschiedlicher Zusammensetzung - zahlreiche Unternehmen aus dem Konzern-Verbund der Otto-Gruppe, Hamburg. Durch die Beteiligung an mehreren Projekten können die Unternehmen Verluste aus den Anfangsjahren der Projekte mit Erträgen aus weiter fortgeschrittenen Projekten verrechnen.[35]

Die **langfristige Fremdkapitalfinanzierung** ist die mit Abstand wichtigste Finanzierungsform der Projektentwicklung. Je nach Art des Projektes und des Projektträgers verlassen sich die Finanzierungsinstitute als Sicherheit für die Rückzahlung des Kredites entweder auf die Bonität der Gebietskörperschaften, auf die Bonität der Unternehmen, d. s. Kapitalgesellschaften oder Einzelunternehmer, oder auf die Projekt- bzw. Objektbonität, d. s. der

---

[33] Der Begriff "verbunden" wurde in Anführungszeichen gesetzt, da hiermit nicht nur kapitalmäßige Verflechtungen, sondern auch freundschaftliche Beziehungen erfaßt werden sollen.

[34] Vgl. zu den geschlossenen Fonds: Falk, Bernd (Hrsg.): Immobilien-Handbuch: Wirtschaft, Recht, Bewertung, Grundwerk, 3. Aufl. 1992 incl. Ergänzungslieferungen, (Moderne Industrie) Landsberg/Lech 1994, Teil Wirtschaft, Kap. 11.4; vgl. auch Jagdfeld, Anno August; Schünemann, Jürgen: Geschlossene Immobilienfonds, in: Falk, Bernd (Hrsg.): Gewerbe-Immobilien, 6., überarb. Aufl., (Moderne Industrie) Landsberg/Lech 1994, S. 331-368; vgl. weiter Görlich, Wolfgang: Grundlagen des offenen und des geschlossenen Immobilienfonds, Sonderdruck aus: Neue Wirtschafts-Briefe, Heft 37 vom 13. September 1993, (Neue Wirtschafts-Briefe) Herne, Berlin 1993; vgl. weiter Rohrbach, Wilhelm; Wundrack, Jürgen: Zur Rentabilität von Gewerbeimmobilien; in: Falk, Bernd (Hrsg.): Gewerbe-Immobilien, 6., überarb. Aufl., (Moderne Industrie) Landsberg/Lech 1994, S. 457-472, hier S. 470 ff.

[35] Da die endgültige Trägerstruktur zu Beginn einer Projektierung noch nicht feststeht, ist in den Grundstückskaufverträgen eine Klausel vermerkt, die einen späteren Eigentumsübergang auf die gegründete Gesellschaft ermöglicht. Im Unternehmensverbund des Otto-Konzerns handelt die ECE als Geschäftsbesorger für die jeweilige Eigentümergesellschaft; Angaben von Herrn Schnermann, ECE Projektmanagement GmbH, Hamburg, Gespräch am 13. Dezember 1994 in Hamburg.

projektbezogene Cash-Flow und die objektbezogenen Besicherungsmöglichkeiten.[36] Das klassische kommunale Finanzierungsinstrument ist der **Kommunalkredit**. Er bietet günstigere Marktzinssätze als die gewerbliche Fremdfinanzierung, da aufgrund der Bonität der kommunalen Kreditnehmer entsprechende Risikozuschläge im Zinssatz unterbleiben.[37] Das klassische Instrument der privaten Grundstücksentwicklungs- und Immobilienfinanzierung ist das **Hypotheken- oder Grundschulddarlehen.** Die Beleihungsgrenze eines Realkredites ist dabei durch das Hypothekenbankgesetz auf 6/10 des Grundstückswertes begrenzt.[38] Übersteigt der Kredit die 6/10-Grenze, so fällt er unter die Personalkreditvorschriften und unterliegt diversen formalen Anforderungen des Kreditwesengesetzes. Die konventionelle Finanzierungsformel für eine Gewerbe-Immobilie lautet: 60 % Realkredit - 20 % Personalkredit - 20 % Eigenkapital.[39]

Die kurzfristige Fremdfinanzierung dient der Überbrückung von Liquiditätsengpässen. Ein wichtiges Finanzierungsinstrument ist das sog. Factoring, bei dem eine Projektentwicklungsgesellschaft bestehende Forderungen an ein Kreditinstitut verkauft, welches sie bis zur Fälligkeit bevorschußt.[40]

Bei der **Marktpartnerfinanzierung** gewähren die Marktpartner Zahlungsstundungen für Grundstücks- oder Dienstleistungsverkäufe. In der PPP-Projektentwicklung kommt der Stundung von Grundstückskaufpreisen eine herausragende Bedeutung als Finanzierungsinstrument zu, ggf. auch kombiniert mit Wertsteigerungsverkäufen (Verkauf mit Besserungsschein), d. i. die Beteiligung der Alteigentümer am Projekterfolg. Den Grundstücksvergabe-Strategien ist ein spezieller Abschnitt (B III) im siebten Kapitel gewidmet.

Die **Gesellschafterfinanzierung** ist eine Form der Beteiligungsfinanzierung, bei der die an einer Projektentwicklungsgesellschaft beteiligten Personen/Unternehmen Kapital zur

---

36 Vgl. Schwegmann, Klaus: Advanced Communal Finance, in: Kommunalwirtschaft, Heft 12, 1994, abgedruckt in: Pressespiegel der Landesbank Berlin, Berlin 1995, S. 1-15, hier S. 3 f.

37 Die Aufnahme eines Kommunalkredites ist grundsätzlich für Investitionen, Investitionsfördermaßnahmen und zur Umschuldung zulässig und dann möglich, wenn alle übrigen Einnahmequellen der Kommune ausgeschöpft sind; vgl. zum Kommunalkredit Kirchhoff, Ulrich; Müller-Godeffroy, Heinrich: Finanzierungsmodelle für kommunale Investitionen, 5., überarb. u. erg. Aufl., (Deutscher Sparkassenverlag) Bonn 1994, S. 37-41; vgl. auch Junkenheinrich, Martin: Privatisierung der kommunalen Infrastrukturfinanzierung, Überlegungen zur ökonomischen Vorteilhaftigkeit eines instrumentellen Hoffnungsträgers, in: Ipsen, Jörn (Hrsg.): Privatisierung öffentlicher Aufgaben, 4. Bad Iburger Gespräche, Symposium des Instituts für Kommunalrecht der Universität Osnabrück am 15. Dezember 1993, Osnabrücker rechtswissenschaftliche Abhandlungen, Band 44, (Heymanns) Osnabrück 1994, S. 155-179.

38 Vgl. hierzu Spitzkopf, Horst-Alexander: Konventionelle Finanzierung von Gewerbeimmobilien, in: Falk, Bernd (Hrsg.): Gewerbe-Immobilien, 6., überarb. Aufl., (Moderne Industrie) Landsberg/Lech 1994, S. 473-497, hier S. 479.

39 Angaben von Herrn Klaus Heidkamp, Mitglied der Geschäftsleitung Unternehmensgruppe Roland Ernst, Gespräche am 26. Februar 1995 in Heidelberg und am 08./09. März in Berlin-Teltow.

40 Vgl. zum Factoring die Ausführungen unter II 2 (Projekt Schenkenberg).

Verfügung stellen. Für die meisten Projektentwicklungen werden Objekt-Gesellschaften in Rechtsform einer GmbH, seltener einer GmbH & Co. KG, gegründet, die in der Regel nur eine sehr geringe Eigenkapitalausstattung aufweisen. Üblich sind Beträge von 50.000 bis 100.000 DM oder wenig mehr. Weit verbreitet ist die Beteiligung von Finanzierungsinstituten als Minderheiten- oder Parigesellschafter an den Objektgesellschaften, die Fremdkapital für die Projektdurchführung zur Verfügung stellen oder Anlegerkapital beschaffen. Gesellschaftsinterne Finanzierungspotentiale erschließen sich auch dadurch, daß für Leistungsvergütungen der Gesellschafter Zahlungsstundungen gewährt werden.[41]

Die **Gesellschaftsfinanzierung** ist demgegenüber eine Selbstfinanzierung, bei der die während der Projektentwicklung erzielten Umsatzerlöse zur Finanzierung von Maßnahmen eingesetzt werden.[42] Die Kapitalmittel, die der Gesellschaft beim Verkauf von Grundstücken, Immobilien oder sonstigen Wertanlagen zufließen, werden für die Finanzierung von Folgemaßnahmen verwendet. Die Strategie der Step-by-step-Entwicklung, bei der ein Teilprojekt erst dann begonnen wird, wenn die Ausgaben aus den Einnahmen der davor durchgeführten Teilmaßnahmen bezahlt werden können, wird in nahezu allen untersuchten größeren Entwicklungsvorhaben praktiziert. Ein Spezialfall der Eigenkapitalerwirtschaftung ist die Vermietung von auf dem Gelände befindlichen Gebäuden bis zu einem Abriß bzw. Umbau.[43]

Staatliche Finanzierungshilfen und öffentliche Zuschüsse stellen für viele PPP-Projekte eine wichtige Ergänzung der üblichen Fremd- und Eigenkapitalfinanzierungen dar. Der Zuwendungsanteil ist zum Teil erheblich und kann bei öffentlichen Infrastrukturmaßnahmen bis zu 90 % der Investitionskosten betragen. Aufgrund ihres bedeutenden Stellenwertes ist den Förderprogramm-Strategien ein eigener Kapitelabschnitt (B II) im siebten Kapitel gewidmet.

Über die klassischen Finanzierungs- und Fördermöglichkeiten hinausgehende Wege der Kapitalbeschaffung werden dort beschritten, wo private Institutionen und Wirtschaftsunternehmen, die nicht in die Projektentwicklung involviert sind, in die Finanzierungskonzeption eingebunden werden. Je nach Art des geplanten Vorhabens ist es denkbar, Gelder von Fördervereinen oder Stiftungen, z. B. der Deutschen Stiftung Denkmalschutz,

---

41 Vgl. die Ausführungen zum Projekt Unterneustadt, Kassel, im sechsten Kapitel, C II 2.

42 Auf spezifische Möglichkeiten der Abschreibungsfinanzierung wird an dieser Stelle nicht eingegangen; vgl. hierzu z. B. Bersziek, Heike: Steuerliches und betriebswirtschaftliches Gutachten zum Forschungsvorhaben Schenkenberg, unveröff. Studie im Rahmen des Bundesforschungsprogrammes ExWoSt, Forschungsfeld "Neue Wege der privaten Finanzierung von Stadterneuerungs- und Stadtentwicklungsaufgaben", Berlin 1995.

43 Vgl. Kahnert, Rainer, Büro für Gewerbeplanung und Stadtentwicklung, Dortmund: Die kommunale Praxis im Spiegelfeld des Forschungsfeldes "Städtebau und Wirtschaft", Vortrag anläßlich des Seminars "Städtebau und Infrastruktur" am 09. und 10. Juni 1994 in Wachau, unveröff. Vortragsmanuskript, S. 2.

zu akquirieren oder Unternehmen für Sponsoring-Aktivitäten zu gewinnen. So werden Kindergärten heute nicht mehr nur von Investoren im Rahmen großer Entwicklungsvorhaben erstellt, sondern auch von anderen Unternehmen der gewerblichen Wirtschaft. In München haben z. B. McDonalds und Bertelsmann auf eigene Rechnung Kindergärten gebaut, die sie selbst auch betreiben.[44]

II. Die Projektträgerstrategie

1. Die Bausteine der PPP-Finanzierung

Die Möglichkeiten der Kapitalbeschaffung hängen entscheidend davon ab, ob ein Projekt in kommunaler, privatwirtschaftlicher oder gemischt-wirtschaftlicher Trägerschaft durchgeführt wird und über welche Einflußmöglichkeiten die kommunalen Gesellschafter verfügen. Die Trägerstruktur beeinflußt vor allem die Möglichkeiten der Akquisition von Fördermitteln und des Erhaltes von Kaufpreisstundungen für Grundstücke im Eigentum öffentlich-rechtlicher Institutionen sowie die Konditionen der Fremdkapitalbeschaffung und die Möglichkeiten der flexiblen Anpassung an kurzfristig erhöhte Finanzierungsbedarfe.

In Zusammenhang mit der langfristigen Fremdkapitalfinanzierung wurde dargelegt, daß grundsätzlich drei kategoriale Formen der Finanzierung zu unterscheiden sind: die Kommunalfinanzierung, die Unternehmensfinanzierung und die Immobilien- bzw. Objektfinanzierung, die auf jeweils unterschiedlichen Bonitäten bzw. Sicherheiten basieren.[45] Mit den Public Private Partnerships verbindet sich die Idee, neue Finanzierungspotentiale zu erschließen und verschiedene Finanzierungsformen miteinander zu kombinieren. Die PPP-Projektfinanzierung kann damit als eine "Bausteine"-Finanzierung charakterisiert werden.

Im Idealfall werden in der PPP-Projektfinanzierung einzelne Elemente der Kommunal-, Unternehmens- und Objektfinanzierung so ausgearbeitet und miteinander kombiniert, daß ihre jeweiligen Stärken **optimal zur Geltung kommen**.

---

44 Angaben von Herrn Klaus-Peter Schmitt, Ltd. Regierungsdirektor des Planungsreferates München, Telefonat vom 05. September 1995.

45 Vgl. hierzu ausführlich Schwegmann, Klaus: Advanced Communal Finance, in: Kommunalwirtschaft, Heft 12, 1994, abgedruckt in: Pressespiegel der Landesbank Berlin, Berlin 1995, S. 1-15; vgl. speziell zur Kommunalfinanzierung z. B. Kirchhoff, Ulrich; Müller-Godeffroy, Heinrich: Finanzierungsmodelle für kommunale Investitionen, 5., überarb. u. erg. Aufl., (Deutscher Sparkassenverlag) Bonn 1994, S. 37-41; vgl. speziell zur Immobilienfinanzierung (als kombinierte Objekt- und Unternehmensfinanzierung) z. B. Spitzkopf, Horst-Alexander: Konventionelle Finanzierung von Gewerbeimmobilien, in: Falk, Bernd (Hrsg.): Gewerbe-Immobilien, 6., überarb. Aufl., (Moderne Industrie) Landsberg/Lech 1994, S. 473-497.

Übersicht 5.4: Die Bausteine der PPP-Finanzierung

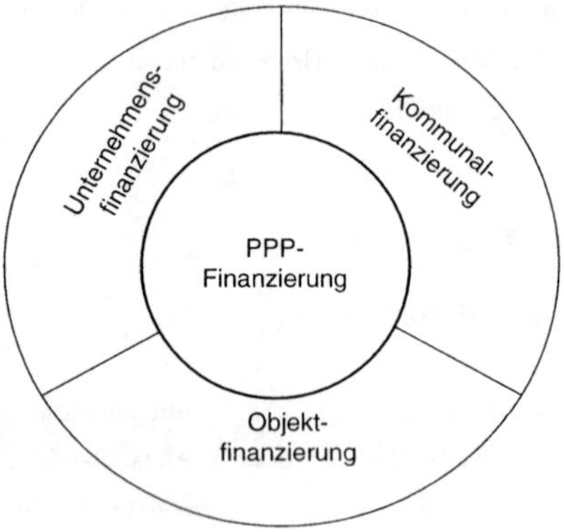

In Deutschland wird eine solche Verbindung von Finanzierungselementen vor allem in kommunalen Projekten genutzt. Die Loslösung der Projektabwicklung aus den kommunalen (Haushalts-)Strukturen mit Gründung spezieller Objektgesellschaften eröffnet den Zugang zum Kapitalmarkt und ermöglicht ergänzende Beteiligungsfinanzierungen privater Unternehmen.[46] Bei Vorhaben privater Unternehmen spielen dagegen kommunale Finanzierungselemente meist eine untergeordnete Rolle. Während es in ausländischen, vor allem US-amerikanischen PPP-Modellen gängige Praxis ist, daß privatwirtschaftlich durchgeführte Projektentwicklungen mit öffentlichem Aufgabenbezug über öffentliche Schuldverschreibungen oder Darlehen kommunaler Agencies finanziert werden oder die öffentlichen Körperschaften Bürgschaften für private Kreditaufnahmen übernehmen,[47] unterliegen in Deutschland kommunale Darlehen und Bürgschaften so strengen Anwendungsvoraussetzungen und schwierigen Genehmigungsauflagen, daß ihnen in Projekten mit privatwirtschaftlich dominierter Trägerschaft kaum Bedeutung zukommt.[48]

---

46 Diese Strategie wird in der Literatur als ein Randgebiet des großen Themenkomplexes "private Finanzierung kommunaler Investitionen" behandelt.

47 Vgl. z. B. Colman, William G.: State and Local Government and Public Private Partnership, (Greenwood Press) New York, Westport, London 1989, S. 142 ff.; vgl. auch Fainstein, Norman I.; Fainstein, Susan S.: Öffentlich-private Partnerschaften bei der Stadterneuerung und Stadtentwicklung in den USA, in: Heinz, Werner (Hrsg.): Public Private Partnership - ein neuer Weg zur Stadtentwicklung?, (W. Kohlhammer/Deutscher Gemeindeverlag) Stuttgart u. a. 1993, S. 65-124, hier S. 100 f.

48 Über den tatsächlichen und möglichen Stellenwert von Kommunalkrediten im Rahmen von PPP-Finanzierungen bestehen in der Praxis unterschiedliche Meinungen. Die Befürworter bewerten die kommunale Bürgschaft als bedeutendes Finanzierungsinstrument für PPPs, da ein privater Vorhabenträger aufgrund der besonderen Sicherheiten kostengünstigere Kredite erhält, und fordern dementsprechend eine weniger restriktive Genehmigungspraxis. Eine gegensätzliche Position wird nicht nur von Kritikern vertreten, die die weitreichenden und nicht vertretbaren Haftungsübernahmen der Kommunen problematisieren, sondern auch von Praktikern, die keine Effekte einer Kostenersparnis ausmachen

Kommunale Finanzierungsquellen werden in privatwirtschaftlichen Projektentwicklungen eher indirekt genutzt, so wenn die Kommune ergänzende städtebauliche Maßnahmen durchführt. Eine große praktische Bedeutung haben allerdings die öffentlichen Finanzierungshilfen. Um Gelder aus Förderprogrammen oder Kaufpreisstundungen für Grundstücke verfügbar zu machen, werden oftmals Projektgesellschaften in gemischtwirtschaftlicher Trägerschaft gegründet, obwohl die Beteiligten eine rein private Beteiligungskonzeption bevorzugt hätten.[49]

Insgesamt sind die Möglichkeiten der Kapitalbeschaffung in Deutschland sehr begrenzt und die Vorteile der "Bonitätskopplung" in einer PPP können kaum genutzt werden. Klagen über fehlendes Risikokapital und über die zu enge Zweckgebundenheit öffentlicher Fördermittel sind im untersuchten Forschungsfeld immer wieder zu hören und stellen die Akteure oft vor nicht überwindbare Hindernisse. Vor allem kleineren Projektentwicklern und Investoren gegenüber verfolgen die Banken eine sehr restriktive Kreditvergabepolitik; Anlegerkapital kann für die meisten Projekttypen nicht zu einem solch frühen Planungszeitpunkt verfügbar gemacht werden.[50] Gefordert wird beispielsweise die Errichtung gemeinsamer Risikokapitalfonds von öffentlichem und privatem Sektor, wie sie in den Niederlanden existieren.[51]

2. Die Finanzierung bei kommunaler Trägerschaft: Das Beispiel Schenkenberg

In Schenkenberg, einem kleinen Ort 22 km nördlich von Leipzig, wurde 1991 mit den Planungen für ein kommunales Vorhaben der Gewerbe- und Wohnbaulanderschließung begonnen.[52] In Anlehnung an eine Gewerbeflächenerschließung in Wachau[53] wurde mit den dort engagierten privaten Unternehmern ein innovatives PPP-Modell zur Projektumsetzung konzipiert: Als Planungs- und Erschließungsträgerin fungiert eine eigens gegründete Ortsentwicklungsgesellschaft, die EOS Schenkenberg mbH, an der sich die Gemeinde

können: Im Gegenzug zu den günstigeren Konditionen werden zusätzliche Bürgschaftskosten in prozentualen Anteilen auf die Kreditsumme aufgeschlagen.

49 Vgl. die Ausführungen zum Projekt Zietenkaserne Göttingen im sechsten Kapitel, C II 2.

50 Vgl. die Ausführungen im dritten Kapitel, A III.

51 Übereinstimmende Aussage mehrerer Gesprächspartner, u. a. von Herrn Dr. Rainer Emenlauer, Gesellschaft für Projektsteuerung im Städtebau mbH (Prostadt), Berlin, Gespräche am 14. September 1994 in Berlin und am 08. Februar 1995 in Bonn.

52 Die folgenden Ausführungen basieren auf der persönlichen Mitgestaltung einer umfassenden Studie zum Projekt; vgl IFEU-Ingenieurgesellschaft für Energie und Umwelttechnik mbH, Lauchheim: Modellvorhaben Public Private Partnership, Fallstudie Schenkenberg, unveröff. Studie im Rahmen des BMBau-Forschungsfeldes "Neue Wege der privaten Finanzierung von Stadterneuerungs- und Stadtentwicklungsaufgaben" des Experimentellen Wohnungs- und Städtebaus, Endbericht Mai 1995.

53 Der Bauleiter des Entwicklungsprojektes "Gewerbegebiet Wachau-Nord", am südöstlichen Stadtrand von Leipzig gelegen, fand den dortigen Verlauf so beispielhaft, daß er für seine Heimatgemeinde Schenkenberg ähnliches erhoffte.

Schenkenberg zu 70 %, ein privates Bauträgerunternehmen, die IFE Immoconsult Finanzberatung für Infrastruktur und Erschließung mbH, Berlin, zu 30 % beteiligt. Mit der Konstruktion der kommunal dominierten Entwicklungsgesellschaft soll es trotz der sehr schwachen Finanzausstattung der Gemeinde und der Unerfahrenheit des Verwaltungspersonals ermöglicht werden, die Planungsvorhaben "Gewerbegebiet Rödgen" (ca. 15 ha), "Wohnentwicklung Schenkenberg" (ca. 4 ha) und "Dorfentwicklung Schenkenberg", (d. s. Maßnahmen der Ortskernsanierung) zügig und insgesamt rentabel durchzuführen.

Für die Vorfinanzierung der Grunderwerbs-, Planungs- und Erschließungskosten konnten kommunale Finanzierungs- und Fördermittel akquiriert werden:

- Aus dem Kommunalkreditprogramm wurden Fördermittel in Höhe von 4,5 Mio. DM verfügbar gemacht; der Kommunalkredit der Kreditanstalt für Wiederaufbau wurde für Investitionsvorhaben in den Bereichen Abwasserbeseitigung sowie Stadt- und Dorferneuerung" gewährt.[54]
- Für die Erschließung des Gewerbegebietes Rödgen wurden Fördermittel aus der Gemeinschaftsaufgabe "Verbesserung der regionalen Wirtschaftsstruktur" (sog. GA-Mittel) bewilligt; insgesamt waren dies 3,68 Mio. DM, davon 1,84 Mio. DM aus EG-Mitteln und der gleiche Betrag aus Bund/Länder-Mitteln.[55]

Kommunalkredit wie auch GA-Mittel wurden von der Gemeinde an die EOS weitergeleitet; aufgrund der Mehrheitsverhältnisse in der Gesellschafterversammlung wurde die angemessene kommunale Einflußsicherung als gegeben angesehen.

---

[54] Für Vorhaben der Gewerbe- und Wohnbaulanderschließungen ist eine kommunale Kreditaufnahme nicht so einfach möglich. Generell wird die Genehmigung von Kreditaufnahmen restriktiv gehandhabt: ist die dauerhafte finanzielle Leistungsfähigkeit der Kommune bedroht, ist die Genehmigung der Kreditaufnahme durch die kommunalen Aufsichtsbehörden zu versagen. Maßgeblich für die Entscheidung ist nach geltendem Haushaltsrecht nicht der Verwendungszweck, sondern die Lage der Haushaltswirtschaft insgesamt. Bei Investitionen, die rentierlich sind, d. s. solche, deren Schuldendienst durch projektbezogene Einnahmen gedeckt ist, geht die Kommunalaufsicht mittlerweile dazu über, grundsätzlich eine Kreditfinanzierung zuzulassen. Für die hier untersuchten Projekte ist diese (sichere) Rentierlichkeit nicht gegeben; die Genehmigungserteilung unterliegt einem erheblichen Ermessensspielraum und wird von den zuständigen Kommunalaufsichten unterschiedlich gehandhabt. Nach Aussage der Leiterin der Kommunalaufsicht des Landkreises Delitzsch wird im Lande Sachsen durchaus eine kommunale Bürgschaft und Kreditaufnahme dann bewilligt, wenn es um den Ankauf von Grundstücken zur Schaffung von Arbeitsplätzen oder zur Bereitstellung von Bauland bei gleichzeitigem Nachweis des Planungsstandes und der Abstimmung mit den wichtigsten Trägern öffentlicher Belange geht. Die Kommunalaufsicht in anderen Ländern, z. B. Brandenburg, ist diesbezüglich weniger bereit, Zugeständnisse zu machen; Aussage von Herrn Hermann Laistner, Geschäftsführer der Ingenieurgesellschaft für Projektsteuerung, Ökologische Entwicklungsplanung und Technologietransfer mbH (POET), Lauchheim, Gespräche u. a. am 05. Mai 1994 in Lauchheim und am 08. Februar 1995 in Bonn. (Die POET führte die Planungen im Projekt Schenkenberg durch.)

[55] Eine der im Bewilligungsbescheid festgelegten Prämissen ist die Verpflichtung, erschlossene Flächen überwiegend an förderfähige Betriebe weiterzuveräußern. Die vorgeschriebene Weitergabe der Fördermittel erfolgte im Rahmen von Kaufpreisabschlägen für Grundstücke im Gewerbegebiet Rödgen; vgl. zum GA-Förderprogramm auch die Ausführungen im siebten Kapitel, B II 2.

Der Flexibilitätsvorteil der kommunalen Entwicklungsgesellschaft gegenüber einer Projektabwicklung im Rahmen des kommunalen Haushalts zeigte sich beim Überbrücken eines Liquiditätsengpaßes. Der zügige Projektverlauf schien gefährdet, als sich aufgrund nicht vorhandener Grundbücher Zahlungseingänge aus Grundstücksverkäufen verzögerten; diese wurden für Grundstücksankäufe in dem sich anschließenden Teilprojekt benötigt. Auf Grundlage einer stillen Abtretung von 21 Einzelforderungen aus abgeschlossenen Grundstückskaufverträgen erklärte sich die Commerzbank Leipzig schließlich bereit, einen Kontokorrentkredit in Höhe von 1 Mio. DM einzuräumen, mit dessen Hilfe die Projektabwicklung wie geplant fortgesetzt werden konnte. Bei einer klassischen Haushaltsfinanzierung hätte die Gemeinde Schenkenberg keine Möglichkeit gehabt, auf einen kurzfristig erhöhten Kapitalbedarf zu reagieren. Sie hätte einen Nachtragshaushalt beschließen müssen, der von der Kommunalaufsicht ebenso genehmigt werden muß wie die Kreditaufnahme selbst.

Trotz der Möglichkeit der ergänzenden Kreditbeschaffung über den Kapitalmarkt weist das kommunale Finanzierungsmodell Defizite in der Kapitalmobilisierung auf. An allen 5 Standorten, an denen die IFE an einer kommunalen Entwicklungsgesellschaft beteiligt ist, traten im Projektverlauf erhebliche Liquiditätsprobleme auf.[56] Nach Einschätzung von Laistner, einem der beiden 'Erfinder' des Kooperationsmodells, könnte das PPP-Arrangement durch die Beteiligung eines finanzstarken Partners erheblich an "Umsetzungsstärke" gewinnen. Bei dem bisherigen Beteiligungskonzept steht nicht die Gewinnung von Kapitalkraft im Vordergrund, sondern die Gewinnung von Know-how.[57]

Der innovative Charakter der PPP-Konstruktion liegt darin begründet, daß diese Know-how-Mobilisierung den Finanzierungsbedarf *während* der Projektabwicklung nicht zusätzlich erhöht. Der private Partner erbringt seinen Arbeitseinsatz als 'Vorleistung' und 'auf Risiko': eine Vergütung seiner Tätigkeit erfolgt erst und nur dann, wenn das Projekt mit Erfolg abgeschlossen wird. In diesem Fall partizipiert er in Höhe seiner Gesellschaftsbeteiligung, d. h. mit 30 %, am realisierten Projektgewinn. Auf diese Weise wird ein 'existentielles' Interesse des privaten Unternehmers an einer rentablen und schnellen Maßnahmendurchführung erzeugt und die Gemeinde hat eine begründete Aussicht auf einen erfolgreichen Projektabschluß. Der private Partner fungiert quasi als "Außenbord-

[56] Das Kooperationsmodell der Gemeinde Schenkenberg (Kreis Delitzsch) stellt insofern eine Besonderheit dar, als es bereits an einem anderen Standort (Wachau, Kreis Leipzig) erprobt wurde und gleichzeitig eine Übertragung auf mehrere andere Gemeinden versucht wird: Fahrland (Kreis Potsdam), Cottbus und Seeburg (Kreis Potsdam).

[57] Der private Partner leistet im Modell nur einen geringen eigenen Kapitaleinsatz in Höhe von 15.000 DM; dies entspricht seinem 30 %igen Anteil am Stammkapital der Gesellschaft.

motor im Ruderboot der Gemeinde".[58] Gleichzeitig wird im gewählten Modell eine sehr unkonventionelle Form von Unterstützung und Arbeitsteilung zwischen den Kooperationspartnern gefördert.

Die Beobachtung des Projektverlaufs an den verschiedenen Standorten zeigt, daß in dieser unkonventionellen Zusammenarbeit zwischen dem privaten Unternehmer und dem Bürgermeister, beide Geschäftsführer der Entwicklungsgesellschaft, die Stärken des Kooperationsmodells liegen. In den Gemeinden, in denen ein sehr kleiner Verwaltungsapparat und überschaubare 'Machtverhältnisse' es ermöglichten, schnell und unbürokratisch Entscheidungen herbeizuführen, konnten kommunale Entwicklungsprojekte in sehr kurzen Zeiträumen und mit hohen Gewinnmargen durchgeführt werden. Im Pionierprojekt Wachau, in dem die Grundstücksflächen zu einer sehr günstigen Zeit auf dem Markt kamen, wurde nach knapp zwei Jahren Entwicklungstätigkeit ein Gewinn von rund 12 Mio. DM realisiert. Im Projekt Schenkenberg steht eine Endbilanzierung noch aus; nachteilig auf den Projekterfolg wirkt sich die derzeit schleppend verlaufende Vermarktung der Gewerbeflächen aus.[59]

D. Die Projekt-Konzeptionsstrategien

I. Ein Überblick

Kommunen, Eigentümer, Investoren und Developer stehen vor der Aufgabe, ein Projekt zu konzipieren, dessen Wertschöpfung so hoch ist, daß die im Rahmen der Projektdurchführung anfallenden Kosten gedeckt werden können bzw. ein angemessener Überschuß erwirtschaftet wird. Aus Sicht der privaten Wirtschaft ist das Gewinnziel das relevante Motiv, aus Sicht der öffentlichen Hand ist dies meist das Kostendeckungsziel.[60] Letztlich münden alle Entscheidungen im Rahmen einer Projektentwicklung darin, die Verkaufs- bzw. Vermietungspreise der Nutzungsflächen als Ausdruck der Wertschöpfung zu optimieren und alle Leistungen mit möglichst geringen Kosten zu erbringen.

---

58 Aussage von Herrn Hermann Laistner, Geschäftsführer der Ingenieurgesellschaft für Projektsteuerung, Ökologische Entwicklungsplanung und Technologietransfer mbH (POET), Lauchheim, Gespräche u. a. am 05. Mai 1994 in Lauchheim und am 08. Februar 1995 in Bonn.

59 Das in dieser Konfiguration wohl einzigartige PPP-Modell wurde in Fachkreisen interessiert beobachtet und vielfach heftig kritisiert. Die Kritik reicht von der grundsätzlichen Ablehnung einer kommunalen Gewinnerzielung im Rahmen einer Projektabwicklung (vgl. hierzu die Ausführungen im achten Kapitel, D VI) bis hin zu dem Vorwurf, die 30%ige Gewinnbeteiligung des privaten Unternehmers stelle letzlich eine ungerechtfertigte Bereicherung an kommunalen Vermögenswerten dar. Eine umfassende Bewertung des PPP-Modells kann an dieser Stelle nicht erfolgen; hierzu sei auf die o. a. Studie zum Projekt verwiesen.

60 Vgl. hierzu die Ausführungen über die Vermeidung kommunaler Gewinne im achten Kapitel, D VI.

Die Grundlage der Wertschöpfung bildet der Einsatz der **Marktbearbeitungsinstrumente**. Analog zu der klassischen Gliederung der Betriebswirtschaftslehre können auch im Rahmen der Projektentwicklung die Bereiche Produktpolitik, Preispolitik, Kommunikationspolitik und Distributionspolitik unterschieden werden. Instrumente der Produktpolitik sind beispielsweise die landschaftsgestalterische und architektonische Qualität, das Nutzungskonzept und die Flächenanordnung sowie die (langfristige) Servicepolitik gegenüber den Käufern und Nutzern der Grundstücke bzw. Immobilien. Die marktpolitischen Entscheidungen orientieren sich sowohl an den Akzeptanzbedingungen der Marktpartner als auch an den Strategien der Konkurrenz.

Die **Kostenbedingungen** der Projektrealisierung werden durch die Notwendigkeit zur Durchführung bestimmter Grundstücksaufbereitungs- und Erschließungsmaßnahmen sowie durch die Faktorpreise determiniert. Die wichtigsten Kostenkategorien im Rahmen einer Projektrealisierung sind die Grundstücks- und Grundstücksnebenkosten, die Bau- und Baunebenkosten, die Zwischenfinanzierungs- und Finanzierungskosten sowie die Kosten, die im Rahmen der Projektentwicklung und Projektsteuerung selbst anfallen. Eine Verbesserung der Kostenbedingungen kann an der Senkung der Faktoreinsatzpreise ebenso ansetzen wie an einer Verbesserung der Kostenwirtschaft, beispielsweise durch Controllingmaßnahmen.

Übersicht 5.5: Ein Überblick über die Marktbearbeitungsinstrumente und die Kostenfaktoren

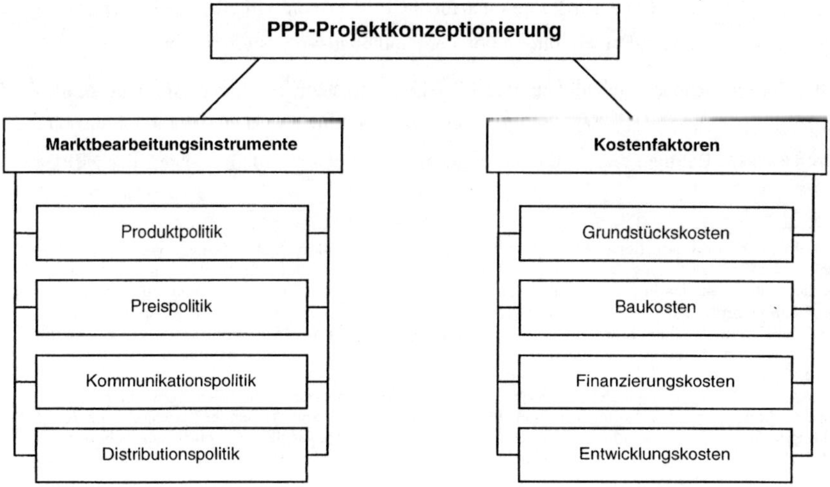

Es würde den Rahmen der Arbeit sprengen, die einzelnen Bereiche inhaltlich auszuführen, zumal die sehr unterschiedlichen Projekttypen sehr unterschiedliche Ansätze in der Marktbearbeitung erfordern. Im folgenden wird nur auf die **Kommunikationsstrategien** eingegangen; wie im vierten Kapitel (B III und C III) bereits angedeutet, verfügen PPP-Projekte über besondere Potentiale im Vermarktungs- und PR-Bereich, die mit ausschlaggebend für die Wahl dieser Organisationsform sind:

- Begriff und Sache von PPP bieten Anknüpfungspunkte, um das Projekt in den Medien und in der öffentlichen Diskussion ins Gespräch zu bringen. Die positiven Assoziationen, die mit dem PPP-Begriff verbunden sind, wirken sich im Idealfall positiv auf die Wahrnehmung und Beurteilung des Gesamtvorhabens aus: es handelt sich um ein Projekt, das innovativ und zukunftsorientiert ist, ein Projekt, das wirtschaftliche Effizienz mit sozialer Verantwortung verbindet, ein Projekt, in dem die Beteiligten an einem Strang ziehen.

- Das Organisationskonzept einer PPP eignet sich darüber hinaus für die Präsentation des Projektes in wissenschaftlichen Publikationen und auf Fachseminaren. Die Aufmerksamkeitswirkung des Vorhabens wird verstärkt und seine positive Konnotation als beispielhafte Modellentwicklung gefestigt. In Frankfurt wurde während der Planungen zu den PPP-Projekten Westhafen und Rebstock eine Fachtagung "Public Private Partnership" durchgeführt, in der Vertreter von Kommunen, Banken und der Immobilienwirtschaft über das Thema referierten.[61] Auch in Ludwigshafen wurden anläßlich der Initiierung des Großprojektes Rheinufer-Süd zwei große öffentliche Fachkolloquien durchgeführt.[62] Die Stadt Kassel bereitet für ihr PPP-Projekt Unterneustadt derzeit eine Projektpräsentation auf einem internationalen Städtebausymposium in Venedig vor.[63]

- Die Vorteile in der Außendarstellung beziehen sich auch auf die persönliche Marktkommunikation und den persönlichen Verkauf. Ein Beispiel ist die Präsentation eines Projektes im Rahmen einer Immobilienmesse. Die Stadt Potsdam war auf der MIPIM

---

61 Vgl. Institute for International Research: Public Private Partnership - Modeformel oder neuer Weg, Dokumentation der Tagung am 11. und 12. November 1992 in Frankfurt, unveröff. Vortragsmanuskript. Darüber hinaus wurden in der Fachpublikationsreihe "Die Zukunft des Städtischen, Frankfurter Beiträge", die vom Dezernat Planung der Stadt Frankfurt herausgegeben wird, mehrere Beiträge zu PPP aufgenommen und die Frankfurter Stadtentwicklungsprojekte ausführlich vorgestellt; vgl. Wentz, Martin (Hrsg.): Planungskulturen, Die Zukunft des Städtischen, Band 3, (Campus) Frankfurt a. M., New York 1992.

62 Im April 1989 wurden ähnliche bundesdeutsche Großprojekte vorgestellt und diskutiert, im Juni 1990 wurden die Ergebnisse des offenen städtebaulichen Gutachterverfahrens präsentiert; Angaben von Herrn Dillinger, Wirtschaftsentwicklungsgesellschaft (WEG) Ludwigshafen a. Rh., Gespräch am 7. November 1994 in Ludwigshafen; vgl. auch Wilhelmus, Gerd: Ludwigshafen - Rheinufer-Süd, Ein ganz normales Stadtentwicklungsprojekt?, in: Stadtbauwelt, 81. Jg., 1990, S. 1793-1799.

63 Angaben von Herrn Jochum, Amt für Stadtplanung und Stadterneuerung Kassel, Gespräch am 01. Februar 1995 in Kassel.

95[64] mit einem Ausstellungsstand vertreten und bot privaten Projektentwicklern und Politikern Gelegenheit, gemeinsam ihre Interessen gegenüber potentiellen Marktpartnern zu artikulieren.[65] Auch die Stadt Ludwigshafen plant im Rahmen ihrer Investorenwerbung eine Teilnahme an der kommenden MIPIM. Der Stand wird gemeinsam mit den Alteigentümern des Planungsgebietes Rheinufer-Süd finanziert und betrieben.[66]

Angesichts der wachsenden Bedeutung von gesellschaftlicher und gesellschaftspolitischer Akzeptanz nehmen die Kommunikationsstrategien einen herausragenden Stellenwert in der Projektentwicklung ein. Die Kommunikation und Interaktion mit dem Umfeld umfaßt dabei mehr als nur informations- und verkaufspolitische Aktivitäten; die umfassenden Ansätze werden als "umfeldbezogene Akzeptanzstrategien" in einem speziellen Kapitelabschnitt (E II) weiter ausgeführt.

II. Die Gewinn- und Kostendeckungsstrategien

1. Die Konzeption eines tragfähigen Projektes

Im Vorfeld der Projektentwicklung geht es zunächst um die Frage, ob die erzielbaren Projekterlöse ausreichen, um die bei der Maßnahmendurchführung entstehenden Kosten zu decken. Je nach Zielsetzung muß der Erlös die Kosten um einen angemessenen Betrag überschreiten oder das Defizit in einem für die Stadt vertretbaren Rahmen bleiben. Der Spielraum bei der Festlegung des Preisniveaus und der Gestaltung des Kostenniveaus ist dabei eng begrenzt: auf der Preisseite durch den Wettbewerb und die sog. Vergleichsmieten, auf der Kostenseite durch die gegebenen Faktorpreise und den Zwang zur Durchführung der erforderlichen Bauvorbereitungs- und -ausführungsmaßnahmen.[67]

Ausgangspunkt der Wirtschaftlichkeitsermittlung ist die Auslotung der möglichen Preise, die für die angebotenen Flächen zu erzielen sind. In Verbindung mit dem vorgegebenen Rentabilitätsziel ergeben sich daraus die maximalen Kosten, die im Rahmen der Projektentwicklung tragbar sind. Die zentralen Leitfragen im Vorfeld der Entwicklung lauten damit:

---

64 Die MIPIM ist die größte europäische Immobilienmesse, die jährlich im Frühjahr in Cannes stattfindet.

65 Angaben von Herrn Klaus Heidkamp, Mitglied der Geschäftsleitung Unternehmensgruppe Roland Ernst, Gespräche am 26. Februar 1995 in Heidelberg und am 08./09. März in Berlin-Teltow.

66 Bei den Alteigentümern handelt es sich um die halbstaatlichen Hafenbetriebe, die auch Partner in der gemeinsamen Projektentwicklungsgesellschaft WEG Ludwigshafen sind.

67 Vgl. ähnlich Tietz, Bruno: Zukunftsstrategien für Handelsunternehmen, (Deutscher Fachverlag) Frankfurt a. M. 1993, S. 103 u. S. 127.

1. Wie hoch dürfen die Grundstückskosten und alle Bau- und Entwicklungskosten höchstens sein, wenn die Flächen zu einem vorgegebenen Höchstpreis abgegeben werden sollen?
2. Wie hoch dürfen die Preise der angebotenen Flächen höchstens sein, damit die erwartete Nachfrage erzielt werden kann?

Zur Beurteilung der Wirtschaftlichkeitsverhältnisse findet in der Praxis das sog. **Residualverfahren** Anwendung. Ziel dieses Bewertungsverfahrens ist es, den höchsten für den Investor noch tragbaren Grundstückswert abzuleiten, wenn er eine angemessene Rendite erzielen will.[68] Ausgangspunkt der Berechnungen ist die Ermittlung der Netto-Geschoßflächen und der durchschnittlich erzielbaren Mieten pro qm NGF bzw. die Ermittlung der Wohnflächen und der erzielbaren Verkaufspreise pro qm WF. Das erzielbare Preisniveau richtet sich nach den Preisen für vergleichbare Objekte. Hier liegt das größte Problem der Kalkulation verankert: hinreichend übereinstimmende Vergleichsobjekte stehen nicht oder nicht in ausreichender Zahl zur Verfügung.[69] Praktiker beklagen die mangelnde Qualität und die fehlende Transparenz von Marktstatistiken, in denen häufig Höchstmieten angegeben werden, die in der Realität nicht zu erzielen sind.[70] Besonders problematisch ist das Heranziehen von Vergleichswerten in einem rezessiven Klima, wenn kaum Transaktionen stattfinden und die Zahlen veraltet sind.[71]

---

68 Vgl. zum Residualverfahren Falk, Bernd (Hrsg.): Immobilien-Handbuch: Wirtschaft, Recht, Bewertung, Grundwerk, 3. Aufl. 1992 incl. Ergänzungslieferungen, (Moderne Industrie) Landsberg/Lech 1994, Teil Bewertung, Kapitel 2.2, S. 27-30.

69 Vgl. zum Vergleichswertverfahren Falk, Bernd (Hrsg.): Immobilien-Handbuch: Wirtschaft, Recht, Bewertung, Grundwerk, 3. Aufl. 1992 incl. Ergänzungslieferungen, (Moderne Industrie) Landsberg/Lech 1994, Teil Bewertung, Kapitel 2.2, S. 1-4.

70 Die überwiegend von Maklern erstellten Marktreports stellen für die Unternehmen gleichzeitig PR-Kampagnen dar, in denen das Bemühen um größtmögliche Objektivität nicht unbedingt im Vordergrund steht. Ähnliches gilt für die klassische Auftragsforschung von Instituten und Forschungseinrichtungen, die sich ihren Auftraggebern verpflichtet fühlen. Darüber hinaus bleibt offen, inwieweit die von Maklern und Investoren gemeldeten Quadratmeterumsätze der Realität entsprechen; die Bereitschaft zur Belegung der Zahlen mit Mietverträgen besteht nicht. Da die Angaben von Mietpreisniveaus in den Standort- und Marktreports erheblich differieren, gibt es derzeit mehrere Initiativen, in denen die in der Marktforschung tätigen Unternehmen für die Zukunft eine stärkere Abstimmung ihrer Erhebungstätigkeiten planen; vgl. Gop, Rebecca: Research-Qualitäten, in: Immobilien Manager, o. Jg., 1995, Nr. 12, S. 14-18.

71 Angabe von Herrn Dr. Rainer Emenlauer, Gesellschaft für Projektsteuerung im Städtebau mbH (Prostadt), Berlin, Gespräche am 14. September 1994 in Berlin und am 08. Februar 1995 in Bonn.

2. Die Vermeidung kommunaler Haushaltsbelastungen: Das Beispiel Kassel Unterneustadt

In Kassel sah die Ausgangssituation vor der Projektrealisierung im Sanierungsgebiet Unterneustadt wie folgt aus:[72]

Bei dem Bebauungsgebiet handelt es sich um eine Nettofläche von 48.230 qm, die in unmittelbarer Nähe zur Kasseler Innenstadt an der Fulda gelegen ist. Das Gebiet ist im 2. Weltkrieg zerstört worden und dient heute als Messeplatz und Parkanlage.

Städtebaulich handelt es sich um ein sehr ehrgeiziges Projekt, das zum einen die alten städtebaulichen Bezüge wiederherstellen, zum anderen attraktiven Wohnraum in stadtzentraler Lage bieten soll. Die wohnungswirtschaftliche Nutzung wird ergänzt durch einen entsprechenden Anteil an Dienstleistungen und Einzelhandel. Insgesamt können rund 100.000 qm Bruttogeschoßfläche auf dem Gelände errichtet werden.

Das gesamte Gebiet befindet sich im Besitz der Stadt Kassel. Die Stadt strebt eine mindestens "haushaltsneutrale Lösung" an, bei der lediglich der Wert von Grund und Boden in das Projekt eingebracht wird. Allerdings ist sie daran interessiert, daß aus den Überschüssen des Projektes Teile der erforderlichen Infrastruktur mitfinanziert werden. Der private Partner im Projekt, die Bavaria Objekt und Baubetreuung GmbH, hat im Hinblick auf diese Ziele eine Wirtschaftlichkeitsrechnung erstellt. Auf Grundlage der vorgegebenen Flächenanteile für die einzelnen Nutzungen wurden die von der Stadt zu erzielenden Grundstückserlöse im Residualverfahren kalkuliert.

Als Beispiel ist in Übersicht 5.6 die Kalkulation der Dienstleistungsflächen (obergeschossig) aufgeführt. Für die anderen Nutzungsarten, d. s. Sozialer Mietwohnungsbau (1. Förderweg), Mietwohnungsbau (4. Förderweg), Eigentumswohnungen und Ladenflächen (erdgeschossig) wurden entsprechende Rechnungen durchgeführt, anschließend die Werte mit den jeweiligen Nettonutzungsflächen der Nutzungsart multipliziert.[73] Dabei wurden einige Optimierungen und Konkretisierungen im Vergleich zu den von der Stadt ursprünglich vorgesehenen Nutzungsanteilen vorgenommen:

Die von der Stadt undifferenziert vorgesehenen qm WF für den geförderten Mietwohnungsbau wurden zu rund 2/3 als Mietwohnungsbau des 4. Förderweges deklariert, da die ausschließliche Nutzung als sozialer Mietwohnungsbau die Kalkulation ausgesprochen

---

72 Die folgenden Ausführungen basieren auf Gesprächen mit und Unterlagen von Herrn Jochum, Amt für Stadtplanung und Stadterneuerung Kassel, Gespräch am 01. Februar 1995 in Kassel, und Herrn Jürgen Erbach, Bavaria Objekt und Baubetreuung GmbH, Berlin und Köln, Gespräch am 11. März 1995 in Köln.

73 Bei der Umrechnung der BGF in Wohnfläche bzw. Geschäftsfläche wurden Relationen von 1,28 : 1 bzw. 1,18 : 1 herangezogen.

nachteilig beeinflußt hätte. Der von der Stadt geplante Anteil an Dienstleistungsflächen wurde um rund 1/3 zugunsten des Anteils an Eigentumswohnungen verkleinert, da die wirtschaftliche Verwertung der Obergeschoßbebauungen im Gewerbebereich als problematisch befunden wurde.

Übersicht 5.6: Projekt-Kalkulation im Residualverfahren (Praxisbeispiel)

Kassel-Unterneustadt **- Kalkulation Dienstleistungsflächen -**		
durchschnittlich erzielbare Miete pro qm NGF	DM	20,-- /qm NGF
Verkaufspreis 15 x Jahresmiete (nach Abzug von Vertriebskosten)	DM	3.600,-- /qm NGF
./. Bauzeitenzinsen	DM	170,-- /qm NGF
./. Bau- und Baunebenkosten	DM	2.600,-- /qm NGF
./. Stellplatzkosten Tiefgarage unrentierlicher Teil (1 TG-Platz/40 qm NGF)	DM	150,-- /qm NGF
./. Risiko/Gewinn (12 %)	DM	432,-- /qm NGF
Grundstücksanteil	DM	248,-- /qm NGF

Quelle: Bavaria Objekt und Baubetreuung GmbH, Berlin und Köln.

Von der sich aus der Addition der Erlöse pro Nutzungsart ergebenden Gesamterlössumme wurden alle Kosten in Abzug gebracht, die der Stadt selbst durch die Planung und Durchführung der Infrastrukturmaßnahmen entstehen.[74] Diese Kosten mußten nicht in voller Höhe veranschlagt werden, da für das Projekt öffentliche Fördermittel zur Verfügung stehen. Es verbleibt ein Überschuß, der den fiktiv veranschlagten Grundstückswert in Höhe von 4,5 Mio. DM um mehr als das Doppelte übersteigt.[75]

Selbst wenn man davon ausgeht, daß die tatsächlich erzielbaren Umsätze und die tatsächlich entstehenden Kosten sich im Vergleich zu den Kalkulationswerten negativ entwickeln, erscheint der gegebene Spielraum den Beteiligten als ausreichend groß, um eine Inanspruchnahme von städtischen Mitteln über das Grundvermögen hinaus ausschließen zu können.

74 Dabei handelt es sich um Kosten der Verlagerung der bisherigen Nutzungen (Messe, Verkehrsschulgarten), der Umlegung der Versorgungsleitungen und der Erschließung, des Umbaus von Straßen und der Fußgängerbrücke, der Beseitigung von Bodenverunreinigungen sowie der Planung und Zwischenfinanzierung.

75 Auf genaue Zahlenangaben wird aus Vertraulichkeitsgründen verzichtet.

E. Ausgewählte Problembearbeitungsstrategien

I. Ein Überblick

In der Projektentwicklung gibt es bestimmte Probleme, denen aufgrund ihrer aktuellen, 'zeitgeistigen'und/oder künftig zu erwartenden Bedeutung besondere Aufmerksamkeit gewidmet wird. Die neu aufgegriffenen Probleme können in das klassische Strategieraster der Marktbearbeitungs- und Kostenstrategien einerseits und der Managementstrategien andererseits nicht befriedigend eingeordnet werden, da sie eher darauf zielen, neuartige Formen des ganzheitlichen Denkens in die Projektentwicklung zu tragen. Einige der Probleme sind auf die zunehmende ökologische und sozialpolitische Sensibilität in der Gesellschaft zurückzuführen; andere resultieren aus der zunehmenden Komplexität der Bauvorhaben und dem steigenden Kosten- und Termindruck. Die Problembewältigungsstrategien setzen an erfolgskritischen Stellen im Entwicklungsprozeß an, um gezielt Verbesserungen zu initiieren, und haben als **Modekonzepte** auch eine nicht zu unterschätzende psychologische Bedeutung.[76]

Die PPP, verstanden als Leitbild einer frühzeitigen, interessen-koordinierenden Zusammenarbeit zwischen Akteuren des öffentlichen und privaten Sektors, stellt selbst eine solche Problemlösestrategie zur Verbesserung der Entscheidungsabläufe und Entscheidungsergebnisse dar. Andere Konzepte, die mit einer Neudefinition von Problemperspektiven einhergehen, sind:[77]

- die Ökologiestrategien,
- die Qualitätssicherungsstrategien,
- die Projektcontrollingstrategien,[78]
- die Informationsmanagementstrategien,
- die umfeldbezogenen Akzeptanzstrategien.

---

[76] Vgl. ähnlich Tietz, Bruno: Zukunftsstrategien für Handelsunternehmen, (Deutscher Fachverlag) Frankfurt a. M. 1993, S. 727 f.

[77] Vgl. zu den Konzepten im einzelnen Diederichs, Claus-Jürgen: Stand von Forschung, Lehre und Praxis des Projektmanagements im Bauwesen, in: Motzel, Erhard (Hrsg.): Projektmanagement in der Baupraxis bei industriellen und gewerblichen Bauprojekten, (Ernst & Sohn) Berlin 1993; S. 3-32, hier S. 20-31; vgl. auch Tietz, Bruno: Zukunftsstrategien für Handelsunternehmen, (Deutscher Fachverlag) Frankfurt a. M. 1993, S. 727-771.

[78] Vgl. hierzu Eisinger, Bernd: Projektcontrolling, Erfolgsgarant oder Modewort, in: Immobilienmanager, o. Jg., 1995, Nr. 7/8, S. 34-39.

Im folgenden wird lediglich der Bereich der **umfeldbezogenen Akzeptanzstrategien** inhaltlich ausgeführt, da er im Rahmen einer Public Private Partnership von besonderer Relevanz ist.

Es ist regelmäßig zu befürchten, daß sich gesellschaftliche und politische Akzeptanzprobleme ergeben, wenn der Verdacht besteht, daß öffentliche Gemeinwohlinteressen sich mit privaten Gewinninteressen vermischen. Dies gilt besonders für die Projekte, in denen die Kommune sich selbst unternehmerisch betätigt, so als Konsorte in einer Projektentwicklungsgesellschaft. Scheitert das Projekt, wird der Vorwurf der Verschwendung öffentlicher Gelder nicht auf sich warten lassen. Sollte die Gesellschaft Gewinne erzielen, liegt der Vorwurf nahe, daß die Gemeinde zur Gewinnerzielung ihre hoheitlichen Befugnisse eingesetzt habe.[79] Bei einer Übertragung kommunaler Grundstücke in private Hände geht die Kritik Außenstehender häufig dahin, daß die Stadt ihr Grundvermögen zu Spottpreisen 'versilbere'.

Die Akzeptanzstrategien weisen einen engen Bezug zu den Kommunikationsstrategien auf, da ihre Instrumente in erster Linie solche der Informationspolitik und Public Relations sind. Inhaltlich werden dabei auch Bezüge zu anderen der oben angeführten Problem- bzw. Modestrategien hergestellt.

Das Beispiel Stadt Kassel: Die Stadt Kassel plant im Projekt Unterneustadt eine Modellentwicklung unter Einbeziehung verschiedener beispielhafter Verfahrensansätze. Der bundesweite Modellcharakter des Projektes soll durch den Planungs- und Realisierungsprozeß mit der Bezeichnung "documenta urbana Kassel II" zum Ausdruck kommen.[80] Er bezieht sich (1) auf das innovative organisatorische Verfahren (PPP), (2) auf die beispielhafte Bürgerbeteiligung und (3) auf die anspruchsvollen städtebaulichen Qualitäten. "Die documenta urbana II soll Impulse für modellhaften Städtebau geben, weiterführende Städtebaudiskussionen auslösen, Diskussionen im internationalen Maßstab eröffnen bzw. moderieren und im Sinne der internationalen Bauausstellung positive Praxisbeispiele für die Lösung zentraler städtebaulicher Probleme geben. Nicht zuletzt soll durch diesen

---

79 Vgl. Scharmer, Eckart: Mobilisierung und Bereitstellung von Bauland durch Entwicklungsmaßnahmen und Modelle der Kooperation mit privaten Investoren, in: Bundesforschungsanstalt für Landeskunde und Raumordnung (Hrsg.): Informationen zu Raumentwicklung, Heft 1/2 1994: Bodenmanagement, Bonn 1994, S. 9-18, hier S. 16.

80 Die "documenta urbana" knüpft begrifflich an die berühmte Kunstausstellung "documenta" in Kassel an; die beiden Veranstaltungen haben jedoch nichts miteinander zu tun. Die Bezeichnung "documenata urbana II" rührt daher, daß es zuvor mit dem Dönche-Projekt eine "documenata urbana I" gab; Angaben von Herrn Jochum, Amt für Stadtplanung und Stadterneuerung Kassel, Gespräch am 1. Februar 1995 in Kassel.

Prozeß, der von Ausstellungen, Symposien und Veranstaltungen begleitet sein wird, das Image der Stadt Kassel aufgewertet werden."[81]

II. Die umfeldbezogenen Akzeptanzstrategien

1. Die Konzepte der Akzeptanzförderung

Die Beziehungen zwischen der PPP und und der lokalen Öffentlichkeit beeinflussen den Projektverlauf erheblich. Auch wenn es den Bürgern in der Regel nicht gelingt, Planungen nach ihren Vorstellungen zu beeinflussen, so schaffen sie es doch in vielen Fällen, die Verfahren der Planung und Genehmigung so in die Länge zu ziehen, daß ein Projekt nicht mehr zu einem günstigen Zeitpunkt an den Markt kommt.[82] Eine fehlende Akzeptanz in der lokalen Bevölkerung wirkt sich unmittelbar auf die politische Akzeptanz aus und vermindert die Kooperationsbereitschaft der Akteure, auf deren Mitwirkung bzw. Zustimmung die Projektverantwortlichen angewiesen sind: die (Alt-)Grundstückseigentümer, die (Alt-)Mieter und die Grundstücksnachbarn, die Träger öffentlicher Belange, die zuarbeitenden kommunalen Behörden u. a. m.

Ein nachhaltig negatives Image in der Öffentlichkeit kann bis auf die Vermarktungserfolge durchschlagen. Umgekehrt ist die Identitätsprägung als ein Projekt, das unter Mitwirkung der Bürger konzipiert und auf deren Bedürfnisse abgestimmt ist, heute eine wichtige Profilierungsstrategie. Als Konzepte der gezielten Akzeptanzförderung werden im folgenden unterschieden:

1. die Informationskonzepte, so Präsentationen, Ausstellungen, Informationsbüros u. ä.;
2. die Partizipationskonzepte, so "runde Tische", Bürgerforen u. ä.;
3. die Integrationskonzepte, so Veranstaltungen vor Ort, "Einheimischenmodelle", ABM-Maßnahmen u. ä.

zu 1.: die Informationskonzepte: Im Rahmen der Informationspolitik geht es zum einen um die Informationsvermittlung als "kognitiver Prozeß", wobei insbesondere die Chancen hervorgehoben werden, die ein Projekt für die Bevölkerung, den Stadtteil, die Politik und die Wirtschaft der Region birgt. Zum anderen geht es dabei sehr wesentlich um die Informationsvermittlung als "aktivierender Prozeß", der Begeisterung für und

---

81 Aus einem Strategiekonzept des "Kuratoriums zur Wiedergründung der Unterneustadt"; vgl. zu der Institution die Ausführungen im sechsten Kapitel, C II.

82 Vgl. Fainstein, Susan S.: The City Builders: property, politics and planning in London and New York (Blackwell Publishers) Oxford and Cambridge 1994, S. 140 u. S. 166.

Identifikation mit dem Projekt schaffen soll. Hierzu werden vor allem Instrumente der Projekt-Visualisierung genutzt. Neben Broschüren im Großformat mit ansprechenden Bildern und kurzen, werbenden Texten sowie großen, detailreichen Modellen bieten die audio-visuelle Präsentation und die Computersimulation neu zu entdeckende, subtile Möglichkeiten der Vermittlung "emotionaler Erlebnisse". In Amerika werden Projektpräsentationen heute als beeindruckende Multi-Media-Shows durchgeführt, und auch in Deutschland ist der Trend zur aufwendigen Inszenierung unverkennbar. "Städtebau ist Verführungskunst geworden."[83]

zu 2.: die Partizipationskonzepte: Die Beteiligung der Bürger am Projektplanungsverfahren orientiert sich zunächst an den rechtlichen Grundlagen des § 3 BauGB; demnach sind Bauleitpläne über einen Monat öffentlich auszulegen und die in dieser Zeit vorgebrachten Bedenken und Anregungen im Anschluß zu prüfen. Heute werden jedoch in nahezu allen größeren Städtebauprojekten über die gesetzlich vorgeschriebenen Verfahren hinausgehende Foren der Artikulation von Bürgerinteressen geschaffen. Nur wenige davon finden jedoch in einer Form und zu einem Zeitpunkt statt, daß tatsächlich eine Beeinflussung von Planungsentscheidungen möglich ist; vielmehr stehen auch hier identitätsfördernde und legitimatorische Aspekte im Vordergrund.[84] In der persönlichen Kommunikation und Diskussion zwischen den Projektverantwortlichen und der lokalen Bevölkerung wirkt sich vor allem das Auftreten der Investoren imageprägend und akzeptanzbeeinflussend aus.

Das Beispiel Westhafen-Projekt: In Frankfurt wurden die Bürger des Ortsbezirks 1 (Bahnhof, Gallus, Gutleut, Innenstadt) im Rahmen einer Ortsbeiratssondersitzung am 29. März 1995 zu einer Präsentation des Projektes Westhafen eingeladen. Bei der Vorstellung der Entwicklungskonzeption und der anschließenden Diskussion waren die geschäftsführenden Mitglieder aller beteiligten Investoren der Projektentwicklungsgesellschaft sowie der Planungsdezernent der Stadt Frankfurt a. M. vertreten. Die Befürchtungen hinsichtlich eines "Sturms der Attackierungen und Aggressionen" waren im Vorfeld groß, wurden aber nicht bestätigt. Mit einem erkennbaren Bemühen um das ernsthafte Behandeln *jedes* Anliegens und großem diplomatischen Geschick gelang es den Projektverantwortlichen, die Atmosphäre im Publikum trotz emotionaler Spannung weitgehend aggressionsfrei zu halten. Diese Leistung ist auch deshalb bemerkenswert, weil die Argumentationsansätze und Artikulationsfähigkeiten der Gesprächsbeteiligten

---

[83] Dijk, Hans von: Städtebau als Kunst der Verführung, ein ehrgeiziges Projekt für die Uferbebauung "Kop van Zuid" in Rotterdam, in: Stadtbauwelt, 79. Jg., 1988, Nr. 48, S. 2088-2093, hier S. 2088; vgl. auch die Ausführungen über die Problematik der Investorenauswahl im sechsten Kapitel, B II 2.

[84] Vgl. hierzu auch Selle, Klaus: Was ist bloß mit der Planung los? Erkundungen auf dem Weg zum kooperativen Handeln, Dortmunder Beiträge zur Raumplanung, Heft 69, hrsg. v. Institut für Raumplanung Universität Dortmund, Dortmund 1994, S. 94 f.

extrem auseinanderklafften und die Moderation der Diskussion sich dementsprechend schwierig gestaltete.[85]

zu 3.: die Integrationskonzepte: Hierunter werden Maßnahmen der Identifikationsförderung mit einem Projekt zusammengefaßt, die von sehr unterschiedlicher Art und Reichweite sind. Ihre Gemeinsamkeit besteht darin, daß sie die lokale Bevölkerung in einer nicht primär kommunikativen, sondern handlungs- bzw. erlebnisorientierten Art in den Planungs- und Durchführungsprozeß eines Vorhabens miteinbeziehen. Ein Beispiel ist die Imageaufwertung eines Projektstandortes, die sich zugleich identitätsfördernd auswirkt. So verfolgen einige Städte und Projektentwickler bei der Revitalisierung alter, heruntergekommener Industriebrachen die Strategie, vor der Durchführung von Aufbereitungsmaßnahmen zunächst Rockkonzerte, Freilufttheater und andere Veranstaltungen auf den Freiflächen zu organisieren, um den Standort von seinen assoziativen 'Altlasten' zu befreien und als "Kulturtreffpunkt" bekannt und beliebt zu machen.

Weiterreichende Integrationskonzepte beziehen die ortsansässige Bevölkerung unmittelbar in den Planungs- und Durchführungsprozeß eines Vorhabens mit ein. So sind vor allem in den Neuen Bundesländern Modelle der Baureifmachung von Grundstücken konzipiert worden, die Arbeitslose oder von Arbeitslosigkeit bedrohte Personen auf der Basis von Arbeitsbeschaffungsmaßnahmen oder Maßnahmen der Fortbildung und Umschulung in die Inwertsetzung der Grundstücke einbinden. Ein Beispiel ist das Projekt Industriebrachensanierung Zittau-Hirschfelde, dessen Beräumungsmaßnahmen nach § 249h AFG durch ABM-Kräfte durchgeführt und mit Sachkostenzuschüssen der Bundesanstalt für Arbeit und THA-Darlehen finanziert wurden.[86] Integrationsförderung, soziales Engagement und Projektfinanzierung greifen hier auf eine idealtypische Weise ineinander, so daß diese Modelle als richtungweisend für den zukünftigen Umgang mit nicht-marktfähigen Grundstücken gelten können.[87]

---

85 Persönliche Eindrücke der Ortsbeiratssondersitzung am 29. März 1995 im Bürgerhaus Gutleut, Frankfurt a. M.

86 Angaben von Herrn Dr. Stefan Weiers, Liegenschaftsgesellschaft der Treuhandanstalt mbH, Geschäftsstelle Dresden, Standortentwicklung in Sachsen, Gespräch am 03. November 1994 in Dresden.

87 In einigen Modellen treten als Arbeitgeber Beschäftigungsgesellschaften auf, denen die nicht-marktfähigen Grundstücke von der Treuhand zur Verfügung gestellt wurden. Im Wert ihrer Leistungen können die Beschäftigten-Gesellschaften Grund und Boden als Voraussetzung für die zweite, sog. Existenzgründerphase erhalten. In dieser Phase werden die Mitglieder in die Selbständigkeit überführt, so als Handwerksbetriebe, Beratungsgesellschaften u. ä. Andere Modelle beziehen zusätzlich Maßnahmen zur Verbesserung der Wohnraumversorgung (durch Schaffung von Eigenheimen) und zur Vermögensbildung für die Gruppe der Arbeitslosen mit ein; vgl. hierzu das "Existenzgründer-Selbsthilfe-Modell" und das "Gruppenselbsthilfemodell", in: Kupchevsky, Ted: Wiedernutzung von Gewerbeflächen, Entwicklungsstrategien der Treuhand, in: Raumplanung, 1992, Nr. 59, S. 203-208, hier S. 207 f.

2. Die Informationspolitik: Das Beispiel Frankfurt Westhafen

Im Projekt Frankfurt Westhafen war die Stimmung in der Öffentlichkeit, vor allem in der Frankfurter Lokalpresse, im Sommer 1993 auf einem Tiefpunkt angelangt. Im Juni war bekannt geworden, daß die Victoria-Versicherung nur vier Wochen vor der endgültigen Vertragsunterzeichnung aus dem Projekt ausgestiegen war. Die Realisierung des geplanten Projektes drohte zu scheitern, da sich weder die Stadt Frankfurt noch der verbliebene Konsorte, die International Properties Limited (IPL), in der Lage sahen, ein ähnlich finanzstarkes Unternehmen für ein Projektengagement zu gewinnen. Erst als im Februar 1994 bekannt wurde, daß sich eine neues Konsortium für das Westhafen-Projekt formiert hatte, verbesserte sich die Medienstimmung merklich. Der Höhepunkt einer Phase durchweg positiver Presse wurde mit der Vertragsunterzeichnung im November 1994 erreicht.[88]

Nach der ersten Euphorie änderte sich das Stimmungsbild in der Medienberichterstattung wieder; gleichzeitig brachten die Grünen mit der Westhafen-Initiative eine Organisation gegen das Projekt in Position. Zeitungsartikel vermeldeten eine Verunsicherung in der Bevölkerung, deckten vermeintliche Unklarheiten und Widersprüche im Projektverlauf auf und berichteten über geplante Luxuseinrichtungen, die sich kaum ein Bürger aus dem alten Stadtteil leisten könne. Die Mitgliedsunternehmen des Westhafen-Konsortiums haben daher zu Beginn des Jahres 1995 beschlossen, mit einer gezielten Informations- und PR-Kampagne gegen die negativen Prägungen im Meinungsklima angehen. Bestandteile der aktiven Kommunikationspolitik sind:

- die kontinuierliche Pressearbeit,
- die Durchführung von Themen-Pressegesprächen,
- die Schaltung von Themen-Anzeigenkampagnen,
- die Erstellung eines Videobandes, evtl. auch einer Computersimulation zur "Vision Westhafen",
- die Durchführung einer Ortsbeiratssondersitzung,
- die Entsendung eines Projektvertreters in alle Ortsbeiratssitzungen,
- die Herausgabe einer regelmäßig erscheinenden Stadtteilzeitung "Westhafen".

---

[88] Die Ausführungen stützen sich auf Presseartikel im o. a. Zeitraum in der Frankfurter Rundschau und der Frankfurter Allgemeine Zeitung sowie auf Gespräche mit Herrn Dr. Berge, Stadtentwicklungsamt Frankfurt, Gespräch am 14. Juni 1994 in Frankfurt, Herrn Michael Baum, Max Baum Immobilien GmbH, Frankfurt, Gespräch am 29. März 1995 in Frankfurt, und Herrn Klaus Heidkamp, Mitglied der Geschäftsleitung Unternehmensgruppe Roland Ernst, Gespräche am 26. Februar 1995 in Heidelberg und am 08./09. März in Berlin-Teltow.

In der Öffentlichkeitsarbeit sollen die gegen das Projekt vorgebrachten Bedenken und Angriffe gezielt aufgegriffen und revidiert werden. Dies betrifft u. a.:

- Den Zeitablauf: Das Projekt ist nicht in zeitlichem Verzug, sondern läuft nach Plan.
- Die PPP: PPP bedeutet nicht besondere Nachgiebigkeit gegenüber der anderen Seite, laxer Umgang mit Rechtsnormen oder Verkürzung des Rechtsschutzes Dritter. PPP ist ein Prozeß, um im Vorfeld von Entscheidungen zu einem fairen und dauerhaft tragfähigen Interessenausgleich zwischen öffentlicher Hand und Privaten zu gelangen.
- Die Luxus-Projektierung: Es werden keine Luxus-Wohnungen errichtet, sondern frei finanzierte Wohnungen zu marktgerechten Preisen. Auch sind sozial geförderte Wohnungen vorgesehen. Der Hafen ist nicht als Luxus-Yachthafen, sondern als Bootshafen für sportbegeisterte Segler und Bootsfahrer konzipiert. Es wird kein Luxus-Hotel gebaut, vielmehr werden Übernachtungs- und Tagungsmöglichkeiten in City- und Messenähe geschaffen.
- Das Konsortium: Das Konsortium ist keine Vereinigung geldgieriger, unsozialer Kapitalisten, sondern ein Zusammenschluß wirtschaftsstarker, erfahrener Unternehmer mit der Stadt Frankfurt als Planungsträger.
- Der Flächenverkauf: Es findet kein Ausverkauf von Flächen zu Spottpreisen statt. Die Flächen wurden zu realen Preisen eingekauft; die Stadt partizipiert zu 50 % an der Wertsteigerung der Grundstücke.
- Die Entmietung: Es werden keine angestammten Mieter vertrieben, sondern man versucht, partnerschaftlich die Neuregelung der bestehenden Mietverträge zu erreichen. Möglichst vielen Gewerbemietern sollen neue Gewerbeflächen zur Verfügung gestellt werden.
- Die Kindertagesstätten und Schulen: Die Investoren sind zum Bau zweier Kindertagesstätten und einer Grundschule bereit. Als Attraktion ist die Errichtung einer Schiffskindertagesstätte im Gespräch.

Sechstes Kapitel: Die Managementstrategien von PPP

A. Vorüberlegungen zum PPP-Management

I. Die PPP als "temporäre Adhocratie"

In Anlehnung an Begriffe aus der Organisations- und Managementliteratur kann ein PPP-Arrangement treffend als "temporäre Adhocratie", als "strategische Allianz", als "unsichere Allianz" oder als "virtuelle Organisation" beschrieben werden. Jede dieser Bezeichnungen steht für eine spezielle Problemperspektive und für eine spezielle Sicht dessen, worum es beim Management eines PPP-Arrangements geht. Mit dem Begriff der **virtuellen Organisation** werden informationslogistische Aspekte der Steuerung und Koordination einer arbeitsteiligen Zusammenarbeit in den Vordergrund gestellt.[1] Diese Problemsicht wird im folgenden nicht ausgeführt, da die Entwicklung von Mechanismen zur Synchronisation organisatorischer Abläufe und Handlungspraktiken sowie zur Steuerung von Informationsströmen in einer PPP von untergeordneter Bedeutung ist. Demgegenüber akzentuieren die drei anderen Begriffe sowohl eine starke Verhaltensorientierung als auch eine strategische Beurteilung von PPP-Arrangements, etwa mit der Frage, wie die Erfolgspotentiale von PPPs trotz erheblicher Ineffizienzen in den organisatorischen Abläufen erschlossen werden können.

Eine **temporäre Adhocratie** kennzeichnet eine organisatorische Konfiguration, in der sich Experten aus verschiedenen Disziplinen in einem Ad-hoc-Team zusammenfinden, um gemeinsam ein spezielles Projekt durchzuführen.[2] Ihre Grundorientierung wird auch als "Intrapreneuring" beschrieben, ein Hinweis darauf, daß dieser Organisations- bzw. Beziehungstypus in seinen strategischen Initiativen von vielen Personen abhängt. Mintzberg spricht von der "innovativen Organisation" und betont damit erstens, daß es sich um eine sehr

---

1 Der Begriff bemüht die Analogie zur virtuellen Speicherverwaltung, d. h. der Trennung von physikalischem und logistischem Speicherplatz in der Informatik. Er akzentuiert eine ausgeprägte Prozeß- und Transaktionskostenorientierung; vgl. Szyperski, Norbert; Klein, Stefan: Informationslogistik und virtuelle Organisationen, in: Die Betriebswirtschaft, 53. Jg., 1993, Nr. 2, S. 187-208, hier S. 200.

2 In der Literatur wird der "Ad-hoc-Zusammenschluß" auch als Beziehungsform mit dem Koordinationsmechanismus "Markt" thematisiert und den Beziehungsformen mit dem Koordinationsmechanismus "Hierarchie" gegenübergestellt; vgl. so Bullinger, Hans-Jörg: Dienstleistungsmärkte im Wandel - Herausforderungen und Perspektiven, in: Dienstleistung der Zukunft, Vortragsunterlagen zur Tagung des Bundesministeriums für Bildung, Wissenschaft, Forschung und Technologie am 28. und 29. Juni 1995 in Berlin, S. 29-78, hier S. 50. Eine andere beziehungsstrategische Betrachtung stellt die "Ad-hoc-Geschäfte" den "Dauergeschäften", d. s. langfristige Geschäftsbeziehungen, gegenüber; vgl. so Tietz, Bruno: Der Gruppenwettbewerb als Element der Wettbewerbspolitik - das Beispiel der Automobilindustrie, (Heymanns) Köln u. a. 1981.

moderne, zukunftsweisende Konfiguration handelt, und zweitens, daß nur sie in der Lage ist, anspruchsvolle neue Problemlösungen zu entwickeln.[3]

Charakteristisch für Adhocratien ist eine äußerst organische und komplexe Struktur, in der die Strategiekonzeption weniger ein Planungsprozeß 'von oben' als vielmehr ein simultaner Entwicklungsprozeß ist, in den verschiedene Akteure ihre Vorschläge und Erfahrungen einbringen und der ein in höchstem Maße flexibles Anpassen an Veränderungen der dynamischen und komplexen Umwelt erfordert. Ein zentrales Problem des Managements einer Adhocratie, speziell der Koordination der arbeitsteiligen Leistungserstellung, ist die Bewahrung der Steuerungsfähigkeit unter dem Druck externer Koordination und dadurch wachsender Komplexität von Koordinationsmechanismen. In der Situation wechselseitiger Abhängigkeit zwischen den Kooperanden sind Dialog und Konsensbildung die wesentlichen Steuerungs- und Konfliktlösungsmechanismen. Zwei zentrale Elemente im Management einer solchen Kooperationsbeziehung sind das Vertrauen und die Verträge:[4]

- **Das Vertrauensmanagement**: Der Aufbau einer Adhocratie ist ein langwieriger vertrauensbildender Prozeß, in dessen Verlauf die jeweiligen gemeinsamen wie divergierenden Interessen formuliert und die wechselseitigen Verpflichtungen vertraglich festgelegt werden. Neben dem gemeinsamen übergeordneten Ziel der Entwicklung eines erfolgreichen Projektes und der beiderseitigen Nutzenerwartung aus der Kooperation ist die Ausbildung von Vertrauen eine Basisvoraussetzung für das Eingehen und Funktionieren der Zusammenarbeit.[5] Das Beziehungsmanagement, verstanden als langfristige zielgerichtete Anbahnung, Steuerung und Kontrolle von Geschäftsbeziehungen, ist in den letzten Jahren zu einem Kernthema der verhaltenswissenschaftlich orientierten Managementliteratur geworden.[6] Nach Belz beruht das Vertrauenskonstrukt auf der erlebten Offenheit, der Ehrlichkeit, der Sicherheit und der Zuverlässigkeit im Umgang der Kooperanden miteinander.[7]
- **Das Vertragsmanagement**: Verträge über die Zusammenarbeit in einer Adhocratie bleiben aufgrund der Vertragskosten sowie der Unabsehbarkeit zukünftiger Anforderungen notwendigerweise unvollständig. Zudem würde eine detaillierte Beschreibung ver-

---

3 Vgl. zu Begriff und Sache der innovativen Organisation (Adhocratie) ausführlich: Mintzberg, Henry: Mintzberg über Management: Führung und Organisation, Mythos und Realität, (Gabler) Wiesbaden 1991, S. 205-227; speziell zum Begriff "Adhocratie" S. 208.

4 Vgl. Szyperski, Norbert; Klein, Stefan: Informationslogistik und virtuelle Organisationen, in: Die Betriebswirtschaft, 53. Jg., 1993, Nr. 2, S. 187-208, hier S. 199 f.

5 Das Vertrauenskonstrukt spielt auch im Rahmen der ökonomischen Transaktionsanalyse eine wichtige Rolle; vgl. die Ausführungen im vierten Kapitel, A II.

6 Vgl. (einführend) Diller, Hermann; Kusterer, Marion: Beziehungsmanagement - Theoretische Grundlagen und explorative Befunde, in: Marketing, Zeitschrift für Forschung und Praxis, ZFP, 10. Jg., 1988, Nr. 3, S. 211-220.

7 Vgl. Belz, Christian u. a.: Erkenntnisse zum systematischen Beziehungsmanagement, in: Belz, Christian u. a.: Management von Geschäftsbeziehungen, hrsg. v. Forschungsinstitut für Absatz und Handel an der Hochschule St. Gallen, (Thexis) St. Gallen 1994, S. 13-92, hier S. 52.

schiedenster zukünftiger Entwicklungen und entsprechend starre Regelungen dem offenen und dynamischen Charakter der Kooperation und damit ihren strategischen Zielen widersprechen. Für das Management stellt sich die Herausforderung, Vertragsgestaltungen zu finden, die genügend Sicherheiten für die Durchsetzung individueller Interessen bieten und gleichzeitig flexible Anpassungsmöglichkeiten an bislang noch unbekannte Einflußparameter ermöglichen. Aus ökonomischer und juristischer Sicht wird die Thematik unter dem Begriff des **relationalen Vertrages** diskutiert; auf das Konstrukt wurde bereits im vierten Kapitel (A II) eingegangen.

Die Stärken einer Adhocratie liegen in ihrer Fähigkeit begründet, sehr komplexe und schlecht strukturierte Probleme zu bewältigen; ihre spezifische Schwäche ist ein sehr hoher Ressourcenverbrauch. So hat Mintzberg für Adhocratien allgemein, Kestermann für PPP-Gesellschaften speziell ausgeführt, daß sie für die Durchführung "gewöhnlicher" Projekte ungeeignet sind und dem "Außergewöhnlichen" vorbehalten bleiben sollten.[8] Sie sind effektiv (innovativ) um den Preis ihrer Effizienz.[9] Die Kunst des Managements besteht in einer solchen Situation darin, eine Balance zwischen strategisch notwendiger **Kooperation** und wirtschaftlich notwendiger **Autonomie** zu finden.

Den Managern verlangt die laufende Koordination der arbeitsteiligen Zusammenarbeit erhöhte Sensitivität und Intensität bei der Beachtung selbst unwichtig erscheinender Teilfragen ab. Die Beanspruchung von Managementkapazitäten durch Aktivitäten der Kommunikation und Konsensbildung ist beträchtlich und wird im Vorfeld der Kooperation regelmäßig unterschätzt.[10] Mintzberg hat den Ablauf einer Entscheidungsfindung in der Adhocratie sehr anschaulich und amüsant beschrieben:

> "Eine Konferenz wird einberufen, wahrscheinlich um eine andere zu planen, und schließlich um zu entscheiden, wer an der Entscheidung beteiligt sein soll. Es wird formuliert und reformuliert. Es werden Ideen für eine Lösung generiert und debattiert. Es bilden sich Allianzen um die verschiedenen Lösungen, oder sie werden erst aufgebaut - bis es schließlich zu den harten Verhandlungen kommt, welche Lösung angenommen wird. Am Ende

---

8 Vgl. Mintzberg, Henry: Mintzberg über Management: Führung und Organisation, Mythos und Realität, (Gabler) Wiesbaden 1991, S. 225; vgl. auch Kestermann, Reiner: Public-Private Partnership. Anmerkungen zur Rezeption eines Modebegriffes, in: Raumplanung, 1993, Heft 63, S. 205-214, hier S. 211.

9 Vgl. zum Effektivitäts- und Effizienzbegriff Tietz, Bruno: Zukunftsstrategien für Handelsunternehmen, (Deutscher Fachverlag) Frankfurt a. M. 1993, S. 83; vgl. zum Effizienzproblem der PPPs auch die Ausführungen im achten Kapitel, D IV.

10 Vgl. Bleicher, Knut: Unternehmenspolitische und unternehmenskulturelle Voraussetzungen erfolgreicher strategischer Partnerschaften, in: Zentes, Joachim (Hrsg.): Strategische Partnerschaften im Handel, (C. E. Poeschel) Stuttgart 1992, S. 307-325, hier S. 310 u. S. 323.

steht eine Entscheidung, die selbst eine Leistung ist, obwohl es normalerweise zu spät ist und sie wahrscheinlich später noch geändert wird."[11]

Ein weiteres Adhocratie-spezifisches Problem betrifft die Personen, die in einer Adhocratie arbeiten; viele sind von der fehlenden Ordnung und Struktur frustriert. In den persönlichen Interviews berichteten die Mitarbeiter gemischt-wirtschaftlicher Projektgesellschaften von Gefühlen der Unsicherheit vor Entsendung in das Team, von Verwirrung darüber, für welche Aufgaben sie zuständig sind und wer ihr Vorgesetzter ist, von ausgeprägten Interessen- und Loyalitätskonflikten und einer intensiven Konkurrenz um Ressourcen und Anerkennung.[12] Dies deutet auf ein weiteres Problem hin, das für Adhocratien typisch ist: die hohe **Konfliktgeladenheit** des Arrangements. Es wird im folgenden unter dem Schlagwort der unsicheren Allianz thematisiert.

II. Die PPP als "unsichere Allianz"

In Anlehnung an die Terminologie, die sich für zwischenbetriebliche Kooperationsbeziehungen durchgesetzt hat, liegt es nahe, die PPP als eine sektorenübergreifende **strategische Allianz** zu charakterisieren und zu analysieren.[13] Eine solche Sichtweise lenkt die Aufmerksamkeit u. a. auf die strategischen Ziele, die mit der Kooperation verfolgt werden; hierzu sei auf die Ausführungen im vierten und achten Kapitel (D) verwiesen. Interessant sind auch die Studien, die sich mit den Erfolgsvoraussetzungen von strategischen Allianzen befassen. Generell werden dabei die Kompatibilität der **Unternehmenspolitik** (unternehmenspolitischer "fit") und der **Unternehmenskulturen** (unternehmenskultureller "fit") als wesentliche Erfolgsfaktoren beurteilt.[14] Diese Bedingungen sind in einer PPP gerade nicht gegeben, so daß Probleme beim Management der Kooperationsbeziehung in besonderer Weise prädestiniert sind.

"Alle 'misfits', die sich bei *Strategien, Strukturen* und *Kulturen*, wie unterschiedlichen *Managementphilosophien* der Partnerunternehmen ergeben, stellen zugleich mögliche *Konfliktfelder* der Zusammenarbeit dar, welche die Ergebnislage im Kooperationsfeld beeinflussen können. Dazu gehören auch die unterschiedlichen Erwartungshaltungen der

---

11 Mintzberg, Henry: Mintzberg über Management: Führung und Organisation, Mythos und Realität, (Gabler) Wiesbaden 1991, S. 226.

12 Mintzberg spricht von einem Ambiguitätsproblem; vgl. Mintzberg, Henry: Mintzberg über Management: Führung und Organisation, Mythos und Realität, (Gabler) Wiesbaden 1991, S. 225.

13 Diesen Vorschlag macht auch Kestermann; vgl. Kestermann, Reiner: Public-Private Partnership. Anmerkungen zur Rezeption eines Modebegriffes, in: Raumplanung, 1993, Heft 63, S. 205-214, hier S. 205.

14 Vgl. z. B. Ihrig, Falk: Strategische Allianzen, in: Wirtschaftswissenschaftliches Studium, 20. Jg., 1991, Nr. 1, S. 29-31, hier S. 29.

Partner im Hinblick auf das Ausmaß des erstrebenswerten Erfolges und seiner zeitlichen Erfüllung."[15]

In einigen empirischen Studien wird die Dominanz eines Partners als Erfolgsvoraussetzung strategischer Allianzen herausgestellt,[16] eine Bedingung, die in einem PPP-Arrangement besondere gesellschaftspolitische und normative Problemdimensionen aufwirft. Tendenziell fließt die Macht in einem labilen Autoritätsgefüge dorthin, wo die relevante Fachkompetenz liegt,[17] das bedeutet hier zu den Managern der privaten Unternehmen. Den 'fachlichen Know-how-Trägern' stehen im PPP-Arrangement jedoch die 'kritischen Kompetenz-Träger' des öffentlichen Parts gegenüber, die über solche für das Vorhaben unabdingbar notwendigen Entscheidungsbefugnisse verfügen.

Der Begriff der **unsicheren Allianz**, den Mintzberg als Spezialfall einer "Politischen Organisation" geprägt hat, fokussiert auf diese Machtstrukturen innerhalb eines PPP-Arrangements.[18] Eine unsichere Allianz entsteht, wenn zwei oder mehrere größere Einflußsysteme in ungefährem Gleichgewicht existieren müssen. Dieser Denkansatz ist insofern von Bedeutung, als er überzogene Ansprüche an eine mögliche Integration von Unternehmens- bzw. Sektoren-Kulturen und -Politiken in einer PPP relativiert, und klarstellt, daß hier zwei legitime Einflußsysteme nebeneinander koexistieren und für diese Koexistenz (zumindest) moderate und begrenzte Konflikte konstitutiv sind.

Die konflingierenden Kräfte können zunächst nicht nur als natürlich, sondern auch als **funktional** angesehen werden, da sie gewährleisten, daß alle Seiten eines Enwicklungsvorhabens ausführlich diskutiert und jeweils eine Vielzahl von Stimmen gehört werden. "Und jede Stimme ist wegen der Kritik der Kontrahenten dazu gezwungen, ihre Vorschläge im Sinne des allgemeinen Wohls zu definieren."[19] Das heißt, jede Meinungsposition muß Argumente zurechtlegen und Vorschläge unterstützen, die in jedem Fall hinsichtlich der Interessen der Organisation insgesamt gerechtfertigt werden können. Konflikte können auch dann als funktional angesehen werden, wenn sie dazu beitragen, organisatorische Dys-

---

15 Bleicher, Knut: Unternehmenspolitische und unternehmenskulturelle Voraussetzungen erfolgreicher strategischer Partnerschaften, in: Zentes, Joachim (Hrsg.): Strategische Partnerschaften im Handel, (C. E. Poeschel) Stuttgart 1992, S. 307-325, hier S. 311.

16 Vgl. (als Zusammenfasung mehrerer Autorenbeiträge) Schuh, Arnold: Strategische Allianzen - Neue Formen kooperativer Wettbewerbsstrategien, in: Der Markt, 29. Jg., 1990, Nr. 3, S. 141-148, hier S. 146.

17 Vgl. Bleicher, Knut: Unternehmenspolitische und unternehmenskulturelle Voraussetzungen erfolgreicher strategischer Partnerschaften, in: Zentes, Joachim (Hrsg.): Strategische Partnerschaften im Handel, (C. E. Poeschel) Stuttgart 1992, S. 307-325, hier S. 317; vgl. auch Mintzberg, Henry: Mintzberg über Management: Führung und Organisation, Mythos und Realität, (Gabler) Wiesbaden 1991, S. 213.

18 Mintzberg unterscheidet zwei Konfliktdimensionen, die erste gemäßigt oder intensiv, die zweite begrenzt oder durchdringend, und leitet aus der Kombination der Merkmale vier Formen politischer Organisationen ab. Die unsichere Allianz ist durch einen moderaten und begrenzten Konflikt gekennzeichnet; vgl. Mintzberg, Henry: Mintzberg über Management: Führung und Organisation, Mythos und Realität, (Gabler) Wiesbaden 1991, S. 243-259, hier S. 249.

19 Mintzberg, Henry: Mintzberg über Management: Führung und Organisation, Mythos und Realität, (Gabler) Wiesbaden 1991, S. 256.

funktionalitäten aufzubrechen, wie sie vor allem in der Verwaltungsorganisation bestehen, oder wenn sie unangemessenen Machtansprüchen einzelner entgegenwirken.

Auf der anderen Seite verbrauchen Konflikte enorme **Ressourcen** und führen zu Frustrationen bei den Mitarbeitern. Das Potential für einen intensiven Konflikt ist in einer unsicheren Allianz immer latent vorhanden. Breiten intensive Konflikte sich aus und können nicht unter Kontrolle gebracht werden, gefährden sie den Fortbestand der gesamten Unternehmung. Der Kampf um Einfluß- und Machtbereiche sowie die Fixierung auf eigene Ziele können schlimmstenfalls dazu führen, daß die PPP ihre gesamte Energie in Auseinandersetzungen verbraucht und nie irgendetwas erreicht. Das Management steht vor der Aufgabe, die Konflikte zu mäßigen und die Toleranz zwischen den Systemen und Personen zu fördern. Aufgabe der Manager ist es dabei weniger, Aggression und Konflikt zurückzuhalten, als vielmehr zweckgerichtet zu kanalisieren.[20] Teilweise können bereits im Vertragswerk allgemeine Regelungen getroffen werden, wie im Konfliktfall zu verfahren ist; in anderen Fällen geht es darum, gemeinsame Spielregeln für den Umgang miteinander, speziell die Handhabung von Konflikten, zu entwickeln.[21]

B. Die Projektinitiierungs- und Partnerakquisitionsstrategien

I. Die Projekt-Initiierungsstrategien

1. Die initiierenden Institutionen und Personen

Jeder Projektentwicklung liegt eine Idee zugrunde, eine mehr oder weniger konkrete Vision über ein Vorhaben, die primär standortbezogen auf die Entwicklung eines Grundstückes oder primär objektbezogen auf die Realisierung eines Projektes hin orientiert sein kann. Als Initiatoren und Förderer von PPP-Projektentwicklungen im untersuchten Forschungsfeld treten vor allem folgende Institutionen und Personengruppen auf:[22]

- die lokale Politik und Verwaltung, insbesondere die politische Führung auf den verschiedenen lokalen Ebenen und die Mitarbeiter von Planungs-, Stadtentwicklungs- und Wirtschaftsförderungsressorts, die unter- und fehlgenutzte Grundstücke und Gebäude einer neuen Verwendung zuführen wollen;

20 Vgl. ähnlich Tietz, Bruno: Zukunftsstrategien für Handelsunternehmen, (Deutscher Fachverlag) Frankfurt a. M. 1993, S. 627.

21 Vgl. Szyperski, Norbert; Klein, Stefan: Informationslogistik und virtuelle Organisationen, in: Die Betriebswirtschaft, 53. Jg., 1993, Nr. 2, S. 187-208, hier S. 200.

22 Vgl. hierzu auch Schnermann, Johannes: Projektentwicklung für Gewerbeimmobilien, in: Falk, Bernd (Hrsg.): Gewerbe-Immobilien, 6., überarb. Aufl. (Moderne Industrie) Landsberg/Lech 1994, S. 299-310, hier S. 301 f.; vgl. auch Bunzel, Arno u. a. (Hrsg.): Städtebauliche Verträge, Rechtliche Grundlagen, Hinweise zur Vertragsgestaltung, Regelungsbeispiele und Vertragsmuster, DIfU-Beiträge zur Stadtforschung, Bd. 14, (Deutsches Institut für Urbanistik) Berlin 1995, S. 39 f.

- die Grundstückseigentümer, die für ihre unbebauten, untergenutzten oder nicht mehr benötigten (Betriebs-) Grundstücke neue Nutzungskonzepte entwickeln, um Grundstücksertrag bzw. Grundstückswert zu steigern;
- die Vorhabenträger, um ein bestimmtes bauliches Vorhaben selbst zu realisieren, ggf. die erstellten Immobilien auch selbst zu managen/betreiben;
- die Grundstücksentwickler (Developer), um die als Folge der Planungen eintretenden Bodenwertsteigerungen durch Veräußerung zu realisieren;
- die Planungsbüros, bauausführenden Unternehmen, Architekten und Makler, die Grundstücksentwicklungs- und Bebauungsvorschläge erarbeiten, um als Auftragnehmer in die Projektentwicklung eingebunden zu werden;
- die Gutachter, die bei der Beurteilung von Grundstücken und Objekten Vorschläge für andere und bessere Nutzungen erarbeiten;
- die Finanzierungsinstitute, die Projektideen konzipieren, um Finanzierungen, insbesondere Folgefinanzierungen, der Vorhaben zu übernehmen;
- die Entwicklungsgesellschaften, die meist als stadt-, kreis- oder landeseigene Unternehmen tätig sind, um nach vorgegebenen, in der Regel politisch geprägten Zielvorstellungen regionale Entwicklungsarbeit zu leisten.

Die Idee der Durchführung des Projektes als PPP, ggf. mit Gründung einer gemischtwirtschaftlichen Trägerorganisation, kann dabei unmittelbar mit der Projektidee verknüpft sein oder erst im Laufe des Entwicklungsprozesses reifen. Der Stellenwert, der den einzelnen Personengruppen als Initiatoren von und Teilnehmern an PPP-Projekten zukommt, ist nicht nur auf nationaler, sondern auch auf regionaler und lokaler Ebene unterschiedlich. Das Initiativwerden der **lokalen Politik und Verwaltung** ist u. a. abhängig von der Stadt- und Gemeindegröße, der Erfahrung im Umgang mit städtebaulichen Projekten sowie der lokalen politischen Kultur. Daß aus unterschiedlichen historischen und politischen Gegebenheiten auch andere Typen von PPP-Modellen hervorgehen, zeigt ein Vergleich zwischen dem Land Berlin und der Stadt Frankfurt a. M.[23]

Das Beispiel Land Berlin: In Berlin war und ist das marktwirtschaftliche Denken in der Stadtentwicklung traditionell gering ausgeprägt. In der Vergangenheit war die öffentliche Hand als Subventionsgeber gewohnt, städtebauliche Maßnahmen bis in die Detailgestaltung zu steuern. Im wiedervereinigten Berlin hat der enorme Druck der politischen Aufgaben den Senat gezwungen, selbst die Initiative für eine Vielzahl großer Stadtentwicklungsprojekte zu ergreifen. Da die Verwaltung von der Menge und Neuheit der Aufgaben überfordert ist, spielt

23 Vgl. hierzu auch Schriever, Wolf: Projektentwicklung als kommunale Handlungsstrategie, Vortrag anläßlich des ebs-Immobilien-Professional-Collegs am 3. März 1994 in Berlin, unveröff. Vortragsmanuskript, S. 6 f.

das Instrument des **Entwicklungsträgers** nach §§ 165-171 BauGB derzeit eine Schlüsselrolle in der Berliner Stadtentwicklungspolitik.[24] Mitte 1994 waren bereits sechs Entwicklungsgesellschaften gegründet, 16 weitere Untersuchungsgebiete ausgewiesen.[25]

Die Entwicklungsgesellschaften befinden sich direkt oder indirekt in Besitz des Landes Berlin, was zur Folge hat, daß das Land letztlich für alle Verpflichtungen der Entwicklungsträger einstehen muß. Angesichts der desaströsen Haushaltslage, in der sich Berlin derzeit befindet, stellen die zahlreichen Nebenhaushalte erhebliche Zusatzbelastungen dar, deren Größenordnung sich kaum abschätzen läßt. Auf eine weitere Ausweisung von Entwicklungsgebieten wird daher derzeit verzichtet; stattdessen werden verstärkt Bemühungen unternommen, sog. **Abwendervereinbarungen** mit den Eigentümern der Flächen oder neu zu findenden Investoren zu treffen, die die Projekte in eigener Trägerschaft durchführen. Als beispielhaftes Modell wird in diesem Zusammenhang regelmäßig das PPP-Projekt Wohnbebauung Karow-Nord angeführt, in dem das Land Berlin einen städtebaulichen Vertrag mit den Arge-Partnern Industrie- und Wohnbau Groth & Graalfs GmbH und der GEHAG - Gemeinnützige Heimstätten AG geschlossen hat.[26]

Das Beispiel Stadt Frankfurt a. M.: In Frankfurt ging die Initiative für stadtentwicklungspolitisch bedeutsame Projekte in der Vergangenheit zumeist vom Nachfragedruck der Investoren aus. Die öffentliche Hand sah ihre Aufgabe in erster Linie darin, die großen geplanten Einzelprojekte durch öffentliche Ordnungsmaßnahmen in den Stadtzusammenhang einzupassen. Erst in jüngerer Zeit haben der Wechsel der politischen Führung und die zunehmenden Probleme der Wohnraumversorgung dazu geführt, daß die Stadt selbst verstärkt die Initative für die Neu- und/oder Umkonzeptionierung von Projekten übernommen hat.[27] Als beispielhafte Modellentwicklung wird in diesem Zusammenhang u. a. das Vorhaben Wohnen und Arbeiten am Rebstock angeführt, in dem die Stadt Frankfurt und der private Vorhabenträger, die Philipp Holzmann AG, sich in einer gemeinsamen **PPP-Gesellschaft** zusammengeschlossen haben. Die Projektplanungen gingen hier vom privaten Vorhabenträger aus; die Stadt verweigerte jedoch die Genehmigung für den Bau der neuen Bürostadt und

---

24 Vgl. zu städtebaulicher Entwicklungsmaßnahme und Entwicklungsträger die Ausführungen im dritten Kapitel, D II 4.

25 Bei den sechs Projektgesellschaften handelt es sich um die Vorhaben Rummelsburger Bucht, Entwicklungsbereich Hauptstadt, Eldenaer Straße, Wasserstadt Berlin-Oberhavel, Johannistal und Bisdorf; Angaben von Herrn Dr. Rainer Emenlauer, Gesellschaft für Projektsteuerung im Städtebau mbH (Prostadt), Berlin, Gespräche am 14. September 1994 in Berlin und am 08. Februar 1995 in Bonn; vgl. auch Volger, Gernot: Public Private Partnership (PPP) - Berührungsängste, in: Immobilien-Manager, o. Jg., 1993, Nr. 5, S. 6-10.

26 Vgl. die Ausführungen zum Projekt im siebten Kapitel, D III 1; vgl. auch Gop, Rebecca: Public Private Partnership (PPP) -Teamgeist nötig, in: Immobilien Manager, Nr. 4, 1993, S. 6-13, hier S. 10 f.

27 Angaben mehrerer Gesprächspartner, u. a. Herrn Dr. Berge, Stadtentwicklungsamt Frankfurt a. M., Gespräch am 14. Juni 1994 in Frankfurt a. M.; vgl. auch Friedemann, Jens: Die erste Städtebau-Partnerschaft geht in Frankfurt an den Start, in: Frankfurter Allgemeinen Zeitung vom 20. November 1992, S. 28.

setzte eine Änderung des Nutzungskonzeptes, eine Vergrößerung des Planungsgebietes und eine eigene gesellschaftsrechtliche Beteiligung an der Trägerorganisation durch.[28]

2. Die Rolle lokaler Entwicklungsgesellschaften: Die Beispiele NILEG und LEG Brandenburg

Als Initiatoren von und Teilnehmern an PPP-Projekten kommt den privatrechtlich verfaßten Institutionen im Eigentum von Bund, Ländern, Kreisen, Städten und gemeinnützigen Unternehmen eine besondere Bedeutung zu.[29] Für die hier untersuchten Projekte sind dies vor allem die öffentlich getragenen Banken, so Sparkassen und Landesbanken, sowie die öffentlich getragenen Wohnungsbau- und Grundstücksentwicklungsgesellschaften, so gemeinnützige Bauträgerunternehmen und Landesentwicklungsgesellschaften. Diese Institutionen haben in ihren Unternehmensstatuten ein sog. Regionalprinzip verankert, das sie zu einer besonderen Verantwortung gegenüber der lokalen Entwicklung verpflichtet.[30] Die staatliche Gesellschafterstruktur sorgt für ein größeres Vertrauen der kommunalen Partner und sonstiger öffentlicher Institutionen, die z. B. als Grundstückseigentümer oder Fördermittelgeber in die Entwicklungskonzeption eingebunden sind. In einigen landeseigenen Gesellschaften ist der Einfluß der Politik auf die unternehmerischen Entscheidungen sogar erheblich, so bei den Landesentwicklungsgesellschaften, die häufig als Gesellschafter an gemischt-wirtschaftlichen Projektgesellschaften beteiligt sind.[31]

Im folgenden werden Unternehmensstruktur und -politik zweier LEGs exemplarisch kurz dargestellt und jeweils ihre Rolle in einem konkreten PPP-Projekt untersucht.

---

28 Diese Betrachtung ist insofern besonders interessant, als in den Presseberichten regelmäßig betont wird, die Beteiligten hatten sich zusammengeschlossen, weil das Projekt in alleiniger Verantwortung einer Partei nicht zu realisieren gewesen sei; vgl. auch die Ausführungen zum Projekt im vierten Kapitel, C III und im sechsten Kapitel, C II 3.

29 In der PPP-Literatur wird vielfach hervorgehoben, daß die intermediären Organisationen eine Schlüsselrolle bei der Initiierung und Durchführung von PPP-Projekten einnehmen. Sie verbinden Elemente beider Sektoren und sind daher in besonderer Weise geeignet, verbindende und vermittelnde Funktionen wahrzunehmen; vgl. u. a. Roberts, Peter: The Origins and Recent Experience of Public-Private Partnership in Local Economic Development in the United Kingdom, hrsg. v. interdisziplinären Institut für Raumordnung, Stadt- und Regionalentwicklung der Wirtschaftsuniversität Wien, IIR-Discussion 43, Wien 1990, S. 7 f.

30 So beleihen die öffentlich-rechtlichen Banken bevorzugt Grundstücke und finanzieren Objekte, die in unmittelbarer Nähe zum Filialstandort liegen.

31 Die Bundesvereinigung der Landesentwicklungsgesellschaften und Heimstätten umfaßt derzeit 14 Mitgliedsunternehmen. Die meisten von ihnen gehen aus gemeinnützigen Organen staatlicher Wohnungspolitik hervor und wurden bereits in den 20er Jahres als sog. Heimstätten gegründet. Mit der Umfirmierung der öffentlichen Unternehmen in Landesentwicklungsgesellschaften einher geht eine Erweiterung des Aufgabenfeldes von der Wohnungspolitik hin zur Baulandbevorratungs- und städtischen Entwicklungspolitik. Die LEGs führen überwiegend im Auftrag von Land, Kreisen und Gemeinden Planungs-, Bodenordnungs-, Entwicklungs- und Sanierungsmaßnahmen durch.

Die Niedersächsische Gesellschaft für Landesentwicklung und Wohnungsbau mbH (NILEG)

Die NILEG befindet sich mehrheitlich im Besitz von Bund und Land Niedersachsen; ihr Aufgabenschwerpunkt liegt im Bereich des Tätigwerdens als Sanierungs- und Entwicklungsträger nach BauGB und der Durchführung von Bauleitplanungen.[32] In Kürze steht die Übernahme aller Bundes- und Landesanteile durch die Norddeutsche Landesbank (Nord LB) bevor; mit dieser neuen Trägerstruktur einher geht eine interne Reorganisation der Unternehmensstruktur sowie der Ausbau neuer Geschäftsfelder. Angesichts der Kürzung der Städtebaufördermittel verliert das klassische Sanierungsträgergeschäft an Bedeutung, demgegenüber soll vor allem der Bereich der professionellen Projektplanung und -steuerung weiter ausgebaut werden. Ein expansiver und derzeit intensiv bearbeiteter Geschäftsbereich ist die Sparte "Konversion militärischer Flächen". Hier wird die NILEG nicht mehr nur als Auftragnehmer für Dienstleistungen aktiv, sondern auch als Konsorte mit eigener Kapitaleinlage in Projektträgergesellschaften. Derzeit (Ende 1994) ist die NILEG als Kommanditistin an Konversions-Objektgesellschaften in Göttingen und Northeim beteiligt; in Hann Münden, Delmenhorst, Stade und Hannover steht die Gründung einer Projektgesellschaft voraussichtlich bevor.[33]

Die Rolle der NILEG im Projekt Zietenkaserne Göttingen

In Göttingen wurde die NILEG von der Stadt mit der Durchführung der vorbereitenden Untersuchungen für das Konversionsprojekt beauftragt. Als Trägerstruktur für die Projektrealisierung strebte die Stadt Göttingen eine stadteigene Gesellschaft (GmbH) unter Beteiligung der örtlichen Sparkasse an. Die Sparkasse Göttingen setzte jedoch in Anlehnung an das Kooperationsmodell "Bad Tölz" eine Trägerstruktur durch, an der sich neben der Sparkasse und der NordLB als Kommanditisten die IDB als Komplementärin einer zu gründenden Kommanditgesellschaft beteiligt.[34] Als weitere Kommanditistin wurde die NILEG in die Gesellschaftsstruktur eingebunden, da sie anerkannter Sanierungs- und Entwicklungsträger nach BauGB ist, was die Voraussetzung dafür darstellt, daß die Gesellschaft Verbilligungsmöglichkeiten durch Sanierungs- oder Entwicklungsmaßnahmen vom Bund in Anspruch nehmen kann.[35] Weitere Vorteile einer Beteiligung der NILEG am Arrangement ergeben sich daraus, daß sie:

---

32 Vgl. ausführlich NILEG Niedersächsische Gesellschaft für Landesentwicklung und Wohnungsbau mbH: Geschäftsjahr 1993, Bericht der Geschäftsführung, Hannover 1993.

33 Angaben von Herrn Henning Bruns, Leiter Abteilung Konversion, NILEG Niedersächsische Gesellschaft für Landesentwicklung und Wohnungsbau mbH, Hannover, Gespräch am 12. Dezember 1994 in Hannover.

34 Vgl. zum Modell "Bad Tölz" Kahn, Peter: Die Sparkassen-Finanzgruppe als Partner der Kommunen, Beispiele der Zusammenarbeit in Bayern, in: Sparkasse, 109. Jg., 1992, Nr. 3, S. 139-142.

35 Eine unmittelbare gesellschaftsrechtliche Beteiligung der Stadt oder einer mit ihr verbundenen juristischen Person war zunächst nicht vorgesehen. Die Aufnahme der Stadt, vertreten durch die Gesellschaft für

- das Vertrauen der Stadt besitzt, die einer Trägerstruktur in alleiniger Hand des Bankenverbundes vermutlich nicht zugestimmt hätte;
- Kontakte zur Oberfinanzdirektion (als Grundstückseigentümerin) und Gutachterausschüssen aus anderen Konversionsprojekten in Niedersachsen besitzt;
- Erfahrungen aus vorbereitenden Untersuchungen und Rahmenplanungen für die Zietenkaserne einbringt;
- Erfahrungen aus der Bearbeitung von Anträgen auf Bezuschussung des Konversionsprozeß aus öffentlichen Mitteln besitzt.

In der Abwicklung des Projektes wirkt die NILEG u. a. als Geschäftsbesorgerin an der Führung der Ankaufverhandlungen mit der Bundesvermögensverwaltung mit, führt die Planungen für das B-Planverfahren weiter und organisiert ein offenes städtebauliches Gutachterverfahren.

Die Landesentwicklungsgesellschft für Städtebau, Wohnen und Verkehr des Landes Brandenburg mbH (LEG Brandenburg)

Die LEG Brandenburg ist eine 100%-Tochter des Landes Brandenburg. Gegenüber der NILEG reichen ihre Befugnisse in der regionalen Stadtentwicklungspolitik weiter; auch sind die personellen und programmatischen Verflechtungen mit der politischen Führung enger. Die Kompetenzen der LEG Brandenburg umfassen u. a. folgende Tätigkeitsbereiche:[36]

- für die Stadtentwicklung bedeutsame Grundstücke und Gebäude im eigenen Namen und für eigene Rechung erwerben, bebauen, verwalten, bewirtschaften und veräußern;
- im eigenen Namen und für eigene und fremde Rechnung Wohnungen, Eigentumswohnungen, Eigenheime sowie sonstige damit zusammenhängende Anlagen einschließlich sozialer und gewerblicher Einrichtungen errichten, betreuen, verwalten und veräußern;
- auf eigene Rechnung oder treuhänderisch Finanzierungsmittel beschaffen, bewirtschaften, verwalten und deren dingliche Sicherung veranlassen;
- als Treuhänder stadtentwicklungspolitisch bedeutsame Liegenschaften verwalten und verwerten oder Zuwendungen beantragen und verwalten.[37]

Wirtschaftsförderung Göttingen (GWG), als Kommanditistin der Gesellschaft wurde später jedoch aus förderrechtlichen Gründen notwendig; vgl. die Ausführungen zum Projekt im unter C II 2.

36 Vgl. ausführlich Landesentwicklungsgesellschaft für Städtbau, Wohnen und Verkehr des Landes Brandenburg mbH: Geschäftsbericht 1993, hier S. 13.

37 Ebenso wie die NILEG ist auch die LEG Brandenburg in zwei Konversionsprojekten als Konsorte in die Trägerstruktur eingebunden; es sind dies Konversionsprojekte in Neu-Döberitz (50%ige GmbH-Beteiligung) und Wünsdorf (49%ige GmbH-Beteiligung). Das dritte Projekt mit gesellschaftsrechtlicher Beteiligung (die

Unter Bezugnahme auf zahlreiche Erfahrungsberichte aus der Praxis hat die weitreichende Kompetenzausstattung der LEG dazu geführt, daß sie weitgehend in Eigenverantwortung über die Grundstücksentwicklung im Land Brandenburg bestimmt.[38] Ihre dominante Rolle im Bereich des Städte- und Wohnungsbaus hat zur Folge, daß kein privater Investor ein Projekt initiieren kann, ohne daß die LEG der Planungskonzeption zugestimmt hat. Auch für die Erlangung von Fördermitteln ist ihre Beteiligung am Planungsprozeß unerläßlich. Da die LEG als privatrechtlich organisierte GmbH nicht an öffentliche Ausschreibungsverfahren gebunden ist, kann sie alle Aufträge, die sich in Zusammenhang mit der Beplanung und Bebauung von Grundstücken ergeben, frei vergeben. Viele Gesprächspartner berichteten, daß es unmöglich sei, als außenstehendes Unternehmen in dieser 'Vetterleswirtschaft' Fuß zu fassen. Als Beispiele für dubiose Geschäftspraktiken der LEG wurden die sehr unterschiedliche Preisstellung für Grundstückskaufinteressenten und die 'Erpressung' von Kommunen genannt.[39]

Die Rolle der LEG Brandenburg im Projekt Potsdam-Center

Im Potsdamer Bahnhofsgebiet strebt die Stadt die Umnutzung einer insgesamt 40 ha großen Innenstadtfläche an und beauftragte in diesem Zusammenhang die LEG Brandenburg mit der Durchführung zahlreicher städtebaulicher Planungen und Gutachten. Den entwickelten Konzepten stand die Bundeseisenbahnvermögensgesellschaft (BEV) als größter Grundstückseigentümer im beplanten Gebiet (18 ha) sehr skeptisch gegenüber. Die in großem Umfang vorgesehenen Grün- und Wasserflächen wären in einem wirtschaftlich tragfähigen Projekt nicht zu realisieren gewesen und hätten einen beträchtlichen Wertverlust der innerstädtischen Grundstücke zur Folge gehabt. Auf Anregung der BEV entwickelte die Roland Ernst Unternehmensgruppe ein alternatives Nutzungskonzept für die Flächen. Die Stadt zeigte sich gesprächsbereit, da ohne Zustimmung der BEV letztlich keine Planungen umgesetzt werden können.

In langwierigen Verhandlungen zwischen der Stadt Potsdam, der LEG Brandenburg und der Unternehmensgruppe Roland Ernst einigten sich die Beteiligten schließlich auf ein zu realisierendes Konzept. Die Bau- und Nutzungsprogrammplanungen entsprechen in den

Gesellschaft wird allerdings nur als Geschäftsbesorger tätig) ist das hier dargestellte innerstädtische Vorhaben der Immobilienentwicklung, das Potsdam-Center am Potsdamer Bahnhof.

38 In Deutschland wird vielfach beklagt, daß es keine politisch unabhängigen Institutionen gibt, die Aufgaben der Stadtentwicklung auf eine umfassende und koordinierende Art wahrnehmen; vgl. hierzu Müller, Sebastian; Schmals, Klaus M.: Die Moderne im Park, ein Streitbuch zur internationalen Bauausstellung im Emscherraum, (Dortmunder Vertrieb für Bau- und Planungsliteratur) Dortmund 1993, S. 17; vgl. auch Domitra, Michael (Hrsg.): Eine wirtschaftliche Entwicklungsstrategie für die neuen Bundesländer, 2. Aufl., Schriften der Friedrich-Ebert-Stiftung, Düsseldorf 1992, S. 41-47.

39 Die Anschuldigungen haben bereits dazu geführt, daß sich ein Untersuchungsausschuß mit den Aktivitäten der LEG Brandenburg beschäftigt hat, bislang konnten jedoch keine Straftatbestände nachgewiesen werden. Als problematisch für eine Kontrolle des Geschäftsgebarens erweisen sich nicht zuletzt die engen personellen Verflechtungen.

wesentlichen Inhalten den Vorschlägen von Roland Ernst, der sich im Gegenzug bereit erklärt, die Aufgaben der Projektentwicklung (als Dienstleister) in einer partnerschaftlichen Zusammenarbeit mit der LEG Brandenburg zu übernehmen. An der zu gründenden Projektgesellschaft werden sich die Roland Ernst Gruppe und die LEG Brandenburg zu je 50 % beteiligen.[40] Ohne dieses Zugeständnis hätte die politische Führung der Projektdurchführung durch Roland Ernst nicht zugestimmt. Schon in der ersten Phase der konkreten Durchführungsplanungen zeichnet sich ab, daß die LEG ihre Funktion in der Entwicklungsgesellschaft in erster Linie darin sieht, die Interessen der Stadt zu vertreten. Da einige strittige Fragen der Projektentwicklung noch nicht endgültig geklärt sind, werden die entwicklungsstrategischen Bemühungen von Roland Ernst durch die LEG derzeit eher konterkariert als unterstützt.[41]

II. Die Partner-Akquisitionsstrategien

1. Die Partner-Gewinnungsstrategien

Wie die angeführten Projektbeispiele zeigen, können die Kontakte zwischen den Kommunen und privaten Vorhabenträgern auf sehr unterschiedliche Weise zustande kommen; das Spektrum reicht von einer Kontaktaufnahme durch Grundstückseigentümer, Vorhabenträger oder Developer über ein zufälliges Zusammentreffen der Partner bis hin zu systematischen Akquisitionsbemühungen seitens der Kommune. In der amerikanischen PPP-Literatur wird in diesem Zusammenhang immer wieder auf die Bedeutung der weitgespannten Netzwerke von öffentlich-privaten Institutionen und Initiativen in den unterschiedlichsten Handlungsfeldern hingewiesen, in denen Public- und Private-Sektor sich gemeinsam für eine Sache engagieren; dadurch werden zahlreiche weitere Initiativen und Projekte angeregt. In Deutschland hat die breite Vielfalt an kooperativen Initiativen und Programmen keine Entsprechung, wenngleich es auch hier Bemühungen gibt, Institutionen und Kontaktforen zu schaffen, mit deren Hilfe konkrete Projektentwicklungen stimuliert und Kooperationen zwischen Staat und Wirtschaft gefördert werden sollen.[42]

---

40 Vgl. auch die Ausführungen zum Projekt im siebten Kapitel, B III 2.

41 An diesem Beispiel wird deutlich, wie schwierig die Typisierung einer Projektgesellschaft als PPP-Gesellschaft ist. An der zu gründenden Projektgesellschaft Potsdam sind zwar nur privatrechtlich agierende Unternehmen und keine unmittelbar der Stadt verbundenen juristischen Personen beteiligt, dennoch scheint es angebracht, aufgrund der Interessenlagen von einer PPP-Gesellschaft zu sprechen.

42 Im Rahmen der vorliegenden Arbeit wird die Thematik nicht weiter ausgeführt, da sie bereits Gegenstand zahlreicher Veröffentlichungen ist. Für die hier untersuchten Projekte haben die institutionalisierten, strategisch arbeitenden PPP-Organisationen als Kontaktforen keine Rolle gespielt. Die bekanntesten deutschen Institutionen zur Investitions- und Kooperationsförderung finden sich im Ruhrgebiet als die von den Folgen des Strukturwandels am stärksten getroffene Region. Hier sind vor allem die Internationale Bauausstellung Emscher-Park und der Initiativkreis Ruhrgebiet zu nennen, die beide 1988 ins Leben gerufen wurden. Vgl. zu den Zielen, unternehmenspolitischen Konzepten und Programmen der heute noch aktiven Insitutionen z. B. Kruzewicz, Michael: Lokale Kooperation in Nordrhein-Westfalen: Private Public Partnership auf kommunaler

Das Problem fehlender Marktkontakte und mangelnder Markttransparenz stellt sich vor allem auf seiten der Kommunen.[43] Bei den Verantwortlichen besteht vielfach Unsicherheit darüber, zu welchen Unternehmen und auf welche Weise die entsprechenden Kontakte hergestellt werden sollen, insbesondere auch zu welchem Zeitpunkt.[44]

Grundsätzlich besteht für die Kommune die Möglichkeit, die Partnerakquisition freihändig oder unter Wettbewerbsbedingungen durchzuführen.[45]

Wurden früher nahezu ausschließlich städtebauliche Wettbewerbe im Vorfeld großer Investitionsvorhaben durchgeführt, so haben in den letzten Jahren **Investoren- und Developerwettbewerbe** an Bedeutung gewonnen. Ziel der in ihrer Teilnehmerzahl meist eingeschränkten Wettbewerbe ist es, innovative Ideen zu Konzeption und Gestaltung eines Projektes sowie zu Fragen der technischen Durchführung, der Kosten und ihrer Finanzierung zu erhalten. Der besondere Charakter und die Größenordnung vieler Wettbewerbsvorhaben führen dazu, daß sich die Wettbewerbsteilnehmer häufig in Konsortien zusammenschließen.[46] In den Neuen Bundesländern zeichnet sich derzeit ein Trend dahingehend ab, Kombinationen von Investoren- und städtebaulichen Wettbewerben durchzuführen. Dies zwingt Investoren und Architekten zu - bislang eher unüblichen - engen Kooperationsbeziehungen.[47]

Bei der Durchführung von Investorenwettbewerben stellt sich für die ausschreibende Stadt die Frage, inwieweit sie ihre eigenen Vorstellungen bezüglich der Projektkonzeption und -durchführung als Restriktionen in der Ausschreibung vorgibt. Tendenziell ist eine substantielle und kreative Gesamtstrategie eher dann zu erwarten, wenn den privaten Partnern weitreichende Gestaltungsspielräume zur Harmonisierung von Bau- und Nutzungsprogrammen sowie Finanzierungs- und Organisationskonzepten eingeräumt werden. Als nachteilig erweist sich jedoch, daß

- es sehr schwierig ist, die Projektvorschläge verschiedener Wettbewerbsteilnehmer miteinander zu vergleichen,

---

Ebene, hrsg. v. Institut für Landes- und Stadtentwicklungsforschung des Landes Nordrhein-Westfalen (ILS), Dortmund 1993, S. 16 f.; vgl. auch Blaffert, Susanne: Neue Institutionen im Ruhrgebiet mit regionalpolitischer Bedeutung, Arbeitspapier 107 (Institut für Raumplanung Universität Dortmund) Dortmund 1991; vgl. weiter Müller, Sebastian; Schmals, Klaus M.: Die Moderne im Park, Ein Streitbuch zur internationalen Bauausstellung im Emscherraum, (Dortmunder Vertrieb für Bau- und Planungsliteratur) Dortmund 1993.

43 Für Projektentwickler und Investoren ist die Kontaktpflege mit den Marktpartnern und die Beschäftigungen mit Standorten eine sehr wichtige, wahrscheinlich sogar die wichtigste unternehmerische Aufgabe, so daß Informations- und Transparenzmängel weniger als Problem empfunden werden.

44 Vgl. zum Zeitpunktproblem die Ausführungen im vierten Kapitel, E II.

45 Ausschreibepflichten bestehen bei privaten Unternehmerleistungen aus den Bereichen Investitionsdurchführung und Projektentwicklung nicht.

46 Vgl. Heinz, Werner (Hrsg.): Public Private Partnership - ein neuer Weg zur Stadtentwicklung?, (W. Kohlhammer/Deutscher Gemeindeverlag) Stuttgart u. a. 1993, S. 505 f.

47 Angaben von Herrn Johannes Schnermann, ECE Projektmanagement GmbH, Hamburg, Gespräch am 13. Dezember 1994 in Hamburg.

- die Integration kommunaler Zielvorstellungen in einem fortgeschrittenen Stadium nur noch sehr eingeschränkt möglich ist,
- die Möglichkeiten einer Kombination unterschiedlicher Lösungsansätze von verschiedenen Wettbewerbern reduziert werden.

In der Privatisierungs- und PPP-Literatur wird darauf verwiesen, daß kompetitive Elemente bei der Auswahl privater Partnerunternehmen sich tendenziell effizienzsteigernd auswirken.[48] Dies gilt für die Entwicklung komplexer städtebaulicher Projekte nur unter Vorbehalt, da die **Konzeptentwicklungen** mit sehr **hohen Kosten** verbunden sind. Art und Umfang der städtebaulichen Entwicklung stehen zu Beginn eines Vorhabens meist noch nicht fest, sondern werden erst in Gesprächen zwischen den Beteiligten schrittweise erarbeitet.

> "Es ist davor zu warnen, ... Entwicklungsträger in einem Wettbewerbsverfahren auf der Grundlage von vorgestellten Entwicklungs- und Nutzungskonzepten auszuwählen. (...) In der Situation der neuen Bundesländer ist es nicht zu verantworten, in einem langwierigen Verfahren innerhalb der Gemeinde, möglichst noch durch externe Fachleute unterstützt, zunächst die Wettbewerbsbedingungen zu erarbeiten, eine Vielzahl von Wettbewerbern in zeit- und kostenaufwendige Entwicklungen von Nutzungskonzepten zu treiben und erst nach Wettbewerbsentscheidung einen Entwicklungsträger zu beauftragen. Jeder der Wettbewerber benötigt zur Vorabstimmung des Nutzungskonzeptes wiederum die Mitarbeit der Verwaltung, so daß die Verwaltung mit einem Projekt vielfach befaßt wird. In dieser Zeitspanne kann ein unmittelbar beauftragter Entwicklungsträger ein Entwicklungsgebiet zur Planreife gebracht haben."[49]

Als Nachteil von Wettbewerbsverfahren wird auch angeführt, daß bei der vergleichenden Präsentation von Konzepten der optischen Darstellungskunst und dem Geschick des überzeugenden Verkaufens eine unangemessen hohe Bedeutung zukommt. Dies ist insbesondere dann problematisch, wenn die Entwicklungsplanung von der nachfolgenden Durchführung der Investition abgekoppelt ist, d. h. der Projektentwickler die Verantwortung für die wirtschaftliche Tragfähigkeit des Konzeptes nicht selbst übernimmt.[50] "Wir stehen oft vor der unangenehmen Aufgabe, den Kommunen klarmachen zu müssen, daß die von Konkurrenz-

---

48 Vgl. Corte, Christiane: Die Übernahme kommunaler Aufgaben durch private Unternehmen und Freie Berufe, eine Untersuchung der Zusammenarbeit von Privaten und Kommunen, hrsg. v. Institut für Mittelstandsforschung, Schriftenreihe Nr. 41, (Poeschel) Stuttgart 1991, S. 108.

49 Görlich, Wolfgang: Entwicklungsträgergesellschaften - Privatwirtschaftliche Kommunal- und Stadtentwicklung, Sonderdruck aus Immobilienhandbuch Ost, (Verlag für die Rechts- und Anwaltspraxis) Berlin 1992, S. 9 f.

50 Führt ein Developer die Projektentwicklung als Dienstleister durch, so sind Vereinbarungen dahingehend üblich, daß die Stadt die vom Entwicklungsträger erworbenen und nicht verkauften Grundstücke übernimmt.

unternehmen entwickelten Planungskonzepte zwar politisch wünschenswert und planerisch kunstvoll sind, es jedoch unmöglich ist, sie zu einer wirtschaftlichen Realität zu formen."[51]

2. Die Partner-Auswahlstrategien

Eine der schwierigsten Herausforderungen, die sich im Rahmen einer Public Private Partnership stellt, ist die Beurteilung von Kompetenz und Vertrauenswürdigkeit eines Kooperationspartners. Das Problem stellt sich auf seiten der Kommune in besonderer Weise, da sie Kalkulationen und Kalküle der privaten Unternehmer nur unzureichend kennt.[52] Aber auch für den privaten Partner besteht ein Risiko darin, erhebliche Vorinvestitionen im Hinblick auf eine in Aussicht gestellte Realisierung zu erbringen, von der die Kommune sich später distanziert. Nach übereinstimmenden Aussagen der Gesprächspartner sind die wichtigsten **Beurteilungskriterien**, an denen die Kommune die Partnerwahl festmacht:

- der persönliche Eindruck im Rahmen der Vorgespräche,
- die dokumentierte Leistungsfähigkeit,
- das Image als zuverlässiger kommunaler Partner.[53]

In nahezu allen Projekten zeigte sich das Bemühen, solche Unternehmen für ein Engagement zu gewinnen, die in der Branche einen 'Namen' haben und bereits andere gleichartige Projekte erfolgreich realisiert haben. Dahinter stehen auch die Überlegung, daß ein renommiertes Unternehmen es sich weniger erlauben kann, für negative Schlagzeilen zu sorgen, und damit für die Kommune die Gefahr, 'über den Tisch gezogen zu werden' geringer ist.

Darüber hinaus spielt die **finanzielle Leistungsfähigkeit** eines Unternehmens oder Konsortiums eine große Rolle; zu zahlreich sind die Beispiele, in denen private Unternehmen nicht in der Lage waren, die langen Durststrecken im Verlauf eines großdimensionierten Entwicklungsvorhabens durchzustehen.[54] Im Frankfurter Westhafen-Projekt war die

---

51 Aussage von Herrn Johannes Schnermann, ECE Projektmanagement GmbH, Hamburg, Gespräch am 13. Dezember 1994 in Hamburg.

52 Vgl. hierzu die Ausführungen über das Prinzipal-Agent-Problem im vierten Kapitel, A II. Für den privaten Partner ist in diesem Zusammenhang das "signalling" von Bedeutung, d. i. das Bemühen, seine besonderen Fähigkeiten nach außen, dem Prinzipal gegenüber, zu dokumentieren; vgl. Corte, Christiane: Die Übernahme kommunaler Aufgaben durch private Unternehmen und Freie Berufe, eine Untersuchung der Zusammenarbeit von Privaten und Kommunen, hrsg. v. Institut für Mittelstandsforschung, Schriftenreihe Nr. 41, (Poeschel) Stuttgart 1991, S. 18-31 u. S. 108.

53 Angesichts des stark expandierenden Marktes der privaten Baumaßnahmen im Auftrag öffentlich-rechtlicher Gebietskörperschaften sind derzeit viele Unternehmen bemüht, sich das Image eines zuverlässigen, im öffentlichen Interesse handelnden Partners zu erwerben. Die Beteiligung an PPP-Projekten wird in diesem Zusammenhang explizit zur Positionierung genutzt; vgl. die Ausführungen im dritten Kapitel, A III.

54 Das prominenteste Beispiel hierfür sind die Docklands in London, die zum Konkurs des größten weltweit operierenden Projektentwicklers, Olypmpia & York, geführt haben; vgl. die Ausführungen zum Projekt im achten Kapitel, B II 1.

Beteiligung der finanzstarken Victoria-Versicherung am Gewinnerkonsortium einer der ausschlaggebenden Gründe für die Auswahlentscheidung; mit ihrem Ausscheiden platzte das geplante Vorhaben. In die Zusammenarbeit mit dem neuformierten Konsortium willigte die Stadt Frankfurt erst ein, nachdem mit der Debfa-Bank ein finanzkräftiger Mitkonsorte gewonnen werden konnte.

In Zusammenhang mit den Landesentwicklungsgesellschaften wurde bereits darauf hingewiesen, daß die Kommunen vielfach private Partnerunternehmen bevorzugen, die eine **öffentlich-rechtliche Gesellschafterstruktur** aufweisen und gemäß ihren Statuten den kommunalen Interessen besonders verpflichtet sind. Im Berliner Wohnungsbauprojekt Karow-Nord war es für das Zustandekommen des städtebaulichen Vertrages zwischen dem Land Berlin und der Industrie- und Wohnbau Groth & Graalfs von entscheidender Bedeutung, daß mit der GEHAG - Gemeinnützige Heimstätten AG ein Partner in die private Arbeitsgemeinschaft aufgenommen wurde, der das volle Vertrauen des Landes genießt.[55]

C. Die Aufgabenverteilungs- und Institutionalisierungsstrategien

I. Die strategischen Aspekte

Die arbeitsteilige Zusammenarbeit in einer PPP weist zwei grundsätzliche, divergierende Dimensionen auf: die Aufteilung der einzelnen Aktivitäten auf die Partner und die Koordination der Aktivitäten im Hinblick auf die Erreichung des gemeinsamen Ziels.[56] Die zwei kategorialen Fragen der Kooperationsgestaltung lauten damit:

1. Welcher der Partner bzw. welche Institution soll welche Aufgaben wahrnehmen?
2. Wie erfolgt die Koordination der arbeitsteiligen Leistungserbringung?

Die Unterscheidung von **Aufgabenverteilungs- und Institutionalisierungsstrategien** einerseits und **Koordinationsstrategien** andererseits erfolgt in der vorliegenden Arbeit aus Gründen der zweckmäßigen Themengliederung und -darstellung; in der Praxis sind beide Dimensionen untrennbar miteinander verbunden. Dies wird insbesondere dort deutlich

- wo neue Institutionen aus Gründen der Aktivitätenkoordination geschaffen werden,
- wo vorhandene Institutionen aus Gründen der Aktivitätenkoordination umstrukturiert werden.

---

55 Vgl. die Ausführungen zum Projekt im siebten Kapitel, D III 1.

56 Vgl. ähnlich Mintzberg, Henry: Mintzberg über Management: Führung und Organisation, Mythos und Realität, (Gabler) Wiesbaden 1991, S. 112.

Im Rahmen der Entscheidung, welcher der Partner bzw. welche Institution welche Aufgaben übernehmen soll, spielen u. a. folgende Erwägungen eine wichtige Rolle:

- die gesetzlichen Bestimmungen, die z. B. eine Übertragung hoheitlicher Aufgaben auf Private nicht ermöglichen,
- die förderrechtlichen Bestimmungen, die z. B. kommunale Mehrheitsbeteiligungen an Projektentwicklungsgesellschaften zur Erlangung von Fördergeldern voraussetzen,[57]
- die sachliche Zusammengehörigkeit von Aufgaben,
- die für notwendig erachteten bzw. gewünschten Einfluß- und Kontrollmöglichkeiten,
- die für notwendig erachtete bzw. gewünschte Autonomie und Flexibilität des Handelns,
- die Sektoreneignung, nach der z. B. die privaten Unternehmer nicht an öffentlich-rechtliche Ausschreibungsverfahren gebunden sind,[58]
- die Rechtsformeignung, die z. B. mit steuerlich unterschiedlichen Behandlungen von Unternehmergewinnen einhergeht,[59]
- die politische Eignung, die z. B. eine institutionelle Verankerung von Mitspracherechten politischer Gremien als Voraussetzung für die Vorhabengenehmigung erfordert,
- die persönliche Eignung der involvierten Personen, so z. B. persönliche Kontakte, die für Verhandlungen und Abstimmungen mit Dritten genutzt werden können.

Die hier aufgelisteten Restriktionen, Bestimmungsgründe und Eignungsmerkmale wurden z. T. bereits näher erläutert; sie werden in den folgenden Kapitelabschnitten und Kapiteln noch weiter diskutiert. In den sich anschließenden Ausführungen werden Fragen des Projektmanagements schwerpunktmäßig unter **institutionellen Aspekten** betrachtet. Bei der zielorientierten Gestaltung der organisatorischen Einheiten ist an Maßnahmen in den folgenden Bereichen zu denken:

- die Errichtung gemischt-wirtschaftlicher Projektentwicklungsgesellschaften,
- die Errichtung von Institutionen mit Mitbestimmungs- und Kontrollbefugnissen,
- die Organisation des kommunalen Projektmanagements.

Die Unterteilung beinhaltet gleichzeitig eine Abstufung der Kooperations- und Bindungsintensität. Die intensivsten Formen der Zusammenarbeit finden sich dort, wo Beteiligte der

57 Vgl. hierzu die Ausführungen im siebten Kapitel, B II 2.

58 Vgl. hierzu die Ausführungen im siebten Kapitel, E.

59 Vgl. hierzu Bersziek, Heike: Steuerliches und betriebswirtschaftliches Gutachten zum Forschungsvorhaben Schenkenberg, unveröff. Studie im Rahmen des Bundesforschungsprogrammes ExWoSt, Forschungsfeld "Neue Wege der privaten Finanzierung von Stadterneuerungs- und Stadtentwicklungsaufgaben", Berlin 1995.

öffentlichen und privaten Hand sich in gemeinsamen Projektgesellschaften zusammenschließen. Ergänzend oder alternativ hierzu können gemischt-wirtschaftliche Aufsichtsräte institutionalisiert werden, die die Aktivitäten der Projektgesellschaft kontrollieren. Im Rahmen des kommunalen Projektmanagements geht es um die kooperationsunterstützende, kommunalinterne Projektorganisation, die für unterschiedliche Intensitätsgrade und Formen der Kooperation mit privaten Vorhabenträgern von Belang ist.

II. Die gemischt-wirtschaftliche Projektgesellschaft

1. Die Gestaltungsparameter

Die Gründung gemischtwirtschaftlicher Projektentwicklungsgesellschaften erfolgt im hier untersuchten Forschungsfeld in der Rechtsform der GmbH oder, seltener, der GmbH & Co. KG. Der Gegenstand des Unternehmens ist üblicherweise auf ein bestimmtes Areal und auf die Durchführung bestimmter planerischer und bebauungsvorbereitender Maßnahmen festgelegt. Diese **Management- und Finanzierungsgesellschaften** sind zu unterscheiden von gemischtwirtschaftlichen **Besitzgesellschaften**, in denen sich private und öffentliche Hand in ihrer Funktion als Grundstückseigentümer - meist in der Rechtsform der GbR - zusammenschließen. Gemischte Eigentümer- und gemischte Projektentwicklungsgesellschaften können nebeneinander auftreten, wenn die Projektentwicklungsgesellschaft selbst kein Grundstückseigentum erwirbt, sondern als Geschäftsbesorger für eine Eigentümergesellschaft tätig wird.

Als Varianten des gemischtwirtschaftlichen Projektentwicklungsmodells lassen sich unterscheiden:

a. die gemischte Projektentwicklungsgesellschaft erwirbt selbst Grundstückseigentum;

b. die gemischte Projektentwicklungsgesellschaft handelt als Geschäftsbesorger

- für eine(n) öffentliche(n) Grundstücksbesitzer(gesellschaft),
- für eine(n) privatrechtliche(n) Grundstücksbesitzer(gesellschaft),
- für eine gemischtwirtschaftliche Grundstücksgesellschaft.

In der Praxis dominiert die Fallkonstellation a, in der die Finanzierung einer Projektentwicklungsgesellschaft unmittelbar von ihrer Eigenschaft als Grundstückseigentümerin abhängt. Im Fall b verfügt die Projektentwicklungsgesellschaft meist über kein eigenes Finanzierungspotential und ist von entsprechenden Finanzzuweisungen der Eigentümer abhängig.

Zum **Institutionalisierungskonzept** gemischtwirtschaftlicher Projektentwicklungsgesellschaften gehören insbesondere Entscheidungen folgender Art:

- In welcher vertraglichen Beziehung steht die Gesellschaft zur Stadt und - wenn sie nicht selbst Grundstückseigentümerin ist - zu den Eigentümern?
- Welche Aufgaben obliegen der Gesellschaft?
- Wie sind die Gesellschafteranteile aufgeteilt?
- In welcher vertraglichen Beziehung stehen die Gesellschafter zur Gesellschaft?
- Welche Aufgaben obliegen den Gesellschaftern?
- Wie ist die Vergütung von Tätigkeiten geregelt?
- Wie ist die Geschäftsführung geregelt?
- Welche Entscheidungsrechte haben die Gesellschafterversammlung und ggf. der Aufsichtsrat?

Mit diesen Fragen eng zusammen hängen Regelungen der Maßnahmenfinanzierung, der Verlust- und Gewinnbeteiligung und der Risikoübernahme, die jedoch schwerpunktmäßig im siebten Kapitel erörtert werden. Ein komplexes Management- und Finanzierungsmodell kann letztlich nur verstanden werden, wenn das Zusammenspiel der einzelnen Parameter untersucht und auf Bestimmungsgründe eingegangen wird, die zur Wahl einer bestimmten Modellkonzeption geführt haben.

2. Die Gesellschaft als Grundstückseigentümerin: Die Beispiele Zietenkaserne, Göttingen und Unterneustadt, Kassel

Das PPP-Modell im Projekt Zietenkaserne, Göttingen

In Göttingen strebt die Stadt auf dem knapp 50 ha großen Gelände der stillgelegten Zietenkaserne den Aufbau eines neuen Stadtteils an. Schwerpunkte der künftigen Nutzung sind über 2000 Wohneinheiten sowie die Ansiedlung von neu zu gründenden Universitäts- und Forschungseinrichtungen. Auf die Initiierung des PPP-Modells Göttingen durch die örtliche Sparkasse wurde in Kapitelabschnitt B II bereits eingegangen, ebenso auf die Erwägungen, die zu einer gesellschaftsrechtlichen Beteiligung der NILEG führten. Eine Beteiligung der Stadt an der Projektgesellschaft war zunächst nicht vorgesehen; sie wurde jedoch notwendig, um Stundungsmöglichkeiten des Bundes für den Erwerb der Liegenschaften der Zietenkaserne in Anspruch nehmen zu können.[60] Konzeptionell stellt sich das Kooperationsmodell Göttingen

[60] Nach den erweiterten Stundungsmöglichkeiten des Bundes können außer den Ländern, Kommunen oder Wohnungsbaugesellschaften auch Erwerbs- und Entwicklungsgesellschaften, an denen neben Ländern

mit der PPP-Trägerstruktur "Immobilien Development- und Beteiligungsgesellschaft Niedersachsen mbH und Co. Objekt Zietenkaserne KG" damit wie folgt dar:

Übersicht 6.1: Das PPP-Modell Göttingen Zietenkaserne

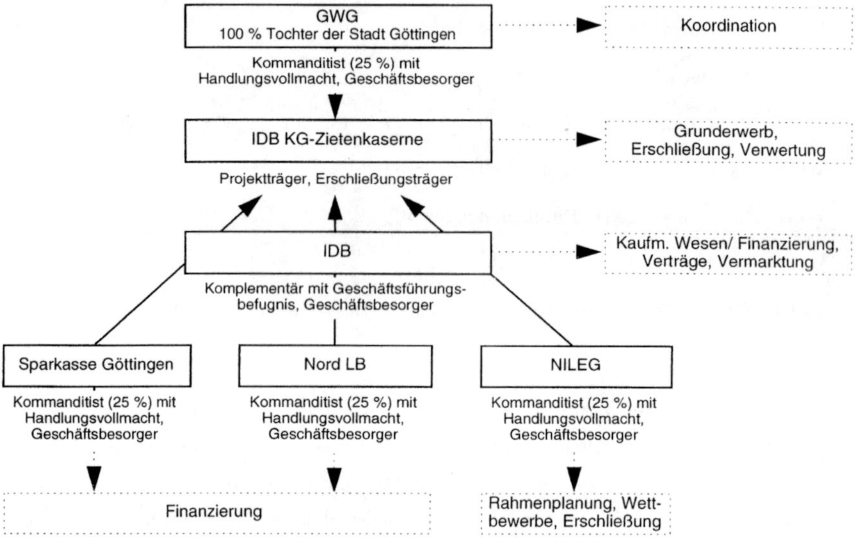

GWG: Gesellschaft für Wirtschaftsförderung Göttingen mbH.
IDB: Immobilien Development und Beteiligungsgesellschaft Niedersachsen mbH, Hannover.
NILEG: Niedersächsische Gesellschaft für Landesentwicklung u. Wohnungsbau mbH, Hannover.

Ungewöhnlich an dem Kooperationsmodell ist die Rechtsform der **GmbH & Co. KG.** Sie wurde von dem Bankenverbund einer GmbH-Lösung vorgezogen, da aus der Kommanditistenstellung Vorteile bei der Zuweisung von Gewinn- und Verlustanteilen sowie Erleichterungen bei der sparkassenaufsichtsrechtlichen Genehmigungspraxis resultieren.[61] Die IDB leistet keine Kapitaleinlage und ist am Vermögen der Gesellschaft nicht beteiligt; die vier

und/oder Kommunen öffentliche Kreditinstitute beteiligt sind, Kaufpreisstundungen gewährt werden. Die Regelungen sehen vor, daß bei einem Kaufpreis von über 3 Mio. DM 20 % des Preises bei Vertragsabschluß fällig werden und die verbleibenden 80 % über neun gleiche Jahresraten, verzinst zu 5 %, gezahlt werden können.

61 Die in der Anfangsphase der Projektrealisierung entstehenden Gesellschaftsverluste werden der Sparkasse und der Nord-LB als Kommanditisten anteilig zugewiesen und vermindern den zu versteuernden Unternehmensgewinn. (An der IDB sind als Gesellschafter zu jeweils 50 % die Nord LB und die Fördergesellschaft des Niedersächsischen Sparkassen- und Giroverbandes beteiligt.) Ähnliche Vorteile wären in einem GmbH-Modell nur erreichbar, wenn ergänzend Beherrschungs- und Gewinnabführungsverträge zwischen der Sparkasse und der IDB geschlossen würden. Die Erleichterungen bezüglich des sparkassenrechtlichen Genehmigungsverfahrens beziehen sich darauf, daß der niedersächsische Finanzminister als oberste Sparkassenbehörde eine allgemeine Ausnahmeregelung getroffen hat, derzufolge die Sparkassen bei Einschaltung der IDB Niedersachsen mbh ohne die sonst satzungsrechtlich erforderliche aufsichtsbehördliche Ausnahmegenehmigung Immobiliengeschäfte in einem Kreditumfang bis zur Blankokredithöchstgrenze, mindestens bis zu einem Betrag von 10 Mio. DM tätigen können.

Kommanditisten leisten eine Kapitaleinlage von je 5.000,- DM.[62] Das Problem der persönlichen Haftung der IDB als Komplementärin wird dahingehend gelöst, daß die Sparkasse gegenüber der IDB im Innenverhältnis eine Haftungsfreistellungserklärung abgibt. Die Sparkasse strebt an, daß die Erklärung durch alle Kommanditisten gemeinschaftlich erfolgt, d. h. sie bemüht sich im Innenverhältnis um eine Teilfreistellung durch die übrigen Konsorten. Eine Haftungsübernahme der Stadt ist allerdings mit aufsichtsrechtlichen Genehmigungsschwierigkeiten verbunden, so daß dieser Punkt in den Vertragsverhandlungen ein sehr heikler ist. In Delmenhorst droht eine vergleichbare Konsorten-KG-Lösung derzeit an dieser Frage zu scheitern; es zeichnet sich die Wahl eines klassischen GmbH-Modells ab.

Zur Bezahlung von Gesellschafterleistungen

Die Bezahlung von Gesellschafterleistungen erfolgt in nahezu allen untersuchten Projekten durch eine In-Rechnung-Stellung gegenüber der Gesellschaft, d. h. der Gesellschafter wird als Geschäftsbesorger im Namen und für Rechnung der Gesellschaft tätig.[63] Die Vergütung der Geschäftsbesorgerleistungen richtet sich entweder nach den durchgeführten Aktivitäten in Anlehnung an bestehende Gebühren- und Honorarordnungen oder nach zwischen den Parteien vereinbarten Stundensätzen auf der Basis des Zeitaufwandes. Die stundenbezogenen Gebührensätze sind nach Qualifikationen differenziert und reichen in einem untersuchten Projekt beispielsweise von 115,- DM/h für den Projektleiter bis zu 65,- DM/h für eine Hilfskraft (Stand 1994). Dabei ist es auch möglich und üblich, daß die Stadt als Geschäftsbesorgerin der Entwicklungsgesellschaft tätig wird; lediglich die hoheitlichen Aufgaben, die sie im Rahmen des Planungs- und Genehmigungsverfahrens erbringt, dürfen nicht vergütet werden.[64]

Der einzelne Projekt-Mitarbeiter kann Angestellter der Projektgesellschaft sein oder aus seinem bestehenden Arbeitsverhältnis heraus in das Projekt entsandt werden. In der Regel ist eine Geschäftsstelle der Entwicklungsgesellschaft vor Ort erforderlich; Mitarbeiter der beteiligten Unternehmen müssen für einen bestimmten Zeitraum 'full-time' für die Gesellschaft tätig werden. Ein Problem bei der Freistellung städtischer Bediensteter für die Projektarbeit stellt die restriktive Tarifpolitik der öffentlichen Hand dar, wonach Sonderleistungen nicht gesondert honoriert werden können. Von Projektleitern werden bis zu 50-60 Wochenstunden Einsatz für eine durchschnittliche 37,5-Wochenstunden-Vergütung er-

62 Die IDB Niedersachsen ist derzeit an 42 Entwicklungs- und Objektgesellschaften beteiligt. Die meisten davon sind Kommanditgesellschaften, an denen nur die Sparkasse als Kommanditist beteiligt ist; die NILEG ist oft vertragsrechtlich in die Projektabwicklung eingebunden; vgl. zur Modellperpetuierung die Ausführungen unter F.

63 Eine Ausnahme bilden die fünf untersuchten Projekte der IFE GmbH, Berlin, in denen die Leistungsvergütung in Form einer Gewinnbeteiligung nach erfolgreichem Projektabschluß erfolgt(e); vgl. die Ausführungen zum Projekt Schenkenberg im fünften Kapitel, C II 2.

64 Vgl. hierzu auch die Ausführungen im siebten Kapitel, C II 1.

bracht.[65] Geschäftsführerleistungen werden meist unmittelbar von der Gesellschaft selbst vergütet; oft werden hier allerdings nur geringfügige Aufwandsentschädigungen vereinbart.

Das PPP-Modell im Projekt Kassel, Unterneustadt

Im Projekt Kassel Unterneustadt, das im fünften Kapitel (D II 2) kurz charakterisiert wurde, haben die Beteiligten eine ungewöhnliche Vergütungsregelung getroffen. Die Leistungen der Geschäftsbesorger, d. s. die Stadt Kassel, die Bavaria Objekt und Baubetreuungs GmbH und die Stadtsparkasse Kassel, werden durch die Gesellschaft nach Aufwand und Qualifikation auf der Basis des Zeitaufwandes vergütet. Allerdings stunden die Gesellschafter der Gesellschaft 50 % ihrer monatlichen Vergütung bis zur vollständigen Abwicklung und Abrechnung der Entwicklungsmaßnahme. Der **gestundete Teil der Vergütung** tritt im Rang hinter alle Forderungen Dritter gegen die Gesellschaft, insbesondere auch hinter die Kaufpreisforderung der Stadt Kassel aus dem Kaufvertrag, zurück.

Übersicht 6.2: Das PPP-Modell Kassel Unterneustadt

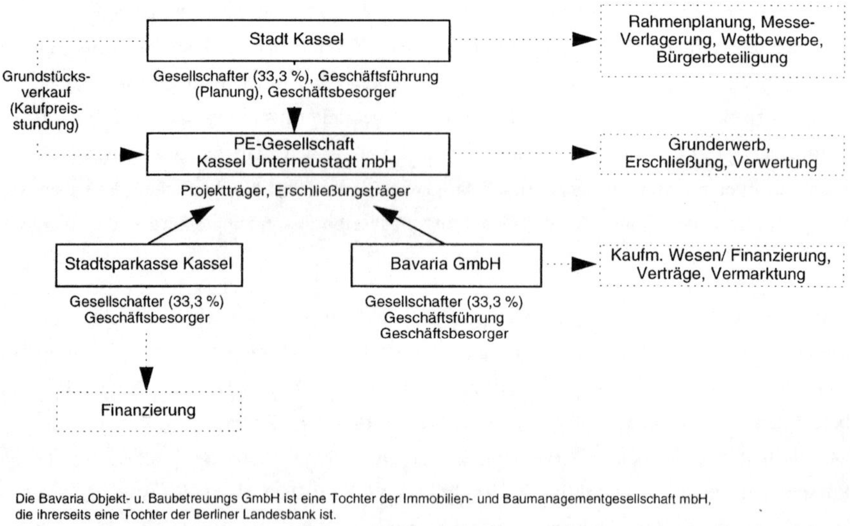

Die Geschäftsbesorger Bavaria und Stadt Kassel benennen jeweils einen Geschäftsführer mit der Maßgabe, daß der von der Bavaria ernannte Geschäftsführer die kaufmännischen Belange der Gesellschaft, der von der Stadt benannte Geschäftsführer die planungstechnische

65 Vgl. Diederichs, Claus-Jürgen: Stand von Forschung, Lehre und Praxis des Projektmanagements im Bauwesen, in: Motzel, Erhard (Hrsg.): Projektmanagement in der Baupraxis bei industriellen und gewerblichen Bauprojekten, (Ernst & Sohn) Berlin 1993, S. 3-32, hier S. 21.

Koordination wahrnimmt. Für die Geschäftsführer begründen sich dabei keine Anstellungsverhältnisse mit der Gesellschaft. Beide Geschäftsbesorger verpflichten sich darüber hinaus, kompetentes und qualifiziertes Personal in ausreichender Zahl bereitszustellen, mindestens jedoch einen Projektleiter. Die Personalstellen sollen möglichst gering gehalten werden; so planen die Beteiligten für 1994/95 jeweils vier, 1996 drei und 1997/98 jeweils zwei Stellen.

3. Die Gesellschaft als Dienstleisterin: Die Beispiele Westhafen und Rebstock, Frankfurt a. M.

Das PPP-Modell im Projekt Westhafen, Frankfurt a. M.

Das zu entwickelnde Mainufergrundstück von ca. 20 ha Größe am Frankfurter Westhafen gehört über die stadteigenen Hafenbetriebe der Stadt Frankfurt. Auf dem untergenutzten Areal sollen neben Wohnungen in unterschiedlichen Eigentumsformen moderne Büro- und Gewerbeflächen entstehen. Die Stadt steht einem Verkauf der Grundstücke an eine private Investorgesellschaft skeptisch gegenüber, da sie den Prozeß der Entwicklung und Vermarktung der Flächen nicht völlig aus der Hand geben will. Nachdem die Projektrealisierung mit dem Gewinnerkonsortium des ausgeschriebenen Investorenwettbewerbes gescheitert ist, hat sich nun ein neues Konsortium aus Bau-, Immobilien- und Finanzierungsunternehmen formiert, das gemeinsam mit der Stadt das Projekt durchführen wird.

Die privaten Unternehmen gründen eine **Grundstücksgesellschaft** (GmbH), der die Stadt Frankfurt alle Flächen verkauft. Zugleich schließen sich Grundstücksgesellschaft und Stadt zu gleichen Teilen zu einer **Projektentwicklungsgesellschaft** (GmbH) zusammen, die für Vergabeempfehlungen zuständig ist, d. h. mit der die Grundstücksgesellschaft ihre Auftragsvergaben für die Erteilung von Bauaufträgen abstimmt. Die Grundstücksgesellschaft, in deren Namen und auf deren Rechnung die privaten Unternehmer handeln, ist Auftraggeberin aller in die Entwicklung eingebundenen Subunternehmer und verantwortlich für alle Vertragsangelegenheiten und die Projektfinanzierung. Die an der Grundstücksgesellschaft beteiligten Unternehmen werden als Geschäftsbesorger für die Grundstücksgesellschaft tätig und sind für jeweils spezifische Fachbereiche verantwortlich.

Die Projektentwicklungsgesellschaft als Kerninstitution des PPP-Arrangements besitzt einen Geschäftsführer, der von privater Seite gestellt wird, und einen von der Stadt entsandten Prokuristen. Derzeit (Frühjahr 1995) ist noch unklar, ob ein zweiter Geschäftsführer seitens der Stadt bestellt wird. Die Gesellschaft besitzt eine nur geringfügige Kapitalausstattung, da sie ihre Aufwendungen, d. s. vor allem die Geschäftsführervergütungen, mit der Grundstücksentwicklungsgesellschaft abrechnet.

Übersicht 6.3: Das PPP-Modell Frankfurt Westhafen

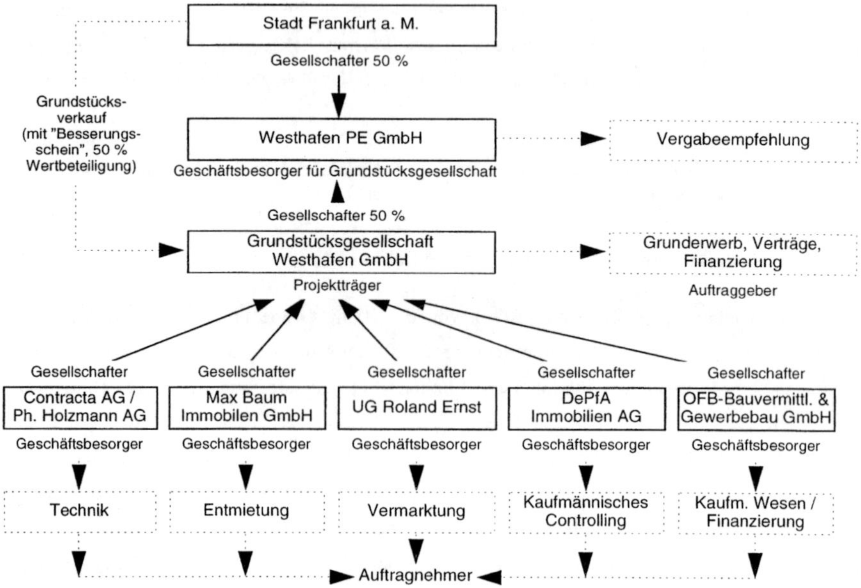

Wie die im Schaubild dargestellte Aufgabenverteilung erkennen läßt, nimmt die Stadt über ihre gesellschaftsrechtliche Beteiligung in erster Linie beratende und kontrollierende Funktionen bezüglich der Auftragsvergaben wahr. Gekoppelt mit der gesellschaftsrechtlichen Einbindung der Stadt ist eine 50%-Beteiligung an der Wertsteigerung der Grundstücke, d. h. die Stadt erhält nach Projektdurchführung eine Nachzahlung für die von ihr verkauften Grundstücke.

Das PPP-Modell im Projekt Rebstock, Frankfurt a. M.

Im Gegensatz zum Westhafen-Modell ist die gemischtwirtschaftliche Projektgesellschaft (GmbH) im Rebstock-Modell für die Durchführung aller mit der Projektentwicklung verbundenen Maßnahmen zuständig. An der Gesellschaft beteiligt sind zu 50 % die Stadt Frankfurt und zu 50 % die Büropark GbR, in der sich die Philipp Holzmann AG und die Advanta Management AG zusammengeschlossen haben. Von den Flächen im Entwicklungsgebiet gehören 45 % der Stadt Frankfurt, 55 % der GbR, die allerdings kein Interesse hat, weitere Grundstücke zu erwerben.

Übersicht 6.4: Das PPP-Modell Frankfurt Rebstock

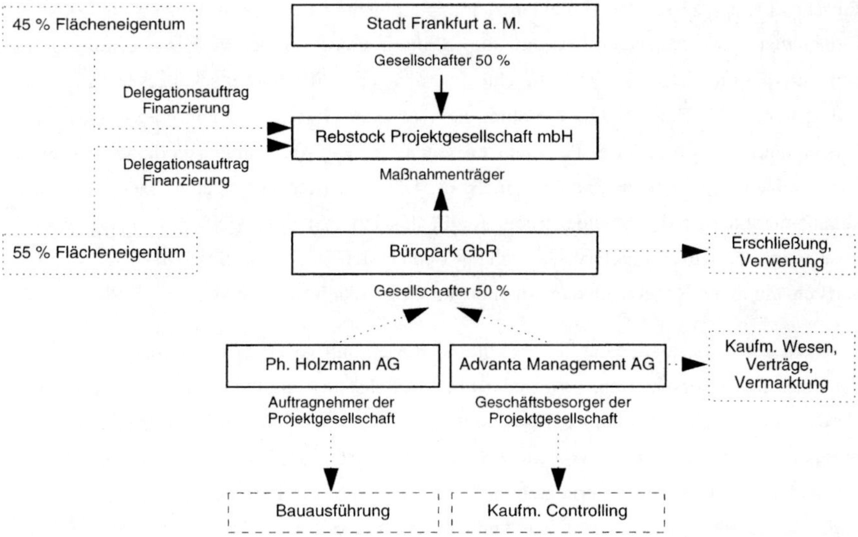

In dem gewählten Modell kann die Rebstock Projektgesellschaft mbH nur tätig werden, wenn sie einen **Delegationsauftrag** durch den Grundstückseigentümer erhält und dieser das für die Maßnahmendurchführung erforderliche Kapital zur Verfügung stellt. Für jede durchzuführende Einzelaktivität der Projektentwicklung haben die Partner festgelegt, ob sie durch den Grundstückseigentümer Stadt oder durch den Grundstückseigentümer GbR zu beauftragen und zu finanzieren ist. Die Flexibilität und Handlungsfähigkeit der Gesellschaft ist durch dieses Beauftragungsprinzip stark eingeschränkt; vor allem die Finanzschwäche der öffentlichen Hand stellt einen Engpaßfaktor im Rahmen einer zügigen Durchführung dar. Da die Stadt eine "haushaltsneutrale Lösung" der Projektabwicklung beabsichtigt, kann dieses Problem voraussichtlich nur über eine Grundstückspfändung gelöst werden.

II. Die Aufsichtsräte und Beratungsgremien

Die Bestellung gemischt-wirtschaftlich besetzter Aufsichtsräte erfolgt sowohl ergänzend zu gemischt-wirtschaftlichen Projektentwicklungsgesellschaften als auch in Kombination mit privatwirtschaftlichen Projektentwicklungsgesellschaften.

In Verbindung mit einer gemischt-wirtschaftlichen Projektentwicklungs-GmbH ist die Bildung eines Aufsichtsrates gesetzlich nicht zwingend vorgeschrieben, wird jedoch häufig politisch gewünscht. Dies gilt insbesondere für größere Städte, in denen über das Kontrollinstrumentarium Politiker und Stadtverordnete unterschiedlicher politischer Couleur in die Entscheidungsprozesse der Projektabwicklung eingebunden werden können. In kleineren Gemeinden wird dagegen eher auf die Bildung eines speziellen Überwachungsorgans verzichtet; Einfluß- und Kontrollrechte werden über die Gesellschafterversammlungen wahrgenommen.[66] Eine übliche Regelung ist, daß jeder Gesellschafter in die Gesellschafterversammlung eine oder zwei Personen mit einheitlichem Abstimmungsverhalten entsenden kann. In kleineren Gemeinden ist dies meist der Bürgermeister, in größeren Städten der Stadtkämmerer und/oder der Stadtdezernent für Planen bzw. Stadtentwicklung. Ebenso wie die Besetzung der Gesellschafterversammlung richtet sich auch die Sitzverteilung in einem Aufsichtsrat in der Regel nach den Anteilen am Gesellschaftsvermögen.

Die Zahl der Aufsichtsratsmitglieder sollte nach Meinung von Praktikern eine Zahl von 6-8 Personen nicht überschreiten. Im Projekt Frankfurt Rebstock mußte diese Zahl überschritten werden; die Stadt strebte eine Repräsentation aller politischen Parteien im Aufsichtsrat an und benannte daher 6 Mitglieder von ihrer Seite: vier Stadtverordnete der vier großen Parteien sowie den Stadtplanungsdezernenten und den Magistratsdirektor der Stadtkämmerei. Der paritätisch besetzte Aufsichtsrat hat damit 12 Mitglieder; Aufsichtsratsvorsitzender ist der Planungsdezernent.

Die Bildung eines gemischt-wirtschaftlich besetzten Aufsichtsrates **in Verbindung mit einer privatwirtschaftlichen Projektentwicklungsgesellschaft** ist eine Strategie, die in der Praxis (noch) selten realisiert wird; jedoch ist zu erwarten, daß sie sich in Zukunft wachsender Beliebtheit erfreuen wird. Sie stellt eine Kompromißlösung dar zwischen den Vorstellungen der Stadt, die nach gesellschaftsrechtlichen Einflußmöglichkeiten in der laufenden Projektabwicklung strebt, und den Vorstellungen des Investors, der sein Projektmanagement unabhängig vom politischen Prozeß gestalten will. Ein Beispiel ist das Projekt Leipzig Nord-Ost, das von der Wisser-Ernst-Projektentwicklungs-GmbH (WEP), Leipzig, durchgeführt wird und in dem Stadt und WEP einen paritätisch besetzten Aufsichtsrat gebildet haben. Für die Stadt ist die Stellung von Aufsichtsratsmitgliedern mit der Möglichkeit verbunden, über

66 Das Verständnis von der Funktion von Aufsichtsrat und Gesellschafterversammlung ist vom rechtlichen Konstrukt her unterschiedlich. Grundsätzlich ist die Gesellschafterversammlung in jeder beliebigen Angelegenheit der Geschäftsführung gegenüber weisungsbefugt, soweit dies nicht durch Satzung ausgeschlossen ist. Dem Aufsichtsrat obliegen ergänzende Rechte der Geschäftsführungsüberwachung sowie der Vermögens- und Rechnungsprüfung. Der wesentliche Unterschied in der Stellung von Gesellschaftern und Aufsichtsratsmitgliedern besteht darin, daß letztere ausdrücklich verpflichtet sind, ihre Entscheidungen ausschließlich am Wohl der betreffenden Gesellschaft auszurichten. Aus der gesellschaftlichen Treuepflicht und dem Schädigungsverbot lassen sich ähnliche Einschränkungen der Entscheidungsfreiheit jedoch auch für die Gesellschafter ausmachen; vgl. Seldeneck, Ferreol Jay von: Public Private Partnership in der Stadtentwicklung, Rechtsfragen bei gemeinsamer praktischer Umsetzung, in: Sparkasse, 109. Jg., 1992, Nr. 3, S. 145-149, hier S. 146; vgl. auch Battis, Ulrich: Rechtsgutachten zum Forschungsvorhaben Schenkenberg: Stellung einer PPP-Gesellschaft im Gesellschafts- und Verwaltungsrecht, unveröff. Studie im Rahmen des Bundesforschungsprogrammes ExWoSt, Forschungsfeld "Neue Wege der privaten Finanzierung von Stadterneuerungs- und Stadtentwicklungsaufgaben", Berlin 1995, S. 15-26.

die vertraglichen Regelungen hinaus im Durchführungsstadium des Projektes Einfluß auf den Prozeß der Bebauung und Vermarktung zu nehmen. So kann vereinbart werden, daß bestimmte Geschäfte nur mit Zustimmung des Aufsichtsrates vorgenommen werden dürfen.

Im Gegensatz zu den Aufsichtsräten nehmen **Fachbeiräte** keine Überwachungs-, sondern Beratungsaufgaben gegenüber der Geschäftsführung wahr. Ihre Funktion ist mit der externer Berater vergleichbar, die Alternativen bewerten, Entscheidungsempfehlungen aussprechen, Diskussionsprozesse anregen und in Konfliktfällen nach Lösungsmöglichkeiten suchen. Die anerkannte fachliche Kompetenz der ausgewählten Mitglieder vermag die Akzeptanz projektbezogener Grundsatzentscheidungen zu erhöhen.[67] Darüber hinaus werden in einigen Projekten **Foren** bzw. Beratungsgremien eingerichtet, die eine Beteiligung unterschiedlicher Interessengruppen an den Entscheidungsprozessen sicherstellen und damit vor allem integrative, konflikt-prophylaktische Aufgaben wahrnehmen.

Im **Projekt Kassel Unterneustadt** wurden beispielsweise folgende Projektgremien eingerichtet:

1. Der Fachbeirat: Der Fachbeirat besteht aus 10 Mitgliedern, die von der Stadt Kassel benannt werden. Er übernimmt fachplanerische Beratungsfunktionen in den Bereichen Städtebau, Architektur, Ökologie- und Landschaftsplanung sowie städtebauliche- und planungsrechtliche Verfahren. Anstatt eines klassischen Ideenwettbewerbes zu grundlegenden Fragen der Projektgestaltung durchzuführen, hat der Fachbeirat in einer Serie von Workshops unterschiedliche stadtentwicklungspolitische Konzepte diskutiert und die sog. "Kritische Rekonstruktion" als Leitidee und Wiederaufbaumodell für die Unterneustadt empfohlen.

2. Das Kuratorium: Es besteht aus bis zu 10 Mitgliedern, die von der Stadt Kassel ernannt werden. Seine Aufgabe ist es, die angemessene Beteiligung der Landesbehorden, des Regierungspräsidiums und der betroffenen Institutionen aus Wirtschaft und Politik sicherzustellen. Darüber hinaus übernimmt das Kuratorium die Schirmherrschaft für die "documenta urbana 2".[68]

3. Das Forum: Es besteht aus bis zu 30 Mitgliedern, die auf Vorschlag des Magistrats der Stadt Kassel benannt werden. Das Forum sichert eine angemessene Beteiligung der örtlichen Institutionen, Vereine, Verbände, der Bürger der Unterneustadt und der in der Stadtverordnetenversammlung vertretenen Parteien. Es stellt eine konkretisierte Form der Bürgerbeteiligung nach § 3 BauGB dar und soll dem Anspruch nach modellhafter Bürgerbeteiligung Rechnung tragen.

---

67 Vgl. hierzu auch die Ausführungen unter E II 2.

68 Vgl. hierzu die Ausführungen zum Projekt im fünften Kapitel, E II 1.

III. Das kommunale Projektmanagement: Die Beispiele Gewerbepark Neckarau, Mannheim und Rheinufer-Süd, Ludwigshafen a. Rh.

Die Projektentwickler aus der privaten Wirtschaft haben ihre interne Organisationsstruktur an den Erfordernissen eines Multiprojektmanagements ausgerichtet. Alle Dienste der Fachabteilungen werden aus den Projekten heraus in Anspruch genommen, wobei je nach Bedarf und Auslastung auch auf Zuarbeiten von Marktpartnern zurückgegriffen wird, die als Unterauftragnehmer in das Projekt eingebunden werden. Darüber hinaus sind horizontale Kooperationen in Form von Arbeitsgemeinschaften und Konsortien in der privatwirtschaftlichen Projektentwicklung weit verbreitet. Die Leitung der Projektgeschäfte und damit die Verantwortung über Erfolg und Mißerfolg liegen bei der Geschäftsleitung, deren Mitglieder in der Regel auch die Funktion der Geschäftsführer in den einzelnen Objekt-Gesellschaften übernehmen.[69] Die Abwicklung der laufenden Projektgeschäfte obliegt den einzelnen Projektleitern, d. s. meist führende Unternehmensmitarbeiter, denen Handlungsvollmacht erteilt wurde.

Die **öffentliche Verwaltung** arbeitet demgegenüber nicht projektorientiert und ist für Arbeitsteilung mit anderen Systemen wenig offen. Die Aktivitäten, die im Rahmen einer Projektentwicklung zu erledigen sind, fallen in die Zuständigkeitsbereiche unterschiedlicher Ämter, die über die streng hierarchische Linienorganisation nicht miteinander in Verbindung stehen. Die Organisation des kommunalinternen Projektmanagements ist vor allem von Umfang und Komplexität der zu bewältigenden Aufgaben abhängig sowie vom politischen Interesse an dem Projekt und der eingeübten Arbeitsteilung. Grundsätzlich können die Projektmanagementleistungen in folgenden Strukturen erbracht werden:[70]

- innerhalb eines Fachressorts, i. d. R. innerhalb des Stadtplanungs- oder Stadtentwicklungsamtes,
- in der bestehenden Linienorganisation in enger informeller Zusammenarbeit der einbezogenen Ämter,
- durch eine dezernatsübergreifende Projektgruppe, die i. d. R als Stabsstelle bei der Verwaltungsführung angesiedelt ist,
- innerhalb einer rechtlich selbständigen Organisation, die i. d. R. eine Wirtschaftsförderungs- oder Grundstücksentwicklungsgesellschaft in privater Rechtsform ist.

---

69 Vgl. hierzu auch Meyer, Ernst; Motzel, Erhard: Projektwirtschaft mit PROWIS am Beispiel des Neubaus eines Bankverwaltungsgebäudes im Auftrag der ARGE Gebäudetechnik, in: Motzel, Erhard (Hrsg.): Projektmanagement in der Baupraxis bei industriellen und gewerblichen Bauprojekten, (Ernst & Sohn) Berlin 1993, S. 233-251, hier S. 233.

70 Vgl. hierzu auch Müller, Wolfgang-Hans: Projektsteuerung in Kommunalverwaltungen, aus: WIBERA-Bürgermeister Handbuch, Grundwerk 1994 einschließlich Aktualisierungs- und Ergänzungslieferung Februar 1995, (Kognos) Düsseldorf 1995, Abschnitt 5-2.3, S. 19.

Das kommunale Management im Projekt Gewerbegebiet Neckarau, Mannheim

In den ersten konzeptionellen Überlegungen zum Projekt Gewerbegebiet Mannheim hatte das Stadtplanungsamt u. a. vorgesehen, für die Projektplanung und -abwicklung einen Projektmanager einzusetzen, der als "Koordinator" alle projektbezogenen Aktivitäten steuern und als Ansprechpartner für alle Projektbeteiligten und -betroffenen fungieren sollte. Von der politischen Führung wurde ein solches Verfahren als zu aufwendig und nicht machbar beurteilt, so daß das Projekt in der bestehenden Linienorganisation abgewickelt wurde. Lediglich für die Zeit, in der ein Teilprojekt zur Genehmigungsfähigkeit zu bringen war, wurde eine Projektgruppe unter der Federführung des Amtes für Wirtschaftsförderung eingerichtet, um den Prozeß zur Ausfertigung der Genehmigung für den Investor reibungslos und schnell zu gestalten.

Übersicht 6.5: Die kommunalinterne Projektorganisation in Mannheim

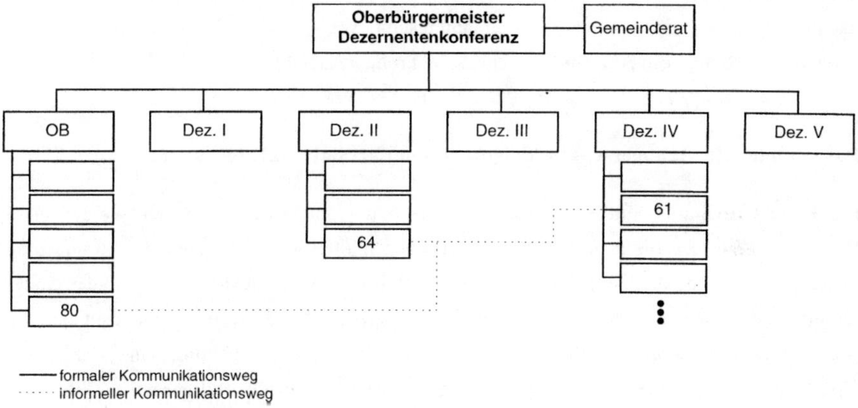

61: Stadtplanung, zuständig für: räumliche Entwicklungskonzepte, FNP, Modellvorhaben, Bebauungspläne, städtebauliche Beratung, Verkehrsplanung.
80: Amt für Wirtschaftsförderung, zuständig für: Firmenkontakte, Ansiedlungswerbung, Standortberatung, Gewerbeförderung, Grundstücksvergabe, Vermittlung von Mietobjekten.
64: Amt für Wohnungswesen und Stadterneuerung, zuständig für: Subventionen für Wohnungsbau und Stadterneuerung, Vergleichsmiete, Wohngeld und Wohnungsvermittlung.

Quelle: Stadtplanungsamt, Mannheim.

Von den Mitarbeitern des Stadtplanungsamtes wird das Zuständigkeitssplitt als unglücklich und für die eigene Arbeitsmotivation kontraproduktiv empfunden. Vom **Stadtplanungsamt** gingen zunächst die wesentlichen Impulse für die Projektinitiierung aus: Es wurden städtebauliche, ökonomische und ökologische Gutachten für das untergenutzte Altindustriegebiet "Neckarau" in Auftrag gegeben, die Teilflächen beplant und das Projekt als Modellvorhaben für den ExWoSt, Forschungsfeld "Städtebau und Wirtschaft" konzipiert, um Aufmerksamkeitswirkung zu erzeugen und eine systematische Strategieplanung zu fördern. Für die Beantragung von Fördermitteln zur Sanierung der Grundstücke war das **Amt für Wohnungswesen und Stadterneuerung** zuständig, das auch die Abwicklung des Sanierungsvorhabens kontrollierte. Die Kontaktaufnahme zu interessierten Investoren und die Investorauswahl erfolgte durch das **Amt für Wirtschaftsförderung** bzw. den Oberbürgermeister direkt.

Das Stadtplanungsamt ist weiterhin für alle "harten" Projektsteuerungsinstrumente zuständig, so die Verkehrsplanung im Gesamtgebiet und die Ausarbeitung der städtebaulichen Verträge mit den zukünftigen Investoren. Ansprechpartner für die Investoren ist jedoch das Amt für Wirtschaftsförderung, das eher "weiche" Steuerungsinstrumente der Information und Motivation der Investoren nutzt. Für die Mitarbeiter des Stadtplanungsamtes ist es äußerst unbefriedigend, selbst nicht im direkten Kontakt zu den Marktpartnern zu stehen, sondern alle Anliegen über das Wirtschaftsförderungsamt abwickeln zu müssen. Ein Beispiel für das 'Nebeneinanderherarbeiten' der Ämter ist die Öffentlichkeitsarbeit: Zahlreiche Beiträge in Fachpublikationen wurden vom Stadtplanungsamt verfaßt, die Presseberichte und die Investorenwerbung vom Amt für Wirtschaftsförderung veranlaßt.[71]

Das kommunale Management im Projekt Rheinufer-Süd, Ludwigshafen a. Rh.

Das Projekt Rheinufer-Süd ist in Art und Umfang mit obigem Beispiel nicht vergleichbar. Hier soll auf einer ca. 30 ha großen Fläche ein neuer Stadtteil mit überwiegender Büronutzung in anspruchsvollem Ambiente am Flußufer entstehen. Das Projekt wurde von der Stadtführung mit ehrgeizigen Ambitionen initiiert und erregte bundesweit Aufmerksamkeit. Im frühen Planungsstadium, Mitte 1988, wurde bei der Stadtverwaltung eine **dezernatsübergreifende Projektgruppe** eingerichtet, zunächst mit dem Oberbürgermeister, ab Mitte 1989 mit dem Baudezernenten und dem Wirtschaftsdezernenten an der Spitze. Die koordinierende Geschäftsstelle war beim Amt für Stadtentwicklung, das dem Oberbürgermeister unterstellt ist, angesiedelt. Für verschiedene Teilprojekte wurden Arbeitsgruppen eingerichtet, so die AG Kulturprojekte am Rheinufer-Süd oder die AG Altlasten, deren Tätigkeiten wiederum in der Koordinierungsstelle zusammenliefen. Die Mitarbeiter der Arbeitsgruppen waren dabei nach wie vor in die arbeitsteilige Dezernats- und Ämterstruktur eingebunden.[72]

---

71 Angaben von Herrn Norbert Bensch, Stadtplanungsamt Mannheim, Gespräch am 10. Februar 1995 in Mannheim.

72 Angaben von Herrn Dillinger, Wirtschaftsentwicklungsgesellschaft (WEG) Ludwigshafen a. Rh., Gespräch am 7. November 1994 in Ludwigshafen; vgl. auch Wilhelmus, Gerd: Ludwigshafen - Rheinufer-Süd, ein ganz normales Stadtentwicklungsprojekt?, in: Stadtbauwelt, 81. Jg., 1990, S. 1793-1799, hier S. 1795.

Mit steigender Komplexität, steigendem Umfang und zeitlicher Ausdehnung der Projektaufgaben wurde das Modell der Projektgruppen als ungeeignet empfunden; 1991, zu Beginn der Realisierungsphase, wurde eine eigene Projektgesellschaft (GmbH) gegründet. An der **Wirtschaftsentwicklungsgesellschaft (WEG) Ludwigshafen** sind mit 55 % die Stadt Ludwigshafen und mit 45 % die halbstaatlichen Hafenbetriebe, der Hauptgrundstückseigentümer im zu entwickelnden Gebiet sowie örtliche Banken beteiligt. Im nachhinein ziehen die Verantwortlichen den Schluß, daß es zwar richtig gewesen sei, das Projektmanagement aus der Verwaltung auszugliedern, eine 100%ige Tochter der Stadt jedoch den gleichen Zweck erfüllt hätte. Die Beauftragung eines Treuhänders wird heute als die günstigste Alternative der Projektabwicklung beurteilt, da in einer solchen Konstellation nach Projektabschluß keine Probleme bezüglich des Fortbestandes einer eigens gegründeten Gesellschaft entstehen.[73] Die WEG Ludwigshafen nimmt heute neben der laufenden Betreuung des Projektes Rheinufer-Süd weitere Dienstleistungsaufgaben im Rahmen der Stadt- und Wirtschaftsentwicklung wahr. Im Rahmen einer anstehenden umfassenden Verwaltungsreform ist jedoch eine Zusammenlegung mit den städtischen Ämtern geplant.

D. Die Koordinationsstrategien: Kommunikation und Kontrolle

I. Die strategischen Aspekte der Kommunikation

1. Die funktional-organisatorischen Aspekte

In der arbeitsteilig durchgeführten Projektentwicklung weisen die Leistungen der Kooperanden einen direkten reziproken Bezug zueinander auf und können nur mit entsprechenden Abstimmungs- und Diskussionsschritten zwischen den beteiligten Personen erbracht und erarbeitet werden. Das mit Abstand wichtigste Koordinationsinstrument in einer PPP ist damit die **Kommunikation**. Regelmäßige Absprachen und Verhandlungen über Zielsetzungen, Zeitpläne und den Austausch und die Integration wechselseitiger Teilleistungen sind elementarer Bestandteil der gemeinsamen Arbeit. Die anderen beiden kategorialen Koordinationsinstrumente, die **Standardisierung** und die **Kontrolle** nehmen demgegenüber einen geringeren Stellenwert in der arbeitsteiligen Zusammenarbeit ein: Die Arbeitsabläufe und die Ergebnisse der verschiedenen Arbeiten können meist nur vage spezifiziert werden, und die erbrachten Leistungen sind überwiegend von einer Art, die sehr schwer zu kontrollieren ist.[74] "Die Kooperation ... verlangt vom Management die Einsicht, daß es sich dabei um

---

73 Angaben von Herrn Gerd Wilhelmus im Rahmen des Fachgespräches "Neue Wege der privaten Finanzierung von Stadterneuerungs- und Stadtentwicklungsaufgaben" zum Forschungsvorhaben ExWoSt am 14. Oktober 1992 in der Außenstelle des BMBau, Berlin, unveröff. Gesprächsprotokoll, S. 11 f.

74 Vgl. ähnlich Mintzberg, Henry: Mintzberg über Management: Führung und Organisation, Mythos und Realität, (Gabler) Wiesbaden 1991, S. 112 f. und 207 ff.

einen fortlaufenden Prozeß der Verhandlung, des Konsenses mit vielen Unsicherheiten handelt, der nur bedingt plan- und beherrschbar ist."[75]

Wichtige Charakteristika der **Kommunikation** beziehen sich darauf

- zwischen welchen Beteiligten sie stattfindet,
- welche Informationen ausgetauscht werden,
- in welchen Abständen sie erfolgt,
- in welchen Projektphasen sie stattfindet.

Vereinfacht lassen sich dabei drei Ebenen unterscheiden, auf und zwischen denen eine Kommunikation der Projektbeteiligten stattfindet:

1. die strategische Ebene, d. i. die politische- bzw. Unternehmensführung;
2. die taktische Ebene, d. i. die Projektleitung;
3. die operative Ebene, d. s. die Projektmitarbeiter.

Kommunikation auf der **strategischen Ebene** findet schwerpunktmäßig in der Projektinitiierungsphase statt. Die Anbahnung von Kooperationsbeziehungen, die Konzeptionierung der Leistungsprogramm-, Management- und Finanzierungsstrategien sowie die Ausarbeitung der Vertragswerke sind Aufgaben, die in einem projektorientiert arbeitenden Unternehmen von der Geschäftsführung wahrgenommen werden. Die Unternehmenschefs erwarten, daß ihnen auf der Seite der politischen Führung ein adäquater Verhandlungspartner gegenübersitzt, so der Oberbürgermeister oder der Regierungspräsident. Die Zusicherung der notwendigen politischen Unterstützung für ein Projekt ist nur auf der obersten lokalen Verwaltungsebene mit dem nötigen Verbindlichkeitsgrad möglich. In den persönlichen Gesprächen beklagten viele private Unternehmer, daß ein Projekt auf Seiten des öffentlichen Sektors nicht zur 'Chefsache' erklärt wird.

Die **politische Unterstützung** auf der strategischen Ebene bezieht sich auf die Verantwortungsübernahme für die Einhaltung von Zeitplänen, so vor allem in Verbindung mit der Abstimmung der Planungen mit den Trägern öffentlicher Belange und der Herbeiführung der notwendigen Stadtratsbeschlüsse. Die Erfolgsbedingungen der Projektentwicklung können entscheidend verbessert werden, wenn es gelingt, die Zuarbeit aller am Verfahren Beteiligten

---

75 Bleicher, Knut: Unternehmenspolitische und unternehmenskulturelle Voraussetzungen erfolgreicher strategischer Partnerschaften, in: Zentes, Joachim (Hrsg.): Strategische Partnerschaften im Handel, (C. E. Poeschel) Stuttgart 1992, S. 307-325, hier S. 310; vgl. auch Bronder, Christoph; Pritz, Rudolf (Hrsg): Wegweiser für strategische Allianzen, (Gabler) Wiesbaden 1992, S. 40.

zu beschleunigen. Hier bedarf es des politischen Willens, dem Projekt eine hohe Priorität im Verwaltungshandeln einzuräumen, und der politischen Durchsetzungskraft, um Verzögerungen und Widerstände erfolgreich zu überwinden. So wurden im Projekt Stadtteilzentrum Hellersdorf, Berlin, die Träger öffentlicher Belange vom Staatssekretär des Bauministeriums einberufen; dieser leitete die Sitzungen selbst, verteilte die Aufgaben, setzte die Termine und kontrollierte die Termineinhaltungen. Auf diese Weise gelang es, die notwendigen Entscheidungen und Zustimmungen in ungewöhnlich kurzen Zeiträumen herbeizuführen.[76]

Auch die Kommunikationsaufgaben auf der **taktischen Ebene** beziehen sich primär auf das Ziel, die organisationsintern und -extern mit dem Projekt befaßten Mitarbeiter auf die einzuhaltenden Qualitäts-, Kosten- und Terminziele "einzuschwören".[77]

> "Zur Abstimmung mit den Projektbeteiligten werden bevorzugt:
>
> - fallweise Besprechungen,
> - Kontrolle der offenen Punkte,
> - schriftliche oder mündliche Informationen sowie
> - Jours-Fixes-Besprechungen."[78]

In nahezu allen untersuchten Projekten finden Jours-Fixes-Besprechungen als eine Art 'Werkstattgespräch' mehr oder weniger regelmäßig, z. B. monatlich, statt. An den Besprechungen sind alle in einer Projektphase mitarbeitenden Unternehmen und Arbeitsgruppen, insbesondere natürlich die Projektleitung und das federführende Stadtamt, beteiligt. Das Ziel der Jours-Fixes-Besprechungen ist:

- Probleme zu erkennen und zu definieren,
- offene Fragen festzuhalten,
- festzulegen, wer diese Probleme bzw. Fragen zu lösen/beantworten hat,
- bis wann dies erfolgt,
- bei welcher nachfolgenden Jour-Fix-Besprechung die Ergebnismeldung erfolgt.[79]

---

76 Angaben von Herrn Dr. Wolfgang Görlich, Dr. Görlich GmbH Emissionshaus, Berlin, Gespräch am 16. September 1994 in Berlin, und Herrn Dr. Rainer Emenlauer, Gesellschaft für Projektsteuerung im Städtebau mbH (Prostadt), Berlin, Gespräche am 14. September 1994 in Berlin und am 8. Februar 1995 in Bonn.

77 (Vgl.) Diederichs, Claus-Jürgen: Stand von Forschung, Lehre und Praxis des Projektmanagements im Bauwesen, in: Motzel, Erhard (Hrsg.): Projektmanagement in der Baupraxis bei industriellen und gewerblichen Bauprojekten, (Ernst & Sohn) Berlin 1993; S. 3-32, hier S. 20.

78 Ergebnis einer Umfrage zum Projektmanagement Bau; zit. nach: Diederichs, Claus-Jürgen: Stand von Forschung, Lehre und Praxis des Projektmanagements im Bauwesen, in: Motzel, Erhard (Hrsg.): Projektmanagement in der Baupraxis bei industriellen und gewerblichen Bauprojekten, (Ernst & Sohn) Berlin 1993; S. 3-32, hier S. 27.

2. Die personal-verhaltensbezogenen Aspekte

Die Qualität einer arbeitsteiligen Zusammenarbeit wird entscheidend durch Art und Umfang der **persönlichen Beziehungen** zwischen den Kooperationspartnern bestimmt. In Anlehnung an Belz beruhen diese auf folgenden Elementen:

"1. Sympathie: Affinität, persönliche Nähe, übereinstimmende 'Chemie' der Partner, Individualität der Beziehung,

2. Anerkennung: persönliche Akzeptanz, Bestätigung, Anerkennung der Partner,

3. Vertrauen: Offenheit, Ehrlichkeit, Sicherheit, Zuverlässigkeit,

4. Gegenseitigkeit: gemeinsame Interessen, Kooperation, 'Absichtslosigkeit' und Gewicht des Partnerinteresses, Engagement beider Partner, Dialog und Lebendigkeit, Flexibilität, Großzügigkeit, Abhängigkeit und Unabhängigkeit (in persönlichen Beziehungen und in Gruppen), 'Geben' und 'Nehmen',

5. Intensität: Interaktionshäufigkeit und Kontinuität,

6. Kompetenz: sachliche Stützung, Realitätsbezug, Erfahrungen und herausragende Ereignisse und frühere Sonderleistungen, positive und negative 'Critical Incidents' in Beziehungen."[80]

Der Aufbau zwischenmenschlicher Beziehungen wird in einer PPP nicht nur durch die tatsächlich vorhandenen Unterschiede im Denken und Handeln erschwert, sondern insbesondere auch durch die Vorbehalte und (Vor-)Urteile gegenüber den Akteuren des jeweils 'anderen' Sektors. In den persönlichen Interviews zeigte sich ein tiefverwurzeltes 'Feind-Denken', das sich in einer typischen Beamten- bzw. Kapitalisten-'Schelte' artikulierte, meist an exemplarischen Erlebnisberichten festgemacht. Ein Gesprächspartner resümierte: "Die Partner des öffentlichen und privaten Sektors sprechen verschiedene Sprachen, sie geben sich anders, sie reden von verschiedenen Dingen. Sie müssen erst einmal lernen, miteinander zu kommunizieren."[81]

Dies schließt natürlich nicht aus, daß im persönlichen Umgang miteinander Sympathien entwickelt werden, individuelle Beziehungen entstehen und Kontakte über den geschäftlichen Bereich hinaus gepflegt werden. Auf der **strategischen Ebene** ist durchaus festzustellen, daß

---

79 Vgl. Homola, Josef: Erfolgreiches Zusammenspiel Bauherr, Projektsteuerer, Architekt und Projektbeteiligte, in: Motzel, Erhard (Hrsg.): Projektmanagement in der Baupraxis bei industriellen und gewerblichen Bauprojekten, (Ernst & Sohn) Berlin 1993, S. 171-179, hier S. 174.

80 Belz, Christian u. a.: Erkenntnisse zum systematischen Beziehungsmanagement, in: Belz, Christian u. a.: Management von Geschäftsbeziehungen, hrsg. v. Forschungsinstitut für Absatz und Handel an der Hochschule St. Gallen, (Thexis) St. Gallen 1994, S. 13-92, hier S. 52.

81 Aussage von Herrn Stefan Voller, Geschäftsführer der Stadtentwicklung Frankfurt Ost GmbH, Gespräch am 14. Juni 1994 in Frankfurt a. M.

gegenseitige Handlungszwänge akzeptiert, Fähigkeiten des Partners anerkannt und persönliches Engagement geschätzt werden. Hier bildet ein gewisses Maß an gegenseitiger Sympathie, Achtung und Vertrauen letztlich die Voraussetzung dafür, daß überhaupt Kooperationsbeziehungen eingegangen werden.

Als problematisch erscheint das Vernachlässigen der zwischenmenschlichen Beziehungen auf der **taktischen Ebene**. Die späteren Projektleiter sind in die Vertragsverhandlungen auf der übergeordneten Ebene meist nicht mit einbezogen; oftmals steht zu diesem Zeitpunkt noch gar nicht fest, wer als Projektleiter eingesetzt wird oder ob von öffentlicher Seite überhaupt ein Projektmanager benannt wird. Die Personen, die bei der Projektentwicklung eng zusammenarbeiten und gemeinsam Führungsaufgaben wahrnehmen müssen, werden von der jeweiligen Seite unabhängig voneinander ausgewählt. Es bleibt dem Zufall überlassen, ob beide 'miteinander können'. So werden sich in der PPP-Gesellschaft Kassel-Unterneustadt, in der öffentliche und private Seite jeweils einen Projektleiter ernennen, beide Verantwortliche dann zum ersten Mal gegenüberstehen, wenn sie ihre gemeinsame Arbeit beginnen. Vorteilhaft wirkt sich hier sicher nicht aus, daß man "über Dritte schon ein paar Sachen voneinander gehört hat".

Auf der **operativen Ebene** führt die fehlende Informationspolitik gegenüber den Mitarbeitern vor ihrer Entsendung in ein gemischtes Projekt-Team zu großen Unsicherheiten. Die öffentlich Bediensteten, die für einen Projekteinsatz vorgesehen sind, haben häufig keine Erfahrung mit Projektarbeit, müssen sich auf einen völlig neuen Arbeitsstil, einen neuen Arbeitsplatz, neue Vorgesetzte und neue Kollegen einstellen. In der Praxis kann beobachtet werden, daß es kaum gelingt, ein solches Team auf gemeinsame Projektziele einzustimmen und die gewohnten Kommunikationswege aufzubrechen. Die öffentlichen Bediensteten arbeiten ausschließlich für den Projektleiter 'ihrer Seite', die vom privaten Unternehmen entsandten Mitarbeiter für 'ihren' Vorgesetzten.[82]

Zur personellen Kontinuität in der Zusammenarbeit

Massive Koordinationsprobleme der arbeitsteiligen Zusammenarbeit entstehen bei fehlender personeller Kontinuität in der Aufgabenwahrnehmung. Auf der **strategischen Ebene** wird dies besonders dort zum Problem, wo die politischen Machtverhältnisse sich innerhalb des Planungszeitraumes ändern, was bei Entwicklungszeiten von 10 Jahren und länger nicht ungewöhnlich ist. Die Rücksichtnahme auf Wahlkampfzyklen ist bei den großen Projektplanungen unumgänglich, zum einen "weil ein halbes Jahr vor und ein halbes Jahr nach einer

---

82 Diese Erfahrung wurde beispielsweise im Projekt Media-Park in Köln gemacht; Angaben von Herrn Klaus Pankoke, Geschäftsführer der Media-Park Köln Entwicklungsgesellschaft mbH, Gespräch am 23. März 1995 in Köln; vgl. auch die Ausführungen zum Projekt im achten Kapitel, B II 2.

Wahl in den Verwaltungen überhaupt nichts läuft", zum anderen, "weil zumindest alle bis zur Genehmigung eines Vorhabens erforderlichen Entscheidungen bis zu einem möglichen Wechsel durch sein müssen".[83] Die ECE Projektmanagement GmbH, Hamburg, legt daher Wert darauf, daß bei der Initiierung eines Projektes bis zur nächsten Wahl mindestens ein Zeitraum von 2 bis 3 Jahren zur Verfügung steht.

Auf der **operativen Ebene** ist die Kontinuität der Stellenwahrnehmung der im öffentlichen Dienst beschäftigten Mitarbeiter oftmals nicht gegeben.[84] Wenn in den zuarbeitenden Ämtern die Ansprechpartner wechseln, können sich beträchtliche Störungen in der eingeübten Zusammenarbeit ergeben. Als im Berliner Projekt Karow-Nord die Grundbuchamtsleiterin für längere Zeit erkrankte und eine Vertretung eingearbeitet werden mußte, ergaben sich so große Verzögerungen im Projektablauf, daß die Geschäftsführung der Groth & Graalfs GmbH das Gespräch mit der politischen Führung suchte. Daraufhin wurde die Stelle mit einem kompetenten Mitarbeiter neu besetzt.

II. Die strategischen Aspekte der Kontrolle

"Was immer du baust, es wird teurer als berechnet und später fertig als geplant."[85] Aufgrund dieser Gesetzmäßigkeit kommt der Kontrolle, verstanden als sorfältige Überwachung von Kosten, Terminen und Qualitäten in der Projektentwicklung, seit jeher eine herausragende Bedeutung zu. Von diesen kontollierenden Aktivitäten der Baubetreuung, die im Rahmen einer klar definierten Auftraggeber-Auftragnehmer-Vertragsbeziehung wahrgenommen werden, ist die Kontrolle der Leistungserfüllung in einem PPP-Arrangement zu unterscheiden. Hier bestehen horizontale Kooperationsbeziehungen einer gemeinsamen Projektleitung und vertikale Kooperationsbeziehungen einer Auftragnehmerschaft im Rahmen der Projektabwicklung nebeneinander, woraus besonders diffizile und schwer zu kontrollierende Vertragsbeziehungen resultieren.[86]

Einer der größten Fehler, der bei der Gestaltung der arbeitsteiligen Zusammenarbeit passieren kann, ist das **Vermischen von Projektträger- und Maßnahmenträgerschaft**. Dies wird bei einer Auffächerung der unterschiedlichen Aufgaben der Funktionsträger deutlich:

---

83 Aussage von Herrn Johannes Schnermann, ECE Projektmanagement GmbH, Hamburg, Gespräch am 13. Dezember 1994 in Hamburg.

84 Vgl. hierzu auch Diederichs, Claus-Jürgen: Stand von Forschung, Lehre und Praxis des Projektmanagements im Bauwesen, in: Motzel, Erhard (Hrsg.): Projektmanagement in der Baupraxis bei industriellen und gewerblichen Bauprojekten, (Ernst & Sohn) Berlin 1993, S. 3-32, hier S. 21.

85 Diederichs, Claus-Jürgen: Stand von Forschung, Lehre und Praxis des Projektmanagements im Bauwesen, in: Motzel, Erhard (Hrsg.): Projektmanagement in der Baupraxis bei industriellen und gewerblichen Bauprojekten, (Ernst & Sohn) Berlin 1993, S. 3-32, hier S. 4.

86 In der Praxis sind die Kontrollaktivitäten ein sehr heikles Thema, so daß in den folgenden Beispielen keine Namen genannt werden.

- die Projektträgerschaft: wichtige Aufgaben sind die Beantragung von Zuschüssen, die Planung des Projektes, die Erstellung der Kosten- und Finanzierungspläne, die Überwachung der Durchführung, die Ausschreibung und die Auftragsvergabe an den Maßnahmenträger und externe Wirtschaftsunternehmen, das Berichtswesen, die Mittelverwaltung, die Rechnungsprüfung, das Controlling des Maßnahmenträgers;
- die Maßnahmenträgerschaft: wichtige Aufgaben sind die ordnungsgemäße Durchführung der Gesamtmaßnahme, die Personalorganisation, die Arbeitsvorbereitung, die Qualifizierungsleitung, das Berichtswesen, die Dokumentation, die Rechnungslegung und die Vergabe von Unteraufträgen;
- die Erschließungsträgerschaft: wichtige Aufgaben sind die bedarfsgerechte Erschließung in Abstimmung mit der die Planungshoheit innehabenden Gemeinde und den verfügungsberechtigten Grundstückseigentümern.

Eine Kombination von Projektträgerschaft und Erschließungsträgerschaft wird in vielen der untersuchten PPP-Projekte praktiziert und in der Praxis als unproblematisch beurteilt. Gleiches gilt für eine Kombination von Maßnahmenträgerschaft und Erschließungsträgerschaft. Dagegen führt das Mischen von Projektträgerschaft und Maßnahmenträgerschaft zu erheblichen Interessenkonflikten, da dem Projektträger die Kontrolle des Maßnahmenträgers obliegt. Verschärft wird die Problematik in den Situationen, in denen der Maßnahmenträger kein Interesse an einer kostengünstigen *und* qualitätsgerechten Leistungserbringung hat und/oder öffentliche Gelder für die Maßnahmendurchführung zur Verfügung stehen. Das Verquickungsproblem tritt letztlich in allen PPP-Gesellschaften auf, an denen sich private Unternehmer mit dem Ziel beteiligen, Baumaßnahmen oder bauvorbereitende Maßnahmen als Auftragnehmer selbst durchzuführen und/oder die Aufträge an "verbundene"[87] Unternehmen weiterzuleiten.

Beispiel: In einem untersuchten Projekt führte diese Problematik zur Auflösung der Public Private Partnership. Der private Unternehmer, in Personalunion **Gesellschafter** einer gemischt-wirtschaftlichen Projektentwicklungsgesellschaft und als **Geschäftsbesorger** für die Durchführung der Gesamtmaßnahme zuständig, hatte seine einflußreiche Position genutzt, um Aufträge für Gutachtertätigkeiten, Entsorgungs-, Abbruch- und Bauarbeiten an 'Familienunternehmen' zu vergeben. Die Leistungen wurden in mangelhafter Qualität und zu überhöhten Kosten erbracht, das Controlling durch die Projektgesellschaft vernachlässigt. Nach einem Jahr wurde die gemischte Projektgesellschaft in eine rein kommunale umgewandelt und die Controllingmaßnahmen seitens der öffentlichen Hand verstärkt. Die zuvor unzureichende Kontrolle des öffentlichen Parts in der gemischten Projektträger-

---

[87] Der Begriff "verbunden" wurde in Anführungszeichen gesetzt, da hiermit nicht nur kapitalmäßige Verflechtungen, sondern auch freundschaftliche Beziehungen erfaßt werden sollen.

gesellschaft ist insbesondere darauf zurückzuführen, daß die Geschäftsführer - beide von seiten der öffentlichen Hand gestellt - ihre Tätigkeit lediglich als ehrenamtliche ausführten.[88]

Beispiel: In einem anderen untersuchten Projekt, in dem der private Gesellschafter (P1) einer PPP-Gesellschaft als **Maßnahmen- und Erschließungsträger** tätig werden wollte, wurde das Problem so gelöst, daß nicht er, sondern ein zweiter an der PPP-Gesellschaft beteiligter privater Gesellschafter (P2) als **Geschäftsbesorger** für die PPP-Gesellschaft tätig wurde. Für die Vergabe der Bau- und Erschließungsleistungen führte P2 eine Ausschreibung durch, für die P1 den Zuschlag erhalten sollte, wenn sein Angebot zu wettbewerbsfähigen Preisen erfolgte. P2 als Projektträger kontrolliert also P1 als Maßnahmenträger.[89]

Es liegt auf der Hand, daß die gesellschaftsrechtlichen Bindungen und funktionalen Vermischungen, wie sie im Rahmen von PPP-Gesellschaften üblich sind, einer aktiven Kontrolltätigkeit nicht eben förderlich sind. Das Kontrollproblem stellt sich hier vor allem als ein "psychologisches Problem", da die persönliche Nähe der Partner, das aufgebaute Vertrauen und die gepflegte Großzügigkeit im gegenseitigen 'Geben' und 'Nehmen' ein kritisches Überprüfungsgebaren erschweren.[90] Unabhängig davon ist das Kontrollproblem von seiten der öffentlichen Akteure immer auch ein "Know-how-Problem", da Controllingmaßnahmen kompetente Mitarbeiter mit speziellem Fachwissen und großer Erfahrung erfordern.[91]

E. Die Konfliktursachen und die Konfliktstrategien

I. Die Konfliktursachen

1. Die sachlogischen Aspekte

Die hohen Konfliktpotentiale, die für eine PPP konstitutiv sind, resultieren ursächlich aus den Unterschieden in Systemlogik und Handlungsphilosophie der Partner. Die Unterschiede werden in der Praxis insbesondere erlebt als

- Unterschiede in Fachkompetenz und Realitätsbezug,

---

88 Vertrauliche Angaben eines Gesprächspartners.

89 Vertrauliche Angaben eines Gesprächspartners.

90 Daher plädieren viele Beobachter dafür, gesellschaftsrechtliche Zusammenschlüsse in einer kooperativen Projektentwicklung möglichst zu meiden, stattdessen städtebauliche Verträge abzuschließen, in denen die Funktionentrennung 'sauber' ist und die öffentliche Hand bessere Kontrollmöglichkeiten hat; vgl. zum Kontrollproblem bei städtebaulichen Verträgen die Projektbeispiele im siebten Kapitel, D III.

91 Diese Problematik ist auch in Zusammenhang mit der Principal-agent-Beziehung zu sehen, auf die im vierten Kapitel kurz eingegangen wurde; vgl. die Ausführungen unter A II; vgl. weiter das Normkonzept im achten Kapitel, E II.

- Unterschiede in der Entscheidungsautonomie,[92]
- Unterschiede im Engpaßdenken,[93]
- Unterschiede im Verantwortungsbezug gegenüber dem Umfeld.[94]

Unter sachlogischen Aspekten wird die Gefahr des Entstehens intensiver Konflikte durch unzweckmäßige organisatorische Regelungen und unzweckmäßige Managementaktivitäten verstärkt. Wichtige **interne Konfliktursachen** für vermeidbare Konflikte sind:

- der Verzicht auf Druck mit einem 'Hinziehen' von Entscheidungsprozessen,
- die Ausübung von Druck, der den Strukturen und Potentialen der Mitglieder nicht angepaßt ist,
- die Beeinträchtigung von Personen oder Rechten einer Gruppe,
- die Festlegung unzweckmäßiger Aufgaben- und Kompetenzverteilungen,
- der Verzicht auf klare Aufgaben- und Kompetenzregelungen,
- die fehlende Kommunikation, z. B. aufgrund persönlicher Rivalitäten,
- das Mißtrauen zwischen den Beteiligten,
- der Einbau unzweckmäßiger Einflußsicherungs- und Kontrollmechanismen, die die Flexibilität der agierenden Personen stark einengen,
- der Verzicht auf notwendige Einflußsicherungs- und Kontrollmechanismen.

Konfikte treten häufig im Zusammenhang mit **Krisen** auf, d. s. Prozesse, die die Erfolgspotentiale des Projektvorhabens bedrohen, so daß die gesamte Realisierung gefährdet ist.[95] Stimmen die Rahmenbedinungen der Projektentwicklung, insbesondere aus ökonomischer Sicht, bleibt das latente Konfliktpotential eines PPP-Arrangements meist unter einer Decke des Konsens verborgen. Manifest werden Konflikte häufig erst dann, wenn es zu Rückgängen bei der konkreten Verteilungsmasse kommt.[96] In Anbetracht der langen Entwicklungszeiträume und der hohen Umfeldabhängigkeit großer Entwicklungsvorhaben werden in nahezu allen Projekten Anpassungen der Kosten-, Zeit- und Ertragsprognosen notwendig, und dies regelmäßig zum Ungünstigen hin. Wichtige **externe Krisenursachen** sind

---

92 Bezüglich ihrer Entscheidungsautonomie sind die Vertreter der öffentlichen Hand in einem ganz anderen Maße als ihre Kollegen aus der Privatwirtschaft gezwungen, Genehmigungen für Handlungen einzuholen und sich der Zustimmung ihrer Vorgesetzten zu vergewissern.

93 Vgl. hierzu das "Engpaßfaktor-Argument" im vierten Kapitel, A I.

94 Vgl. hierzu das Norm-Modell im achten Kapitel, E.

95 Vgl. Müller, Rainer: Krisenmanagement in der Unternehmung, Kölner Schriften zur Betriebswirtschaft und Organisation, Band 5, (Peter Lang) Frankfurt a. M. 1982, S. 19.

96 Vgl. Heinz, Werner (Hrsg.): Public Private Partnership - ein neuer Weg zur Stadtentwicklung?, (W. Kohlhammer/Deutscher Gemeindeverlag) Stuttgart u. a. 1993, S. 10 u. S. 502.

- eine Veränderung auf den Immobilienmärkten, so Preiseinbrüche und Angebotsüberhänge,
- eine unerwartete Überschreitung der kalkulierten Kosten, so z. B. beim Konkurs eines Subunternehmers
- versagte Genehmigungen, so für Baurechte oder Fördergelder,
- Projektblockaden durch nicht verkaufs- oder umsiedlungsbereite Eigentümer und Pächter,
- Projektblockaden durch organisierte Projektgegner,
- ein Wechsel der politischen Führung,
- sonstige Änderungen der politischen oder rechtlichen Rahmenbedingungen,
- der Rückzug der finanzierenden Banken,
- die ungenügende Eigenkapitalausstattung einer Projektgesellschaft,
- Refinanzierungsschwierigkeiten des privaten Partners,
- Unternehmenskonkurs des privaten Partners.

Typisch für Konflikte ist, daß sie erst zu einem späteren Zeitpunkt der Zusammenarbeit auftauchen. Eine phasenbezogene Betrachtung zeigt, daß am Anfang Euphorie und Zuversicht eine günstige Basis für die Kooperation bilden. Nach Vertragsabschluß wächst die Arbeitsbelastung des Managements, unter Umständen tritt zu Tage, daß die Vertragspartner unterschiedliche Vorstellungen von einer Zusammenarbeit hatten.[97] Probleme bereitet dabei regelmäßig der wachsende Erfolgsdruck von außen. Die heutige Form der sehr frühzeitigen und umfassenden Informationspolitik gegenüber der Öffentlichkeit erzeugt große Erwartungshaltungen in der Bevölkerung, wobei das Verständnis für die Langwierigkeit der Vorbereitungsprozesse fehlt. Erschwert werden Projektentwicklungen auch dadurch, daß Politiker auf Drängen von Interessenvertretern im Vorfeld konkreter Entscheidungen Zusagen machen, deren Einhaltung sich im nachhinein als kaum möglich erweist.[98]

2. Die politischen Aspekte

Konflikte haben neben einer sachlogischen immer auch eine politische Dimension.[99] Sie gehen einher mit einem Streben nach Machtausbau und Einflußpositionen, mit Unsicherheiten

97 Vgl. hierzu auch Bronder, Christoph; Pritz, Rudolf (Hrsg): Wegweiser für strategische Allianzen, (Gabler) Wiesbaden 1992, S. 43.

98 Vgl. Gräsel, Wolfgang: Das multifunktionale Stadtteilzentrum "Wasserbehälter Meiselmarkt" in Wien, in: Brech, Joachim (Hrsg.): Neue Wege der Planungskultur, Orientierungen in der Zeit des Umbruchs, (Verlag für wissenschaftliche Publikationen) Darmstadt 1993, S. 168-172, hier S. 170 f.

99 Die in diesem Zusammenhang verwendeten Termini "Politik" bzw. "politisch" sind nicht im Sinne von Regierungshandeln zu verstehen, sondern bezeichnen Machtausübungen einzelner oder Gruppen, die weder formal autorisiert, noch weitgehend akzeptiert, noch offiziell zertifiziert sind. Das Resultat davon ist, daß

und gruppendynamischen Prozessen. In der Organisations- und Managementliteratur werden politische Aktivitäten in Organisationen gelegentlich über unterschiedliche "Spiele" beschrieben.[100] In den PPP-Arrangements konnten folgende politische Spiele identifiziert werden:

- **Das "Aufspielen des privaten Partners"**: In das Establishment privater Unternehmer schleicht sich leicht eine gewisse Form der Überheblichkeit und Arroganz ein, die im Umgang mit den Partnern aus Politik und Verwaltung zu Tage tritt. Die Handlungsbereitschaft und Kooperationsfähigkeit der öffentlich Bediensteten sinkt beträchtlich, wenn ihnen von den privaten Partnern immer wieder signalisert wird, sie hätten keine Ahnung, seien in ihren Handlungen und Verhaltensweisen völlig antiquiert und würden vieles nicht richtig machen.
- **Der "Gegenaufruhr aus Politik und Verwaltung"**: Vertreter aus Politik und Verwaltung neigen dazu, sich dem massiven Handlungsdruck, den die privaten Unternehmer zur Beschleunigung eines Vorhabens ausüben, zu widersetzen. Sie fühlen sich überrumpelt und spielen eigene, legitime Machtinstrumente aus. Mitarbeiter aus den Verwaltungsämtern erledigen ihre Zuarbeiten mit 'atemberaubender Langsamkeit' unter Ausnutzung längstmöglicher Zeitfristen; Stadträte verweigern ihre Zustimmung zu Grundstücksverkäufen oder Vertragskonstruktionen.[101]
- **Der "Aufbau eines Einflußbereiches"**: Ein solches Verhalten läßt sich in gemischtwirtschaftlichen Projektgesellschaften beobachten, in denen zwei Geschäftsführer gemeinsam nebeneinander agieren. Jeder der beiden ist darauf bedacht, daß die von 'seiner' Seite in das Projekt entsandten Mitarbeiter ihm gegenüber volle Loyalität bewahren und (ausschließlich) ihm zuarbeiten. Meist ist dies verbunden mit dem Bemühen, einen mindestens gleichgroßen betrieblichen Aufwand i. S. von Kostenausweisungen zu produzieren wie der Partner.[102]

Neben den PPP-internen Spielen lassen sich politische Aktivitäten ausmachen, die das Umfeld mit einbeziehen oder vom Umfeld selbst initiiert und praktiziert werden. Dies sind beispielsweise:

---

politische Aktivitäten umstritten und konflikthaltig sind, da einzelne gegen die legitimierten Einflußsysteme kämpfen und, wenn diese Systeme schwach sind, sich gegenseitig bekämpfen; vgl. Mintzberg, Henry: Mintzberg über Management: Führung und Organisation, Mythos und Realität, (Gabler) Wiesbaden 1991, S. 245; vgl. auch Müller, Rainer: Krisenmanagement in der Unternehmung, Kölner Schriften zur Betriebswirtschaft und Organisation, Band 5, (Peter Lang) Frankfurt a. M. 1982, S. 42.

[100] Vgl. Mintzberg, Henry: Mintzberg über Management: Führung und Organisation, Mythos und Realität, (Gabler) Wiesbaden 1991, S. 245.

[101] Vgl. hierzu auch die Ausführungen über das Reaktanzproblem im achten Kapitel, D II.

[102] Vgl. hierzu auch die Ausführungen über das Projekt Media-Park im achten Kapitel, B II 2.

- **Die Bildung eines "rivalisierenden Lagers"**: Großdimensionierte Entwicklungsvorhaben sind in der lokalen Politik und Öffentlichkeit umstritten und rufen Vorhabengegner auf den Plan. Nach parteipolitischem Usus ist davon auszugehen, daß die Oppositionsfraktion im Stadtrat mit dem geplanten Projekt nicht einverstanden ist und es heftig kritisieren wird. Verbündet sich die Gegenfraktion mit einflußreichen außenstehenden Gegnern wie Grundstücksbesitzern und Bürgerinitiativen, bilden sich unter Umständen sehr mächtige Koalitionen. Ihnen kann es gelingen, ein Projekt zum Scheitern zu bringen, zumindest seine Durchsetzung erheblich zu erschweren.
- **Das "Auffliegenlassen"**: In Verbindung mit der Bildung rivalisierender Lager suchen die Gegner eines Projektes nach 'privilegierten Informationen', um fragwürdiges oder illegales Verhalten der Organisation 'auffliegen' zu lassen. In der öffentlichen Darstellung wird ein PPP-Arrangement so verkauft, wie die Akteure es selbst gesehen haben wollen. Gelangt ein konkretes Vertragswerk in die Hände Außenstehender, können unter Umständen riskante oder umstrittene Regelungen zum Vorschein treten.

II. Die strategischen Aspekte des Konfliktmanagements

1. Der Dialog als Konsensstrategie

Konfliktmanagement ist die zielorientierte, bewußte Steuerung von Konflikten im Sinne einer Konflikt-Kanalisierung, um zu vermeiden, daß die Planung und Durchführung eines Vorhabens nachhaltig verzögert oder in eine den Interessen der Parteien zuwiderlaufende Richtung gedrängt wird.[103] Bei der gezielten Konfliktaustragung ist zunächst an eine **Beeinflussung der Konfliktursachen** zu denken, von denen einige im vorangegangenen Kapitelabschnitt exemplarisch ausgeführt wurden. Vor allem in Verbindung mit den politischen Aktivitäten wird deutlich, daß die Steuerung und Katalyse von Konflikten ein sehr subtiles Unterfangen ist, das ein Höchstmaß psychologischer Sensibilität erfordert. Eine wichtige Konfliktlösestrategie, insbesondere auf der strategischen Ebene, ist das **Bargaining**, bei dem es durch gegenseitige Zugeständnisse zu für beide Parteien akzeptablen Kompromißlösungen kommt. Auf das Bargaining wird im siebten Kapitel (A I) in Zusammenhang mit der Lösung des Verteilungsproblems in einer PPP eingegangen.

Konfliktmanagement ist jedoch mehr als ein zielgerichtetes Problemlösen; es ist ganz wesentlich auch **Dialog** ohne unmittelbaren Konfliktbezug. Einen solchen 'produktiven' Dialog hat Donar Zohar am Beispiel der griechischen Volksdemokratie beschrieben: "Die Bürger von Athen kamen in ihrer Agora zusammen und unterhielten sich; sie lösten scheinbar

[103] Vgl. Müller, Rainer: Krisenmanagement in der Unternehmung, Kölner Schriften zur Betriebswirtschaft und Organisation, Band 5 (Peter Lang) Frankfurt a. M. 1982, S. 45.

keine Probleme, sie suchten keine Kompromisse, sie suchten keinen Konsens ... Sie redeten, bis etwas entstand, das als gemeinsame Übereinkunft verstanden wurde, die sich aus ihren verschiedenen Anschauungen entwickelte."[104]

Beobachtungen in der Praxis zeigen, daß die Gesprächsstrategien der Partner vielmehr auf eine Betonung gemeinsamer Interessen und Ziele als auf eine aktive Konfliktaustragung hin orientiert sind. Dieses Verhalten ist dann als **problematisch** zu werten, wenn offene, regelungsbedürftige Fragen nicht angesprochen und unpopuläre Entscheidungen gemieden werden. Auf die spätere Konfliktentstehung kann es sich fatal auswirken, wenn die Partner sich auf unzweckmäßige Kompromißlösungen einigen, meist verbunden mit der Hoffnung, die Entscheidungen ließen sich später wieder ‘umbiegen’ oder "es kommt sowieso alles anders als geplant". So stimmen die privaten Unternehmer der Berufung eines Geschäftsführers seitens der öffentlichen Partner unter der Annahme zu, daß dieser sich schon nicht allzusehr in das wirtschaftliche Geschehen einmischen werde.

Das Streben nach der Vermeidung tiefgreifender Konflikte zu Beginn der Zusammenarbeit erscheint als ein wichtiger Grund, warum die Beteiligten einem Zusammenschluß in einer PPP-Gesellschaft den Vorzug gegenüber einer vertraglichen Regelung der Geschäftsbeziehungen geben. Ein Beispiel hierfür wurde im vierten Kapitel (C II) ausgeführt; der private Partner verzichtet auf eine vertragliche Sicherung einer Ankaufsoption auf die zu entwickelnden Grundstücke in der Überzeugung, daß es ihm im Verlauf einer vertrauensvollen Zusammenarbeit später mühelos gelingen wird, dieses Ziel durchzusetzen.

Mit der Bedeutung informeller Kontakte und Kommunikation für die kreative Entwicklung eines Unternehmens und die Kanalisierung von Konflikten hat sich die verhaltenswissenschaftliche Forschung in den letzten Jahren verstärkt auseinandergesetzt.[105] In einer PPP ist die Errichtung eines **gemeinsamen Arbeitsplatzes** eine wichtige Strategie für die Verbesserung eines produktiven Zusammenwirkens. In Verbindung mit der stärkeren Berücksichtigung zwischenmenschlicher Beziehungen bei der Projekt-Team-Zusammensetzung liegen hier bedeutende Potentiale für eine Reduzierung von Konflikten.[106]

---

104 Zohar, Donar: Dialog - ein Quantensprung im Kopf, in: Süddeutsche Zeitung vom 26./27. August 1995, Nr. 196, S. V1/1.

105 Ihren Niederschlag habe die Forschungsergebnisse u. a. in der modernen Kommunikationsarchitektur gefunden; vgl. z. B. Henn, Gunter: Kommunikationsarchitektur, Vortrag anläßlich des Handelsblatt-Kongresses "Immobilienmärkte in Bewegung" am 28. und 29. September 1995 in Hamburg, unveröff. Vortragsmanuskript.

106 Vgl. zur Konfliktvermeidung durch zweckmäßige Projekt-Team-Zusammensetzung auch Diederichs, Claus-Jürgen: Stand von Forschung, Lehre und Praxis des Projektmanagements im Bauwesen, in: Motzel, Erhard (Hrsg.): Projektmanagement in der Baupraxis bei industriellen und gewerblichen Bauprojekten, (Ernst & Sohn) Berlin 1993; S. 3-32, hier S. 20-23.

Ein wichtiges Konfliktsteuerungsinstrument in einer PPP ist der Einsatz externer Integratoren und Koordinatoren mit Konfliktlösungsaufgaben. Diese spielen vor allem in den Vertragsverhandlungen zwischen den Parteien eine wichtige Rolle.

2. Die externen Experten als Konfliktmittler

Bei der Einbindung externer Experten in die Prozesse der Konfliktbewältigung und Entscheidungsfindung ist grundsätzlich zu unterschieden zwischen

- der verbindlichen Entscheidungsfestsetzung durch Dritte und
- der unterstützenden Entscheidungsberatung durch Dritte.

Eine **verbindliche Entscheidungsfestsetzung** durch Dritte erfolgt beispielsweise in Fragen der Wertermittlung. Können sich die Parteien nicht auf Grundstücks- oder Objektpreise einigen, werden externe Sachverständige mit der Wertfestsetzung beauftragt. Während die Parteien vor Beginn einer Zusammenarbeit grundsätzlich offen sind, einen gutachterlich festgesetzten Wert zu akzeptieren, ist ein Einigungszwang dann gegeben, wenn Preisfestlegungen zu einem späteren Zeitpunkt erfolgen. Hier ist es üblich, bereits vertraglich festzulegen, wer im Streitfall als Entscheidungsinstanz fungiert bzw. wer die Entscheidungsinstanz auswählt. Weit verbreitet ist auch der Abschluß von Schiedsverträgen, in denen Vereinbarungen über außergerichtliche Instanzen zur Klärung von Vertragsstreitigkeiten getroffen werden.[107]

Die **unterstützende Entscheidungsberatung** durch Dritte hat demgegenüber das Ziel, verfügbare Handlungsspielräume auszuloten und in strittigen Fragen Lösungsanregungen zu geben. Externe Gutachter und Sachverständige werden als nicht unmittelbar am Umsetzungsprozeß Beteiligte von den Parteien leichter als unvoreingenommen akzeptiert.[108] Die öffentliche Seite hat ein besonderes Interesse daran, Garanten der Interessenneutralität in die Entscheidungsfindung einzubinden.[109] Häufig ist das Beratungs-Konzept in der Praxis auch mit einem gezielten **kompensatorischen Auftrag** verknüpft, Defizite bei der Berücksichtigung kommunaler Interessen zu vermeiden. So sind es regelmäßig die Kommunen, die

---

[107] Dies erfolgt erstens aus Zeitgründen, weil die Verfahren bei den ordentlichen Gerichten langwierig sind, zweitens aus Kostengründen und drittens, weil man sich eine stärker problem- und interessenorientierte Einigungslösung im Ernstfall verspricht; vgl. Tietz, Bruno: Der Handelsbetrieb, (Vahlen) München 1985, S. 1218; vgl. auch die Ausführungen unter F.

[108] In der Praxis am weitesten verbreitet ist die Einschaltung von Experten(gremien) bei Fragen der Stadtgestaltung und Architektur. Dabei scheint es vorranggig der "gute Name" des Fachberaters zu sein, der die Akzeptanzwirkung im Sinne eines 'Sich-Einlassens' auf die Lösungsvorschläge fördert.

[109] Diese sollen mithelfen, den normativen Auftrag zur optimierenden Berücksichtigung aller rechtlich relevanten Interessen leichter erfüllbar zu machen; vgl. Hoffmann-Riem, Wolfgang: Konfliktmittler in Verwaltungsverhandlungen, Beiträge zu neueren Entwicklungen in der Rechtswissenschaft, Heft 22, (C. F. Müller) Heidelberg 1989, S. 19.

die Errichtung und den Einsatz von 'neutralen' Beratungs- und Mittlerorganisationen fordern; die Investoren erkennen darin eher Versuche, einen "Kommunal-Anwalt" zu institutionalisieren.

Die Rechts- und Verwaltungswissenschaft hat sich in den letzen Jahren in Verbindung mit dem neuen Paradigma des kooperativen Verwaltungshandelns verstärkt um eine theoretisch-konzeptionelle Aufarbeitung von mittlergestützen Verwaltungsverhandlungen bemüht.[110] Der Einsatz **neutraler Interessenmittler** nach Vorbild des amerikanischen Mediators wird für Aushandlungsprozesse zwischen Kommune und Vorhabenträger im Bereich städtebaulicher Planungen bislang in Deutschland jedoch nicht praktiziert.[111] Aufgaben der Mediation als Kommunikationshilfe bei Gesprächen zwischen politischen und privaten Entscheidungsträgern nehmen jedoch Unternehmensberater, Planungsbüros oder sonstige in den Entwicklungsprozeß eingeschaltete **externe Akteure** wahr. Sie versuchen, die Beweglichkeit von eingenommenen Positionen auszuloten, decken Ursachen für abweichende Wertungen auf und arbeiten Unterschiede in der Folgenprognostik ("worst-case-analysis" versus "more-likely-case-analysis") heraus. Gegebenenfalls entwickeln sie Alternativkonzepte, stellen Kontakte zu potentiellen Kooperationspartnern her und erschließen neue Informationsquellen.[112]

Den Anspruch an Neutralität können Gutachter und Berater insofern nicht erfüllen, als sie üblicherweise von einer der Parteien bezahlt werden. Ihr Agieren ist somit unmittelbar auf Interessenvertretung angelegt. Nur in wenigen Einzelfällen wurde in den untersuchten Projekten eine paritätische Bezahlung von Gutachten vereinbart, um den Makel sog. "Gefälligkeitsgutachten" zu meiden. Von der Mehrheit der Gesprächspartner wurde ein solches Vorgehen grundsätzlich abgelehnt. Kein Berater könne letztlich dem Anspruch einer völligen Interessenneutralität genügen; insofern sei es fruchtbarer, gezielt Interessenvertretungen zu schaffen. Jede Partei solle sich für die Teilentscheidungen, deren Interessen-

[110] Anregungen zur Errichtung mittlergestützer Verhandlungssysteme kommen insbesondere aus den USA, wo schon seit vielen Jahren versucht wird, durch den Einsatz neutraler Mediatoren die Konsensfindung zwischen der Verwaltung und den potentiell von der Verwaltungsentscheidung betroffenen Personenkreisen zu erleichtern. Typische Anwendungsbereiche sind die Lösung konflikthaltiger Standortfragen, so für Mülldeponien oder Chemiebetriebe, und sonstige strittige Entscheidungen im Umweltbereich. Dabei werden Modelle des passiven Mittlers (moderator) und des aktiven Mittlers (mediator) unterschieden. Während ersterer die Verhandlungen nicht inhaltlich, sondern nur verfahrensmäßig steuert und moderiert, schaltet sich der aktive Mittler in die Gestaltung des Verhandlungsrahmens und das Auffinden sachgerechter Problemlösungen ein; vgl. Hoffmann-Riem, Wolfgang: Konfliktmittler in Verwaltungsverhandlungen, Beiträge zu neueren Entwicklungen in der Rechtswissenschaft, Heft 22, (C. F. Müller) Heidelberg 1989; vgl. auch Hoffmann-Riem, Wolfgang; Schmidt-Aßmann, Eberhard (Hrsg.): Konfliktbewältigung durch Verhandlungen, Bd. 1 u. Bd. 2, (Nomos) Baden-Baden 1990.

[111] Ein erster Anwendungsbereich in Deutschland ist die Altlastensanierung; vgl. z. B. Grosser, Guido; Schmidt, Holger: Altlastensanierung mit den Bürgern, Dortmunder Materialien zur Raumplanung Nr. 22, (Dortmunder Vertrieb für Bau- und Planungsliteratur) Dortmund 1994.

[112] Vgl. hierzu Typ 2 der Mediatorentypisierung von Schuppert; in: Schuppert, Gunnar Folke: Resumée und Ausblick, in: Hoffmann-Riem, Wolfgang; Schmidt-Aßmann, Eberhard (Hrsg.): Konfliktbewältigung durch Verhandlungen, Bd. 1, (Nomos) Baden-Baden 1990, S. 327-335, hier S. 331.

konforme Regelung ihr ein besonderes Anliegen ist, einen Berater aussuchen. Dabei kann durchaus vereinbart werden, daß ein privater Akteur ein von der Kommune in Auftrag gegebenes Gutachten (mit)bezahlt.

Ob es einem externen Experten gelingt, Konfliktlösungen herbeizuführen, hängt wesentlich davon ab, ob die Gegenseite den Interessenrepräsentanten akzeptiert. In der Praxis achten die privaten Investoren darauf, dem Akzeptanz-Kriterium der Kommunen bei ihrer Beraterauswahl gerecht zu werden.[113] Generell ist zu erwarten, daß die spürbare Parteilichkeit von Gutachtern zu zwei Konsequenzen führt: ein Konsens kommt nicht zustande, und der Berater wird für nachfolgende Fälle nicht mehr konsultiert.[114]

F. Das Vertragsmanagement

Das Vertragsmanagement ist eines der schwierigsten Gebiete der PPP-Projektentwicklung. Im dritten Kapitel (D I) wurde bereits darauf eingegangen, daß die **fehlende Vertragskultur** bei der Gestaltung der arbeitsteiligen Zusammenarbeit mit beträchtlichen Unsicherheiten bezüglich der Zulässigkeit und rechtlichen Konsequenzen von vertraglichen Regelungsinhalten einhergeht. Musterverträge sind nur für einzelne Vertragstypen verfügbar und können bei den komplizierten Regelungsnotwendigkeiten in Zusammenhang mit der Errichtung von PPP-Gesellschaften nur wenig Hilfestellung leisten. Konkrete, in der Praxis abgeschlossene Vertragswerke werden von den Beteiligten meist nicht aus der Hand gegeben. Darüber hinaus betreten die Akteure hier ein Gebiet, in dem sie in den meisten Fällen nicht ausreichend ausgebildet sind und an die Grenzen ihrer Kompetenz geraten.

In der Gesamtheit setzt jede PPP eine Vielzahl von Verträgen zur Strukturierung ihrer internen und externen Kooperations- und Marktpartnerbeziehungen ein. Die ECE Projektmanagement GmbH, Hamburg, spricht von 123 unterschiedlichen Vertragstypen, die im Rahmen einer Projektentwicklung abgeschlossen werden. Hierzu zählen beispielsweise auch Nachbarschaftsverträge, Mietverträge, Rechtsberatungsverträge, Steuerberatungsverträge und Finanzierungsverträge.[115] An dieser Stelle interessieren die Verträge, die die Ausgestaltung und Aufrechterhaltung der arbeitsteiligen Zusammenarbeit in der PPP betreffen. Als wichtige Vertragstypen lassen sich unterscheiden:

---

113 Vgl. hierzu auch Volger, Gernot: Natur verpflichtet, in: Immobilienmanager, o. Jg., 1995, Nr. 3, S. 56-57, hier S. 57.

114 Vgl. Schuppert, Gunnar Folke: Resumée und Ausblick, in: Hoffmann-Riem, Wolfgang; Schmidt-Aßmann, Eberhard (Hrsg.): Konfliktbewältigung durch Verhandlungen, Bd. 1, (Nomos) Baden-Baden 1990, S. 327-335, hier S. 329.

115 Angaben von Herrn Johannes Schnermann, ECE Projektmanagement GmbH, Hamburg, Gespräch am 13. Dezember 1994 in Hamburg.

- Kooperationsverträge, so Absichtserklärungen und Rahmenvereinbarungen,
- städtebauliche Verträge, so Erschließungsverträge und Durchführungsverträge,[116]
- Grundstückskaufverträge,[117]
- Geschäftsbesorgungsverträge,
- Gesellschaftsverträge.

Auf die Probleme der juristischen Zuteilung der Verträge und der uneinheitlichen Sprachregelung, so bezüglich des "städtebaulichen Vertrages", wurde bereits eingegangen.[118] Die Vertreter der Praxis weisen vor allem darauf hin, daß an der Vertragsgestaltung **Spezialisten** mitarbeiten müssen, die die vertragsrechtlichen Möglichkeiten gut überblicken. So sei das Rechtsamt der Stadt mit den Aufgaben ebenso überfordert wie der 'Hausjurist' des privaten Partners; die Verhandlungen gestalteten sich viel schwieriger und langwieriger, wenn nicht die entsprechenden Experten in die Vertragsverhandlungen einbezogen würden. Für den Abschluß eines städtebaulichen Vertrages veranschlagen Praktiker eine Verhandlungszeit von sechs bis acht Monaten, bei der Gründung einer PPP-Gesellschaft ist der Verhandlungszeitraum oft noch länger.[119] Im Rebstock-Projekt, Frankfurt, mußte die Stadt mehrere Millionen DM für den Rechtsbeistand ausgeben, der zur Entwicklung der komplizierten Vertragskonstruktion herangezogen wurde.

In einer Untersuchung von mehr als 400 städtebaulichen Verträgen hat das Deutsche Institut für Urbanistik (DIfU) eine Vielzahl von **Fehlern**, d. s. rechtlich bedenkliche und strittige Regelungen in den Vertragsgestaltungen, ausgemacht. In der Praxis wirken sich die Fehler meist nicht negativ aus, da die Vertragspartner grundsätzlich willig sind, sich an die getroffenen Vereinbarungen zu halten. Probleme sind jedoch dort entstanden, wo Rechtsnachfolger in die Verträge eingetreten sind, so beim Konkurs des privaten Partners. Zwei Verträge sind aufgrund solcher Vertragsstreitigkeiten derzeit Gegenstand gerichtlicher Auseinandersetzungen.[120]

---

116 Vgl. hierzu die Ausführungen im dritten Kapitel, D II.

117 Grundstückskaufverträge dienen nicht nur der Einigung über Veräußerung und Erwerb, sondern können unmittelbar auch zur Gestaltung der arbeitsteiligen Zusammenarbeit genutzt werden. Mögliche ergänzende Vertragsklauseln, mit denen die Gemeinde ihre Interessen zu sichern sucht, sind z. B. 1. die Einräumung eines kommunalen Vorschlags- oder Benennungsrechts für Mieter und Pächter, 2. die Verpflichtung des Käufers, die Grundstücksnutzung in Hinblick auf Fälle einzuschränken, die durch den Bebauungsplan nicht gedeckt sind, 3. die Übernahme von Baupflichten; vgl. Schmidt-Aßmann, Eberhard; Krebs, Walter: Rechtsfragen städtebaulicher Verträge - Vertragstypen und Vertragsrechtslehre, Schriftenreihe Forschung des Bundesministers für Raumordnung, Bauwesen und Städtebau, Heft Nr. 460, (Holdenrieds) Bonn 1988, S. 22 f.

118 Vgl. die Ausführungen im dritten Kapitel, D II 2.

119 Angaben von Herrn Dr. Eckart Scharmer, Rechtsanwaltskanzlei Dr. Scharmer, Berlin, Gespräch am 10. Oktober 1995 in Berlin, und Herrn Dr. Rainer Emenlauer, Gesellschaft für Projektsteuerung im Städtebau mbH (Prostadt), Berlin, Gespräche am 14. September 1994 in Berlin und am 08. Februar 1995 in Bonn.

120 Angaben von Herrn Dr. Arno Bunzel, Deutsches Institut für Urbanistik, Berlin, Gespräch am 14. September 1994 in Berlin.

Die vertragliche Fixierung der ausgehandelten Zusammenarbeit dient der Schaffung von Rechtssicherheit für die im Rahmen der Durchführung ablaufenden Transaktionen. In der Praxis ist es jedoch unvermeidlich, daß die Partner bereits **vor Vertragsabschluß** erhebliche Vorleistungen im Hinblick auf ein geplantes Entwicklungsvorhaben erbringen. Die Diskrepanz zwischen faktischer Arbeitsleistung und formal-juristischer Absicherung kann im Einzelfall beträchtlich sein.[121] Für den privaten Partner stellt sich die wichtige Frage, ob ihm bei einem grundlosen Abbruch der Vertragsverhandlungen seitens der Kommune **Kompensationsansprüche** erwachsen können. Grundsätzlich sind die im Bereich des Privatrechts entwickelten Grundsätze über eine Haftung wegen Verschuldens bei Vertragsschluß auch auf die hier angesprochenen Verhandlungen anwendbar. Ein Verschulden der Gemeinde kann jedoch allenfalls dann angenommen werden, "wenn sie durch ihr Verhalten dem Vertragspartner einen unbeabsichtigten, seine Vermögensposition nachhaltig beeinflussenden Eindruck über den Stand der Bauleitplanung vermittelt, deren Kenntnis ihn veranlaßt hätte, vom Vertrag früher als geschehen Abstand zu nehmen".[122] Derzeit läuft ein Musterprozeß, in dem ein privater Investor gegen die Kommune auf Ersatz der Investitionen klagt, die er im Vertrauen auf die Erteilung einer versprochenen - und später nicht erteilten - Baugenehmigung getätigt hat.[123]

Die Problematik des Handelns unter Rechtsunsicherheit ist mit ein Grund dafür, daß vor dem Abschluß konkreter Durchführungsverträge oftmals sog. **Kooperationsverträge** oder Konsortialverträge geschlossen werden. In solchen Rahmenvereinbarungen bekunden die Partner ihre Absicht, ein Projekt gemeinsam zu realisieren, stellen Leitlinien für die Zusammenarbeit auf und fixieren die geplante Kooperationsform in groben Zügen. Je nach inhaltlicher Ausgestaltung übernehmen die Verträge auch die Funktion, eine "Kooperationsphilosophie" oder einen "Ehrenkodex" im Umgang miteinander schriftlich zu verankern. Schließlich können die Absichtserklärungen bei späteren Vertragsstreitigkeiten herangezogen werden, um festzustellen, was die Parteien gewollt und beabsichtigt haben.

Ein wichtiges Element aller Vertragsgestaltungen sind Vereinbarungen darüber, welche Konsequenzen bei **Änderungen wesentlicher Eigenschaften** der relevanten Rahmenbedingungen zu ziehen sind. Letztlich muß es für jeden Partner zu jedem Zeitpunkt möglich

---

121 So beispielsweise im Projekt Potsdam-Center, in dem die Unternehmensgruppe Roland Ernst bereits seit einem Jahr engagiert ist, ohne daß bis jetzt Klarheit darüber besteht, ob die Eigentümer sich auf die Entwicklungskonzeption einlassen werden; vgl. die Ausführungen zum Projekt im siebten Kapitel, B III 2.

122 (Vgl.) Bunzel, Arno u. a. (Hrsg.): Städtebauliche Verträge, Rechtliche Grundlagen, Hinweise zur Vertragsgestaltung, Regelungsbeispiele und Vertragsmuster, DIfU-Beiträge zur Stadtforschung, Bd. 14, (Deutsches Institut für Urbanistik) Berlin 1995, S. 50 f.; vgl. auch Battis, Ulrich: Rechtsgutachten zum Forschungsvorhaben Schenkenberg: Stellung einer PPP-Gesellschaft im Gesellschafts- und Verwaltungsrecht, unveröff. Studie im Rahmen des Bundesforschungsprogrammes ExWoSt, Forschungsfeld "Neue Wege der privaten Finanzierung von Stadterneuerungs- und Stadtentwicklungsaufgaben", Berlin 1995, S. 46-58.

123 Angaben von Herrn Dr. Eckart Scharmer, Rechtsanwaltskanzlei Dr. Scharmer, Berlin, Gespräch am 10. Oktober 1995 in Berlin.

sein, die Zusammenarbeit aufzukündigen. Zu den regelungsbedürftigen Fragen im Falle einer Trennung oder eines Scheiterns des Projektes gehört die Handhabung von Abfindungs- oder Kompensationszahlungen. Typische Vereinbarungen sind

- die Entschädigung gegen Kostennachweis des privaten Partners, so üblich, wenn die Kommune sich ohne "objektiven" Grund vom Projekt distanziert;
- die Entschädigung der Maßnahmen, die sich für die Kommune werterhöhend auswirken, so üblich, wenn das Projekt ohne konkretes Verschulden scheitert;
- das hälftige Teilen des Kostenaufwandes, ebenfalls üblich, wenn das Projekt ohne konkretes Verschulden scheitert.

In einigen Vertragswerken sind die Gründe aufgelistet, die den privaten Partner zu einem Rückzug aus dem Projekt berechtigen. Im Projekt Westhafen ist dies beispielsweise der Fall, wenn

- die Ablösezahlungen für die Erbpachtverträge der ansässigen Gebietsbewohner einen festgelegten Maximalbetrag übersteigen;
- die Altlastenproblematik den erwarteten finanziellen Rahmen übersteigt;
- die Stadt bis zu einem festgelegten Termin kein Planungsrecht geschaffen hat.

Die Kommunen sind meist daran interessiert, möglichst alle streitverdächtigen Punkte im Vertrag schriftlich zu fixieren.[124] Abgesehen davon, daß es kaum möglich ist, alle Eventualitäten im Vorfeld zu regeln, ist das Bemühen mit großem Zeit- und damit Kostenaufwand verbunden. Üblich, und vom privaten Partner forciert, ist der Abschluß von Schiedsgerichtsverträgen. Bei Streitigkeiten können die Beteiligten entweder bestehende Schiedsgerichte einsetzen - solche Schiedsgerichte bestehen bei Industrie- und Handelskammern sowie Verbänden - oder sich selbst durch eine Schiedsordnung bzw. einen Schiedsvertrag ein speziell auf den Vertragsgegenstand zugeschnittenes Schiedsgericht schaffen.

Klärungsbedürfig ist auch das **Ende einer Kooperation**, vor allem bei der Errichtung gemeinsamer Projektgesellschaften. Die Gesellschaften werden meist auf unbefristete Zeit geschlossen, jedoch hat in der Regel bereits vor Abwicklung des letzten Geschäftes ein Gesellschafter das Bedürfnis, sich aus dem Projekt zurückzuziehen. Aus dem Beteiligungsverhältnis und den Interessenlagen in der PPP ergibt sich der Partner, der die Anteile des/der anderen Gesellschafter(s) übernehmen wird. Dann stellt sich die Frage, wie der Anteil an Gewinn oder Verlust der Gesellschaft berechnet wird und wie mit Grundstücken/Objekten

[124] Vgl. hierzu auch Gop, Rebecca: Public Private Partnership (PPP) -Teamgeist nötig, in: Immobilien Manager, Nr. 4, 1993, S. 6-13, hier S. 8.

verfahren wird, die zum Zeitpunkt der Trennung noch nicht verkauft sind. In der Praxis zeigt sich, daß Aspekte der Gesellschaftsauflösung und der Auseinandersetzung nach Projektabschluß in den Verträgen häufig vernachlässigt werden und daraus nicht selten erhebliche Konflikte resultieren.[125]

Im Bereich der gesellschaftsrechtlich verankerten PPP-Arrangements gibt es nur wenige Beispiele dafür, daß ein privates Unternehmen ein weitgehend **standardisiertes Vertragswerk** in der Zusammenarbeit mit verschiedenen Kommunen anwendet. Versucht hat dies z. B. die IFE - Immoconsult Finanzberatung für Infrastruktur und Erschließung GmbH, Berlin, die das von ihr erstmals für die Kooperation mit der Gemeinde Wachau entwickelte, sehr innovative Modell der gemischt-wirtschaftlichen kommunal-dominierten Entwicklungsgesellschaft auf vier andere Städte und Gemeinden übertragen hat.[126] Zwei Projekte sind mittlerweile erfolgreich abgeschlossen, in einem wurde die Zusammenarbeit aufgelöst, in den beiden anderen stockt der Projektverlauf. Eine weitere Multiplizierung des Konzeptes wird derzeit aus persönlichen Gründen ausgeschlossen. Ein weiteres Beispiel ist die IDB - Immobilien Development und Beteiligungsgesellschaft Niedersachsen, Hannover, die das von ihr entwickelte Modell der Entwicklungsgesellschaft in der Rechtsform der GmbH & Co. KG gezielt perpetuiert.[127] Die IDB ist mittlerweile an 42 Objektgesellschaften als Komplementärin beteiligt; allerdings ist nur in wenigen Projekten die Stadt als Kommanditistin an der Gesellschaft beteiligt. Die Anwendung des Modells expandiert derzeit stark, wobei eine Kommanditistenbeteiligung der Städte und Kommunen möglichst gemieden wird.

In beiden Perpetuierungs-Konzepten zeigt sich, daß bei Rückgriff auf vorhandene Vertragswerke in erheblichem Umfang Zeit und Kosten im Vergleich zu den Erstentwicklungen gespart werden können. Darüber hinaus wurden weitere Erleichterungen erreicht: So ließ die IFE die Vertragskonstruktion vor ihrer erstmaligen Anwendung von der sächsischen Oberfinanzdirektion und dem örtlichen Regierungspräsidium ‘absegnen’. Dadurch konnten entsprechende rechtliche Überprüfungen in den Folgeanwendungen entfallen, und die erforderlichen aufsichtsrechtlichen Genehmigungen wurden erleichtert. Im Modell der IDB konnte vom niedersächsischen Finanzministerium als oberster Sparkassenbehörde eine allgemeine Ausnahmeregelung erwirkt werden, derzufolge die Sparkassen bei Einschaltung der IDB Niedersachsen mbH ohne die sonst satzungsrechtlich erforderliche aufsichtsbehördliche Ausnahmegenehmigung Immobiliengeschäfte in einem Kreditumfang bis zur Blankokredithöchstgrenze, mindestens bis zu einem Betrag von 10 Mio. DM, tätigen können.

---

[125] Angaben mehrerer Gesprächspartner, u. a. Herrn Klaus Pankoke, Geschäftsführer der Media-Park Köln Entwicklungsgesellschaft mbH, Gespräch am 23. März 1995 in Köln; vgl. auch die Ausführungen zum Projekt Media-Park im achten Kapitel, B II 2.

[126] Vgl. zum Modell die Ausführungen im fünften Kapitel, C II 2.

[127] Vgl. zum Modell die Ausführungen unter C II 2.

Siebtes Kapitel: Die Burden-sharing-Strategien von PPP

A. Vorüberlegungen zum Burden-sharing

I. Das Konzept des "Bargaining"

Gegenstand der Burden-sharing-Strategien[1] ist die Verteilung der Kosten, Risiken und Erträge einer Projektentwicklung zwischen den Kooperanden. Diese Thematik wird in der publizistischen und umgangssprachlichen Semantik meist als ein Teilgebiet der Projekt-"Finanzierung" problematisiert. Inhaltlich unterscheiden sich die hier angesprochenen Fragen jedoch deutlich von den Projekt-Finanzierungsstrategien, die im Rahmen der Leistungsprogrammpolitik (fünftes Kapitel, C) ausgeführt wurden. Ziel der Projektfinanzierung i. e. S. ist die Sicherstellung einer bestmöglichen Kombination der Finanzierungsalternativen unter Beachtung der stetigen Liquiditätssicherung während der Projektabwicklung und der Rentabilitätssicherung der Gesamtmaßnahme. Ziel der auf dem Burden-sharing aufbauenden Finanzierung ist demgegenüber die Einigung auf einen **geeigneten und 'gerechten' Modus der anteiligen Kosten- und Risikoübernahmen** innerhalb der Projektentwicklung.

Das hier thematisierte Finanzierungsproblem ist also weniger ein Kapitalbeschaffungs- als vielmehr ein **Verteilungsproblem**. Die Vereinbarungen über die Aufteilung der Kosten, Risiken und Erträge einer Projektentwicklung bilden die substantielle Basis jedes PPP-Modells, der gegenüber alle anderen Entscheidungen in der Regel subsidiären Charakter haben. Die Kernfrage in allen PPP-Diskussionen und konkreten Vertragsverhandlungen ist stets, welche verteilungspolitischen Vereinbarungen zwischen den Partnern "fair" sind, d. h. einem 'objektiven' Gerechtigkeitsempfinden entsprechen und gleichzeitig Zweckmäßigkeitskriterien genügen. Es überrascht nicht, daß die Meinungen der Entscheidungsträger in Politik und Wirtschaft in dieser Frage auseinandergehen, zumindest dann, wenn die Diskussionen sich auf die konkret zu fixierenden Zahlen erstrecken.

Eine Einigung zwischen den Parteien setzt ein wechselseitiges Nachgegeben und Abrücken von Positionen voraus. Dieser als "Bargaining" bezeichnete Verhandlungs- und Konfliktlösungsprozeß mündet häufig in "Tauschgeschäfte".[2] Die PPP-spezifischen 'Deals' bilden die Hauptnährquellen für Skepsis und Unbehagen gegenüber den Public Private Partnerships, vor

1 Der Begriff "Burden-sharing-Strategien" wurde dem Begriff "Verteilungsstrategien" vorgezogen, da letzterer in Verbindung mit der PPP-Thematik meist die Verteilung von Projektgewinnen in der Gesamtgesellschaft problematisiert; vgl. die Ausführungen im achten Kapitel, A.

2 Vgl. Hoffmann-Riem, Wolfgang: Verhandlungslösung und Mittlereinsatz im Bereich der Verwaltung, eine vergleichende Einführung, in: Hoffmann-Riem, Wolfgang; Schmidt-Aßmann, Eberhard (Hrsg.): Konfliktbewältigung durch Verhandlungen, Bd. 1, (Nomos) Baden-Baden 1990, S. 13-42, hier S. 26.

allem, wenn sie hinter verschlossenen Türen ausgehandelt werden. Es widerspricht den Vorstellungen eines Modells gesetzesgebundenen, unparteilichen und interessenausgleichenden Verwaltungshandelns eklatant, daß einzelne Akteure aus Politik und Wirtschaft sich durch die wechselseitige In-Aussicht-Stellung von Privilegien auf Sachentscheidungen einigen, die sich zu Lasten Dritter bzw. des Gemeinwohls auswirken.[3]

Einige Autoren hat dies dazu veranlaßt, ausdrücklich zu betonen, daß PPPs *nichts* mit öffentlichen Bargaining-Strategien zu tun haben.[4] Man müßte allerdings schon zu sehr ungewöhnlichen, also fast 'unvorstellbaren' hypothetischen Überlegungen greifen, um sich Verhandlungen auszumalen, bei denen die Tauschgeschäfte tatsächlich nicht stattfinden.

Die Rechts- und Verwaltungswissenschaften haben die Diskrepanz zwischen den in der Praxis 'wildwüchsig' entwickelten Formen des 'Deal-Makings' und dem normativen Anspruch des Verwaltungshandelns in den letzten Jahren verstärkt problematisiert und bemühen sich um eine rechtsstaatliche Einbettung des informellen verhandelnden Verwaltungshandelns.[5] Das konsensuale Verhandeln und Entscheiden stellt dabei völlig neue Anforderungen an die "Kompromißfähigkeit" des Verwaltungssystems und verlangt nach einer stärkeren "Prozeduralisierung" der Verwaltungsrechts- und -rechtsschutzsysteme.[6] Für die Erzielung von Verhandlungserfolgen in Bargaining-Prozessen sind folgende Strategiebausteine von besonderer Bedeutung:[7]

- **die Erhaltung von Entscheidungsalternativen**: Inhaltlich setzen Verhandlungslösungen voraus, daß Entscheidungsalternativen verfügbar sind und daß voreilige Verengungen vermieden werden. Verhandlungslösungen müssen deshalb in einem frühen Entscheidungsstadium gesucht werden.
- **das Unterlassen verfrühter Segmentierung**: Fixpunkte und ihre Sachzwänge reduzieren unter dem Einfluß der herkömmlichen System- und Verfahrensrationalität die Optionen. Wo bisher versucht wurde, die Komplexität von Entscheidungen durch segmenthafte Aufspaltung und sukzessive Abarbeitung von Teilentscheidungen zu reduzieren, suchen

---

3 Vgl. hierzu ausführlich die Überlegungen im dritten Kapitel, D III (Problematik des "Baurechtsverkaufs") und im achten Kapitel, D III (Schulterschluß-Problem).

4 Vgl. so Falk, Bernd (Hrsg.): Immobilien-Handbuch: Wirtschaft, Recht, Bewertung, Grundwerk, 3. Aufl. 1992 incl. Ergänzungslieferungen, (Moderne Industrie) Landsberg/Lech 1994, Teil Wirtschaft, Kap. 15.6, S. 9.

5 Vgl. z. B. Hoffmann-Riem, Wolfgang; Schmidt-Aßmann, Eberhard (Hrsg.): Konfliktbewältigung durch Verhandlungen, Bd. 1 u. Bd. 2 (Nomos) Baden-Baden 1990; vgl. auch Hoffmann-Riem, Wolfgang: Konfliktmittler in Verwaltungsverhandlungen, Beiträge zu neueren Entwicklungen in der Rechtswissenschaft, Heft 22, (C. F. Müller) Heidelberg 1989; vgl. weiter Schuppert, Gunnar Folke: Verwaltungswissenschaft als Steuerungswissenschaft, zur Steuerung des Verwaltungshandelns durch Verwaltungsrecht, in: Hoffmann-Riem, Wolfgang (Hrsg.): Reform des allgemeinen Verwaltungsrechts, (Nomos) Baden Baden 1993, S. 65-114.

6 Ein wichtiges Element der rechtlichen Strukturierung und Ausgestaltung praktischer Verfahren ist der Mittlereinsatz; vgl. hierzu die Ausführungen im sechsten Kapitel, E II 2.

7 Vgl. Hoffmann-Riem, Wolfgang: Verhandlungslösung und Mittlereinsatz im Bereich der Verwaltung, eine vergleichende Einführung, in: Hoffmann-Riem, Wolfgang; Schmidt-Aßmann, Eberhard (Hrsg.): Konfliktbewältigung durch Verhandlungen, Bd. 1, (Nomos) Baden-Baden 1990, S. 13-42, hier S. 37-41.

die neuen Verhandlungssysteme die perspektivischen 'Scheuklappen' zu überwinden und Konfliktlösungen im Rahmen des gesamten Vorhabens zu eruieren.[8]

- **das Ermöglichen von Verbundlösungen**: Ungewohnt ist in der deutschen Verwaltung der in den USA verwendete Ansatz, verstärkt nach Möglichkeiten zum Ausgleich für Nachteile zu suchen und zu diesem Zweck gegebenenfalls unterschiedliche Vorhaben miteinander zu verkoppeln. Das deutsche Verwaltungsrecht kennt ein relativ striktes Verbot der Kopplung von Maßnahmen, die nicht in sachlichem Zusammenhang miteinander stehen.[9] In der Praxis behelfen sich die Verantwortlichen mit außervertraglichen informellen Absprachen, so der Vereinbarung über den Bau von Sport-, Kultur- und Freizeitinfrastruktur als 'Mäzenatentum' des Planungsbegünstigten.

- **der Einbau von Kompensationsleistungen**: Noch ungewohnter ist für das deutsche Rechtsverständnis der Versuch, den Betroffenen eines Vorhabens Kompensation für potentielle Nachteile und Risiken in den Fällen zu leisten, in denen die Rechtsordnung keine Entschädigungsansprüche vorsieht. Ausgleichs- und Ersatzmaßnahmen haben bislang nur in wenigen Bereichen Eingang in den gesetzlichen Regelungsrahmen gefunden, so im Naturschutzrecht oder bei der Ablöse von Stellplätzen. Die Praxis kennt weitere Anwendungsbereiche für Kompensationen, denen jedoch oftmals der Ruch des moralisch angreifbaren "Abkaufens von Widerstand" anhaftet.[10] Ausgleichszahlungen können auch gegenüber Drittbetroffenen eines Vorhabens erfolgen; ein Beispiel sind finanzielle Zuwendungen für solche Organisationen und ihre Vertreter, die ein Projektvorhaben zu verhindern suchen.

- **die Vorkehrungen für die Entscheidungsumsetzung**: Die zwischen den Kooperanden vereinbarten Verhandlungsergebnisse werden in rechtsverbindlicher Form durch Festschreibung in Verträgen verankert. Gegebenenfalls werden sie durch Sicherungsmechanismen, so die Einräumung von Bankbürgschaften oder die Vereinbarung von Vertragsstrafen, ergänzt. In den Fällen, in denen eine vertragliche Sicherung nicht möglich ist, z. B. beim Kulturhallen-Sponsoring als 'Gegenleistung' für die Baugenehmigung, gewinnen sog. weiche Mechanismen zur Sicherung der Vertragserfüllung an Bedeutung.[11] Ein Beispiel ist die Abgabe eines öffentlichen Versprechens, von dem sich ein 'namhafter' Investor nicht ohne beträchtlichen 'Gesichtsverlust' distanzieren kann.

---

8 Vgl. Suhr, Dieter: Die Bedeutung von Kompensationen und Entscheidungsverknüpfungen, in: Hoffmann-Riem, Wolfgang; Schmidt-Aßmann, Eberhard (Hrsg.): Konfliktbewältigung durch Verhandlungen, Bd. 1, (Nomos) Baden-Baden 1990, S. 113-140, hier S. 115.

9 Vgl. die Ausführungen zum Kopplungsverbot im dritten Kapitel, D III.

10 Ein Beispiel ist die Bereitstellung von Infrastruktureinrichtungen für Gemeinden, die als Standort für ein umweltriskantes Vorhaben gewählt werden.

11 Vgl. hierzu auch die Ausführungen über die Verminderung opportunistischen Verhaltens im vierten Kapitel, A II.

II. Das Konzept des "Push and Pull"

Die zentralen handlungsstrategischen Veränderungen, die mit der PPP-Idee und der neuen Aufgaben- und Rollenverteilung einhergehen, beziehen sich auf zwei grundsätzliche und entgegengesetzte Dimensionen:[12]

- die verstärkte Förderung und Unterstützung privatwirtschaftlicher Investitionsvorhaben durch die staatliche bzw. kommunale politische Administration;
- die verstärkte Übernahme kommunaler Aufgaben durch privatwirtschaftlich agierende Developer und Investoren, teils mit unmittelbarer Beteiligung der Gebietskörperschaften an den privaten Projektgewinnen.

Die von der öffentlichen Hand eingesetzten Strategien zur Förderung der Attraktivität einer Entwicklungsmaßnahme für einen privaten Vorhabenträger werden im folgenden als **Push-** oder **Incentive-Strategien** bezeichnet. Wichtige Maßnahmen sind:

- die "Anreizplanungen", d. i. die Ermöglichung gesteigerter Planungswertgewinne durch entsprechende B-Planfestsetzungen;
- die ergänzenden städtebaulichen Maßnahmen, so z. B. die Durchführung der notwendigen Flächenaufbereitungs- und Erschließungsmaßnahmen oder die Errichtung der Folgeinfrastruktur;
- die finanzielle Vorhabenunterstützung, so z. B. durch öffentliche Finanzierungshilfen oder verbilligte Grundstücksabgaben und Kaufpreisstundungen.

In den USA und Großbritannien ist das "**Leveraging**" ein in Zusammenhang mit PPP viel diskutiertes Konzept. Der Leverage-Faktor, der als Verhältniszahl die induzierte Privatinvestition pro Einheit öffentlichen Mitteleinsatzes angibt, wird beispielsweise dazu genutzt, die Wirksamkeit von Förderprogrammen zu messen. In Deutschland wird dieser rein quantitative Ansatz zur Evaluation staatlicher Förderpolitik selten herangezogen; die Erfahrungen aus den USA belegen die Gefahr, daß die Leverage-Orientierung zu Programmkonzeptionen führt, deren "Mitnahmeeffekte" ausgeprochen groß sind. Öffentliche Gelder werden in diesen Fällen für Investitionen eingesetzt, die ansonsten privat finanziert worden wären.[13]

---

12 Vgl. hierzu auch die Ausführungen im zweiten Kapitel, A II.

13 Vgl. ausführlich Boyle, Robin: Leveraging Urban Development: A Comparison of Urban Policy Directions and Programme Impact in the United States and Britain, in: Policy and Politics, Vol. 13, 1985, No. 2, S. 175-210, hier v. a. S. 185; vgl. auch Gist, John R.: Urban Development Action Grants, Design and Implementation, in: Urban Affaires Annual Review (Beverly Hills, Calif.) 1980, Nr. 18, S. 237-252, hier v. a. S. 243.

Im Gegenzug versuchen die lokalen Gebietskörperschaften im Rahmen kooperativer Projektentwicklungen gezielt, Kostenerstattungen, Gewinnbeteiligungen und sonstige kommunale Interessenberücksichtigungen als Ausgleich dafür zu erwirken, daß sie auf die planungspolitischen Zielvorstellungen eines Investors Rücksicht nehmen. Die mit dieser Zielorientierung ergriffenen Maßnahmen werden hier als **Pull-Strategien** bezeichnet. Wichtige Vereinbarungen sind:

- die Übertragung von städtebaulichen Planungen und Maßnahmen auf einen privaten Vorhabenträger bzw. die In-Rechnung-Stellung der Kosten, die bei der öffentlichen Maßnahmendurchführung entstehen;
- die Festlegung von Bindungen und Pflichten, so z. B. die Errichtung von Wohnungen im Standard und mit Mitteln des sozialen Wohnungsbaus, die Abtretung eines erhöhten Anteils öffentlicher Gemeindebedarfsflächen oder die Baurealisierung innerhalb einer vereinbarten Frist;
- die unmittelbare Partizipation an realisierten Planungswertgewinnen, so z. B. durch Wertsteigerungsverkäufe von Grundstücken ("Verkauf mit Besserungsschein") oder Kapitalbeteiligungen an Projektentwicklungsgesellschaften.

In den USA ist das "**Linkage**" eine Strategie, die in enger Verbindung zu den Ideen und Idealen von Public Private Partnership steht. Dem Linkage liegt die Vorstellung zugrunde, daß im Sinne einer "ausgleichenden Gerechtigkeit" eine soziale Umverteilung von Planungsgewinnen dergestalt erfolgen soll, daß auch benachteiligte Bevölkerungsschichten von einem Entwicklungsvorhaben profitieren. So werden mit privaten Investoren beispielsweise Ausbildungsmaßnahmen für Arbeitslose oder Zahlungen an soziale Wohnungsbaufonds vereinbart. Das Linkage-Konzept ist vor dem Hintergrund zu sehen, daß das Problem der "Gentrifikation"[14] in den USA von viel drastischerem Ausmaß ist als in Deutschland und die amerikanischen Gebietskörperschaften sich weniger als Empfänger und Verteiler von Kompensations-Geldern verstehen. Im Mittelpunkt der deutschen Diskussion um Pull-Strategien steht demgegenüber nicht die direkte soziale Umverteilung, sondern die Partizipation der Städte und Gemeinden an den planungsbedingten Grundstückswertsteigerungen. Diese Problemsicht rührt auch daher, daß in Deutschland die Grundstückseigentümer in einer unangemessen hoch erscheinenden Weise von Wertsteigerungen profitieren, zu denen sie selbst keinen 'produktiven Beitrag' geleistet haben.[15]

---

14 "Der Begriff Gentrifikation meint den mit Hilfe von Marktmechanismen stattfindenden Bewohnerwechsel eines Wohnviertels von Arbeitern und Armen zu Besserverdienenden." Zit. nach Marcuse, Peter: Gentrifikation und die wirtschaftliche Umstrukturierung New Yorks, in: Helms, Hans G. (Hrsg.): Die Stadt als Gabentisch, Beobachtungen der aktuellen Städtebauentwicklung, (Reclam) Leipzig 1992, S. 80-90, hier S. 80.

15 Vgl. die Ausführungen im dritten Kapitel, C II.

Die verteilungspolitische Idee, die den Public Private Partnerships zugrunde liegt, läßt sich treffend als **"Push and Pull"-Strategie** charakterisieren:[16] Die öffentliche Hand steuert das ihr Mögliche zur Unterstützung eines für förderwürdig erachteten Entwicklungsvorhabens bei, als Gegenleistung erklärt sich der Investor bereit, einen Teil seiner Gewinne für die Allgemeinheit verfügbar zu machen. "Push and Pull" kann auch als **Phasenkonzept** verstanden werden: Zunächst geht es für die Kooperanden darum, gemeinsam und mit uneingeschränktem Engagement ein Vorhaben 'auf die Beine zu stellen'; nach erfolgreichem Projektabschluß können dann beide Partner von der Realisierung profitieren.

Push- und Pullstrategien treten natürlich in jedem Projekt mit unterschiedlicher Gewichtung auf. In strukturschwachen Gebieten oder an insgesamt für Privatinvestitionen unattraktiven Standorten werden die staatlichen Institutionen umfassende Incentive-Pakete zusammenstellen müssen, um überhaupt Vorhabenträger zu akquirieren. In Gebieten mit hohem Entwicklungsdruck und starken privaten Investitionsinteressen werden die Vorhabenträger demgegenüber bereit sein, einen Teil ihrer Entwicklungsgewinne in Form von Infrastruktur- und Ausgleichsmaßnahmen an die Kommunen abzutreten.[17]

B. Die Push-Strategien

I. Ein Überblick

Die öffentliche Hand nutzt eine Vielzahl von Initiativen und Programmen, um private Projektentwicklungen zu fördern. Kategorisch ist dabei zu unterscheiden zwischen

- den öffentlichen Förderprogrammen für Projekte und Projektmaßnahmen, deren Mittel nach standardisierten Richtlinien vergeben werden;
- den öffentlichen Unterstützungsleistungen für ein Projektvorhaben, die individuell zwischen den Beteiligten ausgehandelt werden.

Die Unterscheidung kann dabei realiter nicht in der Schärfe erfolgen. Die Praxis zeigt, daß staatliche Finanzierungshilfen aus Länder-, Bundes- und EU-Programmen nur bedingt nach 'objektiven' Kriterien gewährt werden; der persönlichen Beziehung zwischen Antragsteller und genehmigender Behörde kommt eine entscheidende Bedeutung zu. Auf der anderen Seite

---

16 Die Wortschöpfung stammt aus einem Gespräch mit Herrn Ted Kupchevsky, Deutsche Immobilien Anlagegesellschaft, Frankfurt a. M., vormals Geschäftsführer der Liegenschaftsgesellschaft der Treuhand mbH, Berlin, am 22. August 1994 in Frankfurt a. M.

17 Vgl. hierzu auch Institut Wohnen und Umwelt: Strategiekonzept zur Einbindung Privater in die Aufgaben der Stadtentwicklung und Stadterneuerung, Thesenpapier zur Vorbereitung des Strategiegespräches "Neue Wege der privaten Finanzierung von Stadterneuerungs- und Stadtentwicklungsaufgaben" des Experimentellen Wohnungs- und Städtebaus am 08. Februar 1992 im BMBau in Bonn, unveröff. Manuskript, S. 27.

sind die Kommunen gehalten, ihre Politik der Unterstützung von Investoren zu 'objektivieren', d. h. allgemeingültige Richtlinien und Verfahrensgrundsätze aufzustellen, an denen sich eine Maßnahmenförderung orientiert.

Übersicht 7.1: Die Push-Strategien im Überblick

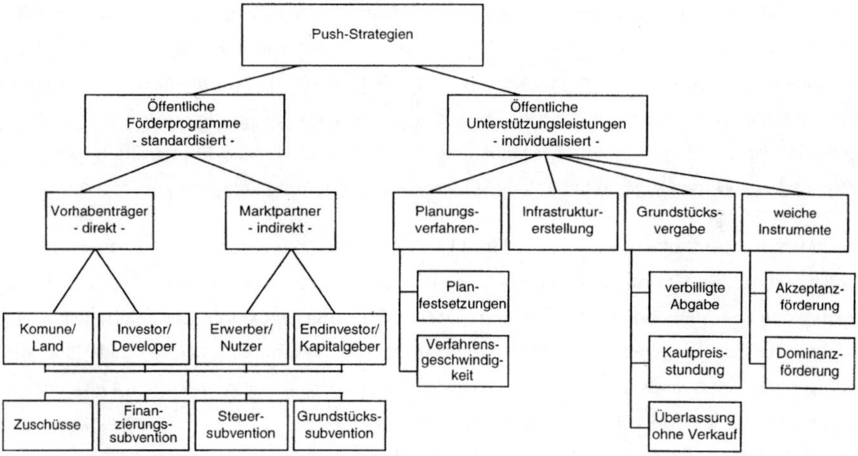

Die staatlichen Förderprogramme sind einerseits danach differenziert, wer Subventionsempfänger ist, und andererseits danach, welche Kostenfaktoren sie subventionieren. Die indirekten **Finanzierungshilfen**, die den Marktpartnern gewährt werden, spielen in nahezu allen Investitionsvorhaben eine wichtige Rolle; Beispiele sind Investitionszulagen für die gewerblichen Nutzer der Grundstücke und Immobilien oder Sonderabschreibungsmöglichkeiten für die Kapitalgeber eines Projektes (Bauherrenmodelle). Große Projektentwickler haben für die Finanzierungsberatung ihrer Marktpartner eigens qualifizierte Mitarbeiter eingestellt.[18] Für die vorliegende Arbeit interessanter sind die Förderungen, die den Vorhabenträgern selbst für die Durchführung der bauvorbereitenden Maßnahmen gewährt werden; ihnen ist ein eigener Kapitelabschnitt (II) gewidmet.

Den steuerungspolitischen Förderinstrumenten auf Landes-, Bundes- und EU-Ebene stehen die Projektunterstützungen gegenüber, die die lokalen Gebietskörperschaften mit den privaten Projektentwicklern aushandeln. Das wichtigste Push-Instrument auf kommunaler Ebene ist das **kommunale Planungsverfahren**; anhand der Flächennutzungs- und B-Pläne entscheiden die Kommunen darüber, welche Nutzungen bezüglich Art und Umfang in einem Entwicklungsgebiet realisiert werden können. Neben der inhaltlichen Planfestsetzung kommt

---
18 Angaben von Herrn Klaus Heidkamp, Mitglied der Geschäftsleitung Unternehmensgruppe Roland Ernst, Heidelberg, Gespräche am 26. Februar 1995 in Heidelberg und am 08./09. März in Berlin-Teltow.

der beschleunigten Durchführung des Planungs- und Genehmigungsverfahrens ein wichtiger Stellenwert im Rahmen der Vorhabenförderung zu.[19]

Ein klassisches Förderinstrument privater Investitionstätigkeit ist die ergänzende Bereitstellung **kommunaler Infrastruktur**, so die Durchführung der Flächenerschließung oder die Sicherstellung einer geeigneten Verkehrsanbindung. Noch vor wenigen Jahren war es gängige Praxis, daß die bebauungsvorbereitenden und -ergänzenden Investitionen von den lokalen Gebietskörperschaften übernommen wurden; heute scheitert diese Zuständigkeitsverteilung zunehmend an den Finanzproblemen der öffentlichen Hand. Kommunale Infrastrukturinvestitionen werden in den Neuen Bundesländern zwar in großem Umfang staatlich gefördert, oft ist es den Gemeinden jedoch nicht möglich, den für die Fördermittelgewährung geforderten 10%igen Eigenanteil an der Maßnahmenfinanzierung aufzubringen.[20]

Befinden sich die zu entwickelnden Grundstücke im Eigentum der öffentlichen Hand, so stellen **verbilligte Grundstücksabgaben**, Kaufpreisstundungen und kostenlose Grundstücksüberlassungen bedeutende Push-Strategien dar. Die Eigentümerposition der öffentlichen Hand begünstigt das Eingehen von PPP-Arrangements in besonderer Weise und läßt die Modalitäten der Grundstücksverfügung und der Kaufpreiszahlung zu zentralen Gestaltungsparametern in den Modellen werden. Viele zur Entwicklung geeignete Grundstücksflächen befinden sich im Eigentum der Städte und der städtischen Unternehmen, eine Menge anderer im Eigentum des Bundes, verwaltet durch die Bundesvermögensanstalt (BVA) und die bundeseigenen Unternehmen, v. a. die Treuhandliegenschaftsgesellschaft (TLG). Die Bereitschaft der Bundesinstitutionen zur Beschreitung neuer Wege in der Grundstücksvergabe-, Preis- und Konditionenpolitik prägt auf maßgebliche Weise den Innovations- und Verbreitungsgrad von PPP-Modellen im hier untersuchten Forschungsfeld. Diese Themen werden in einem speziellen Kapitelabschnitt (III) weiter ausgeführt.

Als "weiche Strategien" der Projektunterstützung werden hier die akzeptanzfördernden und die dominanzfördernden Maßnahmen unterschieden:

- **Die Akzeptanzförderung**: Die öffentliche Hand besitzt vielfältige Möglichkeiten, die Akzeptanz eines Projektes in seinem Umfeld und auf dem Markt positiv zu beeinflussen; sie kann z. B. bei wichtigen Entscheidungs- und Meinungsträgern für das Projekt werben, die Stimmung in der Öffentlichkeit beeinflussen, Altgrundstückseigentümer zu einem Verkauf bewegen, Nutzer für ein Projekt akquirieren oder bei Bedarf selbst als Flächennachfrager auftreten.

---

[19] Vgl. hierzu die Ausführungen im dritten Kapitel, B II

[20] Angaben von Herrn Hermann Laistner, Geschäftsführer der Ingenieurgesellschaft für Projektsteuerung, Ökologische Entwicklungsplanung und Technologietransfer mbH (POET), Lauchheim, Gespräche u. a. am 05. Mai 1994 in Lauchheim und am 08. Februar 1995 in Bonn.

- **Die Dominanzförderung**: Darüber hinaus kann die öffentliche Hand auch die Marktstellung eines Projektes stärken, indem sie auf weitere Flächenausweisungen und Projektgenehmigungen im räumlichen Umfeld des Vorhabens verzichtet; sie gewährt dem privaten Partner damit eine Art "Marktschutz".

Mit den Maßnahmen der Akzeptanzförderung ist letztlich die "Kooperationsphilosophie" zwischen den Partnern angesprochen. Die kooperative Projektentwicklung nach dem Leitbild der Public Private Partnerships beinhaltet als wesentlichen Kern die "nachhaltige aktive Unterstützung" der gemeinsamen Sache.[21] In der Praxis hat sich in Einzelfällen gezeigt, daß das Projektengagement und das Projektinteresse der öffentlichen Hand im Verlauf eines langwierigen Entwicklungsprozesses nachlassen kann; das Vorhaben paßt nicht mehr in die aktuelle politische Linie, oder es sind so viele Schwierigkeiten aufgetreten, daß man sich mit dem 'Flop' nicht mehr identifizieren möchte. Ein Beispiel hierfür wird im achten Kapitel (B II 1) gegeben: die Entwicklung des Dockland-Projektes in London.

II. Die Förderprogramm-Strategien

1. Die strategischen Aspekte

Die strategischen Aspekte der Förderprogrammpolitik können sowohl aus gestaltungs- als auch aus nutzungspolitischer Sicht thematisiert werden. Für den Staat sind Subventionen, Steuer- und Kreditprogramme bedeutende Instrumente zur Steuerung und Gestaltung wirtschaftlicher Aktivitäten.[22] Je nach Programmart stehen wachstums-, struktur-, umwelt-, städtebau- oder beschäftigungspolitische Ziele im Vordergrund förderpolitischer Maßnahmen. Für die handelnden Akteure im PPP-Arrangement stellen die Programme und ihre Förderbestimmungen hingegen wichtige Rahmenbedingungen dar, die sie optimal zu nutzen suchen. Um Programmdefizite und Programmanwendungsdefizite zu erkennen und die Effektivität der Programme zu optimieren, müssen die unterschiedlichen Sichtweisen miteinander verknüpft werden. Förderrichtlinien unterliegen im Idealfall einer ständigen Evaluation und werden in Gesprächen mit Praktikern weiterentwickelt.

Für die Problemperspektive der vorliegenden Arbeit interessieren primär die nutzungspolitischen Aspekte. Das Projektmanagement steht vor der schwierigen Aufgabe, aus der unübersehbaren Vielfalt an unterschiedlichen Programmen diejenigen herauszusuchen, die für

---

21 Vgl. hierzu die PPP-Definition der CED im zweiten Kapitel, B I.

22 Vgl. ausführlich Schuppert, Gunnar Folke: Verwaltungswissenschaft als Steuerungswissenschaft, zur Steuerung des Verwaltungshandelns durch Verwaltungsrecht, in: Hoffmann-Riem, Wolfgang (Hrsg.): Reform des allgemeinen Verwaltungsrechts, (Nomos) Baden Baden 1993, S. 65-114, hier S. 71-76.

ein konkretes Projektvorhaben in Frage kommen.[23] In der Realität findet eine systematische Suche, "was aus welchem Fördertopf finanziert werden kann", meist nicht statt; praktische Ansätze, die systematische Programmsuche auf externe Experten zu übertragen, blieben erfolglos.[24] Für einige Projekttypen und Standorte ist das Thema der Förderung ohnehin nicht von Relevanz, in anderen Projekten arbeiten die Akteure mit den ihnen vertrauten Programmen und stimmen ihre Projektplanungen von Beginn an auf die Förderrichtlinien ab.

Im untersuchten Forschungsfeld sind vor allem folgende Förderprogramme bzw. förderungswürdige Maßnahmen von Bedeutung:

- die "GA"-Fördermittel für die Planung und Erstellung wirtschaftsnaher Infrastruktur, z. B. für die Erschließung von Gewerbegebieten, die Erstellung von Ver- und Entsorgungsanlagen;[25]
- die Städtebauförderungsmittel, z. B. für Planungswettbewerbe, Maßnahmen der erhaltenden Stadterneuerung, die Baureifmachung belasteter Grundstücke;[26]
- die Mittel des öffentlich geförderten Wohnungsbaus;[27]
- die Fördermittel der Bundesanstalt für Arbeit;[28]
- Spezialprogramme für bestimmte Projekttypen, z. B. das EU-Programm "Konver" für Konversionsvorhaben;[29]
- diverse öffentliche Spezialförderungen für Einzelmaßnahmen im Projekt, so
  - die Untersuchung, Feststellung und Sanierung von Altlasten,
  - die Modernisierung und Instandsetzung von zur Erhaltung vorgesehener Bausubstanz,
  - die Errichtung oder den Ausbau von Verkehrsinfrastruktur,

---

23 Kirchhoff zählte allein 300 unterschiedliche Zuwendungsrichtlinien für die Untersuchung, Planung und Durchführung kommunaler Entsorgungseinrichtungen in Nordrhein-Westfalen, vgl. Kirchhoff, Ulrich; Müller-Godeffroy, Heinrich: Finanzierungsmodelle für kommunale Investitionen, 5., erw. u. überarb. Aufl., (Deutscher Sparkassenverlag) Bonn 1994, S. 74.

24 Vgl. Kahnert, Rainer (Büro für Gewerbeplanung und Stadtentwicklung, Dortmund): Die kommunale Praxis im Spiegelfeld des Forschungsfeldes "Städtebau und Wirtschaft", Vortrag anläßlich des Seminars "Städtebau und Infrastruktur" am 09. und 10. Juni 1994 in Wachau, unveröff. Vortragsmanuskript, S. 2.

25 Vgl. zur "Gemeinschaftsaufgabe 'Verbesserung der regionalen Wirtschaftsstruktur'" (GA) die Ausführungen unter B II 2.

26 Vgl. zur Städtebauförderung ausführlich Bundesministerium für Raumordnung, Bauwesen und Städtebau (Hrsg.): Sanierung und Entwicklung der Städte und Dörfer - Ein Weg in die Zukunft, Bonn 1993.

27 Vgl. hierzu das Anwendungsbeispiel Projekt Karow-Nord, Berlin, unter D III 1.

28 Vgl. hierzu das Anwendungsbeispiel Projekt Industriebrachensanierung Zittau-Hirschfelde im fünften Kapitel, E II 1.

29 Vgl. zu den EU-Programmen ausführlich Walter, Kurt: Finanzmittel der EU für kommunale Maßnahmen, Vortrag anläßlich des Workshops "Erfahrungsaustausch: Einsatz des Finanzierungsinstrumentariums" im Rahmen des Forschungsfeldes "Neue Wege der privaten Finanzierung von Stadterneuerungs- und Stadtentwicklungsaufgaben" des Experimentellen Wohnungs- und Städtebaus am 18. und 19. Mai 1994 in Kusel, unveröff. Vortragsmanuskript.

- die Errichtung oder den Ausbau von Ausbildungs- und Fortbildungsstätten.

Es würde den Rahmen der Arbeit sprengen, auf die verschiedenen Programme inhaltlich einzugehen oder gar den Versuch zu unternehmen, für verschiedene Einzelmaßnahmen die Fülle möglicher Förderprogramme zu eruieren. Im folgenden (Kapitelabschnitt 2) wird daher nur ein Programm exemplarisch aufgegriffen: die "Gemeinschaftsaufgabe 'Verbesserung der regionalen Wirtschaftsstruktur'" (GA). Es ist das aus quantitativer Sicht bedeutendste Programm im untersuchten Forschungsfeld; gleichzeitig übt es einen entscheidenden Einfluß auf die Wahl und Ausgestaltung von PPP-Arrangements aus.[30]

2. Ein Förderprogramm für die Neuen Bundesländer: Das Beispiel GA "Verbesserung der regionalen Wirtschaftsstruktur"

Mit Haushaltsmitteln der Gemeinschaftsaufgabe "Verbesserung der regionalen Wirtschaftsstruktur" können volkswirtschaftlich besonders förderungswürdige Investitionsvorhaben der gewerblichen Wirtschaft - einschließlich Fremdenverkehrsgewerbe - sowie **wirtschaftsnahe Infrastrukturinvestitionen** in ausgewählten Fördergebieten unterstützt werden. Fördergebiet der GA sind vor allem die Neuen Bundesländer, deren Gemeinden und Kreise für Investitionsvorhaben zur Verbesserung der wirtschaftsnahen Infrastruktur Zuschüsse von bis zu 90 % der Investitionskosten in Anspruch nehmen können. Gefördert werden insbesondere die Erschließung und Wiedernutzbarmachung von Industrie- und Gewerbegebieten, die Errichtung oder der Ausbau von Verkehrsverbindungen, der Bau von Fremdenverkehrseinrichtungen und Aus- und Fortbildungsstätten sowie die wirtschaftsnahe Energie- und Wasserversorgung. Regional eng begrenzt auf die ausgewiesenen Fördergebiete und Förderorte können auch Kommunen aus Westdeutschland diesen Zuschuß der Gemeinschaftsaufgabe für den Ausbau wirtschaftsnaher Infrastruktur in Anspruch nehmen. Der Fördersatz liegt jedoch deutlich niedriger; er kann bis zu 50 % betragen.[31]

Als förderungswürdige Träger der Infrastrukturmaßnahmen waren in den Förderbestimmungen der GA ursprünglich nur Gemeinden, Gemeindeverbände sowie natürliche und juristische Personen, die nicht auf Gewinnerzielung ausgerichtet sind, vorgesehen. In der Praxis wurde immer wieder bemängelt, daß eine Förderung privat durchgeführter Erschließungen nicht möglich sei. Die von der Politik angestrebte verstärkte Einbeziehung privater

---

30 In der Praxis stoßen die bestehenden Programme, speziell die Ausgestaltung der Förderkriterien und -konditionen, vielfach auf Kritik; vgl. hierzu auch Kahnert, Rainer (Büro für Gewerbeplanung und Stadtentwicklung, Dortmund): Die kommunale Praxis im Spiegelfeld des Forschungsfeldes "Städtebau und Wirtschaft", Vortrag anläßlich des Seminars "Städtebau und Infrastruktur" am 09. und 10. Juni 1994 in Wachau, unveröff. Vortragsmanuskript, S. 2.

31 Vgl. zu den Förderrichtlinien im einzelnen: Bundesministerium der Justiz (Hrsg.): Bekanntmachung der Regelungen, Fördergebiete, Schwerpunktorte und der Regionen für den Einsatz erhöhter Fördermöglichkeiten in den neuen Bundesländern des 23. Rahmenplans der Gemeinschaftsaufgabe "Verbesserung der regionalen Wirtschaftsstruktur" vom 15. März 1994, in: Bundesanzeiger, 46. Jg., Nr. 95a vom 21. Mai 1994.

Unternehmen in Aufgaben der Stadtentwicklung werde damit konterkariert. Die Geschäftsführung der TLG entwickelte einige exemplarische Modellvorhaben der Wiedernutzung von Gewerbeflächen explizit im Hinblick darauf, **Mängel in den GA-Förderrichtlinien** zu veranschaulichen.[32] In allen Modellvorhaben, die zum Teil nur angedacht wurden, zum Teil in Umsetzung sind, werden innovative Kooperationsformen in der Zusammenarbeit von Kommune, Land, THA, TLG und privaten Developern und Investoren realisiert.[33]

Mit Unterstützung des Wirtschaftsministeriums in Berlin gelang es Vorstand und Geschäftsführung der TLG, im Jahre 1993 eine Veränderung der GA-Förderrichtlinien zu bewirken. Nunmehr heißt es dort:

> "Der Träger kann die Ausführung, den Betrieb und die Vermarktung des Infrastrukturprojektes sowie das Eigentum an dem Infrastrukturprojekt an natürliche und juristische Personen, die auf Gewinnerzielung ausgerichtet sind, übertragen, unter der Voraussetzung, daß:
>
> - die Förderziele der Gemeinschaftsaufgabe und
> - die Interessen des Trägers gewahrt werden, indem dieser ausreichenden Einfluß auf die Ausgestaltung des Projektes behält."[34]

Die letztgenannte Bedingung fördert unmittelbar das Eingehen einer engen Kooperationsbeziehung zwischen Kommune und privatem Unternehmer. Unter welchen Voraussetzungen der "ausreichende Einfluß" gewährleistet ist, bleibt dabei interpretationsbedürftig. In der Anwendungspraxis wird dieser Einfluß zumindest dann als gesichert angesehen, wenn die Kommune die Mehrheit der Stimmen in einer gemischten Trägerstruktur besitzt.[35] Unter Umständen kann der Weiterleitung der GA-Mittel auch dann zugestimmt werden, wenn die Kommune als Minderheitengesellschafter über Mitbestimmungs- und Vetorechte bzw. aufsichtsratsrechtliche Kontrollmöglichkeiten verfügt. Ohne gesellschaftsrechtliche Bindungen erscheint eine angemessene Einflußsicherung im Projektverlauf jedoch nicht möglich.

---

32 Aussage von Herrn Ted Kupchevsky, Deutsche Immobilien Anlagegesellschaft, Frankfurt, vormals Geschäftsführer der Liegenschaftsgesellschaft der Treuhand mbH, Berlin, Gespräch am 22. August 1994 in Frankfurt.

33 Vgl. zu den Modellen: Kupchevsky, Ted: Wiedernutzung von Gewerbeflächen, Entwicklungsstrategien der Treuhand, in: Raumplanung, 1992, Nr. 59, S. 203-208.

34 Bundesministerium der Justiz (Hrsg.): Bekanntmachung der Regelungen, Fördergebiete, Schwerpunktorte und der Regionen für den Einsatz erhöhter Fördermöglichkeiten in den neuen Bundesländern des 23. Rahmenplans der Gemeinschaftsaufgabe "Verbesserung der regionalen Wirtschaftsstruktur" vom 15. März 1994, in: Bundesanzeiger, 46. Jg., Nr. 95a vom 21. Mai 1994, S. 8.

35 Im Projekt Wachau, das vor 1993 initiiert wurde, war die Weiterleitung von Fördermitteln an kommunal dominierte Entwicklungsgesellschaften noch nicht so problemlos möglich. Hier fanden zunächst Gespräche mit der Oberfinanzdirektion Chemnitz statt, bevor die Fördermittel für die Projektgesellschaft, an der ein privates Unternehmen mit 30 % beteiligt ist, verfügbar gemacht werden konnten.

Experten weisen darauf hin, daß der Schritt des gesellschaftlichen Zusammenschlusses aus Gründen der Fördermittelakquisition dennoch oftmals zu unüberlegt getan wird. Bei geschickter Aufgaben- und Zuständigkeitsverteilung zwischen den Partnern sei es durchaus möglich, Fördergelder, speziell die GA-Fördermittel, auch ohne gemischt-wirtschaftliche Trägerstruktur verfügbar zu machen. So kann vertraglich vereinbart werden, daß der private Partner die Projektträgerschaft für die innere Erschließung eines Gebietes übernimmt, die Kommune die für die äußere Erschließung. Die Kommune erhält als Bauherrin die gewünschten Fördermittel und leitet diese indirekt an den privaten Partner weiter, indem sie ihn beauftragt, die Außenerschließung als Geschäftsbesorger durchzuführen.[36]

III. Die Grundstücksvergabe-Strategien

1. Die strategischen Aspekte

Die öffentlich-rechtlichen Körperschaften sind gemäß den jeweiligen Haushaltsordnungen gehalten, die in ihrem Eigentum befindlichen Grundstücke zu ihrem **vollen Wert** zu veräußern. Subventionierungen bedürfen grundsätzlich einer gesetzlichen Grundlage; entsprechende Richtlinien und Satzungen werden auf Bundes-, Landes- oder kommunaler Ebene erlassen. Die Verhandlungen und Verhandlungsergebnisse zwischen den Vertragsparteien werden jedoch nur in begrenztem Maße publik, so daß davon auszugehen ist, daß Vergünstigungen oftmals unter der Hand geregelt werden.[37] Darüber hinaus sind die Kaufpreisvereinbarungen Bestandteile komplexer Leistungs- und Lastenverteilungsmodelle, in denen verschiedene Kostenfaktoren gegeneinander aufgerechnet werden.

Als voller Wert eines Grundstückes gilt der **Verkehrswert**; er entspricht dem Preis, der normalerweise beim freihändigen Verkauf zum Wertermittlungsstichtag erzielt werden kann. Bei der Ermittlung des Verkehrswertes können verschiedene Wertermittlungsverfahren zur Anwendung kommen, so das Sachwert-, das Ertragswert- oder das Vergleichswertverfahren.[38] Bei Gewerbeimmobilien steht in der Regel die Prüfung der Ertragswerte im Vordergrund, bei unbebauten Grundstücken und Eigentumswohnungen werden meist Vergleichswerte herangezogen. Für neu zu entwickelnde Vorhaben plädieren Praktiker demgegenüber für die Anwendung des Residualverfahrens bzw. der Barwertmethode, da nur auf diesem Wege zu

---

36 Angaben von Herrn Dr. Eckart Scharmer, Rechtsanwaltskanzlei Dr. Scharmer, Berlin, Gespräch am 10. Oktober 1995 in Berlin.

37 Angaben von Herrn Dr. Bunzel, Deutsches Institut für Urbanistik, Berlin, Gespräch am 14. September 1994 in Berlin.

38 Vgl. zu den einzelnen Verfahren Falk, Bernd (Hrsg.): Immobilien-Handbuch: Wirtschaft, Recht, Bewertung, Grundwerk, 3. Aufl. 1992 incl. Ergänzungslieferungen, (Moderne Industrie) Landsberg/Lech 1994, Teil Bewertung, Kap. 22.

realistischen Wertansätzen zu kommen sei.[39] Wie eklatant die Wertermittlungen technokratisch-verfahrensorientierter Sachverständiger und marktnaher Praktiker voneinander abweichen, zeigt sich in nahezu allen untersuchten Projekten; in einem Fall wurde beispielsweise eine Kaufpreisforderung von zunächst 120 Mio. DM auf 5 Mio. DM herabgesetzt.

Ziel der Grundstücksvergabe-Strategien ist die Förderung von Entwicklungsvorhaben durch eine **flexible**, auf die Erfordernisse eines konkreten Projektes und die Bedingungen der aktuellen Marktsituation abgestimmte Politik des Grundstücksverkaufs bzw. der Grundstücksüberlassung. Kategorial lassen sich folgende Grundstücksvergabekonzepte unterscheiden:

- die kostenlose Grundstücksabgabe mit Eigentumsübergang (Verkauf zu 1,- DM),
- der verbilligte Grundstücksverkauf,
- die Kaufpreisstundung,
- der Verkauf mit Nachbewertung und Ausgleichszahlung ("Besserungsschein"),
- die Einräumung von Endinvestitionsoptionen an den Entwicklungsträger,
- die Grundstückskopplung, d. h. der zusätzliche Verkauf eines attraktiven "Filetgrundstückes" an den Vorhabenträger,[40]
- die Grundstücksüberlassung (ohne Verkauf),
- die Beteiligung der Eigentümer an Grundstückspool-Gesellschaften.

Die aufgeführten Möglichkeiten sind Teilstrategien komplexer Organisations- und Finanzierungsmodelle, in denen sich Push- und Pull-Elemente überlappen. So ist der Besserungsschein-Verkauf sowohl eine Möglichkeit, den Vorfinanzierungsbedarf eines Entwicklungsvorhabens zu reduzieren, als auch eine Möglichkeit, die öffentliche Hand an den Wertsteigerungen der Grundstücke partizipieren zu lassen. Die Überlassung von zu entwickelnden Flächen an einen treuhänderisch agierenden Entwicklungsträger kann einerseits dem Ziel dienen, den Träger von den Grundstückskosten zu entlasten, oder andererseits vom Eigentümer angestrebt sein, um den Prozeß der Entwicklung und Vermarktung zu steuern.

Als **Entwicklungshindernisse** lassen sich in der Praxis vor allem ausmachen:

---

[39] Vgl. zu den Problemen der Wertermittlung auch Gop, Rebecca: Glücksspiel Wertermittlung, in: Immobilien Manager, Nr. 11, 1995, S. 8-16.

[40] Vgl. zur Problematik von Grundstückskopplungen die Ausführungen unter C III.

1. das Beharren auf unrealistischen Wertansätzen und konventionelle Verkaufsgeschäfte seitens der öffentlichen Hand - in den Fällen, in denen sie selbst Eigentümerin der Entwicklungsflächen ist;
2. die Vorhabensblockaden durch nicht einigungsbereite und -fähige Grundstückseigentümer - in den Fällen, in denen sich ein Entwicklungsgebiet in der Hand mehrerer Eigentümer befindet.

zu 1.: Der erste Kritikansatz richtet sich häufig gegen die bundeseigenen Grundstücksverwalter: die **TLG**, der die Liegenschaften der volkseigenen Betriebe der ehemaligen DDR übertragen wurden, und die **BVA**, die die nicht mehr genutzten Liegenschaften der militärischen Streitkräfte veräußert. Hier deutet sich erst in jüngster Zeit ein Umdenken an: Die Treuhandliegenschaftsgesellschaft änderte 1993 ihre Grundstücksvergabepolitik dahingehend, daß nunmehr Grundstücksvergaben unter Verkehrswert erfolgen konnten, sofern flankierende soziale Maßnahmen die Standortentwicklung begleiten.[41] Die Bundesvermögensanstalt hat sich inzwischen in einzelnen Konversionsprojekten, z. B. der Cambrai-Kaserne in Bremen, bereit erklärt, der Kommune kostenlos Grundstücke zur Verfügung zu stellen. Die Liegenschaften werden von einem treuhänderisch agierenden Entwicklungsträger entwickelt und veräußert. Die Kommune als Planungsträgerin erhält sich den Anspruch auf die Zuteilung von Gemeindebedarfsflächen, verzichtet jedoch auf einen Teil des Planungsmehrwertes.[42]

zu 2.: Das zweite Entwicklungshindernis bezieht sich auf die langwierigen und komplizierten Einigungsverfahren, die notwendig werden, wenn in einem zu entwickelnden Gebiet mehrere Grundstückseigentümer existieren. Hier werden in jüngster Zeit verstärkt **Grundstücks-Pool-Modelle** konzipiert, mit denen ein Umlegeverfahren umgangen werden kann. Die Parteien bringen ihre Flächen in eine gemeinsame Gesellschaft ein und erhalten im Anschluß an die erfolgte Projektentwicklung entsprechend dem Anteil ihrer eingebrachten Grundstücke einen Anteil an der Gesamtfläche zur Vermarktung. Regelmäßig treten hier jedoch Schwierigkeiten auf, weil ein Eigentümer um die Wahrung seiner Interessen fürchtet, wenn ein anderer Eigentümer bzw. ein von ihm ausgewählter

---

41 Auslöser für den Vorstandsbeschluß waren die Modellentwicklungen, die von der Geschäftsführung der TLG initiiert worden waren; Angaben von Herrn Ted Kupchevsky, Deutsche Immobilien Anlagegesellschaft, Frankfurt, vormals Geschäftsführer der Liegenschaftsgesellschaft der Treuhand mbH, Berlin, Gespräch am 22. August 1994 in Frankfurt; vgl. zu den Modellen: Kupchevsky, Ted: Wiedernutzung von Gewerbeflächen, Entwicklungsstrategien der Treuhand, in: Raumplanung, 1992, Nr. 59, S. 203-208, hier S. 205.

42 Vgl. Steinebach, Gerhard (Institut FIRU, Kaiserslautern): Konversion als Chance zur Stadtentwicklung, Vortrag anläßlich des Seminars des Deutschen Volksheimstättenwerkes "Umwidmung militärischer Liegenschaften - Chancen für städtebauliche Investitionen" am 24. und 25. November 1994 in Weimar, unveröff. Vortragsmanuskript, S. 14.

Treuhänder den Entwicklungsprozeß steuert. Als besonders schwierig erweist es sich, die öffentliche Hand für eine Beteiligung an solchen Modellen zu gewinnen.[43]

2. Der Verkaufsverzicht und die Pool-Lösung: Das Beispiel Potsdam-Center

In Potsdam befinden sich die im Bereich des geplanten Potsdam-Centers gelegenen Grundstücke in den Händen verschiedener Eigentümer. Es sind dies die Stadt Potsdam, die Bundeseisenbahnvermögensgesellschaft (BVG) und eine private Erbengemeinschaft. Von ihrer Lage her sind die Grundstücke nicht den künftigen Bebauungs- und Planlinien entsprechend angeordnet. Die zu entwickelnden Flächen sollen schnellstmöglich an den Markt gebracht werden, da wegen des anstehenden Hauptstadtumzugs in nächster Zeit von zahlreichen Investoren über die Ansiedlungsfrage entschieden wird. Eine Entwicklungsträgergesellschaft wurde bereits gegründet; an ihr sind zu jeweils 50 % die Unternehmensgruppe Roland Ernst und die LEG Brandenburg beteiligt.[44] Sie wird als Geschäftsbesorgerin die Erschließung, Entwicklung und Vermarktung der Grundstücke durchführen. Dazu sind folgende Verfahrensmodelle angedacht:[45]

a. Der Geschäftsbesorgervertrag mit Kaufvertrag

In diesem Modell erwirbt der Geschäftsbesorger Eigentum an den zu entwickelnden Grundstücken, entwickelt und vermarktet diese und kehrt den Erlös anteilig an die Verkäufer aus. Das Verfahren wurde nicht weiter diskutiert, da die Parteien nicht bereit sind, ihre Grundstücke auf den Treuhänder zu übereignen. Die Stadt als Grundstückseigentümerin will das Verfügungsrecht über ihre Flächen behalten, um ihre städtebaulichen Vorstellungen an dem sehr exponierten Standort umzusetzen. Die BEV strebt eine Grundstücksverfügung an, da sie fürchtet, daß die Stadt mit ihren 'extravaganten' Planungskonzeptionen die erzielbaren Nettoerlöse aus den Grundstücksverkäufen erheblich mindern wird.[46]

---

43 So scheiterte das Grundstückspool-Modell, das die TLG für den Standort Bohnsdorf-West, Berlin-Schönefeld, konzipiert hatte, an der fehlenden Bereitschaft der benachbarten Stadt, mit dem Investor zu kooperieren; Aussage von Herrn Ted Kupchevsky, Deutsche Immobilien Anlagegesellschaft, Frankfurt, vormals Geschäftsführer der Liegenschaftsgesellschaft der Treuhand mbH, Berlin, Gespräch am 22. August 1994 in Frankfurt; vgl. zum Modell: Kupchevsky, Ted: Wiedernutzung von Gewerbeflächen, Entwicklungsstrategien der Treuhand, in: Raumplanung, 1992, Nr. 59, S. 203-208, hier S. 205.

44 Vgl. zum Zustandekommen des Arrangements die Ausführungen im sechsten Kapitel, B I 2.

45 Die Ausführungen basieren auf Angaben folgender Interviewpartner: Frau Heike Uhe, Landesentwicklungsgesellschaft für Städtebau, Wohnen und Verkehr des Landes Brandenburg mbH, Gespräch am 09. März 1995 in Groß Glienicke bei Potsdam, Herr Klaus Heidkamp, Mitglied der Geschäftsleitung Unternehmensgruppe Roland Ernst, Gespräche am 26. Februar 1995 in Heidelberg und am 08./09. März in Berlin-Teltow, Herr Dr. Guendoul und Herr Wenzel, Projekt-Management-Verwaltungs-GmbH Nord-Ost, Unternehmensgruppe Roland Ernst, Gespräche am 08. und 09. März 1995 in Berlin-Teltow.

46 So hat die Stadt Potsdam ursprünglich z. B. erwogen, einen großen See vor dem Podsdamer Bahnhof anzulegen, auf dem Wassertaxis verkehren.

b. Die privatrechtliche Umlegung

Das Verfahren einer privatrechtlichen Neuordnung der Grundstücksverhältnisse wurde bereits im dritten Kapitel (D II 2.) erläutert. Die Grundstückseigentümer bringen alle im Vertragsgebiet liegenden Flurstücke zum Zwecke des Flächentausches in eine BGB-Gesellschaft ein oder übertragen sie auf die Gemeinde bzw. einen sonstigen Treuhänder. Die Bestimmung der neuen "Zuteilungsflächen" erfolgt nach den Ausweisungen des Bebauungsplans und nach Abzug der notwendigen Erschließungs-, Gemeindebedarfs- und Grünflächen. Die Kosten für die erforderlichen Ordnungs-, Planungs- und Verfahrensmaßnahmen werden ebenfalls nach den prozentualen Anteilen auf die Einwurfsgrundstücke aufgeteilt. Die Anwendung dieses Tauschmodells wirft folgende Probleme auf:

- Das Verfahren ist in der Organisation und technischen Gestaltung aufwendig und aufgrund der zahlreichen Bewertungs- und Zuteilungsfragen konfliktbehaftet.
- Es droht ein erheblicher Zeitverzug, da Zuteilungsflächen erst nach der im Grundbuch vollzogenen Neuordnung des Vertragsgebietes und nach der Ausweisung im Bebauungsplan zugeordnet und vermarktet werden können.
- Das Problem des Zeitverzugs wird dadurch verschärft, daß es im Vertragsgebiet zahlreiche restitutionsbehaftete Grundstücke gibt. Für jede Einzelfläche muß jeweils eine Einigung zwischen dem eingetragenen Grundstücksberechtigten (Stadt Potsdam) und dem Restitutionsantragsteller (BEV) herbeigeführt werden, bevor über die Grundstücke verfügt werden kann.
- Nach Abschluß des Umlegeverfahrens kann die Situation eintreten, daß die Eigentümer unabhängig voneinander Verträge mit - möglicherweise unterschiedlichen - Entwicklungsträgern und Vermarktern abschließt; eine koordinierte Entwicklung und Vermarktung wäre gefährdet.

c. Die Pool-Lösung mit Beauftragung eines Geschäftsbesorgers

Für eine zügige und abgestimmte Abwicklung aller Maßnahmen scheint letztlich nur ein Pool-Modell geeignet. Hierbei schließen sich die Eigentümer in einer Grundstücks-GbR zusammen und bringen darin alle im Vertragsgebiet gelegenen Flächen ein. Die Anteile an der GbR bemessen sich nach dem Verhältnis der eingebrachten Grundstücksflächen gemäß dem Grundsatz, daß, wie im Umlegeverfahren auch, alle Flächen gleich bewertet werden. Alle Gesellschafter sind gemeinschaftlich geschäftsführungsbefugt; sie beauftragen den Entwicklungsträger mit der zweckbezogenen Geschäftsführung und Vertretung. Die Erlöse aus den Grundstücksverkäufen werden vom Entwickler stetig und anteilig an die Gesellschafter ausgekehrt. Um die Handlungsfähigkeit der GbR zu erhöhen, bietet sich eine

Übertragung von Grundstücksvollmachten auf den Entwicklungsträger an, d. h. der Entwickler handelt als Treuhänder im eigenen Namen und auf fremde Rechnung.

Dieses Verfahren ermöglicht eine unverzügliche Entwicklung und Vermarktung der Grundstücke, da ein Abverkauf ohne grundbuchrechtliche Neuregelung erfolgen kann. Bei den restitutionsbehafteten Grundstücken ist nur eine einmalige grundsätzliche Einigung zwischen den Beteiligten darüber erforderlich, daß über alle Grundstücke im Vertragsgebiet verfügt werden soll. Ein einheitlicher Entwicklervertrag sichert ein geschlossenes Konzept und die Vergabe von Bauaufträgen in größeren Einheiten bzw. für das ganze Vertragsgebiet.

Derzeit (Frühjahr 1995) scheinen die Grundstückseigentümer bereit, in das Pool-Modell einzuwilligen. Ähnlich wie beim erstgenannten Modell bestehen Bedenken dahingehend, daß der einzelne Gesellschafter mit dem Einbringen der Grundstücke in einen Pool keine Verfügung mehr über sein Eigentum hat. Die Verfügbarkeitsbeschränkung ist dadurch relativiert, daß die Zustimmung jedes Grundstückseigentümers zu wesentlichen Entscheidungen der GbR erforderlich ist. Weiterhin können Gesellschaftern Zugriffsrechte auf eingebrachte Grundstücke eingeräumt werden.

C. Die Pull-Strategien

I. Ein Überblick

Ziel der Pull-Strategien ist es, daß die Kommune bzw. die "Allgemeinheit" von einem privaten Entwicklungsvorhaben profitiert; der Vorhabenträger soll veranlaßt werden, einen Teil seiner Gewinne für die Öffentlichkeit verfügbar zu machen. Je nach Problemsicht geht es darum, daß:

1. die Kommune von den Aufwendungen entlastet wird, zu denen der Erlaß eines B-Planes geführt hat oder führen wird;
2. die Kommune Teile der planungsbedingten Grundstückswertsteigerung abschöpft;
3. der Investor Kompensation für die durch sein Vorhaben entstehenden nachteiligen Folgen v. a. sozialer und ökologischer Art leistet;
4. der Investor sich dafür erkenntlich zeigt, daß die Kommune den ihr bei der Flächenausweisung gegebenen Ermessensspielraum nutzt, um gerade seine Projektplanungen zu unterstützen.

Der 4. Argumentationsansatz ist in der Literatur kaum zu finden, da er dem Verdacht des "Verkaufs von Planungshoheit" gefährlich nahekommt.[47] Da die Gemeinden die Ausweisung von Bauland jedoch oftmals davon abhängig machen, daß sich der Eigentümer zu bestimmten Gegenleistungen bereit erklärt, ist er eine notwendige Ergänzung der üblichen Rechtfertigungsansätze.[48] Es erscheint nur natürlich, daß in der kommunalen Planung die Projekte Priorität haben, in denen der Vorhabenträger damit einverstanden ist, auf Wünsche der kommunalen Administration einzugehen.[49]

Die Argumentationen 1-3 eignen sich als Systematisierungsansatz für die Vielfalt an möglichen Vereinbarungen, die in Verbindung mit der Pull-Idee stehen.

Übersicht 7.2: Die Pull-Strategien im Überblick

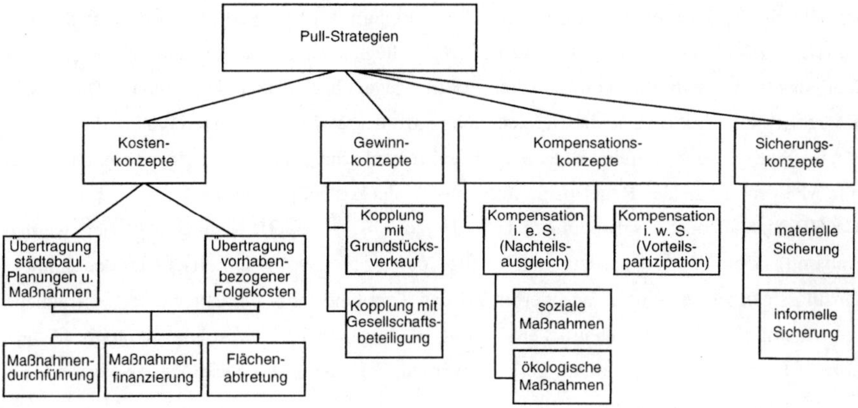

Im Rahmen der **Kostenkonzepte** erklärt sich ein privater Vorhabenträger bereit, Maßnahmen innerhalb des geplanten Projektes zu übernehmen, die ansonsten von der Kommune zu tragen wären. Dies können Maßnahmen der Projektplanung und Bebauungsvorbereitung selbst sein oder Maßnahmen, die sich als Folge der Projektdurchführung ergeben, so insbesondere die Erstellung der sozialen Infrastrukturen. Ein weiteres wichtiges Unterscheidungskriterium ist die Art der Leistungserbringung. Der Vorhabenträger kann die Maßnahmen selbst durchführen, er kann einen Finanzierungsbeitrag in Geld dafür leisten, oder er kann der Kommune im Wert der Maßnahmen Flächen aus dem Vertragsgebiet abtreten. Die kostenbezogenen Vereinbarungen werden in städtebaulichen Verträgen geregelt; die Übertragung städte-

47 Vgl. hierzu die Ausführungen im dritten Kapitel, D III.

48 Aussage von Herrn Dr. Arno Bunzel, Deutsches Institut für Urbanistik, Berlin, Gespräch am 14. September 1994 in Berlin.

49 Vgl. hierzu auch Bunzel, Arno u. a. (Hrsg.): Städtebauliche Verträge, Rechtliche Grundlagen, Hinweise zur Vertragsgestaltung, Regelungsbeispiele und Vertragsmuster, DIfU-Beiträge zur Stadtforschung, Bd. 14, (Deutsches Institut für Urbanistik) Berlin 1995, S. 96.

baulicher Planungen und Maßnahmen wird unter II 1 inhaltlich ausgeführt, die Folgekostenvereinbarung unter II 2.

Gewinnkonzepte sind vor allem dann von Bedeutung, wenn die öffentliche Hand Eigentümerin der zu entwickelnden Flächen ist oder wenn private und öffentliche Akteure sich in gemeinsamen Entwicklungsgesellschaften zusammenschließen. Üblich sind prozentuale Beteiligungen an Grundstückswertsteigerungen, die nach vorher festgesetzten Maßstäben ermittelt werden, sowie prozentuale Beteiligungen an realisierten Projektgewinnen, die sich nach der Kapitalbeteiligung an der Trägergesellschaft richten. Die entsprechenden Vereinbarungen werden üblicherweise in den Grundstückskaufverträgen bzw. den Gesellschaftsverträgen geregelt.

Die **Kompensationskonzepte** werden danach unterschieden, ob den Vereinbarungen tatsächlich die Idee eines "Ausgleichs" für mit dem Projekt verbundene Nachteile oder einseitige Interessenberücksichtigungen zugrunde liegt, oder ob es eher darum geht, daß der Vorhabenträger sich der kommunalen Politik gegenüber 'erkenntlich zeigt'. Der ersten Kategorie ist beispielsweise die Bereitstellung sozialen Wohnraums zuzurechnen, der zweiten die bauliche Erweiterung des Rathauses. Die Grenzen sind dabei schwierig zu ziehen, zumal alle Maßnahmen in der Regel nach außen als "Folgekostenübernahmen" i. S. d. § 6 Abs. 3 BauGB-MaßnG oder als Bindungen i. S. d. § 6 Abs. 2 BauGB-MaßnG deklariert werden (müssen). Der "Vorteilspartizipation" haftet der Ruch des Unmoralischen oder schlicht Unzulässigen an; in Deutschland verhindert das Kopplungsverbot entsprechende vertragliche Vereinbarungen.[50] In städtebaulichen Verträgen können daher nur solche ökologische und soziale Kompensationsleistungen geregelt werden, die das Gesetz ausdrücklich vorsieht; sie werden unter II 2 inhaltlich ausgeführt.

Als vierte Kategorie wurden die **Sicherungskonzepte** herausgestellt, die die Einhaltung der getroffenen Vereinbarungen gewährleisten sollen. Grundsätzlich ist dabei zwischen den materiellen bzw. formellen und den informellen Sicherungen zu unterscheiden. Letztere ergeben sich vor allem aus der Stellung des Vertragspartners und seinen wirtschaftlichen Interessen. So wird ein ortsansässiger Unternehmer, der regelmäßig in Geschäftsbeziehungen zur Gemeinde steht, diese Beziehung nicht ohne Not aufs Spiel setzen. Im Vordergrund der nachfolgenden Ausführungen (C III) steht die formelle Sicherung von Vertragsvereinbarungen. Im Rahmen der "sonstigen Sicherungsstrategien" (C IV) wird u. a. auf die Frage eingegangen, ob die Alternative des Erbpachtvertrages den Kommunen mehr Möglichkeiten einer Interessensicherung bietet als der Verkauf von Grundstücken.

---

50 Vgl. hierzu die Ausführungen im dritten Kapitel, D III.

Alle Vereinbarungen in den o. a. Bereichen sind einzelfallbezogene 'Deals' zwischen den Beteiligten. Nur wenige Städte haben bislang rahmensetzende Festlegungen getroffen, nach denen sich die Verteilung von Erträgen bzw. die Tragung von Kosten im Hinblick auf eine Gleichbehandlung aller Investoren richten soll.[51] In der Praxis orientieren sich die Pull-Vereinbarungen an den in § 6 BauGB-MaßnG ("Städtebaulicher Vertrag") vorgezeichneten Vertragsinhalten. Daher wird in den folgenden Ausführungen primär danach unterschieden, ob die Regelungen Gegenstand städtebaulicher Verträge sind bzw. sein können oder ob in ihnen weitergehende "Burden-Take-Over" vereinbart sind.

Es ist wichtig zu betonen, daß es der Kommune grundsätzlich nur dann möglich ist, Leistungsverpflichtungen vom privaten Partner einzuhandeln, wenn dieser nicht auch ohne die versprochenen Leistungen Anspruch auf die Erteilung einer Baugenehmigung hat. Eine besondere Bedeutung kommt daher dem **Zeitpunkt des Vertragsabschlusses** zu. Wird ein städtebaulicher Vertrag geschlossen, bevor die städtebaulichen Planungen präzisiert sind, fehlt eine hinreichend konkrete Verhandlungsbasis für die Festlegung der Kostenansätze und damit auch der Kostenverteilung. Ist der Bebauungsplan öffentlich ausgelegt, hat das Planungsrecht hingegen Bestand; damit sind die Grundlagen zum Abschluß eines städtebaulichen Vertrages nicht mehr gegeben. Ideal für den Vertragsabschluß ist daher der Zeitpunkt zwischen dem Beschluß der Gemeinde über die Auslegung des B-Planes und der Auslegung selbst.[52]

II. Die Lastenregelung durch städtebauliche Verträge

1. Die Übertragung der städtebaulichen Planungen und Maßnahmen

Die wohl wichtigste Motivation, die die Kommune zum Eingehen einer PPP veranlaßt, ist die Aussicht, die im Rahmen der Projektplanung und Bauvorbereitung anfallenden Aufgaben nicht allein durchführen und die dabei entstehenden Kosten nicht (vollständig) selbst tragen zu müssen. Der Vertragspartner, der - wie bereits erwähnt - auch eine gemischtwirtschaftliche Entwicklungsgesellschaft sein kann, verpflichtet sich, die notwendigen Planungen und Maßnahmen auf eigene Rechnung durchzuführen. Die entstehenden Kosten gibt er über einen entsprechend erhöhten Verkaufspreis an die zukünftigen Grundstückseigentümer weiter oder trägt sie, wenn er Endinvestor ist, selbst. Alternativ hierzü können Vereinbarungen dahingehend getroffen werden, daß die Kommune die Aufgaben mit eigenem Verwaltungspersonal durchführt oder externe Unternehmen mit ihrer Durchführung beauftragt und der Vorhabenträger die hierfür entstehenden Kosten übernimmt. Entsprechend der

51 Vgl. hierzu das Beispiel Stadt München unter D II.

52 Angabe von Herrn Dr. Eckart Scharmer, Rechtsanwaltskanzlei Dr. Scharmer, Berlin, Gespräch am 10. Oktober 1995 in Berlin.

beispielhaften Aufzählung des § 6 Abs. 1 S. 2 BauGB-MaßnG und der ergänzenden Regelung des § 124 BauGB können zu übertragende Maßnahmen insbesondere sein:

- die Ausarbeitung der erforderlichen städtebaulichen Planungen,
- die Durchführung der Erschließung,
- die privatrechtliche Neuordnung der Grundstücksverhältnisse,
- die Bodensanierung und Freilegung.

Die **Erstellung der städtebaulichen Planungen** wird heute meist nicht mehr von den Kommunen selbst, sondern von externen Planungs- und Ingenieurbüros durchgeführt.[53] Vertragsgegenstand sind z. B. die Erarbeitung von B-Planentwürfen oder anderer städtebaulicher Satzungen, die Planung von Ver- und Entsorgungsanlagen sowie diverse Gutachten zu Altlasten, Verkehr, Umweltverträglichkeit u. a. m. Wird der Vorhabenträger mit der Durchführung der Planungen beauftragt, so ist nicht mehr die Gemeinde, sondern ihr Partner Auftraggeber des externen Planungsbüros. In diesen Fällen wird die Kommune darauf bedacht sein, Einfluß auf die Auswahl des Planungsbüros zu nehmen; in der Regel steht das beauftragte Unternehmen bei Vertragsschluß bereits fest.[54] Oftmals bestehen die Kommunen darauf, selbst Auftraggeberin der Planungen zu bleiben; teilweise sind die privaten Partner dann bereit, die Kosten der Planerstellung zu übernehmen.

Schwieriger stellt sich die Kostenübernahme in den Fällen dar, in denen die Kommune Planungen mit eigenem Verwaltungspersonal erstellt. Nach herrschender Rechtsmeinung ist die vertragliche Abwälzung verwaltungsinterner Kosten der Gemeinden nicht möglich;[55] zudem fehlen interne Kostenkalkulationen als Basis für eine In-Rechnung-Stellung. In den Projekten, in denen die Stadt als Geschäftsbesorgerin einer Entwicklungsgesellschaft tätig wird, sind Vereinbarungen über die Erstattung aller verwaltungsinternen Personal- und Sachkosten jedoch üblich.[56] Sowohl innerhalb als auch außerhalb der Verwaltungsstrukturen wächst derzeit der Unmut über die aus betriebswirtschaftlicher Sicht unsachgemäße Ungleichbehandlung von intern und extern entstehenden Kosten. Die Verwaltungen rücken

---

53 Bei der Erarbeitung von B-Plänen oder anderen Satzungen kann Vertragsgegenstand allein die technische Planerstellung und ggf. die Abwicklung der einzelnen Verfahrensschritte durch den Vorhabenträger bzw. das beauftragte Planungsbüro sein; Trägerin der Planungshoheit und verantwortlich für das Abwägungsergebnis bleibt die Gemeinde.

54 Eine vertragliche Vereinbarung, mit der sich ein Grundstückserwerber verpflichtet, bei der Planung und Ausführung von Maßnahmen auf dem Grundstück die Leistungen eines bestimmten Ingenieurs oder Architekten in Anspruch zu nehmen, ist rechtlich allerdings unwirksam; vgl. Bunzel, Arno u. a. (Hrsg.): Städtebauliche Verträge, Rechtliche Grundlagen, Hinweise zur Vertragsgestaltung, Regelungsbeispiele und Vertragsmuster, DIfU-Beiträge zur Stadtforschung, Bd. 14, (Deutsches Institut für Urbanistik) Berlin 1995, S. 57.

55 Vgl. Bunzel, Arno u. a. (Hrsg.): Städtebauliche Verträge, Rechtliche Grundlagen, Hinweise zur Vertragsgestaltung, Regelungsbeispiele und Vertragsmuster, DIfU-Beiträge zur Stadtforschung, Bd. 14, (Deutsches Institut für Urbanistik) Berlin 1995, S. 115.

56 Vgl. hierzu das Beispiel Projekt Unterneustadt, Kassel, im sechsten Kapitel, C II 2.

von ihrem kameralistischen Haushaltsdenken zunehmend ab, so daß für die Zukunft neue, flexiblere Formen der In-Rechnung-Stellung kommunaler Leistungen zu erwarten sind.

Die **Durchführung der Erschließung** durch den Vorhabenträger wird in gesonderten Erschließungsverträgen geregelt. Der Vorhabenträger verpflichtet sich, die Erschließungsanlagen im Vertragsgebiet im eigenen Namen und auf eigene Rechnung zu erstellen und überträgt sie danach kostenlos auf die Gemeinde. Die ihm entstehenden Kosten gibt er über entsprechend erhöhte Grundstückskaufpreise an die zukünftigen Eigentümer weiter. Erschließungsverträge werden in nahezu allen PPP-Projekten abgeschlossen, in denen rasch oder viel Bauland erschlossen werden soll. Experten empfehlen dabei, sog. Vorfinanzierungsvereinbarungen zu meiden, da sie einer aufsichtsbehördlichen Genehmigung bedürfen.[57] Probleme bei der Regelung der Erschließung entstehen in den Projekten

- in denen in beträchtlichem Umfang Erschließungsmaßnahmen außerhalb des Vertragsgebietes durchgeführt werden müssen (**Außenerschließungsproblem**):

  Maßnahmen der Außenerschließung können nur nach den Grundsätzen der Angemessenheit und Kausalität auf den privaten Vorhabenträger übertragen werden.[58] Als unangemessen sind z. B. Erschließungen anzusehen, die in einem nicht unwesentlichen Umfang auch Bereichen dienen, die außerhalb des Erschließungsgebietes liegen.[59] Für den in diesem Sinne von der Kommune zu tragenden Teil an den Erschließungskosten sind Regelungen üblich, wonach der Vorhabenträger als Geschäftsbesorger für die Kommune die Anlagen erstellt. Viele Projekte (vor allem in den Neuen Bundesländern) scheitern letztlich daran, daß die Kommune die Finanzierungsmittel für notwendige Außenerschließungen nicht aufbringen kann.

- in denen Dritte in größerem Ausmaß von einer Erschließung profitieren (**Fremdanliegerproblem**):

  Der private Erschließungsträger ist grundsätzlich nicht befugt, von Eigentümern, deren Grundstücke im Erschließungsvertragsgebiet liegen, Erschließungsbeiträge zu erheben. Er kann lediglich auf freiwilliger Basis versuchen, von den Eigentümern anteilig Finanzierungsbeiträge zu erhalten, woran diese natürlich wenig Interesse haben werden. Da die Erschließungskosten nicht bei der Kommune entstanden sind, kann auch sie keine Beiträge erheben. Um das Problem des 'Trittbrettfahrens' zu lösen, wird in einigen

---

57 Angaben von Herrn Dr. Eckart Scharmer, Rechtsanwaltskanzlei Dr. Scharmer, Berlin, Gespräch am 10. Oktober 1995 in Berlin.

58 Vgl. zu den Grundsätzen die Ausführungen im dritten Kapitel, D III.

59 Vgl. Birk, Hans Jörg: Die neuen städtebaulichen Verträge: Erschließungsverträge, freiwillige Bodenordnung, Folgelastenvertrag, Vorhaben- und Erschließungsplan, (Boorberg) Stuttgart u. a. 1994, S. 22 f.

Projekten vereinbart, daß die öffentliche Hand die Erschließung durchführt und der private Partner hierfür die Kosten übernimmt.[60]

Maßnahmen der Grundstücksneuordnung sind unter dem Aspekt des Burden-sharing insofern interessant, als sie von den Vertragspartnern eine Einigung darüber erfordern, welcher Anteil an der Gesamtgrundstücksfläche für Gemeindebedarfszwecke zur Verfügung gestellt wird. Grundsätzlich ist die Gemeinde befugt, auch sog. Mehrflächenabtretungen zu verlangen; d. s. Flächenabtretungen, die den in einer gesetzlichen Umlegung maximal zulässigen Flächenanteil von 30 % überschreiten.[61] Die Rechtfertigung der Mehrflächenabtretungen erfolgt über den Gesichtspunkt der Übernahme von Folgelasten i. S. des § 6 Abs. 3 BauGB-MaßnahmenG. In den meisten Projekten wird vereinbart, daß der Vorhabenträger die für öffentliche Zwecke benötigten Flächen, so vor allem für öffentliche Erschließungsanlagen, für Ausgleichs- und Ersatzmaßnahmen sowie für Gemeindebedarfseinrichtungen, kostenlos an die Gemeinde abtritt. Stellt sich die wirtschaftliche Rentabilität eines Vorhabens weniger günstig dar, sind Regelungen üblich, wonach die Kommune den auf die Gemeindebedarfsgrundstücke entfallenden Erschließungsanteil übernimmt. Darüber hinaus haben sich Vorhabenträger in einzelnen Projekten dazu verpflichtet, kostenlos oder verbilligt Grundstücke für Maßnahmen des sozialen Wohnungsbaus oder kommunale Versorgungseinrichtungen an die Gemeinde oder von ihr benannte Dritte abzugeben.

Die **Maßnahmen der Bodensanierung und Grundstücksfreilegung**, die im Rahmen der Erschließung und Bebauungsvorbereitung anfallen, werden üblicherweise vom Vorhabenträger auf dessen Rechnung durchgeführt. Bei Altlastenuntersuchungen und -sanierungen werden auch Vereinbarungen darüber getroffen, daß die Kosten zwischen den Vertragspartnern geteilt werden. Komplikationen ergeben sich dabei oftmals dadurch, daß die Höhe der Kosten bei Vertragsschluß noch nicht bekannt ist. Hier behelfen sich die Vertragsparteien teilweise mit der Festlegung von Schwellenwerten, bis zu deren Höhe ein privater Vorhabenträger sich an den Kosten zu beteiligen hat.[62]

2. Die Folgekosten und die sozialen und ökologischen Maßnahmen

Neben der Übertragung der Durchführung oder Finanzierung der genannten Maßnahmen werden in den städtebaulichen Verträgen weitere Bindungen und Investitionsverpflichtungen geregelt. Die Gesetzessystematik unterscheidet zwischen den Vereinbarungen, die der

60 Angaben von Herrn Dr. Rainer Emenlauer, Gesellschaft für Projektsteuerung im Städtebau mbH (Prostadt), Berlin, Gespräche am 14. September 1994 in Berlin und am 08. Februar 1995 in Bonn.

61 Vgl. Bunzel, Arno u. a. (Hrsg.): Städtebauliche Verträge, Rechtliche Grundlagen, Hinweise zur Vertragsgestaltung, Regelungsbeispiele und Vertragsmuster, DIfU-Beiträge zur Stadtforschung, Bd. 14, (Deutsches Institut für Urbanistik) Berlin 1995, S. 69.

62 Vgl. zum Problem der unbekannten Kosten insbesondere die Beispiele unter D III.

Vorbereitung und Sicherung städtebaulicher Ziele dienen (§ 6 Abs. 2 BauGB-MaßnG), und den Regelungen, die eine Entlastung der Kommune von den mit dem Vorhaben verbundenen sonstigen Aufwendungen zum Ziel haben (§ 6 Abs. 2 BauGB-MaßnG). Im folgenden wird differenziert nach

- den sozialen Verpflichtungen zugunsten von Wohnraum- und Arbeitsplatzversorgung;
- den ökologischen Verpflichtungen zur Herstellung von Ausgleichs- und Ersatzmaßnahmen nach Naturschutzrecht;
- den sonstigen Bindungen zur Sicherung städtebaulicher Ziele, z. B.
  - die Verpflichtung zur Baudurchführung,
  - die Verpflichtung zur Einhaltung der Gestaltungsvorschriften;
- den Folgekostenvereinbarungen.

Soziale Ziele werden von den Gemeinden vor allem in Zusammenhang mit der Wohnraumversorgung angestrebt. Übliche Regelungen sind:[63]

- Vereinbarungen bezüglich des Sozialwohnungsbaus:
  - die Verpflichtung zur Errichtung von Wohnungen im Standard und mit Mitteln des sozialen Wohnungsbaus,
  - die Einräumung von Belegungsrechten zugunsten der Kommune oder deren Beauftragten,
  - die Mietpreisbindung,
  - die Veräußerungsbeschränkungen bei der Errichtung von Eigenheimen oder Eigentumswohnungen mit Mitteln des sozialen Wohnungsbaus,
- die Bindungen zugunsten der Wohnraumversorgung der ortsansässigen Bevölkerung ("Einheimischenmodelle").

So hat z. B. der Münchner Stadtrat in seinem Beschluß "Wohnen in München" bereits 1989 entschieden, daß sich künftig planungsbegünstigte Grundstückseigentümer anteilig am sozialen Wohnungsbau zu beteiligen haben. Die getroffene Regelung sieht vor, daß die Vorhabenträger 40 % der zulässigen Geschoßfläche für sozialen Wohnungsbau nutzen oder Belegungsbindungen für von der Stadt unterzubringende Personen bis zur Höhe von 20 % der

[63] Vgl. Bunzel, Arno u. a. (Hrsg.): Städtebauliche Verträge, Rechtliche Grundlagen, Hinweise zur Vertragsgestaltung, Regelungsbeispiele und Vertragsmuster, DIfU-Beiträge zur Stadtforschung, Bd. 14, (Deutsches Institut für Urbanistik) Berlin 1995, S. 83.

zulässigen Geschoßfläche eingehen. Die Stadt zahlt für die Flächenüberlassung einen Preis von 150,- DM/qm.[64]

Verpflichtungen zur Schaffung und zum Erhalt von **Arbeitsplätzen** werden in der Praxis kaum vereinbart. Theoretisch besteht jedoch die Möglichkeit, dem Vorhabenträger Angaben darüber abzuverlangen, wieviele Arbeitsplätze nach Fertigstellung des Bauvorhabens geschaffen werden, und ihn entsprechend zu verpflichten.[65]

Für den Bereich der **Ökologie** kennt das Gesetz eine Verpflichtung des Vorhabenträgers zur Durchführung von Kompensationsmaßnahmen.[66] Ausgleichs- und Ersatzmaßnahmen können z. B. darin bestehen, daß die Bepflanzung einer Straße mit Bäumen vereinbart wird oder in der Nähe des Vorhabens ein öffentlicher Park angelegt wird. Bei der Festsetzung der durchzuführenden Maßnahmen bzw. der Erhebung von Finanzierungsbeiträgen steht den Kommunen ein erheblicher Ermessensspielraum zu. Als zulässige Maßstäbe für die Festlegung der Kostenhöhe gelten die überbaubare oder zulässige Grundstücksfläche sowie die Schwere der zu erwartenden Beeinträchtigung. Auch hier gilt das Prinzip der Angemessenheit der Maßnahmen im Hinblick auf das Investitionsvolumen und die wirtschaftliche Tragfähigkeit des Projektes. Als Richtgröße nennt Volger einen Wert von 2 % des Investitionsvolumens, den Planer und Gemeinden noch als zumutbar ansehen.[67]

In nahezu allen städtebaulichen Verträgen wird darüber hinaus die Verpflichtung aufgenommen, daß die Grundstücke binnen angemessener Frist einer Nutzung entsprechend den Festsetzungen des Bebauungsplans zuzuführen sind. Die **Bauverpflichtung** kann sowohl auf die Erschließungsmaßnahmen als auch auf das private Vorhaben gerichtet sein. Sie ist besonders für solche Maßnahmen von Bedeutung, an deren Erstellung der private Vorhabenträger selbst kaum wirtschaftliches Interesse hat.

Ein wichtiges Ziel der Kommunen ist die Einflußnahme auf die **Gestaltung** der Bauvorhaben und der Grundstücksfreiflächen. Neben Festsetzungen in B-Plänen und Ortsgestaltungssatzungen werden dazu folgende Regelungsformen genutzt:[68]

- die Bindung an einen vorliegenden architektonischen Entwurf;

---

64 Vgl. Stadt München, referatsübergreifende Arbeitsgruppe Sozialgerechte Bodennutzung: Verfahrensgrundsätze der sozialgerechten Bodennutzung, Entwurf-Stand v. 17. August 1994, internes Arbeitspapier, S. 1.

65 Angaben von Herrn Dr. Arno Bunzel, Deutsches Institut für Urbanistik, Berlin, Gespräch am 14. September 1994 in Berlin.

66 Gem. § 8a BNatSchG haben die Kommunen im Rahmen der Bauleitplanung zu entscheiden, ob und in welchem Umfang Festsetzungen getroffen werden, die dazu dienen, die Beeinträchtigungen der Leistungsfähigkeit des Naturhaushaltes und des Landschaftsbildes auszugleichen.

67 Vgl. Volger, Gernot: Natur verpflichtet, in: Immobilienmanager, o. Jg., 1995, Nr. 3, S. 56-57, hier S. 56.

68 Vgl. Bunzel, Arno u. a. (Hrsg.): Städtebauliche Verträge, Rechtliche Grundlagen, Hinweise zur Vertragsgestaltung, Regelungsbeispiele und Vertragsmuster, DIfU-Beiträge zur Stadtforschung, Bd. 14, (Deutsches Institut für Urbanistik) Berlin 1995, S. 98 ff.

- die Bindung an Vorgaben eines von der Gemeinde erarbeiteten Gestaltungshandbuches;
- die Verpflichtung zur Abstimmung von Architektur und Gestaltung mit einer städtebaulichen Oberleitung.

Gegenstand von **Folgekostenvereinbarungen** sind Anlagen und Einrichtungen, die der Allgemeinheit dienen. Die Übertragung der Errichtung oder Finanzierung solcher Anlagen auf den Vorhabenträger setzt allerdings eine hinreichend kausale Dichte zwischen dem geplanten Vorhaben und der betreffenden Einrichtung voraus.[69] Heute wird in nahezu allen größeren Projekten vom Investor erwartet, daß er für soziale Einrichtungen, die der Versorgung des Vertragsgebietes dienen, aufkommt, insbesondere für Kindertagesstätten, Kinderspielplätze und Grundschulen. In einigen Projekten einigen sich die Vertragsparteien auf den Bau eines Kulturzentrums, eines Busbahnhofes u. a. m., wobei eine direkte Kausalität kaum mehr nachzuweisen sein dürfte. Das deutsche Institut für Urbanistik hat in einer empirischen Untersuchung von rund 400 städtebaulichen Verträgen folgende Gegenstände von Folgekostenvereinbarungen ausgemacht:

Übersicht 7.3: Gegenstände von Folgekostenvereinbarungen in der Anwendungspraxis

Häufige Anwendungsfälle	Eher problematische Anwendungsfälle (gesteigerter Begründungsaufwand)
Grundschulen, weiterführende Schulen, Schulsportanlagen	Mehrzweckhalle, Kulturzentrum
Öffentlicher Spielplatz	Friedhof
Kindertagesstätten, Jugendfreizeiteinrichtungen	Bauhof
Altenheim, Senioreneinrichtungen	Feuerwehr
Bürgerzentrum	ÖPNV-Anschluß
Freizeit- und Erholungsflächen	Rathauserweiterung

Quelle: Bunzel, Arno u. a. (Hrsg.): Städtebauliche Verträge, Rechtliche Grundlagen, Hinweise zur Vertragsgestaltung, Regelungsbeispiele und Vertragsmuster, DIfU-Beiträge zur Stadtforschung, Bd. 14, (Deutsches Institut für Urbanistik) Berlin 1995, S. 117.

Wie weit Kostenübernahmen durch private Vorhabenträger innerhalb eines Projektes reichen können, zeigt sich derzeit in den kleinen, finanziell notleidenden Gemeinden in den Neuen Bundesländern. Hier haben sich Unternehmer bereit erklärt, der Kommune einen Anwalt für

69 Vgl. zum Kausalitätsprinzip die Ausführungen im dritten Kapitel, D III.

die Vertragsverhandlungen zu finanzieren und auf eigene Kosten ein Ingenieurbüro zu beauftragen, das die Bauausführung kontrollieren wird.[70]

3. Die Sicherung der Vertragseinhaltung

In den Vertragsverhandlungen stellt sich die Frage, in welchem Maße die Erfüllung der eingegangenen vertraglichen Leistungspflichten und Bindungen gesichert werden muß und welche Sicherungsinstrumente hierfür geeignet sind. Bankbürgschaften kosten Geld, und dingliche Sicherheiten bereiten Probleme bei der Kreditbeschaffung. Darüber hinaus stellt sich bei der Vertragssicherung ein ähnliches "psychologisches Problem", wie es bereits in Zusammenhang mit den Kontrollstrategien (sechstes Kapitel, D II) ausgeführt wurde; den Instrumenten haftet (zu Unrecht) der Ruch an, nur bei unseriösen Geschäftspartnern eingesetzt zu werden. Bunzel hat als Grundsatz für die Kreditsicherung formuliert:

> "Die Gemeinden sollten grundsätzlich alle Vertragspflichten und Bindungen sichern, deren Erfüllung im öffentlichen Interesse steht. Auf eine Sicherung kann unter Umständen verzichtet werden, wenn der Vorhabenträger ein eigenes wirtschaftliches Interesse an der Erfüllung der Vertragspflicht hat und nach Lage der Dinge davon ausgegangen werden kann, daß er schon aus wirtschaftlichen Erwägungen zur Erfüllung veranlaßt ist."[71]

Scharmer, der als Rechtsexperte bereits eine Vielzahl von städtebaulichen Verträgen zum Abschluß gebracht hat, empfiehlt folgende Sicherungsvereinbarungen:[72]

- die Absicherung der Erschließungs- und Folgekosten mit einer Bankbürgschaft;
- die Sicherung der Grundstücke mit einer Auflassungsvormerkung;
- die Zweckbindung der Grundstücksbelastung;
- die Vereinbarung einer Baupflicht mit Vertragsstrafe.

Der Zweck der **Bankbürgschaft** für die Erschließungs- und Folgekosten liegt darin, für den Fall der Nichterfüllung die Durchführung der Investitionsmaßnahmen durch die Kommune sicherzustellen. Darüber hinaus wird mit der Bürgschaftsbestellung ein zusätzlicher Anreiz

---

70 Angaben von Herrn Dr. Eckart Scharmer, Rechtsanwaltskanzlei Dr. Scharmer, Berlin, Gespräch am 10. Oktober 1995 in Berlin.

71 Bunzel, Arno u. a. (Hrsg.): Städtebauliche Verträge, Rechtliche Grundlagen, Hinweise zur Vertragsgestaltung, Regelungsbeispiele und Vertragsmuster, DIfU-Beiträge zur Stadtforschung, Bd. 14, (Deutsches Institut für Urbanistik) Berlin 1995, S. 137.

72 Angaben von Herrn Dr. Eckart Scharmer, Rechtsanwaltskanzlei Dr. Scharmer, Berlin, Gespräch am 10. Oktober 1995 in Berlin.

zur Umsetzung der Bauverpflichtung gegeben, da die Bürgschaft eine finanzielle Dauerbelastung für den Vorhabenträger darstellt.

Mit der **Auflassungsvormerkung** sichert sich die Kommune ein aufschiebend bedingtes Kaufrecht an den zu entwickelnden Grundstücken für den Fall des vertragswidrigen Verhaltens des Vertragspartners. Dies ist insbesondere eine Schutzvorkehrung dagegen, daß der Vertragspartner die erworbenen Flächen zu Zwecken der Bodenspekulation mißbraucht. Die Eintragung einer Vormerkung im Grundbuch zur Sicherung des Kaufrechtes wirft allerdings Probleme hinsichtlich der Beleihbarkeit des Grundstückes auf. Die Kreditinstitute sind in der Regel nur dann zu einer Beleihung bereit, wenn den Grundpfandrechten der Vorrang vor der Auflassungsvormerkung eingeräumt wird.

Bei dieser in der Praxis üblichen Vereinbarung besteht die Gefahr, daß der Vorhabenträger den eingeräumten Vorrang gegenüber der Auflassungsvormerkung zweckwidrig ausnutzt. Daher ist es notwendig, daß die Gemeinde mit dem Kreditgläubiger eine Vereinbarung über die **Zweckbindung der Grundstücksbelastung** trifft: Die Valutierung der Grundschuld bis zur Bewilligung über die Löschung der Rücklassungsvormerkung wird nur zur Finanzierung des Grundstückskaufpreises und der Baukosten vorgenommen.

Die Einhaltung der Baupflichten liegt in der Regel nicht in dem Maße im öffentlichen Interesse, daß eine Grundschuldsicherung angebracht wäre. Wenn der Vertragspartner mit der Erfüllung in Verzug kommt oder sich nicht an die vereinbarten gestalterischen Vorgaben hält, ist die Vereinbarung von **Vertragsstrafen** üblich. Bei der Bestimmung der Höhe der Vertragsstrafe ist der Grundsatz der Angemessenheit in Relation zum Gewicht der Vertragsverletzung und der wirtschaftlichen Leistungsfähigkeit des Vertragsbrüchigen zu berücksichtigen.[73]

Grundsätzliches Problem und natürliche Beschränkung bei der Durchsetzung von Baupflichten ist die Tatsache, daß die Durchführung einer Investition letztlich nicht gegen den Markt erzwungen werden kann.[74] Wie gering die Bestandkraft von Sicherungskonzepten ist, zeigt sich derzeit im Projekt Media-Park in Köln. Ein Großinvestor kommt seiner Bauverpflichtung nicht nach und verzögert den Entwicklungsverlauf des Gesamtvorhabens damit erheblich. Eine Vertragsstrafe will die Stadt ihrem Partner nicht zumuten, zumal damit keine Zielerreichung verbunden wäre. Eine Rückabwicklung des Kaufvertrages ist de facto nicht möglich, da der Stadt das Geld für die Rückzahlung des Kaufpreises nicht mehr zur

[73] Vgl. hierzu auch Bunzel, Arno u. a. (Hrsg.): Städtebauliche Verträge, Rechtliche Grundlagen, Hinweise zur Vertragsgestaltung, Regelungsbeispiele und Vertragsmuster, DIfU-Beiträge zur Stadtforschung, Bd. 14 (Deutsches Institut für Urbanistik) Berlin 1995, S. 150.

[74] Aussage von Herrn Dr. Eckart Scharmer, Rechtsanwaltskanzlei Dr. Scharmer, Berlin, Gespräch am 10. Oktober 1995 in Berlin.

Verfügung steht. Eine Klage auf Leistungserfüllung kann die Stadt angesichts des Streitwertes von 180 Mio. DM nicht ernsthaft in Erwägung ziehen.[75]

III. Sonstige Linkage- und Sicherungsstrategien

Außerhalb des Regelungsbereiches städtebaulicher Verträge werden von den Beteiligten weitere Vereinbarungen getroffen, in denen sich der Vorhabenträger bereit erklärt, Investitionen durchzuführen, Finanzierungsbeiträge zu leisten oder sonstige Bindungen einzugehen, die im kommunalen Interesse liegen. Einige Vereinbarungen sind aus rechtlicher Sicht bedenklich, da sie unmittelbar auf eine Umgehung der Regelungsbeschränkung städtebaulicher Verträge zielen. Andere Regelungen werden dadurch ermöglicht, daß die Kommune Eigentümerin der zu entwickelnden Flächen ist und die Grundstücksveräußerungsverträge nicht den Kautelen des § 6 BauGB-MaßnahmenG unterliegen.

In der Praxis weit verbreitet sind Vereinbarungen über die Errichtung bzw. Finanzierung von **Infrastrukturinvestitionen**, die *nicht* in umittelbarem Zusammenhang mit dem geplanten Vorhaben stehen. Das derzeit wohl spektakulärste deutsche Beispiel ist der Bau eines Fußballstadions in Münster durch die ECE Projektmanagement GmbH, Hamburg, in Verbindung mit dem Bau ihres Shopping-Centers "Preußen-Park".[76] Ähnlich ist es bereits seit den 70er Jahren üblich, daß ein Investor, der an einem Standort ein großes Vorhaben realisieren möchte, der Stadt auf eigene Kosten eine Kulturhalle oder ein Bürgerhaus erstellt. Anstatt einer Folgekostenvereinbarung kann eine solche Investition als Spende behandelt und auf diese Weise steuerlich abgesetzt werden.[77] Den Interessen des Investors kommt die Tätigung einer PR-trächtigen Investition für kulturelle, sportliche oder soziale Zwecke eher entgegen als die Übernahme zusätzlicher Kosten innerhalb des Projektes.[78]

In einigen untersuchten Projekten erwägen die Kommunen, dem Investor die Betreibungs- bzw. **Unterhaltungskosten** der von ihm errichteten Infrastruktur zu übertragen. Folgekostenvereinbarungen beziehen sich immer nur auf die Erstellung der sozialen Einrichtungen, Grünanlagen u. ä., während die in den Folgejahren anfallenden Unterhaltungs- und Instandhaltungskosten von den Kommunen zu tragen sind. Hauptproblem entsprechender Vereinbarungen ist, daß der Vorhabenträger meist nur Zwischenerwerber der Grundstücke ist,

---

75 Angaben von Herrn Klaus Pankoke, Geschäftsführer der Media-Park Köln Entwicklungsgesellschaft mbH, Gespräch am 23. März 1995 in Köln.

76 Vgl. die Ausführungen zum Projekt im fünften Kapitel, B II.

77 "Mäzenatentum ist grundsätzlich immer zulässig. Es darf nur keine unmittelbare Verbindung zur Erteilung der Baugenehmigung bestehen." Aussage von Herrn Dr. Eckart Scharmer, Rechtsanwaltskanzlei Dr. Scharmer, Berlin, Gespräch am 10. Oktober 1995 in Berlin.

78 In den US-amerikanischen Projektentwicklungen hat das Engagement von Investoren in Maßnahmen außerhalb des Vertragsgebietes einen weitaus größeren Stellenwert als in Deutschland; ein "Kopplungsverbot" gibt es hier nicht; vgl. hierzu auch die Beispiele in den folgenden Ausführungen.

die an eine Vielzahl von Endinvestoren verkauft werden. Angesichts der Finanzschwäche der Städte und Gemeinden beginnen sich derzeit Investorenmodelle durchzusetzen, in denen sich die Grundstückserwerber bei Kaufvertragsabschluß verpflichten, für die Unterhaltung von Grün- und Freiflächen anteilig aufzukommen.

Das Beispiel Gewerbegebiet Wachau: Im Projekt Gewerbegebiet Nord in Wachau bei Leipzig wurde in den Grundstückskaufverträgen mit den Erwerbern der Beitritt in eine "Gemeinschaft der Grundstückseigentümer" vereinbart, der als Selbstverwaltungsorgan die Werterhaltung und Qualititätssicherung des Gewerbegebietes obliegt. Die in einer Satzung präzisierte Aufgabenstellung umfaßt beispielsweise die Pflege und Erhaltung der Infrastruktur sowie die Durchführung von Werbemaßnahmen. Zur Deckung der Kosten werden von jedem Eigentümer pro Quadratmeter Grundfläche Festbeträge als Jahreszahlung erhoben.[79]

Eine Linkage-Strategie, die häufig aus strukturpolitischen Erwägungen gefordert wird, ist die **Kopplung von Grundstücksvergaben.** Dabei wird der Vorhabenträger vertraglich verpflichtet, neben der geplanten, 'lukrativen' Projektentwicklung zusätzlich ein Vorhaben an einem weniger günstigen Standort zu realisieren. Die Geschäftsführung der Treuhandliegenschaftsgesellschaft hatte eine solche Grundstücksvermarktungsstrategie in Erwägung gezogen; ihre Umsetzung scheiterte daran, daß die öffentliche Hand bei der Grundstücksvergabe grundsätzlich einem Ausschreibungszwang unterliegt, der einer freihändigen Vergabe entgegensteht.[80]

Ein denkbares Modell ist auch der **Tausch von Grundstücken**. In vielen Städten und Gemeinden besitzen Grundstückseigentümer mehrere Flächen im Stadtgebiet. Eine Kommune könnte sich ausbedingen, daß der Verkauf eines Grundstückes nur unter der Voraussetzung stattfindet, daß der Vorhabenträger ihr im Gegenzug ein anderes Grundstück verkauft. Interesse an einem Grundstückserwerb haben Kommunen beispielsweise bei den Flächen, die in einem Sanierungsgebiet liegen.[81] In der Praxis werden Kopplungsvereinbarungen eher informell und diffus geregelt. Es ist davon auszugehen, daß häufig Absprachen der Art stattfinden, daß ein Vorhabenträger der Kommune bei einem Projekt 'entgegenkommt' und dafür eine Baugenehmigung an anderer Stelle fordert.[82]

---

79 Angaben von Herrn Hermann Laistner, Geschäftsführer der Ingenieurgesellschaft für Projektsteuerung, Ökologische Entwicklungsplanung und Technologietransfer mbH (POET), Lauchheim, Gespräche u. a. am 5. Mai 1994 in Lauchheim und am 8. Februar 1995 in Bonn.

80 Angaben von Herrn Ted Kupchevsky, Deutsche Immobilien Anlagegesellschaft, Frankfurt a. M., vormals Geschäftsführer der Liegenschaftsgesellschaft der Treuhand mbH, Berlin, Gespräch am 22. August 1994 in Frankfurt a. M.; vgl. zum geplanten Vorgehen auch: Kupchevsky, Ted: Wiedernutzung von Gewerbeflächen, Entwicklungsstrategien der Treuhand, in: Raumplanung, 1992, Nr. 59, S. 203-208, hier S. 206.

81 Anregung von Herrn Dr. Eckart Scharmer, Rechtsanwaltskanzlei Dr. Scharmer, Berlin, Gespräch am 10. Oktober 1995 in Berlin.

82 Vgl. hierzu auch das Interview-Protokoll mit Dr. Schriever in: Wagner, Thilo: Public Private Partnership im Rahmen der Immobilienprojektentwicklung, Diplomarbeit an der European Business School, Schloß Reichartshausen am Rhein 1993, Anhang, S. 3.

Linkage-Modelle aus den USA sehen häufig vor, daß der Vorhabenträger eine **pauschale Abgabe** pro Quadratmeter errichtete Geschoßfläche zahlt. Eine der ersten gesetzlich festgeschriebenen Abgabeordnungen ist die der Stadt Boston aus dem Jahre 1983. Dort ist geregelt, daß in jedem Entwicklungsvorhaben über 10.000 qm Gewerbefläche der Developer

- über einen Zeitraum von 7 Jahren eine jährliche Wohnungsbauabgabe in Höhe von 54 $ pro qm und
- 2 Jahre lang eine jährliche Ausbildungsabgabe von 10 $ pro qm zu entrichten hat.[83]

In Deutschland ist die Vereinbarung abstrakter Zahlungspflichten pro Quadratmeter Geschoßfläche oder pro Wohneinheit nicht möglich, da dies auf eine unzulässige Zuzugsabgabe hinausliefe.[84]

In den USA ist es darüber hinaus weit verbreitet, daß ein privater Vorhabenträger sich zur Durchführung **projektbegleitender Beschäftigungsinitiativen** oder Ausbildungsmaßnahmen verpflichtet. In Deutschland werden vergleichbare Initiativen bislang fast ausschließlich von Selbsthilfegruppen und Beschäftigungsgesellschaften durchgeführt.[85] Angesichts der drastischen Arbeitsmarktprobleme, insbesondere in den Neuen Bundesländern, ist jedoch davon auszugehen, daß flankierende soziale Maßnahmen in der Projektentwicklung zukünftig an Bedeutung gewinnen werden.[86] Ein verstärktes privates Engagement auf diesem Gebiet wird in erster Linie an die Bereitstellung von Fördermitteln geknüpft sein. Im Projekt Industriebrachensanierung Zittau-Hirschfelde nutzt die Entwicklungsgesellschaft derzeit Fördermittel der Bundesanstalt für Arbeit nach § 249 H AFG für die Beschäftigung von ABM-Kräften in Umweltsanierungsprogrammen.[87]

---

83 Darüber hinaus wurden in der Bostoner Linkage-Satzung gebietsbezogene Sonderauflagen eingeführt. Vorhaben in den 1-A-Lagen der Stadt müssen mit Vorhaben auf stadteigenen Grundstücken in heruntergekommenen Gegenden verknüpft werden. In einem als "midtown cultural district" ausgewiesenen Gebiet wird der Bau von Ganztagsversorgungseinrichtungen und Theaterräumen verlangt. Solche gesetzlich festgeschriebenen Linkage-Konzepte sind auch in den USA vergleichsweise selten zu finden; üblicher sind informelle Aushandlungen zwischen den Beteiligten; vgl. Strom, Elizabeth A.: Öffentlich-private Partnerschaften bei der Stadterneuerung und Stadtentwicklung in den USA - Fünf Fallbeispiele, in: Heinz, Werner (Hrsg.): Public Private Partnership - ein neuer Weg zur Stadtentwicklung?, (W. Kohlhammer/Deutscher Gemeindeverlag) Stuttgart u. a. 1993, S. 125-198, hier S. 154 f.

84 Eine Kopplung des zu zahlenden Betrages an die Größe der Geschoßflächen oder die Anzahl der Wohneinheiten ist nur dann möglich, wenn der Gesamtzweck und der Gesamtbetrag der vom Investor zu übernehmenden Kosten hinreichend genau benannt und beziffert ist; vgl. Bunzel, Arno u. a. (Hrsg.): Städtebauliche Verträge, Rechtliche Grundlagen, Hinweise zur Vertragsgestaltung, Regelungsbeispiele und Vertragsmuster, DIfU-Beiträge zur Stadtforschung, Bd. 14, (Deutsches Institut für Urbanistik) Berlin 1995, S. 121.

85 Vgl. hierzu das "Existenzgründer-Selbsthilfe-Modell" und das "Gruppenselbsthilfemodell" in: Kupchevsky, Ted: Wiedernutzung von Gewerbeflächen, Entwicklungsstrategien der Treuhand, in: Raumplanung, 1992, Nr. 59, S. 203-208, hier S. 207 f.

86 Vgl. hierzu auch die Ausführungen über die "Integrationskonzepte" im fünften Kapitel, E II 1.

87 Angaben von Herrn Stefan Weiers, Liegenschaftsgesellschaft der Treuhandanstalt mbH, Geschäftsstelle Dresden, Standortentwicklung in Sachsen, Gespräch am 3. November 1994 in Dresden.

Zur Erleichterung der Durchsetzung von Leistungsverpflichtungen gegenüber dem Investor und zur umfassenden Sicherung kommunaler Interessen wird in der Literatur häufig gefordert, das Instrument des **kommunalen Erbbaurechtes** stärker zu nutzen.[88] Im hier untersuchten Forschungsfeld kommt der Abschluß eines Erbbaurechtsvertrages nur in den Projekten in Betracht, in denen sich ein Vorhabenträger zur Tätigung kommunaler Infrastrukturinvestitionen verpflichtet, so bei der Erschließung von Gewerbe- und Wohnbauland oder der Erstellung von öffentlich gefördertem Wohnraum. Bei der Entwicklung von Einzelhandels-, Büro- und freifinanzierten Wohnimmobilien sind die privaten Investoren dagegen nicht bereit, auf einen Grundstückserwerb zu verzichten. Eine Beleihung von Erbbaugrundstücken ist äußerst schwierig und bedarf bei Grundstücken im Eigentum der öffentlichen Hand einer aufsichtsrechtlichen Sondergenehmigung. Da dem Erbbaurechtsgeber ein Vorkaufsrecht zusteht, ist die Fungibilität der Grundstücke dauerhaft beschränkt; zusätzlich ist die Nutzungsmöglichkeit durch die vertraglichen Bindungen stark eingeschränkt.[89]

Aber auch aus kommunaler Sicht ist die Vorteilhaftigkeit des Instrumentes gegenüber einer Verkaufslösung in Frage zu stellen. Das erleichterte Rückauflassungsrecht im Erbbaurechtsvertrag kann als Sicherungsinstrument in der Praxis nicht greifen, da die Banken eine Grundstücksbeleihung verweigern werden, wenn der Erbpachtgeber nicht mit seinen Ansprüchen hinter der Gläubigerbank zurücktritt. Die Option der Kommune, das Grundstück nach Ablauf des Erbbaurechtsvertrages wieder zu erwerben, erweist sich nach den bisherigen praktischen Erfahrungen als ausgesprochen unattraktiv. Die Kommune hat in der Regel kein Interesse an einem Grundstück, auf dem ein privates Gebäude errichtet wurde. Den fehlenden Vorteilen stehen spezifische Nachteile gegenüber, die mit der Einräumung von Erbbaurechten verbunden sind:

- Das Eintreiben der Erbpacht von gegebenenfalls vielen einzelnen Erbpachtnehmern erfordert einen nicht unerheblichen Zeit- und Kostenaufwand während der gesamten Vertragslaufzeit.
- Anpassungen der Erbpachtzahlungen können vertraglich nicht im voraus geregelt werden; eine Indexierung der Erbpachtzinsen ist für einen Vertragszeitraum von üblicherweise 99 Jahren nicht möglich.[90]

---

88 Vgl. u. a. Heinz, Werner: Public Private Partnership, in: Wentz, Martin (Hrsg.): Planungskulturen, (Campus) Frankfurt a. M., New York 1992, S. 43-50, hier S. 50.

89 Übereinstimmende Angaben mehrerer Gesprächspartner, u. a. von Herrn Dr. Eckart Scharmer, Rechtsanwaltskanzlei Dr. Scharmer, Berlin, Gespräch am 10. Oktober 1995 in Berlin.

90 Angaben von Herrn Dr. Eckart Scharmer, Rechtsanwaltskanzlei Dr. Scharmer, Berlin, Gespräch am 10. Oktober 1995 in Berlin. Sein Resümee zum Thema Erbbaurecht lautet: "Als Theoretiker habe ich früher immer für eine Erbbaurechtslösung plädiert, als Praktiker bin ich heute dagegen."

D. Die komplexen Verteilungsstrategien

I. Die strategischen Aspekte

In den Verhandlungen über die Verteilung von Erträgen, Kosten und Risiken können die Parteien ihre Handlungsmöglichkeiten dadurch ausloten, daß sie schlicht probieren, zu welchen Konditionen der Partner zu einem Einstieg in das Projekt bereit ist. Die wohl wichtigste Bestimmungsgröße für den Ausgang der Verhandlungen ist die vom Vorhabenträger kalkulierte Rentabilität des geplanten Vorhabens; eine wichtige Nebenbedingung ist die Lage des kommunalen Haushaltes. Die Konsensfindung kann sich aber auch an festgelegten Wert- und Kostenparametern orientieren, auf deren Grundlage nach der 'gerechten' Verteilung von Kosten und Erträgen gesucht wird. Als Orientierungswerte kommen insbesondere in Betracht:

- der planungsbedingte Bodenwertzuwachs,
- die kalkulierten kommunalen Projektkosten,
- die realisierten Entwicklungsgewinne,
- die entstandenen Entwicklungskosten,
- der kommunale "Nettonutzen" als fiktiver Wert.

Der **planungsbedingte Bodenwertzuwachs** ist in vielen Projekten die Schlüsselgröße für die Bestimmung des vom Vorhabenträger zu übernehmenden Kostenanteils. Sein Wert entspricht der Differenz zwischen dem Anfangswert der Grundstücke - i. d. R. Bauerwartungsland - und ihrem Endwert - i. d. R. der Verkehrswert nach Abschluß des B-Planverfahrens. Die Kommunen sind an der Realisierung einer möglichst hohen prozentualen Abschöpfungsquote interessiert; die Stadt Berlin orientiert sich dabei an einem Zielwert von 100 %, die Stadt München an 66,6 %.[91] In Einzelfällen kann es einer Kommune auch gelingen, mehr als 100 % des Planungsmehrwertes abzuschöpfen, so wenn der Erwerber die Grundstücke unter Anfangswert erwirbt.[92] Sofern zwischen den Beteiligten kein Einvernehmen besteht, werden zur Ermittlung der Anfangs- und Endwerte Gutachterausschüsse oder Sachverständige herangezogen.

Eine wichtige Orientierungsgröße und Argumentationshilfe sind die **kommunalen Projektkosten**. Die Kommune ist bestrebt, daß der Vorhabenträger einen möglichst großen Anteil der Kosten übernimmt, die ihr selbst aus der Vorhabenrealisierung entstehen, so Planungs-,

---

91 Vgl. zur Strategie des Landes Berlin die Ausführungen unter D III.; zur Strategie der Stadt München die Ausführungen unter D II.

92 Angaben von Herrn Dr. Bunzel, Deutsches Institut für Urbanistik, Berlin, Gespräch am 14. September 1994 in Berlin, und von Herrn Dr. Eckart Scharmer, Rechtsanwaltskanzlei Dr. Scharmer, Berlin, Gespräch am 10. Oktober 1995 in Berlin.

Erschließungs- und investive Folgekosten. Dabei kann vereinbart werden, daß der Investor die Planungen und Maßnahmen selbst durchführt oder daß er der Kommune die entstehenden Kosten ersetzt. Im Fall der Kostenerstattung sollte der Vertragsabschluß nicht zu früh erfolgen, um den aus der Planung sich ergebenden Folgeinvestitionsbedarf möglichst genau beziffern zu können.[93] In der Praxis werden Planungswertzuwachs und kalkulierte kommunale Projektkosten meist kombiniert eingesetzt, um die Höhe des vom Vorhabenträger zu übernehmenden Kostenanteils zu bestimmen.

Aufgrund der Unsicherheit von Kalkulationen und unter dem Aspekt der Risikoteilung werden in PPP-Arrangements oftmals auch Vereinbarungen getroffen, in denen die Kosten- und Ertragsverteilung von tatsächlich realisierten Werten abhängig gemacht wird. Eine Beteiligung der Kommune am **realisierten Projektgewinn** findet z. B. in den Modellen statt, in denen mit der Kommune als Grundstückseigentümerin Wertsteigerungsverkäufe vereinbart sind oder in denen die Kommune eine Kapitalbeteiligung an einer Projektgesellschaft hält. Eine übliche Regelung besteht darin, daß der Vorhabenträger alle ihm **entstehenden Kosten** von einem nachträglich zu zahlenden Kaufpreis abzieht. Werden die Kosten vorher nicht pauschaliert, trägt die Kommune das Risiko von Kostenüberschreitungen.[94]

Auf das hypothetische Konstrukt des kommunalen Nettonutzens wurde bereits im vierten Kapitel (E II) eingegangen. Im hier untersuchten Forschungsfeld besitzt es kaum praktischen Stellenwert für die verteilungspolitischen Vereinbarungen.

Die Ausgestaltung eines konkreten Finanzierungs- und Risikoteilungsmodells wird maßgeblich durch zwei strategische Konzepte geprägt:

- **die Notwendigkeit der Grundstücksbeleihung**: Eine Maßnahmenfinanzierung kann in der Regel nur sichergestellt werden, wenn die Grundstücke beleihbar sind. Der Vorhabenträger wird daher anstreben, daß die Grundstücke zu einem möglichst frühen Zeitpunkt in seine Verfügungsgewalt übergehen und von Ansprüchen Dritter befreit sind.
- **die Vermeidung kommunaler Haushaltsbelastungen:** Ein wichtiges Ziel der Kommunen ist es, die Finanzierung eines Projektes "haushaltsneutral" abzuwickeln. Ist die Kommune Eigentümerin der Entwicklungsflächen, so ist der Grundstückswert häufig der maximale Betrag, den sie selbst zu einem Vorhaben beizusteuern bereit ist.[95]

---

93 Wie bereits erwähnt, liegt der ideale Zeitpunkt für den Abschluß eines städtebaulichen Vertrages zwischen dem Beschluß der Gemeinde über die Auslegung des B-Planes und der Auslegung selbst.

94 Vgl. zum Pauschalierungsproblem die Falluntersuchungen unter D III.

95 Vgl. hierzu auch das Beispiel Projekt Unterneustadt, Kassel, im fünften Kapitel, D II 2.

II. Ein Richtlinienkonzept zur Bodenwertverteilung: Das Beispiel Stadt München

Die Stadt München hat eine bislang in Deutschland einmalige Richtlinie verabschiedet, in der festgelegt ist, wie die Verteilung von Erträgen bzw. Kosten zwischen der planaufstellenden Stadt und einem planungsbegünstigten Eigentümer erfolgen soll. Mit dem Beschluß "Sozialgerechte Bodennutzung" vom März 1994, verabschiedet im Juli 1995, beabsichtigt der Münchner Stadtrat, "die Lasten städtebaulicher Planungen von den planungsbedingten Grundstückseigentümern tragen zu lassen". Das Konzept soll bei allen Vorhaben angewendet werden, bei denen Neu- oder Erweiterungsplanungen zu Bodenwertsteigerungen von Flächen in nicht unerheblichem Umfang führen, so bei

- Bebauungsplänen,
- Vorhaben- und Erschließungsplänen,
- Abrundungssatzungen nach § 34 Abs. 4 Nr. 3 BauGB,
- Satzungen nach § 4 Abs. 2a BauGBMaßnG.

Die einschlägigen Passagen des Beschlusses lauten:

"(...)

2. Das Planungsreferat soll Bebauungsplanverfahren, die planungsbedingt zu einem Bodenwertzuwachs der überplanten Grundstücke führen, nur durchführen und dem Stadtrat zur Billigung vorlegen, wenn unter Berücksichtigung der nachstehenden Grundsätze Vereinbarungen mit den Planungsbegünstigten abgeschlossen sind:

a) Sicherung der Ziele und Zwecke der Planung, die nicht durch planungsrechtliche Festsetzungen zu regeln sind, wie z. B. Sicherung des zeitlichen Ablaufes der Durchführung, Sicherung eines Anteils preisgünstigen oder sozialen Wohnungsbaues nach Maßgabe einschlägiger Stadtratsbeschlüsse, Sicherung von Betriebsstandorten.

b) Übernahme der ursächlichen Kosten (z. B. Planungs-, Erschließungs-, investive Folgekosten) durch den Planungsbegünstigten.

c) Verbleib ca. eines Drittels des planungsbedingten Wertzuwachses der Grundstücke bei den Eigentümern.

Soweit der Umfang des planungsbedingten Wertzuwachses zur Bedienung der Anteile nach a - c nicht ausreicht, wird die Verwaltung ermächtigt, unter angemessener Berücksichtigung der Umstände des konkreten Einzelfalles von den Vorgaben abzuweichen. (...)"[96]

Der Beschluß löste großen 'Wirbel' in Fachkreisen und Presse aus. Eigentümer und Bauträger empörten sich über die als unzumutbar empfundene Regelung, stets zwei Drittel des Planungsmehrwertes an die Landeshauptstadt abführen zu müssen; Presseartikel kommentierten den Beschluß mit Schlagworten wie "Ausbeutung" und "Enteignung". Nach 15 Monaten Aufklärungsarbeit und einer Überarbeitung aller Beschluß-Formulierungen im Hinblick auf ihre Verständlichkeit und rechtliche Unbedenklichkeit hat sich die Aufregung gelegt; der Stadtrat hat den Beschluß im Juli 1995 einstimmig verabschiedet. Bei der Ausräumung der geäußerten Befürchtungen und Kritikpunkte ging es insbesondere um folgende Klarstellungen:[97]

- Der Beschluß zielt keinesfalls darauf, Wertsteigerungen *jenseits* der 2/3-Grenze abzuschöpfen. Bewegen sich die der Kommune entstehenden Kosten unter dem 2/3-Schwellenwert, können die Bauträger demgemäß einen höheren Anteil der Bodenwertsteigerung einbehalten.
- Die 2/3-Regelung stellt vielmehr darauf ab, die Belastungen für die Eigentümer zu *begrenzen*. Von rechtlich möglichen Kostenbelastungen ist abzusehen, wenn die Sicherung des 1/3-Anteils für den Eigentümer nicht mehr gewährleistet ist. In diesem Fall erfolgt eine Prüfung, ob die Finanzierung anderswertig gesichert werden kann.
- Die Ermittlung von Anfangs- und Endwerten durch einen Gutachterausschuß oder einen Sachverständigen wird nur relevant, wenn die 2/3-Grenze erreicht oder überschritten ist.

In Fachkreisen wird die Richtlinie überwiegend als eine für die Stadt vorteilhafte Regelung bewertet; gleichzeitig wird die Notwendigkeit einer solchen Regelung vielfach in Frage gestellt. Im Vergleich mit den 'willkürlichen' Regelungspraktiken anderer Städte weist das standardisierte Konzept jedoch auch **spezifische Nachteile** auf, die seine Vorteilhaftigkeit für die Stadt in Frage stellen. Als problematisch erscheint bereits, daß der Beschluß suggeriert, daß alle Vorhabenträger Anspruch auf eine Gleichbehandlung haben, dieser Anspruch aber keinen rechtlichen Bestand hat.[98] Darüber hinaus hat sich die Stadt in ihrer Handlungsflexibilität selbst stark eingeschränkt:

---

[96] Stadt München, referatsübergreifende Arbeitsgruppe Sozialgerechte Bodennutzung: Verfahrensgrundsätze der sozialgerechten Bodennutzung, Entwurf-Stand v. 17. August 1994, internes Arbeitspapier, S. 1 f.

[97] Angaben von Herrn Klaus-Peter Schmitt, Ltd. Regierungsdirektor des Planungsreferates München, Telefonat vom 05. September 1995.

[98] Angaben von Herrn Dr. Eckart Scharmer, Rechtsanwaltskanzlei Dr. Scharmer, Berlin, Gespräch am 10. Oktober 1995 in Berlin.

- Sie kann keine Bodenwertabschöpfungen verlangen, die jenseits der 2/3-Grenze liegen.[99]
- Sie kann keine anderen Wertparameter für die Kostenvereinbarungen heranziehen, beispielsweise die Differenz zwischen Anfangswert und tatsächlich bezahltem Einkaufswert der Grundstücke.

III. Die Kostenübernahme unter Risikoaspekten

1. Die Kostenübertragung ohne Pauschalierung: Das Beispiel Wohnanlage Karow-Nord, Berlin

Das Wohnbauprojekt Karow-Nord ist das derzeit größte Wohnungsbauvorhaben in Deutschland und zugleich das erste, in dem das Land Berlin einen städtebaulichen Vertrag mit einem privaten Investor geschlossen hat.[100] Auf einer Gesamtfläche von 97,9 ha und mit einem Gesamtvolumen von 2,5 Mrd. DM werden 5000 Wohnungen und ergänzende Infrastruktur im Berliner Bezirk Weißensee gebaut. Das Land Berlin strebte zunächst an, das Projekt in eigener Trägerschaft durchzuführen, und beschloß im April 1992 ein umfangreiches Untersuchungsgebiet.[101] Die Industrie- und Wohnbau Groth & Graalfs AG, Berlin, hatte zuvor im Hinblick auf ein eigenes Wohnbauprojekt 85 % der Flächen im Gebiet von etwa 30 Eigentümern arrondiert. Ihr gelang es, eine Entwicklungsmaßnahme abzuwenden und das Land Berlin von der Vorteilhaftigkeit einer privaten Trägerlösung zu überzeugen. Die Groth & Graalfs AG verpflichtete sich, die Maßnahmen nach den Planungen der Stadt zügig durchzuführen und über 80 % des Planungsmehrwertes an das Land Berlin abzuführen. Für die 15 % der Gebietsfläche, die dem Land Berlin gehören, wurde ein Verkauf an die städtische Wohnungsbaugesellschaft GEHAG - Gemeinnützige Heimstätten AG vereinbart. Die Groth & Graalfs AG schloß sich mit der GEHAG in einer gemeinsamen Gesellschaft, der Arge Karow, zusammen, die als Maßnahmenträger für das Vorhaben fungiert.

Der städtebauliche Vertrag zwischen der Arge Karow und dem Land Berlin wurde im November 1992 abgeschlossen. Dies war ein ungewöhnlich früher Zeitpunkt, zu dem noch kein städtebauliches Konzept für eine Bebauung vorlag. Die Regelungen über die Folgekostenübernahme durch die Arge und die Wohnungsbauförderung duch das Land Berlin

---

99 So wurden beispielsweise in Berlin höhere Abschöpfungsquoten realisiert; vgl. das Beispiel Projekt Karow-Nord, Berlin, unter D III 1.

100 Die Ausführungen basieren auf Angaben folgender Interviewpartner: Herr Heinz Peter Willfurth, Industrie- und Wohnbau Groth & Graalfs GmbH, Berlin, Gespräch am 10. Oktober 1995 in Berlin, Herr Dr. Rainer Emenlauer, Gesellschaft für Projektsteuerung im Städtebau mbH (Prostadt), Berlin, Gespräche am 14. September 1994 in Berlin und am 08. Februar 1995 in Bonn, Herr Dr. Eckart Scharmer, Rechtsanwaltskanzlei Dr. Scharmer, Berlin, Gespräch am 10. Oktober 1995 in Berlin.

101 Die Ausweisung als Untersuchungsgebiet dient der Vorbeitung einer städtebaulichen Entwicklungsmaßnahme (vgl. drittes Kapitel, D II 4). Werden die Flächen anschließend als Entwicklungsgebiet ausgewiesen, verfügt der öffentliche Planungsträger über das Recht, die Grundstücke im Gebiet zum entwicklungsunbeeinflußten Wert anzukaufen. Die Eigentümer erhalten in diesem Fall keinen Anteil am Planungsmehrwert.

basierten lediglich auf groben Schätzungen über den Umfang der zukünftigen Bebauung sowie einer gutachterlichen Ermittlung der Bodenwertsteigerung. Dabei wurde vereinbart, daß der Planungsmehrwert in einem Verhältnis von 82 % für das Land Berlin und 18 % für die Arge aufgeteilt wird. Diese Quote ergibt sich aus folgenden Wertfestsetzungen und Regelungen:

- Aufgrund eines Sachverständigengutachtens wird der Eingangswert der zu entwickelnden Flächen mit 250,- DM/qm BGF, der Ausgangswert mit 750,- DM/qm BGF ermittelt. Der Planungsmehrwert beträgt demnach 500,- DM/qm BGF. Die Arge Karow verpflichtet sich, pro qm BGF 410,- DM an das Land Berlin abzuführen, ein Anteil von 82 %.
- Im Gebiet sind 5000 Wohneinheiten geplant. Pro Wohneinheit werden 100 qm BGF als Gesamt- bzw. 91 qm BGF als Wohnfläche veranschlagt. Rund 7000 qm BGF sind für eine Gewerbenutzung geplant. In der Addition ergibt sich eine BGF in der Größenordnung von 5000 x 91 + 7000 = 462.000 BGF. Multipliziert mit dem Abführungsbetrag von 410,- DM/qm ergibt sich ein von der Arge Karow an das Land Berlin abzuführender Betrag von rund 190 Mio. DM.

In dem städtebaulichen Vertrag verpflichtete sich die Arge Karow, in Höhe dieser Summe Kosten für kommunale Maßnahmen und Infrastruktureinrichtungen im Projekt zu übernehmen; der Betrag wurde mit einer Bankbürgschaft abgesichert. Die Arge kann darauf folgende Kosten anrechnen: Grundstücksneuordnungskosten, Erschließungskosten, anteilige Planungskosten, Kosten für die Erstellung von Grünflächen, Kinderspielplätze u. ä. Im Gegenzug verpflichtete sich das Land Berlin, die geplanten Wohneinheiten für einen Zeitraum von 15 Jahren zu fördern. Als Eigentumsformen und Förderanteile wurden vereinbart: Je 42,5 % der Wohnungen nach dem ersten bzw. zweiten Förderweg, 10 % geförderter Eigentumsanteil und 5 % freifinanzierter Anteil. Als weitere Verträge wurden zwischen den Partnern ein Bodenordnungsvertrag und ein Erschließungsvertrag sowie ein Grundstückskaufvertrag zwischen der GEHAG und dem Land Berlin abgeschlossen.

Das gewählte Kostenverrechnungskonzept mit Fixierung der Gesamtsumme hat sich als eine für die Stadt ungünstige Regelung erwiesen. Für die städtischen Ämter ist die Überprüfung der vertragsgerechten Verwendung des Abschöpfungsanteils mit erheblichem Kontrollaufwand verbunden. Erst jetzt (Herbst 1995) erwägt das Land Berlin den Einsatz eines Controllers, um die Kontrolltätigkeit zu effektivieren. Als weiteres Problem hat sich in der Praxis gezeigt, daß die städtischen Ämter in eine Art "Konkurrenzkampf" hinsichtlich des Gesichtspunkts eingetreten sind, welche Maßnahmen aus dem Verrechnungsfonds zu finanzieren sind. Das Natur- und Grünflächenamt fordert den Einsatz der Gelder für die Frei- und Grünflächengestaltung, das Tiefbauamt für umfangreiche Erschließungsvorhaben etc. Der

Abschluß eines Durchführungsvertrages, der Präzisierungen der sehr frühzeitig und grob vorgenommenen Maßnahmen- und Kostenfestsetzungen beinhalten soll, steht derzeit noch aus.

Das Projekt Karow-Nord wird in der Fachpresse oft als beispielhaftes Modell für die Durchführung eines Wohnungsbauvorhabens angeführt.[102] Als vorbildhaft gelten die Abwendung einer Entwicklungsmaßnahme per städtebaulichem Vertrag (Abwendervereinbarung), die unkonventionelle und enge Zusammenarbeit zwischen den Projekt-beteiligten der öffentlichen und privaten Seite (Public Private Partnership), die Höhe des von der Stadt realisierten Abschöpfungsanteils am Bodenwert (82 %) sowie die Geschwindigkeit der Maßnahmendurchführung (erste Hochbauarbeiten wurden Anfang 1995 abgeschlossen).[103] Die Projektbeteiligten und -beobachter gestehen dem Projekt jedoch auch einige Schwachstellen zu. Der Abschluß des städtebaulichen Vertrages sei insgesamt zu früh erfolgt; der noch ausstehende Durchführungsvertrag sei überfällig.

Kritische Stimmen bezweifeln zudem, daß die Stadt am Ende tatsächlich eine Mehrwertabschöpfung von 82 % realisieren wird; die o. a. Kontrollprobleme sprächen eher dagegen. In dem Zusammenhang wird auch darauf verwiesen, daß die 82:18-Quote nicht der realen Wertverteilung entspreche, da die Groth & Graalfs AG die Grundstücke deutlich unter Anfangswert erworben habe. Einige Experten beurteilen auch die Gesamtkonstruktion einer solchen Public Private Partnership kritisch: "Im Projekt Karow hat der private Vorhabenträger zwar einen hohen Folgekostenanteil übernommen, gleichzeitg aber wurde das Projekt von öffentlicher Seite hoch subventioniert. Die Subventionen für den sozialen Wohnungsbau kompensieren also die niedrige Abschöpfungsrate des privaten Investors. Es findet hier eine Umverteilung öffentlicher Gelder statt, über deren Sinnhaftigkeit sich streiten läßt."[104]

2. Die Kostenübertragung mit Pauschalierung: Das Beispiel Stadtteilzentrum Hellersdorf, Berlin

In dem bisher von einer Bebauung weitgehend freigehaltenen zentralen Bereich des Neubaugebietes Berlin-Hellersdorf beabsichtigt das Land Berlin, ein Stadtteilzentrum mit entsprechenden zentralörtlichen Nutzungen wie Einzelhandel, private und öffentliche Dienstleistungsangebote sowie ca. 700 Wohnungen zu entwickeln.[105] Das Gebiet umfaßt eine Fläche von 20,8

---

102 Vgl. z. B. Gop, Rebecca: Public Private Partnership (PPP) - Teamgeist nötig, in: Immobilien Manager, o. Jg., 1993, Nr. 4, S. 6-13, hier S. 10 f.

103 Das Vorhaben wird z. B. als "Rennpferd im Stall der Wohnungsbauvorhaben" mit "konsequenter Anwendung von Public-Private Partnership" charakterisiert; vgl. Stadt Berlin, Senatsverwaltung für Bau und Wohnungswesen: Wohnungsbauschwerpunkt Karow-Nord, Informationsmaterial, Juli 1995, S. 2.

104 Vertrauliche Aussage eines Gesprächspartners; vgl. hierzu auch die Ausführungen über die Subventionsproblematik im achten Kapitel, D III.

105 Die Ausführungen basieren auf Angaben folgender Interviewpartner: Herr Dr. Wolfgang Görlich, Dr. Görlich GmbH Emissionshaus, Berlin, Gespräch am 16. September 1994 in Berlin, Herr Dr. Rainer Emenlauer,

ha, wovon nach Neuordnung 11,6 ha für eine Bebauung mit einer geschätzten BGF von 240.000 qm zur Verfügung stehen werden. Das Land Berlin hat ein grobes Nutzungskonzept für die Flächen entwickelt und in einem städtebaulichen Wettbewerb über die Gestaltung des neuen Zentrums entschieden. Da das Land nicht über die Planungskapazitäten und das Kapital verfügt, um die Bebauungsvorbereitung selbst durchzuführen, wurde ein städtebaulicher Vertrag mit der MEGA Entwicklungs- und Gewerbeansiedlungs AG, Berlin, abgeschlossen. Die MEGA hatte sich neben anderen privaten Bauträgerunternehmen im Jahre 1991 um die Maßnahmenträgerschaft beworben.[106]

Ende 1994 haben das Land Berlin und die MEGA AG ein umfangreiches Vertragswerk, bestehend aus Erschließungsvertrag, Durchführungsvertrag und Grundstücksverträgen, abgeschlossen. Zuvor war das geplante Modell der Zusammenarbeit bereits in einem Rahmenvertrag grob fixiert worden. Wirtschaftlich basiert das Kooperations-Arrangement auf der Vorstellung, daß das Land Berlin als Grundstückseigentümerin aller Vertragsgebietsflächen den Bodenwert einschließlich des Entwicklungsmehrwertes erhalten soll, dafür jedoch die für die Baureifmachung der Grundstücke erforderlichen Kosten zu tragen hat. Die Kosten der Projektentwicklungsphase (bis zur Veräußerung der Grundstücke) werden von der MEGA AG vorfinanziert und später mit dem zu zahlenden Grundstückspreis verrechnet. Ein besonderes Problem stellen dabei die sehr hohen Erschließungkosten dar, die mit einer geschätzten Höhe von 175 Mio. DM sogar den amtlich ermittelten Verkehrswert für die Grundstücksflächen übersteigen. Dennoch soll das Projekt ohne unmittelbare Belastung des öffentlichen Haushaltes durchgeführt werden. Die Kooperationsvereinbarungen sehen folgendes vor:

- Das Land Berlin überträgt die Grundstücke auf die MEGA AG, die damit eine Besicherungsgrundlage für die Finanzierung der Maßnahmen erhält. Aufgabe der MEGA AG ist es, die Planungen und Ordnungsmaßnahmen für das Gesamtgebiet in Abstimmung mit der Stadt durchzuführen, die erforderlichen Ingenieurleistungen für die Erschließung und Baureifmachung der Grundstücke zu beauftragen, die Gesamtmaßnahme zu koordinieren und die auf die Einzelgrundstücke umzulegenden Kosten für die Planungs-, Ordnungs- und Erschließungsmaßnahmen zu ermitteln.
- Es wird vereinbart, daß der überwiegende Teil der für eine Bebauung vorgesehenen und nicht für öffentliche Zwecke genutzten Flächen an die MEGA, ihre Gesellschafter oder von ihr benannte Dritte veräußert wird. Der Kaufpreis für die Grundstücke bestimmt sich nach dem Verkehrswert zum Zeitpunkt des Kaufvertragsabschlusses für baureifes und erschließungsbeitragsfähiges Land (d. i. der sog. Endwert) abzüglich der anrechenbaren

Gesellschaft für Projektsteuerung im Städtebau mbH (Prostadt), Berlin, Gespräche am 14. September 1994 in Berlin und am 08. Februar 1995 in Bonn, Herr Dr. Eckart Scharmer, Rechtsanwaltskanzlei Dr. Scharmer, Berlin, Gespräch am 10. Oktober 1995 in Berlin.

106 In der MEGA AG haben sich mehrere Berliner Baubetreuungs- und Bauträgerunternehmer zusammengeschlossen; vgl. zur Aktionärsstrukur die Projektübersicht im zweiten Kapitel, D II.

Aufwendungen der MEGA. Anrechenbare Aufwendungen sind Kosten für nachgewiesene Planungsleistungen Dritter, für Ordnungs- und Erschließungsmaßnahmen (pauschaliert auf der Grundlage einer gutachterlichen Kostenschätzung) sowie Regiekosten der MEGA AG (pauschaliert als prozentualer Anteil der prognostizierten Kosten).

- Da sich mit Konkretisierung der Kostenprognosen gezeigt hat, daß die anrechenbaren Aufwendungen höher sind als der Verkehrswert, wird vereinbart, daß die MEGA AG einen Preis von 1,- DM für die von ihr zu erwerbenden Flächen zahlt. Das Land Berlin erhält erschlossene Baugrundstücke für öffentliche Hochbaumaßnahmen sowie zur Vergabe für private Nutzungen. Geplant ist beispielsweise die Errichtung von ca. 300-400 Wohnungen durch eine städtische Wohnungsbaugesellschaft. Die Erwerber zahlen den Grundstückskaufpreis, der sich nach der anteiligen Überwälzung der der MEGA entstandenen Finanzierungskosten und der anteiligen Ordnungs- und Erschließungsmaßnahmen ergibt. Der Betrag wird an die MEGA abgeführt.
- Soweit die Grundstücke zu einem höheren Preis veräußert werden, steht der überschüssige Anteil der Stadt zu. Dies gilt auch für den Fall, daß die MEGA die an sie bzw. an ihre Gesellschafter und deren Unternehmen veräußerten Grundstücke unbebaut an Dritte weiterverkauft. Das Land hat damit einen Anspruch auf alle Mehrerlöse aus Grundstücksverkäufen. Diese Regelung dient vor allem dazu, Grundstücksspekulationen der MEGA auszuschließen.

Inzwischen (Herbst 1995) sind die Zielkosten pro Quadratmeter errichtete BGF, die die Vertragsparteien ihren Vereinbarungen zugrunde gelegt haben (tatsächliche Kosten der Vorbereitungsphase und geschätzte Kosten für Ordnungs- und Erschließungsmaßnahmen) bereits überschritten; der Anteil der für öffentliche Zwecke benötigten Flächen war in den Ausgangskalkulationen versehentlich zu niedrig veranschlagt worden. Die MEGA AG hofft, die derzeit bestehende Finanzierungslücke bei der Durchführung der Erschließungsmaßnahmen wieder 'stopfen' zu können. Die pauschalierten Kosten können voraussichtlich unterschritten werden; eine Maßnahmendurchführung bei freihändiger Auftragsvergabe stellt sich in der Regel deutlich günstiger dar, als die Einbindung der städtischen Auftragnehmer in die Projektabwicklung.[107]

Der Vorteil dieses Modells mit Kostenpauschalierung liegt darin, daß der Vorhabenträger das Risiko für eine Kostenüberschreitung trägt und vom Grundsatz her ausgeschlossen ist, daß auf die Stadt weitere Kostenbelastungen im Projektverlauf zukommen. Darüber hinaus hat der Vorhabenträger einen großen Anreiz, die geplanten Maßnahmen so schnell und so günstig wie möglich durchzuführen. Dabei besteht natürlich die Gefahr, daß sich dies zu Lasten der

[107] Vgl. hierzu auch die Ausführungen unter E.

Qualität der Leistungserstellung auswirkt. Im Unterschied zum Projekt Karow-Nord ist in diesem Modell daher nicht die Kostenkontrolle, sondern die Qualitätskontrolle die zentrale Aufgabe der städtischen Ämter.

E. Ausgewählte Kostensenkungsstrategien

Auf Strategien der Kostensenkung in der Projektentwicklung wurde bereits an mehreren Stellen der Arbeit hingewiesen, so in Zusammenhang mit den Grundstücksvergabe-Strategien (Kapitelabschnitt B III) und den Projektfinanzierungs-Strategien (fünftes Kapitel, C). Hier werden weitere Möglichkeiten zur Kostenreduzierung dargestellt und erläutert, denen in der Praxis, speziell in Verbindung mit PPP-Arrangements, ein herausragender Stellenwert zukommt. Die Ausführungen konzentrieren sich dabei auf Kosten für Grundstückserwerb und Bauausführung.

Die Kosten des Grundstückserwerbes werden maßgeblich durch den **Zeitpunkt der Kaufvertragsabschlüsse** bestimmt. Gelingt es der Kommune oder einem privaten Vorhabenträger, Grundstücke anzukaufen, bevor Planungsabsichten bekannt geworden sind, können die Flächen zu weitaus günstigeren Konditionen erworben werden, als wenn bereits Bauerwartungen bestehen.[108] Für die Kommune bedeutet dies, daß Planungsvorstellungen nicht öffentlich diskutiert werden dürfen, bevor die Grundstücksverfügbarkeit gesichert ist. Auf diesen Punkt weisen Projektentwickler in der Praxis immer wieder mit Vehemenz hin; einige sehen darin den Hauptgrund, der gegen eine Public Private Partnership spricht: In der Realität ist es nahezu 'unvorstellbar', daß Planungen, die in Kooperation mit der öffentlichen Hand durchgeführt werden, nicht in die Öffentlichkeit dringen.[109]

Vereinbarungen über **Kaufpreisstundungen** sind zwischen den Partnern eines PPP-Arrangements gängige Praxis, bislang gibt es jedoch kaum Modelle, in denen dies mit privaten Grundstückseigentümern, speziell bei kleinteiliger Eigentümerstruktur, realisiert wird. Ansätze hierfür finden sich im Projekt Schenkenberg, in dem die Ankaufpreise für die Grundstücke u. a. dadurch niedrig angesetzt werden konnten, daß mit den Alteigentümern eine Wertnachzahlung nach erfolgtem Projektabschluß vereinbart wurde.[110] Für zukünftige Projektentwicklungen denken die Verantwortlichen an, mit Alteigentümern eine mehrjährige

---

108 Vgl. hierzu die Übersicht über die Baulandpreisentwicklung (Übersicht 3.3) im dritten Kapitel, C II.

109 Übereinstimmende Aussage mehrerer Gesprächspartner, u. a. von Herrn W. Malte Mahler, Geschäftsführer der Immobilien Development und Beteiligungsgesellschaft (IDB) Niedersachsen, Hannover, Gespräch am 21. August 1995 in Hannover.

110 Vgl. IFEU-Ingenieurgesellschaft für Energie und Umwelttechnik mbH, Lauchheim: Modellvorhaben Public Private Partnership, Fallstudie Schenkenberg, unveröff. Studie im Rahmen des BMBau-Forschungsfeldes "Neue Wege der privaten Finanzierung von Stadterneuerungs- und Stadtentwicklungsaufgaben" des Experimentellen Wohnungs- und Städtebaus, Endbericht Mai 1995, Abschnitt 6, S. 4.

Abzahlung von Kaufpreisverbindlichkeiten zu vereinbaren. Für die privaten Eigentümer ist es mit Steuervorteilen verbunden, wenn sie Kaufpreiszahlungen nicht 'auf einen Schlag' erhalten; der Entwicklungsgesellschaft eröffnen sich günstige Möglichkeiten der Refinanzierung.[111]

Auf die Höhe der **Baukosten** wirken sich vor allem das Verfahren und die Modalitäten der **Bauauftragsvergabe** aus. Praktiker gehen davon aus, daß Einsparungsquoten von 20-30 % erreicht werden können, wenn auf die Durchführung eines öffentlichen Ausschreibeverfahrens verzichtet wird und stattdessen ein privates Unternehmen die Aufträge freihändig vergibt.[112] Hierfür werden insbesondere zwei Gründe genannt:

- Das öffentliche Ausschreibeverfahren unterliegt den strengen Reglementierungen der VOB, so z. B. dem Nachverhandlungsverbot des § 24 VOB/A.[113] Im privaten Sektor ist dagegen das nachträgliche 'Runterhandeln' weit verbreitet.
- Die Ausschreibungsunterlagen öffentlicher Vergabestellen beinhalten meist weniger ausführliche und präzise Leistungsbeschreibungen als die der privaten Unternehmer. Nachträgliche Konkretisierungen und Änderungen eröffnen den ausführenden Unternehmen eine willkommene Gelegenheit zu Preiserhöhungen.[114]

Grundsätzlich kann davon ausgegangen werden, daß private Unternehmer mehr motiviert und auch eher bereit sind, mit offensiven Verhandlungstaktiken die Preise der Bauausführung zu 'drücken'. Daß als Auftragnehmer Unternehmen bevorzugt werden, zu denen bereits Geschäftsbeziehungen bestehen, ist im privaten Sektor nicht anders als im öffentlichen Sektor. Tendenziell werden die privaten Unternehmer jedoch weniger Zugeständnisse dahingehend

---

111 Angaben von Herrn Hermann Laistner, Geschäftsführer der Ingenieurgesellschaft für Projektsteuerung, Ökologische Entwicklungsplanung und Technologietransfer mbH (POET), Gespräche u. a. am 05. Mai 1994 in Lauchheim und am 08. Februar 1995 in Bonn.

112 Übereinstimmende Angabe mehrerer Gesprächspartner, u. a. von Herrn Dr. Wolfgang Görlich, Dr. Görlich GmbH Emissionshaus, Berlin, Gespräch am 16. September 1994 in Berlin.

113 Die Verdingungsordnung für Bauleistungen (VOB) stellt ein spezielles Regelwerk für die Vergabe und Abwicklung von Bauleistungen dar. Sie beruht nicht auf gesetzlicher Grundlage, sondern findet nur bei ausdrücklicher Vereinbarung zwischen den Parteien Anwendung. Bei der öffentlichen Hand bestehen meist interne Dienstanweisungen, beispielsweise über die Gemeinde-Haushaltsordnungen der Länder, wodurch die VOB/A den Charakter einer Verwaltungsvorschrift erhält und von der öffentlichen Hand grundsätzlich bei der Vergabe von Bauaufträgen berücksichtigt werden muß; vgl. Falk, Bernd (Hrsg.): Immobilien-Handbuch: Wirtschaft, Recht, Bewertung, Grundwerk, 3. Aufl. 1992 incl. Ergänzungslieferungen, (Moderne Industrie) Landsberg/Lech 1994, Teil Recht, Kap. 6.2, S. 2.

114 Für erforderliche Leistungen, die aufgrund eines lückenhaften Leistungsverzeichnisses bei der vertraglich vorgesehenen Vergütung nicht berücksichtigt wurden, steht dem Auftragnehmer ein zusätzlicher Vergütungsanspruch zu; vgl. Falk, Bernd (Hrsg.): Immobilien-Handbuch: Wirtschaft, Recht, Bewertung, Grundwerk, 3. Aufl. 1992 incl. Ergänzungslieferungen, (Moderne Industrie) Landsberg/Lech 1994, Teil Recht, Kap. 6.2, S. 4; vgl. hierzu auch Schnermann, Johannes: Projektentwicklung für Gewerbeimmobilien, in: Falk, Bernd (Hrsg.): Gewerbe-Immobilien, 6., überarb. Aufl., (Moderne Industrie) Landsberg/Lech 1994, S. 299-310, hier S. 308 f.

machen, daß sich die ‘Vetterleswirtschaft’ zu Lasten der Wirtschaftlichkeit der Auftragsabwicklung auswirkt.[115]

Die Festlegung der Zuständigkeit für die Auftragsvergabe ist in den meisten PPP-Arrangements der strittigste Punkt der Vertragsverhandlungen; viele Interviewpartner führten ihn als den Hauptgrund dafür an, daß die öffentliche Seite einer Public Private Partnership skeptisch gegenübersteht.[116] Beide Partner haben ein außerordentliches Interesse daran, die ihnen "verbundenen"[117] Unternehmen in die Projektabwicklung einzubinden.[118]

Darüber hinaus wird mit der Festlegung der Verantwortung für die Auftragsvergabe auch über die Verantwortung für die Kontrolle der Bauausführung entschieden. Hat der private Partner nicht selbst ein unmittelbares wirtschaftliches Interesse an der Wirtschaftlichkeit *und* Qualität der Maßnahmendurchführung, hegt die öffentliche Hand zu Recht Befürchtungen, daß bei privat durchgeführten Auftragsvergaben großzügige 'Geschenke' auf ihre Kosten verteilt werden.

---

115 Für einen umfassenden Leistungsvergleich der Durchführung von Auftragsvergaben durch öffentliche oder private Unternehmen ist letztlich zu fordern, daß er neben dem reinen Preisvergleich auch die Qualität der Ausführung und sonstige qualitative Aspekte bei der Vergabe und Leistungserstellung berücksichtigt. So ist davon auszugehen, daß öffentliche Stellen tendenziell eher bereit sind, zusätzliche Kriterien bei der Vergabe zu berücksichtigen, so ortsansässige Unternehmer zu bevorzugen oder Unternehmen auszuschließen, die billige Arbeitskräfte aus dem Ausland beschäftigen.

116 Übereinstimmende Angaben mehrerer Gesprächspartner, u. a. von Herrn W. Malte Mahler, Geschäftsführer der Immobilien Development und Beteiligungsgesellschaft (IDB) Niedersachsen, Hannover, Gespräch am 21. August 1995 in Hannover.

117 Der Begriff "verbunden" wurde in Anführungszeichen gesetzt, da hiermit nicht nur kapitalmäßige Verflechtungen, sondern auch freundschaftliche Beziehungen erfaßt werden sollen.

118 Vgl. hierzu auch die Ausführungen über die Ziele im PPP-Arrangement im vierten Kapitel, B II.

Achtes Kapitel: Die Evaluation von PPP

A. Dimensionen der Evaluation

Eine 'Erfolgsbetrachtung', 'Wirkungskontrolle' oder 'Qualitätsbeurteilung' von Public Private Partnership kann aus verschiedenen Perspektiven erfolgen. Entsprechend den unterschiedlichen Zielvorstellungen, die mit PPP verknüpft sind, und den unterschiedlichen Einstellungen, die dem Konzept gegenüber bestehen, werden zur Bewertung jeweils andere Kriterien herangezogen und den Werturteilen jeweils andere Orientierungsmaßstäbe zugrunde gelegt. Wichtige Unterscheidungen betreffen

- **den Standpunkt**: der gesellschafts- und wirtschaftspolitische Standpunkt, der Standpunkt der Städte und Gemeinden, der Standpunkt der kooperierenden Partner aus der Wirtschaft, der Standpunkt der Bevölkerung und Öffentlichkeit u. a. m.;
- **die Bewertungsmerkmale:** die Bewertung politisch-demokratischer und politisch-sozialer Aspekte, die Bewertung ökonomischer Aspekte, die Bewertung städtebaulicher Aspekte, die Bewertung ökologischer Aspekte u. a. m.;
- **den Vergleichs- und Wertbezug**: die Individualziele der Kooperanden, ihre gemeinsamen Projektziele, mögliche alternative städtebauliche Projekte, mögliche alternative Management- und Finanzierungsstrategien, die Situation vor der Projektrealisierung, allgemeine für verbindlich gehaltene Wertmaßstäbe u. a. m.

Für die Entwicklung eines umfassenden Verständnisses der 'relevanten Bewertungen', der Zielvorstellungen und Fragen, der Hoffnungen und Befürchtungen, die sich mit den Public Private Partnerships verbinden, ist vor allem die Trennung und Unterscheidung verschiedener **Bewertungsebenen** von Bedeutung.

So ist beispielsweise das Kriterium der "Verteilungsgerechtigkeit" ein häufig gewählter Beurteilungsmaßstab für die PPPs. Dabei gilt es, sich zu verdeutlichen, daß der Begriff nicht die faire Lastenverteilung zwischen den Projektpartnern meint, sondern die Forderung beinhaltet, daß die Gesamtbevölkerung angemessen von den Vorteilen eines Entwicklungsvorhabens profitieren müsse, speziell auch die sozial benachteiligten Schichten. Die Betrachtung von PPP setzt hier auf einer Ebene an, die der in dieser Arbeit schwerpunktmäßig untersuchten Handlungsebene übergeordnet ist.[1] Sie wird im folgenden als **Basis- bzw. Wertebene** bezeichnet.

Auf den ersten Blick befremdlich ist auch der in der Literatur verbreitete Ansatz, den Wert der PPP-Idee daran festzumachen, welche Wirkungen die in dieser Organisationsform realisierten Projekte in ihrem Umfeld haben. Das Konzept von PPP gilt aus dieser Sicht dann als gescheitert, wenn die in kooperativer Zusammenarbeit konzipierten Projekte nicht zur Lösung standortspezifischer Probleme beitragen können. Die Evaluation von PPP setzt hier an den 'sichtbaren Ergebnissen' der Kooperationen an; die Bewertungsebene wird entsprechend als **Ergebnisebene** bezeichnet. Alle drei Ebenen stehen in enger Wechselwirkung zueinander; vereinfacht läßt sich ihr Beziehungsgefüge wie folgt darstellen:

Übersicht 8.1: Die Bewertungsebenen für das PPP-Konzept

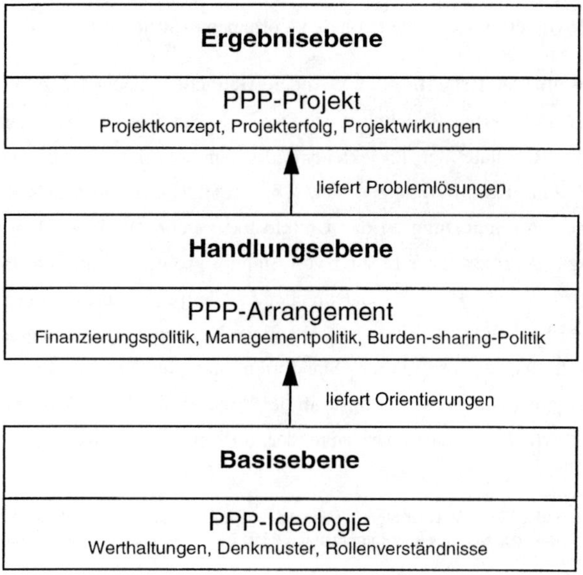

Quelle: Darstellung in Anlehnung an Selle, Klaus: Was ist bloß mit der Planung los?, Erkundungen auf dem Weg zum kooperativen Handeln, Dortmunder Beiträge zur Raumplanung, Heft 69, hrsg. v. Institut für Raumplanung Universität Dortmund, Dortmund 1994, S. 100.

---

1 Vgl. hierzu auch Stephenson, Max O.: Whither the public private partnership: A critical overview, in: Urban Affaires quarterly, 27. Jg., 1991, Nr. 1, S. 109-127, hier S. 121.

Die Evaluationsschwerpunkte in der PPP-Literatur

Die Evaluation auf der Basisebene: Viele Beobachter der PPP-Bewegung setzen die Qualitätsprüfung von PPP auf der Basis- oder Wertebene an. Der Ansatz beruht auf der Überlegung, daß den Veränderungen in den Management- und Finanzierungsstrategien, die sich in der Projektentwicklung derzeit beobachten lassen, etwas zugrunde liegen muß: eine Veränderung in den Wertesystemen, Denkmustern und Rollenverständnissen, die den PPP-Arrangements ihre Orientierung geben.[2] Es sind diese in der Gesamtgesellschaft dominierenden Ziele, Werte und Prinzipien, die bei einer Evaluation auf der Basisebene kritisch überprüft werden. Als Kriterien für die Bewertung der PPP-Arrangements werden vor allem die Einhaltung demokratischer Prinzipien in der Entscheidungsfindung und die o. a. Verteilungsgerechtigkeit herangezogen. Die Untersuchungen kommen überwiegend zu dem Ergebnis, daß die Form der Politikausübung, wie sie in den PPPs vollzogen wird, dazu führt, daß einseitig verfolgte ökonomische Interessen die Stadtentwicklung bestimmen und nur die ohnehin privilegierten Bevölkerungsschichten von den Vorhaben profitieren.[3]

Die Evaluation auf der Ergebnisebene: Andere Betrachter machen ihre Wirkungskontrolle von PPP an den realisierten Projekten fest. Der Bewertungsansatz geht davon aus, daß es letztlich nur die Resultate der Projektentwicklungen sein können, die dem Handlungsparadigma PPP seine Rechtfertigung geben.[4] Die Projekte werden in diesem Sinne auf ihre Eignung für und ihre Anpassung an das Umfeld untersucht. Wichtige Beurteilungskriterien sind der Beitrag der Projekte zur Lösung von Standortproblemen und die Berücksichtigung sozialer und ökologischer Belange. Entsprechende Überprüfungen kommen meist zu dem Ergebnis, daß die PPPs sehr einseitige städtebauliche Konzepte und Strategien verfolgen. Die Entwicklungen finden an profilierten Standorten statt und bevorzugen Nutzungen des gehobenen Standards.[5] Die Ausstrahlungskraft der Projekte auf den Gesamtstandort ist gering; soziale und räumliche Disparitäten werden tendenziell verstärkt.[6]

---

[2] Vgl. hierzu auch Selle, Klaus: Was ist bloß mit der Planung los?, Erkundungen auf dem Weg zum kooperativen Handeln, Dortmunder Beiträge zur Raumplanung, Heft 69, hrsg. v. Institut für Raumplanung Universität Dortmund, Dortmund 1994, S. 101.

[3] Vgl. so z. B. Stephenson, Max O.: Whither the public private partnership: A critical overview, in: Urban Affaires quarterly, 27. Jg., 1991, Nr. 1, S. 109-127, hier S. 126 f.; vgl. auch Kletzander, Andreas: Public Private Partnership als Gefahr für lokale Demokratie und Verteilungsgerechtigkeit? - Das Beispiel Stadterneuerung in Nordengland, in: Archiv für Kommunalwissenschaften, hrsg. v. Deutschen Institut für Urbanistik, (W. Kohlhammer/Deutscher Gemeindeverlag) 34. Jg., 1995, Band I, S. 119-133; vgl. weiter Heinz, Werner (Hrsg.): Public Private Partnership - ein neuer Weg zur Stadtentwicklung?, (W. Kohlhammer/ Deutscher Gemeindeverlag) Stuttgart u. a. 1993, S. 521-523.

[4] Vgl. hierzu auch Selle, Klaus: Was ist bloß mit der Planung los?, Erkundungen auf dem Weg zum kooperativen Handeln, Dortmunder Beiträge zur Raumplanung, Heft 69, hrsg. v. Institut für Raumplanung Universität Dortmund, Dortmund 1994, S. 101.

[5] Vgl. hierzu auch im fünften Kapitel, B I.

[6] Vgl. so z. B. Strom, Elizabeth A.: Öffentlich-private Partnerschaften bei der Stadterneuerung und Stadtentwicklung in den USA - Fünf Fallbeispiele, in: Heinz, Werner (Hrsg.): Public Private Partnership - ein neuer Weg zur Stadtentwicklung?, (W. Kohlhammer/Deutscher Gemeindeverlag) Stuttgart u. a. 1993, S. 125-198, hier S. 182-189; vgl. auch Fainstein, Susan S.: The City Builders: property, politics and planning in London

Die Evaluation auf der Handlungsebene: Eine Qualitäts- und Wirkungsbeurteilung von PPP kann natürlich auch auf der Handlungsebene ansetzen und die kooperativen Arrangements selbst einer Bewertung unterziehen. Dies schließt u. a. die Modalitäten der konsensualen Entscheidungsfindung, die arbeitsteilige Abgrenzung der Aufgaben und Verantwortlichkeiten sowie die Verteilung der Kosten, Risiken und Erträge eines Entwicklungsvorhabens mit ein. Die zentralen Beurteilungskriterien in der PPP-Literatur sind die 'Fairness' eines Kooperationsmodells im allgemeinen und die Berücksichtigung kommunaler Interessen im besonderen. Auch hier fällt eine Bilanz überwiegend negativ aus. Die Handlungsstrategien werden durch die Vorstellungen der privaten Partner bestimmt. Unvorhergesehene Verfahrensschwierigkeiten und Defizite gehen tendenziell zu Lasten der öffentlichen Hand, während überdurchschnittliche Gewinne den Privaten zufallen.[7]

Die Evaluationsschwerpunkte der Arbeit

Die Evaluation setzt in der vorliegenden Arbeit zunächst auf der **Ergebnisebene** an (Kapitelabschnitt B) und nimmt Bezug auf das gemeinsame übergeordnete Handlungsziel der Akteure: die Entwicklung eines "erfolgreichen Projektes". Der Erfolgsbewertung kommt insofern eine herausragende Bedeutung zu, als aus der Organisations- und Diffusionsforschung bekannt ist, daß für den Erfolg nichts so wichtig ist wie der Erfolg.[8] Für die PPP-Idee bedeutet dies, daß ihre zukünftige Entwicklung und Verbreitung in erster Linie davon abhängen wird, wie erfolgreich die in diesen Organisations- und Finanzierungsformen realisierten Projekte sind. Wichtigstes Erfolgskriterium ist dabei die Marktdurchsetzung des Projektes.[9]

Die **Handlungsebene** dominierte die Themen- und Problemperzeption der vorangegangenen Kapitel; auf die Zweckmäßigkeit und Angemessenheit von einzelnen organisatorischen und verteilungspolitischen Regelungen sowie auf Ansätze möglicher Verbesserungen wurde im jeweiligen Sachzusammenhang eingegangen. In diesem Kapitel erfolgt daher nurmehr eine "Meta-Evaluation".[10] Zunächst wird das Innovationspotential der Public Private Partnerships

and New York, (Blackwell Publishers) Oxford and Cambridge 1994, S. 245-255; vgl. weiter Heinz, Werner (Hrsg.): Public Private Partnership - ein neuer Weg zur Stadtentwicklung?, (W. Kohlhammer/Deutscher Gemeindeverlag) Stuttgart u. a. 1993, S. 519-523.

7 Vgl. so z. B. Colman, William G.: State and Local Government and Public Private Partnership, (Greenwood Press) New York, Westport, London 1989, S. 371-375; vgl. auch Fainstein, Norman I.; Fainstein, Susan S.: Öffentlich-private Partnerschaften bei der Stadterneuerung und Stadtentwicklung in den USA, in: Heinz, Werner (Hrsg.): Public Private Partnership - ein neuer Weg zur Stadtentwicklung?, (W. Kohlhammer/ Deutscher Gemeindeverlag) Stuttgart u. a. 1993, S. 65-124, hier S. 107-111; vgl. weiter Heinz, Werner (Hrsg.): Public Private Partnership - ein neuer Weg zur Stadtentwicklung?, (W. Kohlhammer/Deutscher Gemeindeverlag) Stuttgart u. a. 1993, S. 523-528.

8 Vgl. Dierkes, Meinolf: Leitbild und Technik, zur Entstehung und Steuerung technischer Innovation, hrsg. v. Wissenschaftszentrum Berlin für Sozialforschung, (Rainer Bohn) Berlin 1992, S. 119.

9 Vgl. zu den Erfolgsdimensionen die Ausführungen im vierten Kapitel, D II, speziell Übersicht 4.7.

10 Vgl. zu dem Begriff Wottawa, Heinrich: Lehrbuch Evaluation, (Huber-Psychologie-Lehrbuch) Bern, Stuttgart, Toronto 1990, S. 31.

im Vergleich mit den klassischen Formen der Projektentwicklung evaluiert (Kapitelabschnitt C). Die weiteren resümierenden Bewertungen am Ende des Kapitels beziehen präskriptive Überlegungen mit ein, so 1. normativ-strategische Aspekte im Hinblick auf die Sicherung kommunaler und gesellschaftlicher Interessen im PPP-Arrangement (Kapitelabschnitt E) und 2. selektionsstrategische Aspekte im Hinblick auf die Wahl eines konkreten Kooperationsmodells (Kapitelabschnitt F).

Den präskriptiven Aussagen vorangestellt ist die Evaluation auf der **Basis- bzw. Wertebene.** (Kapitelabschnitt D) Hier erfolgt eine umfassende, integrierende Art der Auseinandersetzung mit den 'Potentialen' und 'Gefahren', mit den Möglichkeiten und Grenzen, den Stärken und Schwächen von Public Private Partnership. Im Mittelpunkt steht dabei die Untersuchung der 'Gefahren', der Nebenwirkungen und unbeabsichtigten Konsequenzen, die mit dem PPP-Konzept einhergehen. Sie stellen den 'Wert', die Vorteilhaftigkeit der Handlungsphilosophie und der Handlungskonzepte von PPP teils aus gesamtgesellschaftlicher Sicht, teils auch aus Sicht der kooperationswilligen Akteure in Frage, müssen doch alle diese 'Kosten' gegen den 'Nutzen' der neuen Problemlösestrategien aufgerechnet werden.

B. Die Evaluation der Erfolgspotentiale von PPP-Projekten

I. Vorüberlegungen

Im vierten Kapitel (D II) wurde der "Erfolg" eines Projektes in vier Dimensionen aufgefächert: die Geschwindigkeit der Projektentwicklung, die Marktdurchsetzung des Projektes, seine Akzeptanz im Umfeld und seine Problemlösekraft. Um im Rahmen der Erfolgskontrolle Aussagen über den Zielerreichungsgrad treffen zu können, müssen diese Erfolgsgrößen präzisiert und operationalisiert werden. Dafür eignen sich folgende Merkmale:

- die "Durchführungsgeschwindigkeit": die Zeit von den ersten Projektplanungen bis zum Projektabschluß, d. i. der erfolgte Flächenverkauf bzw. die durchgeführte Flächenbebauung;
- die "Marktdurchsetzung": die rasche und vollständige Vermarktung von Flächen zu den angestrebten Preisen an die angestrebte Zielgruppe;
- die "Umfeldakzeptanz": die positive Einstellung gegenüber dem Projekt in der lokalen Bevölkerung und Öffentlichkeit, erfaßt z. B. durch Umfrageergebnisse, Pressereaktionen, Protestbewegungen;

- die "Problemlösekraft": der nachhaltige Beitrag des Projektes zur Lösung spezifischer Standortprobleme, gewertet z. B. am Zugewinn städtischer Einkünfte, der Stärkung der kommunalen Wettbewerbsfähigkeit, der Schaffung neuer Arbeitsplätze.

Eine besondere Schwierigkeit bei der Erfassung von Projektergebnissen und Projektwirkungen stellt der **Zeitpunkt** dar, zu dem Untersuchungen durchgeführt oder Aussagen getroffen werden. So heißt es in dem Ergebnisbericht einer im Jahre 1994 durchgeführten Bevölkerungsbefragung zu den städtebaulichen und sozialstrukturellen Veränderungen im Umfeld des Media-Parks in Köln: "Tatsächliche Veränderungen im Umfeld treten in nennenswertem Maße offenbar nur allmählich auf und scheinen zu ihrer Umsetzung längere Zeiträume zu benötigen als erwartet. Nach den bisherigen Ergebnissen ist zu erwarten, daß der Media-Park erst im wesentlichen fertiggestellt und in Nutzung sein muß, bevor das Umfeld erfaßt wird."[11] Nahezu alle bundesdeutschen PPP-Projekte befinden sich noch in der Umsetzungsphase; für umfassende Erfolgs- und Wirkungskontrollen ist es derzeit also zu früh.

In der PPP-Literatur aus dem anglo-amerikanischen Raum finden sich zahlreiche Aussagen über Ergebnisse und Konsequenzen, Erfolge und Mißerfolge von PPP-Projekten; die meisten der Analysen setzen an der Erfolgserwartung **"Problemlösekraft"** an.[12] Die Validität der gefundenen Ergebnisse scheint nur sehr bedingt gegeben: Die Erfassung von Kriterien wie "Verbesserung der kommunalen Wettbewerbsfähigkeit" oder "längerfristige Auswirkung auf die lokalen Arbeitsmärkte" ist mit beträchtlichen Operationalisierungs- und Zurechnungsproblemen verbunden; im Grunde handelt es sich bei den "summierenden"[13] Bewertungen um nicht nachkontrollierbare Zusammenfassungen von Einzelergebnissen unterschiedlicher Studien. Verstärkt wird die Problematik dadurch, daß sich vor allem solche Wissenschaftler um eine Erfolgsevaluation von PPP-Projekten bemüht haben, die der heutigen Form wachstums- und aufwertungsorientierter Stadtentwicklungspolitik sehr kritisch gegenüberstehen.[14] Darüber hinaus ist die Erfolgserwartung "Problemlösekraft" dem Denkansatz dieser

---

11 Bundesforschungsanstalt für Landeskunde und Raumordnung (Hrsg.): ExWoSt-Information zum Forschungsfeld "Städtebau und Wirtschaft" Nr. 05.15, Bonn 1995, S. 15 f.

12 Vgl. z. B. Strom, Elizabeth A.: Öffentlich-private Partnerschaften bei der Stadterneuerung und Stadtentwicklung in den USA - Fünf Fallbeispiele, in: Heinz, Werner (Hrsg.): Public Private Partnership - ein neuer Weg zur Stadtentwicklung?, (W. Kohlhammer/Deutscher Gemeindeverlag) Stuttgart u. a. 1993, S. 125-198, hier S. 146-153; vgl. auch Fainstein, Susan S.: The City Builders: property, politics and planning in London and New York, (Blackwell Publishers) Oxford and Cambridge 1994, S. 245-255; vgl. weiter Stephenson, Max O.: Whither the public private partnership: A critical overview, in: Urban Affaires quarterly, 27. Jg., 1991, Nr. 1, S. 109-127; vgl. weiter Heinz, Werner (Hrsg.): Public Private Partnership - ein neuer Weg zur Stadtentwicklung?, (W. Kohlhammer/Deutscher Gemeindeverlag) Stuttgart u. a. 1993, S. 519-530.

13 Vgl. zu dem Begriff Wottawa, Heinrich: Lehrbuch Evaluation, (Huber-Psychologie-Lehrbuch) Bern, Stuttgart, Toronto 1990, S. 31

14 Vgl. ähnlich Fainstein, Norman I.; Fainstein, Susan S.: Öffentlich-private Partnerschaften bei der Stadterneuerung und Stadtentwicklung in den USA, in: Heinz, Werner (Hrsg.): Public Private Partnership - ein neuer Weg zur Stadtentwicklung?, (W. Kohlhammer/Deutscher Gemeindeverlag) Stuttgart u. a. 1993, S. 65-124, hier S. 108 f.

Arbeit eher fremd; sie knüpft nicht unmittelbar an die Handlungsziele der Akteure an, sondern stellt diese selbst in Frage.

Der Hauptgrund, warum die vorliegende Arbeit sich auf die Erfolgssicht "**Marktdurchsetzung**" konzentriert, ist jedoch der, daß es letztlich immer der Markterfolg ist, an dem die Qualität eines Projektes realiter gemessen wird. Der Markterfolg der Projekte entscheidet auch darüber, als wie erfolgreich Public Private Partnership selbst angesehen wird. Das 'Scheitern' der bekannten PPP-(Vorzeige)-Projekte, allen voran das europäische Flagschiffprojekt Docklands in London, hat einige Beobachter zu der Aussage verleitet, daß die politische und ökonomische Idee von PPP gescheitert sei.[15] Ähnliche Einschätzungen sind vereinzelt auch in bezug auf die 'namhaften' deutschen PPP-Projekte zu vernehmen: das Kölner Projekt Media-Park und die Frankfurter Projekte Westhafen und Rebstock.

Dieser Attribuierungsansatz ist natürlich äußerst problematisch. Er berücksichtigt u. a. nicht, daß:

- in PPP-Arrangements oftmals sehr anspruchsvolle, schwierige Projekte angegangen werden, bei denen sich der Erfolg ungleich schwerer einstellt als bei 'gewöhnlichen' Vorhaben;
- die in den Projekten auftretenden Schwierigkeiten und Konstellationen typisch für Vorhaben dieser Art, speziell für Projekte dieser Größenordnung, sind und nicht primär einer Planungskultur angerechnet werden können, die sich der Public Private Partnership verschrieben hat;
- Aussagen über Projekterfolge und Projektwirkungen erst dann mit hinreichender Validität getroffen werden können, wenn die Projektentwicklung abgeschlossen und die Projekte in Nutzung sind.

Den wohl fruchtbarsten Zugang zu typischen Erfolgsproblemen und Erfolgshindernissen von PPP-Projekten bietet eine Auseinandersetzung mit konkreten Projektverläufen. Im nachfolgenden Kapitelabschnitt (II) wird an zwei Fallbeispielen auf Ursachen für Erfolgsschwierigkeiten eingegangen, die speziell mit der Idee von PPP und den kooperativen Organisations- und Finanzierungsmodellen zusammenhängen. Für das erste Untersuchungsprojekt, die Docklands in London, wurde vor allem auf die Interpretationsansätze von Susan Fainstein zurückgegriffen, die sich im Rahmen intensiver empirischer Studien eine eigene Meinung über die Erfolgshemmnisse des Projektes gebildet hat. Im zweiten Fallbeispiel, dem

---

[15] Vgl. Schubert, Dirk: Stadtplanung ohne Planung - die Docklands in London und die Aushebelung des englischen Planungssystems, in: Brech, Joachim (Hrsg.): Neue Wege der Planungskultur, Orientierungen in der Zeit des Umbruchs, (Verlag für wissenschaftliche Publikationen) Darmstadt 1993, S. 289-296, hier S. 294; vgl. auch Fainstein, Susan S.: The City Builders: property, politics and planning in London and New York, (Blackwell Publishers) Oxford and Cambridge 1994, S. 211.

Media-Park in Köln, baut die Analyse der (PPP-spezifischen) Erfolgsprobleme im wesentlichen auf den Erkenntnissen auf, die die Projektverantwortlichen selbst im Laufe des Entwicklungsprozesses gewonnen haben.

II. Die Marktdurchsetzung realisierter Projekte

1. Eine Fremd-Evaluation: Das Beispiel Docklands, London

In den Docklands, einem untergenutzten Hafenareal von 22 qkm Fläche in Nähe der Londoner City, initiierte die Regierung Thatcher Anfang der achtziger Jahre das größte Entwicklungsvorhaben Europas.[16] Mit dem Projekt "Canary Wharf", einem Büro- und Einzelhandelskomplex von rund 1,1 Mio. qm Nutzungsfläche, sollte ein neuer Standort für die "Headquarter" der internationalen Finanz- und Dienstleistungsbranche geschaffen werden; gleichzeitig sollte die Vision einer deregulierten, marktorientierten Stadtentwicklungspolitik unter der Maxime von "Public Private Partnership" ihre beispielhafte Realisierung finden.[17] Die Planungshoheit für das Gebiet wurde 1981 an die eigens gegründete "London Docklands Development Corporation" (LDDC) übertragen, ebenso das Eigentum an den zu entwickelnden Grundstücken.[18] Die Gebietsflächen wurden als "Enterprise Zone" ausgewiesen, um ihre Attraktivität als Investitionsstandort zu erhöhen.[19]

Für die Entwicklung des Mega-Projektes Canary Wharf konnte 1987 als Hauptinvestor das kanadische Unternehmen Olympia & York (O & Y) gewonnen werden. O & Y hatte die Entwicklung des World Trade Centers in New York erfolgreich durchgeführt und genoß den Ruf des weltweit größten und erfahrensten Developers. Die beiden Reichmann-Brüder, Eigen-

---

16 Über das Docklands-Projekt sind unzählige Studien veröffentlicht worden; die folgenden Angaben und Analysen gehen insbesondere zurück auf: Fainstein, Susan S.: The City Builders: property, politics and planning in London and New York, (Blackwell Publishers) Oxford and Cambridge 1994, S. 189-217; Brownill, Sue: Developing London's Docklands - Another great planning desaster?, (Paul Chapman Publishing Ltd.) London 1990; Schubert, Dirk: Stadtplanung ohne Planung - die Docklands in London und die Aushebelung des englischen Planungssystems, in: Brech, Joachim (Hrsg.): Neue Wege der Planungskultur, Orientierungen in der Zeit des Umbruchs, (Verlag für wissenschaftliche Publikationen) Darmstadt 1993, S. 289-296; Schmals, Klaus M.: Die Global-City London, Internationalisierung der Kapitalverwertung und Deregulierung der Stadterneuerungspolitik, in: Petz von, Ursula; Schmals, Klaus M. (Hrsg.): Metropole, Weltstadt, Global City - Neue Formen der Urbanisierung, Dortmunder Beiträge zur Raumplanung, Heft 60, hrsg. v. Institut für Raumplanung Universität Dortmund, Dortmund 1992, S. 101-126.

17 Die Deregulierungspolitik der Regierung Thatcher beinhaltete später als zentrale Maßnahmen 1. die Abschaffung des Greater London Council, der für Gesamt-London zuständigen Verwaltungs- und Planungsinstitution (1986), und 2. die Aufhebung der bis dahin streng reglementierten Zugangs- und Handelsbeschränkungen an der Londoner Börse, den sog. "Big Bang" (1986).

18 Das London Government Planning and Land Act von 1980 ermöglicht es der Regierung, neben den bestehenden Verwaltungsstrukturen neue Institutionen einzurichten, mit dem Ziel, Investitionen und Baumaßnahmen in bestimmten Planungsgebieten zu fördern. Neben der LDDC wurden in der Folgezeit weitere UDCs (Urban Development Corporations) für ähnliche Problemgebiete eingerichtet. Die Planungshoheit der Bezirkskörperschaften wurde durch diese Institutionen ausgehebelt; vgl. Fainstein, Susan S.: The City Builders: property, politics and planning in London and New York, (Blackwell Publishers) Oxford and Cambridge 1994, S. 193 f.

19 Für einen Investor ist die Gebietsausweisung als EZ mit einer weitgehenden Befreiung von Planungsauflagen und einer weitreichenden Befreiung von Steuern verknüpft.

tümer von O & Y, erwarben die Grundstücke zu einem Gesamtpreis von 8,2 Mio. Pfund und verpflichteten sich, bis 1992 zunächst 427.000 qm, später weitere 650.000 qm Gewerbeflächen zu erstellen.[20] Sie erklärten sich weiterhin bereit, einen Zuschuß von 150 Mio. Pfund für den Ausbau der Docklands Light Railway zu leisten, mindestens 500 ortsansässige Bauarbeiter einzustellen und zu schulen, 2 Mio. Pfund für lokale Schulen und Ausbildungseinrichtungen zu spenden und soziale Einrichtungen und öffentliche Plätze innerhalb des Projektes zu bauen. Um die Regierung zum Ausbau der für das Projekt dringend benötigten U-Bahn (Jubilee Line) zu bewegen, wurden zu einem späteren Zeitpunkt weitere 400 Mio. Pfund für die Unterstützung des mit 1,7 Mrd. Pfund veranschlagten Vorhabens zugesagt.

Nach Schätzungen von Experten führten die steuerlichen Vergünstigungen und die niedrigen Grundstückspreise dazu, daß O & Y die Gewerbeflächen zu etwa der Hälfte der Kosten erstellen konnte, die in der Londoner Innenstadt zu veranschlagen gewesen wären.[21] Der Kostenvorteil kam jedoch nicht zum Tragen, da die Flächen Anfang der neunziger Jahre auf den Markt kamen, zu einer Zeit, als dieser völlig zusammengebrochen war. Die Mieten in der Londoner City fielen ab 1989/90 'im Sturzflug', und die Leerstandraten erreichten ein nie gekanntes Niveau.[22] Trotz sehr günstiger Mieten und umfassender Incentive-Pakete gelang es O & Y nicht, die gewünschten "Anchor"-Mieter für eine Ansiedlung zu gewinnen.[23] Für Kenner des britischen Immoblienmarktes stellt sich das Akquisitionsproblem in erster Linie als "Mentalitätsproblem"; die kanadischen Developer hatten das Beharrungsvermögen eines britischen Unternehmers, der sich nur sehr schwer von seinem angestammten Firmensitz trennt, unterschätzt. Das Projekt krankte daran, daß es nicht gelang, den Standortmythos der Londoner City zu brechen und renommierte britische Firmen zu einem Standortwechsel zu bewegen.[24] Im Sommer 1992 waren erst 53 % der Büroflächen vermietet.

Die Bekanntgabe der Zahlungsunfähigkeit von O & Y im April 1992 war ein Desaster für das Projekt und seine 'Macher'. Die Kritiker des weltweit mit großem Interesse verfolgten

---

20 Das Docklands Consultative Commitee (DCC), zusammengesetzt aus Vertretern der betroffenen Bezirkskörperschaften, attackierte die LDDC aufgrund ihrer günstigen Grundstücksabgabe heftig. Es veranschlagte den vereinbarten Kaufpreis mit etwa 10 % des Marktwertes. Berücksichtigt man den später eintretenden Marktzusammenbruch, kann von einer eindeutigen Übervorteilung jedoch keine Rede mehr sein; vgl. Fainstein, Susan S.: The City Builders: property, politics and planning in London and New York, (Blackwell Publishers) Oxford and Cambridge 1994, S. 201.

21 Vgl. Fainstein, Susan S.: The City Builders: property, politics and planning in London and New York, (Blackwell Publishers) Oxford and Cambridge 1994, S. 197.

22 Vgl. zu den konkreten Zahlen Morling, Ian: Kollektiver Wahnsinn, Ursachen der Immobilienkrisen in England und Frankreich, in: Immobilien-Manager, o. Jg., 1995, Nr. 5, S. 48-52, hier S. 48; vgl. auch Fainstein, Susan S.: The City Builders: property, politics and planning in London and New York, (Blackwell Publishers) Oxford and Cambridge 1994, S. 60.

23 Schätzungsweise wurden etwa 200 Mio. Pfund allein in Ablösezahlungen investiert; vgl. Fainstein, Susan S.: The City Builders: property, politics and planning in London and New York, (Blackwell Publishers) Oxford and Cambridge 1994, S. 201.

24 Die Telegraph war der einzige britische Mieter, den O & Y zunächst gewinnen konnte; nahezu alle anderen akquirierten Firmen waren amerikanische, so American Express, Morgan Stanley, Bear Stearns und Texaco; vgl. Fainstein, Susan S.: The City Builders: property politics and planning in London and New York, (Blackwell Publishers) Oxford and Cambridge 1994, S. 202.

Projektes sahen sich darin bestätigt, daß eine direkte Kooperation von Regierung und Investoren mit einem Kurzschließen der üblichen Planungsvorgänge zwangsläufig in einem "Fiasko" enden müsse.[25] Fainstein kommt in ihrer Studie dagegen zu dem Ergebnis, daß es nicht das Kooperationskonzept an sich ist, dem die Probleme des Projektes anzulasten sind, sondern dessen inkonsequenter Umsetzung. Die Regierung hatte zunächst enorme Subventionssummen aufgebracht und beträchtliche Anstrengungen unternommen, um das Docklands-Projekt 'auf die Beine zu stellen'. Als die massiven Vermarktungsprobleme auftraten, verweigerte sie dem Projekt jedoch jegliche weitere Unterstützung und berief sich nunmehr auf die marktwirtschaftlichen Funktionsmechanismen, die für das Gelingen des Projektes verantwortlich seien.[26]

Wie eklatant diese Einstellung den Ideen einer kooperativen, gemeinsam alle Schwierigkeiten bewältigenden Projektentwicklung (Public Private Partnership) widerspricht, zeigt sich, wenn man das Vorgehen im Canary-Wharf-Projekt mit dem Vorgehen im La-Défense-Projekt in Paris vergleicht, einem ähnlich ambitionierten und großdimensionierten Entwicklungsvorhaben.[27] Die Regierung von Paris hatte zunächst die erforderliche Infrastruktur für das Projekt, einschließlich einem Gleisanschluß, zur Verfügung gestellt. Als sich Schwierigkeiten bei der Vermarktung der Büroflächen abzeichneten, wurde

- die Genehmigungspraxis in der Pariser Innenstadt streng restriktiv gehandhabt,
- das Vorhaben finanziell unterstützt und den Mietern Steuervorteile gewährt,
- ein Teil der Flächen übergangsweise für den Eigenbedarf angemietet - obwohl an anderen Standorten billigere Flächen zur Verfügung standen.

Die Londoner Regierung zögerte dagegen den Ausbau der U-Bahn-Linie stetig hinaus und weigerte sich, O & Y den versprochenen Eigenanteil zu erlassen. Auch lehnte sie es ab, regulierend auf die Ausweisung von neuen Gewerbeflächen Einfluß zu nehmen. Die Konkurrenzsituation zwischen den innerstädtischen Standorten verschärft sich derzeit. "Die alte Londoner City, personifiziert durch die Corporation of London, sieht in Canary Wharf inzwischen einen gefährlichen Rivalen. Sie vergibt daher neuerdings vermehrt Entwicklungs- und Baugenehmigungen, bei einer eher großzügigen Handhabung der Denkmalschutz-

---

[25] Vgl. Schubert, Dirk: Stadtplanung ohne Planung - die Docklands in London und die Aushebelung des englischen Planungssystems, in: Brech, Joachim (Hrsg.): Neue Wege der Planungskultur, Orientierungen in der Zeit des Umbruchs, (Verlag für wissenschaftliche Publikationen) Darmstadt 1993, S. 289-296, hier S. 294.

[26] Das Problem entstand nicht zuletzt dadurch, daß es die konservative Regierung unter Thatcher war, die das Projekt initiiert hatte und ihre Ideen einer neuen Stadtentwicklungspolitik darin verwirklichen wollte. Die konservative Regierung unter Major konnte sich weniger mit dem Projekt identifizieren; vgl. Fainstein, Susan S.: The City Builders: property, politics and planning in London and New York, (Blackwell Publishers) Oxford and Cambridge 1994, S. 211.

[27] Vgl. o.V.: La Défense forced on the defensive, in: The Daily Telegraph, 22. November 1994, S. 35.

bestimmungen, um ein Abwandern nach dem supermodernen Gebäudekomplex an der Themse zu verhindern."[28]

Erst in jüngster Zeit zeichnen sich wieder positive Entwicklungstendenzen in Canary Wharf ab. Die elf Gläubigerbanken, die das Projekt nach dem Konkurs übernommen hatten und seitdem in eigener Regie weiterführten, haben einem Rückverkauf an die Reichmann-Brüder zugestimmt.[29] Als Mieter konnten in letzter Zeit 'namhafte Adressen' wie die Credit Suisse und BZW, die Investment Bank der Barclays Bank, gewonnen werden; der Vermietungsstand lag im Sommer 1995 bei 73 % der in den ersten Ausbaustufen fertiggestellten 405 000 qm Gewerbefläche. Wichtig für die Akquisitionserfolge war die Zusicherung der Londoner Behörden, bis 1998 die Verlängerung der U-Bahn zu bauen. Inzwischen wird auch nicht mehr ausgeschlossen, daß das Projekt noch zu seiner ursprünglich geplanten Größe von 1,1 Mio. qm weiter entwickelt wird.[30]

2. Eine Selbst-Evaluation: Das Beispiel Media-Park, Köln

Der Media-Park ist ein Projekt der Stadt Köln und des Landes Nordrhein-Westfalen, um Stadt und Region als führenden Medien- und Technologiestandort Deutschlands zu etablieren.[31] Die Planungen für das 20 ha große Gelände des ehemaligen Güterbahnhofes Sankt Gereon in der Nähe der Kölner Innenstadt begannen 1985; 1988 wurde die Mediapark Entwicklungsgesellschaft mbH (MPK) gegründet.[32] An ihr beteiligten sich die Stadt Köln und das Land NRW mit je 25,05 %, der Privatmann Bernd Schäfers als "Medienfachmann" mit weiteren 25,05 %; die restlichen 24,85 % werden vom Land NRW treuhänderisch verwaltet. Ursprünglich waren die Anteile für weitere private Beteiligungen, bevorzugt für Unternehmer aus der Telematikbranche, vorgesehen; das Interesse der privaten Wirtschaft war jedoch gering. Mit der öffentlich-privaten Trägerstruktur verfolgten die Projektverantwortlichen insbesondere das Ziel, "die psychologische und ökonomische Standorteinschätzung und die gegenseitige Akzeptanz privater und öffentlicher Einrichtungen zu verbessern".[33]

---

28 Vgl. o.V.: Büroturm auf schwankendem Boden, Canary Wharf geht an Erbauer Reichmann zurück, in: Süddeutsche Zeitung, Nr. 197, 28. August 1995, S. 21.

29 Bei dem Verkauf sollen die Banken bis zu 95 % ihrer Auslagen in Höhe von rund 846 Mio. Pfund zurückerhalten; vgl. o.V.: Büroturm auf schwankendem Boden, Canary Wharf geht an Erbauer Reichmann zurück, in: Süddeutsche Zeitung, Nr. 197, 28. August 1995, S. 21; vgl. auch Pretzlik, Charles: Canary Wharf bidders helped by Reichmann, in: The Daily Telegraph, 21. Juni 1995, S. 24.

30 Vgl. Grigsby, John: Has the ship finally come in for Docklands, in: The Daily Telegraph, 17. März 1995, S. 33.

31 Die folgenden Angaben und Analysen basieren im wesentlichen auf Informationen von Herrn Klaus Pankoke, Geschäftsführer der Media-Park Entwicklungsgesellschaft, Gespräch am 23. März 1995 in Köln, sowie Herrn Werner Stüttem, Leiter Technologie und Medien im Amt für Stadtentwicklungsplanung der Stadt Köln, Gespräch ebenfalls am 23. März 1995 in Köln.

32 Vgl. zu der Idee des Projektes die Ausführungen im fünften Kapitel, B II.

33 (Vgl.) Vucko, Angela: Es ist nicht alles Gold ... Der Mediapark Köln als kommunale Zukunftssicherung, in: Immo-Real, Beilage der Frankfurter Allgemeinen Zeitung, Oktober 1994, S. 18-19, hier S. 18.

Aufgaben der MPK sind die Sicherstellung eines hochwertigen städtebaulichen Konzeptes sowie die Vermarktung der Grundstücke an private Investoren, die die Gebäude erstellen und vermieten. Von dem Privatmann Schäfers, vor seiner MPK-Tätigkeit Geschäftsführer der Münchner Filmgesellschaft "Neue Constantin", erhofften sich die öffentlichen Gesellschafter die schnelle Akquisition von Investoren aus der Film- und Medienbranche.

Im Frühjar 1995 ist die Vermarktungsphase nahezu abgeschlossen; es sind jedoch erst weniger als ein Drittel aller projektierten Gebäude erstellt. Für viele zeichnet sich auch in naher Zukunft keine Baufertigstellung ab. Die Projektinitiatoren mußten erhebliche Abstriche an der ursprünglichen Zeitplanung, der visionären Projektkonzeption und dem angestrebten Nutzungsmix machen. Nur wenige führende Firmen aus der Medien- und Telematikbranche konnten als Mieter gewonnen werden; es dominieren Nutzungen aus verschiedenen Gewerbe- und Dienstleistungszweigen.

Das zuerst erstellte Gebäude war mit Block 6 der Cinedom, Deutschlands größtes Kino. In seiner Nachbarschaft, im ebenfalls fertiggestellten Block 4, findet sich in kleinteiligen Strukturen die ursprüngliche Planungsidee des Media-Parks realisiert; angesiedelt sind dort die MPK-eigenen Projekte Teleport und Leonardo,[34] die Kunsthochschule für Medien, die Bayer-AG-Tochtergesellschaft Agfa, die RTL-Muttergesellschaft CLT und einige kleinere Werbe- und PR-Agenturen. Fertiggestellt bzw. kurz vor der Fertigstellung stehend sind weiterhin die Wohnblocks am anderen Ende des Parks, die etwa zur Hälfte bereits vermietet sind. Block 2 wird demnächst von der Stadtsparkasse Köln gebaut, die darin ihre eigene Kulturstiftung und die Produktionsräume des neuen Fernsehkanals Viva II unterbringt. Die Ansiedlung von Viva war ein langersehnter Erfolg in den Akquisitionsbemühungen der Stadt Köln, die im Standortkampf um die Deutsche Welle und RTL bereits 'den kürzeren gezogen hatte'. Der Preis für den Erfolg kommt in den subventionierten Mieten zum Ausdruck; Viva zahlt 13,- DM/qm.[35]

Ungewiß ist derzeit der Baubeginn von Block 3; die Victoria-Versicherung hat ihre Pläne für hochwertige Büroräume angesichts des Mietpreisniveaus in der Stadt Köln bereits deutlich 'abgespeckt'. Block 5 wird derzeit nicht in Bau genommen, da der Grundstückserwerber sich in finanziellen Schwierigkeiten befindet. Aus dem gleichen Grund wurden die Bauarbeiten für Block 1 mittlerweile eingestellt. Auf die Vermietungschancen der bereits fertiggestellten Flächen wirkt sich die Großbaustellte Media-Park verheerend aus. Ein Investor hat

34 Teleport, deren Mehrheitsgesellschafterin die Deutsche Bundespost ist, gewährleistet die telekommunikative Versorgung des Gebietes von der ISDN-Vernetzung bis zur Übertragung von Videokonferenzen. Leonardo ist ein Computerkunstprojekt, das Kölner Videokünstlern günstige Arbeitsmöglichkeiten zur Verfügung stellt.

35 Als Marktmiete müßte mindestens der doppelte Preis veranschlagt werden; vgl. hierzu auch o.V.: Block Eins besteht in Rudimenten, Kölner Media-Park-Projekt wird vom Pech verfolgt, in: Immobilien-Zeitung, Nr. 17, 10. August 1995, S. 14.

mittlerweile Klage gegen die MPK beim Landgericht Köln wegen "Wegfalls der Geschäftsgrundlage" erhoben; der Streitwert beträgt 13 Mio. DM.[36]

Dennoch hat sich das Projekt Media-Park nach Einschätzung von Stüttem und Pankoke für die Stadt "in jedem Fall bezahlt gemacht". Der Ruf Kölns als Medienstandort sei gefestigt worden, was sich derzeit auch in zahlreichen technologie- und medienbezogenen Investitionen außerhalb des Media-Parks zeige.[37] Der schleppende Projektverlauf und das mangelnde Interesse der Investoren werden auf die ungünstigen externen Rahmenbedingungen zurückgeführt:

- die Strukturkrise in der Telematikbranche seit 1989, die Unternehmen wie IBM, Nixdorf und Siemens zu drastischen Desinvestitionen veranlaßte,
- die deutsche Wiedervereinigung, die das Investitionsinteresse von Anlegern verstärkt in den Osten lenkte,
- die Hauptstadtentscheidung für Berlin, die zu einem Überangebot von Büroflächen im Raum Köln-Bonn führte,
- die ab dem Jahr 1992 eingetretene Konjunkturflaute auf dem deutschen Immobilienmarkt.

Neben den externen Bedingungen macht der derzeitige MPK-Geschäftsführer, Pankoke,[38] Schwächen in der Konzeption des PPP-Arrangements und in der Gestaltung der Vertragsbeziehung zu den Investoren aus, die einem zügigen und effektiven Projektablauf im Wege standen bzw. heute noch stehen:

1. die Regelung der Eigentümerstruktur im Entwicklungsprozeß, die der MPK keine Möglichkeiten bietet, den (weiteren) Projektverlauf zu steuern;
2. die Integration eines privaten Partners in die Trägerstruktur, dessen Interessenlage mit der der Stadt nicht kompatibel war.

zu 1.: Die MPK fungiert als Grundstücksvermarktungsgesellschaft, d. h. sie verkauft die parzellierten Grundstücksflächen an Investoren, die sie bebauen und selbst Mieter suchen. Aufgrund der starken rechtlichen und wirtschaftlichen Position der Grundstückseigentümer hat die MPK nach erfolgtem Verkauf de facto keine Möglichkeit mehr, die Weiter-

[36] Vgl. o.V.: Media-Park in Köln nicht mehr als ein Torso, in: Süddeutsche Zeitung, Nr. 163, 18. Juli 1995, S. 20.

[37] Die Produktionsfirmen haben sich aufgrund des Kostenfaktors eher am Stadtrand von Köln angesiedelt, die Kreativen aufgrund des Ambientes eher in der Kölner Südstadt; vgl. hierzu auch Vucko, Angela: Es ist nicht alles Gold ... Der Mediapark Köln als kommunale Zukunftssicherung, in: Immo-Real, Beilage der Frankfurter Allgemeinen Zeitung, Oktober 1994, S. 18-19, hier S. 18.

[38] Seit Ende 1992 ist Herr Klaus Pankoke alleiniger Geschäftsführer der MPK. Zu der Zeit, als der private Partner, Bernd Schäfers, noch Geschäftsführer der MPK war, agierte neben ihm ein anderer Geschäftsführer seitens der Stadt, Herr Utz Ingo Küpper.

entwicklung des Projektes zu beeinflussen, so beispielsweise auf die Einhaltung des angestrebten Nutzungsmixes und die Akquisition attraktiver Mieter hinzuwirken. Die ursprüngliche Idee eines Vermieterpools mit gemeinsamer Auswahl der Mieter liegt fernab der wirtschaftlichen Realität, in der die Investoren froh sind, überhaupt Mietinteressenten zu vertretbaren Preisen zu finden.

Nach Einschätzung von Pankoke wäre eine Modellkonzeption günstiger gewesen, in der die MPK Alleineigentümerin der Grundstücksflächen geblieben wäre. Zumindest wäre es sinnvoll gewesen, bei einem Grundstücksverkauf die Investoren zum Beitritt in eine Investorengesellschaft zu verpflichten, die ihrerseits über einen Geschäftsbesorgungsvertrag die MPK für ihre Tätigkeiten beauftragt.[39] Neben der besseren rechtlichen Position der MPK und einer für die Stadt günstigeren Finanzierungsregelung hätte in einem solchen Modell ein laufendes Betreibermanagement durch die MPK sichergestellt sowie das Eigentum an den unrentierlichen Infrastrukturanlagen im Projekt zweckmäßiger geregelt werden können.

Derzeit ist die Stadt Köln Eigentümerin der in großem Umfang vorhandenen Grünanlagen und für deren Erhaltung und Pflege zuständig. Die dabei entstehenden Kosten werden anteilig auf die Investoren umgelegt und von der Stadt eingezogen. Dies ist eine für die Stadt aufwendige und insgesamt konfliktträchtige Regelung; bereits mehrfach wurden Beschwerden über zu hohe Nebenkostenabrechnungen eingereicht. Eigentümerin der Tiefgarage, der Erschließungsanlagen und des Geländes um den See ist die MPK selbst. Diese Eigentumsregelung hat sich insofern als sehr problematisch herausgestellt, als die MPK für ihre Besitztümer die Haftungsrisiken trägt und zur Bildung von Rücklagen für Schadensfälle verpflichtet ist. Obwohl die MPK keine Managementaufgaben im Projekt wahrnimmt, kann sie nach Abschluß ihrer Vermarktungstätigkeit nicht aufgelöst werden, sondern muß als Verwaltungs- und Betriebsgesellschaft fortbestehen und dabei beträchtliche Kapitalreserven aufrechterhalten. Mit einer Konstruktion, in der die Investoren Teileigentum an den unrentierlichen Infrastrukturanlagen erwerben, hätten die Schwierigkeiten umgangen und gleichzeitig ein Interesse der Investoren am Werterhalt der Anlagen erzeugt werden können.

zu 2.: Für die Stadt Köln und das Land NRW ist das Media-Park-Projekt Bestandteil einer strukturpolitischen Initiative; ein Interesse an Gewinnerzielung besteht nicht. So leistete das Land für das Projekt einen Zuschuß in Höhe von 27 Mio. DM für Erschließungsarbeiten und Projektstudien; die Stadt kaufte das Grundstück für ca. 36 Mio. DM von der Bundesbahn und ließ sich von der MPK lediglich die Hälfte des Kaufpreises erstatten.[40]

---

39 Ein solche Regelung mit Geschäftsbesorgervertrag wird derzeit auch im Projekt Osthafen in Frankfurt angedacht; vgl. zur Investorengemeinschaft auch die Ausführungen im siebten Kapitel, C III.

40 Die Erlassung des halben Kaufpreises erklärt sich dadurch, daß nur die Hälfte der Flächen für eine Bebauung vorgesehen ist.

Durch die Subventionierung standen Rentabilitätsüberlegungen des Projektes außer Frage; Privatmann Bernd Schäfers ging mit seiner Gesellschaftsbeteiligung nahezu kein Risiko ein. Für seinen 25-prozentigen Anteil zahlte er 800.000 DM (25 % am Stammkapital von 3,2 Mio. DM) und erwarb sich den Anspruch auf 25 % des Gesellschaftsvermögens. Als einer der beiden MPK-Geschäftsführer hatte er maßgeblichen Einfluß auf die Grundstücksvermarktung; auf sein Betreiben hin wurde ein Großteil der Flächen gewinnbringend an Versicherungs- und Immobilienunternehmen verkauft. Die Sicherstellung des angestrebten Mietermix rückte demgegenüber in den Hintergrund.[41] Auch wirkte er massiv darauf hin, daß in den Jahresabschlüssen der MPK eine hohe Gewinnausweisung erfolgte, um den Wert seiner Beteiligung zu erhöhen. Der Beitrag Schäfers zu den bisherigen Akquisitionserfolgen wird sehr verhalten beurteilt; lediglich die Errichtung des Cinedom wird eindeutig seiner Initiative zugeschrieben. Negative Einflüsse werden dagegen zahlreiche aufgeführt, u. a. ein katastrophal verlaufenes "Filmfestival NRW", das er im Herbst 1990 mit einem Etat von 3,6 Mio. DM organisiert hatte.[42]

Das mißlungene Filmfestival, der Ärger über die immensen Aufwendungen, die Bernd Schäfers als Geschäftsführer der MPK produzierte, sowie die Streitigkeiten wegen eines von ihm erwirkten Andienungsrechtes[43] führten mit dazu, daß er seine Tätigkeit als Geschäftsführer der MPK 1991 beenden mußte. Seine Gesellschafterbeteiligung bestand zunächst weiter. Um die andauernden Querelen mit Schäfers zu beenden, erklärte sich die Stadt 1994 zu einem Ankauf der Anteile zum Preis von 5 Mio. DM bereit.[44]

Rückblickend wertet es Pankoke als großes Versäumnis, daß zu Beginn der Zusammenarbeit die Frage nach den Interessen Schäfers' an einem Engagement im Projekt nie gestellt wurde und daß auch seine Fähigkeiten zum Management eines solchen Projektes nie zur Diskussion standen. Der Zusammenschluß der Beteiligten in einer gemeinsamen Projektgesellschaft, vor allem auch die Regelung über die Bestellung zweier gleichberechtigter Geschäftsführer, haben sich als sehr konfliktbeladene Konzepte erwiesen.[45] "Für die Nutzung des Markt-Know-hows privater Unternehmer sind

41 Die Grundstücksverkäufe erfolgten in den Jahren um 1990 und damit zu einer Zeit, in der die Immobilienpreise Spitzenwerte erreichten; vgl. hierzu auch Sauga, Michael: Münchner im Himmel, der Kölner Media-Park, in: Wirtschaftswoche, Nr. 21, 17. Mai 1991, S. 27-31, hier S. 28.

42 Vgl. hierzu auch Vucko, Angela: Es ist nicht alles Gold ... Der Mediapark Köln als kommunale Zukunftssicherung, in: Immo-Real, Beilage der Frankfurter Allgemeinen Zeitung, Oktober 1994, S. 18-19, hier S. 19.

43 Im Jahr 1990, als die MPK aufgrund zahlreicher Grundstücksverkäufe über ein hohes Vermögen verfügte, erwirkte sich Schäfers einen Vertrag, in dem sein Andienungsrecht auf die Auszahlung seines Anteils in einem festgesetzten Wert von 12,8 Mio. festgeschrieben wurde. Die von ihm zu erbringende Gegenleistung war die Akquisition von RTL. Da RTL sich inzwischen von seinem Ansiedlungsinteresse distanziert hatte, entfiel der 'Deal'. Es kam zu Konflikten, da Schäfers auf der Auszahlung beharrte, seine Leistung sei schließlich objektiv unmöglich geworden.

44 Vgl. zu der angegebenen Summe Vucko, Angela: Es ist nicht alles Gold ... Der Mediapark Köln als kommunale Zukunftssicherung, in: Immo-Real, Beilage der Frankfurter Allgemeinen Zeitung, Oktober 1994, S. 18-19, S. 18.

45 Vgl. zu den Problemen der Geschäfsführerregelung das politische Spiel "Aufbau eines Einflußbereiches" im sechsten Kapitel, E I 2.

schuldrechtlich geregelte Formen der Zusammenarbeit grundsätzlich geeigneter als gesellschaftsrechtlich verankerte. Das Beziehungsverhältnis ist klarer geregelt, und im Konfliktfall ist eine Trennung leichter möglich."[46]

III. Erfolgsfördernde und erfolgshemmende PPP-Charakteristika

Eine Projektentwicklung als Public Private Partnership scheint zunächst ein sehr geeignetes Konzept, um substantielle und kreative Gesamtstrategien für ein Vorhaben zu entwerfen. Öffentliche und private Ideen und Ressourcen werden gebündelt, überholtes "Business-as-usual-Denken" aufgebrochen, unternehmerisches Know-how mit öffentlicher Gemeinwohlverantwortung kombiniert. Die Chancen für ein besonders erfolgreiches Projekt liegen vor allem in folgenden Wahrnehmungs- und Aktionshorizonten begründet:

1. **Die Ermittlung realistischer Potentiale**: Die Auslotung von Handlungsoptionen orientiert sich in einer PPP an den Aktionsmöglichkeiten und Aktionszwängen des Marktes. Durch die frühe Einbindung von privatwirtschaftlichem Know-how konzentriert sich die Analyse von Grundstücksverwertungschancen von Beginn auf das wirtschaftlich, technisch und finanziell Machbare und meidet illusorische Ideen.
2. **Die Projektierung marktfähiger Konzepte**: Auch die Projektplanungen sind im PPP-Arrangement an der Funktionslogik des Marktes ausgerichtet. Das praktische Erfahrungswissen der Partner aus der Wirtschaft bildet die Voraussetzung dafür, daß alle Handlungsfelder der Projektentwicklung auf Möglichkeiten der Wertschöpfungserhöhung, der Kostensenkung und der Verfahrensbeschleunigung hin untersucht werden. Über eine Mischkalkulation lassen sich unrentierliche Teilnutzungen durch rentierliche Teilnutzungen an anderer Stelle des Projektes finanzieren; es eröffnen sich Möglichkeiten, Nutzungs- und Gestaltungsvorstellungen der lokalen Politik und Bevölkerung in ein insgesamt marktgängiges Projektvorhaben zu integrieren.
3. **Die synergetische Vermarktung**: In einer PPP können Erfahrungen und 'Beziehungen' beider Partner für eine erfolgreiche Investoren- und Mieterakquisition genutzt werden. Die privaten Unternehmer verfügen in der Regel über vielzählige Marktkontakte und bewährte Vermarktungsstrategien; das Engagement politischer Führungspersönlichkeiten ist demgegenüber oftmals für die Gewinnung bedeutender "Anchor"-Mieter unerläßlich. Darüber hinaus eignen sich Begriff und Sache von PPP selbst für eine PR-wirksame Einbindung in das Vermarktungskonzept.[47]

46 Aussage von Herrn Klaus Pankoke, Geschäftsführer der Media-Park Entwicklungsgesellschaft, Gespräch am 23. März 1995 in Köln.

47 Vgl. hierzu die Ausführungen im fünften Kapitel, D I.

4. **Die Integration der Standortbedingungen**: In einer PPP stellen Planungsrecht und Standortqualität keine vorgegebenen, unveränderbaren Rahmenbedingungen dar; sie werden vielmehr in Zusammenarbeit zwischen Planungsträger und Vorhabenträger korrigiert und auf das Gesamtvorhaben hin optimiert. Dies ermöglicht ein 'ideales' Einfügen des Projektes in den komplexen Stadtzusammenhang, was eine wichtige Bestimmungsgröße für umfassende Projektakzeptanz ist.[48]

5. **Die Koordination der Umfeldinteressen**: Durch die frühe Beteiligung von Politik und Verwaltung an den Planungskonzeptionen kann das Projekt in die kommunalpolitischen Zielvorstellungen eingebunden werden; gleichzeitig wird die frühe Auseinandersetzung mit den Interessen der Bevölkerung und der Nachbarn gefördert. Die Koordinationsstrategien minimieren Komplikationen im Entwicklungsverlauf und sind ebenfalls wichtige Bestimmungsgrößen für eine umfassende Projektakzeptanz.

6. **Die unkonventionellen Lösungsansätze**: In einer PPP stoßen Systeme mit sehr unterschiedlicher Handlungslogik und Akteure mit sehr unterschiedlichen Interessen aufeinander; die privaten Partner sind in der Kooperation gezwungen, sich mit kommunalen Problemen auseinanderzusetzen. Die wechselseitige Kommunikation, Information und Transaktion fördert die Genese neuartiger Problemlösungen auf allen Ebenen eines Entwicklungsvorhabens. Die Chancen, perspektivische und funktionale Handlungsbeschränkungen zu überwinden, eröffnen sich vor allem in Verbindung mit dem verhandelnden, konzertierten Interaktionsstil der Kooperanden.

Die Hoffnung auf 'bessere', 'intelligentere', allseits akzeptierte und damit erfolgreichere Projekte durch Public Private Partnership erweist sich jedoch oftmals als illusorisch. In der Praxis lassen sich vielzählige Entwicklungen beobachten, die eher für die Vermutung sprechen, daß die Realisierung eines erfolgreichen Projektes in einer PPP besonders gefährdet ist:

1. **Die Ausschaltung von Marktmechanismen:** Die öffentliche Hand verspricht sich von Entwicklungsvorhaben wirtschaftliche Wachstumsprozesse und neue städtische Attraktivität. Sie initiiert und projektiert daher verstärkt selbst Vorhaben, für deren Umsetzung sie Kooperationspartner aus der Wirtschaft sucht. Deren Engagement im Projekt beruht meist nicht auf den besonderen Marktchancen eines Vorhabens, sondern auf der Aussicht, 'lukrative' Aufträge zu erhalten oder Verfügungseigentum über Grundstücke zu erlangen bei gleichzeitiger Bereitstellung von Finanzierungshilfen und Übernahme von Projektrisiken durch die öffentliche Hand.

48 Vgl. hierzu auch Schriever, Wolf: Projektentwicklung als kommunale Handlungsstrategie, Vortrag anläßlich des ebs-Immobilien-Professional-Collegs am 3. März 1994 in Berlin, unveröff. Vortragsmanuskript, S. 2.

2. **Die Subventionierung ungeeigneter Konzepte**: Ein ähnliches Subventionsproblem stellt sich, wenn die öffentliche Hand über ein privates Projektvorhaben entscheidet. Da das notwendige Markt-Know-how für die Beurteilung der Projektplanungen vielfach fehlt, besteht die Gefahr, daß öffentliche Gelder und Grundstücke für sehr zweifelhafte Konzepte zur Verfügung gestellt werden, mit dann oft problematischen bis 'desaströsen' Ergebnissen. Vor allem in den neuen Bundesländern sind vertrauensvolle Bürgermeister in einer (vermeintlichen) Public Private Partnership Opfer "skrupelloser Geschäftemacher" geworden.[49] Aber auch in den alten Bundesländern glauben die Stadtverantwortlichen gern "vollmundigen Versprechungen" und bunten Bildern, die jeder realistischen Marktgrundlage entbehren.[50]

3. **Die Teilung von Verantwortlichkeiten**: Die Verleitung zur Realisierung von Projekten, deren Markterfolg äußerst ungewiß ist, liegt auch in der PPP-spezifischen Handlungsstrategie des Zusammenschlusses in Konsortien begründet. Mit der Teilung von Verantwortung und der Minimierung finanzieller Risiken gibt es für den einzelnen Akteur im Projekt nicht viel zu gewinnen oder zu verlieren; er hat nur eine geringe Motivation, das Projekt im Vorfeld ausgiebig zu prüfen und mit allen ihm zur Verfügung stehenden Kräften zum Erfolg zu führen. Ein Projektentwickler gibt in diesem Zusammenhang ein aufschlußreiches Statement: "Wir sind nur unter der Voraussetzung in das PPP-Projekt eingestiegen, daß sich noch mehrere andere private Partner daran beteiligen. Die Gefahren, bei einer alleinigen Beteiligung in die negativen Schlagzeilen zu geraten, ist zu groß."[51]

4. **Die Einigung auf Kompromißlösungen**: Die zu realisierende Projektkonzeption, auf die sich die beteiligten Partner einigen, stellt notwendigerweise eine Kompromißlösung dar, in der sich viele verschiedene Wünsche und Vorstellungen mischen. Ofmals müssen so viele Anforderungen "sine qua non" in ein Projekt integriert werden, daß klare, griffige Konzepte und einfache, effektive Problemlösungen nicht mehr möglich sind.

5. **Die Ignoranz gegenüber dem Umfeld:** Beim gemeinsamen Erarbeiten der Projektkonzeption neigen die Partner dazu, ihre eigenen Interessen und Belange in den Mittelpunkt zu stellen und die Ziele und Vorstellungen Außenstehender zu vernachlässigen. Ihre enge persönliche Bindung vermittelt den Kooperanden ein Gefühl der Stärke und Sicherheit, verbunden mit der Überzeugung, daß einer erfolgreichen Projektabwicklung nichts im Wege stehen kann.[52] Das "Wiegen in Sicherheit" ist einigen kooperativen

---

49 Aussage von Herrn Hermann Laistner, Geschäftsführer der Ingenieurgesellschaft für Projektsteuerung, Ökologische Entwicklungsplanung und Technologietransfer mbH (POET), Lauchheim, Gespräche u. a. am 05. Mai 1994 in Lauchheim und am 08. Februar 1995 in Bonn.

50 Aussage von Herrn Schneermann, ECE Projektmanagement GmbH, Hamburg, Gespräch am 13. Dezember 1994 in Hamburg.

51 Vertrauliche Aussage eines Gesprächspartners.

52 Vgl. hierzu auch das Interview-Protokoll mit Dr. Schriever, in: Wagner, Thilo: Public Private Partnership im Rahmen der Immobilienprojektentwicklung, Diplomarbeit an der European Business School, Schloß Reichartshausen am Rhein 1993, Anhang, S. 3.

Planungsvorhaben zum Verhängnis geworden. Ein Beispiel ist das Projekt Companile im Frankfurter Bahnhofsgebiet, dessen Planungsstand fast schon Baureife erreicht hatte, als die Realisierung doch noch an einer fehlenden nachbarschaftsrechtlichen Genehmigung scheiterte.[53]

6. **Die Dominanz der Management- gegenüber der Leistungsprogrammebene**: In den Strategiediskussionen eines PPP-Arrangements sind es meist die Fragen der organisatorischen Projektabwicklung und der Aufgaben-, Kosten- und Risikoverteilung zwischen den Partnern, die im Mittelpunkt stehen. Demgegenüber werden Aspekte der inhaltlichen Projektkonzeption, der Zielgruppenorientierung und der Marktbearbeitung in den projektvorbereitenden Verhandlungen oft vernachlässigt. "Es wird immer über die Frage lamentiert, wie machen wir es, dabei müßte im Mittelpunkt stehen, für wen entwickeln wir das Projekt und was machen wir genau."[54]

C. Die Evaluation der Innovationspotentiale von PPP-Arrangements

Die Einschätzung des Innovationspotentials von PPP variiert in Praxis und Literatur über ein weites Spektrum. Welche Neuerungen und Veränderungen dem Konzept zugeschrieben werden, hängt einerseits wohl davon ab, ob der Beobachter mehr das im Auge hat, was "vorher noch nie gemacht wurde", oder das, was "öfter gemacht" oder "anders gedacht" wird, oder ob er gar das zugrunde legt, was unter dem Handlungsleitbild "anders zu denken und zu tun" wünschenswert wäre. Und andererseits gibt es wohl immer solche, die ein neues politisch-soziales 'Phänomen' nach der Devise beurteilen "Es ist nichts Neues unter der Sonne" und solche, die darin gleich eine neuen "Königsweg" erkennen.

Die Schwierigkeiten, das Innovationspotential von PPP zu eruieren, liegen wesentlich darin begründet, daß keiner so genau weiß, was PPP ist und was als PPP gelten kann und soll, dies jedenfalls dann, wenn PPP mit 'weichen' Definitionskriterien erfaßt wird. So gilt es nicht nur, neue Organisations- und Finanzierungsmodelle zu entdecken, sondern auch eine neue Handlungsphilosophie und neue Umgangsformen. Diese sind natürlich Bestandteil weiterreichender Veränderungen im wirtschaftlich-politischen Umfeld, so daß eine Sondierung des speziell PPP-Spezifischen oftmals schwierig ist.

Im zweiten Kapitel (D I) wurde der Forschungsgegenstand der vorliegenden Arbeit 1. dahingehend abgegrenzt, daß Projektentwicklungen untersucht werden sollen, die die

---

53 Angaben von Herrn Christian Lange, Handlungsbevollmächtigter der Philipp Holzmann AG, Frankfurt a. M., Gespräch am 13. Oktober 1995 in Frankfurt a. M.

54 Aussage von Herrn Hermann Laistner, Geschäftsführer der Ingenieurgesellschaft für Projektsteuerung, Ökologische Entwicklungsplanung und Technologietransfer mbH (POET), Lauchheim, Gespräche u. a. am 05. Mai 1994 in Lauchheim und am 08. Februar 1995 in Bonn.

traditionelle Aufgaben- und Zuständigkeitsverteilung im Städtebau überwinden, und 2. dahingehend präzisiert, daß privatwirtschaftlich durchgeführte Projekte mit kommunalen Leistungsübernahmen sowie Zusammenschlüsse in gemischt-wirtschaftlichen Projektentwicklungsgesellschaften die thematischen Schwerpunkte der Untersuchung bilden. Für diese neuen Kooperationstypen zeigen sich Unterschiede zu den klassischen Formen der Zusammenarbeit vor allem in folgenden Merkmalen:

1. **die Dauerhaftigkeit und Intensität der Bindungen**: Die PPPs sind auf eine längerfristige Zusammenarbeit angelegt, die nicht mit der Erteilung der Baugenehmigung an den Investor endet. Die Notwendigkeit einer engen Kooperation im gesamten Planungs- und Baudurchführungszeitraum ergibt sich vor allem aus der Vielzahl von städtischen Funktionen, die durch ein großes Entwicklungsvorhaben tangiert werden, sowie aus der Übernahme kommunaler Aufgaben durch den Developer, deren ordnungsgemäße Erledigung die Kommune zu verantworten hat.

2. **die hohe gegenseitige Abhängigkeit der Partner**: Während die traditionellen Kooperationsbeziehungen eher durch einseitige Abhängigkeiten gekennzeichnet waren, bedingen die Charakteristika von PPP-Projekten und die arbeitsteilige Leistungserbringung hohe gegenseitige Abhängigkeiten. Dies zeigt sich bereits bei der Projektinitiierung: Der private Investor erbringt in Erwartung der Projektrealisierung Vorleistungen, ohne daß bereits Planungs- oder zumindest Kooperationssicherheit besteht. Die öffentliche Hand stimmt ihre städtebaulichen Planungen auf die Vorstellungen eines einzelnen privaten Vorhabenträgers ab und verkauft u. U. Grundstückseigentum, ohne die Maßnahmendurchführung nachhaltig sichern zu können.

3. **die Offenheit vertraglicher Regelungen**: Aufgrund der Komplexität und der hohen Umfeldabhängigkeit großer Entwicklungsvorhaben verursacht die vertragliche Fixierung der Leistungsverpflichtungen der Partner einen großen Zeit- und damit Kostenaufwand. Teils werden Regelungselemente bewußt offen und flexibel gestaltet, um Anpassungen an Veränderungen zu ermöglichen; teils werden Vertragswerke erst schrittweise mit fortschreitendem Planungsstand konkretisiert. Explizit oder implizit werden Einigungen über die Art und Weise getroffen, wie man sich von Fall zu Fall neu zu arrangieren beabsichtigt.

4. **die Institutionalisierung der Kooperationen**: Die hohe gegenseitige Abhängigkeit der Partner und die Schwierigkeiten einer Vorab-Definition aller Leistungen sind mit ausschlaggebende Gründe für den Zusammenschluß der Kooperanden in gemischtwirtschaftlichen Projektentwicklungsgesellschaften. Diese bislang eher unüblichen öffentlich-privaten Projektträgerschaften sind in der Regel mit Kapitalbeteiligungen und Risikoübernahmen beider Partner sowie gemeinsamen Geschäftsführungsbefugnissen oder

zumindest Einflußnahmen auf die Geschäftsführung verknüpft. Bei privater Projektträgerschaft gewinnt die Institutionalisierung von gemischt-wirtschaftlichen Aufsichtsräten und öffentlichen Fachbeiräten an Bedeutung.

5. **die Aufgabenverschiebung im Entwicklungsprozeß**: In den PPPs übernehmen private Unternehmer oder gemischt-wirtschaftliche Entwicklungsgesellschaften die Durchführung bzw. Finanzierung der traditionell kommunalen Aufgaben eines Entwicklungsvorhabens: die Projektplanung, die Grundstücksaufbereitung, die Bodenordnung, die Erschließung und die Erstellung der Folgeinfrastruktur. Wurden in der traditionellen Projektentwicklung eher Einzelaufgaben an private Vorhabenträger delegiert, so werden in den PPP-Arrangements komplexe 'Maßnahmenpakete', teils auch mit Risikoübernahmen, übertragen.

6. **die Beteiligung der Kommunen an den Planungsgewinnen**: In den PPP-Arrangements erklären sich die Eigentümer von zu entwickelnden Grundstücken bereit, die Kommune an planungsbedingten Bodenwertsteigerungen zu beteiligen. Dies erfolgt in der Regel durch die Übernahme von Kosten innerhalb des Projektes. In den Fällen, in denen die Kommune (Alt-)Grundstückseigentümerin der Flächen ist, gewinnen Wertsteigerungsverkäufe mit nachträglichen Ausgleichszahlungen als Form der Planungsgewinnbeteiligung an Bedeutung.

7. **die Mischung von hoheitlichen und unternehmerischen Funktionen auf seiten der öffentlichen Hand**: In gemischt-wirtschaftlichen Entwicklungsgesellschaften fungiert die öffentliche Hand gleichzeitig als hoheitliche Planungsträgerin und als Gesellschafterin einer privatwirtschaftlich agierenden Entwicklungsgesellschaft. Die Gewinnorientierung ist der klassischen öffentlichen Projektträgerschaft fremd.

8. **die Mischung von Geschäftsbesorgungs- und Risikogeschäft auf Seiten der privaten Unternehmer**: Waren die privaten Unternehmen früher entweder als Dienstleister für die öffentliche Hand oder aber als Entwickler auf Eigenrisiko tätig, so werden in den Entwicklungsgesellschaften die Funktionen vermischt. Als Gesellschafter einer Entwicklungsgesellschaft übernimmt der Private unternehmerisches Teilrisiko, gleichzeitig erhält er seine erbrachten Leistungen als Geschäftsbesorger vergütet.

9. **die stärker kondominiale als hierarchische Steuerung**: Mit dem neuen Rollenverständnis der Akteure einher geht ein Bedeutungsverlust hierarchischer Steuerungsmechanismen. Die öffentliche Hand als Planungsträgerin nutzt verstärkt korporative, marktnahe und 'weiche' Instrumente zur Durchsetzung ihrer Ziele im Entwicklungsprozeß, so Anreize, Überzeugungspolitiken, Austauschprozesse und Abreden.[55]

---

[55] Vgl. zur kondominialen Steuerung Schuppert, Gunnar Folke: Verwaltungswissenschaft als Steuerungswissenschaft - Zur Steuerung des Verwaltungshandelns durch Verwaltungsrecht, in: Hoffmann-Riem, Wolfgang (Hrsg.): Reform des allgemeinen Verwaltungsrechts, (Nomos) Baden Baden 1993, S. 65-114, hier S. 89-91.

10. **das stärker konsensorientierte als hoheitliche Entscheiden**: In den PPPs verliert die einseitig hoheitliche Verwaltungsentscheidung gegenüber der gemeinsamen Suche nach kompromißfähigen Problemlösungen an Bedeutung. Im Gegensatz zu den seit jeher üblichen informellen Formen des 'Deal-makings' bekennt sich die öffentliche Hand in den PPPs offener zu dem von ihr praktizierten Verhandlungs- und Konsensprinzip, auch dazu, daß sie die Einleitung eines Planungsverfahrens von entsprechenden Gegenleistungen des Planungsbegünstigten abhängig macht. Nur vereinzelt sind auch Bemühungen erkennbar, die Verhandlungsverfahren und Verhandlungsergebnisse für die Öffentlichkeit transparenter zu machen.

11. **die ausgeprägte Modularität der Kooperationsmodelle**: Die Kooperationsmodelle setzen sich aus vielen einzelnen Bausteinen von management-, finanzierungs- und Burden-sharing-bezogenen Regelungen zusammen, die isoliert oder kombiniert miteinander eingesetzt werden. In der Praxis bilden sich immer wieder neue Modellvarianten aus, deren Einordnung und Bewertung einer detaillierten Analyse bedarf.

12. **die Kopplung defensiver und offensiver Strategieelemente**: Der defensive Charakter der PPPs kommt darin zum Ausdruck, daß die Beteiligten sich weniger aus Freiwilligkeit, als aus dem Zwang der Rahmenbedingungen zu einer Zusammenarbeit bereit finden. Offensiv genutzt wird das PPP-Konzept vor allem zur gezielten Partizipation an den Ressourcen des jeweils anderen Sektors, teils auch zur Vorhabenbeschleunigung und zur Dokumentation der eigenen Handlungsphilosophie.

13. **das verstärkte Initiativwerden der öffentlichen Hand**: In vielen PPPs geht die Projektinitiierung von der öffentlichen Hand aus, die für ihre unter- und fehlgenutzten Flächen nach neuen Nutzungsmöglichkeiten und nach Investoren sucht. In den früheren Projektentwicklungen waren es schwerpunktmäßig die privaten Unternehmer, die für ihre geplanten Projekte nach Standorten suchten. Das Engagement der öffentlichen Hand in der Projektinitiierungsphase führt vielfach zu dem Anspruch auf eine Einbindung in den weiteren Entwicklungsprozeß.

14. **die hohen Austrittsbarrieren aus der Kooperation**: Die hohe gegenseitige Abhängigkeit der Akteure wirkt sich hemmend auf die Möglichkeit der Auflösung eines PPP-Arrangements aus. Selbst wenn die Kooperation für einen oder beide Partner unbefriedigend verläuft, wird die Zusammenarbeit meist fortgesetzt - solange nicht die Projektrealisierung insgesamt gescheitert ist. Der private Partner hat spezifische Investitionen erbracht, deren Wert er selbst bei Schadensersatzansprüchen nicht zurückerhalten wird. Für die öffentliche Hand ergibt sich vor allem das Problem des Auffindens eines neuen Partners, der zu den vorgegebenen Konditionen in das Projekt einzusteigen bereit ist. Austrittsbarrieren sind auch die negativen Öffentlichkeitswirkungen, die eine Trennung der Partner mit sich bringt.

15. **die Ausdehnung der Kooperation in andere Bereiche**: Die engen persönlichen Beziehungen, die die Kooperanden einer PPP zueinander aufbauen, führen vielfach dazu, daß die privaten Unternehmer die öffentlichen Partner auch in anderen Problembereichen beratend unterstützen. In einigen Fällen werden die Kooperationen auf andere Handlungsfelder ausgedehnt, so privatwirtschaftliche Finanzierungsmodelle für kommunale Infrastrukturinvestitionen konzipiert oder gemeinsame Gesellschaften für die kommunale Energieversorgung errichtet.[56]

Die wesentlichen Unterschiede zwischen den klassischen Kooperationsformen und den Public Private Partnerships sind in Übersicht 8.2 zusammengefaßt.

Nicht alle Public Private Partnerships vereinigen alle aufgeführten Merkmale in gleicher Intensität. Kooperationen, in denen die Partner ihre Beziehungen vertraglich regeln, heben sich von den bisher praktizierten Formen der Zusammenarbeit weniger ab als Kooperationen, in denen sich die Partner zusätzlich gesellschaftsrechtlich binden. In Übersicht 8.3 werden die beiden wichtigsten Kooperationsformen von PPP, der städtebauliche Vertrag und die PPP-Gesellschaft, auf die o. g. Merkmale hin untersucht. Dabei wird deutlich, daß die PPP-Gesellschaft tendenziell ein höheres Innovationspotential aufweist als der städtebauliche Vertrag.

[56] So wurde beispielsweise im Projekt Wachau die dortige Entwicklungsgesellschaft nach erfolgreichem Projektabschluß nicht aufgelöst. Die Beteiligten hatten Interesse an einer weiterreichenden Zusammenarbeit und statteten die Entwicklungsgesellschaft mit zusätzlichen und neuen Aufgaben aus. Die EGW Entwicklungsgesellschaft Wachau mbH besitzt eigenes Anlagevermögen - u. a. einen Infrastrukturkanal - sowie eine Beteiligung in Höhe von 51 % an der WFW Energieversorgungsgesellschaft Wachau mbH, an der als Partner noch die WESAK mit 49 % beteiligt ist. Voraussichtlich wird die EGW in naher Zukunft ein neues Wohnbauprojekt in Angriff nehmen. Die IFE, der private Partner im Projekt, hat 20 % ihres Anteils an die Gemeinde abgetreten und hält nun noch eine 10 %ige Beteiligung an der EGW. Die übrigen 90 % Anteile an der EGW hält nicht die Gemeinde, sondern eine neu gegründete Gemeinde-GmbH, die RWA, an der die Gemeinde Wachau 100 % der Anteile hält. Diese Konstruktion wurde gewählt, um die gezahlten Steuern auf den von der Gemeinde erzielten Entwicklungsgewinn zurückzugewinnen. Die RWA fungiert überwiegend als kommunale Wohnungsbaugesellschaft, kann jedoch grundsätzlich alle nicht-hoheitlichen Aufgaben der Gemeinde übernehmen. (Das sind die Aufgaben, deren Erledigung die Gemeinde auch auf Dritte übertragen könnte.) Tätigt die RWA Investitionen, so kann sie den Betrag, den sie an Steuern gezahlt hat, als Abschreibung bei den Investitionsmaßnahmen geltend machen. Die Oberfinanzdirektion Chemnitz hat diese steuerrechtliche Konstruktion auf Anfrage genehmigt; Angaben von Herrn Michael Lion, Plankapital (PKT), Berlin, Gespräch am 15. September 1994 in Berlin.

Übersicht 8.2: Wesentliche Unterschiede zwischen traditioneller Projektentwicklung und PPP

Merkmal	klassische Kooperation	PPP
Zeitbezug	aufgabenbezogen, punktuell	gesamter Entwicklungszeitraum
Verhältnis der Kooperanden	formal-juristisch Kommune in Machtposition, faktisch teils Vorhabenträger in Machtposition	hohe gegenseitige Abhängigkeit, teils symmetrische, teils asymmetrische Machtverteilung
vertragliche Beziehung	klassische Verträge, hoher Standardisierungsgrad, hohe Regelungsdichte	Beziehungsverträge, geringer Standardisierungsgrad, interpretationsoffen
Institutionalisierung der Kooperation	gering (informelle Treffen)	mittel bis hoch (teils gemeinsame Trägerschaft, teils Aufsichts- und Beiräte)
Aufgabenverteilung	gesetzlich vorgesehene Zuständigkeit, teils Übertragung von Einzelmaßnahmen auf Vorhabenträger	Übertragung komplexer Maßnahmenpakete auf Vorhabenträger
Verteilung des Planungsgewinnes	Grundstückseigentümer	Teilung Grundstückseigentümer/Kommune
Rolle der Kommune	Hoheitsträgerin, teils Bauherrenschaft (ohne Gewinnorientierung)	Hoheitsträgerin und Partnerin des Vorhabenträgers (bei Gesellschaftsbeteiligung mit Gewinnorientierung)
Leistungserstellung des Privaten	als Dienstleister oder auf Eigenrisiko	als Dienstleister oder auf Eigenrisiko oder kombiniert
kommunale Steuerung	eher regulativ, eigene Leistungserbringung	eher kondominial, persuasiv, finanzielle Anreize
Entscheidungsfindung	hoheitlich-einseitig, auch informelle 'Deals'	kooperativ-konsensorientiert, Bekennung zu 'Deals'
Modularität	eher niedrig	hoch
Kooperationsinitiative	eher privat initiiert (bei privater Trägerschaft)	teils privat, teils öffentlich initiiert
Austrittsbarrieren	nur teilweise vorhanden	hoch durch spezifische Investitionen
Austausch des Kooperationspartners	teils möglich	schwer realisierbar
Ausdehnung der Kooperation	eher unüblich	teils üblich

Übersicht 8.3: Ein Vergleich des Innovationspotentials von städtebaulichem Vertrag und PPP-Gesellschaft

Merkmal	städtebaulicher Vertrag	PPP-Gesellschaft
Zeitbezug	strategische Kooperation in Projektierungsphase, operative Kooperation in Realisierungs-vorbereitungsphase	strategische Kooperation in Projektierungsphase, taktische und operative Kooperation in Realisierungsvorbereitungs-phase
gegenseitige Abhängigkeit	mittel bis hoch	hoch
Vertrags-werke	hohe Bedeutung der Vertragswerke, exakte Leistungsdefinitionen	mittlere bis hohe Bedeutung der Vertragswerke, eher Verzicht auf exakte Leistungsdefinitionen
Institutionali-sierung der Kooperation	mittel bis gering (Aufsichtsrat, Projektbeirat, runder Tisch)	hoch (gemeinsame Träger-struktur, teils gekoppelt mit ge-meinsamer Besitzgesellschaft)
Aufgaben-verteilung	Übertragung komplexer Maß-nahmenpakete auf privaten Vorhabenträger	Übertragung komplexer Maßnahmenpakete auf PPP-Gesellschaft
Verteilung des Planungs-gewinnes	Orientierung eher an Bodenwertsteigerung oder kommunalen Kosten	Orientierung eher am realisierten Gewinn
Rolle der Kommune	eher Vertreterin eigener Interessen	eher Vertreterin gemeinsamer Interessen
Leistungs-erstellung des Privaten	auf Eigenrisiko	auf eigenes Teilrisiko oder als Geschäftsbesorger oder kombiniert
kommunale Steuerung	kondominial in Projektierungsphase	kondominial in gesamtem Entwicklungszeitraum
Entschei-dungs-findung	kooperativ-konsensorientiert	kooperativ-konsensorientiert
Modularität	mittel	hoch
Koopera-tionsinitiative	eher privat initiiert	teils privat, teils öffentlich initiiert
Austritts-barrieren	mittel bis hoch	hoch
Austausch des Koopera-tionspartners	schwer realisierbar	sehr schwer realisierbar

D. Die Evaluation der Kräfte- und Gefahrenpotentiale von PPP

I. Ein integrierendes Modell

Das PPP-Konzept tritt mit dem Anspruch auf, eine Optimierung der Leistungsfähigkeit und Produktivität unseres Wirtschafts- und Gesellschaftssystems zu bewirken. In den Effizienzüberlegungen der vorangegangenen Kapitel wurden die Möglichkeiten einer Effizienzsteigerung der gesellschaftlichen Aufgabenerfüllung an den Dimensionen der Privatisierung (zweites Kapitel, D II) und der Transaktionskosteneinsparung (viertes Kapitel, A II) festgemacht. Im folgenden wird diese 'Fähigkeit' von PPP als **Ökonomisierungskraft** bezeichnet.

Die Einsparung von Transaktionskosten resultiert dabei in erster Linie aus der frühzeitigen Koordination der unterschiedlichen Interessen und der Harmonisierung der laufenden Zusammenarbeit; dieses Potential wird hier als **Koordinationskraft** von PPP bezeichnet. Mit der Ökonomisierungs-Kraft verbindet sich vor allem die Hoffnung auf eine Sanierung öffentlicher Haushalte, mit der Koordinations-Kraft die Hoffnung auf eine Verringerung von Mißverständnissen, Konflikten und Verzögerungen bei der (notwendigerweise) arbeitsteiligen Leistungserbringung.

Mit beiden Dimensionen eng zusammen hängt das Bestreben, die Zeiträume, die zur Entwicklung städtebaulicher Projekte erforderlich sind, zu verkürzen. Die PPPs beinhalten die **Kraft zur Beschleunigung**. Ein weitere Stärke von PPP liegt in ihrer Fähigkeit begründet, Projekte von außergewöhnlicher Konfiguration und Dimension zu initiieren und zu realisieren. In der Literatur findet diese Fähigkeit von PPP selten Erwähnung; die empirischen Untersuchungsergebnisse deuten jedoch auf eine große Relevanz des Potentialfaktors hin. In den PPP-Arrangements werden die Grenzen alter Beweglichkeit gesprengt, werden neue Wahrnehmungs- und Aktionshorizonte eröffnet. Die PPPs verkörpern die **Kraft zur Mobilisation**. Die Erschließung der neuen Handlungspotentiale basiert in erster Linie auf der 'Tauschphilosophie', die den PPPs eigen ist; das Potential wird daher auch als **Tausch-Kraft** bezeichnet.

Eine andere Sichtweise macht die Stärken von PPP-Arrangements an dem sich mittel- bis langfristig aufbauenden Synergiepotential des Voneinander-Lernens fest.[57] Für die öffentlichen Kooperationsakteure richten sich die Hoffnungen auf eine zukünftig stärkere Ausrichtung des Verwaltungshandelns an den Maximen von Effektivität und Effizienz sowie eine Stärkung des Know-hows der Verwaltungsmitarbeiter in den Bereichen Projektmanagement und Projektmarketing. Von den Kooperanden des privaten Sektors erhofft man

[57] Vgl. z. B. Heinz, Werner (Hrsg.): Public Private Partnership - ein neuer Weg zur Stadtentwicklung?, (W. Kohlhammer/Deutscher Gemeindeverlag) Stuttgart u. a. 1993, S. 523.

sich mehr Sensibilität und Verständnis für die Handlungserfordernisse und -zwänge der öffentlich Bediensteten und eine wachsende Bereitschaft zur Übernahme sozialer Verantwortung. Das PPP-Konzept repräsentiert die Kraft für systemische Lern- und Anpassungsprozesse, hier als **Lernkraft** bezeichnet.

In folgender Übersicht sind die Potentialfaktoren zusammengefaßt:

Übersicht 8.4: Das Kräfte-Modell von PPP

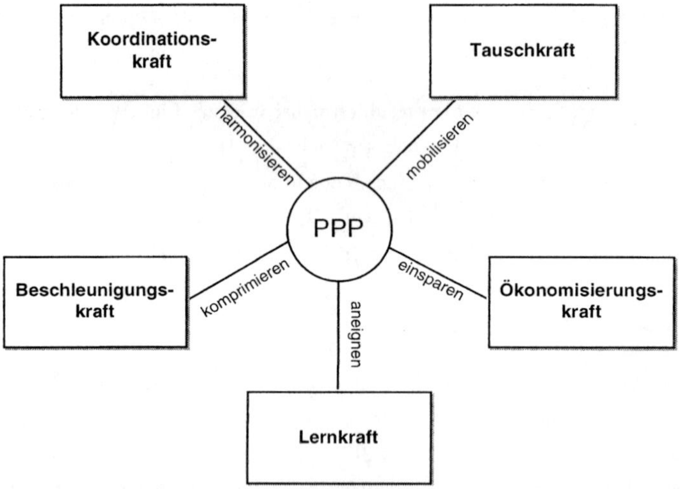

Den dynamischen Problemlöse-'Kräften' und synergetischen Wirkungen stehen Nebenwirkungen und unbeabsichtigte Konsequenzen gegenüber, die teils aus gesamtgesellschaftlicher Perspektive bedenklich sind und von Theoretikern problematisiert werden, teils auch für die Praktiker relevant sind und von ihnen thematisiert werden.

Kritische Beobachter der PPP-Bewegung sorgen sich um den Verlust an demokratischer Kontrolle und Verantwortung, der eintritt, wenn lokale Politik und private Vorhabenträger sich zusammenschließen, um gemeinsame Strategieplanungen durchzuführen. Neokorporative Kompromißfindungssysteme tendieren zu Einigungslösungen auf Kosten der Outsider, der Bürger, und sind die Form, in der sich Korruption bevorzugt konsolidiert. Im folgenden wird diese Gefahr als **Schulterschluß-Problem** bezeichnet.

In Verbindung mit den unkonventionellen Einigungslösungen wird oftmals die Befürchtung geäußert, daß die PPPs die ohnehin bestehenden Machtungleichgewichte in der Gesellschaft verstärken. Für die vorliegende Arbeit von besonderem Interesse ist dabei weniger das

Machtproblem in der Gesamtgesellschaft als vielmehr das Machtproblem innerhalb des PPP-Arrangements. Eine erfolgreiche Interessendurchsetzung im Aushandlungsprozeß einer PPP setzt Hilfsmittel voraus, insbesondere Geld und Know-how. Die privaten Developer und Investoren verfügen diesbezüglich über die größeren Ressourcen, haben also mehr zu bieten, was die andere Seite zu einem Eingehen auf ihre Interessen veranlaßt. Auch ist ihre Motivation und ihre Bereitschaft zum Einsatz aggressiver Verhandlungstaktiken höher zu veranschlagen. Die damit verbundenen Gefahren einer Einigungslösung zu Lasten der Interessen der öffenlichen Partner werden unter dem Schlagwort des **Verhandlungsmacht-** oder **Tauschmacht-Problems** diskutiert.

Eine weitere Gefahr von PPPs wird darin gesehen, daß die öffentlichen Instanzen in den Arrangements ihre Distanz zu marktwirtschaftlichen Denk- und Handlungsstrukturen aufgeben. Sie sind damit immer weniger in der Lage, regulierend in das Marktgeschehen einzugreifen und präventiv negative Effekte zu verhindern. Das unternehmerische Denken, das in den PPPs dominiert, fördert den Austausch der ungreifbaren, weniger leicht spezifizier- und quantifizierbaren sozialen Vorteile gegen die greifbaren, demonstrierbaren und meßbaren ökonomischen Vorteile.[58] Pro-ökonomisches Verhalten birgt die Gefahr eines anti-sozialen Verhaltens; hier wird vom **Werte-** oder **Ideologie-Problem** der PPPs gesprochen.

Darüber hinaus bestehen Zweifel, ob die mit PPP angestrebte Effizienzsteigerung einer Aufgabenerfüllung tatsächlich eintritt; es lassen sich diverse **Effizienz-Probleme** ausmachen. Die Gefahr der Ressourcenverschwendung durch PPP kann aus einer makro-ökonomischen Perspektive diskutiert werden, so unter dem Aspekt einer fehlgesteuerten staatlichen Subventionspolitik, oder aus einer mikro-ökonomischen Perspektive, so unter dem Aspekt hoher 'Reibungsverluste' durch Konflikte in der laufenden Zusammenarbeit.

In Verbindung mit dem Bemühen um eine Beschleunigung von Verfahrensabläufen, läßt sich in der Praxis des weiteren beobachten, daß diese Versuche genau entgegengesetzte Wirkungen haben können: Die öffentlich Bediensteten fühlen sich 'überrumpelt', sie spielen eigene Machtpotentiale aus und verzögern den Entwicklungsverlauf. Dieses Phänomen wird als **Reaktanz-Problem** thematisiert.

In der Übersicht sind die Gefahrenfaktoren zusammengefaßt:

58 Vgl. Mintzberg, Henry: Mintzberg über Management: Führung und Organisation, Mythos und Realität, (Gabler) Wiesbaden 1991, S. 338 f.

Übersicht 8.5: Das Gefahren-Modell von PPP

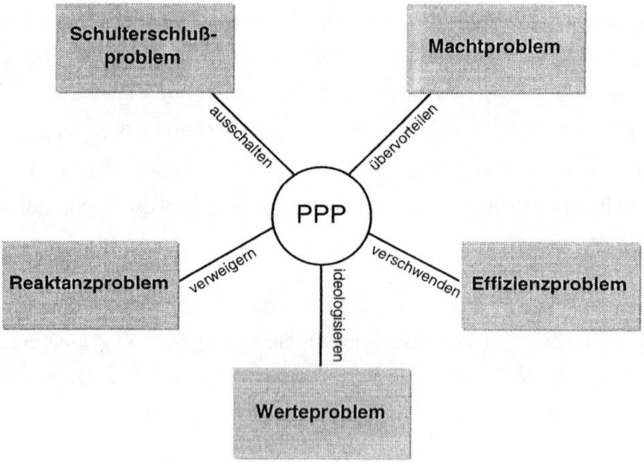

Eine Auseinandersetzung mit den einzelnen Kräfte- und Gefahrenparametern zeigt, daß jedem der fünf Kräfteparameter ein bestimmter Gefahrenparameter zugeordnet werden kann, der sich auf eine ähnliche inhaltliche Dimension bezieht. Jede spezifische Stärke, jedes Ziel, das mit PPP verfolgt wird, geht einher mit einer spezifischen Schwäche, einer Nebenwirkung, die es bei der Anwendung und Bewertung des Konzeptes gegeneinander abzuwägen gilt. Die folgende Übersicht stellt das integrierende Modell der Potentiale und Gefahren von Public Private Partnership dar:

Übersicht 8.6: Das integrierende Kräfte/Gefahren-Modell von PPP

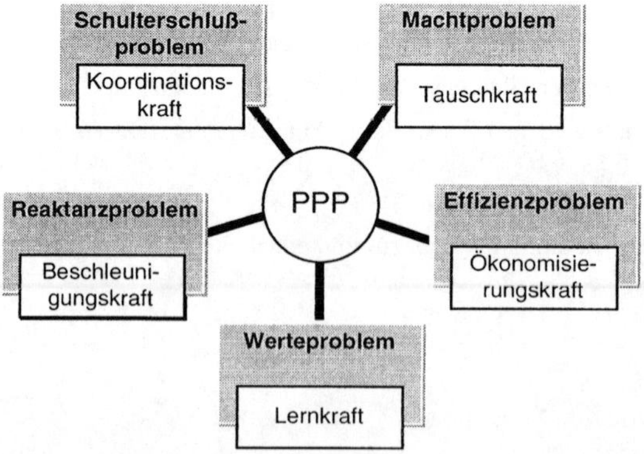

Die weiterführenden Überlegungen der folgenden Kapitelabschnitte konzentrieren sich schwerpunktmäßig auf die Gefahrendimensionen von PPP. Auf die meisten der Kräftefaktoren wurde in Zusammenhang mit den Zielen von PPP bereits eingegangen; des weiteren sind es gerade die unbeabsichtigten Konsequenzen und negativen Begleiterscheinungen, die in der Praxis und praxisnahen Literatur zu oft unbeachtet bleiben oder nivelliert werden.

II. Koordinationskraft und Schulterschluß-Problem

In der Diskussion um PPP spiegelt sich ein grundsätzliches Dilemma politisch-administrativen Handelns wider: die Antinomie von effizienter Verwaltungsführung und demokratischen Erfordernissen. Im vierten Kapitel (B III) wurde ausgeführt, daß die PPPs vermeidungsstrategisch konzipiert sind, d. h. sich bürokratischen Bestimmungen und politischen Aufsichts-, Einfluß- und Kontrollmöglichkeiten möglichst zu entziehen suchen. Nur auf diese Weise kann gewährleistet werden, daß die im Rahmen der Projektentwicklung notwendigen Entscheidungen und Handlungen mit der geforderten Rationalität, Flexibilität und Geschwindigkeit erfolgen. In den USA spricht man angesichts des Netzwerkes autonomer Entwicklungsbehörden und Projektgesellschaften bereits von "Schattenregierung".[59] Diese Form der Entscheidungsfindung wirft Fragen nach der Legalität und Legitimität des politischen Handelns auf. Legalität meint die Gesetzmäßigkeit, Legitimität die Rechtfertigung politischer Konzepte.

Die Bereiche, in denen das Handeln der Akteure an die Grenzen der **Legalität** stößt, wurden vor allem im dritten Kapitel (D III und IV) thematisiert. In der verwaltungs- und rechtswissenschaftlichen Literatur werden insbesondere die Zulässigkeit von Planaufstellungsabreden und Planvorbehaltsklauseln, die Zulässigkeit des informellen und verhandelnden Verwaltungshandelns, das privatrechtliche Tätigwerden und unternehmerische Agieren der öffentlich-rechtlichen Körperschaften sowie die Probleme einer "Flucht aus dem Haushaltsrecht" mit Bildung sog. "Schattenhaushalte" diskutiert.

Die **Legitimität** eines politischen Handelns stützt sich nach herrschender Auffassung zugleich auf Grundnormen, auf konstitutive Verfahren und auf die empirische Anerkennung der Bürger.[60] Die bisherigen Erfahrungen mit PPP, insbesondere aus den anglo-amerikanischen

---

59 Vgl. Strom, Elizabeth A.: Öffentlich-private Partnerschaften bei der Stadterneuerung und Stadtentwicklung in den USA - Fünf Fallbeispiele, in: Heinz, Werner (Hrsg.): Public Private Partnership - ein neuer Weg zur Stadtentwicklung?, (W. Kohlhammer/Deutscher Gemeindeverlag) Stuttgart u. a. 1993, S. 125-198, hier S. 188.

60 Vgl. Mandt, Hella: Legitimität, in: Nohlen, Dieter (Hrsg.): Wörterbuch Staat und Politik, 4. Aufl., (Serie Piper) München 1996, S. 383-393, hier S. 383; vgl. auch Holtmann, Everhard (Hrsg.): Politik-Lexikon, 2., überarb. u. erw. Aufl., (R. Oldenburg) München u. a. 1994, Stichwort "Legitimation", S. 326-330, hier S. 327.

Ländern, zeigen, daß PPP-Arrangements auf allen Ebenen Gefahr laufen, drastisch gegen das vorherrschende Legitimitätsbewußtsein zu verstoßen:[61]

- Die Projektkonzeptionen orientieren sich oftmals einseitig an der politisch-ökonomischen Vision einer stetigen 'Ankurbelung' wirtschaftlicher Wachstumsprozesse und vernachlässigen darüber soziale und ökologische Belange.
- Die Entscheidungsverfahren entziehen sich vielfach einer Kontrolle durch demokratische Institutionen (repräsentativ-demokratische Partizipation) und verzichten auf eine Beteiligung von Bürgern und Betroffenen (direkt-demokratische Partizipation).
- In einigen PPP-Projekten erreichten das Mißtrauen und die Ablehnung in der Bevölkerung Ausmaße, die die Verantwortlichen zwangen, ihre Handlungsstrategien zu modifizieren.[62]

PPPs müssen jedoch nicht zwangsläufig mit Legitimitätsproblemen einhergehen, wenn es gelingt, den Verlust an repräsentativ-demokratischen Gestaltungsmöglichkeiten durch etwas auszugleichen, das die Bürger als adäquate Kompensation erleben.[63] Interessant erscheint dabei, daß Grundnormen und Verfahren prinzipiell als einander ergänzende, komplementäre Quellen politischer Rechtmäßigkeit angesehen werden.[64] Das Bemühen um eine Anerkennung des politischen Handlungskonzeptes PPP kann daher sowohl an den formalen Verfahren als auch an den inhaltlichen Programmen ansetzen.

In der Praxis ist das Problembewußtsein einer Legitimierung oder, treffender, einer Akzeptanzsicherung des politisch-unternehmerischen Handelns vorhanden. In nahezu allen untersuchten PPP-Projekten praktizieren die Verantwortlichen umfassende Formen von Bürgerbeteiligungs- und Öffentlichkeitspolitik und bemühen sich gezielt um sozial- und umweltverträgliche Projektierungen. In einigen Modellen profitieren die Bürger auch unmittelbar von den Effizienzvorteilen einer PPP, so über die Bereitstellung günstigen Baulandes.

Die breite Akzeptanz solcher Kompensationsmaßnahmen deutet an, daß die Legitimitätsauffassungen der Bürger in einem Wandel begriffen sind: Politik muß sich heute nicht mehr

---

61 Vgl. hierzu Fainstein, Susan S.: The City Builders: property, politics and planning in London and New York, (Blackwell Publishers) Oxford and Cambridge 1994, S. 245-255.

62 Ein Beispiel ist das Londoner Docklands-Projekt, in dessen Verlauf solch massive Unzufriedenheiten und Attackierungen auftraten, daß die LDDC schließlich ihre "Abschottungspolitik" aufgab und Kontakte zu den lokalen Kommunalbehörden und der lokalen Bevölkerung aufbaute; vgl. Hinsley, Hugo: Bürgerbeteiligungsformen in London nach dem "Docklands-Projekt", in: Brech, Joachim (Hrsg.): Neue Wege der Planungskultur, Orientierungen in der Zeit des Umbruchs, (Verlag für wissenschaftliche Publikationen) Darmstadt 1993, S. 33-43, hier S. 37.

63 Vgl. ähnlich Kletzander, Andreas: Public Private Partnership als Gefahr für lokale Demokratie und Verteilungsgerechtigkeit? - Das Beispiel Stadterneuerung in Nordengland, in: Archiv für Kommunalwissenschaften, hrsg. v. Deutsches Institut für Urbanistik, (W. Kohlhammer/Deutscher Gemeindeverlag) 34. Jg.,1995, Band I, S. 119-133, hier S. 130.

64 Vgl. Mandt, Hella: Legitimität, in: Nohlen, Dieter (Hrsg.): Wörterbuch Staat und Politik, 4. Aufl., (Serie Piper) München 1996, S. 383-393, hier S. 384.

durch das Durchlaufen demokratisch legitimierter und ausgewiesener Verfahren rechtfertigen; es scheint ausreichend, daß sie den politischen Partizipationsforderungen der einzelnen Bürger entspricht.[65] Auch deutet sich ein Wandel im Begriffsverständnis des Legitimitätskonzeptes selbst an. Die objektive Komponente von Legitimität, d. i. die Rechtmäßigkeit und Anerkennungswürdigkeit eines Handelns, rückt gegenüber der subjektiven Komponente, d. i. die empirisch beobachtbare Anerkennung des Handelns, in den Hintergrund. Insgesamt läßt sich feststellen, daß die Sensibilität der Bevölkerung gegenüber den Problemen einer Legitimation staatlichen Handelns und dem Bemühen um berechenbare Verfahren der Konfliktregelung gesunken ist.[66]

Das verringerte Problembewußtsein sowie die geringe Aktualität marxistischer Denktradition sind auch Erklärungen dafür, daß die mit dem Schulterschluß-Problem verbundenen, weitergehenden Gefährdungen von PPP derzeit kaum diskutiert werden: In den PPPs gelingt es einzelnen Individuen, durch Zusammenschluß in Interessenverbänden und politische Manöver ihre Eigentumsrechte und ihr Vermögen auf Kosten Dritter auszuweiten.[67] In den siebziger Jahren wäre Public Private Partnership vermutlich als "**Stamokap**" bezeichnet worden.[68] Der staatsmonopolistische Kapitalismus kennzeichnet eine Entwicklungsphase des Kapitalismus, die durch eine Verflechtung der Macht der Monopole mit der des Staates zu einem einzigen Mechanismus charakterisiert ist. Ausgangsbasis der Stamokap-Theorie sind u. a. die in Hilferdings "Finanzkapital" (1910) aufgestellten Thesen über die zunehmende Vormachtstellung der Finanzoligarchie - eines Zusammenschlusses von Banken und Industriekapital -, deren Interessen der Staat als Instrument der herrschenden Klasse vertrete.[69]

Eine gedankliche Nähe zur Sichtweise der politischen Ökonomik findet sich in Venturis Ausführungen über die Gefahrenpotentiale städtischer Großereignisse.[70] Er beschreibt darin das Aufkommen eines neuen Typus von Immobilienunternehmer, der in der Lage ist, aus allen Phasen eines Bebauungsprozesses Profite zu erzielen. Über nahestehende oder durch wechselseitige Beteiligungen angebundene Finanzierungsunternehmen hat er sich die dafür notwendige Kapitalverfügbarkeit gesichert.

65 Vgl. hierzu auch die Ausführungen über die Partizipations- und Betroffenendemokratie im dritten Kapitel, A I.

66 Vgl. Holtmann, Everhard (Hrsg.): Politik-Lexikon, 2., überarb. u. erw. Aufl., (R. Oldenburg) München u. a. 1994, Stichwort "Legitimation", S. 326-330, hier S. 327.

67 Vgl. hierzu die Property-Rights-Überlegungen in Richter, Rudolf: Institutionen ökonomisch analysiert: Zur jüngeren Entwicklung auf einem Gebiet der Wirtschaftstheorie, (J. C. B. Mohr) Tübingen 1994, S. 15.

68 Vgl. hierzu auch Schubert, Dirk: Stadtplanung ohne Planung - die Docklands in London und die Aushebelung des englischen Planungssystems, in: Brech, Joachim (Hrsg.): Neue Wege der Planungskultur, Orientierungen in der Zeit des Umbruchs, (Verlag für wissenschaftliche Publikationen) Darmstadt 1993, S. 289-296, hier S. 294.

69 Vgl. Jiri, Kosta: Politische Ökonomie, in: Nohlen, Dieter (Hrsg.): Wörterbuch Staat und Politik, 4. Aufl., (Serie Piper) München 1996, S. 575-581, hier S. 579.

70 Vgl. Venturi, Marco: Tangentopoli - der unaufhaltsame Anstieg der städtischen Großereignisse, in: Brech, Joachim (Hrsg.): Neue Wege der Planungskultur, Orientierungen in der Zeit des Umbruchs, (Verlag für wissenschaftliche Publikationen) Darmstadt 1993, S. 279-288.

"Es ist fast zu schön, um wirklich so zu funktionieren: es fehlt tatsächlich noch etwas, und zwar die Sicherheit der Zustimmung durch den politischen Apparat und die Verwaltungen, der Schutz vor Konkurrenz während den verschiedenen Phasen der Maßnahmen und der Zugang zu Subventionen und zu öffentlichen Finanzierungen. Um all dies zu erhalten, ist es notwendig, sich mit einer maßgeblichen politischen Gruppe zu verbünden, durch die die Maßnahmen gesponsert werden können. Auch ihr muß also ein gewisser Gewinn an Profil und Image sichergestellt werden und sicherlich auch nicht nur diese Art von Gewinn. Die Bedingungen, unter denen die politische Unterstützung in vollem Umfang stattfinden kann, sind die Lockerung des Systems der Kontrollen und die Erweiterung der Entscheidungsfreiheit der Entscheidungsträger ..."[71] - genau die Bedingungen, die bei PPP hergestellt werden.

In dem Zitat wird auf eine weitere Gefahr hingewiesen, die für PPP-Arrangements bedeutsam ist: die **Korruption**. Korruptes Verhalten äußert sich in dem hier untersuchten Handlungsbereich meist in der Form, daß öffentlich Bedienstete durch die Bestechung mit Geld und Sachmitteln dazu veranlaßt werden, Aufträge zu vergeben, die dann zu überhöhten Preisen abgerechnet werden.[72] Schätzungen zufolge treibt Korruption bei der Vergabe öffentlicher Aufträge die Preise zwischen 30 und 160 % in die Höhe; 90 % aller staatlich finanzierten Bauvorhaben beruhen auf Bestechung und Preisabsprachen.[73] Es ist natürlich schwer, Aussagen darüber zu treffen, wie 'korruptionsverseucht' die PPP-Arrangements sind. Die weite Verbreitung freihändiger Auftragsvergaben, bei der keine Vergleichsangebote eingeholt werden, die Größe der Projekte und die hohe Bedeutung der Tauschphilosophie lassen jedoch vermuten, daß in erheblichem Umfang Mittel aufgebracht werden, um die Verfahren zu 'schmieren'.[74]

III. Ökonomisierungskraft und Effizienz-Problem

Das Parameterpaar Ökonomisierungs-Kraft und Effizienz-Problem stellt den vielschichtigsten Komplex in o. a. Modell dar, auf den sich alle anderen Kräfte- und Gefahrenparameter direkt und indirekt beziehen lassen. Jeder Effekt von PPP kann letztlich im Hinblick auf eine mögliche Einsparung oder Verschwendung gesellschaftlicher Ressourcen analysiert werden, auch wenn die Quantifizierung aller Nutzen- und Kostenparameter im Einzelfall erhebliche Schwierigkeiten bereitet. So wirkt sich z. B. die Korruption unabhängig von ihrem Schaden

71 Venturi, Marco: Tangentopoli - der unaufhaltsame Anstieg der städtischen Großereignisse, in: Brech, Joachim (Hrsg.): Neue Wege der Planungskultur, Orientierungen in der Zeit des Umbruchs, (Verlag für wissenschaftliche Publikationen) Darmstadt 1993, S. 279-288, hier S. 285.

72 Vgl hierzu auch das Beispiel im vierten Kapitel, E I.

73 Vgl. Blüthmann, Heinz: Schmieren statt kalkulieren, in: Die Zeit, Nr. 29, 14. Juli 1995, S. 15-16, hier S. 16.

74 In Verbindung mit der Tauschphilosophie stellt sich die Frage, wo korruptes Verhalten, definiert als "ein von gesellschaftlichen Normen abweichendes Verhalten", überhaupt beginnt.

für den sozialen Grundkonsens und die soziale Kohäsion unmittelbar nachteilig auf die gesamtgesellschaftliche Wohlfahrt aus, wenn dadurch eine Aufgabenerfüllung mit mehr Aufwand erfolgt, als eigentlich notwendig wäre.

In der amerikanischen Literatur wird das Effizienzproblem von PPP in erster Linie aus einer makroökonomischen Perspektive diskutiert und dabei das Problem der **staatlichen Subventionierung** privater Investitionsmaßnahmen in den Vordergrund gestellt. Die PPPs werden unter Effizienzgesichtspunkten sehr kritisch beurteilt, da[75]

- eine Subventionierung Marktmechanismen ausschaltet und privates Kapital nicht mehr zwangsläufig in die produktivste Verwendung fließt;[76]
- Zweifel bestehen, ob das öffentliche Kapital unter Effektivitäts- und Effizienzgesichtspunkten optimal eingesetzt wird; eine direkte Zuwendung der öffentlichen Gelder an Bürger, z. B. zur Finanzierung von Ausbildungsmaßnahmen, könnte effizienter sein;
- die Gefahr besteht, daß private Investitionsmaßnahmen übersubventioniert werden, d. h. sog. Mitnahmeeffekte entstehen, unter Umständen sogar Maßnahmen gefördert werden, die auch ohne Subventionierung durchgeführt worden wären.[77]

In diesem Zusammenhang wird auch auf das Problem der **verdeckten Subventionierung** von Maßnahmen hingewiesen. In einer Gegenüberstellung von öffentlichen Finanzierungshilfen und mobilisiertem privaten Investitionskapital (Leverage-Berechnung[78]) bleiben die indirekten staatlichen Subventionen, vor allem Steuerermäßigungen, meist unberücksichtigt. Aus einer gesamtgesellschaftlichen Perspektive finden in vielen PPP-Arrangements letztlich nur Umverteilungen öffentlicher Gelder in der Form statt, daß der private Investor zwar Folgekosten der Kommune übernimmt, dafür aber Fördermittel und Subventionen von anderen staatlichen Ebenen erhält.[79]

Die deutsche Diskussion thematisiert Effizienzprobleme nicht speziell PPP-bezogen, sondern in Verbindung mit der **Privatisierungsfrage**. Auf die Bedenken und Einwände der Privatisierungsgegner, die sich auf die PPP-Diskussion übertragen lassen, wurde im zweiten Kapitel (C II) eingegangen. Zweifel an Effizienzgewinnen durch PPP setzen vor allem an dem Argument

75 Vgl. z. B. Stephenson, Max O.: Whither the public private partnership: A critical overview, in: Urban Affaires quarterly, 27. Jg., 1991, Nr. 1, S. 109-127, hier S. 113-116; vgl. auch Barkenov, Timothy; Boyle, Robin; Rich, Daniel: Privatism and Urban Policy in Britain and the United States, (Oxford University Press) New York 1989, S. 105-108.

76 Vgl. hierzu auch die Überlegungen über die Ausschaltung von Marktmechanismen in Kapitelabschnitt B III.

77 Evaluationsuntersuchungen zum amerikanischen PPP-Förderprogramm UDAG ermittelten sehr hohe Mitnahmeeffekte; vgl. Boyle, Robin: Leveraging Urban Development: A Comparison of Urban Policy Directions and Programme Impact in the United States and Britain, in: Policy and Politics, Vol. 13, 1985, No. 2, S. 175-210, hier S. 186; vgl. auch Gist, John R.: Urban Development Action Grants, Design and Implementation, in: Urban Affaires Annual Review, (Beverly Hills, Calif.) 1980, Nr. 18, S. 237-252, hier S. 243.

78 Vgl. hierzu die Ausführungen über den Leveraging im siebten Kapitel, A II.

79 Vgl. hierzu auch die kritischen Anmerkungen zum Projekt Karow-Nord, Berlin, im siebten Kapitel, D III 1.

"Privatisierung der Gewinne bei Sozialisierung der Verluste" und dem Problem der "Sicherung kommunaler Qualitätsstandards" an. Darüber hinaus zeigt sich, daß in PPP-Arrangements die Effizienzargumente der Property-Rights-Theorie vielfach nicht greifen können, da

- die privaten Unternehmer kein/kaum eigenes Risiko übernehmen,
- die Abhängigkeitsposition der öffentlichen Hand den privaten Unternehmern eine Art "Monopolstellung" verschafft,
- es häufig nicht möglich ist, bürokratische Hürden und politische Verfahrensprozeduren in einer PPP zu umgehen,
- der enge Zusammenschluß privater und öffentlicher Entscheidungsträger Gefahren eines 'Kameraderiemanagements' provoziert.

Ein in diesem Zusammenhang immer wieder vorgebrachtes Argument ist auch die Feststellung, daß die öffentliche Leistungserstellung sich generell nicht nur an Effizienzkriterien messen lassen kann.[80] Diese Überlegung wird unter dem Werte-Problem (VI) konkretisiert.

Eine dritte mögliche Problemperspektive für die Untersuchung von Ineffizienzen der Public Private Partnerships bietet die **Transaktionskostenökonomik**. Aus dieser Sicht stehen die Kosten der Koordination der arbeitsteiligen Leistungserbringung im Vordergrund.[81] Aufgrund der hohen Abhängigkeiten der Partner sind die Transaktionskosten in den PPPs generell hoch zu veranschlagen:

- Die Suche nach einem vertrauenswürdigen und kompetenten Vertragspartner gestaltet sich oftmals schwierig.
- Die Vertragsverhandlungen sind sehr langwierig; vielfach finden erstmalige Modellkonzeptionen und Vertragswerke Anwendung.
- Die Partner investieren während der Zusammenarbeit sehr viel Zeit in die Pflege der persönlichen Beziehungen, in die Abstimmung von Entscheidungen und die Lösung von Konflikten.
- Die Überwachung und Durchsetzung von Leistungspflichten gestaltet sich aufgrund der Verflechtungen von horizontalen und vertikalen Kooperationsbeziehungen sowie der Komplexität der übertragenen Maßnahmen äußerst schwierig.

---

80 Vgl. Müller, Nikolaus: Rechtsformenwahl bei der Erfüllung öffentlicher Aufgaben, Diss., Passau 1992, S. 113.

81 Vgl. die Ausführungen im vierten Kapitel, A II.

Die praktischen Erfahrungen zeigen, daß die Transaktionskosten, speziell der zur Konsensfindung und Konfliktbewältigung aufgebrachte Zeitaufwand des Managements, in PPP-Arrangements sehr hoch ist. Dies gilt vor allem für die Projekte, in denen sich die Partner in gemeinsamen Gesellschaften zusammengeschlossen haben. Systeme, deren interne formelle und informelle Regelsysteme in solch stark verschiedenen Rechts- und Kulturweisen geprägt wurden, scheinen sich nur mit sehr hohen Reibungsverlusten zu einer Einheit zusammenfassen zu lassen.[82] Daß die Gesellschaften trotzdem in der Lage sind, ihre Projekte durchzuführen, liegt oftmals daran, daß sie sich in einer 'privilegierten' Position befinden, so bei einer Finanzierung über öffentliche Fördermittel.[83]

Das Streben nach einer möglichst effizienten Form der Leistungserstellung kann für die Konzeption von PPP-Modellen mit gemischt-wirtschaftlichen Gesellschaften nicht der ausschlaggebende Grund sein.[84] Im Projekt Potsdam-Center toleriert der private Partner, die UG Roland Ernst, einen geschätzten **30%igen Mehraufwand** im Projektmanagement, dadurch daß das Projekt nicht in alleiniger, sondern gemeinsamer Trägerschaft mit der LEG Brandenburg realisiert wird.[85] Die Stadt stimmte nur unter dieser Voraussetzung einer Projektdurchführung zu; hier zeigt sich die Mobilisations-Kraft von Public Private Partnership.

Erwähnenswert ist in diesem Zusammenhang auch, daß in allen untersuchten Projekten die tatsächlich entstandenen Transaktionskosten, konkret: das Chaos, das Gegeneinander-Arbeiten, das ergebnislose Bemühen, höher waren als erwartet. In mehreren Projekten, in denen eine PPP-Gesellschaft errichtet wurde, würden die Beteiligten nach dem heutigen Erfahrungsstand ein solches Arrangement meiden; in einigen Projekten wurde die Zusammenarbeit bereits im Projektverlauf aufgelöst.

IV. Mobilisationskraft und Tauschmacht-Problem

Die Verhandlungs- und Kompromißfindungsprozesse einer PPP basieren auf einem Tauschprinzip. Die Bedeutung dieses Tauschprinzips für das Zustandekommen eines PPP-Arrangements kann nicht hoch genug eingeschätzt werden, eröffnet das Tauschen doch erst die Möglichkeit, für alle Beteiligten eine Situation zu schaffen, die sie als vorteilhaft

82 Vgl. Bronder, Christoph; Pritz, Rudolf (Hrsg): Wegweiser für strategische Allianzen, (Gabler) Wiesbaden 1992, S. 433.

83 Vgl. hierzu auch Mintzberg, Henry: Mintzberg über Management: Führung und Organisation, Mythos und Realität, (Gabler) Wiesbaden 1991, S. 250.

84 Vgl. hierzu auch die Überlegungen im sechsten Kapitel A 1.

85 Vgl. die Ausführungen zum Projekt im siebten Kapitel, B III 2.

gegenüber einer Situation ohne Tausch und damit ohne Kooperation verbuchen.[86] Die Tauschvorgänge sind es auch, die den Zugang zu den vielbeschworenen Synergieeffekten öffnen, die in einer PPP zu erzielen sind. Idealtypisch läßt sich die Tauschphilosophie so beschreiben, daß über das wechselseitige 'Geben' und 'Nehmen' der Vertragspartner alle Ressourcen zusammengeführt werden, die für die Durchführung eines Vorhabens notwendig sind: Eigentums- und Beleihungsrechte, Planungskompetenz, Kapital und Know-how.

Bewertet man die Tauschphilosophie kritischer, so bedeutet Tausch die Kraft zum Aufkaufen von Werten, die Kraft, Hindernisse zum Verschwinden zu bringen und auch die Kraft zur Verführung.[87] Mit dem Tauschprinzip "Geld gegen Werte" lassen sich Planungsvorstellungen der Gemeinden ebenso modifizieren, wie sich Widerstand von Bürgerinitiativen und blockierenden Eigentümern aus dem Weg räumen lassen. Unter Berufung auf den fairen Preis, den freien Vertrag und die Ermessensspielräume in den Gesetzen scheint es kaum noch Grenzen für die Ausdehnung des Tauschprinzips zu geben. Was heute als ein flexibles und innovatives Verwaltungshandeln gilt, hat jüngst die Stadt Oberhausen demonstriert: Um ihren leeren 'Stadtsäckel' zu füllen, hat sie Straßennamen an Unternehmen und Privatpersonen verkauft.

Die Harmonie eines solchen Äquivalenzprinzips wird nicht nur durch die moralische Anrüchigkeit der Tauschakte und die Gefahren für die rechtsstaatliche Gesetzesbindung des Verwaltungshandelns gestört.[88] Die Forderung nach einer realen Äquivalenz der getauschten Güter ist dort illusorisch, wo die Kräfteverhältnisse so beschaffen sind, daß es in den Tausch-Verhandlungen eine schwächere Seite gibt, die über weniger Tauschmacht verfügt und sich in einer Abhängigkeitsbeziehung befindet. In den PPPs ist die Verhandlungsposition der öffentlichen Hand in der Regel die deutlich ungünstigere; dadurch besteht die Gefahr, daß Machtasymmetrien die Verhandlungsergebnisse vorsteuern:[89]

1. **Die Ressourcenverfügbarkeit**: Die Macht, die eigene Position durchzusetzen, beruht in erster Linie auf der Verfügbarkeit von Ressourcen, die die andere Seite zu einem Eingehen auf die eigenen Interessen veranlaßt. Die wichtigsten Ressourcen in der Projektentwicklung sind das Kapital und die Eigentumsrechte. Aufgrund der defizitären öffentlichen Haushalte und der fehlenden Möglichkeiten einer flexiblen Mittelbeschaffung ist die öffentliche Hand

86 Vgl. Hoffmann-Riem, Wolfgang: Verhandlungslösung und Mittlereinsatz im Bereich der Verwaltung, eine vergleichende Einführung, in: Hoffmann-Riem, Wolfgang; Schmidt-Aßmann, Eberhard (Hrsg.): Konfliktbewältigung durch Verhandlungen, Bd. 1, (Nomos) Baden-Baden 1990, S. 13-42, hier S. 36.

87 Eine kritische Auseinandersetzung mit der Tauschphilosophie findet sich bei Sloterdijk; vgl. Sloterdijk, Peter: Kritik der zynischen Vernunft, Bd. 2, (Suhrkamp) Frankfurt a. M. 1983, S. 576-597.

88 Vgl. zu den Gefahren der Aushebelung rechtsstaatlicher Gesetzesbindungen Hoffmann-Riem, Wolfgang: Konfliktmittler in Verwaltungsverhandlungen, Beiträge zu neueren Entwicklungen in der Rechtswissenschaft, Heft 22, (C. F. Müller) Heidelberg 1989, S. 37-40.

89 Vgl. zu den folgenden Punkten 4, 5, 7, 8 und 9.: Stephenson, Max O.: Whither the public private partnership: A critical overview, in: Urban Affaires quarterly, 27. Jg., 1991, Nr. 1, S. 109-127, hier S. 118 ff.

auf die Akquisition privaten Kapitals angewiesen, um überhaupt Entwicklungsvorhaben durchführen zu können.

2. **Das 'Drohpotential' Gerichtsanrufung**: Ein wichtiges Tauschgut in den Verhandlungsprozessen sind Rechtsansprüche wie die Drohung mit der Anrufung der Gerichte.[90] Wegen ihrer geringen Kapitalreserven und der hohen Streitwerte der Verfahren werden die öffentlichen Akteure das Risiko von Gerichtsverfahren nach Möglichkeit meiden.[91] Der private Partner verfügt über ein glaubwürdiges und effektives Drohpotential.

3. **Das 'Drohpotential' Verhandlungsabbruch**: Ein wesentliches Element von Verhandlungsmacht ist die Fähigkeit, wirksam mit dem Abbruch der Verhandlungen drohen zu können. Dem privaten Unternehmer stehen in der Regel alternative Investitionsstandorte zur Verfügung, während die öffentliche Hand häufig auf keinen anderen potentiellen Investor zurückgreifen kann.

4. **Die Informations-Asymmetrie**: Die Politiker und Verwaltungsbeamten kennen weder die Handlungsalternativen der privaten Vorhabenträger, noch die Kalkulationsgrundlagen, die dem gemeinsam geplanten sowie den alternativen Vorhaben zugrunde liegen. Wie verhängnisvoll sich die Informationsdefizite auswirken können, hat sich vor allem in den USA gezeigt. Bei dem Versuch, Konkurrenzstandorte im Anwerben von Investoren zu überbieten, wurden die Stadtverwaltungen in eine "Auktionsmentalität" versetzt, die zur Zusammenstellung gigantischer Incentive-Pakete für die privaten Vorhabenträger führte.[92]

5. **Die Know-how-Asymmetrie**: Die privaten Partner verfügen über das größere Know-how für die Beurteilung von Entwicklungschancen sowie für die Planung und Durchführung von Entwicklungsmaßnahmen; sie sind auch darin geübt, diese Kompetenzen erfolgreich nach außen zu verkaufen. Ihren fachlichen Analysen und Bewertungen können die Vertreter des öffentlichen Sektors häufig kaum sachliche Einwände und Argumente entgegensetzen.

6. **Die polymetrische Verhandlungsstruktur**: Auf seiten der politischen Administration sind mehrere Ämter, Institutionen und Zuständigkeitsebenen in die Kommunikations- und Verhandlungsprozesse mit dem privaten Vorhabenträger involviert. Die Divergenzen in den Zielen und Handlungsmotivationen der einzelnen Akteure kann der private Vorhabenträger, der als 'geschlossenes System' auftritt, gegeneinander ausspielen und zu seinem Vorteil nutzen.

---

90 Vgl. Hoffmann-Riem, Wolfgang: Verhandlungslösung und Mittlereinsatz im Bereich der Verwaltung, eine vergleichende Einführung, in: Hoffmann-Riem, Wolfgang; Schmidt-Aßmann, Eberhard (Hrsg.): Konfliktbewältigung durch Verhandlungen, Bd. 1, (Nomos) Baden-Baden 1990, S. 13-42, hier S. 37.

91 Vgl. hierzu auch die Ausführungen über das Problem der Durchsetzung von Baupflichten im siebten Kapitel, C II 3.

92 Dieses Problem ist allerdings weniger bei der Anwerbung von Developern als bei der Anwerbung großer Konzerne aufgetreten; vgl. z. B. Helms, Hans G. (Hrsg.): Die Stadt als Gabentisch, Beobachtungen der aktuellen Städtebauentwicklung?, (Reclam) Leipzig 1992, S. 62-65.

7. **Die Verhandlungstaktik**: Die privaten Unternehmer lassen ihre öffentlichen Partner nicht selten im Unklaren über die mit der Kooperation verfolgten Ziele. Dies kann bis zu bewußten Täuschungsmanövern reichen, die nur mit guten Kenntnissen über Marktkennziffern und branchenübliche Geschäftspraktiken zu durchschauen sind.[93]

8. **Die Operationalität der Ziele**: Die Ziele der privaten Partner sind sachlich und zeitlich konkret definiert und liegen als 'harte Fakten' auf dem Verhandlungstisch. Viele Ziele der Kommune können dagegen nicht präzise definiert werden, so z. B. der Qualitätsanspruch, der an ein Vorhaben gestellt wird.[94] In ihrer Schlagkraft stehen solche 'weichen' Kriterien und Argumente den ökonomischen 'Tatsachen' schwächer gegenüber.

9. **Der Zeithorizont**: Für die öffentliche Hand ist es äußerst schwierig, über ein vom Vorhabenträger vorgeschlagenes Entwicklungskonzept ein 'Ad-hoc-Urteil' zu fällen. Die Zustimmung zu einer Maßnahmendurchführung ist für die Kommune eine Entscheidung von großer Tragweite; sie bedarf der Reifung, der Abwägung und ggf. der Eruierung von Handlungsalternativen. Der private Unternehmer drängt demgegenüber auf schnelle und verbindliche Aussagen. Ausschlaggebend für die Zustimmung der politischen Administration ist in dieser Situation nicht selten die Überlegung, man könne es sich nicht leisten, auf die Durchführung einer Investitionsmaßnahme zu verzichten.[95]

Die Ausführungen zeigen nicht nur die bestehenden Asymmetrien bezüglich der Verhandlungsmacht und der Verhandlungstaktik der Vertragsparteien auf, es deutet sich auch die Tendenz ihrer Verschärfung an.[96] Das Verhandlungsprinzip zwischen den Partnern, als 'Wertesystem' gedacht, gerät in Gefahr, zu einem 'Drucksystem' zu werden. Die schrumpfenden finanziellen Handlungsspielräume der öffentlichen Hand, die Dringlichkeit der Arbeitsmarktprobleme und die verschärfte Standortkonkurrenz versetzen die Kommunen vielerorts in eine Position, in der der private Investor die Bedingungen für ein Entwicklungsvorhaben weitestgehend 'diktieren' kann. Mittel- bis langfristig werden die Machtasymmetrien auch dadurch vergrößert, daß die Kommunen derzeit bestrebt sind, ihre Vermögensbestände, darunter auch Grundstücke, schnellstmöglich zu veräußern. Damit können die Kommunen ihre Finanzen zwar kurzfristig aufbessern, geben aber ein wichtiges 'Machtgut' zur Steuerung von Entwicklungsprozessen aus der Hand.[97]

---

93 Vgl. hierzu das Beispiel im vierten Kapitel, E I.

94 "Ich denke, daß es so etwas wie Qualität gibt. Aber sobald man sie zu definieren versucht, wird etwas zerstört. Man kann sie nicht definieren. (...) Weil Definitionen das Produkt rigiden, formalen Denkens sind, kann Qualität nicht definiert werden." Robert M. Pirsig: Zen and the Art of Motorcycle Maintenance: An Inquirity into Values, (Bantam) New York 1974, S. 200 f.; zit. nach: Mintzberg, Henry: Mintzberg über Management: Führung und Organisation, Mythos und Realität, (Gabler) Wiesbaden 1991, S. 338.

95 Vgl. zu Punkt 8 und 9 auch die Ausführungen im vierten Kapitel, E II.

96 Ansatzpunkte für eine gezielte Verbesserung der Verhandlungsposition der Kommune werden unter E II thematisiert.

97 Diese Überlegung ist nicht als Plädoyer für Erbbaurechts-Lösungen zu verstehen; vgl. hierzu die Ausführungen im siebten Kapitel, C III.

V. Beschleunigungskraft und Reaktanz-Problem

Das Phänomen der Reaktanz ist sowohl ein psychologisches als auch soziologisch-politisches Problem. So ist unter anderem aus der Konsumentenforschung bekannt, daß Menschen eine Form des psychischen Widerstandes gegen sozialen Einfluß aufbauen, wenn sie eine Bedrohung oder Einschränkung ihrer Verhaltensfreiheit wahrnehmen.[98] Bei der Verteidigung von 'Traditionen' und 'Identitäten', von bewährten Wert- und Denkstrukturen kann dieses Widersetzen gegen Beeinflussung und Neuerung auf sehr massive Art zum Vorschein treten. Diese Problemdimension wurde bereits im vierten Kapitel (B II) in Zusammenhang mit den Zielen der Verwaltungsmitarbeiter angedeutet sowie im sechsten Kapitel (E I 2) als politisches Spielchen des "Gegenaufruhrs aus Politik und Verwaltung" beschrieben.

Das Reaktanz-Problem in einer PPP resultiert in erster Linie aus den unterschiedlichen Zeitvorstellungen, den unterschiedlichen Entscheidungs- und Aktionsgeschwindigkeiten der Kooperanden. Die Akteure aus Politik und Verwaltung neigen dazu, sich dem Handlungsdruck, den die privaten Unternehmer zur Beschleunigung ihres Vorhabens ausüben, zu widersetzen. Je stärker der wahrgenommene Druck, desto mehr tritt ein Gefühl der 'Überrumpelung' und 'Vereinnahmung' auf; infolgedessen steigt die Bereitschaft zum 'kämpferischen' Ausspielen der eigenen Machtpotentiale. Ein Interviewpartner merkt dazu an: "Da Projekte in Zukunft immer knapper kalkuliert sein werden und der Durchführungsgeschwindigkeit eine immer entscheidendere Bedeutung zukommt, erscheint es mir kaum mehr vorstellbar, wie PPP in Zukunft noch funktionieren soll."[99]

In der Praxis sind die Schwierigkeiten jedoch oftmals weniger auf der strategischen als auf der **operativen Ebene** angesiedelt. Jeder Vorhabenträger ist auf die Zu- und Mitarbeit einer Vielzahl öffentlicher Ämter und Organisationen angewiesen; es scheint gerade hier 'ein Ding der Unmöglichkeit', Vorgänge zu beschleunigen. Sloterdijk schreibt in ähnlichem Zusammenhang:

> "Schließlich bilden nach Vormächten und Traditionen die immer schon allzu vollen Köpfe der Menschen eine dritte Instanz, die nicht gerne auf den Geist ... (der) Neuerung hört. Sie begegnen ...(ihr) mit dem Widerstand träger Gewohnheiten und bewährter Ansichten, die den Raum des Bewußtseins besetzt halten und nur in Ausnahmesituationen dazu gebracht werden können, auf eine andere Vernunft zu hören als die herkömmliche."[100]

---

98 Vgl. z. B. Kroeber-Riel, Werner: Konsumentenverhalten, 5., überar. u. erg. Aufl., (Franz Vahlen) München 1992, S. 213 u. S. 494.

99 Aussage von Herrn Dr. Berge, Stadtentwicklungsamt Frankfurt a. M., Gespräch am 14. Juni 1994 in Frankfurt a. M.

100 Sloterdijk, Peter: Kritik der zynischen Vernunft, Bd. 2, (Suhrkamp) Frankfurt a. M. 1983, S. 51.

Auf der operativen Ebene kann den Schwierigkeiten dadurch begegnet werden, daß dem Projekt eine hohe politische Priorität eingeräumt wird und die Vorgänge von der oberen hierarchischen Administration gesteuert werden. Auf der **strategischen Ebene** ist vor allem die Sensitivität und Sensibilität der Manager im Umgang mit den politischen Entscheidungsträgern gefordert. Zu vermeiden ist vor allem die Arroganz im Auftreten, die im sechsten Kapitel (E I 2) als das "Aufspielen des privaten Partners" beschrieben wurde. Letztlich spiegelt sich in den angesprochenen Komplikationen stets das "Ideologieproblem" wider, das auf alle Wahrnehmungs- und Aktionshorizonte einer PPP eine große Dominanz ausübt. Der vermeintliche 'Partner' ist eher der 'Feind', ist der kapitalistische Ausbeuter mit der 'Gewinn-Scheuklappen-Sicht' oder der antiquierte Verwaltungsbeamte mit der 'Gemeinwohl-Opfer-Sicht'. Mit diesem Ideologieproblem eng zusammen hängt das Werteproblem.

VI. Lernkraft und Werte-Problem

Die Hoffnung auf systemische Lerneffekte durch Public Private Partnership wird vor allem aus der gesamtgesellschaftlichen Perspektive gehegt. Dies betrifft einerseits die öffentlichen Verwaltungen, die einen großen Lernbedarf haben, was professionelle Projektentwicklung und unternehmerisches Agieren anbelangt. Es betrifft aber auch die privaten Unternehmer, die mehr Bereitschaft für die Übernahme sozialer Verantwortung entwickeln sollen. Für die Kooperanden selbst stellt die Aneignung der Fähigkeiten des Partners weniger ein strategisches Ziel dar; die Lerneffekte sind eher ein 'Nebenprodukt' der gemeinsamen Zusammenarbeit.

Dennoch gibt es Beispiele für ein (gezieltes) Ausnutzen des Partner-Know-hows. Dies zeigt die (ärgerliche) Projektschilderung eines interviewten Investors: "Die Stadt .... hat für das Projekt einen großen Developer- und Investoren-Wettbewerb initiiert. Nachdem alle Vorschläge für das Projektkonzept und das Projektmanagement präsentiert und im Detail erläutert waren, entschloß sich die Stadt, das Projekt doch lieber allein durchzuführen - alle Planungsgrundlagen standen ihr ja nunmehr zur Verfügung."[101]

Das 'Lern-Problem' auf seiten der öffentlichen Hand

Die Aneignung von marketing- und managementspezifischem Know-how durch die Verwaltungsmitarbeiter wird grundsätzlich positiv gewertet. Umstritten ist allerdings, inwieweit sich die öffentliche Hand in ihrem Denken und Handeln an den Prinzipien der Privatwirtschaft orientieren soll und kann. Diese Diskussion entfacht sich oftmals am Postulat der "Effizienz". Effizienz ist heute ein allgemeingültiges Handlungsparadigma für *jede*

[101] Vertrauliche Aussage eines Gesprächspartners.

Organisation, besagt es doch nur, daß eine Organisation das Beste aus ihren verfolgten Zielen macht, sei es als größter realisierter Nutzen bei gegebenen Kosten oder als geringste produzierte Kosten bei gegebenem Nutzen. So ist es nur logisch, daß auch für das Verwaltungshandeln eine Orientierung am Effizienzkriterium gefordert wird. Bei einigen Betrachtern regen sich dabei jedoch Zweifel und Unbehagen.[102] Mintzberg bringt das Problem auf den Punkt:

> "Ich glaube, daß die Wurzel des Problems nicht in der Definition des Begriffes liegt, sondern wie die Definition zwangsläufig in den Operationen umgesetzt wird. In der Praxis meint Effizienz nicht den größten Nutzen bei gegebenen Kosten; sie bedeutet den größten *meßbaren* Nutzen für die *meßbaren* Kosten. Mit anderen Worten, Effizienz bedeutet *demonstrierte* Effizienz, *bewiesene* Effizienz, und vor allem *kalkulierte* Effizienz. Ein Management, das auf Effizienz fixiert ist, ist vom Messen besessen. Der Effizienzkult ist ein Rechenkult. Und hier liegt das Problem."[103]

Effizienz ist in der Praxis mit einem bestimmten Wertesystem verbunden. Der Ruf nach Effizienz beinhaltet die Gefahr, daß die ökonomischen Ziele einseitig dominieren und soziale Kosten nurmehr als Externalitäten behandelt werden; dies provoziert sozial bedenkliche und den Gemeinwohlinteressen zuwiderlaufende Konsequenzen. Wie die "Effizienz-Orientierung" der öffentlichen Hand beschaffen sein soll, dafür gibt es keinen gesellschaftlichen und politischen Konsens. Die Widersprüche, die mit der Grundstimmung von "mehr Unternehmertum" einerseits und fortbestehender "Gemeinwohlverantwortung" andererseits verbunden sind, zeigen sich in der Projektentwicklung u. a. in Zusammenhang mit der Frage, ob die öffentlichen Verwaltungen ihre Entwicklungstätigkeit gewinnorientiert ausrichten dürfen.

Die herrschende Rechtsmeinung lehnt dies ab, auch wird es bislang "politisch nicht gern gesehen, daß die öffentliche Hand an einer Projektentwicklung etwas verdient".[104] Als Konsequenz läßt sich beobachten, daß die Projektkalkulationen, die zur Vorbereitung einer Projektdurchführung in öffentlicher Trägerschaft angefertigt werden, stets so 'hingerechnet' werden, daß sich am Ende Kosten und Umsätze zu Null addieren. Der Versuch, die ökonomische Ideologie einzuführen und gleichzeitig betriebswirtschaftliches (Gewinn-) Denken zu meiden, ist letztlich ein Paradoxon.

Heinz weist darauf hin, daß sich mit dem Konzept von PPP die Konfliktlinie zwischen ökonomischen- und Gemeinwohlinteressen verschiebt: Sie verläuft nicht mehr zwischen dem

102 Vgl. ähnlich Müller, Nikolaus: Rechtsformenwahl bei der Erfüllung öffentlicher Aufgaben, Diss., Passau 1992, S. 113.

103 Mintzberg, Henry: Mintzberg über Management: Führung und Organisation, Mythos und Realität, (Gabler) Wiesbaden 1991, S. 336.

104 Übereinstimmende Aussage mehrerer Gesprächspartner, u. a. von Herrn Stefan Voller, Geschäftsführer der Stadtentwicklung Frankfurt Ost GmbH, Gespräch am 14. Juni 1994 in Frankfurt a. M.

Privatsektor und der öffentlichen Hand, sondern innerhalb der sich als "Unternehmer" verstehenden Stadt.[105] Ideologisch geprägte Wertkonflikte treten zwischen Institutionen auf, so vor allem zwischen den klassischen öffentlichen Ämtern und den ausgegliederten privatrechtlichen Einheiten. Besonders subtil sind die Konflikte, die das Selbst- und **Rollenverständnis des einzelnen Individuums** betreffen, so wenn ein öffentlich Bediensteter in unterschiedlichen Funktionen im Entwicklungsprozeß tätig wird. Ein Interviewpartner gab an, daß er es als unglaublich schwierig empfinde, in einem Projekt gleichzeitig als Aufsichtsratsmitglied der Entwicklungsgesellschaft und als Leiter des Stadtbauamtes aufzutreten und so immer im Wechsel "mal den Interessen der Gesellschaft, mal den Interessen der Stadt" verpflichtet zu sein.[106]

Dies ist mit ein Grund dafür, daß viele Praktiker fordern, in den PPPs eine strikte Funktionentrennung vorzunehmen: die entwicklungspolitischen Kompetenzen den Privaten zu übertragen und die öffentliche Hand nur in regulierenden, hoheitlichen Funktionen in ein Projekt einzubeziehen.[107] In der Literatur wird darauf verwiesen, daß dieses Modell aus mittel- bis langfristiger Sicht Gefahren birgt: Die Übertragung von Zuständigkeiten von der öffentlichen Hand auf Private ist nicht nur mit einem öffentlichen Kompetenzverlust verbunden, sondern kann auch zu einem allmählichen Abbau der für die Bearbeitung dieser Aufgaben notwendigen Fähigkeiten und Kenntnisse führen.[108] Damit gehen auch Kompetenzen verloren, die zur Ausübung von Kontrollaktivitäten und zur Initiierung von Entwicklungsmaßnahmen notwendig sind.

Das 'Lern-Problem' auf seiten der privaten Akteure

Aus einer gesamtgesellschaftlichen Perspektive war und ist das PPP-Konzept immer auch mit der Hoffnung verbunden, die privaten Unternehmer für ein Denken und Handeln im Sinne des Gemeinwohls zu gewinnen.[109] Diesbezüglich hat der 'Königsweg' PPP allerdings an Faszinationskraft eingebüßt. Die öffentlichen Akteure mußten erkennen, daß PPP in der Praxis kein 'metaökonomisches' Konzept ist und keine Aktionshorizonte in der Form eröffnet,

---

105 Vgl. Heinz, Werner (Hrsg.): Public Private Partnership - ein neuer Weg zur Stadtentwicklung?, (W. Kohlhammer/Deutscher Gemeindeverlag) Stuttgart u. a. 1993, S. 537.

106 Vertrauliche Aussage eines Gesprächspartners. Im Projekt Schenkenberg gab die Bürgermeisterin, die gleichzeitig Geschäftsführerin der PPP-Gesellschaft ist, demgegenüber an, diesen Rollenkonflikt nicht zu registrieren; Aussage von Frau Gudrun Fritzsch, Bürgermeisterin der Gemeinde Schenkenberg bei Delitzsch, Gespräch am 02. November 1994 in Schenkenberg.

107 Übereinstimmende Aussage mehrerer Gesprächspartner, u. a. von Herrn Dr. Eckart Scharmer, Rechtsanwaltskanzlei Dr. Scharmer, Berlin, Gespräch am 10. Oktober 1995 in Berlin.

108 Vgl. Heinz, Werner (Hrsg.): Public Private Partnership - ein neuer Weg zur Stadtentwicklung?, (W. Kohlhammer/Deutscher Gemeindeverlag) Stuttgart u. a. 1993, S. 528.

109 Vgl. hierzu auch Krautzberger, Michael: Kooperationsmodelle aus staatlicher Sicht, in: Deutscher Verband für Wohnungswesen, Städtebau und Raumordnung (Hrsg.): Symposium public-private-partnership, Ausländische Erfahrungen und praktische Beispiele, Tagungsdokumentation vom Symposium am 22. Januar 1992 in Bonn, S. 42-57, hier S. 42.

daß unrentierliche Städtebauprojekte nun zu realisieren sind. Auch hat die PPP-Idee keinen Sinneswandel bei den seit jeher gewinnorientierten Unternehmern bewirkt. Die Ernüchterung und Resignation, die heute vielfach in Zusammenhang mit PPP registriert werden können, sind eine logische Folge der vielfach sehr **unrealistischen Erwartungshaltungen**, die mit Public Private Partnership einhergingen.

Die Erwartung, daß ein privatwirtschaftlich agierender Unternehmer soziale Verantwortung übernimmt, ist jedoch nicht völlig naiv. In der Praxis erweist sich eine klare Trennung zwischen ökonomischen Zielen im privaten Bereich und sozialen im öffentlichen Bereich als nicht stichhaltig. Rein ökonomische Entscheidungen kann es in der Projektentwicklung nicht geben, da sich jede Entscheidung in vielfältiger Weise auf das Umfeld auswirkt und jedes Projekt auf Akzeptanz in Bevölkerung und Kommunalpolitik angewiesen ist. Für PPP-Arrangements gilt dies in einem noch stärkeren Maße, müssen die privaten Partner doch in besonderer Weise Flexibilität und politische Finesse beweisen, und dies oft zuungunsten der ökonomischeren Alternative. In allen unternehmerischen Entscheidungen gibt es diese Ermessensspielräume, um soziale Bedürfnisse zu berücksichtigen.[110]

Ansätze für eine Sicherung bzw. Stärkung der Gemeinwohlverantwortlichkeit des privaten Sektors werden in den PPPs in erster Linie darin gesehen, daß die öffentliche Hand Anreize für ein solches Verhalten setzt, d. h. sich die gewünschten Verhaltensweisen als Gegenleistung für die Schaffung von Planungsrecht ausbedingt. Einige Autoren weisen darauf hin, daß auch die Bürger Möglichkeiten haben, die Unternehmer zu erwünschten Handlungen zu veranlassen, indem sie Druck in der Öffentlichkeit erzeugen.[111]

Die Erfahrungen dieser Arbeit haben gezeigt, daß die privaten Vorhabenträger dann zu ungewöhnlichen Leistungs- und Verantwortungsübernahmen bereit waren, wenn die Rahmenbedingungen am Standort es erforderten. In den Kommunen der **Neuen Bundesländer**, in denen es den Verwaltungen völlig an Erfahrungen, an Kapital und Personal mangelte, haben private Unternehmer Beratungsaufgaben wahrgenommen, die weit über das spezielle Entwicklungsvorhaben hinausreichten; die Kostenübernahmen für Maßnahmen im Projekt schlossen in Einzelfällen sogar die kommunale Rechtsberatung und die Kontrolle der Bauausführung mit ein. Viele Unternehmer waren sich ihrer verantwortlichen Position bei der Leitung der Entwicklungsprozesse durchaus bewußt. Wahrscheinlich gab es aber noch mehr 'schwarze Schafe', die eine positive Bilanz der PPP-Projektierungen in Ostdeutschland verhinderten.

110 Vgl. ähnlich Mintzberg, Henry: Mintzberg über Management: Führung und Organisation, Mythos und Realität, (Gabler) Wiesbaden 1991, S. 323.

111 Vgl. Stephenson, Max O.: Whither the public private partnership: A critical overview, in: Urban Affaires quarterly, 27. Jg., 1991, Nr. 1, S. 109-127, hier S. 124; vgl. auch Mintzberg, Henry: Mintzberg über Management: Führung und Organisation, Mythos und Realität, (Gabler) Wiesbaden 1991, S. 320.

E. Ein Norm-Konzept für die Kooperationsstrategie

I. Vorüberlegungen

In einer idealtpyisch gedachten Public Private Partnership übernehmen die privaten Partner die Verantwortung für eine einzelwirtschaftlich effiziente Erstellung der Leistung, die öffentlichen Partner übernehmen die Verantwortung für die Einhaltung der gemeinwohlorientierten Ziele.[112] Um Aussagekraft zu erhalten, bedarf dieses Leitkonzept einer 'optimalen' PPP der Operationalisierung und Konkretisierung. Theoretische Überlegungen und praktische Erfahrungen zeigen, daß es vor allem für die öffentliche Hand ausgesprochen schwierig ist, im Arrangement ihrer Verantwortung gerecht zu werden und die Einhaltung gemeinwohlorientierter Ziele zu sichern. Dies führte zur Konzeption eines normativen Gestaltungsmodells für PPP: das Modell der kommunalen Qualitätssicherung.

Die Schwierigkeiten der öffentlichen Hand, ein städtebauliches Entwicklungsvorhaben in die gewünschten Bahnen zu lenken, resultieren in sehr wesentlicher Weise aus den Macht- und Zielstrukturen, die für PPP-Arrangements charakteristisch sind. Auf eine kurze Formel gebracht, läßt sich das Aktionsmodell einer PPP wie folgt beschreiben: Die privaten Partner drängen nach **professioneller Autonomie**, die öffentlichen Partner suchen nach **'technokratischen' Kontrollmöglichkeiten**. Die öffentliche Hand steuert die Entwicklungsprozesse also nicht auf eine 'aktive' Art und nicht 'von oben', sondern eher auf eine 'passive' Art und 'von unten'.

Der eher passive Part der öffentlichen Seite ist auch ein wichtiger Grund dafür, daß jedem Versuch einer kommunalen Einflußnahme auf das Projekt der Charakter einer "Behinderungspolitik" innewohnt, die sich einer zügigen Vorhabenabwicklung und 'vernünftigen', d. h. sachgemäßen und flexiblen Entscheidungen in den Weg stellt. Unbestritten gibt es erhebliche Funktionsdefizite in den Strukturen und Abläufen des öffentlichen Verwaltungshandelns sowie Regelungen, deren Zweckmäßigkeit höchst zweifelhaft ist. Eine Beschleunigung und Erleichterung von Verfahren ist notwendig. Auch ist unbestritten, daß es seitens der Politik und Verwaltung häufig zu Formen des 'Bedenkenträgertums' und der Manipulationspolitik kommt, die aus einem reinen Oppositionswillen resultieren und sachlich ungerechtfertigt sind.

Es ist jedoch eine höchst bedenkliche Entwicklung, wenn Vertreter des öffentlichen Sektors ihre Rolle in einem Entwicklungsprozeß darin sehen, den Forderungen eines privaten

---

[112] Vgl. ähnlich Corte, Christiane: Die Übernahme kommunaler Aufgaben durch private Unternehmen und Freie Berufe, eine Untersuchung der Zusammenarbeit von Privaten und Kommunen, hrsg. v. Institut für Mittelstandsforschung, Schriftenreihe Nr. 41, (Poeschel) Stuttgart 1991, S. 18; vgl. ähnlich auch Schriever, Wolf: Projektentwicklung als kommunale Handlungsstrategie, Vortrag anläßlich des ebs-Immobilien-Professional-Collegs am 03. März 1994 in Berlin, unveröff. Vortragsmanuskript, S. 5.

Unternehmers möglichst reibungs- und bedingungslos zur Durchsetzung zu verhelfen. Die Kommune hat nicht nur ein legitimes Recht, sondern eine **verantwortungsvolle Pflicht** zur Steuerung der kommunalen Entwicklung und zur Wahrung gemeinwohlorientierter Interessen. Die entwicklungspolitischen Entscheidungen sind für die Kommune von großer Tragweite; sie muß langfristig mit den städtebaulichen Lösungen leben. Offensichtliche 'Fehlentwicklungen' stören nicht nur nachhaltig das Erscheinungsbild der Stadt und verhindern Entwicklungsprozesse im Umfeld, sondern sind auch mit erheblichen Folgekosten verbunden, die die Kommune zu tragen hat.

Der private Unternehmer kann mit einem 'Flop' leichter leben. Er steuert zwar den Entwicklungsprozeß, kann sich der Verantwortung für die Ergebnisse aber entziehen. Daß dieses Entziehen auch in einem wörtlichen Sinne verstanden werden kann, zeigt ein 'Spruch', der im Gespräch zweier privater Investoren fiel. Von dem Kollegen auf ein Gebäude angesprochen, das er kürzlich fertiggestellt hatte, lautete seine Antwort: "Stimmt, das Gebäude dort ist so scheußlich geworden, daß ich nun jeden morgen einen anderen Weg zur Arbeit fahre, um mir diesen Anblick zu ersparen."

Für die öffentliche Hand geht es in einer PPP darum, die ihr verfügbaren Bausteine einer Qualitätssicherungspolitik intelligent zu nutzen. Diese Bausteine sind in dem folgenden Modell systematisiert. Da auf die Ausgestaltung einzelner Instrumente bereits im Detail eingegangen wurde, konzentrieren sich die folgenden Überlegungen auf ergänzende, resümierende und verfahrenvergleichende Aspekte.

II. Das Norm-Modell "kommunale Qualitätssicherung"

Das in Übersicht 8.7 abgebildete Norm-Modell konstituiert sich aus den drei Basisbausteinen "kommunale Kompetenz", "Konfiguration" und "kommunale Öffentlichkeit". Die Kompetenz und die Öffentlichkeit stellen die beiden Grundpfeiler im Modell dar. Sie sind elementare Voraussetzungen, um eine Durchsetzung kommunaler Interessen in einer PPP überhaupt zu ermöglichen. Die **kommunale Kompetenz** ist Funktionserfordernis für die Gewährleistung kommunaler Verhandlungsmacht und die qualifizierte Wahrnehmung kommunaler Einflußrechte und Kontrollpflichten. Die **kommunale Öffentlichkeit** stellt die Legitimation des politischen Handelns sicher und wirkt einer Funktionalisierung des politischen Wirkens im Dienste einer gesellschaftlichen Teilmacht entgegen.

Die **Konfiguration** meint die spezifische Ausgestaltung eines PPP-Modells. Zentrale Funktionserfordernisse für die Wahrung kommunaler Interessen sind die Institutionalisierung 'geeigneter' **Steuerungsmechanismen** und die Begrenzung kommunaler **Risiken** im Entwicklungsprozeß. Die kommunale Steuerung ist vor allem auf ihre Effektivität und ihre

Effizienz hin zu prüfen. Die Effektivität bezeichnet die Eignung eines Steuerungsinstrumentes, die eigenen Interessen tatsächlich durchsetzen zu können. Unter Effizienz wird hier die Eignung des Instrumentes verstanden, die Steuerung mit möglichst geringen 'Kosten' im Sinne von Störungen der Funktionsabläufe im Entwicklungsprozeß sicherzustellen. Die Probleme in der Praxis bestehen in hoher Effektivität bei geringer Effizenz oder geringer Effektivität bei hoher Effizienz.[113]

Übersicht 8.7: Das Norm-Modell "kommunale Qualitätssicherung"

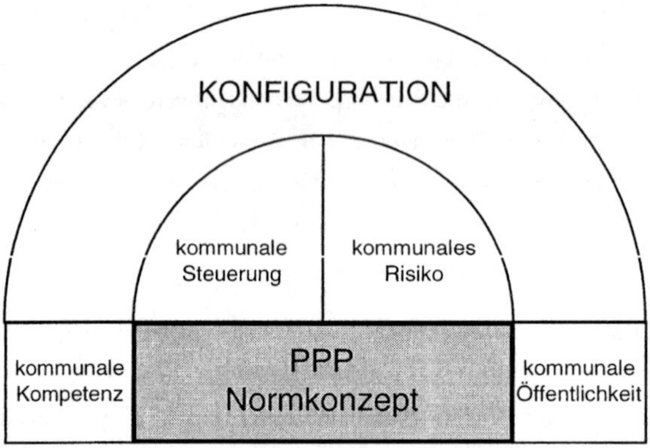

Die kommunale Kompetenz

Kompetenz ist ein umfassendes Konstrukt, das eine Vielzahl von Fähigkeiten, Fertigkeiten und Wissensressourcen umfaßt. Für das Management eines Entwicklungsvorhabens sind nicht nur Markt-Know-how und Technologie-Know-how erforderlich, sondern auch Fähigkeiten wie Führungskraft, Personenorientierung, Lernbereitschaft, Lernfähigkeit, Kommunikationsfähigkeit u. a. m. Die kommunalen Kompetenzerfordernisse für PPP-Arrangements beziehen sich auf

- die Verhandlungskompetenz,
- die Kontrollkompetenz,
- die Projektmanagementkompetenz.[114]

113 Entweder sichert die Kommune sich weitreichende Mitspracherechte, blockiert damit aber die Flexibilität und Geschwindigkeit der Verfahrensabläufe, oder sie verzichtet weitestgehend auf Mitspracherechte und gewährt dadurch reibungslose Abläufe.

114 Die Projektmanagementkompetenz ist für die Projekte notwendig, in denen die öffentliche Hand selbst Vorhabenträger ist oder sich an der Trägerstruktur beteiligt.

Das Kompetenzproblem der öffentlichen Hand resultiert einerseits daraus, daß die Ausbildung der o. a. Fähigkeiten durch die Funktionslogik des öffentlichen Sektors und die Erfordernisse des praktischen Handelns weniger gefördert wird. Andererseits ist es eine Folge des Umstandes, daß eine Beschäftigung im öffentlichen Sektor für 'fähige' Personen oftmals weniger attraktiv ist, nicht zuletzt deshalb, weil der private Sektor die besseren Gehälter zahlen kann.[115] So wurden in den USA die öffentlich Bediensteten, die für die Prüfung der Marktchancen von Projekten im Rahmen des UDAG-Förderprogrammes zuständig waren, regelmäßig vom privaten Sektor abgeworben, wenn sie sich das entsprechende Know-how angeeignet hatten.[116]

Der Kompetenzvorsprung des privaten Sektors wirkt sich in allen Belangen nachteilig auf die Sicherung kommunaler Interessen im Entwicklungsprozeß aus; dies wurde im Hinblick auf die Verhandlungsmacht (Kapitelabschnitt D IV) und die Kontrolle (sechstes Kapitel, D II) problematisiert. Ein Kompetenzgewinn ist grundsätzlich auf zweierlei Weise möglich: durch Lernen oder durch den Kauf externen Know-hows.

Das **Lernen** ist ein Konzept, das mittel- bis langfristig angelegt ist. Es umfaßt sowohl die Aus- und Weiterbildung der im öffentlichen Dienst Beschäftigten als auch das Lernen in der Praxis. In vielen Städten und Gemeinden haben sich die Führungskräfte in ihrer langjährigen Tätigkeit ein Know-how angeeignet, das es ihnen erlaubt, den privaten Akteuren als 'gleichwertige' Gesprächspartner gegenüberzutreten. "Einem schwäbischen Bürgermeister in der dritten Wahlperiode macht auch ein privater Könner nicht mehr so leicht etwas vor."[117] Die Unerfahrenheit von Verwaltungsmitarbeitern stellt vor allem in den Neuen Bundesländern ein außerordentliches Hemmnis für die kommunale Interessenartikulation und -sicherung dar. Das Konzept des Lernens stößt auch dort an seine Grenzen, wo kleinere Gemeinden über ein spezifisches Fach-Know-how verfügen müssen, das schon angesichts der personellen Kapazität nicht sichergestellt werden kann.

Das **Kaufen** von Know-how ist ein naheliegender Ansatz für die Lösung von Kompetenzproblemen, die in Zusammenhang mit der Institutionalisierung eines PPP-Arrangements auftreten; es scheitert jedoch vielfach daran, daß die Kommunen die externen Spezialisten und Experten nicht bezahlen können. In einigen PPP-Modellen wurden von den privaten Kooperationspartnern die Kosten für kommunale Rechtsberatung, Bauausführungskontrolle u.

115 In diesem Zusammenhang wird oftmals beklagt, daß das politisch-administrative System in Deutschland zu viele seiner Führungskräfte intern rekrutiere und Manager aus der Wirtschaft kaum Interessen zeigen, Führungsaufgaben im öffentlichen Sektor wahrzunehmen.

116 Vgl. Boyle, Robin: Leveraging Urban Development: A Comparison of Urban Policy Directions and Programme Impact in the United States and Britain, in: Policy and Politics, Vol. 13, 1985, No. 2, S. 175-210, hier S. 207.

117 Aussage von Herrn Hermann Laistner, Geschäftsführer der Ingenieurgesellschaft für Projektsteuerung, Ökologische Entwicklungsplanung und Technologietransfer mbH (POET), Lauchheim, Gespräche u. a. am 05. Mai 1994 in Lauchheim und am 08. Februar 1995 in Bonn.

ä. übernommen; in anderen Modellen wurden entsprechende Leistungen durch PPP-Gesellschaften finanziert. Solche Lösungen sind jedoch nicht für alle Projekte und Situationseigenschaften möglich. Kommunale Interessenvertreter fordern daher die Etablierung von Institutionen, die den kommunalen Beratungs- und Unterstützungsbedarf bei der Konzeption von PPP-Modellen auf eine kostengünstige Weise sicherstellen. Dabei gibt es jedoch kaum konkrete Vorschläge, wie diese Institutionen sich finanzieren sollen.[118]

Die kommunale Öffentlichkeit

In den 60er und 70er Jahren war es der idealistisch-moralische Impetus, der der Beteiligungsdiskussion ihre wesentlichen Impulse gab. Politische Partizipation galt als "Wert an sich" und sollte dazu beitragen, die in der Gesellschaft vorhandenen Interessen- und Meinungsgegensätze auszutragen.[119] In der heutigen Diskussion spielen normative Geltungsgründe für die Rechtfertigung politischer Öffentlichkeit eine untergeordnete Rolle; Informations- und Partizipationserfordernisse werden an pragmatischen Notwendigkeiten und an den Erkenntnissen der modernen Managementlehre festgemacht. Öffentlichkeit und Beteiligung sind notwendig, da sie Rechtsschutz herstellen, eine umfassende Akzeptanz der Projekte sicherstellen und über das rechtzeitige Erkennen möglicher Widerstände die Verfahren beschleunigen.[120] Auf die entsprechenden Strategien wurde im fünften Kapitel (E II) ausführlich eingegangen.

Im Rahmen des hier postulierten Normkonzeptes bezieht sich die Forderung nach Öffentlichkeit auf ihre Funktion

- als Legitimationskonzept, das den Entscheidungsprozessen der politisch Verantwortlichen zu Anerkennung verhilft;
- als Regulativ, welches ein Mindestmaß an Interessenpluralität erzeugen soll, indem verschiedene Betroffene ihre Interessen artikulieren;
- als Kontrollinstanz, die Handlungsweisen und Entscheidungsprozesse der Partner offenlegt und bewertet.

---

118 Erste Überlegungen hierzu hat Laistner angestellt; vgl. POET-Ingenieurgesellschaft für Projektsteuerung, Ökologische Entwicklungsplanung und Technologietransfer mbH, Lauchheim: Privatisierung, Projektmanagement und Public Private Partnership im kommunalen Bereich, unveröff. Manuskript, Lauchheim o. J. (1994), S. 3 f.

119 Vgl. Guggenberger, Bernd: Demokratietheorie, in: Nohlen, Dieter (Hrsg.): Wörterbuch Staat und Politik, 4. Aufl., (Serie Piper) München 1996, S. 80-90, hier S. 85.

120 Vgl. hierzu auch Selle, Klaus: Was ist bloß mit der Planung los?, Erkundungen auf dem Weg zum kooperativen Handeln, Dortmunder Beiträge zur Raumplanung, Heft 69, hrsg. v. Institut für Raumplanung Universität Dortmund, Dortmund 1994, S. 83 f. und S. 95 f.

Die Wahrnehmung dieser Funktionen wird durch die heutige Form der **Informationspolitik** kaum sichergestellt. Die Entscheidungsprozesse und Entscheidungsergebnisse der Kooperationsverhandlungen werden nicht transparent; die Projektverantwortlichen veröffentlichen nur die Informationen, die der Werbung für das Projekt und der Dokumentation der eigenen 'Leistungen' dienen. Teilweise übernehmen die Medien 'aufklärerische' Funktionen, indem sie Insiderinformationen publizieren. Ihre Berichterstattung ist allerdings oftmals von (politischen) Gegnern gezielt gesteuert und manipuliert. Um eine umfassende Kontrollfunktion der Öffentlichkeit zu gewährleisten, erscheint es notwendig, in Anlehnung an Hatzfeld eine öffentliche Auslegung der von den Partnern abgeschlossenen Vertragswerke zu fordern.[121]

An der praktizierten **Beteiligungspolitik** wird vor allem der späte Zeitpunkt von Veranstaltungen und Gesprächsrunden kritisiert. Eine Auseinandersetzung mit divergierenden Interessen findet erst dann statt, wenn die wesentlichen Entscheidungen zwischen den Kooperationsakteuren bereits getroffen sind. Ein zweiter Kritikpunkt richtet sich gegen die Selektivität bei der Einbeziehung von Interessen.[122] Hier werden als Vorbilder amerikanische Modelle von politischer Beteiligung angeführt, die ein umfassendes informelles Interessen-clearing unter Beteiligung aller Betroffenen im Vorfeld von Projektplanungen beinhalten.[123]

Die kommunale Steuerung

Den Städten und Gemeinden stehen in den PPP-Arrangements drei Arten von Steuerungsmechanismen zur Verfügung, mit denen sie städtebauliche Entwicklungsprozesse beeinflussen können:

- die Steuerung über das planungsrechtliche Instrumentarium,
- die Steuerung über vertragsrechtliche Vereinbarungen,
- die Steuerung über gesellschaftsrechtliche Mitbestimmung.

[121] Meinungsäußerung von Herrn Dr. Ulrich Hatzfeld auf dem Strategiegespräch "Neue Wege der privaten Finanzierung von Stadterneuerungs- und Stadtentwicklungsaufgaben" des Experimentellen Wohnungs- und Städtebaus am 08. Februar 1992 im BMBau in Bonn.

[122] Diese Thematik wird in der Literatur ausführlich behandelt; vgl. z. B. Selle, Klaus: Was ist bloß mit der Planung los?, Erkundungen auf dem Weg zum kooperativen Handeln, Dortmunder Beiträge zur Raumplanung, Heft 69, hrsg. v. Institut für Raumplanung Universität Dortmund, Dortmund 1994, S. 96-99; vgl. auch Friedman, John: Zum Verhältnis von Staat und Gesellschaft am Ende des 20. Jahrhunderts, Vortrag anläßlich des Dortmunder Wissenschaftsfrühlings am 25. April 1991 in Dortmund, unveröff. Vortragsmanuskript, S. 6-13.

[123] Vgl. hierzu Hoffmann-Riem, Wolfgang: Verhandlungslösung und Mittlereinsatz im Bereich der Verwaltung, eine vergleichende Einführung, in: Hoffmann-Riem, Wolfgang; Schmidt-Aßmann, Eberhard (Hrsg.): Konfliktbewältigung durch Verhandlungen, Bd. 1, (Nomos) Baden-Baden 1990, S. 13-42; vgl. auch Hoffmann-Riem, Wolfgang: Konfliktmittler in Verwaltungsverhandlungen, Beiträge zu neueren Entwicklungen in der Rechtswissenschaft, Heft 22, (C. F. Müller) Heidelberg 1989, S. 26-33.

Im Verfahrensvergleich zwischen **vertragsrechtlich vereinbarten** und **gesellschaftsrechtlich verankerten** Einflußmöglichkeiten ist zu erwarten, daß erstere eher Probleme der Effektivität kommunaler Interessensicherung aufwerfen, letztere eher Probleme der Effizienz der gewählten Verfahren. Die im Rahmen dieser Arbeit gesammelten Erfahrungen bestätigen diese Vermutung nur bedingt. Auffallend ist in der Praxis vor allem, daß

- die Effektivität vertragsrechtlicher Steuerung unterschätzt wird,[124]
- das Effizienzproblem der gesellschaftsrechtlichen Steuerung unterschätzt wird,[125]
- die Effektivität der gesellschaftsrechtlichen Steuerung überschätzt wird.

Die Einflußnahme, die über **gesellschaftsrechtliche Mitbestimmung** möglich ist, hängt zunächst von den Mehrheitsverhältnissen ab. Verfügt die Gemeinde über weniger als 50 % der Stimmen in einer PPP-Gesellschaft, hat sie letztlich keine durchgreifende Mitentscheidungsmöglichkeit. Selbst wenn die Stimmrechte über 50 % liegen, sind die faktischen Einflußmöglichkeiten für die im Projektmanagement nicht geschulten kommunalen Mitarbeiter oft geringer als erwartet.[126]

In nahezu allen untersuchten Arrangements mit gemischt-wirtschaftlichen Projektgesellschaften hatten die öffentlichen Akteure erhebliche Probleme bei der Besetzung von Geschäftsführer- oder Projektleiterposten. Entweder gab es keinen Mitarbeiter, der für geeignet befunden wurde, oder es war nicht möglich, ihn für einen längeren Zeitraum von seiner Tätigkeit freizustellen. Teils wurden die Stellen 'suboptimal' besetzt, teils wurde eine ehrenamtliche Aufgabendurchführung vereinbart. Die Folge war die oftmals unzureichende Nutzung von Mitgestaltungs- und Kontrollmöglichkeiten.[127]

Es ist jedoch weniger die fehlende Effektivität der Steuerung als vielmehr das nicht zu bewältigende Effizienzproblem, das viele Praktiker zu der Gestaltungsempfehlung veranlaßt: "Wo immer möglich, sind vertragsrechtliche Regelungen den gesellschaftsrechtlichen Arrangements vorzuziehen."[128]

---

124 Aussage von Herrn Dr. Eckart Scharmer, Rechtsanwaltskanzlei Dr. Scharmer, Berlin, Gespräch am 10. Oktober 1995 in Berlin.

125 Vgl. hierzu die Ausführungen im obigen Kapitelabschnitt D III und im sechsten Kapitel, D.

126 Vgl. hierzu auch Scharmer, Eckart: Mobilisierung und Bereitstellung von Bauland durch Entwicklungsmaßnahmen und Modelle der Kooperation mit privaten Investoren, in: Bundesforschungsanstalt für Landeskunde und Raumordnung (Hrsg.): Informationen zur Raumentwicklung, Heft 1/2, 1994: Bodenmanagement, Bonn 1994, S. 9-18, hier S. 16.

127 Nur in wenigen Fällen konnten kompetente Manager und Mitarbeiter als Externe über Anstellungsverhältnisse mit der Gesellschaft gewonnen werden.

128 Übereinstimmende Aussage mehrerer Gesprächspartner, u. a. von Herrn Dr. Eckart Scharmer, Rechtsanwaltskanzlei Dr. Scharmer, Berlin, Gespräch am 10. Oktober 1995 in Berlin.

Die kommunalen Risiken

Für die öffentliche Hand liegen die Risiken kooperativer Projektentwicklung vor allem in

- Risiken finanzieller Belastungen,
- Risiken mangelnder Qualität,
- Risiken von Grundstücksverlusten.

Insgesamt ist das Handlungsfeld von PPP noch zu neu, als daß bereits in notwendigem Umfang Erfahrungen über Leistungsstörungen im Entwicklungsprozeß vorliegen.[129] Auf Möglichkeiten vertraglicher Regelungen für den Fall des Scheiterns eines Projektes wurde im sechsten Kapitel (F) eingegangen, auf Möglichkeiten einer Sicherung vertraglicher Bindungen im siebten Kapitel (C II 3). Experten schätzen die Gefahren und Risiken für die öffentliche Hand in PPP-Arrangements dort hoch ein, wo[130]

- die Kommune Bürgschaften für private Vorhaben übernimmt, die im Falle des Projektscheiterns zu hohen Zahlungsverbindlichkeiten führen;
- die Kommune selbst unternehmerisch tätig wird und etwaige Verluste einer Projektgesellschaft zu tragen hat;
- die Kommune ihren Geschäftsanteil an einer gemeinsamen Projektgesellschaft in Form von Grundstücken einbringt und der privater Partner allein durch die Teilhaberschaft an der Gesellschaft Miteigentum an den zu entwickelnden Grundstücken erwirbt;
- die Kommune Grundstückseigentum veräußert, ohne sich für den Fall des vertragswidrigen Verhaltens preislimitierte Wiederkaufs- oder dingliche Vorkaufsrechte zu sichern;
- die Kommune mit einem privaten Partner kooperiert, der nur aus Gründen der Grundstücksspekulation oder der großzügigen Auftragsabrechnung an der Zusammenarbeit interessiert ist; für brachliegende Grundstücke und minderwertige Bauqualität muß die Kommune die Kosten tragen.

---

129 Angaben von Herrn Dr. Scharmer, Rechtsanwaltskanzlei Dr. Scharmer, Berlin, Gespräch am 10. Oktober 1995 in Berlin.

130 Angaben von Herrn Dr. Müller, Wibera Wirtschaftsberatungs AG, Düsseldorf, Gespräch am 04. April 1995 in Düsseldorf, und Herrn Dr. Scharmer, Rechtsanwaltskanzlei Dr. Scharmer, Berlin, Gespräch am 10. Oktober 1995 in Berlin.

F. Ein Selektions-Konzept für die Kooperationsstrategie

I. Vorüberlegungen

Die Gestaltungsempfehlungen des o. a. Modells beinhalten normative Wertprämissen, die den besonderen gesellschaftlichen und gesellschaftspolitischen Gefährdungspotentialen des PPP-Konzeptes Rechnung tragen. Nach der Logik des entscheidungsorientierten Ansatzes, der die Problemperspektive der vorliegenden Arbeit dominiert, haben die Bewertung von Handlungsalternativen und die Ableitung praxeologischer Aussagen demgegenüber unmittelbar an den Zielen der Kooperanden anzusetzen. Daß die oben postulierten normativen Handlungsleitlinien sich nicht zwangsläufig mit den Zielen der einzelnen Kommune decken, wird vor allem bei der Forderung nach einer umfassenden Beteiligung der Öffentlichkeit deutlich.

Stellt man die Ziele der Kooperanden in den Vordergrund, so ergibt sich zunächst das Problem, daß die Individualziele der beteiligten Akteure in vielen Bereichen konflingieren.[131] Die "gemeinsamen Ziele" für die Handlungsbewertung heranzuziehen gestaltet sich deshalb schwierig, weil diese meist nur bezüglich übergeordneter Handlungsleitziele - wie das des "erfolgreichen Projektes" - spezifiziert sind und sich nicht auf konkrete organisatorische und verteilungspolitiche Regelungen beziehen (können). Die Hauptschwierigkeiten bei der Ableitung von Gestaltungsempfehlungen liegen jedoch nicht im Ziele-, sondern im **Prognosebereich** begründet.

Aufgrund der vielzähligen Rahmenbedingungen können die Konsequenzen von Handlungen in der Projektentwicklung generell schwierig prognostiziert werden. Im Rahmen der vorliegenden Arbeit wurde versucht, zumindest einzelne für relevant erachtete Bestimmungsgrößen und die Aspekte ihrer Beeinflussung aufzuzeigen; nahezu alle Themenfelder greifen Strategiebausteine auf, die sich für einen oder beide Partner in dem konkreten Fall als günstig oder ungünstig herausgestellt haben bzw. die insgesamt als zweckmäßig oder nicht zweckmäßig erschienen. Diese als Gestaltungsempfehlungen auf eine 'kurze Formel' bringen zu wollen, erweist sich allerdings als wenig fruchtbar. Illusorisch ist die Vorstellung, aus den empirischen Erkenntnissen konkrete Entscheidungsmodelle in der Form abzuleiten, daß für bestimmte Projekttypen und bestimmte Situationseigenschaften die 'optimalen' PPP-Modelle vorgeschlagen werden können.

Es ist jedoch möglich, für die äußerst schlecht strukturierten Entscheidungsprobleme der Praxis einen Bezugsrahmen zu konstruieren, der bei der praktischen **Bewertung von Alternativen** Hilfe leisten kann. Dazu wurde das Modell der nachhaltigen Wirkungsanalyse entwickelt. Es baut auf der Erfahrung auf, daß die Kooperanden in der Anfangseuphorie einer

---

[131] Vgl. die Ausführungen im vierten Kapitel, D.

Projektentwicklung dazu neigen, vorschnell Entscheidungen zu treffen und Kooperationsmodelle zu konzipieren, bei denen sich im nachhinein erhebliche Schwächen zeigen; diese hätten jedoch im Vorfeld erkannt werden können. In nahezu allen untersuchten Projekten gestanden die Projektverantwortlichen ein, daß man sich zu wenig Gedanken gemacht habe, welche Probleme die organisations- und verteilungspoltischen Regelungen mit sich bringen.

II. Das Selektions-Modell "nachhaltige Wirkungsanalyse"

Das Selektions-Modell setzt sich aus den Basisbausteinen "eigene Ziele", "Partner-Ziele" und "Antizipation" zusammen. Die Ziele bilden die Grundpfeiler des Modells. Aus den **eigenen Zielen** werden die Kriterien abgeleitet, nach denen die Alternativenbewertung erfolgt; sie stellen damit den eigentlichen Bezugsrahmen für die Auswahl der 'besten' Alternative dar. Die **Partner-Ziele** prägen die Erwartungen über das mögliche Ausmaß der (eigenen) Zielerreichung, d. h. sie wirken sich auf die inhaltlichen Prognosen der Konsequenzen alternativer Handlungen aus. Die **Antizipation** verkörpert den Prozeß der Prognostizierung selbst, d. i. die Formulierung (subjektiver) Erwartungen über den Projektverlauf und damit über die Zielerreichung. Wichtige Analysebereiche sind die **"Worst-Case"-Studie**, die **Ablauf-Studie** und die **"Day-After"-Studie**.

Übersicht 8.8: Das Selektions-Modell "nachhaltige Wirkungsanalyse"

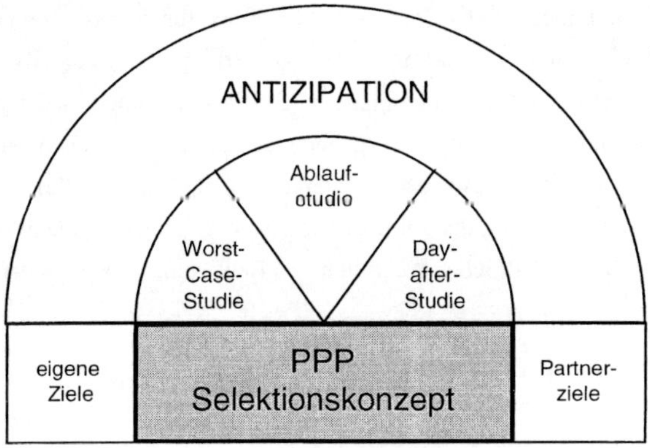

Die Alternativenbewertung erfolgt im Modell jeweils aus Sicht des einzelnen Entscheidungsträgers, d. h. des kooperationswilligen Akteurs aus der politischen Administration *oder* der Wirtschaft. Natürlich ist es auch möglich, den Bewertungen gemeinsame Ziele zugrunde zu legen und die Wirkungen alternativer Gestaltungen gemeinsam abzuschätzen; entsprechende Alternativendiskussionen werden in der Praxis geführt und sind in jedem Fall zu begrüßen.

Realiter wird sich jedoch jeder der Partner selbst mit den für ihn zu erwartenden Ergebnissen, Schwierigkeiten und Risiken der zukünftigen Kooperation auseinandersetzen (müssen).

Die eigenen Ziele

Für die Alternativenbewertung ist es hilfreich, die eigenen Ziele in **Kriterienkataloge** zu transformieren, die den Auswahlprozeß steuern können. In den Kriterienkatalogen sind die Merkmale zusammenzufassen, die für die Bewertung eines Kooperationsmodells für relevant erachtet werden und differenzierte Aussagen über den Grad der Zielerfüllung bei alternativen Kooperationskonzepten ermöglichen. Ihre Ausreifung haben die Kriterienkataloge in **Scoring-Modellen**, in denen die für die Beurteilung relevanten Merkmale gleichnamig und addierbar gemacht werden. Dies setzt voraus, daß die Merkmalsausprägungen bei alternativen Arrangements quantifiziert werden und die Merkmale entsprechend den Zielprioritäten des Entscheidungsträgers gewichtet werden.

Das Beispiel Westhafen-Projekt, Frankfurt a. M.: In Frankfurt haben Mitarbeiter des Stadtentwicklungsamtes einen Kriterienkatalog erarbeitet, der der vergleichenden Bewertung der Verfahrensalternativen "PPP-Gesellschaft" (gewähltes Modell) und "klassisches Modell mit Besserungsschein" (angedachtes Modell) dienen soll; er ist in Übersicht 8.9 abgebildet.[132]

Der Katalog kam bei der Entscheidungsfindung selbst nicht zum Einsatz, vielmehr wurde er erst im nachhinein konzipiert. Den städtischen Bediensteten ging es in erster Linie um die Frage, ob es überhaupt möglich ist, 'geeignete' Kriterien für Selektionsentscheidungen zu finden; darüber hinaus sollte in einer Art "Nachbewertung" des Modells wohl auch die Vermutung belegt werden, daß das 'komplizierte' PPP-Modell mit gesellschaftsrechtlichem Zusammenschluß letztlich keinen Vorteil gegenüber einem klassischen Investorenmodell darstellt. Die Bewertung selbst wurde aber letztendlich nicht durchgeführt; die Priorisierung der Ziele und die Quantifizierung der subjektiven Erwartungen stellen dann doch immer die größte Schwierigkeit beim inhaltlichen Ausfüllen von Bewertungsmodellen dar.

[132] Vgl. zum realisierten Modell die Übersicht 6.3 und die Ausführungen im sechsten Kapitel, C II 3. Im alternativ angedachten Verfahren obliegt der Grundstücksgesellschaft die Projektabwicklung in alleiniger Verantwortung; eine gemeinsame Projektgesellschaft wird nicht gegründet. Die nachträgliche Wertbeteiligung am Grundstück erfolgt jedoch in gleicher Weise wie im realisierten Modell.

Übersicht 8.9: Ein Merkmalskatalog für die PPP-Modellselektion

Priorität	**Oberziel** Unterziel	PPP-Modell (Entwicklungs-gesellschaft)		klassisches Modell (mit Besserungs-schein)		Wertung
		plus	minus	plus	minus	
	Verfügbarkeit von Know-how					
	- standort- und marktgerechte Entwicklung des Gebietes					
	- kurze Entwicklungs- und Vermarktungszeit					
	- Öffentlichkeitsarbeit					
	Immaterielle Gewinnoptimierung					
	- gleichzeitige Entwicklung von rentierlichen und unrentierlichen Nutzungen					
	- guter Städtebau					
	- Umweltverträglichkeit					
	- soziale Verträglichkeit					
	Materielle Gewinnoptimierung					
	- Optimierung der Vertragsnebenkosten					
	- frühe Fälligkeit des Kaufpreises					
	- angemessene Beteiligung am Wertzuwachs					
	- Risikoüberwälzung zur Hälfte auf denInvestor					
	Erweiterung des Handlungsspielraums					
	- Bevorratung von Ersatzgrundstücken durch Investor					
	- professionelle Entmietung bzw. Integration vorhandener Nutzungen					
	Politische Durchsetzbarkeit					
	- Sicherstellung der Projektentwicklung					
	- Vertragsfungibilität im Hinblick auf eventuellen Austausch des Partners					
	- Werbewirksamkeit des Projektes durch neuartige Vertragsgestaltung					
	- Stadt zieht sich von der 'Hauptfrontlinie' zurück					
	- Gesamtverkauf mit einmaligem STVO-Beschluß vs. Einzelverkäufe mit Einzelbeschlüssen					
	Verwaltungshandling					
	- Vertragsflexibilität im Hinblick auf Unvorhersehbares					
	- Vertragsfestigkeit					
	- Revisionsfestigkeit des Vertrages im Hinblick auf Aufsichtsbehörden der Kommune					
	- kontinuierliche Projektbetreuung durch Verwaltung					
	- Transparenz der Projektabwicklung					
	- Einfluß der Stadt(verwaltung) auf die Projektabwicklung					

Quelle: Stadtentwicklungsamt Frankfurt a. M.

Die Partner-Ziele

Die Auseinandersetzung mit den Partner-Zielen bildet eine grundlegende Voraussetzung, um die eigene Zielerreichung bei der Projektdurchführung abschätzen zu können. Für die Entscheidungsträger aus Politik und Verwaltung ist es oftmals besonders schwer, die Absichten und Ziele ihrer privaten Partner zu durchschauen. Hierzu sei auf die Ausführungen im vierten Kapitel (C u. E I) verwiesen.

Die Worst-Case-Studie

Zu einer umfassenden Bewertung eines Kooperationsmodelles gehört eine Risikoanalyse für den Fall eines extrem ungünstigen Projekt- und/oder Kooperationsverlaufes. Zu den Extrementwicklungen zählen vor allem

- ein völliges Zerstreiten der Kooperationspartner mit einem Ausschöpfen aller juristischen Möglichkeiten;
- der Konkurs des privaten Partners und das Eintreten seines Rechtsnachfolgers in die Vertragsbeziehung;
- ein Wechsel der politischen Führung;
- ein Preiseinbruch am Immobilienmarkt oder sonstige Veränderungen der fingierten Rahmenbedingungen, die das avisierte Ertragsgefüge nachhaltig verschlechtern;
- der Konkurs eines Subunternehmers oder sonstige Veränderungen der fingierten Rahmenbedingungen, die das avisierte Kostengefüge nachhaltig verschlechtern;
- das verschuldete oder unverschuldete Scheitern des Projektes, so wenn die öffentliche Hand das notwendige Planungsrecht nicht schafft oder ein Drittbetroffener Einspruchsrechte erfolgreich durchsetzt.

Bei der Antizipation der etwaigen Entwicklungsmöglichkeiten können die Denkansätze und Ideengebilde der **Szenario-Technik** Hilfestellung leisten.[133] Die systematische Auseinandersetzung mit möglichen zukünftigen Situationen und Situationseigenschaften sowie den zu erwartenden Veränderungen im Projektverlauf und in der Partnerbeziehung weisen auf Schwächen in der Kooperationsgestaltung, speziell den Vertragsinhalten, hin. Das Ergebnis der Worst-Case-Studien kann ein Verzicht auf das Projektvorhaben sein, so wenn die Marktrisiken als zu hoch eingeschätzt werden. Meist werden es jedoch die Vertragstexte sein,

[133] So können neben verschiedenen "Negativszenarios" auch "Trendszenarios" und "Positivszenarios" die zukünftigen Entwicklungsoptionen ausloten helfen; vgl. zur Szenario-Technik Wottawa, Heinrich: Lehrbuch Evaluation, (Huber-Psychologie-Lehrbuch) Bern, Stuttgart, Toronto 1990, S. 79 f.

die im Hinblick auf die Ergebnisse solcher Studien konkretisiert und modifiziert werden, um möglichen Vertragsstreitigkeiten vorzugreifen.

Die Ablaufstudie

Die Bewertung eines Kooperationsmodells erfordert darüber hinaus, daß der Ablauf des Projektvorhabens, speziell die Modalitäten der arbeitsteiligen Aufgabenerfüllung, simuliert werden. Nur so kann z. B. erkannt werden,

- ob das organisatorische Arrangement den Zielen der Entscheidungsflexibilität und Entscheidungsgeschwindigkeit gerecht werden kann; dies ist beispielsweise nicht der Fall, wenn viele Einzelentscheidungen der Zustimmung des Gemeinderates bedürfen;[134]
- ob im Modell Anreize bestehen, in großem Umfang Kosten zu produzieren bzw. auszuweisen, die von der öffentlichen Hand oder einer Projektgesellschaft erstattet werden, ohne daß diese die Kostenentstehung adäquat überprüfen kann;
- ob eine gewählte Aufgaben- und Zuständigkeitsverteilung eine zügige und einheitliche Gebietsentwicklung gewährleisten kann; dies ist beispielsweise nicht der Fall, wenn ein Geschäftsbesorger nur über maßnahmenbezogene Einzelbeauftragungen unterschiedlicher Eigentümer tätig werden kann.

Eine geeignete Methode für die Ablaufsimulation ist die **Planspiel-Technik**.[135] Auf Grundlage einer modellartigen Nachahmung der Realität können die Folgen der Kooperationsvereinbarungen ermittelt und bewertet werden. Die intensive Auseinandersetzung mit dem fingierten Verhalten der Entscheidungsträger fördert gleichzeitig das Verständnis der Planspielteilnehmer für die Denk- und Handlungsstrukturen der Partner, für die Funktionslogik des Modells und seine Schwachstellen. Zu unterschätzen ist vor allem nicht die Motivations- und Identifikationskraft, die von solchen Gedanken- und Rollenspielen ausgehen kann.

Die Day-After-Studie

Ein sehr wichtiger, in der Praxis meist vernachlässigter Bestandteil einer Modellbewertung ist die Antizipation des Endes der Kooperation nach Projektabschluß. Vor allem bei gesellschaftsrechtlichen Zusammenschlüssen ergeben sich Schwierigkeiten der Abwicklung

[134] Vgl. hierzu auch Deutscher Verband für Wohnungswesen, Städtebau und Raumordnung (Hrsg.): Symposium public-private-partnership, Ausländische Erfahrungen und praktische Beispiele, Tagungsdokumentation vom Symposium am 22. Januar 1992 in Bonn, Bonn 1992, S. 106 f.

[135] Vgl. zur Planspiel-Technik Wottawa, Heinrich: Lehrbuch Evaluation, (Huber-Psychologie-Lehrbuch) Bern, Stuttgart, Toronto 1990, S. 81 f.

der Vertragsbeziehungen und der Auflösung der Gesellschaft; dies wurde im sechsten Kapitel (F) konkretisiert. Die Auseinandersetzung mit dem Zeitpunkt nach Projektabschluß ist darüber hinaus für Fragestellungen relevant, die die 'optimale' Gestaltung von Vertragsbeziehungen zu den späteren Eigentümern im Entwicklungsgebiet betreffen. So kann z. B. ausgelotet werden

- ob die gewählte Eigentumsregelung für die Infrastruktur- und Grünanlagen im Vertragsgebiet sowie die gewählte Regelung der Kostentragung für laufende Unterhaltungsmaßnahmen die öffentliche Hand nicht mit hohen Betreibungs- und Instandhaltungskosten belasten;
- ob mit der gewählten Eigentumsstruktur die langfristige Attraktivität und Werthaltigkeit der Projektkonzeption gesichert werden kann, so z. B. beim Weiterverkauf von Grundstücken.

Auch hier können die Methoden der Szenario- und der Planspieltechnik Anwendung finden. Das sozialtechnische Instrumentarium liefert die Grundlagen, um fundierte Aussagen über den Grad der möglichen Zielerreichung bei alternativen Verfahrensmodellen zu treffen; es bietet darüber hinaus Anregungen, um die Kriterienkataloge der Vorhabenbewertung zu verbessern.

Die Praxis wird sich voraussichtlich schwer tun, den Wert dieser qualitativen und qualitativ-projektiven Analyse- und Bewertungsverfahren zu erkennen. Wo 'Machtpositionen', 'Leidenschaften', taktisches 'Kalkül' und harte ökonomische 'Fakten' das Geschehen bestimmen, scheint wenig Raum für die akademische Fiktion, man könne die 'beste' Entscheidung durch systematisches Überlegen und analytische 'Spielchen' ermitteln.

Neuntes Kapitel: Zusammenfassung und Ausblick

A. Zusammenfassung

Intention der vorliegenden Untersuchung war es, einen Erkenntnisfortschritt in vierfacher Hinsicht zu erzielen:

1. Es sollte ein neuer interpretatorischer Ansatz für den Begriff der Public Private Partnership entwickelt werden, der auf den Funktionen eines Leitbildes aufbaut.
2. Es sollte eine Aufarbeitung des Erfahrungshintergrundes aus der Praxis erfolgen, die an die Problemsicht der Entscheidungsträger anknüpft und erste vergleichende Aussagen zuläßt.
3. Es sollten erste präskriptive Überlegungen angestellt werden, die sich auf die Ableitung von Gestaltungsempfehlungen und die Selektion von Verfahrensalternativen beziehen.
4. Es sollte eine integrative Analyse stattfinden, die unterschiedliche Theorieansätze und Wertkonzepte heuristisch aufeinander bezieht und erste Orientierungshilfen für die zukünftige praxisrelevante Hypothesen- und Theorienbildung liefert.

Der angestrebte Erkenntnisfortschritt erscheint realisiert:

zu 1.: Der neue begriffs-interpretatorische Ansatz

Die Idee von den Public Private Partnerships als einem **Leitbild** hat sich als **sehr fruchtbar für das Verständnis des Begriffes** erwiesen. Sie kann anderen Wissenschaftlern und Praktikern, die sich zukünftig mit Begriff und Sache auseinandersetzen, wichtige Orientierungshilfen geben. Zunächst erklärt der Leitbild-Gedanke die zermürbenden Frustrationserlebnisse, die ein 'Forscher' bei dem Versuch erlebt, den Begriff abgrenzen und definieren zu wollen oder gar die Vielfalt an möglichen Begriffsverständnissen und Anwendungsgebieten aufzuzeigen: Die Funktion des PPP-Begriffes ist gerade nicht ein Eingrenzen und Bezeichnen; er soll ausloten und ausweiten, was einerseits als machbar und andererseits als wünschbar erscheint.

Weiterhin erklärt die Leitbild-Idee die dem Begriff innewohnende Kraft und seine 'Karriere': Eine Public Private Partnership nivelliert das Problem divergierender und gegensätzlicher Interessenlagen, sie läßt ein 'Gemeinsam-schaffen-wir's' erahnen, sie sprengt alte Grenzen von Beweglichkeit und Wirkungshorizonten und verhilft zahlreichen Initiativen und Ideen dazu, sich gegen innere Hemmungen und äußere Widerstände mit gutem Gewissen zur Geltung zu bringen. Im Gegenzug erklärt der Leitbild-Gedanke auch den gegenwärtigen

Eindruck, die Public-Private-Partnership-Idee könnte ihren 'Karrierehöhepunkt' überschritten haben: Je mehr der Begriff sich in den verschiedenen Diskursen festsetzt und dort zirkuliert, desto mehr verliert er von seiner suggestiven Evidenz, wird unbestimmter und unschärfer und gilt manchem heute schon als Schlag- oder Mode-, ja geradezu als Reizwort.[1]

Die Amerikaner haben die mobilisierende, motivierende, gleichschließende Kraft der Public Private Partnerships intuitiv als deren Stärke erkannt und genutzt und nutzen sie auch heute noch. In Deutschland ist dagegen die anfängliche PPP-Euphorie einer großen Ernüchterung, teilweise Resignation, gewichen, die in erster Linie darauf zurückzuführen ist, daß das Konzept gründlich mißverstanden wurde und immer noch wird. Mit Hilfe einer Public Private Partnership läßt sich ein unrentabeles Städtebauprojekt nicht rentabel machen, auch kann damit kein Sinneswandel bei den profitorientierten Unternehmern bewirkt werden. Die 'Leistungen' der Public-Private-Partnership-Idee sind vielmehr darin zu sehen, daß sie vielfältige Diskussionsprozesse angeregt und Problemsichten verändert hat, daß sie innovative Modell-Konzeptionen angeregt und deren Durchsetzung befördert hat.[2] Insgesamt läßt sich feststellen, daß das Interesse an Public Private Partnership in der Praxis nach wie vor sehr groß ist, was auch die zahlreichen Seminarveranstaltungen zu dem Thema belegen.[3]

In Deutschland ist derzeit allerdings zu beobachten, daß die Diskussionen und Modellbildungen um die Public Private Partnerships sich von dem hier untersuchten Forschungsgebiet der "Stadtentwicklung" zunehmend entfernen und das Anwendungsfeld der "privaten Finanzierung öffentlicher Infrastrukturinvestionen" eine immer größere Dominanz auf Begriffsverständnis und Problemsicht ausübt. Diese Verlagerung wird vor allem durch die engagierte Beteiligung von Finanzinstituten an der PPP-Diskussion vorangetrieben, die sich die Erschließung eines 'gigantischen' Marktes erhoffen. Letztlich kann die Entwicklung des Public-Private-Partnership-Begriffes jedoch als weitgehend unabhängig von der Entwicklung der hier untersuchten kooperativen Handlungsstrategien betrachtet werden. (Die Sorge, daß mit einem möglicherweise bevorstehenden 'Aussterben' des Begriffes auch die hiesige Forschungsarbeit nur noch historischen Wert besitzt, ist also unangebracht.)

zu 2.: Die vergleichende Aufarbeitung empirischen Wissens

Auf der Basis umfangreicher Interviews wurden in der vorliegenden Untersuchung die Erfahrungen, Einsichten, Gestaltungsanregungen und Optimierungsvorschläge von vierzig

---

1 Vgl. Dierkes, Meinolf: Leitbild und Technik, zur Entstehung und Steuerung technischer Innovation, hrsg. v. Wissenschaftszentrum Berlin für Sozialforschung, (Rainer Bohn) Berlin 1992, S. 7.

2 Die neue Problemsicht wurde in einem Vergleich zwichen der PPP-Diskussion und der Privatisierungsdiskussion im zweiten Kapitel, C I thematisiert.

3 Vgl. z. B. den Überblick bei Heinz über die Veranstaltungen im Zeitraum 1991 bis 1993: Heinz, Werner (Hrsg.): Public Private Partnership - ein neuer Weg zur Stadtentwicklung?, (W. Kohlhammer/Deutscher Gemeindeverlag) Stuttgart u. a. 1993, S. 50.

Gesprächspartnern zusammengetragen, die sich schwerpunktmäßig auf die Erfahrungen mit den im Überblick dargestellten zwanzig Projekten stützen.[4] Ergänzt wurden die Ausführungen durch zahlreiche empirische Befunde zu den PPP-Projektentwicklungen aus der deutschen und anglo-amerikanischen Literatur. Es ergibt sich eine umfassende und vielschichtige, teils widersprüchliche Bestandsaufnahme über den derzeitigen Erfahrungs- und Wissensstand zu den Public Private Partnerships im untersuchten Forschungsfeld. Sie kann dem Praktiker Anregungen für eigene strategische Entscheidungen geben, insbesondere Problembereiche aufzeigen, die sich in ähnlichen Fällen als bedeutsam herausgestellt haben und denen er daher besondere Aufmerksamkeit schenken sollte. **Wichtige neue Erkenntnisse betreffen** z. B.:

- **Die Rahmenbedingungen:** Die Public Private Partnerships sind Ausdruck und logisches Entwicklungsprodukt einer Vielzahl dynamisch verlaufender Entwicklungs- und Umstrukturierungsprozesse in Gesellschaft, Wirtschaft, Politik und Städtebau. Ihre Weiterentwicklung wird forciert durch eine Politik, die sich die Re-Ökonomisierung der Stadtentwicklung und die Sanierung öffentlicher Haushalte verspricht, sowie durch die Interessen von Stadtplanern und Ideologen, die sich die Re-Demokratisierung von Planungsprozessen und die Re-Lokalisierung von Problemlöseaktivitäten erhoffen.

- **Die Ziele:** Die Zielstrukturen der Partner weisen in hohem Maße defensive Elemente auf, d. h. die Kooperationen werden vielfach nicht freiwillig und aus strategischen Überlegungen heraus eingegangen, sondern folgen den Zwängen der Rahmenbedingungen. Dies gilt sowohl für die Akteure des öffentlichen als auch des privaten Sektors. Daß dies bislang kaum thematisiert wurde, hängt wesentlich damit zusammen, daß in der Informationspolitik aller Beteiligten die Public Private Partnerships gezielt zur Profilierung der eigenen Handlungsphilosophie genutzt werden.

- **Die Leistungsprogrammpolitik:** Zur Systematisierung der Vielfalt an unterschiedlichen Projekttypen, die die Kooperanden zusammen realisieren, wurde ein neuer Typologisierungsansatz entwickelt, der auf der Kombination mehrerer Merkmale basiert und die Motive der Akteure mit einbezieht. Demnach lassen sich Innovations-Projekte, Gigant-Projekte, Gewinn-Projekte, Kommunal-Projekte und Lokal-Projekte unterscheiden.

- **Die Managementpolitik:** Im Vergleich zwischen den nur auf vertraglichen Regelungen basierenden Kooperationen mit denen, die zusätzlich gemischt-wirtschaftliche Entwicklungsgesellschaften institutionalisieren, zeigen letztere die deutlich größeren Umsetzungsprobleme[5] und die deutlich größere Diskrepanz zwischen erwarteten und tatsächlich eingetretenen Schwierigkeiten. Die Gestaltungsempfehlungen der Praktiker

[4] Vgl. die Übersicht 2.8 im zweiten Kapitel, D II.
[5] Dies betrifft vielfältige Aspekte, so Konzeptionsprobleme mit zahlreichen neuartigen rechtlichen und verfahrenstechnischen Fragen, organisatorische Probleme der möglichen Flexibilität und Entscheidungskraft solcher Institutionen, psychologische Probleme von 'Machtspielchen' und Rollenkonflikten sowie zahlreiche Akzeptanzprobleme, z. B. wegen der hohen Risiken einer Verlusttragung durch öffentliche Haushalte.

gehen fast unisonso dahin, "saubere Funktionentrennungen" vorzunehmen und Gesellschaftszusammenschlüsse möglichst zu meiden.

- **Die Burden-sharing-Politik:** Bei der Verteilung von Kosten, Erträgen und Risiken läßt sich ein Problembereich identifizieren, der kaum Erwähnung findet, jedoch als Schlüssel für viele Verteilungsprobleme erscheint: das Bewertungsproblem. Die Diskussionen über 'gerechte' Verteilungen zwischen den Kooperanden greifen zu kurz, solange sie nicht auch Maßstäbe und Probleme der Wertermittlung thematisieren, an denen in der Praxis die meisten Einigungslösungen scheitern.[6]
- **Die Evaluation**: Der Erfolg eines Projektes ist zuallererst ein Ergebnis von Ausdauer, Intelligenz und Engagement der beteiligten Personen.[7] Diese Erkenntnis ist nicht so trivial, wie es zunächst scheint, hält sich doch in der gesamten PPP-Literatur hartnäckig ein Attribuierungs-Muster, das den Erfolg oder Mißerfolg eines Projektes dem PPP-Arrangement zuschreibt. Dies wird von allen praktischen Erfahrungen widerlegt, in denen versucht wird, den Erfolg eines Projektes durch die Perpetuierung formaler Verfahren anderenortes zu wiederholen. Es liegt im Gegenteil sogar eine besondere Gefahr darin, Strategiediskussionen auf die Management- und Verteilungspolitik zu konzentrieren und darüber die Leistungsprogrammpolitik zu vernachlässigen.

zu 3.: Die präskriptiven Überlegungen

Mit dem Skizzieren wichtiger Rahmenbedingungen, dem Aufzeigen einzelner Strategiebausteine und komplexer Handlungsansätze sowie der Identifikation bedeutsam erscheinender Problembereiche werden dem Entscheidungsträger aus der Praxis mögliche Handlungsspielräume und -grenzen aufgezeigt. Das gesammelte Erfahrungswissen stellt eine Orientierungshilfe für die Entscheidungsfindung dar und kann eine Ökonomisierung der praktischen Problemlösung bewirken. Aufgrund der hohen Subjektivität der Expertenaussagen erscheint es jedoch als kaum möglich, die Aussagenbestandteile in konkrete Entscheidungsmodelle oder Gestaltungsempfehlungen münden zu lassen. Realitätsfern ist beispielsweise der Anspruch, bestimmte Kontextmerkmale und Situationseigenschaften identifizieren zu wollen, für die dann bestimmte Kooperationsmodelle empfohlen werden können.[8]

6 Die Brisanz der Thematik wird deutlich, wenn man sich vergegenwärtigt, daß die Bewertungsvorstellungen der von der öffentlichen Hand bestellten vereidigten Gutachter und den Praktikern bisweilen um mehrere 100 % auseinanderliegen; vgl. z. B. Gop, Rebecca: Glücksspiel Wertermittlung, in: Immobilien-Manager, o. Jg., 1995, Nr. 11, S. 8-16.

7 Fähige und engagierte Personen sind natürlich auch in der Lage, 'fähige' PPP-Modelle zu konzipieren, zumindest Konzepte, die für ihr konkretes Projekt geeignet sind.

8 Vgl. hierzu auch Kubicek, Heribert: Empirische Organisationsforschung, Konzeption und Methodik, (C. E. Poeschel) Stuttgart 1975, S. 43 ff.

Als schwierig zu handhabendes Problem erweist sich darüber hinaus die Frage nach den **präskriptiven Wertprämissen**, die entsprechenden Gestaltungsempfehlungen zugrunde liegen sollen. Angesichts der divergierenden, teils gegensätzlichen Ziele der Kooperanden stellt sich das Problem, auf welchen Zielen ein Entscheidungsmodell aufbauen kann und soll. Auch ist die Frage aufzuwerfen, ob sich die Gestaltungsempfehlungen überhaupt strikt nach den Zielen der Beteiligten richten dürfen oder ob nicht die hohe gesellschaftspolitische Brisanz von PPP die Einführung ergänzender normativer Wertprämissen gebietet. Die skizzierten Probleme führten zur Entwicklung zweier präskriptiver Gestaltungsmodelle, eines Norm-Modelles und eines Selektions-Modelles:

- Das **Norm-Modell** "kommunale Qualitätssicherung" basiert auf der Vorstellung der besonderen Schutzbedürfigkeit der kommunalen und allgemein gesellschaftlichen Interessen in einem PPP-Arrangement. Das Modell bietet keine direkte Hilfe für die Lösung von Gestaltungsproblemen, vielmehr gibt es eine allgemeine normative Richtungsorientierung vor, die auf den vier Bausteinen der kommunalen Kompetenz-Sicherung, der Öffentlichkeits-Sicherung, der Steuerungs-Sicherung und der Risiko-Sicherung beruht.
- Das **Selektionsmodell** "nachhaltige Wirkungsanalyse" orientiert sich an der Sicht des einzelnen Entscheidungsträgers aus Politik oder Wirtschaft und verbindet Ansätze der Zielauflistung und -bewertung nach Art eines Scoring-Modelles mit Ansätzen der Alternativenbewertung und Wirkungsprognose unter Zuhilfenahme qualitativ-projektiver Modelle. Die Entscheidung zwischen verschiedenen Handlungsalternativen muß der Entscheidungsträger aufgrund subjektiver Präferenzen und subjektiver Folgen-abschätzungen selbst vornehmen; die hier zusammengestellten und inhaltlich skizzierten sozialtechnischen Instrumentarien bieten lediglich einen gedanklichen Bezugsrahmen für die Ökonomisierung der Entscheidungsprozesse und die Verbesserung der Entscheidungs-ergebnisse.

zu 4.: Die integrative Analyse

Die angestrebte Integration von verschiedenen Theorieansätzen und Wertkonzepten spiegelt sich in der Einbindung zahlreicher Denkkonstrukte und Ideengebilde für die Interpretation und Erklärung des empirischen Geschehens. Die theoretisch-normativen Bezüge haben ihren Schwerpunkt in Kapitelabschnitten des Daten-, Ziele- und Evaluationsteils ("Steuerungs-paradigmen in der entwickelten Zivilgesellschaft", "PPP als neues Planungsparadigma", "Wirtschaftstheoretische Effizienzüberlegungen", "Die Evaluation der Kräfte- und Gefahren-potentiale") und wurden darüber hinaus flexibel zur Erklärung von Handlungsansätzen aus der Praxis genutzt (z. B. das Konzept des "relationalen Vertrages" aus der Institutionenökonomik in den Überlegungen zur Vertragsgestaltung, das "Principal-agent-Problem" aus der Property-Rights-Theorie in den Kontrollüberlegungen). Weiterhin wurde an vielen Stellen der Arbeit auf Daten und Erkenntnisse aus verhaltenswissenschaftlichen Untersuchungen der Management- und Politikforschung zurückgegriffen (z. B. zu den Konstrukten "Macht", "Konflikt", "Vertrauen", "Legitimation"). Um den Text sprachlich einheitlich und verständlich zu gestalten, wurde oftmals nur in den Fußnoten auf die entsprechenden gedanklichen Verbindungen verwiesen.

Als ein besonderes Problem bei der Verknüpfung der theoretisch-normativen Ansätze mit der hier dominierenden empirisch-deskriptiven Sichtweise erwiesen sich die unterschiedlichen **Verhaltensannahmen**, die den jeweiligen Blickrichtungen zugrunde liegen. So beinhalten die normativen Ansätze als methodischen Kern und zugleich moralisches Ideal den freiwilligen Konsens und den freien Dialog der Partner. Damit ist die Vorstellung verbunden, daß jeder der Kooperationspartner zu der Erkenntnis gelangt, gemeinsam ließen sich Ziele besser realisieren, daß die Partner sich an einen Tisch setzen und miteinander reden und jeder der beiden bereit ist, aufgrund einleuchtender Argumente von seinen bisherigen Positionen abzurücken. In der Praxis erweisen sich das Gesprächsmodell und der Einigungsgedanke als realitätsfern. In den Public Private Partnerships geht es weniger um die gemeinsame Suche nach der vermeintlich besten Lösung, es geht sehr viel mehr um 'Vormachtstellungen' und Ideologien, um 'Wunschsetzungen' und Ressentiments sowie um die Verteidigung von 'Identitäten'.[9]

Im Gegenzug gehen die Verhaltensannahmen ökonomischer Theorieansätze zwar auch von einem Rationalitätskonzept aus, aber unter ganz anderen Vorzeichen. Die Vorstellungen gehen in Richtung eines 'hinterhältigen Kampfes' der Kooperanden gegeneinander, in dem jeder seine Eigeninteressen mit allen Mittel durchzusetzen sucht. Dies schließt krasse Formen wie Lügen und Betrügen ein sowie raffiniertere Formen der verzerrten Wiedergabe von Information oder sonstiger vorsätzlicher Irreführungsversuche.[10] Die den Akteuren unterstellten Ziele sind im wesentlichen "Systemziele", die auf den Oberzielen von Machterhalt und Machterweiterung aufbauen und sich nach der Funktionslogik des jeweiligen Apparates - Privatwirtschaft, Politik, Verwaltung - richten.[11] Diese Interpretationsansätze schüren auf gefährliche Weise das Ideologiedenken, das in der Praxis ohnehin auf eine erschreckende Weise verwurzelt ist und die Annäherung der Partner maßgeblich erschwert.

9 Vgl. hierzu und zu den folgenden Ausführungen auch Sloterdijk, Peter: Kritik der zynischen Vernunft, Bd. 2, (Suhrkamp) Frankfurt a. M. 1983, S. 44-56.

10 Vgl. Richter, Rudolf: Institutionen ökonomisch analysiert: Zur jüngeren Entwicklung auf einem Gebiet der Wirtschaftstheorie, (J. C. B. Mohr) Tübingen 1994, S. 19.

11 So erscheinen dann z. B. die Verwaltungsbeamten als 'Strebewesen' nach Gehalt, Nebenbezügen, Prestige und Macht und werden sich gegen jeden Ökonomisierungsversuch sträuben, da sich ihre Machtpotentiale "Haushaltsbudget" und "viele Untergebene" verringern könnten; vgl. Braun, Günther E.: Ziele in öffentlicher Verwaltung und privatem Betrieb, (Nomos) Baden-Baden 1988, S. 67.

Die dargestellten Gegensätze lassen nicht nur eine Verknüpfung verschiedener Ansätze als nahezu unmöglich erscheinen, sondern erschweren auch das Finden einer wertfreien Linie, die der empirisch-deskriptive Ansatz zu sein beansprucht. Besonders im Zielekapitel erwiesen sich die Vorstellungen eines Neutralitäts-Ansatzes als unrealistisch. Der Anspruch der Arbeit, die wahren Beweggründe des Handelns der Akteure zu erforschen, lief permanent Gefahr, zu einem 'Aufdecken von Hinterhältigkeiten' zu werden, was der Realität genauso wenig gerecht wird wie der Bezug auf das 'Idealdenken' von offiziell artikulierten Zielen.

Eine modellhafte Verbindung verschiedener Perspektiven und Denkansätze erfolgte bei der Darstellung der Kräfte- und Gefahrenpotentiale der PPPs aus einer globalen Perspektive. Mit der Entwicklung dieses Modells kann die vorliegende Arbeit auch ihrem Anspruch gerecht werden, erste Richtungsweisungen für die zukünftige praxisrelevante Hypothesen- und Theorienbildung zu liefern. Wo Anknüpfungspunkte gesetzt werden können, wird im folgenden Abschnitt erläutert.

B. Die Zukunftsperspektiven für Praxis und Forschung

Unabhängig von dem 'Überleben' des Public-Private-Partnership-Begriffes werden die am Kooperations-Leitbild orientierten Projektentwicklungen in der Zukunft weiterhin an Bedeutung gewinnen. Dies ergibt sich als eine logische Folge einer Vielzahl dynamisch verlaufender Entwicklungs- und Umstrukturierungsprozesse in Politik und Wirtschaft, deren gesellschaftsgestaltende und -prägende Kräfte in der Zukunft eine immer größere Dominanz ausüben werden. Als eine Art Ur-Antriebskraft für alle gesellschaftlichen Entwicklungsprozesse wirkt der Zwang nach einer Beschleunigung und Ökonomisierung von Abläufen und Prozessen, die sich auch für die Public Private Partnerships als zentrale Antriebskräfte herauskristallisiert haben.

Das Beschleunigungs- und Ökonomisierungsparadigma durchzieht alle gesellschaftlichen Bereiche und führt dazu, daß die klassischen Werte politisch-administrativen Handelns wie Kontinuität, Beständigkeit, Abwägung, Ausgleich nicht mehr bestehen können und zwangsläufig eine 'Überrollung' durch die dynamischeren, aggressiveren Kräfte erfahren. Mittel- bis langfristig werden sich die Wert- und Handlungsstrukturen des öffentlichen Sektors denen des privaten Sektors zunehmend angleichen, was zukünftige Kooperationen wesentlich erleichtern wird. Auch die Abhängigkeit der politischen von den wirtschaftlichen Prozessen wird in Zukunft noch weiter zunehmen, was künftige Kooperationen wohl auch eher erleichtert als erschwert - allerdings unter ungewollten Vorzeichen. Über die weitreichenden sozial-gesellschaftlichen Folgen der skizzierten Entwicklungen soll an dieser Stelle nicht spekuliert werden. Es soll aber auch nicht negiert werden, daß die utopistisch anmutende Vision von offenen, dialogischen, konsensorientierten Planungsprozessen in einigen Nischen ansatzweise eine Umsetzung erfährt und daß sie eigenständige Antriebskräfte besitzt, deren Potential in Zukunft vielleicht noch weiter ausgebaut werden kann.

Die oftmals geäußerte Behauptung, die kooperativen Handlungsstrategien seien auf dem Rückzug, deutet auf die Existenz einiger Gegentrends hin, die den Basistrend jedoch nur verlangsamen und in seiner konkreten Ausprägung modifizieren werden. So führt die derzeitige Baisse auf dem Immobilienmarkt dazu, daß weniger "Verteilungsmasse" in der Projektentwicklung abfällt, was das Finden von Konsenslösungen entscheidend erschwert. Auch verhindert die Finanzsituation der öffentlichen Hand oftmals das Zustandekommen einer PPP-Projektentwicklung, wenn notwendige Vor- und Ergänzungsleistungen nicht erbracht werden können. Vielfach läßt sich derzeit auch beobachten, daß die Verwaltungsführungen in den Städten um die Behauptung eigener Identitäten und den Nachweis eigener Fähigkeiten bemüht sind und potentiell gewinnträchtige Projekte 'im Alleingang' realisieren. Schließlich sind es die negativen Erfahrungen mit den ersten Pilotprojekten, die die Akteure dazu veranlassen, sich von bestimmten Typen der kooperativen Handlungsansätze zu distanzieren.[12]

Angesichts der hohen Bedeutung von **Dynamik** und dynamischen Prozessen im untersuchten Forschungsfeld und in der Gesamtgesellschaft überhaupt ist es erstaunlich, daß bei der Übernahme systemtheoretischer und kybernetischer Konzepte für die empirische Erforschung wirtschaftlicher und politischer Phänomene die strukturell-funktionalen Ansätze zur Zeit so eindeutig dominieren.[13] Sie beinhalten zwar prozessuale Dimensionen, so beispielsweise als Informations- oder Lernprozesse, aber kaum kinetische Dimensionen, die den Antriebs- und Beschleunigungsfunktionen von Strukturen und Abläufen gerecht werden können.[14] Erste Ansätze für eine Weiterentwicklung finden sich bei Luhmann, der die einfachen Kausalvorstellungen von "Macht" verfeinert hat und die Macht des Machthabers nicht als Ursache beschreibt, sondern mit den komplexen Funktionen eines Katalysators vergleicht, der Prozesse beschleunigen und verlangsamen sowie Zeitgewinne produzieren kann. Die katalytische Funktion von Macht wird von ihm als "Regulierung von Kontingenz" bestimmt, und zwar im Sinne der "Beschränkung des Selektionsspielraumes der Partner".[15] Ein Anknüpfen an diese Denkstrukturen kann die Erforschung des PPP-Konzeptes maßgeblich befruchten.

---

12 Hier ist vor allem an die gemischt-wirtschaftlichen Projektentwicklungsgesellschaften zu denken.

13 Vgl. zu der Dominanzbehauptung Weihe, Ulrich: Systemtheorie, in: Nohlen, Dieter (Hrsg.): Wörterbuch Staat und Politik, 2. Aufl., (Serie Piper) München 1993, S. 686-690, hier S. 686; vgl. auch Haufe, Gerda: Politische Kybernetik, in: Nohlen, Dieter (Hrsg.): Wörterbuch Staat und Politik, 4. Aufl., (Serie Piper) München 1996, S. 572-575.

14 Vgl. zur Idee der kinetischen Dimension auch Sloterdijk, Peter: Eurotaoismus, zur Kritik der politischen Kinetik, (Suhrkamp) Frankfurt a. M. 1989.

15 Vgl. Luhmann, Niklas: Macht, (Enke) Stuttgart 1975, S. 11 f.

Unmittelbar an die beschleunigenden Funktionen und Wirkungen der Public Private Partnerships knüpft auch eine der fünf kombinierten Kräfte- und Gefahrendimensionen an, die nach den Erkenntnissen dieser Arbeit als die kategorialen Beschreibungs- und Erklärungskonstrukte für die PPPs dienen können. Das entwickelte Modell scheint geeignet, eine **Verbindung von Theorie, Empirie und Normativität** aufzuzeigen und der Komplexität und Widersprüchlichkeit des Public-Private-Partnerhip-Phänomens gerecht zu werden:

Übersicht 9.1: Das integrierende Kräfte-/Gefahren-Modell von PPP (ergänzt)

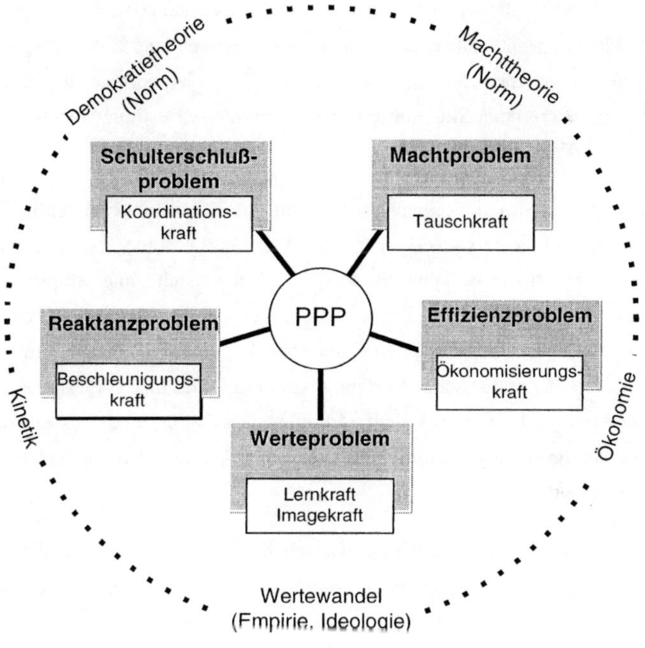

Das Modell verfügt über eine **hohe theoretisch-normative Erklärungskraft**, die sich auf die Chancen und Risiken der Public Private Partnerships, ihre Wirkungen sowie die Motive der Kooperanden erstreckt. Diese Erklärungskraft kann durch die Präzisierung von Faktoren und Faktorenbeziehungen mit Hilfe geeigneter theoretischer Bezugsrahmen weiter verfeinert werden. Ein Beispiel wurde mit der Untersuchung des Beziehungszusammenhanges Beschleunigungskraft - Machtproblem aus einer systemtheoretischen Perspektive soeben genannt; weitere Beispiele werden später aufgeführt. Die empirische Relevanz des Modells basiert zunächst nur auf persönlichen Eindrücken im Rahmen der eigenen praktischen 'Forschungs'-Tätigkeit.

Zur Überprüfung der **empirischen Relevanz** könnte z. B. die These formuliert werden, daß die im Modell enthaltenen Kräfte-Faktoren die zentralen Bestimmungsparameter für das Eingehen von PPP-Beziehungen darstellen. Für die Motivforschung erscheinen dabei zwei Modifikationen im Modell erforderlich. Die Unterscheidung zwischen Beschleunigungskraft und Koordinationskraft hat eher theoretisch-analytischen Wert; die Dimensionen sollten zu einem übergeordneten Motivfaktor Beschleunigungskraft zusammengefaßt werden. Darüber hinaus sollte der Lern-Faktor in einen Wert-Faktor transformiert werden; die Lern-Kraft ist eher eine Wirkungskomponente als eine Motivkomponente. Mit der Konzeption eines Wert-Faktors können die Motivationen erfaßt werden, die extrinsischer Art sind, d. s. solche, die auf den PPPs als "Modekonzept" aufbauen und deren Profilierungs- und Imagepotential zu nutzen suchen. Anhand empirischer Studien kann der Gehalt der Hypothese überprüft und nach Regelmäßigkeiten zwischen Situationseigenschaften und Bestimmungsfaktoren gesucht werden.

Zur Identifikation von Situationseigenschaften und zur Auswahl **vergleichbarer Projekte** kann der in dieser Arbeit entwickelte Typologisierungsansatz eine erste Orientierungshilfe bieten. Letztlich ist für die Typen-Bildung natürlich auch eine empirisch fundierte Vorgehensweise gefordert, die die Eigenschaften des zu gestaltenden Projektes und die Eigenschaften relevanter Umweltsegmente konkretisiert, operationalisiert, empirisch erfaßt und mit Hilfe geeigneter statistischer Verfahren auswertet. Der hier vorgestellte Typologisierungsansatz gestaltet sich auch aus dem Grund als Basis für eine Auswahlentscheidung problematisch, daß die situativen und intentionalen Projekteigenschaften nicht gleich auf den ersten Blick zu erkennen sind.

Da die empirische Beschäftigung mit einer ganzen Reihe von Fragen zu den Public Private Partnerships noch in den Anfängen liegt, besteht neben vergleichenden Feldstudien auch weiterhin Bedarf an Fallstudien mit ihrem hohen explorativen Potential. Über die in dieser Arbeit analysierten Probleme und Beziehungszusammenhänge hinaus konnten eine Fülle weiterer Phänomene identifiziert werden, die für eine detailliertere Untersuchung interessant erscheinen. Beispielhaft werden im folgenden drei dieser Phänomene genannt, die auch wieder an der Schnittstelle einzelner Kraft- und Gefahrenparameter in obigem Modell verortet werden können:

- Das "Anfangseuphorie"-Phänomen (Beschleunigungs-Kraft/Reaktanz-Problem): In den PPP-Projekten können bestimmte Verlaufsmuster identifiziert werden, die mit Euphoriephasen mit sehr optimistischer Grundstimmung und sehr dynamischer Ereignisfolge beginnen und später von Phasen skeptischen Bedenkenträgertums und schleppendem Entwicklungsverlauf abgelöst werden. Dieser Stimmungswandel beeinflußt auch die Beziehungsqualität zwischen den Kooperanden; vereinfacht lassen sich die Phasen bereits an den Pressereaktionen ablesen. Mit Eintritt bestimmter Ereignisse können sich ähnliche Zyklusfolgen wiederholen. Eine detailliertere Untersuchung der Zusammenhänge könnte in die Entwicklung von Phasenmodellen münden und in darauf aufbauende Aussagen über typische Probleme und geeignete Handlungsstrategien in den einzelnen Phasen. Für die theoretische Fundierung entsprechender Untersuchungen bieten sich aus den Naturwissenschaften stammende organizistische systemtheoretische Ansätze an.[16]

- Das "Paradigmen"-Phänomen (Werte-Kraft/Effizienz-Problem): Die Public Private Partnerships sind ein ausgesprochen modernes Organisationskonzept, und Mode ist ein wichtiger Bestimmungsfaktor für die Institutionalisierung eines PPP-Arrangements. Vor allem die gemischt-wirtschaftlichen Gesellschaften stellen jedoch höchst komplizierte, konfliktträchtige und per se ineffiziente organisatorische Arrangements dar, deren Errichtung nur bei sehr spezifischen Problemkonstellationen angebracht erscheint. In diesem Zusammenhang stellt sich die Frage, ob Situationseigenschaften identifiziert werden können, in denen die Effektivitätsgewinne eines solchen Arrangements seine Effizienzverluste kompensieren können. Hier liefern die Denkansätze der Institutionenökonomik geeignete theoretische Bezugsrahmen.[17]
- Das "Ausverkauf"-Phänomen (Tausch-Kraft/Werte-Problem): Den Public Private Partnerships wohnt die Kraft inne, auch Güter, die keine Waren sind, in Tauschgeschäfte zu verwickeln. Dies wirft vielfältige gesellschaftlich-ethische Fragen nach den Grenzen der Käuflichkeit von Werten auf. Was ist davon zu halten, wenn die Stadt Münster die Errichtung eines großen Einkaufsparks genehmigt und sich im Gegenzug ein neues Fußballstadion finanzieren läßt? Und dies als zukunftsweisendes Modell vermarktet wird, damit unsere Städte auch in Zukunft ihre Bürger mit ausreichenden Leistungen versorgen können? Unter Bezugnahme auf soziologische Theorieansätze können diese Entwicklungen als Ausprägungen post-fordistischen Wertewandels untersucht werden. (Die politische Ökonomie würde wohl von einem "moralischen Paradoxon" kapitalistischer Gesellschaftssysteme sprechen.)[18]

---

16 Vgl. zu Thema und Forschungsansatz (exemplarisch) Kostka, Dieter: Typische Verlaufsmuster beim Umgang mit komplexen Verwaltungsaufgaben, ein Phasenmodell, in: Reader zur Theoriewerkstatt der 5. Werkstatt des IfR-Arbeitskreises zu kooperativen Planungsprozessen vom 08.-10. September 1995 in der Europäischen Akademie Otzenhausen, unveröff. Manuskript, S. 71-90.

17 Vgl. zum Problem der geringen Effizienz bei hoher Effektivität: Mintzberg, Henry: Mintzberg über Management: Führung und Organisation, Mythos und Realität, (Gabler) Wiesbaden 1991, S. 205-227; vgl. zum Theorieansatz (einführend) Richter, Rudolf: Institutionen ökonomisch analysiert: Zur jüngeren Entwicklung auf einem Gebiet der Wirtschaftstheorie, (J. C. B. Mohr) Tübingen 1994.

18 Vgl. zu der Thematik (kritisch) Sloterdijk, Peter: Kritik der zynischen Vernunft, Bd. 2, (Suhrkamp) Frankfurt a. M. 1983, S. 576-589.

Verzeichnis der Gesprächspartner

Herr Michael Baum, Max Baum Immobilien GmbH, Frankfurt a. M., Gespräch am 29. März 1995 in Frankfurt a. M.

Herr Norbert Bensch, Stadtplanungsamt Mannheim, Gespräch am 10. Februar 1995 in Mannheim

Herr Dr. Berge, Stadtentwicklungsamt Frankfurt a. M., Gespräch am 14. Juni 1994 in Frankfurt a. M.

Herr Swen Bönisch, Ingenieurgesellschaft für Energie- und Umwelttechnik mbH (IFEU), Lauchheim, Gespräch am 11. August 1994 in Lauchheim

Herr Gunter Breitling, Breitling Associates, Genf, Gespräch am 19. Juli 1994 in Berlin

Herr Henning Bruns, Leiter d. Abteilung Konversion, Niedersächsische Gesellschaft für Landesentwicklung und Wohnungsbau mbH (NILEG), Hannover, Gespräch am 12. Dezember 1994 in Hannover

Herr Dr. Arno Bunzel, Deutsches Institut für Urbanistik, Berlin, Gespräch am 14. September 1994 in Berlin

Herr Clemens Dahlem, Dahlem-Projektentwicklungs GmbH St. Ingbert, Gespräch am 08. August 1994 in St. Ingbert

Herr Dillinger, Wirtschaftsentwicklungsgesellschaft (WEG) Ludwigshafen a. Rh., Gespräch am 07. November 1994 in Ludwigshafen a. Rh.

Herr Kai M. Dreesbeimdieck, Projektleiter d. Abt. Grundstücks- und Projektaufbereitung, Müller International Immobilien GmbH, Gespräche am 14. September 1994 in Berlin und am 05. April 1995 in Düsseldorf

Herr Dr. Rainer Emenlauer, Gesellschaft für Projektsteuerung im Städtebau mbH (PROSTADT), Berlin, Gespräche am 14. September 1994 in Berlin und am 08. Februar 1995 in Bonn

Herr Jürgen Erbach, Bavaria Objekt- und Baubetreuung GmbH, Köln, Gespräche am 09. März 1995 in Berlin und am 11. März 1995 in Köln

Herr Jochen Franck, Wenzel & Partner Freizeitunternehmensberatung, Hamburg, Gespräche u. a. am 29. April 1994 und am 17. August 1995 in Hamburg

Frau Gudrun Fritzsch, Bürgermeisterin der Gemeinde Schenkenberg bei Delitzsch, Gespräch am 02. November 1994 in Schenkenberg

Herr Dr. Wolfgang Görlich, Dr. Görlich GmbH Emissionshaus, Berlin, Gespräch am 16. September 1994 in Berlin

Herr Dr. Guendoul Hachemi, Projekt-Management-Verwaltungs-GmbH Nord-Ost, Unternehmensgruppe Roland Ernst, Gespräch am 08. März 1995 in Berlin-Teltow

Herr Klaus Heidkamp, Mitglied der Geschäftsleitung Unternehmensgruppe Roland Ernst, Heidelberg, Gespräche am 26. Februar 1995 in Heidelberg und am 08./09. März in Berlin-Teltow

Herr Dr. Werner Heinz, Deutsches Institut für Urbanistik, Köln, Gespräch am 01. September 1994 in Köln

Herr Jochum, Amt für Stadtplanung und Stadterneuerung Kassel, Gespräch am 01. Februar 1995 in Kassel

Herr Rainer Kestermann, Institut für Landes- und Stadtentwicklungsforschung des Landes Nordrhein-Westfalen (ILS), Dortmund, Gespräch am 02. Dezember 1994 in Dortmund

Herr Jeff Ernst Kirchhoff, Geschäftsbereichsleiter Corporate Real Estate Service, Müller International Immobilien, Gespräch am 05. April 1995 in Düsseldorf

Herr Ted Kupchevsky, Deutsche Immobilien Anlagegesellschaft, Frankfurt a. M., vormals Geschäftsführer der Liegenschaftsgesellschaft der Treuhand mbH, Berlin, Gespräch am 22. August 1994 in Frankfurt a. M.

Herr Hermann Laistner, Geschäftsführer der Ingenieurgesellschaft für Projektsteuerung, Ökologische Entwicklungsplanung und Technologietransfer mbH (POET), Lauchheim, Gespräche u. a. am 05. Mai 1994 in Lauchheim und am 08. Februar 1995 in Bonn

Herr Christian Lange, Handlungsbevollmächtigter der Philipp Holzmann AG, Frankfurt a. M., Gespräch am 13. Oktober 1995 in Frankfurt a. M.

Herr Michael Lion, Plankapital (PKT), Berlin, Gespräch am 15. September 1994 in Berlin

Herr W. Malte Mahler, Geschäftsführer der Immobilien Development und Beteiligungsgesellschaft (IDB) Niedersachsen, Hannover, Gespräch am 21. August 1995 in Hannover

Herr Michael Mazerath, Philipp Holzmann AG, Frankfurt a. M., Gespräch am 13. Oktober 1995 in Frankfurt a. M.

Herr Dr. Wolfgang-Hans Müller, WIBERA Wirtschaftsberatung AG, Düsseldorf, Gespräch am 04. April 1995 in Düsseldorf

Herr Klaus Pankoke, Geschäftsführer der Media-Park Köln Entwicklungsgesellschaft mbH, Gespräch am 23. März 1995 in Köln

Herr Dr. Eckart Scharmer, Rechtsanwaltskanzlei Dr. Scharmer, Berlin, Gespräch am 10. Oktober 1995 in Berlin

Herr Johannes Schnermann, ECE Projektmanagement GmbH, Hamburg, Gespräch am 13. Dezember 1994 in Hamburg

Herr Ulrich Schneider, Landesbank Berlin, Geschäftsbereich Öffentliche Hand, Gespräch am 09. März 1995 in Berlin

Herr Werner Stüttem, Leiter Technologie und Medien, Amt für Stadtentwicklungsplanung, Köln, Gespräch am 23. März 1995 in Köln

Frau Heike Uhe, Landesentwicklungsgesellschaft für Städtebau, Wohnen und Verkehr des Landes Brandenburg mbH, Gespräch am 09. März 1995 in Groß Glienicke bei Potsdam

Herr Stefan Voller, Geschäftsführer der Stadtentwicklung Frankfurt Ost GmbH, Gespräch am 14. Juni 1994 in Frankfurt a. M.

Herr Dr. Stefan Weiers, Liegenschaftsgesellschaft der Treuhandanstalt mbH, Geschäftsstelle Dresden - Standortentwicklung in Sachsen, Gespräch am 03. November 1994 in Dresden

Herr Wenzel, Projekt-Management-Verwaltungs-GmbH Nord-Ost, Unternehmensgruppe Roland Ernst, Gespräch am 09. März 1995 in Berlin-Teltow

Herr Carl-Otto Wenzel, Wenzel & Partner Freizeitunternehmensberatung, Hamburg, Gespräch am 29. April 1994 in Hamburg

Herr Heinz Peter Willfurth, Industrie- und Wohnbau Groth & Graalfs GmbH, Berlin, Gespräch am 10. Oktober 1995 in Berlin

Frau Bärbel Winkler-Kühlken, Institut für Stadtforschung und Strukturpolitik GmbH, Berlin, Gespräche am 18. Juli 1994 und am 13. September 1994 in Berlin

Literaturverzeichnis

Adamska, Michaela: Rechtsformen der Organisation kommunaler Interessen in gemischtwirtschaftlichen Unternehmen, Diss., hrsg. v. Lorenz-von-Stein-Institut für Verwaltungswissenschaften, Kiel 1992

Aengevelt, Lutz W. (Aengevelt Immobilien KG, Düsseldorf): Konjunkturbericht Büroimmobilien Deutschland, Vortrag anläßlich des Handelsblatt-Kongresses "Immobilienmärkte in Bewegung" am 28. und 29. September 1995 in Hamburg, unveröff. Vortragsmanuskript

Albers, Gerd: Stadtplanung: eine praxisorientierte Einführung, (Wissenschaftliche Buchgesellschaft) Darmstadt 1988

Albers, Gerd: Über den Wandel im Planungsverständnis, in: Wentz, Martin (Hrsg.): Die Zukunft des Städtischen, Frankfurter Beiträge Band 4, (Campus) Frankfurt, New York 1993, S. 45-55

Alemann, Ulrich von: Politikbegriffe, in: Nohlen, Dieter (Hrsg.): Wörterbuch Staat und Politik, 4. Aufl., (Serie Piper) München 1996, S. 542-545

Arnim, Hans Herbert von: Die Partei, der Abgeordnete und das Geld, (v. Hase & Kohler) Speyer 1990

Ascher, Francois: Öffentlich-private Partnerschaften bei der Stadterneuerung und Stadtentwicklung in Frankreich, in: Heinz, Werner (Hrsg.): Public Private Partnership - Ein neuer Weg zur Stadtentwicklung?, (W. Kohlhammer/Deutscher Gemeindeverlag) Stuttgart u. a. 1993, S. 277-340

Banner, Gerhard: Neue Trends im kommunalen Management, in: Verwaltungsführung, Organisation und Personal (VOP), 16. Jg., 1994, Nr. 1, S. 5-12

Battis, Ulrich: Rechtsgutachten zum Forschungsvorhaben Schenkenberg: Stellung einer PPP-Gesellschaft im Gesellschafts- und Verwaltungsrecht, unveröff. Studie im Rahmen des Bundesforschungsprogrammes ExWoSt, Forschungsfeld "Neue Wege der privaten Finanzierung von Stadterneuerungs- und Stadtentwicklungsaufgaben", Berlin 1995

Barth, Hans J. (Prognos AG, Basel) : Perspektiven von Wohnungsnachfrage und Wohnungsbau bis zum Jahr 2000, Vortrag anläßlich des Handelsblatt-Kongresses "Immobilienmärkte in Bewegung" am 28. und 29. September 1995 in Hamburg, unveröff. Vortragsmanuskript

Barber, Benjamin, R.: Zwischen Dschihad und McWorld, in: Die Zeit, Nr. 42, 14. Oktober 1994, S. 64

Baugesetzbuch (BauGB), 24., neubearb. Aufl., (C.H. Beck) München 1993

Barkenov, Timothy; Boyle, Robin; Rich, Daniel: Privatism and Urban Policy in Britain and the United States, (Oxford University Press) New York 1989

Bartholomä, Ulrike: Auf dem Prüfstand, Benchmarking als Meßlatte für Erfolg, in: Immobilien-Manager, o. Jg., 1995, Nr. 4, S. 20-21

Bartholomä, Ulrike: Konjunkturlokomotive verliert Dampf, in: Immobilien-Manager, o. Jg., 1995, Nr. 5, S. 6-10

Bartl Klaus: Unrealistisch? Facility Management kann am Kunden vorbeigehen, in: Immobilien-Manager, o. Jg., 1995, Nr. 6, S. 28-30

Behr, Adalbert: Konflikte und Defizite zwischen Denkmalpflege und Innenstadtenwicklung, in: Bundesforschungsanstalt für Landeskunde und Raumordnung (Hrsg.): Informationen zur Raumentwicklung, Heft 3, 1994: Revitalisierung der Innenstädte in den neuen Bundesländern, S. 223-228

Belz, Christian u. a.: Erkenntnisse zum systematischen Beziehungsmanagement, in: Belz, Christian u. a.: Management von Geschäftsbeziehungen, hrsg. v. Forschungsinstitut für Absatz und Handel an der Hochschule St. Gallen, (Thexis) St. Gallen 1994, S. 13-92

Bennett, Robert J.; Krebs, Günter: Local economic development: public-private partnership initiatives in Britain and Germany, (Belhaven Press) London, New York 1991

Benz, Arthur: Der Beitrag der Spieltheorie zur Analyse des kooperativen Verwaltungshandelns, in: Dose, Nicolai; Voigt, Rüdiger (Hrsg.): Kooperatives Recht, (Nomos) Baden-Baden 1995, S. 297-328

Bersziek, Heike: Steuerliches und betriebswirtschaftliches Gutachten zum Forschungsvorhaben Schenkenberg, unveröff. Studie im Rahmen des Bundesforschungsprogrammes ExWoSt, Forschungsfeld "Neue Wege der privaten Finanzierung von Stadterneuerungs- und Stadtentwicklungsaufgaben", Berlin 1995

Beyme, Klaus von: Politische Theorie, in: Nohlen, Dieter (Hrsg.): Wörterbuch Staat und Politik, 4. Aufl., (Serie Piper) München 1996, S. 598-603

Birk, Hans Jörg: Die neuen städtebaulichen Verträge: Erschließungsverträge, freiwillige Bodenordnung, Folgelastenvertrag, Vorhaben- und Erschließungsplan, (Boorberg) Stuttgart u. a. 1994

Blaffert, Susanne: Neue Institutionen im Ruhrgebiet mit regionalpolitischer Bedeutung, Arbeitspapier 107, hrsg. v. Institut für Raumplanung Universität Dortmund, Dortmund 1991

Blankenburg, Rainer: Die hackeschen Höfe - ein Modell für die kooperative Gestaltung von Kultur- und Stadtentwicklung, in: Brech, Joachim (Hrsg.): Neue Wege der Planungskultur,

Orientierungen in der Zeit des Umbruchs, (Verlag für wissenschaftliche Publikationen) Darmstadt 1993, S. 154-160

Bleicher, Knut: Unternehmenspolitische und unternehmenskulturelle Voraussetzungen erfolgreicher strategischer Partnerschaften, in: Zentes, Joachim (Hrsg.): Strategische Partnerschaften im Handel, (C. E. Poeschel) Stuttgart 1992, S. 307-325

Blümle, Ernst-Bernd: Qualifikationsanforderungen an das Management strategischer Partnerschaften, in: Zentes, Joachim (Hrsg.): Strategische Partnerschaften im Handel, (C. E. Poeschel) Stuttgart 1992, 327-337

Blüthmann, Heinz: Schmieren statt kalkulieren, in: Die Zeit, Nr. 29, 14. Juli 1995, S. 15-16

Blume, Georg: Die Zukunft beginnt hier und jetzt, in: Die Zeit, Nr. 44, 27.Oktober 1995, S. 12

Böhret, Carl: Politik und Verwaltung, in: Verwaltung und Politik in der Bundesrepublik, hrsg. v. d. Landeszentrale für politische Bildung Baden-Württemberg, (W. Kohlhammer) Stuttgart u. a. 1986, S. 36-53

Bolsenkötter, Heinz: Voraussetzung für die Privatisierung kommunaler Dienstleistungen, Sonderdruck der WIBERA Wirtschaftsberatung AG, Düsseldorf 1993

Bovaird, Tony: Public and private partnership for financing urban programmes, in: Rose, E. (Hrsg.): New roles for old cities, Hamshire, Brookfield 1986

Boyle, Robin: Leveraging Urban Development: A Comparison of Urban Policy Directions and Programme Impact in the United States and Britain, in: Policy and Politics, 13 Jg., 1985, Nr. 2, S. 175-210

Brake, Klaus: Dezentrale Konzentration, zum Verhältnis von Leitbild und Standorttendenzen, in: Bundesforschungsanstalt für Landeskunde und Raumordnung (Hrsg.): Informationen zur Raumentwicklung, Heft 7/8, 1994: Dezentrale Konzentration, S. 481-488

Braun, Günther E.: Ziele in öffentlicher Verwaltung und privatem Betrieb, (Nomos) Baden-Baden 1988

Brech, Joachim (Hrsg.): Neue Wege der Planungskultur, Orientierungen in der Zeit des Umbruchs, (Verlag für wissenschaftliche Publikationen) Darmstadt 1993

Bretschneider, Michael: Probleme der Städte, Ergebnisse der DifU-Umfrage 1995, in: Der Städtetag, 49. Jg., 1996, Nr. 1, S. 5-8

Brinkmann, Katrin: Hand in Hand, in: Immobilien-Manager, o. Jg., 1992, Nr. 2, S. 14-23

Brinkmann, Katrin: Public Private Partnership - Projekte, Projekte, Projekte, in: Immobilien-Manager, o. Jg., 1992, Nr. 3, S. 6-17

Brockhoff Eckhard (Brockhoff & Partner Immobilien GmbH, Essen): Konjunkturbericht Einzelhandelsimmobilien, Vortrag anläßlich des Handelsblatt-Kongresses "Immobilienmärkte in Bewegung" am 28. und 29. September 1995 in Hamburg, unveröff. Vortragsmanuskript

Bronder, Christoph; Pritz, Rudolf (Hrsg.): Wegweiser für strategische Allianzen, (Gabler) Wiesbaden 1992

Brownill, Sue: Developing London's Docklands - Another great planning desaster?, (Paul Chapman Publishing Ltd.) London 1990

Bruder, Wolfgang: Bürokratie, in: Nohlen, Dieter (Hrsg.): Wörterbuch Staat und Politik, 4. Aufl., (Serie Piper) München 1996, S. 74-78

Bruder, Wolfgang; Dose, Nicolai: Öffentliche Verwaltung, in: Nohlen, Dieter (Hrsg.): Wörterbuch Staat und Politik, 4. Aufl., (Serie Piper) München 1996, S. 469-476

Bruns, Henning: Mobilisierung und Aufbereitung ehemals militärisch genutzter Flächen, in: Bundesforschungsanstalt für Landeskunde und Raumordnung (Hrsg.): Informationen zur Raumentwicklung, Heft 1/2, 1994: Bodenmanagement, S. 49-59

Brychy, Ulf; Siegele, Ludwig: Campo für High-Tech, Der Kölner Media Park, in: Wirtschaftswoche, Nr. 38, 16. September 1989, S. 76-86

Buch, Betti A.G.; Kahlen, Hans: Zentrales Mehrfachsparen, Begriffsverwirrung bei Facility-Management, in: Immobilien-Manager, o. Jg., 1994, Nr. 3, S. 48-51

Budäus, Dietrich: Betriebswirtschaftliche Instrumente zur Entlastung kommunaler Haushalte, (Nomos) Baden-Baden 1982

Budäus, Dietrich: Privatwirtschaftliche Finanzierungsmodelle für kommunale Infrastrukturinvestitionen, in: Verwaltungswesen, Organisation und Personalwesen (VOP), 15. Jg., 1993, Nr. 6, S. 379-385

Bullinger, Hans-Jörg: Dienstleistungsmärkte im Wandel - Herausforderungen und Perspektiven, in: Dienstleistung der Zukunft, Vortragsunterlagen zur Tagung des Bundesministeriums für Bildung, Wissenschaft, Forschung und Technologie am 28. und 29. Juni 1995 in Berlin, S. 29-78

Bullinger, Martin; Schatz, Klaus-Werner: Genehmigung aus dem Menükatalog, in: Frankfurter Allgemeine Zeitung, Nr. 246, 22. Oktober 1994, S. 15

Bundesforschungsanstalt für Landeskunde und Raumordnung (Hrsg.): Städtebau und Wirtschaft, Dokumentation zum Forschungsfeld im Experimentellen Wohnungs- und Städtebau, Schriftenreihe Forschung des BMBau, Nr. 472, Bonn 1989

Bundesforschungsanstalt für Landeskunde und Raumordnung (Hrsg.): ExWoSt-Information zum Forschungsfeld "Neue Wege der privaten Finanzierung von Stadterneuerungs- und Stadtentwicklungsaufgaben", Nr. 1, August 1993, Bonn 1993

Bundesforschungsanstalt für Landeskunde und Raumordnung (Hrsg.): ExWoSt-Information zum Forschungsfeld "Städtebau und Wirtschaft" Nr. 05.15, Bonn 1995

Bundesministerium der Finanzen (Hrsg.): Private Finanzierung öffentlicher Infrastrukturinvestitionen, Antwort der Bundesregierung auf eine kleine Anfrage von Bundestagsabgeordneten, in: Drucksache 12/962 vom 16. Juli 1991

Bundesministerium der Justiz (Hrsg.): Bekanntmachung der Regelungen, Fördergebiete, Schwerpunktorte und der Regionen für den Einsatz erhöhter Fördermöglichkeiten in den neuen Bundesländern des 23. Rahmenplans der Gemeinschaftsaufgabe "Verbesserung der regionalen Wirtschaftsstruktur" vom 15. März 1994, in: Bundesanzeiger, 46. Jg., Nr. 95a vom 21. Mai 1994

Bundesministerium für Raumordnung, Bauwesen und Städtebau (Hrsg.): Erneuerung einer alten Industriestadt - Glasgow's miles better -, Schriftenreihe Forschung, Nr. 472, Bonn 1988

Bundesministerium für Raumordnung, Bauwesen und Städtebau (Hrsg.): Sanierung und Entwicklung der Städte und Dörfer, Bonn 1993

Bunzel, Arno: 12 Thesen zum städtebaulichen Vertrag, Manuskript anläßlich der ersten Sitzung des Gesprächskreises "BauGB-Novelle 1997" am 14. Dezember 1993 in Berlin, hrsg. v. Deutsches Institut für Urbanistik, Berlin 1993

Bunzel, Arno: Städtebauliche Entwicklungsmaßnahme, ein Handbuch, hrsg. v. Deutschen Institut für Urbanistik, DIfU-Beiträge zur Stadtforschung Bd. 11, Berlin 1994

Bunzel, Arno u. a. (Hrsg.): Städtebauliche Verträge, Rechtliche Grundlagen, Hinweise zur Vertragsgestaltung, Regelungsbeispiele und Vertragsmuster, hrsg. v. Deutschen Institut für Urbanistik, DIfU-Beiträge zur Stadtforschung Bd. 14, Berlin 1995

Cars, G.: Public-Private partnership in Urban Planning, Paper presented at the 6th AESOP Congress in Stockholm, June 1992

Cholewa, Werner: Investitionserleichterungs- und Wohnbaulandgesetz, in: Stadt und Gemeinde, 48. Jg., 1993, Nr. 6, S. 195-199

Coase, Ronald H.: Das Problem der sozialen Kosten, copyright 1960 by The Journal of Law & Economics, in: Assmann, Heinz-Dieter (Hrsg.): Ökonomische Analyse des Rechts, (Athenäum Taschenbücher; 6211: Rechtswiss.) Kronberg/Ts. 1987, S. 146-202

Colman, William G.: State and Local Government and Public Private Partnership, (Greenwood Press) New York, Westport, London 1989

Committee for Economic Development: Public Private Partnership - An Opportunity for Urban Communities, New York and Washington 1982

Corte, Christiane: Die Übernahme kommunaler Aufgaben durch private Unternehmen und Freie Berufe, eine Untersuchung der Zusammenarbeit von Privaten und Kommunen, hrsg. v. Institut für Mittelstandsforschung, Schriftenreihe Nr. 41, (Poeschel) Stuttgart 1991

Deutsches Institut für Urbanistik (Hrsg.): Vorbereitung städtebaulicher Entwicklungsmaßnahmen, Reihe Arbeitshilfe Städtebaurecht, Berlin 1993

Deutsches Institut für Urbanistik (Hrsg.): Städtebauliche Verträge nach § 6 BauGB-MaßnG, Zwischenbericht zur Sitzung des projektbegleitenden Arbeitskreises am 18. Mai 1994, unveröff. Manuskript, Berlin 1994

Deutsches Institut für Urbanistik DIfU (Hrsg.): Berichte 95, Informationen über Projekte, Veröffentlichungen und Veranstaltungen des DIfU, Nr. 3, 1995

Deutscher Städte- und Gemeindebund: Zur Finanzlage der Kommunen: Knebelung der Städte und Gemeinden hält weiter an, in: Der Gemeindehaushalt, 50 Jg., 1995, Nr. 9, S. 341-343

Deutscher Städtetag (Hrsg.): Möglichkeiten und Grenzen der Privatisierung öffentlicher Aufgaben, DST-Beiträge zur Kommunalpolitik, Reihe A, Heft 7, Köln 1986

Deutscher Städtetag (Hrsg.): Privatwirtschaftliche Formen kommunaler Investitionsfinanzierung, DST-Beiträge zur Finanzpolitik, Reihe G, Heft 11, Köln 1991

Deutscher Städtetag (Hrsg.): Freie Städte im vereinten Deutschland: Vorträge, Aussprachen und Ergebnisse der 27. ordentlichen Hauptversammlung des DST vom 11. bis 13. Mai 1993 in Karlsruhe, (Kohlhammer) Stuttgart u. a. 1993

Deutscher Städtetag: Der deutsche Städtetag zur Änderung des Grundgesetzes, in: Der Städtetag, 47. Jg., 1994, Nr. 6, S. 422-424

Deutscher Verband für Wohnungswesen, Städtebau und Raumordnung (Hrsg.): Symposium public-private-partnership, ausländische Erfahrungen und praktische Beispiele, Tagungsdokumentation vom Symposium am 22. Januar 1992 in Bonn

Diederichs, Claus-Jürgen: Stand von Forschung, Lehre und Praxis des Projektmanagements im Bauwesen, in: Motzel, Erhard (Hrsg.): Projektmanagement in der Baupraxis bei industriellen und gewerblichen Bauprojekten, (Ernst & Sohn) Berlin 1993, S. 3-32

Dierkes, Meinolf: Leitbild und Technik, zur Entstehung und Steuerung technischer Innovation, hrsg. v. Wissenschaftszentrum Berlin für Sozialforschung, (Rainer Bohn) Berlin 1992

Dijk, Hans von: Städtebau als Kunst der Verführung, ein ehrgeiziges Projekt für die Uferbebauung "Kop van Zuid" in Rotterdam, in: Stadtbauwelt, 79. Jg., 1988, Nr. 48, S. 2088-2093

Dill, Günter W.; Schuster, Franz: Aufgaben der Kommunalpolitik in den 90er Jahren - Stellungnahme des Sachverständigenrates zur Neubestimmung der kommunalen Selbstverwaltung, hrsg. v. d. Konrad-Adenauer-Stifung e. V., Bd. 1: Rahmenbedingungen politischen Handelns, (Dt. Gemeindeverlag und W. Kohlhammer) Köln 1992

Diller, Hermann; Kusterer, Marion: Beziehungsmanagement - Theoretische Grundlagen und explorative Befunde, in: Marketing - Zeitung für Forschung und Praxis (ZFP), 10. Jg., 1988, Nr. 3, S. 211-220

Döhne, Hans Jochen; Walter, Kurt: Stadterneuerung in Public Private Partnership - Modeformel oder neuer Weg?, in: Mitteilungen der Landesentwicklungsgesellschaften und Heimstätten, 1991, Nr. 1, S. 3-12

Domitra, Michael (Hrsg.): Eine wirtschaftliche Entwicklungsstrategie für die neuen Bundesländer, 2. Aufl., Schriften der Friedrich-Ebert-Stiftung, Düsseldorf 1992

Dransfeld, Egbert; Voß, Winrich: Bodenmanagement in der Baulanderschließung in ausgewählten westeuropäischen Ländern, in: Bundesforschungsanstalt für Landeskunde und Raumordnung (Hrsg.): Informationen zur Raumentwicklung, Heft 1/2, 1994: Bodenmanagement, S. 87-106

Drescher, Burkhard Ulrich; Dellwig, Magnus: Rathaus ohne Ämter und Public Private Partnership, in: Der Städtetag, 49. Jg., 1996, Nr. 1, S. 29-34

Duckworth, Robert P.: Die Stadt als Unternehmer, deutsche Übersetzung von Wolfgang Rhiel, (Bonn Aktuell) Stuttgart 1987

Eatwell, John (Hrsg.): The New Palgrave, a dictionary of economics, (The Macmillan Press) London 1987

Ehrlich, Jürgen: Die Gewerbeimmobilie bei offenen Immobilienfonds, in: Falk, Bernd (Hrsg.): Gewerbe-Immobilien, 6., überarb. u. erw. Aufl., (Moderne Industrie) Landsberg/Lech 1994, S. 311-330

Ehrlich, Jürgen (DIFA Deutsche Immobilien Fonds AG, Hamburg): Offene Immobilienfonds - Anlegerpolitik, Vortrag anläßlich des Handelsblatt-Kongresses "Immobilienmärkte in Bewegung" am 28. und 29. September 1995 in Hamburg, unveröff. Vortragsmanuskript

Eisinger, Bernd: Projektcontrolling, Erfolgsgarant oder Modewort, in: Immobilien-Manager, o. Jg., 1995, Nr. 7/8, S. 34-39

Eisinger, Peter, K.: The Rise of the Entrepreneurial State, (The University of Wisconsin Press) Madison, Wisconsin 1988

Ellwein, Thomas: Zur Geschichte der öffentlichen Verwaltung in Deutschland, in: Verwaltung und Politik in der Bundesrepublik, hrsg. v. d. Landeszentrale für politische Bildung Baden-Württemberg, (W. Kohlhammer) Stuttgart u. a. 1986, S. 9-23

Empirica GmbH: Öffentliche und private Partnerschaft bei der städtebaulichen und wirtschaftlichen Erneuerung in großen amerikanischen Städten, unveröff. Studie im Auftrag d. BfLR, Bonn 1988

Erichsen, Hans Uwe: Gemeinde und Private im wirtschaftlichen Wettbewerb, Schriftenreihe d. Juristischen Studiengesellschaft Karlsruhe, Heft 176, (C. F. Müller) Heidelberg 1987

Erichsen, Hans Uwe: Die Vertretung der Kommunen in den Mitgliederorganen von juristischen Personen des Privatrechts, (Deutscher Gemeindeverlag und W. Kohlhammer) Köln 1990

Ernst, Werner; Zinkahn, Willy; Bielenberg, Walter (Hrsg.): Baugesetzbuch, Loseblatt-Kommentar, 6. Aufl., (C. H. Beck) München 1994

Fainstein, Norman I.; Fainstein, Susan S.: Öffentlich-private Partnerschaften bei der Stadterneuerung und Stadtentwicklung in den USA, in: Heinz, Werner (Hrsg.): Public Private Partnership - Ein neuer Weg zur Stadtentwicklung?, (W. Kohlhammer/Deutscher Gemeindeverlag) Stuttgart u. a. 1993, S. 65-124

Fainstein, Susan S.: The City Builders: property, politics and planning in London and New York, (Blackwell Publishers) Oxford and Cambridge 1994

Falk, Bernd: Gewerbe-Großimmobilien des Handels, in: Falk, Bernd (Hrsg.): Gewerbe-Immobilien, 6., überarb. u. erw. Aufl., (Moderne Industrie) Landsberg/Lech 1994, S. 16-29

Falk, Bernd (Hrsg.): Immobilien-Handbuch: Wirtschaft, Recht, Bewertung, Grundwerk 3. Aufl. 1992 incl. Ergänzungslieferungen, (Moderne Industrie) Landsberg/Lech 1994

Faltlhauser, Kurt: Private Finanzierung öffentlicher Infrastruktur, in: Orientierungen zur Wirtschafts- und Gesellschaftspolitik, Nr. 51, 1992, S. 37-43

Fosler, R. Scott; Berger, Renee A. (Eds.): Public Private Partnership in American Cities - Seven Case Studies, (Library of Congress Cataloguing in Publication Data) Lexington/Mass., Toronto 1982

Franck, Jochen; Kirsch, Daniela: Die Kommunalwirtschaftlichkeitsrechnung als Grundlage der Bestimmung 'fairer' PPP-Modelle im Freizeitbereich, unveröff. Manuskript, Hamburg und Saarbrücken 1995

Friedemann, Jens: Private Projektentwickler übernehmen kommunale Aufgaben, in: Frankfurter Allgemeine Zeitung, 06. November 1992, S. 33

Friedemann, Jens: Die erste Städtebau-Partnerschaft geht in Frankfurt an den Start, in: Frankfurter Allgemeine Zeitung, 20. November 1992, S. 28

Frieden, Bernhard J.; Sagalyn, Lynne B.: How America Rebuilds Cities, (MIT Press) Massachusetts 1989

Friedman, John: Zum Verhältnis von Staat und Gesellschaft am Ende des 20. Jahrhunderts, Vortrag anläßlich des Dortmunder Wissenschaftsfrühlings am 25. April 1991 in Dortmund, unveröff. Vortragsmanuskript

Fröhlich, Gerd: Städteübergreifende Public-Private-Partnership im nördlichen Ruhrgebiet, hrsg. v. Institut für Landes- und Stadtentwicklungsforschung des Landes Nordrhein-Westfalen (ILS), ILS-Schriften, Heft 59, Dortmund 1991

Fuderholz, Günther: Entwicklungssteuerung, städtebauliche Verträge und Entwicklungsmaßnahmen, in: Stadtbauwelt, 85. Jg., 1994, Nr. 12, S. 604-608

Fuhrich, Manfred: Anwendungsorientierte Forschung als Mittel der Politikberatung, in: Bundesforschungsanstalt für Landeskunde und Raumordnung (Hrsg.): Materialien zur Raumentwicklung, Heft 65: Aktuelle Forschungsfelder des Experimentellen Wohnungs- und Städtebaus, Bonn 1994, S. 1-6

Ganser, Karl: Public-private partnership: Reduktion des politischen Handlungsspielraumes, in: Swoboda, Hannes: Wien, Identität und Stadtgestalt, (Böhlau) Wien, Köln 1990, S. 66-74

Ganser, Karl; Siebel, Walter; Sieverts, Thomas: Die Planungsstrategie der IBA Emscher Park, in: Raumplanung, 1993, Nr. 61, S. 112-117

Gatzweiler, Peter: Baulandpolitische Weichenstellung für den Städtebau der 90er Jahre, in: Stadtbauwelt, 85. Jg., 1994, Nr. 12, S. 652-656

Gist, John R.: Urban Development Action Grants, Design and Implementation, in: Urban Affaires Annual Review (Beverly Hills, Calif.) 1980, Nr. 18, S. 237-252

Glagow, Manfred; Schimank, Uwe: Korporatistische Verwaltung: Das Beispiel Entwicklungspolitik, in: Politische Vierteljahresschrift, 24. Jg., 1983, Nr. 3, S. 253-274

Göbel, Markus: Public-Private Partnership: Ein Organisationsmodell auf dem Prüfstand, in: Verwaltungsrundschau, 1994, Nr. 11, S. 373-377

Görlich, Wolfgang: Entwicklungsträgergesellschaften - Privatwirtschaftliche Kommunal- und Stadtentwicklung, Sonderdruck aus: Immobilienhandbuch Ost, (Verlag für die Rechts- und Anwaltspraxis) Berlin 1992

Görlich, Wolfgang: Grundlagen des offenen und des geschlossenen Immobilienfonds, Sonderdruck aus: Neue Wirtschafts-Briefe, Nr. 37, 13. September 1993, (Neue Wirtschafts-Briefe) Herne, Berlin 1993

Gop, Rebecca: Public Private Partnership (PPP) - Teamgeist nötig, in: Immobilien-Manager, o. Jg, 1993, Nr. 4, S. 6-13

Gop, Rebecca: Corporate Real Estate Management - Bilanzkur mit Flächendiät, in: Immobilien-Manager, o. Jg., 1994, Nr. 2, S. 6-14

Gop, Rebecca: Intelligenter Fehlstart - Intelligent Buildings, in: Immobilien-Manager, o. Jg., 1994, Nr. 3, S. 60-65

Gop, Rebecca: Projektentwicklung in Deutschland, in: Immobilien-Manager, o. Jg., 1994, Nr. 4, S. 7-22

Gop, Rebecca: Bremskurs, in: Immobilien-Manager, o. Jg., 1995, Nr. 9, S. 8-14

Gop, Rebecca: Glücksspiel Wertermittlung, in: Immobilien-Manager, o. Jg., 1995, Nr. 11, S. 8-16

Gop, Rebecca: Research-Qualitäten, in: Immobilien-Manager, o. Jg., 1995, Nr. 12, S. 14-18

Gräsel, Wolfgang: Das multifunktionale Stadtteilzentrum "Wasserbehälter Meiselmarkt" in Wien, in: Brech, Joachim (Hrsg.): Neue Wege der Planungskultur, Orientierungen in der Zeit des Umbruchs, (Verlag für wissenschaftliche Publikationen) Darmstadt 1993, S. 168-172

Greiner, Harald: Einzelhandelsgroßprojekte, Zentrenstruktur, Stadtenwicklung, in: Stadt und Gemeinde, 47. Jg., 1992, Nr. 1, S. 22-28

Grigsby, John: Has the ship finally come in for Docklands?, in: The Daily Telegraph, March 17. 1995, S. 33

Grosser, Guido; Schmidt, Holger: Altlastensanierung mit den Bürgern, Dortmunder Materialien zur Raumplanung, Nr. 22, (Dortmunder Vertrieb für Bau- und Planungsliteratur) Dortmund 1994

Guggenberger, Bernd: Demokratietheorie, in: Nohlen, Dieter (Hrsg.): Wörterbuch Staat und Politik, 4. Aufl., (Serie Piper) München 1996, S. 80-90

Häußermann, Hartmut: Neue Politikformen in der Stadt- und Regionalentwicklung, in: Brech, Joachim (Hrsg.): Neue Wege der Planungskultur, Orientierungen in der Zeit des Umbruchs, (Verlag für wissenschaftliche Publikationen) Darmstadt 1993, S. 268-273

Hanke, Thomas: Ein nebulöser Dialog, in: Die Zeit, Nr. 42, 14. Oktober 1994, S. 37-38

Hamm, Bernd: Neue Entwicklungen in der Stadt-Sozialwissenschaft, in: Archiv für Kommunalwissenschaften (AfK), 34. Jg., 1995, Bd. 1, S. 1-29

Harris, Robert: Die Rolle des Investors bei großen Bauvorhaben, in: Bauwelt, 50. Jg., 1991, Nr. 12, S. 590-593

Hatzfeld, Ulrich: Innenstadt, Handel, Verkehr, in: Bundesforschungsanstalt für Landeskunde und Raumordnung (Hrsg.): Informationen zur Raumentwicklung, Heft 3, 1994: Revitalisierung der Innenstädte in den neuen Bundesländern, S. 181-195

Haufe, Gerda: Politische Kybernetik, in: Nohlen, Dieter (Hrsg.): Wörterbuch Staat und Politik, 4. Aufl., (Serie Piper) München 1996, S. 572-575

Heinz, Werner: Stadtentwicklung und Strukturwandel - Einschätzungen kommunaler und außerkommunaler Entscheidungsträger, (Kohlhammer/Dt. Gemeindeverlag) Stuttgart u. a. 1990

Heinz, Werner: Partnerschaftsprojekte für die Stadtentwicklung - Lehren und Thesen, in: Der Städtetag, 45. Jg., 1992, Nr. 3, S. 210-213

Heinz, Werner: Public Private Partnership, in: Wentz, Martin (Hrsg.): Planungskulturen, (Campus) Frankfurt a. M., New York 1992, S. 43-50

Heinz, Werner (Hrsg.): Public Private Partnership - Ein neuer Weg zur Stadtentwicklung?, (W. Kohlhammer/Deutscher Gemeindeverlag) Stuttgart u. a. 1993

Heinz, Werner: Die weltweite Entwicklung der Städte, in: Der Städtetag, 47. Jg., 1994, Nr. 4, S. 278-281

Helms, Hans G. (Hrsg.): Die Stadt als Gabentisch, Beobachtungen der aktuellen Städtebauentwicklung, (Reclam) Leipzig 1992

Helms, Hans G.: Glitzernde Binnenwelten des Konsums, in: Helms, Hans G. (Hrsg.): Die Stadt als Gabentisch, Beobachtungen der aktuellen Städtebauentwicklung, (Reclam) Leipzig 1992, S. 109-133

Henn, Gunter: Kommunikationsarchitektur, Vortrag anläßlich des Handelsblatt-Kongresses "Immobilienmärkte in Bewegung" am 28. und 29. September 1995 in Hamburg, unveröff. Vortragsmanuskript

Hering-Ditgens, Rolf: Public Private Partnership (PPP) - Starthilfe, in: Immobilien-Manager, o. Jg., 1993, Nr. 5, S. 12-18

Himmelmann, Gerhard: Politische Bestimmungsmerkmale der Privatisierungsdiskussion in der Bundesrepublik Deutschland, in: Privatisierung und die Zukunft der öffentlichen Wirtschaft, hrsg. v. Helmut Brede i. A. d. Wiss. Beirats d. Gesellschaft für öffentliche Wirtschaft und Gemeinwirtschaft, (Nomos) Baden-Baden 1988, S. 107-126

Hinsley, Hugo: Bürgerbeteiligungsformen in London nach dem "Docklands-Projekt" in: Brech, Joachim (Hrsg.): Neue Wege der Planungskultur, Orientierungen in der Zeit des Umbruchs, (Verlag für wissenschaftliche Publikationen) Darmstadt 1993, S. 33-43

Hölz, Dieter (Müller International Immobilien GmbH, Düsseldorf): Zur Lage von Gewerbeparks in Europa, Vortrag anläßlich des Handelsblatt-Kongresses "Immobilienmärkte in Bewegung" am 28. und 29. September 1995 in Hamburg, unveröff. Vortragsmanuskript

Hoffmann-Riem, Wolfgang: Konfliktmittler in Verwaltungsverhandlungen, Beiträge zu neueren Entwicklungen in der Rechtswissenschaft, Heft 22, (C. F. Müller) Heidelberg 1989

Hoffmann-Riem, Wolfgang; Schmidt-Aßmann, Eberhard (Hrsg.): Konfliktbewältigung durch Verhandlungen, Bd. 1 u. Bd. 2, (Nomos) Baden-Baden 1990

Hoffmann-Riem, Wolfgang: Verhandlungslösung und Mittlereinsatz im Bereich der Verwaltung, eine vergleichende Einführung, in: Hoffmann-Riem, Wolfgang; Schmidt-Aßmann, Eberhard (Hrsg.): Konfliktbewältigung durch Verhandlungen, Bd. 1, (Nomos) Baden-Baden 1990, S. 13-42

Holtmann, Everhard (Hrsg.): Politik-Lexikon, 2., überarb. u. erw. Aufl., (R. Oldenburg) München u. a. 1994

Homola, Josef: Erfolgreiches Zusammenspiel Bauherr, Projektsteuerer, Architekt und Projektbeteiligte, in: Motzel, Erhard (Hrsg.): Projektmanagement in der Baupraxis bei industriellen und gewerblichen Bauprojekten, (Ernst & Sohn) Berlin 1993, S. 171-179

Hunger, Bernd: Sozialer Wandel in den Innenstädten der neuen Bundesländer, in: Bundesforschungsanstalt für Landeskunde und Raumordnung (Hrsg.): Informationen zur Raumentwicklung, Heft 3, 1994: Revitalisierung der Innenstädte in den neuen Bundesländern, S. 151-169

IfEU-Ingenieurgesellschaft für Energie- und Umwelttechnik mbH, Lauchheim: Modellvorhaben Ökologische Erschließung eines Gewerbegebietes, Fallstudie Wachau Gewerbegebiet Nord, unveröff. Studie im Rahmen des BMBau-Forschungsfeldes "Umweltgerechte und flächensparende Erschließung und Besiedlung neuer Gewerbegebiete" des Experimentellen Wohnungs- und Städtebaus, Zwischenbericht April 1994

IFEU-Ingenieurgesellschaft für Energie und Umwelttechnik mbH, Lauchheim: Modellvorhaben Public Private Partnership, Fallstudie Schenkenberg, unveröff. Studie im Rahmen des BMBau-Forschungsfeldes "Neue Wege der privaten Finanzierung von Stadterneuerungs- und Stadtentwicklungsaufgaben" des Experimentellen Wohnungs- und Städtebaus, Endbericht Mai 1995

Ihrig, Falk: Strategische Allianzen, in: Wirtschaftswissenschaftliches Studium, 20. Jg., 1991, Nr. 1, S. 29-31

Institut für Städtebau Berlin der deutschen Akademie für Städtebau und Landesplanung (Hrsg.): Finanzierung und Betrieb öffentlicher Einrichtungen durch private Investoren - Public Private Partnership, Beiträge aus den Kursen 299 (April 1992), 290 (Oktober 1991) und 275 (November 1990), Berlin 1992

Institut Wohnen und Umwelt: Strategiekonzept zur Einbindung Privater in die Aufgaben der Stadtentwicklung und Stadterneuerung, Thesenpapier zur Vorbereitung des Strategiegespräches "Neue Wege der privaten Finanzierung von Stadterneuerungs- und Stadtentwicklungsaufgaben" des Experimentellen Wohnungs- und Städtebaus am 08. Februar 1992 im BMBau in Bonn, unveröff. Manuskript

Irmen, Eleonore; Blach, Antonia: Räumlicher Strukturwandel - Konzentration, Dekonzentration und Dispersion, in: Bundesforschungsanstalt für Landeskunde und Raumordnung (Hrsg.): Informationen zur Raumentwicklung, Heft 7/8, 1994: Dezentrale Konzentration, S. 445-464

Jagdfeld, Anno August; Schünemann, Jürgen: Geschlossene Immobilienfonds, in: Falk, Bernd (Hrsg.): Gewerbe-Immobilien, 6., überarb. u. erw. Aufl., (Moderne Industrie) Landsberg/Lech 1994, S. 331-368

Jiri, Kosta: Politische Ökonomie, in: Nohlen, Dieter (Hrsg.): Wörterbuch Staat und Politik, 4. Aufl., (Serie Piper) München 1996, S. 575-581

Junkenheinrich, Martin: Privatisierung der kommunalen Infrastrukturfinanzierung, Überlegungen zur ökonomischen Vorteilhaftigkeit eines instrumentellen Hoffnungsträgers, in: Ipsen, Jörn (Hrsg.): Privatisierung öffentlicher Aufgaben, 4. Bad Iburger Gespräche, Symposium des Instituts für Kommunalrecht der Universität Osnabrück am 15. Dezember 1993, Osnabrücker rechtswissenschaftliche Abhandlungen, Band 44, (Heymanns) Osnabrück 1994, S. 155-179

Kaase, Max: Partizipation, in: Nohlen, Dieter (Hrsg.): Wörterbuch Staat und Politik, 4. Aufl., (Serie Piper) München 1996, S. 521-527

Kaase, Max; Müller-Rommel, Ferdinand: Wert/Wertewandel, in: Nohlen, Dieter (Hrsg.): Wörterbuch Staat und Politik, 4. Aufl., (Serie Piper) München 1996, S. 870-874

Kahn, Peter: Die Sparkassen-Finanzgruppe als Partner der Kommunen, Beispiele der Zusammenarbeit in Bayern, in: Sparkasse, 109. Jg., 1992, Nr. 3, S. 139-142

Kahnert, Rainer (Büro für Gewerbeplanung und Stadtentwicklung, Dortmund): Die kommunale Praxis im Spiegelfeld des Forschungsfeldes "Städtebau und Wirtschaft", Vortrag anläßlich des Seminars "Städtebau und Infrastruktur" am 09. und 10. Juni 1994 in Wachau, unveröff. Vortragsmanuskript

Kampmann, Ricarda: Großstädte im Wandel, in: RWI-Mitteilungen, 42. Jg., 1991, Nr. 3, S. 215-248

Kantor, Paul; Savitch, Hank: Can Politicians Bargain with Business?, in: Urban Affaires Quarterly, 29. Jg., 1993, Nr. 2, S. 230-255

Karrenberg, Hans: Die aktuelle Finanzlage der Kommunen in den alten und neuen Ländern, in: Der Gemeindehaushalt, 1994, Nr. 4, S. 73-85

Karrenberg, Hans; Münstermann, Engelbert: Gemeindefinanzbericht 1995, in: Der Städtetag, 48. Jg., 1995, Nr. 3, S. 115-208

Karrenberg, Hans; Münstermann, Engelbert: Gemeindefinanzbericht 1996, in: Der Städtetag, 49. Jg., 1996, Nr. 3, S. 119-211

Kestermann, Reiner: Neue Formen der Kooperation - Innovatives Element in der Stadt- und Regionalentwicklung?, Einführungsvortrag zum gleichlautenden Kolloquium im Rahmen des Dortmunder Wissenschaftsfrühlings am 22. April 1991 in Dortmund, unveröff. Vortragsmanuskript

Kestermann, Reiner: Public-Private Partnership - Anmerkungen zur Rezeption eines Modebegriffes, in: Raumplanung, 1993, Nr. 63, S. 205-214

Kirchhoff, Ulrich; Müller-Godeffroy, Heinrich: Finanzierungsmodelle für kommunale Investitionen, 5., überarb. u. erg. Aufl., (Deutscher Sparkassenverlag) Bonn 1994

Kleiber, Wolfgang: Alles baut auf Land, Anmerkungen zum Baulandbericht 1993, in: Bundesforschungsanstalt für Landeskunde und Raumordnung (Hrsg.): Informationen zur Raumentwicklung, Heft 1/2, 1994: Bodenmanagement, S. 107-130

Kletzander, Andreas: Public Private Partnership als Gefahr für lokale Demokratie und Verteilungsgerechtigkeit?, Das Beispiel Stadterneuerung in Nordengland, in: Archiv für Kommunalwissenschaften (AfK), 34. Jg., 1995, Bd. 1, S. 119-133

Koch, Martin: Die Privatisierung kommunaler Freizeiteinrichtungen, Chancen und Probleme, Diss., hrsg. v. Christoph Becker, Materialien zur Fremdenverkehrsgeographie, Heft 26, (Selbstverlag der Geographischen Gesellschaft Trier) Trier 1992

Kotler, Philip: Standort-Marketing: Wie Städte, Regionen und Länder gezielt Investitionen, Industrien und Tourismus anziehen, dt. von Ilse Davis Schauer, (Econ) Düsseldorf u. a. 1994

Kornemann, Rolf (Bausparkasse GdF Wüstenrot, Ludwigsburg): Mit welchen Strategien sollen die Wohnungsfragen von morgen gelöst werden?, Vortrag anläßlich des Handelsblatt-Kongresses "Immobilienmärkte in Bewegung" am 28. und 29. September 1995 in Hamburg, unveröff. Vortragsmanuskript

Kostka, Dieter: Typische Verlaufsmuster beim Umgang mit komplexen Verwaltungsaufgaben, ein Phasenmodell, in: Reader zur Theoriewerkstatt der 5. Werkstatt des IfR-Arbeitskreises zu kooperativen Planungsprozessen vom 08.-10. September 1995 in der Europäischen Akademie Otzenhausen, unveröff. Manuskript

Krautter, Horst: Neue Wege zur privaten Finanzierung von Stadterneuerungsaufgaben, in: Das Rathaus, 1992, Nr. 7, S. 414-423

Krautzberger, Michael: Kooperationsmodelle aus staatlicher Sicht, in: Deutscher Verband für Wohnungswesen, Städtebau und Raumordnung (Hrsg.): Symposium public-private-partnership - Ausländische Erfahrungen und praktische Beispiele, Tagungsdokumentation vom Symposium am 22. Januar 1992 in Bonn, S. 42-57

Krautzberger, Michael: Public Private Partnership - Kooperationsmodelle aus staatlicher Sicht, in: Stadt und Gemeinde, 47. Jg., 1992, Nr. 2, S. 44-50

Krautzberger, Michael: Änderungen des Städtebaurechts durch das Investitionserleichterungs- und Wohnbaulandgesetz, in: Stadt und Gemeinde, 48. Jg., 1993, Nr. 6, S. 200-203

Kretschmer, Rainer: Mehrfunktional-genutzte Gewerbeimmobilien, in: Falk, Bernd (Hrsg.): Gewerbe-Immobilien, 6., überarb. u. erw. Aufl., (Moderne Industrie) Landsberg/Lech 1994, S. 235-254

Kroeber-Riel, Werner: Konsumentenverhalten, 5., überar. u. erg. Aufl., (Vahlen) München 1992

Krönert, Ute: Neue Wege der privaten Finanzierung von Stadterneuerungs- und Stadtentwicklungsaufgaben, in: Bundesforschungsanstalt für Landeskunde und Raumordnung (Hrsg.): Materialien zur Raumentwicklung, Heft 65: Aktuelle Forschungsfelder des Experimentellen Wohnungs- und Städtebaus, Bonn 1994, S. 87-91

Kruse, Heinz: Reform durch Regionalisierung, eine politische Antwort auf die Umstrukturierung der Wirtschaft, (Campus) Frankfurt, New York 1990

Kruzewicz, Michael: Lokale Kooperation in Nordrhein-Westfalen - Public Private Partnership auf kommunaler Ebene, hrsg. v. Institut für Landes- und Stadtentwicklungsforschung des Landes Nordrhein-Westfalen (ILS), Dortmund 1993

Kubicek, Heribert: Empirische Organisationsforschung, Konzeption und Methodik, (C. E. Poeschel) Stuttgart 1975

Küpper, Utz Ingo; Vollmer, Rolf: Der Media-Park Köln, in: Stadtbauwelt, 79. Jg, 1988, Nr. 36, S. 1542-1553

Kuffmann, Gernold: Investitionsförderung durch flexible Genehmigungsverfahren, in: Stadt und Gemeinde, 50. Jg., 1995, Nr. 3, S. 95-98

Kunzmann, Klaus R. u. a. (Hrsg.): Pittsburgh, eine Erfolgsgeschichte?, Dortmunder Beiträge zur Raumplanung, hrsg. v. Institut für Raumplanung der Universität Dortmund, Dortmund 1993

Kupchevsky, Ted: Wiedernutzung von Gewerbeflächen, Entwicklungsstrategien der Treuhand, in: Raumplanung, 1992, Nr. 59, S. 203-208

Laistner, Hermann: Skizzenpapier zum Thema Privatisierung, Papier zur Vorbereitung des Strategiegespräches "Neue Wege der privaten Finanzierung von Stadterneuerungs- und Stadtentwicklungsaufgaben" des Experimentellen Wohnungs- und Städtebaus am 08. Februar 1992 im BMBau in Bonn, unveröff. Manuskript

Langendorf, Jürgen; Vöckler, Henri: Revitalisierung und Optimierung innerstädtischer verdichteter Bebauung: HEAG-Hallen und FINA-Block in Darmstadt, in: Motzel, Erhard (Hrsg.): Projektmanagement in der Baupraxis bei industriellen und gewerblichen Bauprojekten, (Ernst & Sohn) Berlin 1993, S. 98-114

Lawless, Paul: Öffentlich-private Partnerschaften in Großbritannien - Analyse und Kritik, in: Heinz, Werner (Hrsg.): Public Private Partnership - Ein neuer Weg zur Stadtentwicklung?, (W. Kohlhammer/Deutscher Gemeindeverlag) Stuttgart u. a. 1993, S. 203-243

Lehner, Franz: Ökonomische Theorien der Politik, in: Nohlen, Dieter (Hrsg.): Wörterbuch Staat und Politik, 4. Aufl., (Serie Piper) München 1996, S. 476-482

Lemmen, Franz-Josef: Bauland durch städtebauliche Entwicklungsmaßnahmen, Sonderdruck für den deutschen Städtetag, (W. Kohlhammer) Köln 1993

Lilienthal, Ulrich: Manager im Rathaus, in: Frankfurter Allgemeine Zeitung, Nr. 103, 3. Mai 1996, S. 47

Little, Arthur, D. (Hrsg.): Management von Spitzenqualität, (Gabler) Wiesbaden 1992

Löser, Roman: Wahl und Bewertung von Rechtsformen für öffentliche Verwaltungsorganisationen, hrsg. v. d. Hochschule für Verwaltungswissenschaften Speyer, Speyerer Arbeitshefte, Nr. 83, Speyer 1988

Loipfinger, Stefan: Fonds unter Druck - Wohin mit dem Geld, in: Immobilien-Manager, o. Jg., 1995, Nr. 5, S. 26-29

Luhmann, Niklas: Macht, 2. Aufl., (Ferdinand Enke) Stuttgart 1988

Lutz, Christian: Trends und Herausforderungen - Acht Attraktoren, die unsere Zukunft prägen, in: Verwaltungswesen, Organisation und Personal (VOP), 16. Jg., 1994, Nr. 3, S. 164-168

Lutze, Armin; Heuer, Bernd: Stadtentwicklung als unternehmerische Herausforderung und Aufgabe, in: Der Städtetag, 41. Jg., 1988, Nr. 12, S. 799-801

Mäding, Heinrich: Finanzielle Restriktionen kommunalen Handelns, in: Heinelt, Hubert; Wollmann, Hellmut: Brennpunkt Stadt, Stadtpolitik und lokale Politikforschung in den 80er und 90er Jahren, (Birkhäuser) Basel u. a. 1991, S. 92-108

Mäding, Heinrich: Verwaltung im Wettbewerb der Regionen, in: Archiv für Kommunalwissenschaften (AfK), 31. Jg., 1992, Bd. 2, S. 205-219

Mandt, Hella: Legitimität, in: Nohlen, Dieter (Hrsg.): Wörterbuch Staat und Politik, 4. Aufl., (Serie Piper) München 1996, S. 383-393

Marcuse, Peter: Gentrifikation und die wirtschaftliche Umstrukturierung New Yorks, in: Helms, Hans G. (Hrsg.): Die Stadt als Gabentisch, Beobachtungen der aktuellen Städtebauentwicklung, (Reclam) Leipzig 1992, S. 80-90

Massing, Peter: Interessengruppen, in: Nohlen, Dieter (Hrsg.): Wörterbuch Staat und Politik, 4. Aufl., (Serie Piper) München 1996, S. 289-290

Meffert, Heribert: Marketing, Bd. 1: Grundlagen der Absatzpolitik, 7., überarb. u. erw. Aufl., Nachdruck, (Gabler) Wiesbaden 1991

Metzger, Michaela M.: Realisierungschancen einer Privatisierung öffentlicher Dienstleistungen, Diss., (Minerva-Publ.) München 1990

Meyer, Ernst; Motzel, Erhard: Projektwirtschaft mit PROWIS am Beispiel des Neubaus eines Bankverwaltungsgebäudes im Auftrag der ARGE Gebäudetechnik, in: Motzel, Erhard (Hrsg.): Projektmanagement in der Baupraxis bei industriellen und gewerblichen Bauprojekten, (Ernst & Sohn) Berlin 1993, S. 233-251

Ministerium des Innern, Bayern, (Hrsg.): Hinweise zur Planung, Finanzierung und Organisation kommunaler Einrichtungen unter besonderer Berücksichtigung des Einsatzes von Privatkapital, in: Allgemeines Ministerialblatt, Nr. 2, München 1992

Mintzberg, Henry: Mintzberg über Management: Führung und Organisation, Mythos und Realität, (Gabler) Wiesbaden 1991

Morling, Ian: Kollektiver Wahnsinn - Ursachen der Immobilienkrisen in England und Frankreich, in: Immobilien-Manager, o. Jg., 1995, Nr. 5, S. 48-52

Motzel, Erhard (Hrsg.): Projektmanagement in der Baupraxis bei industriellen und gewerblichen Bauprojekten, (Ernst & Sohn) Berlin 1993

Müller, Frank: Alle drohen mit dem Bürgerentscheid, in: Süddeutsche Zeitung, Nr. 228, 4. Oktober 1995, S. 17

Müller, Nikolaus: Rechtsformenwahl bei der Erfüllung öffentlicher Aufgaben, Diss., Passau 1992

Müller, Rainer: Krisenmanagement in der Unternehmung, Kölner Schriften zur Betriebswirtschaft und Organisation, Band 5, (Peter Lang) Frankfurt a. M. 1982

Müller, Sebastian; Schmals, Klaus M.: Die Moderne im Park, ein Streitbuch zur internationalen Bauausstellung im Emscherraum, (Dortmunder Vertrieb für Bau- und Planungsliteratur) Dortmund 1993

Müller, Wolfgang-Hans: Aufgaben, Leistungsbild und Honorierung von Projektsteuerungsleistungen, in: Motzel, Erhard (Hrsg.): Projektmanagement in der Baupraxis bei industriellen und gewerblichen Bauprojekten, (Ernst & Sohn) Berlin 1993, S. 121-149

Müller, Wolfgang-Hans: Projektsteuerung in Kommunalverwaltungen, aus: WIBERA-Bürgermeister Handbuch, Grundwerk 1994 einschließlich Aktualisierungs- und Ergänzungslieferung Februar 1995, (Kognos) Düsseldorf 1995

Müller-Bremberger, Joachim: Baulandumlegung - Schwarzer Peter nicht verdient, in: Immobilien-Manager, o. Jg., 1994, Nr. 1, S. 48-51

Muncke, Günther (Müller Consult GmbH, Hamburg): Konjunkturbericht Büroimmobilien Europa, Vortrag anläßlich des Handelsblatt-Kongresses "Immobilienmärkte in Bewegung" am 28. und 29. September 1995 in Hamburg

Mussel, Christine: Bedürfnisse in der Planung der Städte, zur Theorie eines diskursiven Bedürfnisbegriffes, in: Reader zur Theoriewerkstatt der 5. Werkstatt des IfR-Arbeitskreises zu kooperativen Planungsprozessen vom 08.-10. September 1995 in der Europäischen Akademie Otzenhausen, unveröff. Manuskript, S. 37-42

Neff, Berthold: Für schnelleres und billigeres Bauen, in: Süddeutsche Zeitung, Nr. 33, 9. Februar 1995, S. 36

Netzel, Ulf Roman: Kommunales Planen und Handeln bei Flächen und Anlagen der Deutschen Bundesbahn, Diss., (Dortmunder Vertrieb für Bau- und Planungsliteratur) Dortmund 1993

Oberbeckmann, Hans-Ludwig; Wesierski, Brigitte: Public-Private Partnership - Ein Modellbegriff nimmt Gestalt an, hrsg. v. Deutschen Verband für Wohnungswesen, Städtebau und Raumordnung e. V., Bonn 1991

Oertzen, Susanna von: Planung im entzauberten Staat, in: Raumplanung, 1993, Nr. 61, S. 104-111

Oppenländer, Karl-Heinrich (ifo Institut für Wirtschaftsforschung, München): Die Immobilienwirtschaft vor dem gesamtgesellschaftlichen Hintergrund, Vortrag anläßlich des Handelsblatt-Kongresses "Immobilienmärkte in Bewegung" am 28. und 29. September 1995 in Hamburg, unveröff. Vortragsmanuskript

O.V.: Bauen im Schweinezyklus, in: Der Spiegel, Nr. 39, 25. September 1995, S. 242-245

O.V.: Block Eins besteht in Rudimenten, Kölner Media-Park-Projekt wird vom Pech verfolgt, in: Immobilien-Zeitung, Nr. 17, 10. August 1995, S. 14

O.V.: Büromarkt-Index - Keine Dynamik, in: Immobilien-Manager, o. Jg., 1995, Sonderausgabe Mipim Special (März), S. 52-54

O.V.: Büroturm auf schwankendem Boden, Canary Wharft geht an Erbauer Reichmann zurück, in: Süddeutsche Zeitung, Nr. 197, 28. August 1995, S. 21

O.V.: La Défence forced on to the defensive, in: The Daily Telegraph, 22. November 1994, S. 35

O.V.: Media-Park in Köln nicht mehr als ein Torso, in: Süddeutsche Zeitung, Nr. 163, 18. Juli 1995, S. 20

O.V.: Metropole Berlin: Mehr als Markt, in: Stadtbauwelt, 82. Jg., 1991, Nr. 12, S. 581-587

O.V.: Neue Medien braucht das Ländle, in: Immo-Real, Beilage der Frankfurter Allgemeinen Zeitung, Oktober 1994, S. 20

O.V.: Offenes Herz, Privatfirmen erobern lukrativen Klinik-Markt, in: Der Spiegel, Nr. 46, 13. November 1995, S. 54-57

O.V.: Terminhandel mit ungelegten Eiern: PPP - Die öffentliche Hand, ein chaotischer Tausendfüßler, in: Immobilien Professional, 1991, Nr. 2, S. 6-7

O.V.: Töpfer will 1998 einheitliches Städtebaurecht, in: Süddeutsche Zeitung, Nr. 276, 30. November 1995, S. 26

Pappi, Franz Urban: Konfliktlinien, in: Nohlen, Dieter (Hrsg.): Wörterbuch Staat und Politik, 4. Aufl., (Serie Piper) München 1996, S. 340-345

Pernice, Dietrich: Stadtentwicklung und Stadtgestaltung mit oder gegen private Investoren, in: Der Städtetag, 42. Jg., 1989, Nr. 6, S. 383-385

Pinzler, Petra: Kampf um Kasernen, in: Die Zeit, Nr. 44, 28. Oktober 1994, S. 29

POET-Ingenieurgesellschaft für Projektsteuerung, Ökologische Entwicklungsplanung und Technologietransfer mbH, Lauchheim: Investitions- und Anlagemöglichkeit für privates Kapital im Zusammenhang mit kommunalen Entwicklungsgesellschaften, unveröff. Manuskript, Lauchheim o. J. (1994)

POET-Ingenieurgesellschaft für Projektsteuerung, Ökologische Entwicklungsplanung und Technologietransfer mbH, Lauchheim: Konversionsflächen und ihr städtebauliches Potential, unveröff. Manuskript, Lauchheim o. J. (1994)

POET-Ingenieurgesellschaft für Projektsteuerung, Ökologische Entwicklungsplanung und Technologietransfer mbH, Lauchheim: Privatisierung, Projektmanagement und Public Private Partnership im kommunalen Bereich, unveröff. Manuskript, Lauchheim o. J. (1994)

Pommerehne, Werner: Genügt bloßes Privatisieren?, in: Aufderheide, Detlef (Hrsg.): Deregulierung und Privatisierung, (W. Kohlhammer) Stuttgart 1989, S. 27-61

Prätorius, Rainer: Bürokratietheorie und Bürokratiekritik, in: Verwaltung und Politik in der Bundesrepublik, hrsg. v. d. Landeszentrale für politische Bildung Baden-Württemberg, (W. Kohlhammer) Stuttgart u. a. 1986, S. 24-35

Pretzlik, Charles: Canary Wharf bidders helped by Reichmann, in: The Daily Telegraph, 21. June 1995, S. 24

Priebs, Axel: Docklands - Katerstimmung in London, in: Standort - Zeitschrift für Angewandte Geographie, 1990, Nr. 4, S. 29-30

Rehm, Hannes: Neue Wege zur Finanzierung öffentlicher Investitionen, (Nomos) Baden-Baden 1994

Reinheimer, Karl-Heinz: Knappes Bauland von Kommunen hausgemacht, in: Immobilien-Manager, o. Jg., 1994, Nr. 3, S. 102

Richter, Rudolf: Institutionen ökonomisch analysiert - Zur jüngeren Entwicklung auf einem Gebiet der Wirtschaftstheorie, (J. C. B. Mohr) Tübingen 1994

Roberts, Peter: The Origins and Recent Experience of Public-Private Partnership in Local Economic Development in the United Kingdom, hrsg. v. Interdiszipilinären Institut für Raumordnung, Stadt- und Regionalentwicklung der Wirtschaftsuniversität Wien, IIR-Discussion 43, Wien 1990

Roberts, P.; Whitney, D.: Strategic Behaviour of the Public Sector in Negotiating Public Private Partnership Solutions in the UK, Leeds School of the Environment, Leeds Politechnic, Leeds o. J. (1991)

Robinsohn, Hans: Von der Übermacht der Exekutive, in: Vorgänge, 20. Jg., 1981, Nr. 1, S. 60-65

Rohrbach, Wilhelm; Wundrack, Jürgen: Zur Rentabilität von Gewerbeimmobilien; in: Falk, Bernd (Hrsg.): Gewerbe-Immobilien, 5., überarb. Aufl., (Moderne Industrie) Landsberg/Lech 1992, S. 457-472

Roseman, Jürgen; Kroes, Hans: Partnerschaftliche Planung in den Niederlanden, in: Heinz, Werner (Hrsg.): Public Private Partnership - Ein neuer Weg zur Stadtentwicklung?, (W. Kohlhammer/Deutscher Gemeindeverlag) Stuttgart u. a. 1993, S. 387-432

Roß, Andreas: Bauland durch Enteignung gewonnen, in: Süddeutsche Zeitung, Nr. 259, 10. November 1994, S. 40

Sauga, Michael: Münchner im Himmel, der Kölner Media-Park, in: Wirtschaftswoche, Nr. 21, 17. Mai 1991, S. 27-31

Scharff, Reinhard: Grundzüge einer entwicklungspotentialorientierten Ausgestaltung der "Gemeinschaftsaufgabe 'Verbesserung der regionalen Wirtschaftsstruktur'", in: Raumforschung und Raumordnung, 51. Jg., 1993, Nr. 4, S. 184-200

Scharmer, Eckart: Mobilisierung und Bereitstellung von Bauland durch Entwicklungsmaßnahmen und Modelle der Kooperation mit privaten Investoren, in: Bundesforschungsanstalt für Landeskunde und Raumordnung (Hrsg.): Informationen zur Raumentwicklung, Heft 1/2, 1994: Bodenmanagement, Bonn 1994, S. 9-18

Scharpf, Fritz W.: Die Handlungsfähigkeit des Staates am Ende des zwanzigsten Jahrhunderts, in: Politische Vierteljahresschrift, 32. Jg., 1991, Nr. 4, S. 621-634

Schetter, Hans Helmut: Projektmanagement/Projektwirtschaft in der Bauindustrie, in: Motzel, Erhard (Hrsg.): Projektmanagement in der Baupraxis bei industriellen und gewerblichen Bauprojekten, (Ernst & Sohn) Berlin 1993, S. 49-55

Scheuch, Erwin K.; Scheuch, Ute: Cliquen, Klüngel und Karrieren - Über den Verfall der politischen Parteien, (Rowohlt) Reinbek bei Hamburg 1992

Schiller, Andreas: Schwieriger Entzug, Rechtsfragen zum Public Private Partnership, in: Immobilien-Manager, o. Jg., 1995, Nr. 9, S. 58-62

Schlingensief, Christof: Brauchen wir eine linke Volkspartei?, in: Die Zeit, Nr. 47, 17. November 1995, S. 6

Schmals, Klaus M.: Die Global-City London, Internationalisierung der Kapitalverwertung und Deregulierung der Stadterneuerungspolitik, in: Petz, Ursula von; Schmals, Klaus M. (Hrsg.): Metropole, Weltstadt, Global City, neue Formen der Urbanisierung, hrsg. v. Institut für Raumplanung Universität Dortmund, Dortmunder Beiträge zur Raumplanung, Heft 60, Dortmund 1992, S. 101-126

Schmidt-Aßmann, Eberhard; Krebs, Walter: Rechtsfragen städtebaulicher Verträge - Vertragstypen und Vertragsrechtslehre, Schriftenreihe Forschung des Bundesministers für Raumordnung, Bauwesen und Städtebau, Heft Nr. 460, (Holdenrieds) Bonn 1988

Schmidt-Aßmann, Eberhard: Konfliktmittlung in der Dogmatik des deutschen Verwaltungsrechts, in: Hoffmann-Riem, Wolfgang; Schmidt-Aßmann, Eberhard (Hrsg.): Konfliktbewältigung durch Verhandlungen, Band II, (Nomos) Baden-Baden 1990, S. 9-28

Schmithals, Elisabeth; Streibl, Uli: Privatisierung - eine Diskussion mit vielen Gesichtern, in: Verwaltungsführung, Organisationswesen und Personal (VOP), 16. Jg., 1994, Nr. 1, S. 61-62

Schnermann, Johannes: Projektentwicklung für Gewerbeimmobilien, in: Falk, Bernd (Hrsg.): Gewerbe-Immobilien, 6., überarb. u. erg. Aufl., (Moderne Industrie) Landsberg/Lech 1994, S. 299-310

Schriever, Wolf: Projektentwicklung als kommunale Handlungsstrategie, Vortrag anläßlich des ebs-Immobilien-Professional-Collegs am 03. März 1994 in Berlin, unveröff. Vortragsmanuskript

Schubert, Dirk: Stadtplanung ohne Planung - Die Docklands in London und die Aushebelung des englischen Planungssystems, in: Brech, Joachim (Hrsg.): Neue Wege der Planungskultur, Orientierungen in der Zeit des Umbruchs, (Verlag für wissenschaftliche Publikationen) Darmstadt 1993, S. 289-296

Schuh, Arnold: Strategische Allianzen - Neue Formen kooperativer Wettbewerbsstrategien, in: Der Markt, 29. Jg., 1990, Nr. 3, S. 141-148

Schultze, Rainer-Olaf: Gemeinwohl, in: Nohlen, Dieter (Hrsg.): Wörterbuch Staat und Politik, 4. Aufl., (Serie Piper) München 1996, S. 193-198

Schulz zur Wiesch, Jochen: Das Doppelgesicht der Metropolen - Tendenzen der amerikanischen Stadtentwicklung, in: Archiv für Kommunalwissenschaften, 32. Jg., 1993, Bd. 1, S. 24-44

Schuppert, Gunnar Folke: Resumée und Ausblick, in: Hoffmann-Riem, Wolfgang; Schmidt-Aßmann, Eberhard (Hrsg.): Konfliktbewältigung durch Verhandlungen, Bd. 1, (Nomos) Baden-Baden 1990, S. 327-335

Schuppert, Gunnar Folke: Verwaltungswissenschaft als Steuerungswissenschaft - Zür Steuerung des Verwaltungshandelns durch Verwaltungsrecht, in: Hoffmann-Riem, Wolfgang (Hrsg.): Reform des allgemeinen Verwaltungsrechts, (Nomos) Baden Baden 1993, S. 65-114

Schuppert, Gunnar Folke: Die Erfüllung öffentlicher Aufgaben durch die öffentliche Hand, private Anbieter und Organisationen des dritten Sektors, in: Ipsen, Jörn (Hrsg.): Privatisierung öffentlicher Aufgaben, 4. Bad Iburger Gespräche, Symposium des Instituts für

Kommunalrecht der Universität Osnabrück am 15. Dezember 1993, Osnabrücker rechtswissenschaftliche Abhandlungen, Band 44, (Heymanns) Osnabrück 1994, S. 17-35

Schwarting, Gunnar: Finanznot in den Kommunen - Neue Strukturen der Kommunalverwaltung, in: Stadt und Gemeinde, 50. Jg., 1995, Nr. 5, S. 167-172

Schwarz-Jung, Silvia: Überkommunale bzw. öffentlich-private Kooperation in der Wirtschaftsförderung, hrsg. v. d. Konrad-Adenauer-Stiftung e. V., Bereich Forschung und Beratung, Sankt Augustin bei Bonn 1993

Schwegmann, Klaus: Advanced Communal Finance, in: Kommunalwirtschaft, Heft 12, 1994, abgedruckt in: Pressespiegel der Landesbank Berlin, Berlin 1995, S. 1-15

Seldeneck, Ferreol Jay von: Public Private Partnership in der Stadtentwicklung, Rechtsfragen bei gemeinsamer praktischer Umsetzung, in: Sparkasse, 109. Jg., 1992, Nr. 3, S. 145-149

Selle, Klaus: Mit den Bewohnern die Stadt erneuern, der Beitrag intermediärer Organisationen zur Entwicklung städtischer Quartiere, Beobachtungen aus sechs Ländern, (Dortmunder Vertrieb für Bau- und Planungsliteratur in Kooperation mit Wohnbund - Verlag für wissenschaftliche Publikationen) Dortmund und Darmstadt 1991

Selle, Klaus: Neue Bilder von Planen?, offener Prozeß, kooperative Problemlösung, intermediäre Akteure, in: Brech, Joachim (Hrsg.): Neue Wege der Planungskultur, Orientierungen in der Zeit des Umbruchs, (Verlag für wissenschaftliche Publikationen) Darmstadt 1993, S. 274-278

Selle, Klaus: Was ist bloß mit der Planung los?, Erkundungen auf dem Weg zum kooperativen Handeln, hrsg. v. Institut für Raumplanung Universität Dortmund, Dortmunder Beiträge zur Raumplanung, Heft 69, Dortmund 1994

Siebel, Walter: Festivalisierung der Politik und die Unsichtbarkeit der Städte, in: Brandt, Arno u. a. (Hrsg.): Das Expo-Projekt, Weltausstellung und Stadtzukunft, (Fackelträger) Hannover 1991, S. 39-51

Skrodzki, B.: Pro Brandenburg - Public Private Partnership in den neuen Bundesländern, in: Raumplanung, 1992, Nr. 57, S. 99-102

Sloterdijk, Peter: Kritik der zynischen Vernunft, Bd. 2, (Suhrkamp) Frankfurt a. M. 1983

Sloterdijk, Peter: Eurotaoismus, zur Kritik der politischen Kinetik, (Suhrkamp) Frankfurt a. M. 1989

Söllner, Alfons: Kritische Theorie, in: Nohlen, Dieter (Hrsg.): Wörterbuch Staat und Politik, 4. Aufl., (Serie Piper) München 1996, S. 375-377

Sommer, Theo: Die Krise holt den Westen ein, in: Die Zeit, Nr. 15, 9. April 1993, S. 1

Sonntag, Rainer (Calliston Gesellschaft für Projektentwicklung mbH, Düsseldorf): Wo liegt die Zukunft der Gewerbeparks?, Vortrag anläßlich des Handelsblatt-Kongresses

"Immobilienmärkte in Bewegung" am 28. und 29. September 1995 in Hamburg, unveröff. Vortragsmanuskript

Speer, Albert: Städtebau zwischen Staat und Investoren, in: Wentz, Martin (Hrsg.): Planungskulturen, (Campus) Frankfurt a. M., New York 1992, S. 36-42

Spitzkopf, Horst-Alexander: Konventionelle Finanzierung von Gewerbeimmobilien, in: Falk, Bernd (Hrsg.): Gewerbe-Immobilien, 6., überarb. u. erw. Aufl., (Moderne Industrie) Landsberg/Lech 1994, S. 473-497

Stadt Berlin, Senatsverwaltung für Bau und Wohnungswesen: Wohnungsbauschwerpunkt Karow-Nord, Informationsmaterial, Juli 1995

Stadt München, referatsübergreifende Arbeitsgruppe Sozialgerechte Bodennutzung: Verfahrensgrundsätze der sozialgerechten Bodennutzung, Entwurf-Stand v. 17. August 1994, internes Arbeitspapier

Steinebach, Gerhard (Institut FIRU, Kaiserslautern): Konversion als Chance zur Stadtentwicklung, Vortrag anläßlich des Seminars des Deutschen Volksheimstättenwerkes "Umwidmung militärischer Liegenschaften - Chancen für städtebauliche Investitionen" am 24. und 25. November 1994 in Weimar, unveröff. Vortragsmanuskript

Steinert, Jürgen (Gesamtverband der Wohnungswirtschaft e. V., Köln): Hohe Zahl der Baufertigstellungen bei gleichzeitigem Leerstand - Die Verhältnisse auf den wohnungswirtschaftlichen Teilmärkten in Deutschland, Vortrag anläßlich des Handelsblatt-Kongresses "Immobilienmärkte in Bewegung" am 28. und 29. September 1995 in Hamburg, unveröff. Vortragsmanuskript

Stephenson, Max O.: Whither the public private partnership - A critical overview, in: Urban Affaires quarterly, 27. Jg., 1991, Nr. 1, S. 109-127

Strauch, Volkmar: Public-Private-Partnership aus Sicht der Wirtschaft, Vortrag anläßlich des Seminars "Public Private Partnership - Finanzierung und Betrieb öffentlicher Einrich tungen durch private Investoren" vom 29.-30. März 1993 in Berlin, hrsg. v. d. Industrie- und Handelskammer (IHK) Berlin, Berlin 1993

Strom, Elizabeth A.: Öffentlich-private Partnerschaften bei der Stadterneuerung und Stadtentwicklung in den USA - Fünf Fallbeispiele, in: Heinz, Werner (Hrsg.): Public Private Partnership - Ein neuer Weg zur Stadtentwicklung?, (W. Kohlhammer/Deutscher Gemeindeverlag) Stuttgart u. a. 1993, S. 125-198

Sturm, Roland: Regionen/Regionalismus, in: Nohlen, Dieter (Hrsg.): Wörterbuch Staat und Politik, 4. Aufl., (Serie Piper) München 1996, S. 645-651

Suhr, Dieter: Die Bedeutung von Kompensationen und Entscheidungsverknüpfungen, in: Hoffmann-Riem, Wolfgang; Schmidt-Aßmann, Eberhard (Hrsg.): Konfliktbewältigung durch Verhandlungen, Bd. 1, (Nomos) Baden-Baden 1990, S. 113-140

Szyperski, Norbert; Klein, Stefan: Informationslogistik und virtuelle Organisationen, in: Die Betriebswirtschaft, 53. Jg., 1993, Nr. 2, S. 187-208

Tank, Hannes: Altindustrialisierte Gebiete, Lösungswege in den Regionen Pittsburgh/USA und Glasgow/GB, hrsg. v. Institut für Landes- und Stadtentwicklungsforschung des Landes Nordrhein-Westfalen, ILS-Schriften, Nr. 12, Dortmund 1988

Tietz, Bruno: Der Gruppenwettbewerb als Element der Wettbewerbspolitik - das Beispiel der Automobilindustrie, (Heymanns) Köln u. a. 1981

Tietz, Bruno: Marktbearbeitung morgen - Neue Konzepte und ihre Umsetzung, (Moderne Industrie) Landsberg a. L. 1988

Tietz, Bruno: Der Handelsbetrieb, 2. Aufl., (Vahlen) München 1993

Tietz, Bruno: Marketing, wisu-Texte, 3. Aufl., (Werner) Düsseldorf 1993

Tietz, Bruno: Zukunftsstrategien für Handelsunternehmen, (Deutscher Fachverlag) Frankfurt a. M. 1993

Tietz, Bruno: Einkaufszentren in die Innenstädte, in: Frankfurter Allgemeine Zeitung, Nr. 116, 19. Mai 1995, S. 45

Tietz, Bruno; Rothhaar, Peter: City-Studie - Marktbearbeitung und Management für die Stadt, neue Konzepte für Einzelhandels- und Dienstleistungsbetriebe, (Moderne Industrie) Landsberg a. L. 1991

Uhlig, Klaus: Private Public Partnership, Aufgaben, Formen und Risiken öffentlich-privater Gemeinschaftsfinanzierungen - Mit Beispielen der Stadt Köln, in: Archiv für Kommunalwissenschaften (AfK), 29. Jg., 1990, Bd. 1, S. 106-117

Unruh, Georg-Christoph von: Kommunale Selbstverwaltung - Ein Recht im Wandel von Staat und Gesellschaft, in: Stadt und Gemeinde, 50. Jg., 1995, Nr. 1, S. 19-24

Veen, Hans-Joachim; Dill, Günter W. (Hrsg.): Neue Ansätze in der kommunalen und regionalen Wirtschaftsförderung, Ergebnisse eines Symposiums vom 11. - 14. November 1991 in Dresden, hrsg. v. d. Konrad-Adenauer-Stiftung e. V., Arbeitshefte zur Kommunalpolitik, Nr. 11, (Kommunal-Verlag) Düsseldorf 1992

Venturi, Marco: Tangentopoli - Der unaufhaltsame Anstieg der städtischen Großereignisse, in: Brech, Joachim (Hrsg.): Neue Wege der Planungskultur, Orientierungen in der Zeit des Umbruchs, (Verlag für wissenschaftliche Publikationen) Darmstadt 1993, S. 279-288

Vielberth, Johann: Gewerbeparks - Planung, Errichtung, Management; in: Falk, Bernd (Hrsg.): Gewerbe-Immobilien, 6., überarb. u. erw. Aufl., (Moderne Industrie) Landsberg/Lech 1994, S. 79-95

Volger, Gernot: Public Private Partnership (PPP) - Berührungsängste, in: Immobilien-Manager, o. Jg., 1993, Nr. 5, S. 6-10

Volger, Gernot: Public Private Partnership (PPP) - Gemeinsam stärker, in: Immobilien-Manager, o. Jg., 1993, Nr. 6, S. 20-23

Volger, Gernot: Qualität wird knapp, in: Immobilien-Manager, o. Jg., 1995, Sonderausgabe Mipim Special (März), S. 44-47

Volger, Gernot: Natur verpflichtet, in: Immobilien-Manager, o. Jg., 1995, Nr. 3, S. 56-57

Vucko, Angela: Es ist nicht alles Gold ... Der Media-Park Köln als kommunale Zukunftssicherung, in: Immo-Real, Beilage der Frankfurter Allgemeinen Zeitung, Oktober 1994, S. 18-19

Wagner, Thilo: Public Private Partnership im Rahmen der Immobilienprojektentwicklung, Diplomarbeit an der European Business School, Schloß Reichartshausen am Rhein 1993

Walter, Kurt: PPP aus Sicht der öffentlichen Hand, Vortrag anläßlich des Seminars "Public Private Partnership - Modeformel oder neuer Weg" am 11. und 12. November 1992 in Frankfurt, unveröff. Vortragsmanuskript

Walter, Kurt: Finanzmittel der EU für kommunale Maßnahmen, Vortrag anläßlich des Workshops "Erfahrungsaustauch: Einsatz des Finanzierungsinstrumentariums" im Rahmen des Forschungsfeldes "Neue Wege der privaten Finanzierung von Stadterneuerungs- und Stadtentwicklungsaufgaben" des Experimentellen Wohnungs- und Städtebaus am 18. und 19. Mai 1994 in Kusel, unveröff. Vortragsmanuskript

Wehling, Hans-Georg: Kommunalpolitik, in: Nohlen, Dieter (Hrsg.): Wörterbuch Staat und Politik, 4. Aufl., (Serie Piper) München 1996, S. 319-326

Weihe, Ulrich: Systemtheorie, in: Nohlen, Dieter (Hrsg.): Wörterbuch Staat und Politik, 2. Aufl., (Serie Piper) München 1993, S. 686-690

Whitney, David: Öffentlich-private Partnerschaften bei der Stadterneuerung und Stadtentwicklung - Sind die Beteiligten der öffentlichen und privaten Hand gleichgestellte Partner?, in: Heinz, Werner (Hrsg.): Public Private Partnership - Ein neuer Weg zur Stadtentwicklung?, (W. Kohlhammer/Deutscher Gemeindeverlag) Stuttgart u. a. 1993, S. 249-273

Wiesendahl, Elmar: Bürgerinitiativen, in: Nohlen, Dieter (Hrsg.): Wörterbuch Staat und Politik, 4. Aufl., (Serie Piper) München 1996, S. 59-63

Willke, Helmut: Formen gesellschaftlicher Selbststeuerung, in: Willke, Helmut (Hrsg.): Systemtheorie entwickelter Gesellschaften, (Juventa) Weinheim und München 1989, S. 111-141

Williamson, Oliver, E.: Die ökonomischen Institutionen des Kapitalismus: Unternehmen, Märkte, Kooperationen, dt. Übersetzung v. Monika Streissler, (Mohr) Tübingen 1990

Williamson, Oliver, E.: Transaktionskostenökonomik, hrsg. v. Dietl, Helmut, dt. Übersetzung von Christina Erlei, Ökonomische Theorie der Institutionen, Band 3, (LIT) Münster, Hamburg 1993

Wilhelmus, Gerd: Ludwigshafen - Rheinufer-Süd, ein ganz normales Stadtentwicklungsprojekt?, in: Stadtbauwelt, 81. Jg., 1990, S. 1793-1799

Wöhe, Günter: Einführung in die Allgemeine Betriebswirtschaftslehre, 18., überarb. u. erw. Aufl., (Vahlen) München 1993

Wollmann, Hellmut: Implementationsforschung/Evaluierungsforschung, in: Nohlen, Dieter (Hrsg.): Wörterbuch Staat und Politik, 4. Aufl., (Serie Piper) München 1996, S. 268-272

Wottawa, Heinrich: Lehrbuch Evaluation, (Huber-Psychologie-Lehrbuch) Bern, Stuttgart, Toronto 1990

Zentes, Joachim (Hrsg.): Strategische Partnerschaften im Handel, (C. E. Poeschel) Stuttgart 1992

Zentes, Joachim: Strategische Allianzen: Neuorientierung der kooperativen Wettbewerbsstrategien im Handel, in: Trommsdorff, Volker (Hrsg.): Jahrbuch Handelsforschung 1994/95 - Kooperationen im Handel und mit dem Handel (Gabler) Wiesbaden 1994, S. 73-85

Zöpel, Christoph: Der Staat der Zukunft - Zum Stand der Diskussion, in: Hesse, Jens Joachim; Zöpel, Christoph: Der Staat der Zukunft, Forum Zukunft, Bd. 5, (Nomos) Baden-Baden 1990

Zohar, Donar: Dialog - ein Quantensprung im Kopf, in: Süddeutsche Zeitung, Nr. 196, 26./27. August 1995, S. V1/1